सम्पूर्ण बालरचनाएँ

सम्पूर्ण बालरचनाएँ

अमृतलाल नागर

संकलन एवं सम्पादन

शरद नागर

सहयोगी

दीक्षा नागर

भूमिका

बन्धु कुशावर्ती

लोकभारती प्रकाशन

लोकभारती प्रकाशन
पहली मंजिल, दरबारी बिल्डिंग, महात्मा गांधी मार्ग,
प्रयागराज–211 001
शाखाएँ : 1–बी, नेताजी सुभाष मार्ग, दरियागंज,
नई दिल्ली–110 002
अशोक राजपथ, साइंस कॉलेज के सामने,
पटना–800 006
1, अनमोल सोराबजी संतुक लेन, धोबी तलाव,
मरीन लाइंस, मुम्बई–400 002

वेबसाइट : www.lokbhartiprakashan.com
ई-मेल : info@lokbhartiprakashan.com

पहला संस्करण : 2011
तीसरा संस्करण : 2024

बी.के. ऑफसेट
नवीन शाहदरा, दिल्ली–110 032 द्वारा मुद्रित

SAMPOORNA BALRACHNAYEN
AMRIT LAL NAGAR
Edited by Sharad Nagar

ISBN : 978-81-8031-586-2

मूल्य : ₹995

भूमिका

मूर्धन्य कथाकार और उपन्यासकार अमृतलाल नागर हिन्दी साहित्यकारों की उस परम्परा के संवाहक हैं, जिसमें साहित्य की मुख्यधारा का बहुविध-लेखन करते हुए 'बच्चों' के लिये गम्भीरतापूर्वक उत्कृष्ट साहित्य-लेखन को भी महत्त्वपूर्ण-कृतित्व माना गया है। हिन्दी में ऐसे बालसाहित्य-लेखन की सशक्त पृष्ठभूमि 20वीं सदी के आरम्भिक 20 वर्षों में बनी। वह 'बालसाहित्य का प्रारम्भिक काल' था। अनन्तर, स्वाधीनता-पूर्व भारत के 30 वर्षों (1921 से 1950) का कालखण्ड 'हिन्दी बालसाहित्य का उदयकाल' है। तीन दशकों की इस अवधि में बच्चों के लिये साहित्य की सभी विधाओं में निरन्तर लिखने तथा श्रेष्ठ सामग्री से भरपूर बालपत्रिकाएँ प्रकाशित करने का क्रम निरन्तर चला है।

अमृतलाल नागर, 'बालसाहित्य का उदयकाल' के इसी गतिशील कालखण्ड में जन्मे **(17 अगस्त, 1916; आगरा)** और चौक, लखनऊ के समृद्ध-सांस्कृतिक-परिवेश की लबे-सड़क बड़ी हवेली में अकेलेपन की कचोट के साथ पले-बढ़े। यहाँ उन्होंने घर के बड़े-बड़ों के कड़े अनुशासन में बँधा-कसा बचपन बिताया तो अपनी दादी और दूसरे बड़े-बूढ़ों की बातों में ग़दर के किस्से भी सुने। **बचपन का ज़माना। एक था मैं और एक था मेरा अकेलापन ... तरह-तरह के सूने खानों को भरकर अपना जी बहला रहा था...(एक दिल हज़ार अफ़साने, पृष्ठ-5)** हाईस्कूल तक पहुँचते न पहुँचते किशोरवय अमृतलाल ने तय कर लिया था-**मुझे जीवन में बनना है तो लेखक, केवल लेखक।**

लेखन की आधारभूमि-बचपन

अमृतलाल नागर के भावी-जीवन की इस बड़ी महत्त्वाकांक्षा की जड़ें उनके बचपन में गहरे तक समायी हुई हैं : मेरा अकेलापन ऐसा बैंक बन गया था, जिसमें तरह-तरह की चाल-ढाल, बोलचाल के लहजे, मुहावरे, गालियाँ, असंख्य-दृश्य और अनबुझी-सी अनुभूतियाँ, चेहरे और आवाज़ें जमा होती ही रहती थीं। ... (पुस्तक-यथोपरि-, पृष्ठ-वही), इसीलिए अपने बचपन से किशोरकाल तक की पृष्ठभूमि के दिनों को समग्रता में उन्होंने सचमुच बड़े ही सुख भरे,[1] और ... मन को एक तरह से ताज़गी दे...,[2] जाने वाला ही नहीं बल्कि; माना है- चहल-पहल भरा मेरा अकेलापन मुझे लेखक बना गया।[3] **(सन्दर्भ : 1 से 3; टुकड़े-टुकड़े दास्तान,** पृष्ठ-15 व 16)

इस बचपन को लेकर अमृतलाल नागर के साहित्यकार की समझ का स्वर अत्यन्त निर्भ्रान्त है : *जन्मपत्री में इस दृष्टि से सौभाग्य लिखा लाया था कि मुझे घर बैठे ही साहित्य देवताओं के दर्शन मिले। राष्ट्रीय कवि ... और लेखक पं० माधव शुक्ल को 4-5 वर्ष की आयु में अपने यहाँ मेहमान बनकर रहते देखा ... आचार्य श्यामसुन्दर दास मेरे पितामह के सुबह की सैर के मित्र थे... उन्हें सुबह के समय अपने घर में मैंने नित्य देखा*

...। 'आनन्द' साप्ताहिक के सम्पादक; अपने समय के यशस्वी लेखक, पं० शिवनाथ शर्मा से हमारे घर के सम्बन्ध थे ... (**टुकड़े-टुकड़े दास्तान,** पृष्ठ-18) *साहित्यिक पत्र-पत्रिकाओं से मेरा परिचय अक्षर-शब्द-ज्ञान हो जाने के ... बाद से ही बढ़ने लगा था।* (पुस्तक-**यथोपरि,**-पृष्ठ-145) *हमारे घर में 'सरस्वती' और 'गृहलक्ष्मी' नामक दो पत्रिकाएँ नियमित रूप से आती थीं। बाद में कलकत्ते से प्रकाशित होने वाला... 'हिन्दू-पंच' भी आने लगा था... पिताजी अनेक पत्र-पत्रिकाएँ लाया करते थे, वे भी मैं पढ़ा करता था।* (पुस्तक-**यथोपरि**-, पृष्ठ-65) *तब मेरा अकेलापन तो संन्यास लेकर और अपने अनुभवों का गुप्त ख़ज़ाना मेरे को विरासत में देकर दूर हुआ... लेकिन कल्पना-शक्ति को बढ़ावा देने का श्रेय ठाकुर चौकीदार से सुनी हुई ग़दर की कहानियों को दूँगा, जिनकी लड़ाइयों की कल्पनाएँ करते-करते इतना तन्मय हो जाता था कि प्रायः रातों की नींद ही गायब हो जाती थी।... बूढ़े मातादीन से सुना... ग़दर में अंग्रेजों ने... घर खुदवा दिए। सियारों की 'हुक्का हुआ'... शहीदों की हुंकारें हैं-इस बात ने (भी) मेरी कल्पना शक्ति और अकेलेपन को बहुत भरा* (**एक दिल हज़ार अफ़साने,** पृष्ठ-5) *इस तरह बातें शुरू से ही हिन्दी की सुनीं, हिन्दी में पढ़ीं। अक्षर मेरे सबसे पुराने दोस्त हैं।*[1] *इसी दोस्ती में जीवन बाँध लिया।* [2] ... (**सन्दर्भ : 1-2**; पुस्तक-**टुकड़े-टुकड़े दास्तान**, पृष्ठ-18) जो बाद में मेरे साहित्यिक जीवन की पुख्ता नींव बनकर नयी चेतना के साथ उभरा। (पुस्तक-**यथोपरि**-, पृष्ठ-16)

बाल्यावस्था से ही प्रशस्त साहित्य-पथ की ऐसी प्रदर्शिका-पृष्ठभूमि की कालावधि के बीच लखनऊ आये हुए 'साइमन कमीशन' के विरोध-जुलूस (1928) में शामिल 12 वर्षीय बालक अमृत की क़लम से जीवन की पहली रचना, कविता फूटी थी। कैसे? *मेरी अनाप और सनाप (निरर्थक-सार्थक) पढ़ाई ने कल्पना-पंछी को विचारों के अनाप-सनाप पंख लगाने की चेष्टाएँ शुरू कर दीं। ... मेरा रचनाकार भीतर-दर-भीतर तहों में ढलते-ढलते उस अवसर की तलाश में गूँगे जैसी चुप्पी साधे रहा, जब उसे बेबस हो खुद-बखुद बन्द कली की तरह फूट कर खिलना... था। यह कली चिटकी* (**एक दिल हज़ार अफ़साने,** पृष्ठ-5) साप्ताहिक 'आनन्द' में छपी भी किन्तु; सुरक्षित नहीं रखी जा सकी। हाँ, विरोध-जुलूस पर ब्रिटिश-पुलिस के निर्मम लाठी-चार्ज आदि की बालमन पर पड़ी अमिट-छाप की तरह ही जीवन की उस प्रथम-रचना की निम्नांकित पंक्तियाँ भी अमृतलाल नागर की स्मृतियों में अवश्य बसी रह गयीं-

कबलौं कहो लाठी खाया करें, कबलौं कहौ जेल सहा करिये।
... अमरित पै ईश दया करिये [3]

नागरजी ने इसे अपनी पहली तुकबन्दी[4] (**सन्दर्भ** : 3-4; पुस्तक-**टुकड़े-टुकड़े दास्तान,** पृष्ठ-51 से 54)। तथा हमारे लेखन की 'ओनामासी धम' (पुस्तक-**यथोपरि,** पृष्ठ-69) कहा है तो रामबिलास शर्मा ने उस पर मुहर लगाते हुए लिखा : कविता...छपी। नागरजी के साहित्यिक जीवन की शुरुआत हुई। (**अमृतलाल नागर रचनावली** की 'भूमिका'; पृष्ठ-18)

यथार्थवादी-लेखन के प्रेरक-प्रेमचन्द

अतः कालान्तर में जब नागरजी कहते हैं : बचपन में कमायी बहुत सारी पूँजी आज मेरे लेखक की निधि बन गयी है। (टुकड़े-टुकड़े दास्तान, पृष्ठ-19) तब भरे-पूरे

सामाजिक-साहित्यिक परिवेश के बीच पलते-पुसते और बड़े होते अमृतलाल नागर का लखनऊ में कविरत्न एवं अनुवादक-सम्पादक पं० रूपनारायण पाण्डेय, महाकवि सूर्यकान्त त्रिपाठी 'निराला', पण्डित श्यामबिहारी मिश्र आदि से मिलते-जुलते हुए सम्पर्क-संवाद करना और *बनारस में प्रेमचन्द, जयशंकर प्रसाद, विनोदशंकर व्यास, गोपालराम गहमरी* प्रभृति, (पुस्तक-**यथोपरि** हिन्दी के पृष्ठ-70), तथा बंगला भाषा के विख्यात कथाशिल्पी *शरतचन्द्र चट्टोपाध्याय के दर्शन करने के लिए कलकत्ते जाना* (विशेष दृष्टव्य: **टुकड़े-टुकड़े दास्तान,** पृष्ठ-67), वस्तुत: एक के बाद एक लेखकीय-डग भरना था। फिर तो नियमित रूप से लिखना, लेखन को रवानी देने के लिए खूब अनुवाद करना एवं छपने-छपाने में प्रवृत रहना नवोदित लेखक अमृतलाल नागर की दिनचर्या में शामिल हो गया।

इसी क्रम में अपनी प्रारम्भिक कहानियों का संकलन 'वाटिका' प्रकाशित करके प्रेमचन्द को भेजने पर नागरजी को उनसे दिशावाहक मार्गदर्शन मिला : *वाटिका के कुछ फूल सूँघे। अच्छी खुश्बू है। मैं तुमसे रियलिस्टिक कहानियाँ चाहता हूँ।* (प्रेमचन्द द्वारा लिखे पत्र का एक अंश) यही समय है, जब युवकोचित-उत्साह में 'सुनीति' और 'अल्लाह दे' नामक पत्रिकाओं को निकालते युवा लेखक अमृतलाल नागर को लखनऊ में रामबिलास शर्मा, बलभद्र दीक्षित 'पढ़ीस', गंगाप्रसाद मिश्र आदि अपने ही जैसे उभरते अनेक लेखकों का साथ मिला। अपने साहित्यिक मित्र-मण्डल के साथ नरोत्तम नागर को जोड़कर हास्य-व्यंग्य का लोकप्रिय साप्ताहिक 'चक्कलस' प्रकाशित करना; वस्तुत: नागरजी का युवकोचित नया साहित्यिक-उद्यम था। इन्हीं दिनों हिन्दी-मिश्रित 'लखनवी उर्दू' में लिखने की पहलकदमी के फलस्वरूप नागरजी 'तस्लीम' लखनवी बन गये। इसका श्रेय भी उन्होंने अपने बचपन की पृष्ठभूमि को ही दिया है : *मेरी बोलचाल की भाषा पर लखनवी उर्दू का गहरा असर पड़ा। बचपन के उसी संस्कार ने मुझे आगे चलकर 'तस्लीम' लखनवी भी बनाया।* (**टुकड़े-टुकड़े दास्तान,** पृष्ठ-18) *परन्तु प्रेमचन्द ने मेरी शुरू की कहानियाँ देखकर लिखा कि मैं तुमसे रियलिस्टिक कहानियाँ चाहता हूँ।* (**एक दिल हज़ार अफ़साने,** पृष्ठ-6) अत: नये लेखक अमृतलाल नागर अपने को अब सजगता और गम्भीरता से निरन्तर लिखने की ओर एकाग्र करने लगे।

बालसाहित्य-लेखन की पहली पहल

अमृतलाल नागर ने बच्चों के लिये गद्य-पद्य की प्राय: सभी विधाओं में लिखा है किन्तु; विचित्र संयोग है कि उनकी पहली पहल बालकथा से हुई। सुखद और रोचक यह भी है कि नागरजी अपने अन्तत: बालकथा-लेखन पर ही लेखन को, विराम देते हैं। यह 4 बालकथाएँ हैं–'फूलों की घाटी, नटखट खरगोश, घमण्ड की सजा' और 'बुढ़िया की चालाकी', जो उनके द्वारा 5-7 वर्ष तक के बच्चों के लिए सन् 1989 में; निधन से लगभग दो माह पूर्व लिखी गयी हैं।

नागरजी द्वारा संयोगवश सबसे पहले लिखा हुआ बालसाहित्य-लेखन मूलत: किशोरवय के बच्चों के लिये है। इसकी शुरुआत भी अचानक हुई! वस्तुत: इसके बानक यों बने थे–सन् 1938-'39 में एक दिन बच्चों के लिए 'बालविनोद' पत्रिका निकालने वाले सम्पादक का आग्रह भरा प्रस्ताव मिला–'ये कुछ चित्र हैं छपने के लिए। कृपया इनके आधार पर बच्चों के लिए कहानियाँ लिख दीजिए।'

अपने बचपन को साहित्यिक-जीवन की पृष्ठभूमि मानने वाले अमृतलाल नागर के लिये यह प्रस्ताव अप्रत्याशित था और नया व रोचक भी! इसी क्रम में 'बालविनोद' के लिए लिखी गयी 5 बालकहानियों से नागरजी के बालसाहित्य-लेखन का श्रीगणेश हुआ। कुछ वर्षों बाद उनकी इन्हीं प्रारम्भिक 5 कहानियों का पहला बालकथा-संकलन नटखट चाची प्रकाशित हुआ। बच्चों के लिये नागरजी द्वारा सबसे पहले लिखी इन कहानियों में रोचकता, मनोरंजकता और पठनीयता के पक्ष अत्यन्त महत्त्वपूर्ण और लक्ष्य करने लायक हैं।

परन्तु अतिसजगता के फलस्वरूप पहली दो कहानियों ('नटखट चाची' और 'जमींदार बाबू') के कथानक नितान्त वयस्क-जीवन के हो गये। और; उस पर 'तस्लीम' लखनवी के हास्य-व्यंग्य लेखन का कौशल भी तारी हो गया! वयस्क-जीवन से जुड़े कथानकों की यह विसंगति, भले ही लेखन-कौशल की 'बखूबी ओट' पा गयी हो और बालसाहित्य-लेखन से जुड़ते एक नये लेखक के इस सर्वथा पहले प्रयत्न में उसके भीतर सक्रिय 'कहानी' और 'हास्य-व्यंग्य' लेखक का एकजुट होकर उभर आना भी अस्वाभाविक नहीं है किन्तु; बच्चों के साहित्य के स्तर पर यह एक दोष तो था ही। इसके बावजूद बच्चों के लिये लिखी कहानी 'नटखट चाची' में दिवंगत माँ-बाप के अनाथ बालक रमेश का चरित्रांकन; चाचा-चाची के मुकाबले स्पष्टतः बीस टाँक उठा है। परन्तु दूसरी ओर-इस बालकथा में रमेश के पाँच बरस के चचेरे भाई मुनुआ की उपस्थिति नामोल्लेख से अधिक नहीं उभर पायी है। दूसरी कहानी 'जमींदार बाबू' में भी यदि जमींदार की 10 बरस की लड़की को भुला दें तो इसका कथानक भी बच्चों से दूर है। हाँ, धर्म-पापभीरु और कंजूस-जमींदार की इच्छानुसार उसके पिता के श्राद्धकर्म की इस कथा में दिलचस्प और बाँध लेने वाली लेखकीय-बुनावट जरूर जबर्दस्त है। इसीलिये जमींदार द्वारा अपनी 10 साल की बेटी (कहानी का बालचरित्र) का ब्याह 60 वर्ष के बूढ़े ताल्लुकदार से कराने को विफल कर देने वाली लेखकीय-युक्ति भी बहुत प्रभावशाली होकर उभरी है। परन्तु, यह वैशिष्ट्य बालपाठकों को बहुत बाँध पाने वाला नहीं है। हाँ, इन दोनों कहानियों में सम्पादक पर व्यंग्यपूर्वक बहुत बारीकी से चुटकी लेने में लेखक की वयस्क-मानसिकता बेहद अचूक है किन्तु; इसकी भी बालकथा से संगति-सार्थकता भला क्या हो सकती है?

परन्तु 'नटखट चाची' की शेष तीनों कहानियाँ-'सुअर की कहानी', 'अमृतलाल नागर बैंक लिमिटेड' तथा 'लिटिल रेड इजिप्शिया' के कथ्य किशोर बच्चों से जुड़े हैं। सभी कहानियों में रोचकता, किस्सागोई और कथारस का मणिकांचन-योग जबर्दस्त है; कथानक भी खूब सधा और लेखकीय-नियन्त्रण में बँधा हुआ है। ये तीनों बालकहानियाँ असन्दिग्ध रूप से अमृतलाल नागर के सर्वथा पहले बालकथा-लेखन के स्तर पर 'प्रेमचन्द की यथार्थवादी कहानियों की चाहना-वांछना का सर्वप्रथम प्रतिफलन' है।

'नटखट चाची' बालकथा-संकलन की सभी बालकहानियाँ घटना-प्रधान हैं। ये लेखक के बालकथा-लेखन की पहली-पहल की दृष्टि से निश्चित ही अविस्मरणीय उपलब्धि भी हैं। अतः बालसाहित्य के शोधकों-अध्येताओं के लिए यह सचमुच अध्ययन का रोचक और महत्त्वपूर्ण विषय होगा कि सन् 1940 के आसपास हिन्दी में लिखी जा

रही बालकथाओं में 'नटखट चाची' बालकथा-संकलन की तरह का यथार्थवादी-लेखन और भी हुआ था क्या? उसका शिल्प और स्वरूप आदि कैसा था?

अमृतलाल नागर की बालकहानियों को पढ़ते हुए उनकी एक समझ दरअसल उनका पुरअसर लेखकीय-गुर भी लगती है : *कहानी को धनुष बनाकर अपनी बात का तीर इस तरह चलाना चाहिए कि दिल की बात दिल में जा चुभे।* (**एक दिल हज़ार अफ़साने**, पृष्ठ-6) इसके कुछ प्रभाव में होने के बावजूद 'नटखट चाची' की पाँचों कहानियों में लक्षित करने लायक महत्त्वपूर्ण तथ्य यह है कि कथा में विषयों और कथानकों की विविधता के साथ ही उनमें दृष्टि नयी, संवेदना पर पकड़ गहरी तथा अपने पाठकों तक सहजतया सम्प्रेषित करने के प्रति तीव्र-सजगता और गम्भीरता एक साथ प्रयत्नशील दिखायी पड़ती है। अमृतलाल नागर का यह 'पाठकबोध' ही उनकी रचनाओं में 'पठनीयता' का प्रमुख कारक है और उनके 'सजग-पाठकबोध' का बड़ा प्रमाण भी!

बालमन-मानस से गहरा जुड़ाव

अमृतलाल नागर ने लेखकीय-जीवन के प्राय: प्रारम्भ में ही अपने को गद्यलेखन तक ही केन्द्रित करने का निश्चय कर लिया था। अपने बालसाहित्य-लेखन में गद्यसाहित्य की पहली दस्तक 'नटखट चाची' से काफी पहले वह मसिजीवी-लेखक के रूप में संघर्ष करने और लेखन के बल पर ही अपने को स्थापित करने के लिए भी प्रतिश्रुत हो गये थे। अत: 'नटखट चाची' के बाद नागरजी द्वारा बच्चों के लिए और कहानियाँ लिखना सम्भव नहीं हुआ। उस कालखण्ड में बच्चों के लिए उनके न लिख पाने का सबसे बड़ा कारण– बम्बई जाकर फ़िल्मोद्योग के लिए कहानी-संवाद आदि लिखने की व्यस्तता (सन् 1940 से 1947) रहा। इस अवधि में नागरजी का परिवार, विशेष रूप से बच्चे; आगरा-ननिहाल ही रहे। वह पत्रों के माध्यम से इन सबसे बराबर संवाद करते रहते थे। यही नहीं; प्रतिबन्धों से भरे अपने बचपन के विपरीत अब वह विश्वकवि रवीन्द्रनाथ ठाकुर की तरह इस विश्वास के हो चले थे : *यदि सरल बनाकर समझाया जाय तो बच्चे कठिन से कठिन विषय को हृदयंगम कर सकते हैं–बच्चों को डाँटने-फटकारने के बजाय अगर उनके साथ खेला जाय और बातचीत की जाय तो उनके गुण उभरकर विकास पा सकते हैं।* (**रवीन्द्र रचना संचयन**, पृष्ठ-xix)

यह अवधारणा बच्चों के लिए लिखने वाले किसी भी लेखक को निश्चित ही बालमानस के अत्यन्त करीब ले जाती है तो बच्चों के साथ लेखक के विश्वास भरे ऐसे तादात्म्य के फलस्वरूप बच्चों के आन्तरिक गुणों का मनोवैज्ञानिक रूप से विकास भी सहज ही होता है। नागरजी ने आगरा में अपने बच्चों के लिए घरेलू संस्था 'गृहसमाज' बनाकर इसके प्रतिफलन का प्रमाण स्वयं पाया। उनके तीनों बच्चे (कुमुद, शरत और अचला) अपनी सफल पढ़ायी-लिखायी के साथ-साथ क्रमश: *महामन्त्री, सभापति व खचांजी* बने हुए 'गृहसमाज' को खुद ही संचालित करते। गृहसमाज के सभापति द्वारा पूरी जिम्मेदारी तथा गम्भीरता से पत्र लिखकर अपने लेखक-पिता को गतिविधियों की बाकायदा जानकारी दी जाती थी। नागरजी को इस सब में शिकवे-शिकायत और अच्छे काम आदि की जैसी जानकारी मिलती, बालमनोभावों के स्तर के अनुकूल पत्रों द्वारा वह बच्चों को मीठी झिड़कियों और चेतावनियों से लेकर भरपूर शाबासियाँ तक दिया करते। (विशेष दृष्टव्य : **अचला नागर** कृत संस्मरणों की पुस्तक-**अमृतलाल नागर की**

बाबूजी-बेटाजी एण्ड कम्पनी का परिशिष्ट-'बाबूजी के खत, बेटाजी के नाम') 'गृहसमाज' के महत्त्वपूर्ण क्रियाकलापों में हस्तलिखित पत्र 'घर-संसार' (1948) निकालना, बालपुस्तकालय का संचालन, संस्था के कार्यवृत्त का लेखन आदि था। [विशेष दृष्टव्य : **डॉ० शरद नागर** का लेख : **यादें, 'गृह-समाज'** की, 'उत्तर प्रदेश' (मासिक), अप्रैल, 1990]।

अतः अत्यन्त स्पष्ट है कि एक लेखक के रूप में नागरजी बच्चों से तादात्म्य स्थापित करने और उनके लिये लिखने तक ही अपने आप को सीमित नहीं करते बल्कि; इससे आगे भी व्यवहार्यतः जुड़कर यह फलप्रद आकांक्षा भी सँजोये रखते हैं कि बच्चों की सृजनात्मक-क्षमता व प्रतिभा क्रमशः अभिव्यक्त और मुखरित भी हो।

अपनी लेखकीय-प्रतिबद्धता के लिए समर्पित अमृतलाल नागर सन् 1948 में लखनऊ वापस आ गये। यहाँ पर बा (धर्मपत्नी प्रतिभा नागर) द्वारा मुहल्ले के गरीब-गुरबों और छोटे बच्चों-बच्चियों के लिए शुरू की गयी निःशुल्क पाठशाला-'कस्तूरबा बालमन्दिर' में रुचि लेते नागरजी बच्चें से घुल-मिलकर विशेष-स्फूर्ति का अनुभव किया करते। अपनी लेखकीय व्यस्तताओं में से वह बच्चों के सांस्कृतिक कार्यक्रमों में रुचिपूर्वक जुड़ने का समय अवश्य निकाल लेते थे। वह टॉलस्टाय की इस बात : ... *मानना बन्द कर दो कि कला महज आनन्द देने का साधन है*[1] के कायल थे तो आत्मविश्वास के साथ यह भी मानते थे : एक जागरूक कलाकार अपने जीवन की अनुभूतियों को दूसरों तक पहुँचाता है और अपने जैसा उसे भी प्रभावित करता है[2] (**सन्दर्भ : 1 व 2,** पुस्तक-**एक दिल हज़ार अफ़साने,** पृष्ठ-6)। अतः शिशुवत् तथा बालकवत्-प्रतीती के साथ जब-तब वह बच्चों के लिए स्फुट रचनाएँ भी कर डालते। अपनी सृजनात्मकता को कलाकार की गहरी अनुभूतियों की तरह अनुभव करते हुए अत्यन्त व्यापक परिप्रेक्ष्य में नागरजी ने एक साक्षात्कार में स्पष्ट रूप से कहा भी है :

*कलाकार के लिए शिशु होना नितान्त आवश्यक है। वह बच्चा नहीं होगा तो खेल कैसे खेलेगा, रमेगा कैसे? ... मेरे अन्दर जब खेल की स्पीरिट ही नहीं रह जायेगी, तब क्या होगा? टॉलस्टाय, तुलसी और प्रेमचन्द को ही देखो। मैं सच कहता हूँ कि वे खिलाड़ी हैं, बच्चे हैं। टैगोर ... बच्चा था। ... रचनाकार में जो शिशु होता है, उसे जागृत करना पड़ता है। उस शिशु को ही हम पालते हैं। उसी से तो मैं अमृतलाल नागर हूँ। जो रचनाकार है, वह शिशु होकर भी परम ज्ञानमय, प्रौढ़सर्जक-विधाता है। ... यह मत भूलो कि जो शिशु है, रचनाकार है, उसको मैं जितना ज्यादा देखता हूँ, उतना ही मुझको लाभ होता है। यही मेरी जीवनोपलब्धि है। (**अमृत मंथन,** सम्पादक : शरद नागर-आनन्दप्रकाश त्रिपाठी, पृष्ठ 69-70)।*

अतः बच्चों के लिये लिखने के अवसर मिलने, कम मिलने या न मिलने पर भी नागरजी ने शिशुत्त्व से; बालक और बचपन से, प्रकारान्तर से बच्चों और उनकी दुनिया से अपना गहरा जुड़ाव मानसिक-रूप से बराबर बनाये रखा; जीवन व लेखन के विकट संघर्षों के बीच भी खूब बनाए रखा। यही कारण है कि पहले बालकथा-संकलन 'नटखट चाची' के प्रायः 30 वर्षों के बाद जब उन्होंने बच्चों के लिये कहानियाँ लिखी, तब न केवल शीर्षक से अधुनातन वरन् कथ्य के स्तर पर भी वैज्ञानिक-विकास, यथार्थबोध और समकालीनताओं से परिपूरित कथ्यों वाली 'अन्तरिक्ष सूट में बन्दर', 'गुण्डों के बच्चे',

'इकलौता लाल', 'एक पत्ता जो जासूस नहीं था' और 'बलिया के बाबा' जैसी बालकथाएँ उनकी लेखनी से नि:सृत हुई हैं। इन्हें पढ़कर बच्चों को नितान्त आसपास का और 'अपना-सा भी महसूस हुआ है। इनसे भिन्न 'साझा', 'चोर बना कोतवाल', 'सतखण्डी हवेली का मालिक', 'भागते भूतों की कहानी', 'सच्चे साधु की पहचान', 'सोने का चूहा' आदि कहानियाँ हैं। ये दादी-नानी से सुनी जाती रही हैं किन्तु; इन परम्परागत कहानियों और लोककथाओं में नागरजी ने बच्चों के लिए हृदयस्पर्शी-दृष्टिबोध के ऐसे प्रभावी-रंग भर दिये हैं कि वह उनके बालकथा-लेखन की पहचान बन गया है और पुरानी तथा बासी कही जाती कहानियाँ कथ्य में ताज़गी से ऊभ-चूभ हो उठी हैं।

ऐसा विशिष्ट-बालसाहित्य लिखते अमृतलाल नागर 5-7 वर्ष के छोटे बच्चों को बिल्कुल नहीं भुलाते, उनके लिये भी वह अपना मन इसलिये मथते है क्योंकि; *कहानी रचना ऐसी मानवीय आवश्यकता है, जो लेखक को पाठक से अलग नहीं रखती ... वह मानवीय-प्रक्रिया ... लेखक से पाठक के दिलों को जोड़ती है।* (**एक दिल हज़ार अफ़साने,** पृष्ठ-6) परिणामत: उनकी क़लम से नन्हें-मुन्नों को लुभाने वाली 'बहादुर सोमू', 'रानी मक्खी की चतुरायी', 'सात पूँछों वाला चीकू' जैसी कहानियाँ सहज ही उपजी हैं। अपने अन्तिम उपन्यास 'पीढ़ियाँ' के बाद भी नागरजी में छोटे बच्चों के लिये लिखने की ललक जागृत थी-यह तथ्य अत्यन्त महत्त्वपूर्ण ही नहीं, वरन् ध्यान देने योग्य भी है। यह ललक ही थी कि शिशु-वर्ग के पाठकों की खातिरदारी में नागरजी ने पशु-पक्षी, बाग-वन आदि की मनोवांछित दुनिया ('घमण्ड की सज़ा' और 'बुढ़िया की चालाकी') के साथ ही दूसरे ग्रह ('फूलों की घाटी') व शहरी वातावरण ('नटखट खरगोश') की चार लुभावनी तथा विविधतापूर्ण कहानियाँ लिखीं। बचपन से हमेशा ताज़गी और स्फूर्ति पाते रहने वाले अमृतलाल नागर ने इन चारों कहानियों को लिखकर छोटे बच्चों के बीच अपनी यादगार उपस्थिति सदैव-सदैव के लिए दर्ज़ करा दी है।

साहित्य में ऐसी सृजनधर्मी रचनाएँ भी रची जाती हैं, जो सामान्य या किसी विशेष पाठक वर्ग के लिये होने के साथ ही यथावत् या किंचित् संशोधन-परिवर्तन के फलस्वरूप 'बालोपयोगी' बन जाती हैं। **'त्रिलोक विजय'** और **'पान की कहानी'** नागरजी द्वारा रचित इसी कोटि की रचनाएँ हैं। इन्हें बच्चों ने खूब पढ़ा और सराहा है।

भारतीय-परिवेश के अद्भुत बालउपन्यास

हिन्दी का बालसाहित्य अधिकांशत: कथाबहुल है। कविता, लयात्मकता के कारण हर वर्ग के बच्चों को बहुत भाती है। हिन्दी में पद्यकथाओं की बहुतायत है परन्तु; कथात्मक-पद्यात्मक रचनाओं की तुलना में हिन्दी में बच्चों के लिये उपन्यास बहुत कम हैं। विदेशी-बालसाहित्य में ऐसा असन्तुलन नहीं है। विदेशों की अधिकांश समुन्नत भाषाओं के बालसाहित्य में कविताओं-कहानियों आदि के साथ-साथ बच्चों के उपन्यास भी यथेष्ट हैं।

बालउपन्यास हमारे यहाँ वस्तुत: स्वातन्त्रयोत्तर-काल में लिखे गये। टारजन और फैण्टम जैसे विदेशी बाहुबलियों से जुड़े कथा-साहित्य तथा कॉमिक्स के भारत में आने से इनकी ओर बच्चों का आकृष्ट होना अस्वाभाविक नहीं था किन्तु; यह भी बड़ी सच्चाई है कि विषय, कथावस्तु, चरित्र आदि किसी स्तर पर भी यह कथासाहित्य, भारतीय-परिवेश

के अनुरूप कतई नहीं था। 'अमर चित्रकथा' ने इसकी उचित प्रतिपूर्ति की, जबकि अब तक बच्चे भारतीय भाषाओं की कुछ बालपत्रिकाओं तथा पत्रों में प्रकाशित 5-10 कथाचित्रों की कामचलाऊ कथापट्टियों से ही अपना मन बहला पाते थे। परन्तु 'अमर चित्रकथा' के बड़े फलक पर अब पूरी की पूरी पुस्तक उपलब्ध हो रही थी। सबसे बड़ी बात यह थी कि ये चित्रकथाएँ बच्चों के लिये अत्यन्त सुपरिचित तथा अपने भारतीय-परिवेश की थीं। अत: इन्हें बालपाठकों का व्यापक समुदाय मिला, इनको व्यापक-प्रसार भी हुआ किन्तु; अमर चित्रकथा की पुस्तकें 'सूत्रात्मक-कथा में चित्रबहुलता' की 'विरोधाभास-पूर्ण सीमा' में बँधी हुई थीं। अत: बच्चे इनसे अलग-अधिक बड़ी कहानियाँ, बालउपन्यास अथवा इनके सरीखा कुछ और पढ़ने को मिले, इसकी अपेक्षा अत्यन्त तीव्रता से करते रहते थे।

अमृतलाल नागर ने उस कालखण्ड में **बजरंगी-नौरंगी, बजरंगी पहलवान, बजरंगी स्मगलरों के फन्दे में** तथा **अक्ल बड़ी या भैंस,** ये चार बालउपन्यास लिखे। नागरजी की इन कृतियों से बच्चों में बड़ी कहानियों और बालउपन्यास आदि के लिये अनुभव की जा रही आकुलता-व्याकुलता से मुक्त करने वाली तथा अपरिहार्य आवश्यकता की अत्यन्त सार्थक प्रतिपूर्ति हुई।

इन बालउपन्यासों में पहले तीन-'बजरंगी-नौरंगी', 'बजरंगी पहलवान' तथा 'बजरंगी स्मगलरों के फन्दे में', कुबेरपुर के बल-बुद्धिशाली बजरंगी-नौरंगी बन्धुद्वय के नायकत्व से परिपूर्ण एवं शृंखलाबद्ध हैं। इन्हें पढ़ते हुए बच्चों में महाबली-हनुमान की छवि का कौंध जाना अत्यन्त स्वाभाविक है किन्तु; इससे भी अधिक महत्त्वपूर्ण दो तथ्य इनके सम्बन्ध में ध्यान देने योग्य हैं :

(1) : ये दोनों ही चरित्र फैण्टम-टारजन के मुकाबले नितान्त ठेठ और देशज हैं। और-

(2) : यथार्थवादी, कल्पनाशील तथा जिज्ञासापरक कथा-विस्तार के साथ चलते रहने वाले बजरंगी-नौरंगी के सारे कार्य-व्यापार आश्चर्यजनक और विस्मयकारी होने पर भी अत्यन्त-युक्तिसंगत, विज्ञानसम्मत, तर्कपूर्ण एवं विश्वसनीय हैं।

इन बालउपन्यासों को पढ़ते हुए बच्चे सहज ही यह समझते रहते हैं कि बौद्धिक, शारीरिक और मानसिक-बल के साथ बजरंगी-नौरंगी का आस्थामूलक नैतिक-बल तथा आत्मविश्वास ही उन्हें परम्-शक्तिमान बनाता है। तीनों बालउपन्यासों में इनकी उपस्थिति और इनके कार्यकलापों की छवि असन्दिग्ध रूप से 'संकल्पवान-लोकोपकारक चरितनायक' की है। इन शृंखलाबद्ध बालउपन्यासों में पहले दो; **बजरंगी-नौरंगी** और **बजरंगी पहलवान** तो परस्पर क्रमबद्ध हैं।

तीसरा बालउपन्यास-**बजरंगी स्मगलरों के फन्दे में**; पूर्वोक्त दोनों बालउपन्यासों से स्वायत्त तथा स्मग्लिग जैसे विषय में विन्यस्त है। इसका फलक भी विस्तृत है। इसमें बच्चों (बजरंगी पहलवान के प्रशिक्षु शिष्यों) की जासूसी में सहभागिता, सुलेमान चौधरी, मेहतरों आदि आमजनों से लेकर हाथियों (गणेश-विघ्नेश) के दल तथा अभियान में छोटे भाई नौरंगी के भी जुट पड़ने से, कुबेरपुर में भले मानुषों के भेष में रहते देश-समाज विरोधी स्मगलरों के गढ़ तक पहुँचने आदि की कथा बेहद रोमांचक है। समुद्र के टापू के बीच की पहाड़ी पर बनायी गयी इमारत अर्थात् स्मगलरों के रहस्यमय खास अड्डे तक

हर-सम्भव प्रयत्न से पहुँच कर अन्ततः उसका युक्ति-युक्त भण्डाफोड़; सम्पूर्ण-कथा का अद्‌भुत चरमोत्कर्ष है।

नागरजी का चौथा और अन्तिम बालउपन्यास **अक्ल बड़ी या भैंस** किशोरों के लिये है। यह दुष्ट-दमन की सामाजिक कथा से सम्बन्धित है। अपने शीर्षक से यह हिन्दी में कहावतों से जुड़ी उन अनेक रोचक कथाओं का स्मरण करा देता है, जो हिन्दी के कुछ बालसाहित्यकारों द्वारा समय-समय पर लिखी गयी हैं। ऐसी बालकथाओं में मुहावरों, कहावतों और लोकोक्तियों की छटा बिखेरने की मज़ेदार कोशिश भी अत्यन्त लुभावनी रही है। परन्तु **अक्ल बड़ी या भैंस** अपनी कथा में इससे बिल्कुल अलग 'जिसकी लाठी उसकी भैंस' की उक्ति को चरितार्थ करते घूमते ज़मींदार के दबंग बेटे मुन्नू सिंह और उसकी खलनायक मण्डली को जिस तरह 'मुँह की खाने' की परिणति पर पहुँचाता है, वह इस बालउपन्यास से जुड़ी प्रारम्भिक 'सूझ', कथा में प्रयुक्त 'युक्तियों' तथा बच्चों के इस उपन्यास से जुड़ी कहावत की प्रत्युत्तरात्मकता, इस सब को भी अत्यन्त प्रामाणिकता से सिद्ध करता है।

पद्यात्मक-लेखन में रमा कथाकार-मन

बालसाहित्य-लेखन कठिन रचनाधर्मिता है। अमृतलाल नागर ने कहानियों के साथ ही सभी आयु-वर्ग के बच्चों के लिए उल्लेखनीय रूप से पद्यात्मक-लेखन भी किया है। नागरजी का कथाकार-मन बच्चों की कविताओं के इस लेखन में खूब-खूब रमा है। बच्चों के लिये उनका यह काव्यात्मक-लेखन 3-4 वर्ष के छोटे बच्चों से लेकर 13-14 वर्ष के किशोरों तक के लिये हुआ है। यह सारा पद्यात्मक-लेखन उन्होंने सन् 1950 से 1980 के बीच समय-समय पर किया है, जो रोचक-मनमोहक और अत्यन्त कल्पनाशील भी है।

नागरजी द्वारा लिखी जन्मोत्तर शिशु-वर्ग (3-4 वर्ष) से किशोर-वर्ग (12-14 वर्ष) तक के लिये रचित बालकाव्य-रचनाएँ **'निंदिया आ जा'**, **'तीन लफंगे'**, **'विकलांगों की सच्ची सेवा'** तथा **'सात भाई चम्पा'** उनके द्वारा पूर्वलिखित बालसाहित्य के क्रम में न केवल उल्लेखनीय बल्कि; अत्यन्त विशिष्ट भी हैं। हों भी क्यों नहीं? आखिर बचपन में खूब कविताएँ याद करते जिस 12 वर्षीय बालक के मन पर पड़े प्रभाववश जीवन में सबसे पहले तुकबन्दी फूटी थी और जिसे कविताएँ भी खूब याद हो गयी थीं : ... मैं अपने दादा द्वारा राजा बेटा माना गया। अपने प्रतिष्ठित आगन्तुक परिचितों, मित्रों के सामने मुझे बुलाकर बड़े उत्साह से कविताएँ और श्लोक सुनाने की आज्ञा वे मुझे देते थे। (टुकड़े-टुकड़े दास्तान, पृष्ठ-32) उसी बालक अमृत ने नाम कमाने की लालसावश अपने शहर के जिस-तिस मोहल्ले में होने वाले समस्यापूर्ति-मार्का कवि सम्मेलनों में... अवश्य भाग लिया...किन्तु कहानी न लिखी।[1] परन्तु आगे चलकर इस बालक अमृत का मन अब कविताओं से कहीं अधिक कहानियों-उपन्यासों में रमने लगा था।[1] *... प्रारम्भिक तुकबन्दियों के बाद ही मेरा रुझान गद्य की ओर हो गया। कहानियाँ लिखने लगा।*[2] (पुस्तक-**यथोपरि,** सन्दर्भ : 1 व 2, पृष्ठ 70 व 66)

ऐसे गद्यलेखन-प्रवृत्त अमृतलाल नागर का कविता, वह भी अत्यन्त छोटे बच्चों से जुड़ी कविता के रचने में प्रवृत्त होकर 'लोरी' लिखना! यह चौंकाता ज़रूर है। परन्तु नागरजी ने न केवल 'लोरी' लिखी बल्कि; उस लोरी की कविता में गजब की कथात्मकता के रंग भी भरे। **निंदिया आ जा लोरी** के साँचे-ढाँचे के भीतर प्रायः 50

पंक्तियों में लिखी गयी कथात्मक-कविता है। अपनी संरचना में यह लोरी की शर्तों को तो पूरा करती ही है, शिशुओं की 'परिचित से अपरिचित की ओर होने वाली जिज्ञासावृत्ति की यात्रा' में यह बहुत कुछ नया भी जोड़ती है।

बालनायिका मुन्नी-केन्द्रित इस लोरी का कथानक है-

रात हो गयी है। सपनों की लुभावनी दुनिया में ले जाने वाली झिलमिल तारों की टोली झरोखों से झाँक-झाँककर हाँक लगाती हुई मुन्नी को झटपट आकर आँख मिचौली खेलने का बुलावा दे रही है। पर मुन्नी जाये तो कैसे? उसकी गुड़िया, *गोरा साहब, काली आया, मोटी बिल्ली, रूठी माया* (पृष्ठ 115) वगैरह ही नहीं : गुड्डा, पिल्लू, कसरतवाला बन्दर आदि में से कोई भी तो अभी तक सोया नहीं है! निदान-स्वरूप इन सबको मीठी लोरी 'निंदिया आ जा-निंदिया आ जा' गाकर सुलाती हुई मुन्नी खुद ही नींद की गोदी में निमग्न हो जाती है! अब नींद परी स्वयं आकर झट उस पर गहरी नींद के डोरे डालती है, फिर सुन्दर पंख लगा और उसे परी बनाकर सपनों के साज से सजी नींद-लोक की न्यारी फुलवारी में लिये जा पहुँचती है! मुन्नी अब सपनों से खिली इस मनभावन फुलवारी की रानी है।

अरे वाह! यहाँ तो अमरीकी, रूसी, इंग्लिस्तानी, जापानी ही नहीं; *चीन, कोरिया, बरमा वाले; यूनानी और हब्शी काले* (पृष्ठ 116) और न जाने किन-किन देशों के बच्चों का भरापूरा-संसार मौजूद है! यहाँ हिलमिल कर आँख-मिचौली खेलते बच्चे तय करते हैं कि वे अब *एक रहेंगे, नहीं लड़ेंगे, नेक बनेंगे।* (पृष्ठ 116) इस निश्चय के साथ सारे बच्चे फूलों की सीढ़ी पर चढ़कर चन्द्रलोक की सैर करने पहुँच जाते हैं। वहाँ पर चरखा कातती बुढ़िया नानी बच्चों को कहानी सुनाती है और चन्दामामा भर-भर कटोरे दूध पिलाकर सबको छका देते हैं।

लोरी के इस कल्पनाशील-वृत्तान्त में अमृतलाल नागर द्वारा 'अन्तर्राष्ट्रीय बालसमुदाय का समावेश' सचमुच नया है। इसके माध्यम से नागरजी समकालीन दुनिया का पूरा अन्तर्राष्ट्रीय-वितान उपस्थित कर देते हैं। परन्तु इस कथा में संघर्ष को सम्भव करते हुए यहीं वे एक महत्त्वपूर्ण मोड़ भी लाते हैं, और वह है इतनी अच्छी-स्वप्नमयी दुनिया में तोप, टैंक, एटम बम लिये बैर-फूट के राक्षस का रंग में भंग! इसे विश्व के युद्धोन्मादी देशों के खलनायकत्व से लेकर आज की विघटनवादी-साम्प्रदायिकता और विध्वंसक-आतंकवाद की अधुनातन-विनाशकारी प्रवृत्ति तक से जोड़कर देखे जाने की संगति भी निःसन्देह बैठती है। ऐसे में शान्ति, सहिष्णुता और सद्भाव-प्रिय तेज़-दिमाग़ मुन्नी कृष्ण-कन्हैया की बंसी के साथ तुरन्त प्रेम-राग गाने लग गयी। राक्षस भागा, अरे-अरे! रात भी भागी जा रही है... नहीं, आशाओं का प्रभात हो आया है, फूल-खिले हैं, फूलों की महक से वातावरण तरोताजा हो गया है, पक्षीगण अत्यन्त हर्षित-प्रमुदित हैं और माँ-

'जा री निंदिया अपने देश; फिर आना धर सुन्दर वेश' (पृष्ठ 117)

कहती हुई मुन्नी को जगा रही है, एक और नया दिन शुरू करने के लिये!

लोरी परम्परागत रूप से स्त्री-वर्ग द्वारा रची जाने वाली रचना मानी गयी है किन्तु; हिन्दी बालसाहित्य में अनेक पुरुष रचनाकारों ने भी लोरियाँ लिखी हैं। इस सबके बीच कथात्मकता-परिपूरित नागरजी की लोरी **'निंदिया आ जा'** अपनी संक्षिप्तता के बावजूद कल्पनाशील-कथा में व्यापक-फलक समेटने वाली अप्रतिम-रचना के रूप में उभरकर

आती है। द्वितीय-विश्वयुद्ध के बाद पूरी दुनिया समय-समय पर जिस प्रकार से अनेक देशों के युद्धोन्माद का शिकार बनती रही है, नागरजी ने 'निंदिया आ जा' के लालित्य के बीच 'एटम बम' और 'राक्षस' की झलकी देकर इस बालरचना को लोरी की प्रकृति में ही वैश्विक-स्तर के सन्दर्भ देकर नितान्त समकालीन और प्रासंगिक बना दिया है। अतएव हिन्दी-बालसाहित्य में रची परम्परागत व नयी लोरियों में 'निंदिया आ जा' अपनी कल्पनाशीलता के साथ गुँथी हुई उपर्युक्त यथार्थवादी संकल्पनाओं के कारण 'अधुनातन' बन गयी है।

'तीन लफंगे', 'सात भाई चम्पा' तथा 'विकलांगों की सच्ची सेवा' क्रमशः शिशु-वर्गोत्तर बाल-वर्ग की ओर केन्द्रित होती गयी रचनाएँ है। बच्चों को रुचने वाली कविता में एक कथानक ढालना, फिर उसमें उनके सीख-समझ लेने लायक बातों को भी समाविष्ट कर देना। नागरजी की यह विशिष्टता उपर्युक्त तीनों ही रचनाओं में है।

तीन लफंगे में कल्पनाशील-यथार्थवाद के स्तर पर 'छोटों की मार बड़ी' जैसी उक्ति अत्यन्त सार्थकता से चरितार्थ हुई है क्योंकि; जंगल के थानेदार भालू के दुष्ट और लफंगे तीनों बेटों पर, स्पष्ट रूप से लंगूर-लोमड़ आदि से भी ज्यादा कारगर और असरदार साबित हुई है तो 'छोटी' समझी जाती मधुमक्खियों की हमलावरी!

इसके विपरीत **सात भाई चम्पा** बिल्कुल भिन्न-प्रकृति और विषय की; काव्य-रूपक सरीखी रचना है। यह रचना मूलतः विश्वकवि रवीन्द्रनाथ ठाकुर की लिखी हुई है किन्तु; नागरजी की लयात्मक-संरचना बच्चों के उपयुक्त निःसृत होने से, यह रवि बाबू की मूल-कथा से भिन्न बालकाव्य-रचना के रूप में भी अपना स्वायत्त-प्रभाव छोड़ती है। नागरजी की संलग्नता सहित 'मेफेयर', लखनऊ के मंच पर रविबाबू की जन्म शताब्दी (1961) में हुए इसके कल्पनाशील-सफल मंचन ने इसका ब्याजत्व और महत्त्व, दोनों ही बढ़ा दिया।

विकलांगों की सच्ची सेवा को उपर्युक्त दोनों रचनाओं के बाद के बाल-वर्ग वाले बच्चों (7-8 वर्ष) के लिए जैसी संरचना में लिखा गया है, काव्य-रूप के साँचे में वह बच्चों को अपने आसपास की ज़िन्दगी से भी जुड़ी होने की प्रतीति देता है। और; सबसे अधिक महत्त्वपूर्ण यह कि इस पद्यकथा में 'श्रम का महत्त्व' बहुत अच्छी तरह प्रतिपादित और स्थापित हुआ है।

इन पद्यकथाओं का महत्त्व इस कारण और भी बढ़ जाता है कि नागरजी के बालजीवन में फूटी तुकबन्दी का स्रोत बच्चों के हक़ में रचनात्मक-उपस्थिति दर्ज कराने की दृष्टि से नागरजी के कवित्व के रूप में इन पद्यकथाओं में 'पुनरपि-पुनरपि' निःसृत हुआ है। अपने रचनात्मक साँचे-ढाँचे में ये सभी पद्यात्मक रचनाएँ; नागरजी में निहित कवित्व के अजस्र-प्रवाह को भरपूर प्रमाणित करती हैं।

बच्चों के लिये कविताएँ, कहानियाँ आदि लिखते अमृतलाल नागर की रचनाओं में बच्चों के कल्पनालोक की परियाँ हैं तो लोक तथा परम्परागत कथाओं के भूत-राक्षस, राजा-रानी, राजकुमार-राजकुमारी आदि की दुनिया भी और; इसी के साथ समकालीनता भी! परन्तु इन सबको अपने बालसाहित्य-लेखन में समाविष्ट करने के बावजूद वह बिल्कुल स्पष्ट रहे हैं ... *किस्सा सदा सच्चा और मीठा ही होता है।... इसलिये किस्सागोई की रुचि को मैंने जनरुचि और जनहित का हिस्सा बनाकर ही पेश करने की कोशिश की*

है... मैंने... सीखा कि कला का विकास उसके अपने मूलभूत गुण और सौन्दर्य की दृष्टि से होना चाहिये, पर यह सब बातें जब तक मानव के जीवन ... से नहीं जुड़तीं, तब तक पत्थर की मूर्तियों की तरह सुन्दर लगकर भी निष्प्राण ही रहती हैं।... व्यक्ति हो या देश-काल, अपने परिवेश से अलग-रखकर उन्हें कदापि नहीं देखा जा सकता। (**एक दिल हज़ार अफ़साने**, *पृष्ठ-7*)

बच्चे भी व्यक्ति और समाज के अटूट-अविभाज्य हिस्से हैं। उनकी कल्पनाशीलता को खुला आकाश देने के लिए यदि परियों से लेकर लोक और परम्परागत कथाओं तक जो भी रचा जाय, नागरजी के उपर्युक्त मत से वह 'सत्यं, शिवम्, सुन्दरं' को सार्थक करने वाला 'मीठा', 'सौन्दर्यमूलक' और अन्ततः देश-काल एवं परिवेश के अनुरूप तथा 'जीवन और संवेदना' से जुड़ा होना चाहिये। इस सबको बच्चों के स्तर पर संकेन्द्रित कर कही गयी कवि कुँवर नारायण की यह बात अत्यन्त सटीक अभिव्यक्ति देती है : *कल्पनाशीलता यथार्थ से पलायन नहीं है। कल्पनाशीलता को समझे बिना साहित्य में उसकी जगह को समझा नहीं जा सकता। बच्चे जब कल्पनाशील नाटक देखते, साहित्य पढ़ते हैं तो उनकी संवेदनशीलता को प्रोत्साहन मिलता है।... बालकथाओं में पर्यावरण और जीवजगत से गहरे सम्बन्ध अभिव्यक्त हुए हैं। पशु-पक्षियों के साथ बच्चे के मानवीय सम्बन्ध नज़र आते हैं। बालसाहित्य को छोटा नहीं समझा जाना चाहिये। (दिल्ली में* **उमंग** संस्था के एक कार्यक्रम में मुख्य अतिथि के रूप में दी गयी वक्तृता के अंश)

नागरजी के सम्पूर्ण-बालसाहित्य में भी यह सब 'हाथ कंगन को आरसी क्या?' की तरह व्यवहार्यतः छविमान है।

बच्चों के नाटक-रंगमंच की दुनिया में भी गहरी पैठ

अमृतलाल नागर का अपने बचपन, किशोर और फिर किशोरोत्तर-जीवन में नाटक-रंगमंच से नाता बना रहा है। इस नाते को नैरन्तर्य और गतिशीलता भले न मिली हो किन्तु; नागरजी में पनपी हुई रंगवृत्ति की जड़ों को गहराई तक पहुँचाने वाले बानकों से यह यथा-अवसर जुड़ता ज़रूर रहा है। उन्होंने लिखा भी है :

मेरा नाटक का शौक नया नहीं, पुराना है। ... बचपन में स्वयं मैंने भी मित्रों की टोली के साथ नाटक खेले हैं—एकाध बार स्कूलों में और तीन-चार बार अपने मुहल्ले में। ... सात वर्ष फ़िल्म व्यवसाय में रोटी कमाते हुए अक्सर संवाद-निर्देशक का काम भी मैंने किया था। ... वह पुराना शौक नये सिरे से जागा। सन् 1948 में लखनऊ वापस आ जाने पर नाटक लिखने का शौक सामाजिक उपयोगिता के विचार से फिर मुझे गर्माने लगा। ... पत्नी ... की पाठशाला के बच्चों को अक्सर शनिवार के दिन छोटे-छोटे नाटक और कभी-कभी छाया नाटक खिलाने लगा। मैं कल्पना के अनेक खेल उनसे रचवाता। अभिनेता बनाने से पूर्व बच्चों की कल्पनाशीलता को विकसित करना नितान्त आवश्यक है। (**टुकड़े-टुकड़े दास्तान**, पृष्ठ-128)

अमृतलाल नागर द्वारा 'रंगमंच की यादें' शीर्षक लेख में लिखी ये पंक्तियाँ संक्षिप्तता के बावजूद उनके स्वयं के बचपन से लेकर बच्चों से सम्बन्धित नाटकों तक में उनकी संलग्नता को बख़ूबी उद्घाटित करती है। रंगमंच से गहरे जुड़े हुए नागरजी के अभिनेता-पिता के रंगसंस्कारों के प्रभाव की भी इस सबमें निश्चित ही बड़ी भूमिका माननी चाहिये।

सन् 1953 से 1956 के बीच लगभग ढाई वर्षों तक नागरजी आकाशवाणी, लखनऊ से नाटकों के प्रस्तुतकर्ता (ड्रामा-प्रोड्यूसर) के रूप में जुड़े रहे। अपने नैतिक दायित्वों के साथ-साथ इस कार्यकाल में उन्होंने रेडियो से 'बच्चों के कार्यक्रम' भी प्रस्तुत-संयोजित किये। फलस्वरूप बच्चों के साथ उनका लगाव व तादात्म्य और भी अधिक गहराया। उन दिनों नागरजी द्वारा प्रस्तुत कार्यक्रमों में बालप्रतिभागी के रूप में सहभागिता करते रहे रज्जनलाल (कालान्तर में आकाशवाणी, लखनऊ के एक समाचार-वाचक) ने अपनी सेवानिवृत्ति के बाद एक कार्यक्रम में नागरजी का स्मरण करते हुए अपने बचपन से सम्बन्धित नागरजी की महत्त्वपूर्ण भूमिका के विषय में अत्यन्त आश्चर्यजनक रहस्योद्घाटन किया! उन्होंने बताया- *मैं बचपन में हकलाता था। रेडियो के कार्यक्रमों में भागीदारी करने की दृष्टि से सचमुच, यह बड़ा दोष था। नागरजी ने इसे लक्ष्य मात्र नहीं किया, उन्होंने बोलने से सम्बन्धित तथा 'वाणी' विकार से मुक्त करने विषयक मुझसे अनेक अभ्यास करवाये। उन्हें करते-करते कालान्तर में मैं 'वाणी-विकलांगता' की हकलाहट जैसी बड़ी ख़ामी से न केवल मुक्त हो गया बल्कि; मैंने आकाशवाणी पर समाचार-वाचन आदि की लम्बी पारी भी खेली।* (17 अगस्त, 2006 को कादम्बिनी क्लब, लखनऊ द्वारा आयोजित गोष्ठी में दी गयी वक्तृता के अंश)

प्रामाणिक-साक्ष्य वाले इस उदाहरण से साहित्यकार अमृतलाल नागर के बच्चों के साथ रचनात्मक और गहरे लगाव, उनसे गम्भीरता से जुड़ने तथा उनके लिये हर सम्भव मेहनत करने की उनकी प्रवृत्ति को सहज ही समझा जा सकता है। 'वाचिक-अभिनय' के लिये तो नागरजी 'प्रवीण प्रतिभा-पुरुष' के रूप में प्रसिद्ध रहे हैं।

अत: नागरजी द्वारा आकशवाणी के लिये लिखे तथा उन्हीं के द्वारा प्रस्तुत किये गये बच्चों के दो ध्वनि नाटकों-**बालदिवस की रेल** तथा **परी देश की सैर** का विशेष महत्त्व है। इनमें से पहले बालनाटक 'बालदिवस की रेल' में पूरे भारत की सैर करने के साथ ही सभी प्रान्तों की विविधताओं-भरी सांस्कृतिक-झाँकी आदि की भी बालबोधमय सुखद-प्रतीति होती है। 'परी देश की सैर' यथार्थवादी और कल्पनामय-संसार के सहमेल को चरितार्थ करती बालनाट्य-रचना है। इसमें बालसुलभ आपसी 'तू-तू, मैं-मैं' के साथ ही अपनत्व-बोध; अधिकार-भाव की दावेदारी और धनबल के अहंकार के समानान्तर श्रमशीलता का महत्त्व, अदृश्य-शक्ति की तरह परीक्षा और इम्तहान के भूत की परीलोक में भी पैठ आदि से यह स्पष्टत: समझा जा सकता है कि नागरजी की हर तरह के बालमानस तक पहुँच कितनी गहरी थी। उनके द्वारा 'परी देश की सैर' में गगन मण्डल, ब्रह्माण्ड जैसे भारी-भरकम शब्दों की विन्यस्ति, बच्चों के इस रेडियो-नाटक को वस्तुत: मनोरंजन से और आगे शैक्षिक उद्देश्यों को पूरा करती हुई व्यापक-फलक देती है। यहाँ अत्यन्त महत्त्वपूर्ण तथा ध्यान देने लायक तथ्य यह है कि बालमानस को बाँधे रखने वाली रोचकता फिर भी कहीं ढीली नहीं पड़ती। 'परी देश की सैर' शिक्षा और मनोरंजन के मोहक-संगमन का सचमुच उत्कृष्ट उदाहरण है।

बालनाट्य-लेखन के बहाने अद्भुत व्याख्यान!

बच्चों से अमृतलाल नागर के व्यक्ति और रचनाकार, दोनों का सघन-जुड़ाव; बड़ी सच्चाई है। विभिन्न आयु के बच्चों के लिये लिखी उनकी रचनाएँ इसका स्वयंसिद्ध प्रमाण

है। **आओ बच्चो नाटक लिखें**; इस क्रम में नागरजी का सहजताबोध से ओतप्रोत बेहद अनौपचारिक-व्याख्यान है। बालनाटक लिखने के गुर को जब चारपायी, उसके पाये-पटिया और बाध सरीखी दैनिक-जीवन से जुड़ी चीजों के माध्यम से वह सिखाते-बताते हैं, तब यह समझना कठिन नहीं रह जाता कि स्वयं बच्चों के नाटक को जीवन में वह सचमुच कितना रचा-बसा हुआ और महत्त्वपूर्ण मानते हैं! पाटियों को जोड़ने के लिए पायों में चूलों का होना, उनमें पाटियों का अँट कर फिट बैठना और फिर मूँज (बाध) की डोरी के ताने-बाने से बुनी चारपायी में सम्पूर्ण नाटक की परिकल्पना, जिसमें पाटियाँ पात्र है और पाया-कथावस्तु यानी नाटक का तत्त्व! एक चारपायी मात्र के उदाहरण से नागरजी ने अपने इस व्याख्यान में 'बात में से बात निकालने' जैसी युक्ति अपनायी है और बच्चों के नाटक लिखने की बतरस-पगी सूझ बहुत ही सरल तथा बिल्कुल मौलिक-अन्दाज़ में बता दी है। इसी क्रम में चरित्र और उनके आपसी रिश्ते, दोस्ती-दुश्मनी के रंग, परकाया-प्रवेश, मनोभावों की ऊर्जा कल्पना, सर्जकमन का खिलन्दड़ापन तथा नाटककार और मनोविज्ञान के अन्तर्गत मेलमाइण्ड, फीमेलमाइण्ड, क्रिएटिव-माइण्ड आदि तत्वों को भी नागरजी ने अत्यन्त बोधगम्य-शैली में उजागर किया है। उनका यह व्याख्यान वस्तुतः 'बालनाट्य-लेखन का मार्गदर्शक दस्तावेज़' है। नागरजी द्वारा बताये गये गुरों के फलस्वरूप 'नाट्य-लेखन' के लिये भी इस व्याख्यान की उपयोगिता स्वयंसिद्ध है।

इतिहास का तीक्ष्ण-शोधान्वेषण और वर्तमान से जोड़ने का विलक्षण-कौशल

प्रेमचन्द की परम्परा में यथार्थवादी और प्रगतिशीलधारा के अप्रतिम-संवाहक के रूप में अमृतलाल नागर की जबर्दस्त पहचान है। प्रेमचन्द ने बच्चों के लिये भी मनोमुग्धकारी कहानियाँ लिखी हैं, पर उन्होंने जीवन-चरित भी लिखे हैं; इस तथ्य से बहुत कम लोग परिचित हैं। प्रेमचन्द की परम्परा के संवाहक के रूप में नागरजी ने बच्चों के परिप्रेक्ष्य में अपने बालसाहित्य-लेखन को कथेतर विधाओं में जीवनी आदि से परिपूरित, अधिक विविध तथा बहुआयामी दिशाओं में विकसित किया; तभी तो वह कहते भी हैं : '*मेरे मन में बच्चों-सी भरी चाह होती... जरा देखा जाय कि हजार वर्ष पहले का व्यक्ति और समाज कैसा था?... किस्सागो के नाते मैं बड़ा बावला हूँ।* (**अमृत मंथन,** पृष्ठ-77) परन्तु इस बावलेपन में भी यह 'सार-सार को गहि रहै, थोथा देय उड़ाय' के विश्वासी है। अतः पुराकाल को इतिहास की दृष्टि से देखते हुए वह बावले ही नहीं हो जाते, वरन् तथ्यों को वाजिब तर्कों की कसौटी पर खूब कसते-परखते भी हैं।

इस सिलसिले में डॉ० रामबिलास शर्मा का दिया यह सूत्र भी नागरजी के सम्बन्ध में अत्यन्त महत्त्व का है : *बम्बई में रहते हुए पूरनचन्द जोशी जैसे नेताओं के सम्पर्क ... और अनेक मार्क्सवादी लेखकों से उनका परिचय हुआ। इनसे उन्होंने वर्तमान काल को इतिहास के परिप्रेक्ष्य में देखना सीखा।* (अमृतलाल नागर रचनावली की 'भूमिका' : पृष्ठ-38) परन्तु सजग-चिन्तक की तरह अमृतलाल नागर ने यह बखूबी ध्यान में रखा कि बच्चों तक उनकी बातें सार्थक, उपयुक्त, तथ्यपूर्ण, विश्वसनीय, सही-सही और सम्यक्रूपेण ही पहुँचें। इसके लिये नागरजी ने सदैव अत्यन्त सम्प्रेषणीय और प्रभावी प्रकल्प-विकल्प अपनाये।

अमृतलाल नागर की **इतिहास झरोखे** और **बालमहाभारत** उपर्युक्त क्रम में अत्यन्त उत्कृष्ट व रेखांकित की जाने वाली कृतियाँ है। इन्हें उन्होंने अपने अत्यन्त महत्त्वपूर्ण व महत्त्वाकांक्षी उपन्यास 'एकदा नैमिषारण्ये' की 'लेखकीय तैयारी से लेकर उसके लेखन की अवधि के बीच में' लिखा है। अत: 'इतिहास झरोखे' व 'बालमहाभारत' में इनकी प्रकृति और सीमा के अनुरूप ''एकदा नैमिषारण्ये'' की लेखन-अवधि में देखी-पढ़ी, जानी-समझी, सोची-गुनी; अर्थात् बहुबिध प्रासंगिक-जानकारी एवं शोध को नागरजी ने यथा-अवसर इतनी कुशलता से समाविष्ट किया है कि सारा कुछ कथ्य में रचते-बसते हुए इन दोनों कृतियों में अपरिहार्यत: घुलमिल गया है। हाँ, तीनों कृतियों की प्रकृति और सीमा का ध्यान उन्होंने बखूबी रखा है।

इतिहास झरोखे

अमृतलाल नागर को अपने लेखकीय-जीवन के समानान्तर अध्ययन-अध्यवसाय का प्रिय-व्यसन रहा है। इस व्यसन के फलस्वरूप पूर्वापेक्षा अधिक ज्ञानसमृद्ध और अद्यतन पाने पर अपने ज्ञानार्जन को आपसी बातचीत, संवाद, विमर्श या फिर लेखन के माध्यम से सम्प्रेषित करना भी नागरजी की प्रकृति में रहा है। बच्चों के लिए लिखे चरित नायकों के संकलन **'इतिहास झरोखे'** में उन्होंने अपनी जानकारियों को बच्चों के साथ अत्यन्त रोचक और रचनात्मक रूप से साझा किया है। 'इतिहास झरोखे' की निम्नांकित पंक्तियाँ पढ़कर समझना कठिन नहीं रह जाता कि अमृतलाल नागर पुराकाल, अतीत और पुराने से लेकर सौ साल पहले तक के समय को कैसी सटीक अभिव्यक्तियों के माध्यम से बच्चों को आत्मसात करा देना चाहते हैं :

'मेरे हाथ में एक जादू का दर्पण है, जिसे इतिहासकारों और पुरातत्त्वविदों की लगन और वैज्ञानिक प्रणाली ने बड़ी मेहनत से बनाया है। इस दर्पण में बहुत-सी पौराणिक या परीकथाएँ हैं, जिन्हें हम अब तक कोरी मनगढ़न्त गप्पें या धार्मिक अन्धविश्वास की खान मानते रहे हैं; बहुधा इतिहास की खोयी हुई कड़ियाँ जोड़ने वाली अनमोल-सामग्री के रूप में दिखलायी देने लगती हैं। (पृष्ठ-537)

जादुई शीशे को सूत्रधार जैसी रोचक भूमिका में प्रयुक्त करके नागरजी देश-दुनिया के जिन 13 चरित नायकों के बारे में लिखते हैं, वे सभी अलग-अलग कालखण्ड के हैं किन्तु; इस बहाने कथात्मक-शैली में समायी जानकारियाँ बच्चों को बहुत ही सरल और रोचक भाषा में लगभग 10 हजार वर्षों पुरानी विश्व-सभ्यता के अद्यतन-विकास तथा उससे जुड़ने वाले पुराकालीन-भारत के अन्तर्सम्बन्धों आदि के विषय में अनगिनत सूत्र देती हैं। परिणामत: अनेक रहस्यों से पर्दा उठता है। यह सब न केवल बच्चों बल्कि; किसी भी पाठक के ज्ञान में असाधारण व चमत्कारिक वृद्धि तो करता ही है, असन्दिग्ध रूप से वैश्विक-क्षितिज पर उसका बौद्धिक, मानसिक और सांस्कृतिक-विकास भी करता है।

'रवीन्द्रनाथ ठाकुर का बचपन' बहुत रोचक शैली में लिखा होने के बावजूद 'इतिहास झरोखे' में संकलित अन्य चरित नायकों पर लिखे पाठ की शैली और शिल्प से भिन्न है। यह इसलिये है क्योंकि; इनके लिखे जाने के कई वर्ष पूर्व मूलत: रवि बाबू की बालजीवनी के रूप में इसे एक अन्य आग्रह के नाते लिखा गया था। संयोगवश यह जितना लिखा गया था, उसी पर स्थगित हो गया। इसके बावजूद 'इतिहास झरोखे' के

जीवनीपरक आलेखों के पाठ के साथ इसकी संगति ठीक बैठ गयी है। **(डॉ० शरद नागर से मिली जानकारी पर आधृत)**

बालमहाभारत

कहते हैं न कि विश्व भर में लिखी गयी तथा लिखी जाने वाली कहानियाँ, कुछ कहानियों की कथावस्तु का ही बदला रूप, नया संस्करण या पुर्नसंस्कार हैं। इसी प्रकार कथा-लेखन के सारे शिल्पगत-प्रयोग 'महाभारत' में हैं। शायद इसीलिए महाभारत जैसे प्रसिद्ध ग्रन्थ को विभिन्न भारतीय भाषाओं के लेखकों ने अपनी-अपनी भाषाओं में आम पाठकों से लेकर बच्चों तक के लिए लिखा और अच्छी तरह सम्प्रेषित करने का प्रयास किया है। परन्तु 18 पर्वों वाले इसी महाभारत की वृहत्-कथा को नागरजी जब बच्चों के लिये 'बालमहाभारत' में समाहित करते हैं, तब उनका लेखन-शिल्प बच्चों के मन-मानस के अनुरूप, सरल, रोचक और कथारस-भीना ही नहीं होता; अपितु अभूतपूर्व रूप से वह जीवन्त तथा समकालीन-परिवेश के साथ कथ्य में अत्यन्त रचा-बसा हुआ भी होता है। इसका कारण यह है :

हमारे पास एक बड़ा विश्वास है इतिहास के पठन का। हमने अपने देश का इतिहास पढ़ा है...विश्व-इतिहास भी झाँक लिया है... अजाने नहीं हैं।... पढ़ता रहता हूँ, ताकि मेरे लेखन में ताज़गी रहे। मैं जो रंजित करूँ, किसी वातावरण को, किसी चरित्र को, किसी काल को; उसमें व्यापक अध्ययन के कारण दृष्टि उतनी ही खुली हुई और कल्पना उतनी ही तीव्र और आधारभूत हो... (**अमृत मंथन,** पृष्ठ-73) परिणामत: कथाओं की भूमि 'नैमिषारण्य' में (पूरे अवध-क्षेत्र में 'नीमसार' के नाम से विख्यात), जहाँ घर-परिवार तथा मोहल्ले के कोई दर्जन भर बच्चे–संजू, बबलू, सिद्धि, पप्पू, राजू, अतुल, आलोक, अक्षय, परितोष, सन्तोष, अपर्णा, दीक्षा, अप्पी आदि वनबिहार (पिकनिक) के बहाने आये हैं; इन सबके लिये भी पुराकालीन कथाओं का यह वन-प्रान्तर, बाबाजी के माध्यम से 'बालमहाभारत की कथा-भूमि' बन जाता है।

बच्चों के लिये महाभारत का सचमुच नया संस्करण है **'बालमहाभारत'**। बालकथा-लेखन में यह नागरजी के शिल्पगत प्रयोगों का नव्यतम् उदाहरण भी है। नैमिषारण्य में वनबिहार करने आये बच्चे भी लेखक की लेखकीय-प्रविधि के प्रायोगिक-उपकरण या श्रोता मात्र नहीं, वरन् समकालीनता में परिकल्पित-सृजित की जा रही 'बालमहाभारत' के ऐसे पात्र हैं; जो 'नीमसार-मिश्रिख' पहुँचने से पहले *हम लोग वहाँ जाकर नीम और मिश्री खाया करेंगे* (पृष्ठ-242) कहकर इस जगह का मखौल उड़ाते रहे हैं।

परन्तु कहानी कहने के कौशल के साथ ही सुनने वालों को एकाग्र बनाने की कला भी तो अपना महत्त्व रखती है न? और यही कला कथावाचक की अचूक और असरदार-विशिष्टता होती है। यह सचमुच जादुई-प्रभाव रखती है। फिर भी नीमसार और मिश्रिख के बीच पड़ते जंगल में बच्चों के लिये तम्बुओं से बसायी गयी शंकरपुरी उन्हें भा कर भी नहीं भायी। इसीलिये बबलू बोला–संजू!... *यहाँ इन पेड़ों के सिवा है ही क्या?* (पृष्ठ-242) और *संजू–हाँ यार, बस पेड़ ही पेड़ हैं... लेकिन इनमें एक भी पेड़... न नीम का है और न मिश्री का।* (पृष्ठ-242) बच्चों की इस तरह की आपसी कहनी-सुननी को, नागरजी की कथा-केन्द्रित करने की सूझ-भरी मनोवैज्ञानिक-प्रविधि बाबाजी के माध्यम

से ऐसे आती है... *अपने मन में यह कल्पना करते रहो कि यह जंगल तुम्हें आधी रात में कहानियाँ सुनायेगा। तुम्हें ऐसा लगेगा कि तुम उन कहानियों के जीते-जागते चित्र-से देख रहे हो...* (पृष्ठ-243) और *बहुत-सी ऐसी बातें जान रहे हो, जिन्हें तुम पहले नहीं जानते थे।* (पृष्ठ-247) नैमिषारण्य के मनोरम वन-प्रान्तर में एक-दो रोज रह लेने के बाद फिर तो उपहास उड़ाते और कौतूहल से भरे इन्हीं बच्चों को महसूस होता- *एक भारी आवाज़ जंगल में गूँजती है, उसके आगे-पीछे... बंशियाँ बजती हैं... (पृष्ठ-244) यह* पेड़... *पेड़ नहीं हैं बच्चो, यह अट्ठासी हजार ऋषि-मुनि हैं; रोज रात में व्यासजी से कथा सुनते हैं...* (पृष्ठ-242)

और,

महाभारत की कथा, बालमहाभारत के लिए कही जाने लगती है-

मेरी महाभारत में कोई काम जादू-मन्तर से नहीं, ... तुम्हें ऐसा लगेगा कि तुम अपने पुरखों का सच्चा किस्सा सुन रहे हो... (पृष्ठ-247) *जानी पहचानी कथाओं को नया अर्थबोध देकर सुनाऊँगा।* (पृष्ठ-248) *यह पुरानी महान कथा इस राकेट युग* (जिसमें आज के अधुनातन-वैज्ञानिक आविष्कारों के माध्यम से चन्द्रमा के बाद ब्रह्माण्ड के अन्यान्य ग्रहों तक पहुँचने के अभियान चल रहे हैं) *में भी सुनने योग्य है।* (पृष्ठ-248) *कथाएँ ही नहीं... ज्ञान की हजारों बातें हैं।* (पृष्ठ-294) बाबाजी ही बताते हैं कि नीमसार में सप्तऋषियों का यज्ञ-कुण्ड *हमारे-तुम्हारे जाने-पहचाने* इतिहासकाल... *गुप्तकाल का बना हुआ यज्ञ-कुण्ड है।... यहाँ सम्राट समुद्रगुप्त या उनके बेटे सम्राट चन्द्रगुप्त विक्रमादित्य ने यज्ञ कराया... (पृष्ठ-346) जब बड़े-बड़े राजा-महाराजा यज्ञ कराते थे तो उसका मतलब राजनीतिक मेल-जोल बढ़ाना और ग़रीब प्रजा की सहायता करना भी हुआ करता था।* (पृष्ठ-347)

दधीचि का देहत्याग और अस्थि-दान, फिर उस अस्थि से बने बज्र से इन्द्र द्वारा महाबली वृत्रासुर का बध; यह कथा अत्यन्त प्रसिद्ध है। नैमिषारण्य का दधीचि-कुण्ड, वृत्रासुर-वध की कथा और स्नान करते समय *'गंगा', 'सिन्धु', 'सरस्वती', 'यमुना', ...* (पृष्ठ-398) वाला श्लोक पढ़ने का रहस्य, यह सब परस्पर कैसे जुड़े हुए हैं? इन सभी का रोचक सच **बालमहाभारत** के अध्याय 'दधीचि-कुण्ड की कथा महफिल' एवं 'दधीचि का अस्थि-दान' के वृत्तान्तों में बखूबी उद्घाटित हुआ है। **बालमहाभारत** के लेखन में नागरजी की कथाख्यान-शैली भी क्या खूब है कि उनका लेखन-शिल्प तथा कथावाचक-बाबाजी द्वारा बच्चों को महाभारत की कहानियाँ सुनाना; दोनों एकमएक हो गये हैं और अमृतलाल नागर-'बालमहाभारतकार', अर्थात बच्चों के महाभारत के वेदव्यास!

'दधीचि का अस्थि-दान' अध्याय में वर्णित कथा में बताया गया है: *मजबूत पसलियों के ढाँचे को फँसने लायक नुकीला करके, उससे बज्र बनाया जाता था। यह अस्थि-युग का एक हथियार था। उसे ज़ोर से अगर किसी की छाती में फँसा दिया जाय तो वह उसकी पसलियों को कड़कड़ाकर तोड़ डालता था। आगे चलकर यही बज्र फिर ताँबे, पीतल और लोहे के भी बनने लगे।* (पृष्ठ-402) वृत्रासुर, कोई राक्षस नहीं बल्कि; बहुत लोगों की कृषि' वाली भूमि के जल-स्रोत को अपने हक में बाँध लेने वाला शक्तिमान था। इस सम्बन्ध में प्रबोधित करते बालमहाभारतकार ने लिखा है : वृत्र के माने

घेराव के भी है। पत्थर और मिट्टी के बाँधों से नदियों की धाराओं को अपने राज्य की सीमा की ओर मोड़ ले जाने वाला कोई बड़ा प्रतापी और दुष्ट राजा ही अब वृत्रासुर के नाम से जाना जाता है। (पृष्ठ-402) वह अपनी प्रजा के उन किसानों की सेना लेकर लड़ता था, जिन्हें कि इन नदियों के घेराव से लाभ पहुँचता था। (पृष्ठ : 402-403) इन्द्र इस प्रतापी से पराजित हो जाता था। अत: ऐसे बलशाली को अपनी पसलियों की हड्डियों से बने बज्र के लिये देहदान करने से पूर्व दधीचि ने अपनी अन्तिम इच्छा बतायी- *मैं चाहता हूँ कि मरने से पहले भारत की सभी नदियों का स्नान कर लूँ।* (पृष्ठ-404) तब जिस कुण्ड में देशभर की नदियों से आया जल एकत्रित हुआ, *दधीचिजी उसी कुण्ड में नहाये और फिर... ब्रह्म-समाधि में लीन हो गये।* (पृष्ठ-404) तत्पश्चात् उनकी अस्थियों से बज्र बना और इन्द्र के लिए वृत्रासुर का बध करना सम्भव हुआ।

अत: 'बालमहाभारत' में अमृतलाल नागर जब लिखते हैं : *जो कल्पना विचार-सम्मत होती है; वही नये यथार्थबोध का धरातल भी बन सकती है;* (पृष्ठ-400) तब इस अत्यन्त गूढ़ और तात्त्विक से लगते वाक्य के बहाने बहुत हौले से वह अपने बालपाठकों के मानस और मस्तिष्क को मनोवैज्ञानिक रूप से यह समझने लायक भी बना रहे होते हैं-*सरस्वती नदी तीन अलग-अलग स्थानों पर बहती हुई मानी गयी है।* (पृष्ठ-400) परन्तु इस तथ्य के सूत्र 'बालमहाभारत' के कथावाचक बाबाजी के माध्यम से इन वाक्यों में विस्तार पाते हैं-*हमारे पुराणकारों ने नैमिष में अफ़गानिस्तान के दधीचि को भी लाकर प्रकट कर दिया।* (पृष्ठ-401) इस पर बच्चे स्वाभाविक ही चौंककर प्रश्नाकुल हो उठे- *बाबाजी! अफ़गानिस्तान में तो सब मुसलमान रहते हैं?* (पृष्ठ-401) झट बाबाजी का समाधानपरक उत्तर मिला-*अफ़गान कोई जाति थोड़े ही है, यह हमारी संस्कृत भाषा के 'उपगण' शब्द का ही बिगड़ा रूप है।... हमारी सभ्यता का उदय सरस्वती नदी के किनारे हुआ। इसीलिए आगे चलकर 'सरस्वती' को विद्या की देवी मान लिया गया।* (पृष्ठ-401)

दधीचि के बाद बाबाजी ने *बाणों की शैय्या पर लेटे भीष्म पितामह* (पृष्ठ-405) की याद दिलाकर कहा- *सोचो तो सही, पितामह ने जो कुछ किया; अनुशासन में रहकर ही... उन्होंने अपने राजा से नमक-हरामी न की... सेज पर लेटे तीरों की ... चुभन से ... उनके मन को अपने कुल वालों का अन्याय...* चुभ रहा था (पृष्ठ-405)।

'बालमहाभारत' में राम-रावण की कथा भी अनुस्यूत है परन्तु, इन सन्दर्भों के साथ-

रावण के नाना का कुल हेति... कहलाता है और दादा का पुलस्ति...। हेति और पुलस्ति वंशी लोग मिस्र आदि प्रचलित देशों के इतिहास में हिट्टी या पुरसिटी अथवा पुलसेटी कहकर बखाने गये हैं। अफ्रीका में रावण के नाना सुमाली के नाम से 'सुमाली लैण्ड' अब तक चला आ रहा है। और बच्चो, ... रावण शब्द किसी व्यक्ति का नाम नहीं... एक पद है। तमिल भाषा में राजा को इरवण कहते हैं। ... इरवण, राम के शत्रु... उसका नाम दशग्रीव था। इस नाम के फेर में उस बेचारे के दस मुँह बना दिये! ... दस मुँह वाला बेचारा कैसे सो पाता होगा? (पृष्ठ : 445-446)

कथा में ऐसे रोचक सवालों से बीच-बीच में प्रश्नाकुल किये जाते बच्चे दरअसल पुराने इतिहास, संस्कृति आदि की कड़ियों को खुद भी जोड़ने का प्रयत्न करते हैं या फिर तर्कसम्मत उत्तर पाना चाहते हैं। जैसे कि बाबाजी ने अयोध्या शब्द के बारे में बताया- *अयोध्या माने वह नगरी, जिसे जीता न जा सके (पृष्ठ-445)* इसे बसाने के लिये शरीर

और बुद्धि, दोनों में अपार बल होना चाहिये। (पृष्ठ-445)

युद्ध के ही प्रसंग में बाबाजी बोले-*आज के विकसित-विज्ञान युग की लड़ाइयाँ बहुत भयंकर होती हैं... एटम बम पूरी बस्ती को नष्ट कर सकता है... रूस या अमेरिका ऐसे क्षेप्यास्त्र फेंक सकता है, जो लाखों मील दूर चीन या किसी और देश के स्थान तक मार करे। (पृष्ठ-449) वर्षों से वियतनाम के लोग अपनी आजादी के लिये लड़ रहे हैं। अरब और इजराइल वाले भी एक-दूसरे पर बमबाजी किया करते हैं। कम्बोडिया के लोगों को भी चैन नहीं। (पृष्ठ-489) आज की लड़ाई के सामने पुरानी लड़ाइयाँ कम भयंकर थीं। पुराने वीर ... आज की तरह भयंकर बीमारियों के बम नहीं फेंकते थे। (पृष्ठ-449) मनुष्य के इतिहास में ज्यादातर लड़ाइयों की ही कहानियाँ हैं। (पृष्ठ-488) बालमहाभारतकार की चिन्ता है... ऐसा लगता है मनुष्य बिना आपस में लड़े-झगड़े अपनी सभ्यता का विकास नहीं कर पाता...। अरे भाई, वह अपने अज्ञान से क्यों नहीं लड़ता? ... हमें अब तो सभ्य हो जाना चाहिए।* (पृष्ठ-488)

इस प्रकार महाभारत-कथा के बहाने 'बालमहाभारत' की परिधि में बच्चों के बौद्धिक-मानसिक क्षितिज के अनुरूप इतिहास-संस्कृति आदि का सामान्य ज्ञान वस्तुतः बच्चों के मानस-मस्तिष्क में सहज ही उतरता जाता है।

कथावाचक बाबाजी से कुछ कथाएँ सुनने के बाद अपनी विकसित-समझ, बेहिचक बोलने-कहने तथा संवाद-बहुल अपनी विभिन्न भूमिकाओं के फलस्वरूप फिर तो बच्चे- *... मेरा बस चले तो मैं यहाँ एक बहुत बड़ा पुस्तकालय खुलवा दूँ... मैं यहाँ एक बहुत बड़ी यूनीवर्सिटी खुलवा दूँ, जिसके सारे प्रोफेसर हमारे कथा वाले बाबाजी की तरह ही रोचक ढंग से पढ़ाने वाले हों,* (पृष्ठ-444) के स्तर पर ही अपने अन्तस को उलीचते या *सोचते भर नहीं बल्कि; कहीं अधिक आगे-उसकी इमारतें साधारण ढंग के इमारती-नक्शों पर न बनें। उसका ढंग कुछ निराला होना चाहिए। ... वह यूनीवर्सिटी पृथ्वी के गोल घेरे में बने और उसके हर विभाग की इमारतें हमारी पृथ्वी के अलग-अलग देशों के नक्शों की तरह ही बनी हों। कोई आये तो उसे लगे कि नैमिष में हमारी दुनिया ही बसी हुई हैं...* (पृष्ठ-444) जैसी बड़ी और महत्त्वाकांक्षापूर्ण बातें करने में समर्थ हो जाते हैं तो इसीलिये कि नैमिष महान-निर्माण की भूमि है। (पृष्ठ-445) और-यहाँ ये बच्चे, बच्चे न होकर फिर रवीन्द्रनाथ ठाकुर के 'शान्तिनिकेतन' से भी आगे के 'अभिनव खुला विश्वविद्यालय' की परिकल्पना कर रहे होते हैं।

अमृतलाल नागर ने अपने कथाशिल्प के प्रयोग के स्तर पर बाबाजी के कथन *दो हजार साल पहले यहाँ राष्ट्र-निर्माण की भावना जागी थी* (पृष्ठ-444) के माध्यम से वस्तुतः पुराकाल, अतीत, इतिहास और वर्तमान की कड़ियों को जोड़ते हुए 'महाभारत' की कथा को **बालमहाभारत** में निःसन्देह इस प्रकार से सीमातीत बना दिया है कि बच्चे अनुभव करने लगते हैं-*हम बातों के प्रकाश में अपने भीतर मानो आलोकित होते रहते हैं।* (पृष्ठ-246)

अतः ऐसी समाधानपूर्ण बातें : *आज आवश्यकता इस बात की है कि प्राचीन इतिहास के जो सच्चे विवरण हमें अब भी पढ़ने को मिलते हैं, उन्हीं के सहारे हम पुराने इतिहास की सही कल्पना करें...* (पृष्ठ-446) वस्तुतः बालमानस और मस्तिष्क को सही अर्थों में कुशाग्र बनाती हैं।

'बालमहाभारत' के कथावाचक-बाबाजी ने बच्चों को बताया : *महाभारत की कथा में पूरे देश की बहुत-सी पुरानी कथाएँ और इतिहास जोड़कर ... देश को भावनात्मक रूप से एक बना दिया ... आदमी चाहे कन्या कुमारी में रह रहा हो या कश्मीर के श्रीनगर में, कच्छ, गुजरात का हो या असम-बंगाल का; वह इस देश को अपना समझे।* (पृष्ठ-404) परन्तु कथावाचक की पृष्ठभूमि में सूत्रधार की तरह रहते बालमहाभारतकार-अमृतलाल नागर इस कृति के माध्यम से बच्चों को कथारस में पगे हुए ऐसे-ऐसे सूत्र देते हैं कि उनसे ज्ञान-समृद्ध होते बच्चे अपने को देश से ही नहीं, सारी दुनिया से 'वसुधैव कुटुम्बकम' की अपनत्व और सहिष्णुता-भरी भावना के साथ जुड़ा हुआ अनुभव करते हैं। अस्तु :

'बालमहाभारत', बालसाहित्य में अमृतलाल नागर का सर्वोत्कृष्ट है।

यह **बालसाहित्य समग्र** नागरजी द्वारा 'बच्चों के लिये' तथा 'बालोपयोगी' लिखी रचनाओं का समवेत-संचयन है। नागरजी द्वारा लगभग 50 वर्षों के बीच समय-समय पर लिखा बालसाहित्य उनके निधन के 20 वर्षों बाद इस समग्र के माध्यम से एक जिल्द में प्रकाशित होकर सामने आ रहा है। निश्चित रूप से यह महत्-कार्य है। इसका श्रेय वस्तुत: नागरजी के कनिष्ठ पुत्र डॉ० शरद नागर को है। वह सन् 1963 में लखनऊ आ गये। इसके बाद न केवल नागरजी के लेखन बल्कि; उनसे सम्बन्धित सारी सामग्री को 'धरोहर की तरह' वह एकाग्रभाव से सहेजते रहे हैं। सच तो यह है कि शरदजी की सहेजने-सँजोने की गम्भीर और धुनी-प्रकृति के कारण न केवल नागरजी का सम्पूर्ण सृजन-लेखन, अपितु उनसे सम्बन्धित तथा अन्यान्य बहुत सारी मूल्यवान साहित्यिक-सांस्कृतिक धरोहर भी 'थाती' की तरह सुरक्षित हो गयी है। शरदजी की इस धुनी वृत्ति और प्रकृति को हम 'पितृ-ऋण' से भी आगे वस्तुत: 'पूर्वजों के ऋण' के प्रति 'कर्तव्यपूर्ण-दाय' के रूप में देखें। इसका अनुगमन कम से कम सृजन धर्मियों के वंशधर तो कर ही सकते हैं।

डॉ० शरद नागर के प्रयासों से सन् 1991 में नागरजी के महत्त्वपूर्ण साक्षात्कारों का संचयन **'अमृत मंथन'**, प्रकाशित हुआ। अगले ही वर्ष सन् 1992 में नागरजी की रचनाओं का पहला बड़ा संग्रह **अमृतलाल नागर रचनावली** (12 खण्ड), प्रकाशित हुआ। इसके बाद नागरजी के बिखरे और असंकलित-साहित्य की लगभग एक दर्जन पुस्तकें प्रकाशित हुईं, जिनमें लगभग आधा दर्जन पुस्तकें तो बालसाहित्य की ही रही हैं। प्रस्तुत 'बालसाहित्य समग्र' इस सब के क्रम से शरदजी द्वारा अनथक रूप से किया गया नवीनतम साहित्यिक-उद्यम है।

अमृतलाल नागर जैसे महीयश-व्यक्तित्व का बच्चों के साथ रिश्ता सघन, सहृदयतापूर्ण और आत्मीय होने के साथ ही कितना अनौपचारिक रहता रहा है, इसका अभिलिखित-प्रमाण 'बालसाहित्य समग्र' के लिए लिखा शरदजी का विस्तृत सम्पादकीय **अमृतलाल नागर का बालरचना संसार** है। यह इसीलिये लिखा जा सका क्योंकि; बचपन से अपने पिता को क्रमश: बड़े साहित्यकार और महत्त्वपूर्ण सामाजिक-व्यक्तित्व होते जाने के साथ ही साथ, पास-पड़ोस व अन्य बच्चों के लिये नितान्त अपने दादाजी, नानाजी, बाबूजी के रूप में भी शरदजी खूब-खूब देखते रहे हैं। बच्चों में इस तरह घुल-मिल और रम जाने वाले अमृतलाल नागर फिर तो बस 'बचपनमय' ही नज़र आते थे। यह सब तो महत्त्वपूर्ण था ही परन्तु; बड़ी वजह रही है दरअसल इस सबको बारीकी से पकड़ने वाली पारखी-दृष्टि। परिणामत: इस समग्र के लिए लिखे सम्पादकीय की पंक्तियाँ,

सम्पादकीय से भी आगे नागरजी के बालसाहित्य-लेखन और उनके जीवन में बच्चों तथा बचपन के संगमन का ऐसा दस्तावेज़ बन गयी हैं, जिनमें रह-रहकर सच झलक उठता है; चाक्षुष-साक्षात् के अभिलेखन की तरह। अस्तु :

डॉ० शरद नागर का लिखा सम्पादकीय इस 'बालसाहित्य समग्र' की अपरिहार्य सामग्री तो है ही, इससे पृथक सन्दर्भपूर्ण स्रोतों की दृष्टि से भी वह अत्यन्त-अर्थवान एवं मूल्यवान हैं। इसमें बच्चों तथा बालसाहित्य से नागरजी की अन्तरंगता के दुर्लभ-सूत्र समाहित हैं।

अमृतलाल नागर के बालसाहित्य-लेखन का आरम्भ सन् 1938-'39 में **नटखट चाची** से हुआ था; सन् 1990 में नागरजी का निधन हुआ। स्पष्ट ही है कि नागरजी ने 20वीं शताब्दी में बालसाहित्य-लेखन को पूरी आधी सदी दी है। इस अवधि में उन्होंने बच्चों के लिये प्रायः या अनियमित, जब भी और जो भी लिखा; वह बच्चों के मन-मानस तक पैठ और पहुँच कर सुचिन्तित ही लिखा है। इसीलिये वह प्रकाशित होने के साथ ही बच्चों द्वारा खूब पढ़ा तथा सराहा गया। यदि नागरजी द्वारा बच्चों के लिये लिखा यह सारा साहित्य सम्पूर्णतया संकलित होकर सामने नहीं आता तो नागरजी के यशस्वी-लेखन का एक महत्त्वपूर्ण-पक्ष तो अजाना और अलक्षित रह ही जाता; बच्चों से उनका गहरा लगाव-जुड़ाव भी सामने नहीं आ पाता।

डॉ० रामबिलास शर्मा ने अमृतलाल नागर के लेखक का समग्रता में मूल्यांकन करते हुए 1990 में लिखा था : *निःसन्देह नागरजी उपन्यासकार के रूप में याद किये जायेंगे। मेरे लिए वह बीसवीं सदी के बहुत बड़े गद्यशिल्पी हैं। ...* (**अमृतलाल नागर रचनावली** की 'भूमिका'; पृष्ठ-47)

इस समग्र में संकलित नागरजी के विविधतापूर्ण बालसाहित्य- कहानियाँ, कविताएँ, नाटक, व्याख्यान, 'इतिहास झरोखे' आदि तथा विशेष रूप से 'बालमहाभारत'; को पढ़कर अनुभव होता है कि बालसाहित्य-लेखन के स्तर पर भी उनका गद्यशिल्प सम्प्रेष्य, अत्यन्त परिष्कृत, विकसित तथा वैविध्यपूर्ण रूप में उभर कर आया है।

प्रेमचन्द की परम्परा में हिन्दी के अप्रतिम उपन्यासकार के रूप में अमृतलाल नागर का समादर पर्याप्त है किन्तु; कहानीकार के रूप में उनका समुचित मूल्यांकन कदाचित् नहीं ही हुआ। इसीलिये उन्होंने कहा भी : *मेरी कहानियाँ आमतौर पर उस प्रकार से अधिक चर्चा का विषय नहीं बनीं, जैसे मेरे उपन्यास बने।* (**एक दिल हज़ार अफ़साने**, पृष्ठ-8) परन्तु समय-समय पर लिखे जाने और छपते रहने के बावजूद नागरजी का बालसाहित्य भी तो आमतौर पर चर्चा-समीक्षा से वंचित रहा है! अपने संज्ञान के आधार पर मैं कह सकता हूँ कि एकाध काम-चलाऊ शोध को अपवाद स्वरूप छोड़ दें तो नागरजी के बालसाहित्य की चर्चा हिन्दी-बालसाहित्य और उसके इतिहास से सम्बन्धित कृतियों में लगभग नहीं है! एकाग्र और सुचिन्तित-अध्ययन की फिर तो कहें ही क्या? नागरजी के बालसाहित्य पर स्फुट-रूप से लिखा हुआ भी अपवाद स्वरूप ही मिलेगा। इसी प्रकार बच्चों के पाठ्यक्रमों में भी नागरजी का बालसाहित्य प्रायः अनुपस्थित हैं। परिणामतः विद्यालयों के बच्चों का व्यापक समुदाय बच्चों की रचनाओं से अनभिज्ञ है। इसे नागरजी के बालसाहित्य के प्रति अनदेखी और उपेक्षा-भाव भले न कहें किन्तु; हिन्दी में अच्छे बालसाहित्य तक पहुँच कर उसे पढ़ने-परखने की उत्कण्ठा, बेचैनी तथा

अपरिहार्यता के प्रति वर्तमान अगम्भीर-प्रकृति के रूप में तो इसको असंदिग्ध रूप से लक्षित कर ही सकते हैं।

अतएव बच्चों और बालसाहित्य के प्राय: उपेक्षणीय ही बने रहते वातावरण में **अमृतलाल नागर बालसाहित्य-समग्र** के रूप में प्रस्तुत यह ग्रन्थ; 'बालगीतायन' (द्वारिकाप्रसाद माहेश्वरी) व शकुन्तला सिरोठिया-सन्तोष साहनी के बालसाहित्य-समग्र आदि के क्रम में बालकों-पालकों, बालसाहित्य के अध्येताओं-अनुसन्धित्सुओं के साथ ही, हिन्दी-बालसाहित्य और साहित्य के विद्वानों का भी ध्यान आकृष्ट करेगा; नागरजी का बालसाहित्य-लेखन भी पढ़ा-परखा और आँका जाएगा, मुझे विश्वास है।

गंगा दशहरा,
सोमवार 21 जून, 2010
लखनऊ

—बन्धु कुशावर्ती

सम्पादकीय

अमृतलाल नागर का बालरचना-संसार

नागरजी (अमृतलाल नागर) बच्चों को बहुत प्यार करते थे। वह बच्चों को 'कहानी-खोर' बना देते थे। हम लोग जब बच्चे थे, तब प्रायः उनसे लिपटकर जिद करते थे-''बाबूजी कहानी! बाबूजी कहानी!!'' इतना ही काफी था,

''सुनाइये''-आगे यह कहने की आवश्यकता नहीं होती थी।

होते-करते हम लोग तो जवान हो गये, माता-पिता बन गये। अब हम लोगों के बच्चे हुए तो उनके 'फूल हजारे', 'अमर हजारे', 'कलेजे के टुकड़े' हो गये। कहते हैं न-मूल से ब्याज ज्यादा प्यारा होता है। नागरजी के पोते-पोतियाँ और धेवती-धेवते भी कहाँ पीछे रहने वाले थे? अपने माँ-बाप की बचपन की हरकतें दोहराने लगे, वे भी उन्हें घेरने लगे। अक्सर गर्मियों में जब सभी बच्चे इकट्ठे होते, तब मिलकर कोरस में शोर मचाते-''दादाजी, कहानी! नानाजी कहानी!!'', और दादाजी-नानाजी को उनसे हार माननी पड़ती थी। अपने लगभग 50-55 वर्गफीट के विशाल तख्त पर बच्चों से चौतरफा घिर कर वह अपने बड़े मसनद का ढासना लेकर बैठ जाते या अधलेटे रहते। दो बच्चे मसनद पर उनके सर के अगल-बगल, दो बच्चे उनकी बाँहों में। जिनको जगह न मिले, वे पैरों की तरफ जा बैठते और अगर कोई नन्हा-मुन्ना, हल्का-फुल्का बच्चा हुआ तो उसे उनके पेट पर लद जाने में भी गुरेज न होता!

बच्चे अपनी-अपनी पोजीशन ले लेते और उनकी अनेक मनुहारों के बाद जब कथा-सत्र शुरू होता, तब अक्सर नागरजी पूछते : ''हाँ, तो कौन-सी कहानी सुनोगे?''

बच्चे अक्सर उनसे पूर्व में सुनी किसी कहानी की उन्हें याद दिलाते। जैसे-'मुन्ने खरगोश की', 'सोने के चूहे वाली' आदि। कभी-कभी नये पात्र भी सुझा डालते-''बन्दर वाली। नहीं, नहीं। भालू वाली।'' नतीजा यह होता था कि हर बार कहानियों का स्वरूप बदल जाता था। पुरानी कहानी का मूल कथानक तो प्रायः वही रहता था किन्तु; घटनाक्रम बदल जाते थे, मुहावरे बदल जाते थे, पात्रों की संख्या एवं स्वरूप में भी घट-बढ़ हो जाती थी। कभी यह होता कि कोई बच्चा कहता-''नहीं दादाजी, ऐसा नहीं हुआ था'' तो दूसरा कहता-''हट, तुझे पता नहीं! है न नानाजी, वो तो उसे मार कर छिप गया था। इसे कुछ भी याद नहीं। हाँ तो नानाजी, फिर क्या हुआ?''

''तू भूल गयी है। ऐसा कहाँ हुआ था? उसने मारा थोड़े ही था, है न दादाजी!''

''अरे तुझे याद नहीं!''

''मुझे याद है, तू ही भुलक्कड़ है!''

''हट! मारूँगा तुझे!''

''मैं तुझे मारूँगी।''

"बाबा, झगड़ा नहीं। नहीं तो कुट्टी हो जायेगी!" दादाजी-नानाजी की इस धमकी के बाद सन्नाटा छा जाता और कहानी आगे बढ़ती।

कभी-कभी तो बिना किसी तैयारी के बिल्कुल नयी कहानी भी सुना डालते थे, मानो बच्चों के लिए कहानियाँ उनकी साँसों में रची-बसी हों।

जो 'कहानी-खोर' नाती-पोते छुट्टियों के बाद लखनऊ से बाहर चले जाते, उनकी फरमाइश वह प्रायः पत्रों के साथ कहानियाँ भेजकर पूरी करते। उनके लिये ये कहानियाँ वह खासतौर से लिखते थे।

हमारी सबसे छोटी बहन आरती के पति विंग कमाण्डर अनिल पण्ड्या का तबादला अक्सर होता रहता था। कभी श्रीनगर, कभी पठानकोट, कभी गुवाहाटी। इस कारण उनके बच्चों-अर्पिता (लाड़-प्यार का नाम जूनी) तथा अभिषेक (जिन्हें नागरजी प्यार से शेखू बाबा कहते थे), को वह पत्रों के माध्यम से कहानी लिखकर भेजते थे।

दरअस्ल, बच्चों से उनकी दोस्ती बहुत जल्दी हो जाती थी और बच्चे भी उनको अपना दोस्त मानते थे। स्वयं नागरजी के शब्दों में-*उपन्यास-लेखन मन का काम है और रोजी का माध्यम भी, लेकिन मेरा पठन-पाठन क्षेत्र काफी विशाल है। महल्लेदारी निभाने से लेकर पुरातत्व की छानबीन करने तक मन अपना सधाव पाता रहा। ...कभी भ्रमण भी ख़ूब किया, लेकिन अब सबसे ज्यादा ताज़गी मुझे बच्चों से मिलती है। उन्हें नित नयी कहानियाँ गढ़कर सुनाने में अपने मन का खिलवाड़ भी पूरा होता है। मैंने सन् 1963-64 से बच्चों को जितनी कहानियाँ सुनायी हैं, उनका दशमांश भी आलस्यवश लिपिबद्ध नहीं कर सका।*[1]

डॉ० रामबिलास शर्मा के मझले बेटे के विवाह के अवसर पर अपने बधाई-पत्र में नागरजी ने उन्हें लिखा था: *ईश्वर की दया से अब भाभी की दो बहुएँ घर में आ गयीं, साल-दो बरस में तीसरी बहू भी आ ही जायेगी, पोते-पोतियों से घर भर जायगा। मैं प्रभु से मनाता हूँ कि ज्यों-ज्यों बुढ़ापा बढ़ता जाय, त्यों-त्यों भाभी को अपनी नयी पीढ़ी के चुन्ने-मुन्नों के काम से फुरसत न मिले और तुम भी लोगों से अक्सर यह कहते सुने जाओ-'क्या बतलायें, बच्चों ने आज बाबा-बाबा कह कर इतना घेरा कि काम में जी नहीं लगा।' बच्चे जीवन देते हैं। अब तो मैंने यह भी देख लिया कि जब उनके कारण काम नहीं कर पाता, तब समय निकाल कर अपने नियमित समय से दुगुना अधिक काम कर डालता हूँ, जो विचार और किसी समय डायरी पर न नोट किये जाने के कारण याद से उतर जाते हैं, वे बच्चों से खेलते समय मन में आने पर अपनी उसी ताज़गी के साथ बहुत देर तक स्मृति में बने रहते हैं।*[2]

नागरजी की पौत्री डॉ० दीक्षा नागर ने अपनी तेरह वर्ष की वय की स्मृतियों को उकेरते हुए लिखा है :

"25 जून, सन् '83 की रात...

---

1. **अमृत मंथन,** (भेंटवार्ताएँ : अमृतलाल नागर से), संस्करण-1991, सम्पादक-शरद नागर एवं आनन्दप्रकाश त्रिपाठी।
2. **अत्र कुशलम तत्रास्तु,** (रामबिलास शर्मा तथा अमृतलाल नागर के पत्र), संस्करण-2004, सम्पादक-विजय मोहन शर्मा एवं शरद नागर, पत्र क्रमांक-154, पृष्ठ : 128-29।

नजरें फिरी। 40-50 फुट के बड़े-से आँगन में बिछी 8-8 चारपाइयों की दो कतारें। उस पर सोये लोग। और हर कतार के आगे घरघराता एक टेबिल फैन।

आसमान में तारे-ही-तारे। घर की 22-22 फुट ऊँची दीवारें मानो आसमान को बाँधे हुए थीं एक आयताकार स्क्रीन की तरह। गर्मी में सात-साढ़े-सात बजे उसमें सप्तर्षि मण्डल आता था और रात डेढ़ बजे उसका आखिरी तारा भी गुजर जाता था।

बीचोबीच होता वह सितारा, जो ढलती शाम को अमित के घर की छत पर चमकता था।

बचपन से ही आसमान का यह सीमित टुकड़ा हमारे लिए एक स्क्रीन-सा था, जिसमें हमें केवल तारे ही नहीं बल्कि; दादाजी की कहानियों के पात्र-झाड़ू पर उड़ती आ रही जादूगरनी यागा या फिर सात समुन्दर, सात पहाड़ और डरावने जंगल पार करता आ रहा नन्हा राजकुमार--नजर आते।''[1]

नागरजी के निधन का समाचार पाने के बाद भारत से हजारों मील दूर अमरीका में बैठी उनकी पौत्री डॉ० ऋचा नागर भी अपने मार्मिक संस्मरण में अपने दादाजी को याद करते समय उनके बालरचना-संसार के उन जीवन्त पात्रों को नहीं भूल सकीं, जिनके साथ वह स्वयं पली-बढ़ीं। उन पात्रों की यादें उनके ज़हन में भी कमोबेश अपनी छोटी बहन-दीक्षा जैसी ही है :

गर्मियों की छुट्टियों में तारों जड़े आसमान के नीचे दादाजी के बिस्तर पर उनकी बाँहों पर लेटे और उनके इर्द-गिर्द बैठे हम ढेर सारे बच्चे दादाजी के रचे पात्रों और तस्वीरों के सहारे अपना कल्पना-लोक रचते हैं; झाड़ू पर बैठी जादूगरनी यागा, बेर के पेड़ के नीचे सोया मुन्ना खरगोश, बजरंगी पहलवान, नौरंगी स्वामी, चील महारानी और हमारे जैसे बच्चे; ...[2]

वर्षों पूर्व बाल्यकाल में अपने दादाजी द्वारा सुनायी गयी कहानियों के पात्रों का ऋचा और दीक्षा की स्मृति में इतने दिनों तक पूरी जीवन्तता के साथ बने रहना इस बात का प्रमाण है कि उन कहानियों के कथानक तथा पात्र कितने बाल-मनभावन और सम्मोहक रहे होंगे। मुझे लगता है कि इन बालकहानियों को गढ़ते समय बच्चों की सक्रिय भागीदारी ही इनके कथानक और पात्रों की जीवन्तता का सबसे बड़ा कारण है। शायद पंचतन्त्र और ईसप की फ़ेबॅल की रचना-प्रक्रिया भी कुछ ऐसी ही रही हो।

नागरजी अपने साहित्यिक जीवन के प्रारम्भ से ही बालसाहित्य सृजन से जुड़े नज़र आते हैं। पं० दुलारेलाल भार्गव ने गंगा-ग्रन्थागार से जहाँ एक ओर वयस्क पाठकों के लिये हिन्दी का श्रेष्ठ साहित्य प्रकाशित किया, वहीं श्रेष्ठ बालसाहित्य भी बड़ी मात्रा में प्रकाशित किया। मासिक **सुधा** के अलावा उन्होंने बालकों के लिये पं० ज्योतिलाल भार्गव के सम्पादन में **बालविनोद** शीर्षक से मासिक बालपत्रिका का प्रकाशन भी किया। नागरजी ने 1938-'40 के ज़माने में **बालविनोद** के लिये भी कुछ कहानियाँ लिखीं, जो

---

1. **उजास की धरोहर,** (अमृतलाल नागर की यादें), संस्करण-2003, सम्पादक-शरद नागर, पृष्ठ : 222-23
2. **उजास की धरोहर,** (अमृतलाल नागर की यादें), संस्करण-2003, सम्पादक-शरद नागर, पृष्ठ : 219-20।

1945 में संकलनबद्ध होकर गंगा पुस्तक माला सिरीज़ में **नटखट चाची** शीर्षक से प्रकाशित हुईं!

मुझे लगता है कि बालसाहित्य रचना हेतु उनके इर्द-गिर्द बच्चे मौजूद हों, ये ज़रूरी था। किसी कहानी को गढ़ते समय बच्चों की निष्छल भागीदारी कदाचित् उनकी पहली आवश्यकता थी। जैसा कि उल्लेख किया जा चुका है कि 'बालविनोद' के लिये उन्होंने कुछ कहानियाँ 'चकल्लस' पत्रिका के प्रकाशन-काल से लेकर मार्च 1940 में बम्बई जाने के पूर्व ही लिखीं। हम तीन भाई बहनों (कुमुद-बचपन का प्यार का नाम बेबी और फिर बबन, शरद-बचपन में पुकारने का प्रचलित नाम शरत तथा बहन अचला) का जन्म क्रमश: जून 1935, अक्टूबर 1937 तथा दिसम्बर 1939 में हुआ। अत: 1935-1936 से 1940 के काल में उन्हें बच्चों के लिये कहानी लिखने अथवा गढ़ने के लिये प्रेरित करने में सर्वाधिक सक्रिय भागीदारी बेबी की ही रही होगी। इस काल में उन्होंने जो कहानियाँ वयस्क पाठकों के लिये लिखीं, वे उनके कथा संकलन **अवशेष** (1938) तथा **तुलाराम शास्त्री** (1941) में संकलित हैं। 'तुलाराम शास्त्री' में संकलित एक कहानी **राजा रानी और सन्तान** (1939)[1] तथा 'अवशेष' में संकलित कहानी **बेबी की प्रेमकहानी** (1937)[2] के कथा नायक बेबी ही हैं और नायिका है मुन्नी (नागरजी के बाल्यकाल के मित्र प्रेमनारायण मेहरोत्रा की बेटी)। इन दोनों कहानियों में बेबी की प्रेमकहानी के कथ्य में तो उन्होंने कल्पना का भी प्रयोग किया है किन्तु; **राजा, रानी और सन्तान** की केन्द्रीय वस्तु बेबी, मुन्नी और छलत (शरत) की बाललीलाएँ ही हैं, कल्पना का तो केवल हल्का-सा पुट ही दीखता है। इस कहानी में बच्चों की बाल लीलाओं के सूक्ष्मावलोकन की नागरजी की अप्रतिम प्रतिभा तथा बालमन की परख और सूक्ष्म पकड़ के दर्शन होते हैं तथा उनकी बालकथाओं की रचना-प्रक्रिया की भावभूमि के साक्षात्कार भी होते हैं।

बम्बई-प्रवास 1940-'47 तथा उसके उपरान्त लखनऊ आ जाने के बाद भी 1949 तक नागरजी की लिखी कोई बालरचना नहीं मिलती, यद्यपि 1942 से 1945 तक अचला उनके पास बम्बई में थी। सम्भवत: बम्बई में अपने फ़िल्मी लेखन तथा अपने साहित्यिक कार्यकलापों की व्यस्तताओं के कारण उन्हें वहाँ अचला और सेराविला के आसपास के उसके हमजोलियों से घुलने-मिलने का अवसर ही न मिल पाता हो। मेरी इस अवधारणा की पुष्टि अचला द्वारा लगभग 5-6 वर्ष की उम्र में नागरजी के नाम टूटी-फूटी भाषा में लिखे शिकायती पत्रों से होती है। उन दिनों नागरजी बंग-दुर्भिक्ष पर केन्द्रित अपना उपन्यास **महाकाल**; (बाद में **भूख** शीर्षक से प्रकाशित) लिख रहे थे, अत: उपन्यास-लेखन की व्यस्तता के कारण अचला से वे बातचीत बहुत कम कर पाते थे। अचला इस बात की शिकायत जब बा (माँ) से करती थी तो वह कह देती थीं--बाबूजी को डिस्टर्ब न करो, वे नॉवेल लिख रहे हैं।

प्रतिक्रिया स्वरूप अचला भी अपनी डायरी लेकर बैठ जाती थी और उसमें कुछ न कुछ लिखती रहती थी। तब यदि कोई पूछता था-'क्या कर रही हो?' तो जवाब यही होता

---

1. अमृतलाल नागर रचनावली-खण्ड : 7, संस्करण-1992, सम्पादक-शरद नागर, पृष्ठ : 108-11।
2. अमृतलाल नागर रचनावली-खण्ड : 7, संस्करण-1992, सम्पादक-शरद नागर, पृष्ठ : 49-52।

था–'हमें डिस्टर्ब न कीजिये, हम अपना नॉवेल लिख रहे हैं।'

बच्चों के क्रियाकलापों में नागरजी कितनी दिलचस्पी लेते थे, इसका एक प्रमाण यह है कि अचला द्वारा 1944–'45 में लिखे उन पन्नों को उन्होंने बड़े जतन से सहेज कर अपने पास रखा था, जो सौभाग्यवश उनके अभिलेखागार में आज तक सुरक्षित हैं। अचला द्वारा लिखी गयी वह इबारत दृष्टव्य है–

पहला पन्ना : (ऊपर एक कोने में मोनाई लिखकर काट दिया है, मोनाई नागरजी के उपन्यास **महाकाल** के एक पात्र का नाम है।)
बैठे बैठ वह थक गया था,
भय अपनी सीमाओं तक पहुँचकर स्थिर हो गया था।
बंगाल में लाखों आदमी मर गये हैं जो-जो आदमी मरे हैं उनके ऊपर मुझको दया आती है।
भगवान मुझे बचाये रखो मेरे माता-पिता सबको अच्छा रखो. मेरी हालत देखो भगवान एक झनझट आकर फँसी. मेरा दिमाक किधर जा पड़ा है. मेरी स्थिर कहाँ जा रही है।
(इस पन्ने के पृष्ठ भाग में पेंसिल से एक रेखांकन किया है।)

दूसरा पन्ना : *बाबूजी*
तो बाबूजी क्या ते कर लिया की आज जरूर बात करेंगे
(इसके बाद अवश्य अवयश लिखकर काट दिया है)
अवश्य कर लीया हे ना तो फीर जब हम घर आ ऐंगे फीर बात करेंगे

तीसरा पन्ना : *पूज्य बाबूजी आपका पत्र मिला, मुझे बहुत खुशी हुई, इसलिए व या जरूर बात करेंगे, तो फिर जब आप घर आयेंगे,*
तब गुडनाइट करेंगे तो फिर हम लोग बात-चीत करने बैठने ...जायेंगे, तो फिर क्या बात करेंगे, बात करेंगे वो फिर सोचना ही होगा, की में तो बिल्कुल कस्तूरबा जैसी बनूँगी, में कोई उल्लू थोड़े हूँ।

चौथा पन्ना : *अचलादेवी नागर दादर बम्बई रोड नंबर 2 सेराविलाङ्क*
आज जो-जो आदमी बंगाल में मरे हैं उनके ऊपर भी मुझको आजकल दया आती है अगर बा मेरे सामने कहती है कि बंगाल में लाखों आदमी मरे हैं तो फिर और भी तकलीफ होती है।

पाँचवा पन्ना : *मेरा दुखभरा माँ*
ऐसा मोका क्यों मिला माँ
मेरे साथ कोई खेनने को सखियाँ नहीं हैं माँ
भगवान ही बचायेगा
बेटी अब पढ़ने का मैका बेटी तेरे पढ़ने का
(लिखकर काट दिया गया है)
बेटी अब तेरा पढ़ने का मैका
(कदाचित आशय मौका से है)

आया आजकल ईतने महिने खेल चुकी चल बेटी अब पढ़ नई तो कल जाकर स्कू (आशय स्कूल से है) में भूखी कर दुं.

ऐसा मत कर अच्छा बेटी मेरी लाल चल खा। खा ले.

उसके बाद पढ़ने को बैठ.

छठा पन्ना : बाबूजी आज आप हमसे बात नहीं कर रहे। तो हम क्या उल्लू के जेसे बेठे रहे।

तो हमको उल्लू के जैस बठना अच्छा नहीं लगता। उल्लू लोग तो उल्लू का काम करते हैं।

तो में उल्लू का काम थोड़े करती हूॅ में तो वीर बनुंगी। अचला

सातवां पन्ना : *मे रोज आपको कहती हूॅ की आत बात करें, तो आज जरूर बात करीयेगा। क्यों की अज इतबर है। जो कि आपने रात को फिजूल की बातें कर रहे थे पूज्य बा मुझे, आप रोज़ मेरे उपर नाराज़ न हुआ करीये. अगर आप मेरे उपर नाराज़ न होंये तो में बहुत खुश हो जाउगी;*

(इस पन्ने के पृष्ठ भाग में पेंसिल से रेखांकन किया है।)

बालमन में उनकी गहरी पैठ की एक और बानगी प्रस्तुत है–

जुलाई 1949 में हमारी सबसे छोटी बहन आरती का जन्म हुआ। इन्हीं दिनों एक प्यारा-सा अलसेशियन कुत्ता भी बा ने पाल लिया था, जिसका नामकरण विकास उर्फ़ विक्की किया गया। आरती और विक्की ने फिर से उनके बालरचना-संसार को सजाया। आरती की पहली होली पर उन्होंने उसका जो अधूरा शब्द-चित्र खींचा वह अनुपम है :

क्लब में बच्चों ने होली खेली। मालती ने कहा कि बा, आरती की यह पहली होली है, इसलिये हम इसको जरूर ही गुलाल लगायेंगे। यह कहकर मालती ने आरती को गुलाल लगा दिया। आरती क्लब की सबसे छोटी सदस्या है। उसकी उम्र–महीने, दिन और घण्टे मिला कर–कुल जमा सात महीने, अट्ठाइस दिन, नौ घण्टे और तीन मिनट की है। वह होली-दीवाली या किसी त्योहार को पहचानने की बुद्धि अभी नहीं रखती। हाँ, वह खेलना खूब जानती है; मगर उसके खेल भी अभी तो आरती जैसे ही मुन्ने-मुन्ने से होते हैं। होली जैसा खेल-कूद का बड़ा त्योहार अभी उसकी मुन्नी-मुन्नी मुट्ठियों की पकड़ में नहीं आता, जिससे कि उसे गप-से वह अपने पोपले मुँह में रख ले क्योंकि; वह हर चीज को अपने मुँह रूपी लेटर बॉक्स में डाल लेती है। इसलिये मालती ने जब उसे गुलाल लगाने को हाथ बढ़ाया तो उसने झट से अपना लेटर बॉक्स खोल दिया। मगर जब गुलाल उसके गालों पर लग गया, तब वह भौचक्की-सी देखती रह गयी।[1]

काश ये शब्द-चित्र उन्होंने पूरा किया होता! बच्चों की गतिविधियों का सूक्ष्मता से अवलोकन करने की उनकी विशिष्टता पूर्वोक्त गद्यांश में परिलक्षित होती है।

1951 में भारत बुक कम्पनी के लिये उन्होंने जो पद्यकथा **निंदिया आ जा** लिखी, वह आरती के ही निमित्त लिखी थी। यहाँ तक कि इस पुस्तक के इनर टाइटिल पर उन्होंने

---

1. **अधूरा शब्द-चित्र** (अप्रकाशित) : 1950 पृष्ठ 108–11।

लेखिका : आरती और प्रस्तावना : अमृतलाल नागर ही मुद्रित कराया। यह पद्यकथा उन दिनों बा द्वारा ग़रीब बालकों के लिये चलायी जा रही निःशुल्क पाठशाला, *'कस्तूरबा बाल मन्दिर'*, जो पाठशाला से अधिक मोहल्ले के बच्चों का क्लब थी-के अनेक बाल सदस्यों को कण्ठस्थ हो गयी थी। आरती जब 1953-'54 में 4-5 वर्ष की हो गयी, तब उसे भी यह पद्य-कथा कण्ठस्थ हो गयी। आश्चर्य तो मुझे तब हुआ, जब अमरीका में जन्मी और पल-बढ़ रही मेरी छः वर्षीय इण्डो-अमेरिकन नातिन, मेधा को भी यह पूरी पद्य-कथा कण्ठस्थ होने की खबर वर्ष-2003 में मेरी बेटी ऋचा ने मुझे दी। 1951 से लेकर आज तक बच्चे इस पद्य-कथा में रस लेते रहे हैं। यह अपने आप में इस रचना की बालमन में पैठ बनाने की क्षमता का सशक्त प्रमाण है।

निंदिया आ जा के प्रथम संस्करण की प्रस्तावना में नागरजी ने लिखा है :

बच्चे दर्पण की तरह अपने देश, समाज और घर के संस्कारों को झलकाते हैं। जिस भाषा के साहित्य में बच्चों के लिये सुन्दर रचनाओं की कमी हो उस भाषा के बोलने वालों पर लापरवाह और गैर--जिम्मेदार होने का कलंक भी लग सकता है। हिन्दी भाषियों को अपने नन्हें-मुन्नों के लिये ऐसी सैकड़ों किताबों की जरूरत है, जो सुन्दर और कलापूर्ण चित्रों से सजी हुई, छपाई-सफाई आदि की दृष्टि से आकर्षक तथा पढ़ने में रोचक और अच्छे संस्कार जगाने वाली हों।

जो लोग अपने बच्चों को 'राजा बेटा' या 'रानी बेटी' बनाने की नीयत से उन्हें विशुद्ध उपदेशों के बड़े-बड़े पत्थर से ढक देते हैं, वे सदा के लिए उनकी कच्ची-बुद्धि को झकोले में डाल देते हैं। बच्चों के मन में अच्छे संस्कार जगाने के लिए कोमल-कल्पना का सहारा लेना निहायत ज़रूरी है।

बालमन की कोमल कल्पनाओं के साथ उड़ान वही भर सकता है, जो अपने बालसुलभ खिलन्दड़ेपन को प्रौढ़ावस्था-वृद्धावस्था तक बचाये रख सकता हो; कदाचित् ऐसा व्यक्ति ही बालसाहित्य रच सकता है। उम्र के साथ जिनका शिशु-मन भी बुढ़ा जाये, वे बच्चों से अपना तादात्म्य भला कैसे स्थापित कर सकते हैं! बच्चों की मनचीती-भाषा और उनके हृदय को स्पर्श करने वाले शब्द, बच्चों के साथ दूध में शक्कर की तरह एकरस होने पर ही पकड़ में आ सकते हैं। नागरजी में यह बालसुलभ-खिलन्दड़ापन कूट-कूट कर भरा था।

पौत्र-पारिजात और दौहित्र-सन्दीपन जब छोटे ही थे और आरती भी सम्भवतः 12-13 साल की हो रही होंगी, तब इन तीनों को लक्ष्य करते हुए नागरजी द्वारा गढ़ी गयी तथा एक छोटे-से कार्ड पर लिखी तुकबन्दी दृष्टव्य है :

'छोटी बुआ जुलैया
लूडो खेले, चुटकी काटे :
वो है बड़ी बँदरिया।
ब्रेन खेल में नाम बुआ का
पढ़े संजीवन राजा
सुन-सुन हँसे संदीपन भाई

खाते खुरमा-खाजा।

दादाजी का चश्मा पहना संजीवन ने भाई

औ संदीपन ने नानाजी की इक छड़ी उठाई

फिर आँगन में धूम मचाते

गायें दोनों भाई-

छोटी बुआ जुलैया

मौसी पूसी बिलैया!'

इस बालसुलभ खिलन्दड़ेपन को प्रौढ़ावस्था-वृद्धावस्था तक बचाये रखना भी हर एक के बस की बात नहीं या यों कह लीजिये कि यह इस बात पर मुन्हसिर करता है कि व्यक्ति का अपना बचपन कैसा बीता अथवा उसने अपना बचपन कैसे जिया? इस सम्बन्ध में अध्ययन और अनुभव-जन्य मेरी अपनी अवधारणा यह है कि बचपन का एकाकीपन हमारे व्यक्तित्व में हमारे शिशुमन को बड़े जतन और दुलार के साथ ऐसे परिरक्षित कर के रख देता है कि हमको उसकी भनक तक नहीं होती, आहट तक का अहसास नहीं होता।

नागरजी अपनी समग्र कहानियों के संग्रह **एक दिल हज़ार अफ़साने** की भूमिका में अपने बचपन और कथाओं से जुड़ने का ज़िक्र करते हुए लिखते हैं :

बचपन का ज़माना। एक था मैं और एक था मेरा अकेलापन। मैं तो नासमझी के आकाश में समझ की पतंग उड़ाना सीख रहा था और मेरा अकेलापन तरह-तरह से अपने सूने खानों को भरकर अपना जी बहला रहा था। मेरे पितामह बैंक के मैनेजर थे। कोठी के पिछले हिस्से में बैंक था, आगे वाले में हमारा निवास। बड़ों से भरा घर, दिनभर आने-जाने वाले लोग भी बड़ी उम्रों के, कोठी के सामने की चलती सड़क और कोठी के निचले भाग में बनी सब्ज़ी बेचने वाले कबड़ियों की दूकानें, कबड़ियों की आपसी लड़ाइयों का सिलसिला तो चलता ही रहता था; सबेरे ग्राहकों के साथ उनकी कहा-सुनी भी मेरे अकेलेपन को अक्सर ऐसी लुभाती थी कि मैं उसके बहकावे में आकर अपनी आरम्भिक शिक्षा का होमवर्क (जिसमें रटायी ही विशेष होती थी) छोड़कर छज्जे पर खड़ा होता, जिसकी वजह से अक्सर कान भी खींचे जाते। मेरा अकेलापन एक ऐसा बैंक बन गया था, जिसमें तरह-तरह की चाल-ढाल, बोलचाल के लहजे, मुहावरे, गालियाँ, असंख्य दृश्य और अनुबूझी-सी अनुभूतियाँ, चेहरे और आवाजें जमा होती ही रहती थीं। नित्य रात को दादी से राजा-रानियों की कहानियाँ तो सौभाग्य से कई बरसों तक सुनीं, लेकिन कल्पना-शक्ति को बढ़ावा देने का श्रेय ठाकुर चौकीदार से सुनी हुई ग़दर की कहानियों को दूँगा, जिनकी लड़ाइयों की कल्पनाएँ करते-करते इतना तन्मय हो जाता था कि प्राय: रातों को नींद ही गायब हो जाती थी।

बैंक की कोठी के सामने सड़क पार बने विशाल कम्पनी बाग में रात के समय सियार बहुत बोलते थे। उनकी 'हुक्का-हुआँ' के सम्बन्ध में बूढ़े नौकर मातादीन से सुना कि वहाँ पहले चाँदी बाज़ार था, इस्माइल खाँ का बाज़ार था, लाल मण्डी की घनी आबादी थी। ग़दर में अंग्रेजों ने सबके घर खुदवा दिये, जो मरे उनके परेत हुँकारते हैं। यह सियारों की हुक्का हुआँ नहीं, वरन् शहीदों की हुँकारें हैं-इस बात ने मेरी कल्पना-शक्ति और अकेलेपन को बहुत भरा। पहले मेरा अकेलापन अपने मन बहलाव के लिए देखी-

सुनी बातों या लोगों की चाल-ढाल की नकलें ही कर पाता था, लेकिन बाद में ग़दर की काल्पनिक मार-काट और वीरता भरे कारनामों की नकलें भी करने लगा।[1]

नागरजी के बालसखा श्री ज्ञानचन्द जैन, जो कक्षा पाँच से उनके सहपाठी हुए और पैंसठ वर्ष तक उनके साथी रहे, अपने स्कूली जीवन की स्मृतियों को उकेरते हुए लिखते हैं : *हम दोनों उस समय शायद छठें दर्जे में पढ़ते थे। हमारी इंगलिश रीडर में अलादीन के चिराग की कहानी थी। अलादीन द्वारा चिराग घिसने पर जिन्न प्रकट हो जाने और हुक्म देते ही मनचाही चीजें लाकर प्रस्तुत कर देने की कहानी हमारी बाल-बुद्धि को चमत्कृत करती थी। एक दिन अमृतलाल ने तीन-चार कक्षा सहपाठियों की उपस्थिति में दावा किया कि अलादीन के चिरागवाला जिन्न अब भी वर्तमान है और वह उसे बुलाने की तरकीब जानते हैं। वह हमारे सामने अपनी इस क्षमता का प्रदर्शन करने के लिये भी तैयार हो गये। दूसरे दिन इण्टरवल की घण्टी बजने पर वह हमें स्कूल के अहाते में हॉस्टल के पीछे खलार की ज़मीन पर ले गये, जहाँ पेड़ों का घना झुरमुट होने से दिन में भी शाम जैसे झुटपुटा रहता था। वहाँ पीपल का एक बड़ा पेड़ था। वह उसके सामने खड़े होकर बुदबुदाने लगे और अपनी जेब से एक पुड़िया निकालकर, उसमें से कोई चीज निकाल-निकालकर पेड़ की तरफ फेंकने लगे। उनके कई बार ऐसा करने पर भी जिन्न प्रकट नहीं हुआ तो तनिक भी निराश नहीं हुए, बोले-"तुम लोग डरना नहीं, जिन्न अभी प्रकट होगा।" संयोग से उसी समय इण्टरवल समाप्त होने की घण्टी बज गयी, जिससे उन्हें अपना प्रयोग बन्द कर देना पड़ा। तेज कदमों से अपनी कक्षा की ओर वापस लौटते हुए उन्होंने हम लोगों को विश्वास दिलाया कि वह जिन्न को कई बार बुला चुके हैं। आज उसका आह्वान करने की विधि में कोई चूक हो गयी। और किसी दिन वह उसे बुलाकर हम सब लोगों को दिखा देंगे।*[2]

एक अन्य घटना का ज़िक्र करते हुए वे लिखते हैं : एक दिन जब मैं उनके यहाँ गया तो उन्होंने मुझे कागज पर छपी एक पतली-सी इन्द्रजाल की किताब दिखायी, जिसे उन्होंने किसी जालीवाले महाराज से आठ आने में खरीदा था। उस किताब में बहुत से जादू-टोने वर्णित थे, जिनको सिद्ध कर लेने से अनेक अलौकिक शक्तियों की प्राप्ति होती थी। वह कहने लगे कि मैंने इस पुस्तक में वर्णित कई मन्त्र सिद्ध कर लिये हैं, जिससे मुझे कई अलौकिक शक्तियाँ प्राप्त हो गयी हैं। वह मुझे छत पर ले गये। गमले के पेड़ों के साथ अलग-अलग रंग की कई पर्चियाँ बँधी थीं। उन पर्चियों पर मन्त्र लिखे थे। एक गमले के सामने मुझे ले जाकर कहा-"आजकल मैं इस पर्ची पर लिखा मन्त्र सिद्ध कर रहा हूँ। उस मन्त्र को सिद्ध करने के लिये मुझे आगामी अमावस्या को श्मशान घाट जाना पड़ेगा।" यह घटना सम्भवतः उस समय की है, जब हम दोनों सातवें दर्जे में पढ़ते थे।[3]

गुरुदेव रवीन्द्रनाथ ठाकुर के विषय में मैंने पढ़ा था : क्या नया और क्या पुराना, जहाँ भी जो कुछ उत्तम होता, उन्हें सदा उसी की तलाश रहती थी। वह शायद ही कभी कुछ भूलते हों। बरसों बाद भी उन्हें भूत-प्रेतों, बाघों और घड़ियालों की वे कहानियाँ याद रहीं,

---

1. **अमृतलाल नागर रचनावली**-खण्ड : 7, संस्करण-1992, सम्पादक-शरद नागर, पृष्ठ-5।
2. **कथाशेष**-लेखक-ज्ञानचन्द जैन, संस्करण-1999, पृष्ठ-10।
3. **कथाशेष**-लेखक-ज्ञानचन्द जैन, संस्करण-1999, पृष्ठ-11।

जो कभी मछुए या महरी से सुनी थीं। ये ही चीजें साहित्य का उपकरण बनती हैं। देश की रक्त-मज्जा में बहने वाली इन कहानियों ने उनके साहित्य में बड़ी ही प्यारी महक भर दी है।'

उक्त कथन नागरजी पर भी अक्षरशः घटता है। यह बात दूसरी है कि अपने विद्यार्थी-जीवन में गणित के अध्यापक की मार से बचने के लिये उन्हें कक्षा की सबसे पिछली क़तार की सीट पर बैठने के लिये मजबूर होना पड़ता हो किन्तु; उनकी स्मरण-शक्ति एवं कल्पना-शक्ति विलक्षण थी।

सातवें दशक से आरम्भ होकर नवें दशक तक बालरचनाओं को गढ़ने का नागरजी का दूसरा दौर सर्वाधिक उल्लेखनीय है। उनका अधिकांश बालसाहित्य इसी काल में रचा गया और प्रकाशित हुआ। हमारे कुटुम्ब में सर्वाधिक बच्चे भी प्रायः इस काल में जन्मे या उन्होंने अपना होश सँभाला-नागरजी के अनुज रतनलाल नागर के बेटे अतुल, आलोक, दूसरे अनुज मदनलाल नागर के बेटे-बेटी अक्षय, अपर्णा, उनके पौत्र-पौत्रियाँ, नाती-नातिन-पारिजात, संदीपन, सिद्धार्थ, ऋचा, दीक्षा, प्रचेता, अर्पिता, अभिषेक ही नहीं वरन् उनके प्रपौत्र-प्रपौत्री सुयश, कनु और इशा प्रायः सभी को नागरजी की बालरचनाओं को न केवल सुनने का, वरन् उन्हें गढ़ने में भागीदारी करने का सुयोग मिला।

अपने बालसाहित्य की रचना-प्रक्रिया के सम्बन्ध में नागरजी का चिन्तन बहुत स्पष्ट था। उनके मन में स्वाधीन भारत के बालकों के लिये उपयुक्त-साहित्य के अभाव को लेकर एक कसक थी। इसी कारण उनकी कोशिश बच्चों के लिये लीक से हटकर कुछ कहने की, कुछ सुनाने की और लिखने की रही।

नागरजी लिखते हैं : *बच्चों का जो साहित्य स्वतन्त्र भारत में प्रकाशित हुआ है वह अधिकांश में पुराना ही है। राजकुमार, देव, जिन्नात, परी-डायनें अब भी हमारे बच्चों की कल्पना-शक्ति का विकास करने के लिए उन पर लेखकों-प्रकाशकों के द्वारा थोपी जाती हैं।*

पिछले पाँच-छह वर्षों में मुझे प्रायः रोज ही बच्चों को कहानियाँ सुनाने के लिए बाध्य होना पड़ा है। मेरे भतीजे, बड़ा दोहता और पोता चूँकि बच्चों की पत्र-पत्रिकाएँ नियमित रूप से पढ़ने की सुविधा पाते हैं, इसलिए मेरी पुरानी सुनी-पढ़ी कहानियों का स्टॉक इनके लिए अपना जादू नहीं रखता-'ये तो हमने पढ़ी हैं, नयी सुनाइये'-इस नयेपन की फरमाइश पूरी करने के लिये मैं कुछ प्रयोग करना चाह रहा हूँ। दुर्भाग्यवश वे कहानियाँ मैंने लिखी नहीं। उनमें कुछ तो बकवास थीं, मगर कुछ खुद मुझे भी गढ़ते-गढ़ते भा गयी थीं।

मिसाल के तौर पर परियों की फरमाइश होने पर एक बार हमने ऐसी चार परियों की कथा सुनायी, जो आज की दुनिया में अन्तरिक्ष-यात्री, बन्दर-चूहे, कुत्ते और आदमियों की उड़ानों के समाचार सुन-सुन कर सोचने लगीं कि हम तो इन सबसे बड़े हैं। हमारे पर हैं। हमें भी सैर करने के लिए जाना चाहिये। वे उड़ीं, पर पृथ्वी के ऊपर वायुमण्डल की आँधियों में फँस कर बड़ी मुसीबत में पड़ गयीं। तब एक, दूसरे बड़े उन्नत ग्रह के कुछ

---

1. **रवीन्द्रनाथ का बाल साहित्य-भूमिका : लीला मजूमदार, पृष्ठ-15।**

स्कूली बच्चे रेस प्रतियोगिता में भाग लेते हुए अपने ग्रह से पृथ्वी की ओर जा रहे थे। उन में से एक लड़के-लड़की ने चारों परियों की जान बहादुरी से बचायी। मैंने देखा कि मेरी कहानी ने बच्चों को बेहद आनन्द दिया, मेरा पौत्र अब मुझ से कभी परियों की फरमाइश नहीं करता।

राजकुमारों के बजाय मैंने अपने आज के सामाजिंक-जीवन से शिशु-किशोर नायक चुने। पिता को धमका कर रुपया वसूल करने के लिये डाकू एक बच्चे को पकड़ ले जाते हैं। डाकुओं के अत्याचार, फिर उस बच्चे की चतुराई और साहस का वर्णन, उसका बच निकलना और पुलिस की सहायता से डाकुओं को पकड़वाना; राजकुमारों के साहस-शौर्य से कहीं अधिक अपनाहट के साथ मेरे बच्चों को भाया। मैंने एक कहानी में एक जादूगर और एक डायन को एक वैज्ञानिक से पछड़वाया। जादूगर के जादू बड़े कठिन और करिश्में भरे; बाँधे। उनका आतंक जमाया, फिर वैज्ञानिक की मशीनों के चमत्कार से उन्हें फुर्र से उड़ा दिया। बच्चे बेहद खुश हुए।

'कॉमिक्स' के नये प्रचलन ने टारजन, फैण्टम आदि को बड़ा लोकप्रिय बनाया। उस का एकमात्र कारण यही है कि वे नये-पुराने वातावरण के विचित्र सम्मिश्रण से बच्चों को रसोल्लास देने में समर्थ हैं। वे अपने-अपने देशों को महिमा से मण्डित हो कर जब मानवीय करुणा और उपकार की भावना से बड़े-बड़े काम करते हैं, तब उन की महत्ता के साथ-साथ उनके देश की महत्ता भी हमारे बच्चों के मानस पर छाती है। मुझे किसी देश की महिमा गाये जाने से आपत्ति नहीं, बशर्ते कि हमारे बच्चे पहले स्वदेश-महिमा से अपना नाता जोड़ें। बजरंगी-नौरंगी मुझे इसी उद्देश्य से गढ़ने पड़े थे। इनका भी बच्चों पर उम्दा असर पड़ा।

जानवरों की कहानियों में भी मैंने कुछ इसी तरह से ताज़गी लाने के प्रयत्न किये थे। सब मिला कर अर्थ यह निकलता है कि हमारे बच्चों को जो ताज़गी मिलनी चाहिये, वह उन्हें सुनियोजित ढंग से अब तक नहीं मिल पा रही। बच्चों में सैर की प्रवृत्ति, नये-नये देशों और रहस्यमय पहाड़ों, नदियों के वास्तविक भूगोल के साथ काल्पनिक नायकों की कथाएँ जोड़कर मजे में जगायी जा सकती हैं, बहुत से ऐसे काम किये जा सकते हैं। पहेलियाँ भी अब नयी बनायी जानी चाहिये। पहेलियों का चलन अब बहुत कम हो गया है। मैं उन्हें बच्चों के लिये आवश्यक मानता हूँ।[1]

बालरंगमंच एवं बालनाटकों के क्षेत्र में नागरजी के योगदान का ज़िक्र न किये जाने पर नागरजी के बालरचना-संसार की चर्चा अधूरी ही रह जायेगी। नागरजी की सृजन-यात्रा में उनके लेखन के प्रशस्त मार्ग के समानान्तर ही नाटक और रंगमंच की एक पगडण्डी लगातार नज़र आती है। ऐसा लगता है कि गाहे-बगाहे-प्राय: अवकाश के समय इस पगडण्डी पर चहल-कदमी करने से उन्हें अपने लेखन-कार्य के लिए नयी-रचनात्मक ऊर्जा प्राप्त होती थी।

हिन्दी फ़िल्मोद्योग छोड़कर नागरजी ने 1948 में लखनऊ को ही अपनी कर्मभूमि बनाया तो जहाँ एक ओर उनका अधिकांश समय अपने लेखन एवं अध्ययन में व्यतीत होता, वहीं दूसरी ओर शाम का समय प्राय: नगर की नाट्य संस्थाओं के लिए नाट्य-

---

1. **हिन्दी प्रचारक पत्रिका :** मार्च 1973, वर्ष-1, अंक-3।

निर्देशन करने-कराने में बीतता। उनकी कामना यह थी कि उत्तर भारत का रंगमंच भी महाराष्ट्र, गुजरात एवं बंगाल की भाँति समुन्नत हो। वयस्कों की रंगमंचीय गतिविधियों के साथ ही बालरंगमंच एवं बच्चों की बहु-आयामी शिक्षणेत्तर गतिविधियों में भी उनकी सक्रिय भागीदारी रही।

सन् 1948-'49 में मोहल्ले के ग़रीब बालकों को पढ़ाने के लिये बा द्वारा स्थापित पाठशाला के विभिन्न कार्यकलापों यथा-अन्त्याक्षरी प्रतियोगिता, बच्चों द्वारा काव्य-पाठ, बच्चों द्वारा दीवार-पत्र (Wall Paper) लेखन, तथा पाठशाला के बच्चों द्वारा एकाधिक अवसर पर रेडियो के लिए कार्यक्रम भी तैयार कराने में नागरजी सक्रिय सहयोग प्रदान करते रहे।

सन् 1953 में 'भारतीय जननाट्य संघ' (इण्डियन पीपुल्स थिएटर एसोसिएशन-इप्टा, लखनऊ) के तत्वावधान में 'रिफाह-ए-आम' क्लब के उस ऐतिहासिक हाल, जिसमें 9 अप्रैल, 1936 को प्रेमचन्द की सदारत में 'प्रगतिशील लेखक संघ' (प्रोग्रेसिव राइटर्स एसोसिएशन) का प्रथम सम्मेलन हुआ था-नागरजी के निर्देशन में प्रेमचन्द लिखित कहानी **'ईदगाह'** का मंचन हुआ था। इस कहानी का नाट्य-रूपान्तर बेगम रजिया सज्जाद जहीर ने किया था। बालकलाकारों को लेकर खेले गये इस नाटक के प्रदर्शन से तत्कालीन कांग्रेस सरकार इतना बौखलायी कि नागरजी सहित इप्टा के चार कार्यकर्ताओं के खिलाफ़ '1876 के ड्रामा परफार्मेन्स एक्ट' के तहत मुक़दमा ठोंक दिया। मामला उच्च न्यायालय की लखनऊ खण्डपीठ तक गया, जिसके फैसले ने इस कानून की चूलें हिला दीं और सरकार को मुँह की खानी पड़ी।

7 दिसम्बर, 1953 से 31 मई, 1956 तक नागरजी आकाशवाणी के लखनऊ केन्द्र में ड्रामा-प्रोड्यूसर के पद पर कार्यरत रहे। इस अवधि में अपने मुख्य दायित्वों के साथ वे बालनाटकों के लेखन, उनकी प्रस्तुति तथा प्रसारण में भी बराबर रुचि लेते रहे। उन्होंने दो बालनाटक- *'बालदिवस की रेल'* (1955) तथा *'परी देश की सैर'* (1959) लिखे। इन दोनों बालनाटकों की प्रस्तुति भी उन्हीं के द्वारा की गयी। ये दोनों नाटक आकाशवाणी के बालश्रोताओं द्वारा खूब सराहे गये। *'परी देश की सैर'* अत्यन्त रोचक फन्तासी है, जिसमें बालकों को मेहनत से काम करने की प्रेरणा दी गयी है। कुशल मंच-निर्देशक के हाथों इस आलेख का सफलतापूर्वक मंचन भी हो सकता है। *'बालदिवस की रेल'* में विभिन्न भाषाओं के रचनाकारों के पूर्व रिकार्डेड गीतों का प्रयोग प्रसारण के समय किया गया था, जिनके आलेख इस समय अनुपलब्ध हैं। किंचित कल्पना का सहारा लेकर इस आलेख को मंच पर सर्जनात्मक रंग-प्रयोग के रूप में प्रस्तुत किया जा सकता है।

नागरजी ने बच्चों के लिए कोई मंच-नाटक तो नहीं लिखा किन्तु; उन्होंने सन् 1961 में रवीन्द्रनाथ ठाकुर की जन्म शताब्दी पर उनकी एक रचना का रूपान्तरण *'सात भाई चम्पा'* शीर्षक से किया, जिसका संगीतमय-रूपक के रूप में उपस्थापन लखनऊ में हुआ था।

सन् 1974 में लखनऊ में डॉ० कृष्णमोहन सक्सेना आदि के प्रयत्न से 'बालसाहित्यकार पर्षद' का अखिल भारतीय अधिवेशन आयोजित हुआ। इस अधिवेशन में बालनाट्य-लेखन एवं बालरंगमंच के सन्दर्भ में विचार करने के लिये जो विचार समिति बनायी गयी, उसकी अध्यक्षता भी नागरजी ने की थी। इस बैठक में अन्तर्राष्ट्रीय ख्याति प्राप्त

बालनाट्य-लेखक एवं बालरंगमंच-विशेषज्ञ श्री प्रागजी डोसा (मुम्बई), श्री अक्कड़ (अहमदाबाद), श्री बन्धु कुशावर्ती आदि उपस्थित थे और संयोजक के दायित्व का भार इन पंक्तियों के लेखक ने वहन किया था।

उत्तर प्रदेश संगीत नाटक अकादमी के उपाध्यक्ष एवं कार्यकारी-अध्यक्ष के पद पर रहते हुए नागरजी ने बालरंगमंच के विकास से सम्बन्धित गतिविधियों को सदैव प्रोत्साहित किया। सन् 1985 में श्री प्रागजी डोसा तथा बालरंगमंच-विशेषज्ञ श्रीमती वनलता मेहता एक सप्ताह की कार्यशाला संचालित करने हेतु लखनऊ पधारे थे।

इसी अवसर पर लखनऊ में बालनाट्य अकादमी की स्थापना हुई। सन् 1987 में शारदीय नवरात्र में नागरजी द्वारा बालनाट्य लेखन कार्यशाला का संचालन 'बालनाट्य अकादमी' का एक विशिष्ट आयोजन था। यद्यपि इस कार्यशाला में भाग लेने वाले नाट्य-लेखक प्रतिभागियों की संख्या बहुत कम थी, तथापि इस कार्यशाला में नागरजी ने अत्यन्त सरल और सुबोध शैली में नाट्य-लेखन के जो गुर प्रशिक्षुओं को दिये, वे अद्भुत थे। सौभाग्यवश इस कार्यशाला की एक प्रतिभागी ऋचा नागर ने नागरजी के इन व्याख्यानों का ध्वन्यांकन तथा प्रतिलेखन करके एक महत्त्वपूर्ण दस्तावेज़ 'आओ बच्चो नाटक लिखें' शीर्षक से तैयार कर दिया। नागरजी के इन व्याख्यानों का प्रकाशन 'बालनाट्य अकादमी' ने लघु पुस्तिका के रूप में किया। बालनाट्य अकादमी के तत्त्वावधान में सन् 1992 तक अनेक बालनाटकों के प्रदर्शन भी किये गये।

नागरजी की कविताएँ, पद्यकथाएँ, कहानियाँ, जीवनियाँ, बालउपन्यास, रेडियो-बालनाटक आदि लिपिबद्ध होकर प्रकाशित हुए। इस उपलब्ध बालसाहित्य में पच्चीस कहानियाँ, दो रेडियो नाटक, चार पद्यकथाएँ, चार बालउपन्यास-'बजरंगी नौरंगी', 'बजरंगी पहलवान', 'बजरंगी स्मगलरों के फंदे में' एवं 'अक्ल बड़ी या भैंस' तथा छः खण्डों में लिखी 'बालमहाभारत' तथा चौदह बालजीवन-चरित सम्मिलित है। जैसा कि नागरजी ने स्वयं स्वीकार किया है कि उन्होंने जितना बालसाहित्य गढ़ा, उसका दशमांश ही ब-मुश्किल लिपिबद्ध कर सके। निश्चय ही इस कारण हिन्दी बालसाहित्य में नागरजी का बहुतायत बालसाहित्य-लेखन समाविष्ट नहीं हो पाया है। ऐसा होना नागरजी से अधिक हिन्दी के बालसाहित्य की श्रीवृद्धि की दृष्टि से दुर्भाग्यपूर्ण रहा। मेरा अनुमान है कि यदि नागरजी द्वारा बच्चों को अनौपचारिक रूप से सुनायी गयी सभी रचनाएँ लिपिबद्ध की गयी होतीं तो उनके बालसाहित्य समग्र के भी डिमाई आकार के 5-5 सौ पृष्ठों के 3-4 खण्ड तो अवश्य ही होते।

यदि हमारे देश में बालसाहित्य प्राय: हाशिये पर न रहा होता और बालसाहित्य रचकर भी हिन्दी का लेखक अपनी सम्मानजनक जीविका कमा सकता तो कदाचित् केवल नागरजी ही नहीं, वरन् हिन्दी के अनेक प्रथम पंक्ति के लेखक बालसाहित्य-लेखन के क्षेत्र में अपना काफी समय देते और इस विधा को भी जी-भर कर समृद्ध करते।

नागरजी के समग्र बालसाहित्य का संकलन एवं सम्पादन उनके जीवन काल में ही मैंने कर लिया था। यह कामना थी कि यह सामग्री नागरजी की रचनावली में एक खण्ड के रूप में सम्मिलित की जाती किन्तु; अनेक कारणों से यह सम्भव न हो सका। मैं 'लोकभारती प्रकाशन' का आभारी हूँ कि उनके द्वारा नागरजी का उपलब्ध समग्र

बालसाहित्य नागरजी के स्वर्गवास के बीस वर्ष बाद संकलनबद्ध होकर प्रकाश में आ सका।

इस पुस्तक की सामग्री के संकलन एवं सम्पादन-कार्य में मुझे अपनी धर्मपत्नी विभा नागर, बेटी दीक्षा नागर तथा परम मित्र बन्धु कुशावर्ती का अपार सहयोग मिला। कम्प्यूटर टंकण कार्य एवं फोटोकापी कार्य नरेन्द्र कुमार के सहयोग तथा **संचित स्मृति (न्यास)** के अन्तर्गत स्थापित **अमृतलाल नागर साहित्य केन्द्र** के सौजन्य से सम्पन्न हुआ है।

17 अगस्त, 2009
अमृतलाल नागर की 94वीं जयन्ती **—शरद नागर**

अमृत प्रतिभा
5/530, विकास नगर
लखनऊ-226 022

अनुक्रम

●●

कहानी

- नटखट चाची
- ज़मींदार बाबू
- सूअर की कहानी
- अमृतलाल नागर बैंक लिमिटेड
- लिटिल रेड इजिप्शिया
- इकलौता लाल
- साझा
- गुण्डों के बच्चे
- त्रिलोक विजय
- अन्तरिक्ष-सूट में बन्दर
- सोने का चूहा
- पान की कहानी
- चोर बना कोतवाल
- एक पत्ता, जो जासूस नहीं था
- सतखण्डी हवेली का मालिक
- भागते भूतों की कहानी
- रानी मक्खी की चतुराई
- बलिया के बाबा
- बहादुर सोमू
- सात पूँछों वाला चीकू
- सच्चे साधु की पहचान
- फूलों की घाटी
- नटखट खरगोश
- घमण्ड की सजा
- बुढ़िया की चालाकी

नटखट चाची

भाई, यह तो तुम्हें भी मालूम होगा कि ग़लती इन्सान से होती है, हैवान से नहीं। और, ज़रा देर के लिए यह भी समझ लो कि मैं भी एक इन्सान ही हूँ। बस, इसी वजह से मैं भी ग़लती कर बैठा—चाचा को चोर समझ लिया। हालाँकि इसमें खता चाचीजी की ज़्यादा थी।

'बाल-विनोद' के होलिकांक में उम्र जानने की तालिका निकली थी। अगर ज़रा कोशिश करो, तो तुम्हें मालूम हो जाएगा कि बीस बरस पहले मेरी उम्र वही थी, जो आज तुम्हारी है। पिताजी मरते समय मुझे किसी अनाथालय में दान करने के बजाय चाचा को सौंप गये थे और चाचा साहब ने मुझे चाची के हाथों सौंप दिया।

चाचा के घर मेरे आने के बाद ही चाची ने नौकर को झाड़ू मारकर निकाल दिया और मुझे तीन काम सौंपे—सबेरे उठकर मण्डी से तरकारी लाना, इसके बाद उनके गोदीवाले बच्चे को खिलाना और फिर मार खाना। ये तीनों काम मैं रोज़ बिना किसी हीले-हवाले के कर लिया करता था। इसी से मेरी चाची अक्सर प्रसन्न होकर मुझे बड़े प्रेम से खाने के लिए गालियाँ दिया करती थीं।

हाँ, एक काम उन्होंने मुझे और सौंपा। बात यों हुई कि एक दिन चाचीजी पड़ोस में किसी के घर पचास ताले टूटने की बात सुन आयी थीं। घर आकर उन्होंने मुझसे कहा—"रमेश, तू दिन-पर-दिन बड़ा कामचोर और निखट्टू होता चला जा रहा है। दिन-भर खेलने-कूदने और दंगा करने के सिवा तुझे और कोई भी काम नहीं। आज से रात में किताब लेकर बैठा कर। और, जो तू किसी दिन भी बारह बजे से पहले सोया तो तेरी हड्डी-पसली तोड़ दूँगी। समझा?" इसके बाद चाचीजी ने बड़ी दया करके मेरे दोनों कान अच्छी तरह हिला दिये, जिससे मैं उनकी बात अच्छी तरह समझ जाऊँ।

चाचीजी फिर कहने लगीं—"और सुन, ज़रा आँख खोलकर। आजकल चोरों का बड़ा हुल्लड़ है। अभी-अभी पड़ोस में सुनकर आयी हूँ कि केदारनाथ के घर चोरों ने पचास ताले तोड़े थे। सुना?"

सुन तो खैर लिया, मगर एक बात समझ में न आयी—आँखें खोलकर पढ़ने और चोरों के हुल्लड़ में आखिर क्या सम्बन्ध था? बहरहाल, जो भी हो, उस वक्त मुझे अच्छी तरह याद है, पढ़ने-लिखने की बात तो दरकिनार रही, दिमाग चोरों की बात सोचने में उलझ गया। बहुत-सी बातें दिमाग में चक्कर काट गयीं।

तेल अधिक खर्च न हो, इस खयाल से चाचीजी ने लालटेन ज़रा धीमी कर मुझे पढ़ने की आज्ञा दी। ऐसी हालत में मेरे लिए सचमुच ही आँखें खोलकर पढ़ना बहुत ज़रूरी हो गया था।

याद करना शुरू किया—"सी-ए-टी—कैट, कैट माने बिल्ली—"

चाची चारपायी पर पड़ी सुन रही थी। ज़रा घुड़ककर उन्होंने पूछा—''इसके माने?''

उनकी बात काटकर मैंने घबरायी हुई आवाज़ में कहा—''इसके माने चाची, सी-ए-टी—कैट, माने बिल्ली, चाची!''

मारे गुस्से के चाची चुकन्दर हो गयीं। कहने लगीं—''अरे, तुझे मैं मना कर रही हूँ कि इसके माने मत याद कर। जो कहीं मुनुआ सुन लेगा तो रात-भर नहीं सोएगा; तू ऐसा गधा है कि मानता तक नहीं।''

क्या करता! चुप हो रहा। मगर मन-ही-मन पढ़ते-पढ़ते धीरे-धीरे नींद आने लगी। ज़रा ऊँघ गया।

पता नहीं, कब तक ऊँघता रहा। मगर एकाएक अपनी पीठ पर धमाके की आवाज़ सुन आँखें खुल गयीं। एक हाथ से पीठ सहलाते हुए मैंने पढ़ना शुरू किया—''एस ऊँ-ऊँ-ऊँ।''

खोपड़ी पर खड़ी हुई चाचीजी उस समय मुझे पूरे ढाई हाथ की देवी मालूम पड़ रही थीं। पीठ पर इस कदर ज़ोर से घूँसा पड़ा था कि हड्डी-पसली तक तिलमिला गयी थी। आँखों से आँसू निकल रहे थे।

चाचीजी कहने लगीं—''अन्धे, इसीलिए तुझे पढ़ने बिठाया था? अभी ऊपर से कोई चोर-चोर...''

हलक सूखने लगा। रोना भूल गया। सारे बदन में कँपकँपी होने लगी। मेरी घिग्घी-सी बँध गयी। एकाएक मार खाने और नींद खुल जाने के कारण पहले से ही चौंका हुआ था। चाची की सूरत देखकर यों ही बुखार-सा चढ़ने लगता था। इस वक्त ऊपर से चोर की बात सुनकर मेरी हालत एकदम अजीब हो गयी। डरते हुए जो ज़रा छत की तरफ निगाह दौड़ायी तो चट से चाची के पैरों से लिपट गया।

चाची भी घबरा उठीं। पूछने लगीं—''क्या हुआ?''

मेरी ज़बान ही सट गयी थी। जवाब देते न बन पड़ा। बस लिपटा ही रहा। चाची ने झुंझलाकर अपने पैर छुड़ाते हुए पूछा—''क्या है रे?''

उनके पैरों से और भी अधिक लिपटते हुए मैंने धीरे-से कहा—''चाची चो...''

चाची के देवता कूच कर गये। घबराकर धीरे-धीरे कहने लगीं—''क् क्-क्याऽ—?''

मैंने तो अपनी आँखें बन्द कर लीं। और शायद चाची ने भी अपनी आँखें बन्द कर ली थीं।

किसी तरह काँपते हुए गले से आवाज़ निकालकर चाची ने कहा—''र-र-रमेश!''

मैंने उसी तरह कोशिश कर कहना चाहा—''चाची, चोर।'' मगर घिग्घी बँध गयी। मुँह से केवल निकला—''ईः-ईः-ईः!''

अब चाची ने मुझे अच्छी तरह अपनी छाती से चिपटाकर कहना शुरू किया—''ईः-ईः-ईः!''

हम दोनों एक दूसरे से चिपटे हुए काँप रहे थे।

मुँह से 'चोर-चोर' कहकर हम लोग मुहल्ले-भर को जगाकर इकट्ठा करना चाहते थे; मगर घिग्घी बँध जाने के कारण मुँह से 'ई:-ई:-ओ-ओ' के सिवा और एक शब्द भी न निकलता था।

चाचा ऊपर सोया करते थे। इतनी ताब भी गले में न थी कि उन्हें आवाज़ देते। बस, जितना अधिक डर लगता था, उतनी ही तेजी से 'ई:-ई:!' का राग अलापने लगता था, और चाची की यह क़ैफियत थी कि मैं जितना डरता था, चाची उससे चौगुना खौफ खाती थीं। मेरा पाँच बरस का चचाज़ाद भाई चौंककर जाग पड़ा और हम लोगों की यह दशा देखकर बुक्का फाड़कर रो उठा।

रोने में 'मनुआ' ने बी० ए० पास किया था। वह जब रोना शुरू करता, तब कम-से-कम तीन घण्टे तक तरह-तरह के राग अलापता रहता और पास-पड़ोस के लोगों की नींद हराम कर देता।

"क्या है? यह तुम क्या कर रहे हो?" सहसा आकर चाचा ने पूछा।

चाची मुझे छोड़ एकदम उधर जा चिपटीं। मैंने चाची की टाँग पकड़ी। मनुआ भी उनसे चिपटकर चीखने लगा।

भई, अगर तुम लोग कहो, तो आज तुम्हारे सुर में सुर मिलाकर हँस लूँ। मगर उस दिन तो, सच यह है कि डरते-डरते पसीना छूटने लगा था।

"अरे! यह क्या करती हो? मेरी जान लोगी क्या?" चाचा ने जोर से कहा।

मगर वहाँ अपनी धुन में कौन, किसी की सुनता है। चाची और ज़ोर से चाचा से चिपट गयीं, और इतनी चिपटीं कि लिये-दिये 'धम' से ज़मीन पर गिर गयीं।

"हाय राम रे! अरे मरा रे! अरे मुझे छोड़ो!! ओ रमेश, अपनी चाची को उठा भाई!"

अब ज़रा कुछ होश आया। डरते-डरते आँखें खोलकर देखा। चचा ज़मीन पर पड़े हुए थे। चाची उन्हें कसकर दबाये हुए थीं। चचा चीख रहे थे, चाची—'ई:-ई:' कर रिरिया रही थीं।

उस दिन बुरी तरह चचा का कचूमर निकल गया। चाची के डील-डौल को देखते हुए चचा उनके मुकाबले में डेढ़ पसली के ठहरते थे।

जब ज़रा तबियत सावधान हुई, तब राज़ खुला। बात यह थी कि मुनुआ के रोने की आवाज़ जब सोते में चचा के कान में पड़ी, तब नीचे उसे चुप कराने की गरज से उतरे। मगर नीचे आकर जो यह माज़रा देखा, तो चाची को झिंझोरकर पूछा। चाची उस समय बेहद डरी हुई थीं। आँखें उनकी बन्द थीं और उनके दिमाग में उस वक्त सिर्फ चोर की ही धुन समा रही थी। वह चचा को चोर समझ बैठीं। उसके बाद तो फिर आव देखा न ताव, धमककर चचा के ऊपर चढ़ बैठीं।

और, मेरी कैफियत यह है कि जिसे मैं उस वक्त चोर समझ बैठा था, वह असल में छत की दीवार के ऊपर बना हुआ छोटा गुम्बद था, जिस पर टाट पड़ा हुआ सूख रहा था।

इसलिए ग़लती दोनों की थी बल्कि; यदि चाची की आत्मा इस समय स्वर्ग में बैठी हुई बुरा न माने तो कहूँ कि ज़्यादा ग़लती उन्हीं की थी। दिनभर चोर-चोर कह कर मुझे डराती रहीं, रात में भी डराया, और उसके बाद चचा को ही चोर समझकर चोट पहुँचाई। मगर मार मैंने ही खायी। चाची ने भी मारा और चचा ने भी।

बच्चो, तुमसे क्या कहूँ, उस दिन मैंने इतनी मार खायी होगी कि यदि मेरी माँ होती, तो बदन-भर में हल्दी-चूने का लेप लगाकर मुझे आराम पहुँचाने की कोशिश करती।

●

ज़मींदार बाबू

'बाल-विनोद' के सम्पादक भी खूब हैं, जिन्होंने मेरे हाथ में एक बन्दर और एक बकरी को रस्सी में बाँधकर पकड़ा दिया और कहा, 'इन्हें नचाकर दिखाइए।'

इसी पर मुझे एक बात याद आयी, कहता हूँ।

आज से चार साल पहले की बात है, मैं अपने एक ज़मींदार दोस्त के यहाँ गया हुआ था। ज़मींदार साहब की और मेरी उम्र में इतना ही अन्तर था, जितना हुसेनाबाद और अमीनाबाद के घण्टा-घरों में है। फिर भी ब्राह्मण होने के नाते मैं ज़मींदार साहब का पूज्य था।

ज़मींदार साहब के चार लड़के और एक दस बरस की लड़की है। ज़मीन-जायदाद उनके पास कम नहीं। सुनते हैं—उनके पिता चार लाख रुपया और पाँच गाँव छोड़कर मरे थे, जिसे उन्होंने अपने कौशल से अब काफी बढ़ा लिया है। उन्होंने अपने चारों पुत्रों के विवाह ढूँढ़-ढूँढ़कर ऐसे खानदानों में किये थे, जहाँ सिर्फ एक लड़की को छोड़कर और कोई भी नाम-लेवा और पानी-देवा न था। इस तरह अब उन्होंने पाँच की बजाय नौ गाँव और पाँच लाख नकद जमा कर लिए थे। परन्तु अभी तक तोंद पूरी तरह भर न पायी थी।

बेचारे बड़े धर्म-भीरु हैं, परन्तु जहाँ धर्म के नाम पर कुछ पैसा खर्चने का सवाल आ जाता है, वहाँ एक क्षण भी नहीं टिकते। मेरे ऊपर उनकी अपार श्रद्धा है। इसका कारण यह है कि मैं किसी प्रकार की दान-दक्षिणा ही स्वीकार करता हूँ और मेरी खुराक भी अधिक नहीं। एक बार मैंने उनकी एक बहुत बड़ी समस्या बड़ी आसानी के साथ हल कर दी थी, तब से वह मुझे बहुत ही ज़्यादा मानने लगे थे। बात यों थी कि घर वालों ने उन्हें अपने स्वर्गीय पिता का श्राद्ध करने के लिए बहुत मजबूर किया था। बेचारे बड़े पशोपेश में पड़े हुए थे। पिता का श्राद्ध करने के लिए उन्हें गया जाना बहुत ज़रूरी था। न जाने पर घर और बाहरवाले; सभी उनकी बड़ी निन्दा करते, जो उनके लिये असह्य होता। लेकिन गया तक जाने के मानी यह था कि उनके कम-से-कम सौ रुपये अवश्य ही उठ जाते। बड़े दीन भाव से मुँह लटकाकर उन्होंने मुझसे कहा—"क्या बताएँ पण्डितजी, इस बखत हमारी जान बड़े संकट में है।" यह कहकर उन्होंने मुझे अपने मन की बात बता दी।

मैंने उनसे पूछा—"आप अपने बाप के श्राद्ध में कितने रुपये खर्च करना चाहते हैं?"

उन्होंने बतलाया—"मैं पाँच रुपये से ज़्यादा खर्च नहीं कर सकता।"

मैंने कहा—"घबराइए मत, मैं पाँच रुपये में ही आपका गया-श्राद्ध करा दूँगा।"

हाथ जोड़कर, गिड़गिड़ाते हुए ज़मींदार साहब ने मुझसे कहा—"हें-हें-हें, मेरा

गया-श्राद्ध नहीं पण्डितजी, मेरे पिता का।''

मैंने मन-ही-मन मुस्कराकर कहा—''अजी, मेरा मतलब यह थोड़े ही था कि आपका श्राद्ध हो। परमात्मा करे, आपको अपना श्राद्ध नसीब ही न हो।''

मेरी बात न समझकर वह बस 'हें-हें' कर हँस दिये।

मैंने उनके मकान से लगभग एक मील दूर, उनके बगीचे में, एक तरफ एक चौड़ी-सी नाली खुदवायी। उसे ऊपर से घास-फूस और मिट्टी से ढँक दिया। मैंने उनसे कहा—''यह फल्गु नदी है, आप इसी के किनारे बैठकर अपने बाप को पिण्डदान दे दें।''

पहले ही कह चुका हूँ कि ज़मींदार साहब बड़े धर्म-भीरु थे। उन्होंने मुझसे कहा—''पण्डितजी, बिना रेल पर चढ़े तो कोई आदमी गया जा नहीं सकता। बिना रेल की सवारी के अगर कहीं मेरे बाप की आत्मा ने देख लिया तो बड़ा गज़ब होगा!''

मैंने कहा—''घबराइए मत, मैं इसका भी इन्तजाम करता हूँ।''

मैंने छह आने की चाभी की कूक से चलनेवाली रेलगाड़ी खरीदकर बगीचे में छोड़ दी। उनसे कहा—''आप इसी के साथ दौड़ते हुए फल्गु नदी तक चले जाइये; बस, आप गया पहुँच गये। रेलगाड़ी खड़ी देखकर आपके बाप की आत्मा को ज़रा भी शक न होगा।''

इस पर ज़मींदार साहब बहुत ही खुश हुए। तभी से वह मुझे बहुत मानते हैं।

पिछली बार जब मैं उनके यहाँ गया, तब मुझसे बोले—''पण्डितजी, लड़की के हाथ पीले करने हैं।''

मैंने कहा—''हल्दी से रंग डालिये।''

उन्होंने कहा—''अजी नहीं, उसकी शादी करनी है।''

बाद में उन्होंने मुझे बतलाया—''पड़ोस में ही एक ताल्लुकदार रहते हैं। उनकी उम्र साठ से अधिक है; परन्तु ब्याह करने की उनकी बड़ी इच्छा है। मैंने सोचा, मेरी लड़की सुख से रहेगी, इसलिए उनसे ब्याह की बात पक्की कर चुका हूँ। अब एक समस्या है। शादी आज ही रात को होगी लेकिन; दूल्हे की सवारी के लिए कहीं घोड़ा नहीं मिल रहा है। गाँव वाले कहते हैं, हम बूढ़े के ब्याह के लिए घोड़ा नहीं देंगे क्योंकि; हम इस ब्याह के बहुत खिलाफ हैं, जबकि मैं चाहता हूँ कि उसके साथ अपनी लड़की की शादी कर उसकी रियासत भी अपने हाथ में कर लूँ। दूल्हा सब बातों के लिए राजी है लेकिन; वह कहता है कि बिना घोड़े पर सवार हुए हमारे खानदान में ब्यांह पूरा नहीं होता। अब बड़ी आफत में पड़ा हूँ।''

गुस्सा तो मुझे उन पर बहुत आया लेकिन; उनके बार-बार गिडगिड़ाने पर मैंने उन्हें एक तरकीब बता दी।

बूढ़े ताल्लुकदार साहब जब उनके यहाँ चुपचाप ब्याह करने आये, तब ज़मींदार साहब ने मुझसे हाथ जोड़कर कहा—''पण्डितजी! आप ही उन्हें समझाइये, मुझसे वह कभी न मानेंगे।''

ताल्लुकदार महाशय को मैंने बतलाया—"आपको मैं ऐसी जुगत बतलाऊँ कि साँप भी मर जाए और लाठी भी न टूटे।"

उन्होंने पूछा—"वह कौन-सी जुगत है?"

मैंने ज़मींदार साहब के नौकर को कमरे के अन्दर ही घोड़ा लाने की आज्ञा दी। नौकर को पहले ही समझा दिया गया था; वह फौरन जाकर काठ का एक छोटा-सा घोड़ा उठा लाया। ताल्लुकदार महाशय पहले तो उसे देखकर चकराये परन्तु; बाद में मेरी बात मानकर उसी से अपना काम निकाल लिया।

मैंने मन-ही-मन यह निश्चय कर लिया था कि इस विवाह को किसी भी तरह होने नहीं दूँगा। इसलिए जब वर महाशय विवाह-मण्डप में पहुँचे, तब मैंने बाहर जाकर कुछ लड़कों को इकट्ठा किया और उन्हें एक बन्दर पकड़ लाने की आज्ञा दी। लड़के बन्दर पकड़ लाए, और उन्होंने मेरे आज्ञानुसार ही विवाह-मण्डप में पहुँचकर बूढ़े वर के ऊपर बन्दर छोड़ दिया। मोटे वर महाशय घबराकर भागे। ज़मींदार बाबू बहुत घबराये। उन्होंने मुझसे कहा कि इस समय मेरी बड़ी बदनामी होगी और पातक चढ़ेगा, यदि वर महाशय लौटकर न आये।

मैंने उनसे कहा—"ताल्लुकदार साहब तो अब किसी हालत में भी लौटकर न आएँगे। आप इस लड़की का विवाह इसी समय किसी न किसी के साथ अवश्य कर दें, वरना आपको पाप लगेगा।"

पाप का नाम सुनकर ज़मींदार साहब के होश उड़ गये। उन्होंने मेरे पैर पकड़ लिये, और कहा कि किसी तरह मुझे उबारिए। मैंने उन्हें धैर्य बँधाया और उसी समय एक दूसरे सुशील लड़के के साथ, जिसके माता-पिता को मैंने पहले से ही राज़ी कर रखा था, उस लड़की का विवाह करा दिया।

•

सूअर की कहानी

बच्चों! कहानी कहने से पहले मैं तुम्हें यह बतला देना चाहता हूँ कि मैं सूअर नहीं हूँ। यद्यपि बचपन में अक्सर बहुत-सी मामूली ग़लतियों पर पिताजी तथा स्कूल के बहुत-से मास्टरों ने मुझे यह बतलाया है कि मैं सूअर हूँ। मौके पर बात छिपाये नहीं छिप सकती, और खासकर उस वक्त, जब कोई सम्पादक मेरे पास सूअर की तस्वीर भेजकर उस पर एक कहानी चाहता हो। हालाँकि यह तय बात है कि हिन्दोस्तान के सभी आदमी, कभी-न-कभी अपने लिए किसी-न-किसी के द्वारा यह विशेषण इस्तेमाल होता हुआ अवश्य सुन चुके होंगे।

खयाल आता है—बहुत बरस पहले मैंने एक सपना देखा था। तब मैं शायद स्कूल के पाँचवें दरजे में पढ़ता था।

मैंने एक दिन सबेरे बड़े भाई साहब का फाउण्टेनपेन उठा लिया। उनके पास दो थे। सोचा, अगर एक से मैं इस वक्त 'खुशखती' लिख लूँ तो भाई साहब का कोई हर्ज़ न होगा।

लिखने से पहले एक बात दिमाग में आयी। भाई साहब कहा करते थे कि मोटी क़लम से लिखने से लिखावट बहुत सुन्दर आती है। इस खयाल से कि भाई साहब बहुत खुश होंगे और साथ ही साथ मेरा काम भी ठीक हो जायेगा, मैंने बड़ी मेहनत से फाउण्टेनपेन की निब पत्थर पर घिसकर उसे हिन्दी लिखने लायक बना लिया। लेकिन क्या कहूँ, भाई साहब बजाय खुश होने के बेहद नाराज हुए और मेरा कान पकड़, पिताजी के पास ले जाकर मेरी शिकायत कर दी। पिताजी गुस्से से दाँत पीसते हुए मेरी तरफ देखकर बोले—"अरे, यह बड़ा सूअर है।"

सुन रक्खा था कि अक्सर बड़ों-बड़ों से भी ग़लती हो जाती है, इसीलिए मैंने यह कहना चाहा कि बड़े तो भाई साहब हैं। मगर कह न सका क्योंकि; मेरे कुछ कहने-सुनने के पहले ही पिताजी ने मेरे कानों को मरोड़-मरोड़कर खटाई बनाना शुरू कर दिया था।

अँग्रेजी में एक मसल है—'आफत अकेली नहीं आती।' उस दिन स्कूल में भी कुछ ऐसी साइत से पैर रक्खा कि फाटक पर ही मुझे दुबारा सूअर की उपाधि मिली। बात यह थी कि मैं फाटक पर लगी चरखी पर टाँग रख आनन्द से चक्कर काटने लगा। पास ही तीसरे दरजे में पढ़ने वाले दो-तीन लड़के खड़े थे, जो स्कूल के अन्दर जाना चाहते थे। चरखी पर चक्कर काटने का आनन्द मैं तीसरे दरजे के लड़कों के लिए नहीं छोड़ सकता था, इसलिए उनकी राम-गुंहार पर मैंने कतई कान न दिया। एकाएक पीछे एक मास्टर आ गये। मेरा मुँह दूसरी तरफ घूमा हुआ था, इसलिए उन्हें देख न सका। उन छोटे-छोटे बदमाशों ने तड़ से मेरी शिकायत जड़ दी। पहले तो समझा, मास्टर का नाम लेकर ये तीसरे दरजे के लड़के मुझ पाँचवें दरजे के विद्यार्थी को बनाना चाहते हैं। फिर मुँह घुमाकर

जो देखा तो चट से बस्ता उठाकर भागा। मास्टर साहब ने घुड़ककर कहा—"ठहर तो सूअर कहीं का।"

तुम लोग विश्वास करो या न करो, मगर यह सच है कि उस दिन मेरा कोई नक्षत्र अवश्य ही खराब था क्योंकि; छहों घण्टों में सभी मास्टरों ने मुझे किसी-न-किसी बात पर तथा भी बहुत-सी और बातों के साथ-साथ सूअर अवश्य कहा। वैसे तो ईश्वर की दया से हर रोज़ मुझे हिसाब के मास्टर के सिवा और कोई सूअर न कहता था।

शाम को घर लौट आने पर, खेल-ही-खेल में छोटे भाई से किसी बात पर तकरार हो गयी। उसने माँ से शिकायत की और जहाँ तक खयाल पड़ता है, माँ ने भी मुझे सूअर के ही लकब से पुकारा था। क्योंकि यह तो मुझे अच्छी तरह याद है कि माँ ने जब मुझे खाना खाने के लिए बुलाया तो मैंने झल्लाकर उत्तर दिया था—"मैं तो सूअर हूँ, फिर मुझे खाना खाने के लिए आप क्यों बुलाती हैं?"

उस दिन बिना खाये-पिये ही जल्दी सो गया। सपने में देखा मैं एक बहुत बड़े जंगल में पहुँच गया हूँ। जंगल में एक अमरूद का पेड़ था। स्कूल की बगिया से कच्चे अमरूद तोड़-तोड़कर खाने पर हेडमास्टर साहब बहुत मारते थे, इसलिए कच्चे अमरूदों से मुझे बहुत प्रेम हो गया था। उस जंगल में पिताजी, भाई तथा हेडमास्टर का डर बिल्कुल न था, और दूसरी बात यह कि भूखा भी था। इसलिए जी भरकर अमरूद खाये, कुछ फेंके। परन्तु उस अमरूद के पेड़ का मालिक भी एक सूअर ही था—मेरा-सा नहीं, बनैला सूअर। उसने कहीं-से मुझे अमरूद फेंकते हुए देख लिया। वह दौड़ा मेरे पास। मैं भागा।

भागते-भागते मैं उसे चकमा देकर अपने कमरे में आ, पलंग पर लिहाफ से मुँह ढँककर सो गया। ज़मीन सूँघते हुए, पता लगाते-लगाते वह सूअर वहाँ आ धमका, और मेरा कान उमेठकर कहने लगा—"सूअर, पढ़ना-लिखना कुछ नहीं। बस खेलना, खाना और सोना ही जानता है। चल उठ।"

बस अब हद हो चुकी थी। एक सूअर ने जब मुझे सूअर कहा, तब मैं उसकी बात सह न सका। मैंने झट से झल्लाकर कह ही तो दिया—"आप भी तो सूअर हैं।"

तड़ातड़ तमाचे पड़ने लगे। एकाएक आँख खुल गयी। देखा, भाई साहब सामने खड़े कह रहे हैं—"बदमाश! मुझे सूअर कहता है? बैठकर पढ़।"

तब अरसे तक मुझे इस बात पर ताज्जुब होता रहा कि सपने का सूअर एकाएक सचमुच मेरे भाई साहब के रूप में कैसे आ गया! मुझे अच्छी तरह खयाल है, बहुत दिनों तक मैं इस बात पर गौर करता रहा था लेकिन; कुछ भी समझ में न आया।

आज दिन में पं० श्रीराम शर्मा की 'शिकार' नामक पुस्तक में बनैले सूअर के शिकार का वर्णन पढ़ते-पढ़ते सो गया और स्वप्न में वही शिकार मैं भी खेलने लगा। अचानक 'बाल-विनोद' के सम्पादक ने मुझे जगाकर, सूअर की तसवीर दिखायी और उस पर एक कहानी माँगी।

मैं फिर यही बात सोचने लगा। बात किसी तरह भी समझ में नहीं आती। बड़ा परेशान हूँ। इसी से कहानी भी नहीं कह पाता। हाँ, अगर तुम लोग मेरी इस समस्या को हल कर दो, तो अलबत्ता एक मज़ेदार कहानी सुनाऊँ।

●

अमृतलाल नागर बैंक लिमिटेड

मुझे खूब अच्छी तरह याद है। तब मैं शायद छह या सात वर्ष का था। दादाजी ने किसी ग़लती पर मेरे कान उमेठ दिये थे। नौकर वहीं खड़ा था, इसलिए मैं इस अपमान को न सह सका। सोचने लगा, यह बड़े हैं। इसीलिए इन्होंने मेरा अपमान किया। मैं भी बड़ा होने की तरकीब सोचने लगा।

मेरे दादा स्वर्गीय पण्डित शिवरामजानीजी इलाहाबाद बैंक के संस्थापकों में से थे। लखनऊ के विशेष सम्मानित व्यक्तियों में उनका स्थान था। मैंने भी सोचा—एक बैंक खोलना चाहिए। बैंक खोलकर ही झट से बड़ा आदमी बना जा सकता है, इसका मुझे सहसा विश्वास हो गया।

मैंने अपने दोस्तों को इकट्ठा किया। उनसे कहा—"यहाँ जितने आते हैं, सब बड़े-बड़े ही आते हैं। हम लोग अपने पैसे बैंक में जमा नहीं करते, इसीलिए तो सब खर्च हो जाते हैं।"

रासबिहारी टण्डन ने कहा—"यह तो तुम ठीक कहते हो, अमृत!"

मैं अपनी बात का समर्थन पा और भी जोश में कहने लगा, "इसीलिए मैंने सोचा है कि एक बैंक खोला जाय। बैंक खोलने में एक सबसे बड़ी शान यह रहेगी कि हम लोगों पर कोई धौंस न जमा सकेगा। जब हमारा बैंक होगा, तब पढ़ने-लिखने से भी छुटकारा मिल जाएगा। तुम लोग तो खुद ही देखते हो, हमारे दादाजी को कभी सी-ए-टी कैट, कैट माने बिल्ली नहीं पढ़ना पड़ता; और न उन्हें पण्डितजी का ही डर रहता है। तुम लोग जानते हो, इसका क्या कारण है? यही कि वह बैंक के मैनेजर हैं। इसीलिए सब लोग उनका अदब करते हैं। बैंक खुल जाने के बाद हमारी भी लोग इसी तरह इज़्ज़त करेंगे। क्या समझे टण्डन?"

टण्डन मेरी बातों के सहारे शायद किसी सुनहरे संसार में घूमने लगा था। मेरे प्रश्न पर सहसा चौंककर बोला—"हाँ, तो तुमने क्या कहा?"

मुझे गुस्सा आ गया। मैंने कहा—"तुम सुअर हो?"

टण्डन को भी गुस्सा आ गया। खड़ा होकर बोला—"बैंक में आप ऐसी बातें नहीं कह सकते।"

मैंने कहा—"मैं कह सकता हूँ।"

टण्डन बोला—"बैंक में सुअर वगैरह नहीं कहा जाता।"

मैंने मेज पर हाथ पटककर कहा—"हमारे बैंक में कहा जाएगा। मैं फिर कहता हूँ, टण्डन सुअर।"

"अगर तुम कहोगे, तो मैं भी कहूँगा, अमृत सुअर!"

अपना इतना बड़ा अपमान सहने के लिए मैं बिल्कुल तैयार न था। मैं गुस्से के मारे काँपने लगा और बदला लेने के लिए बढ़ ही रहा था कि पण्डितजी की आवाज सुनायी पड़ी।

पण्डितजी से हम सभी डरते थे। दूसरे साथी तो भाग निकले लेकिन; टण्डन के तो देवता कूच कर गये। वह भी उन्हीं से पढ़ता था। कमरे में आते ही टण्डन को देखकर उन्होंने पूछा, "क्यों बे सुअर, तू भी यहीं है? और तुम लोग लड़ क्यों रहे थे?"

मुझे फौरन ही एक बात सूझी। टण्डन से अपने अपमान का बदला लेने के लिए अच्छा मौका देख मैंने कहा—"पण्डितजी, टण्डन कहता है—I goes और किताब में लिखा है—I go। और पण्डितजी, यह ये भी कहता है कि आपने बताया है कि किताब में ग़लत लिखा है।"

लाल-लाल आँखों से टण्डन की तरफ घूरकर पण्डितजी बोले, "क्यों बे सुअर, मैंने यह सब कब बताया था, बोल?"

बेचारा टण्डन मिमियाने लगा। वह अपनी सफाई भी न दे पाया था कि पण्डितजी ने उसके दोनों कान पकड़कर अपनी ओर घसीटते हुए उसकी पीठ पर दो घूँसे जमा दिये। टण्डन बिलबिला उठा। उसकी दशा देखकर मुझे भी दया आ गयी।

पण्डितजी के जाने के बाद मैंने कहा—"टण्डन"

टण्डन मुँह फुलाकर बोला—"मैं आपसे नहीं बोलता।"

मैंने उसे समझाना शुरू किया। कहा—"मैं तो तुम्हें एक सबक दे रहा था। आज तुम पण्डितजी से इतना डरते हो। अगर बैंक खुल जायेगा, तो पण्डितजी की मजाल नहीं कि तुम्हारे बदन पर उँगली भी लगा सकें। फिर चाहे तुम I go कहो या I goes, दोनों ठीक हैं।"

"लेकिन मैंने I goes कहा ही कब था, जो आपने पण्डितजी से झूठमूठ मेरी शिकायत कर दी?"

मैंने उसे समझाया—"वह तो जो बात होनी थी, सो हो गयी। अब उसका जिक्र छोड़ो। मगर मैं तुमसे कहता हूँ, बैंक खुल जाने के बाद अगर तुम I goes भी कहा करोगे, तो भी ठीक होगा।"

टण्डन अब ज़रा धीरे-धीरे राह पर आया। कहने लगा—"तो क्या बैंक खुल जाने पर पढ़ाई खत्म हो जाएगी?"

"वह तो हो ही जाएगी। तब कोई हमें ज़बरदस्ती पढ़ने न बैठा सकेगा। हाँ, जब हमारा मन चाहेगा, दिन-भर में किसी वक्त अखबार पढ़ लिया करेंगे, जैसे हमारे दादाजी पढ़ते हैं।"

"और, यह पण्डितजी?"

"अजी, पण्डितजी की बात भली बतायी। इनको उसी वक्त शहर से बाहर निकाल दूँगा।"

टण्डन ने उतावली के साथ कहा—"तो फिर उसमें देर क्या है? आज ही बैंक खोल दो।"

मैंने कहा—"आज क्या, अभी से ही खुल गया। तुम्हारे पास कितने पैसे हैं?"

टण्डन को इस बैंक में शंका हुई। बोला—"वाह, अभी कैसे खुल गया? न तो इसका नाम ही रक्खा गया है, न टेलीफोन ही है, न बाबू लोग काम कर रहे हैं और न चपरासी है। बैंक कहीं इस तरह खुलता है?"

मैंने कहा—"तो इसमें बात क्या है? नाम अभी सोच लो। मेरा खयाल तो यह है, उसका नाम इलाहाबाद बैंक लिमिटेड है, तो हम 'लखनऊ बैंक लिमिटेड' रख लें।"

टण्डन बोला—"हम लखनऊ-इलाहाबाद के फेर में नहीं पड़ते। अगर कहीं लखनऊ-भर के आदमी आकर उसमें घुस गये तो बड़ी मुश्किल होगी।"

बात मेरी भी समझ में आ गयी। मैंने टण्डन की पीठ ठोकी, कहा—"हो भोंदू, मगर बात कभी-कभी पते की करते हो। अच्छा, तो बैंक का नाम सोचो।"

थोड़ी देर तक सोचने के बाद टण्डन मुस्कराकर बोला—"बैंक का नाम रक्खो रासबिहारी टण्डन बैंक लिमिटेड।"

मैंने कहा—"यह नाम नहीं रक्खा जा सकता।"

टण्डन ने पूछा—"क्यों?"

मैंने कहा—"बैंक मैं खोलूँगा, और नाम तुम्हारा रक्खा जाएगा? यह हरगिज नहीं हो सकता। बैंक मेरे नाम से खुलेगा।"

इसमें केवल टण्डन को आपत्ति थी। मैंने तब एक बात सोची, कहा—"अच्छा, जो ज़्यादा पैसे जमा करे, उसी के नाम से बैंक खुले।" सबने इसे मंजूर किया। मैं बेहद खर्चीला था। टण्डन ने भी सोचा होगा कि मेरे पास अधिक-से-अधिक दो-तीन आने पैसे निकलेंगे। और, वह अपने पैसे बचाता था।

मैंने पूछा—"तुम्हारे पास कितने पैसे हैं?"

उसने कहा—"सवा बारह आने।"

दिल बैठने लगा—मेरे पास वाकई में सवा बारह पैसे भी न थे। फिर भी अकड़ के साथ मैं बोला—"मेरे पास एक रुपया है।"

दादाजी से रुपया ले लेना मेरे लिए बायें हाथ का खेल था। बहरहाल बैंक मेरे ही नाम से खुला। दूसरे साथी बैंक के बाबू बने। टण्डन खजांची बना, लेकिन गोलक की ताली मेरे पास ही रही। छेदा चपरासी का लड़का सदन हमारे बैंक का चपरासी बना। कुल्हड़ में छेद करके टेलीफोन बनाया और मैं ठाट से मैनेजर बनकर बैठ गया। छत पर घर-भर की धोतियाँ तानकर ऑफिस बना लिया। बैंक का काम चालू हो गया।

थोड़ी देर बाद टण्डन ने टेलीफोन किया—"अमृत!"

मैंने कुल्हड़ में मुँह लगाकर कहा—"अबे, मैनेजर साहब कह, नहीं तो मार बैठूँगा।"

टण्डन ने बजाय टेलीफोन पर बात कहने के परदेवाली धोती उठाकर कहा—"आप मैनेजर हों या कुछ भी हों, बैंक में मार नहीं सकते।"

मैंने कहा—"तो आप भी बैंक में मुझे अमृत नहीं कह सकते। मैनेजर साहब कहा कीजिए।"

टण्डन ने कहा—"तो आपको भी खजांची साहब कहना होगा।"

मैंने कहा—"मैं कहूँगा।"

इसके बाद परदा ठीक कर दिया गया। खजांची साहब ने मैनेजर साहब को टेलीफोन किया—"बैंक में चेक-बुक तो है ही नहीं! लोग रुपया कैसे भुनाएँगे? लेजर-बुक भी नहीं है।"

दो मिनट तक गौर करने के बाद मैंने टेलीफोन पर कहा—"हलो, खजांची साहब! आप एक काम कीजिए। अपनी हिसाबवाली कापी फाड़कर कल लेजर-बुक बना लाइयेगा। मैं चेक-बुक का इन्तज़ाम करूँगा।"

खजांची साहब बोले—"लेकिन मैनेजर साहब, पण्डितजी फिर कुछ कहेंगे तो नहीं?"

मैंने कहा—"आप खजांची होकर पण्डितजी से डरते हैं?"

खजांची साहब अकड़कर बोले, "मैं बिल्कुल नहीं डरता। कल बना लाऊँगा।"

शाम को दादाजी की चेक-बुक मैं उठा लाया। सोचा, इनके पास तो बहुत-सी हैं। एक मैं ले लूँ।

दूसरे दिन इतवार था। लेकिन हमारा बैंक खुला रहा। दिन-भर दनादन चेक कटीं। लैजर लिखा गया। बाबू लोगों ने भी काम किया। सदन चपरासी बाहर बैठा रहा। मैनेजर और खजांची दिन-भर टेलीफोन पर ही बातें करते रहे।

सोमवार के दिन सबेरे ही दादाजी अपनी चेक-बुक तलाश कर रहे थे। मैं एकदम चुप्पी साध गया।

दिन में उधर दादाजी अपने बैंक गये, और मैं अपने बैंक में पहुँचा। धोतियाँ वगैरह ठीक तरह से बँधवायीं। थोड़ी देर में बाबू लोग भी आ गये। मुझे उस दिन घर से इकन्नी मिली थी और बाबू लोग भी पैसे लाये थे। लेकिन खजांची अभी तक आये ही नहीं थे। मैं गुस्से के मारे लाल हो उठा। करीब एक बजे टण्डन आया, और आते ही परदा उठाकर बोला—"अमृत, अब बैंक बन्द हो गया।"

मैंने कहा—आप टेलीफोन पर बात कीजिए। बैंक बन्द नहीं हुआ।" टण्डन अकड़कर बोला—"टेलीफोन की ऐसी-तैसी। अब मैं बैंक में काम नहीं करूँगा।"

और बाबू लोग भी धोतियाँ हटाकर वहाँ आ गये। मैंने टण्डन से कारण पूछा। मालूम हुआ कि जैसे ही दस बजे, हमारे खजांची साहब अकड़ते हुए अपने घर से बैंक की तरफ चले। पण्डितजी उन्हें पढ़ाने जा पहुँचे। खजांची साहब मेरे आश्वासन के अनुसार उनसे अकड़ गये और पढ़ने से कतई इनकार कर दिया। उस पर पण्डितजी ने उनकी खजांचीगीरी की बिल्कुल परवाह न कर वहीं, गली में ही, उनकी अच्छी तरह मरम्मत की और कान पकड़कर घसीटते हुए घर ले गये। घर पर भी हिसाब की कापी को लेजर-बुक बना देने के कारण बहुत मार पड़ी। लिहाजा अब वह बैंक के खजांची नहीं बनेंगे।

इसके बाद टण्डन ने कहा—"बैंक अब टूट गया, और आप मेरे पैसे वापस कर दीजिए।"

दूसरे बाबू लोग भी इस घटना से डरकर अपने पैसे माँगने लगे।

मैं अभी इस विद्रोह को शान्त करने की सोच ही रहा था कि छत पर एक पतंग आकर मेरी तरफ गिरी। हमारे चपरासी साहब कायदा-तहज़ीब, सब भूलकर उसे लेने झपटे। मैं गुस्से में भरा हुआ तो था ही, दो-तीन तमाचे कसकर जड़ दिये। चपरासी साहब रोते हुए नीचे भागे।

इधर अभी पैसे लौटाने के फेर में झगड़ा हो ही रहा था कि दादाजी एकाएक छत पर आते हुये दिखायी पड़े। सदन ने शायद बैंक का हाल भी उन्हें सुना दिया था।

अपनी चेक-बुक उन्होंने हमारे बैंक में देखी। इधर विद्रोही-खजांची और बाबुओं ने पैसों की शिकायत की। सदन चपरासी पहले ही भण्डाफोड़ कर चुका था।

दादाजी को गुस्सा आ ही रहा था। उसी समय पण्डितजी ने आवाज़ लगायी। दादाजी ने उन्हें भी अन्दर ही बुला लिया। ...फिर तो न कहना ही अच्छा होगा क्योंकि; अमृतलाल नागर बैंक लिमिटेड के मैनेजर साहब के दोनों कान सारंगी की खूँटियों की तरह कस-कसकर उमेठे जा रहे थे, गालों पर तड़ातड़ तमाचे पड़ रहे थे, और चपरासी, खजांची तथा बाबू लोगों के दिलों में ठण्डक पड़ रही थी।

●

लिटिल रेड इजिप्शिया

पण्डित लिटिल रेड इजिप्शिया छठे दरजे में मेरे साथ पढ़ते थे। और इसे मेरी खुशकिस्मती कहिए या बदकिस्मती कि मेरी सीट पर बैठते भी थे।

हुलिया उनकी साफ थी—सिर पर एक फुट लम्बी और तीन इंच मोटी अच्छी-खासी चोटी, चेहरे का रंग आबनूस से करीब-करीब मिलता-जुलता था और गौर से देखने पर यह मालूम हो जाता था कि अल्लाह मियाँ ने जल्दी में उनके खूबसूरत चेहरे पर हाथी की आँखें जड़ दी थीं। नाक के बारे में भी ऐसा कहा जाता है कि देवराज इन्द्र के रथ का पहिया इत्तफाक से उस पर चल गया होगा। बहरहाल कहने का मतलब यह कि परमात्मा ने उन्हें खूबसूरत बनाने में काफी मेहनत की थी।

मोहनलालगंज से लखनऊ में अँग्रेज़ी पढ़ने आये थे वर्नाक्यूलर मिडिल पास कर, इसलिये हिसाब और जुगराफिया में सच्चे तथा अँग्रेज़ी में कच्चे थे।

पहले दिन जब दरजे में कदम रक्खा, तब लड़कों ने काफी कहकहेबाजी के साथ आपका स्वागत किया। बेचारे बुद्धू से खड़े रह गये। फिर सतर्क दृष्टि से इधर-उधर ताककर मेरे पास जा बैठे।

पहला घण्टा हिसाब का ही होता था। चूँकि मैं हिसाब में बहुत तेज़ था, इसलिये हिसाब पढ़ाने वाले मास्टर साहब ने मेरी काफी इज़्जत करके मुझे सबसे पीछेवाली सीट पर बैठने की आज्ञा दे रक्खी थी। और मेरी काबलियत के काफी हद से कायल होने के कारण वह मुझसे कभी किसी सवाल का हल न पूछते थे। दरजे के और लड़के इसीलिये मेरे साथ बैठने में ज़रा हिचकते थे। मैं इतमीनान से पूरी सीट घेरकर बैठा करता था। इसीलिए इजिप्शियाजी का आना मुझे बहुत खला लेकिन; कर ही क्या सकता था? मैंने चुपचाप बैठने को जगह दे दी।

इजिप्शियाजी मेरे पास बैठे, और इतमीनान के साथ जेब से अपना बटुआ निकाला। मैं चौंका। उन्हीं दिनों मैंने भूतनाथ और चन्द्रकान्ता-सन्तति पढ़ना शुरू किया था। डर हुआ कि कहीं यह तेजसिंह ऐयार के रिश्तेदार न हों। इजिप्शियाजी ने बाकायदा बटुए से पत्ती निकालकर मीजना शुरू किया। मैं ज़रा हटकर बैठ गया। फटाफट ताली पीटने की आवाज़ से पूरे दरजे-भर का ध्यान उनकी ओर खिंचा। मुझे तड़ातड़ दो-तीन छींकें भी आ गयीं। मैं और भी घबराया। हिसाबवाले मास्टर साहब उस दिन आये न थे। इसलिए सबको पूर्ण स्वराज्य मिला हुआ था। इजिप्शियाजी की यह हरकत और मेरी हालत देखकर दरजा-भर हँस पड़ा। वह फिर बुद्धू बने, शायद उनकी समझ में यह आ ही न रहा था कि सब लोग आखिर किस बात पर हँस रहे हैं। फंकी लगायी, इतमीनान से अपने दोनों हाथ कोट से पोंछ और निचला होंठ तम्बाकू से फुलाकर अकड़कर बैठ गये। लड़के उनकी यह मुद्रा देखकर और ज़ोर से हँस पड़े।

आपने मेरे कन्धे पर निहायत बेतकल्लुफी के साथ हाथ रखकर झँझोड़ते हुए पूछा—"हे जी, हे! ई सब पंच काहे हँसत हैं?"

बोलते समय उनके मुँह से थूक की छींटें उड़कर मेरे मुँह पर गिरीं।

मुझे काफी जोर का गुस्सा आ गया। झुँझलाकर मैंने कहा—"अलग बैठो जी।"

आप बिगड़ गये। कहने लगे—"काहे, अलग क्यों बैठें? हम कोई कोरी-चमार थोड़े हैं।"

मैंने कहा—"तुम उनसे भी गये-बीते हो।"

उन्होंने कहा—"ई न समझ लेना कि हम दिहाती हन। तुम्हरे अइसे बीस मनई का हम रोज़ चरावत हैं।"

मैंने कहा—"तो फील्ड में जाकर चर।"

दरजा-भर फिर ज़ोर से हँस पड़ा। उन्हें गुस्सा आ गया। मुँह में तम्बाकू और थूक काफी भरा हुआ था। पिच्च से दीवार पर थूका, कोट की बाँह से मुँह पोंछा, और बाँह चढ़ाते हुए मुझे मारने के लिए झपटे।

अब आप यह समझिये कि वह ताकत और उम्र में हम सबसे काफी बढ़े-चढ़े थे। यह तो उनका डील-डौल और उनकी बड़ी-बड़ी मूँछे साफ बतला रही थीं। मुझे डर लगा कि कहीं यह मेरा कचूमर न निकाल दें।

यह तय था कि वह मुझे दो-एक हाथ करारे-करारे रसीद करें कि उसी वक्त शोर-गुल सुनकर हेडमास्टर साहब हमारे दरजे में आये। उनके आते ही दरजे में मौत का सन्नाटा छा गया था। फिर हेडमास्टर साहब ने पूछा—"तुम्हारे दरजे का मानीटर कौन है?"

मानीटर उठ खड़ा हुआ। हेडमास्टर साहब ने उससे इस शोरगुल के बारे में कैफ़ियत तलब की।

सब कुछ सुनकर उन्होंने इजिप्शियाजी से पूछा—"What is the matter?"

इजिप्शियाजी उठ खड़े हुए। बौखलाये हुए कहने लगे—"जनाब, ये सब लोग मुझे देहाती समझकर तंग कर रहे हैं।"

हेडमास्टर साहब को एक बात से सख्त चिढ़ थी। वह आमतौर पर खुद भी अँग्रेजी में बातचीत करते थे और हम लोगों से भी ऐसा ही करने की उम्मीद रखते थे। इजिप्शियाजी ने जब हिन्दी में जवाब दिया, तो तब वह अँग्रेजी में झुँझलाकर बोले—"Speak in English."

इजिप्शियाजी सारी अकड़ भूल गये, चुपचाप खड़े रहे।

हेडमास्टर साहब ने कहा—"Make haste."

इजिप्शियाजी फिर चुप।

हेडमास्टर साहब ने उनके पास आ, उनकी बाँह झँझोड़ते हुए कहा—"Speak-Speak."

इजिप्शियाजी हकलाने लगे—"Sir-Sir- मैं अँग्रेज़ी नहीं बोल सकता जनाब।"

हेडमास्टर साहब बोले—"Try, कोशिश करो। जो कुछ कहना हो, उसे पहले हिन्दी में सोचो और तर्जुमा अँग्रेज़ी में करो। हाँ, Now, first tell me, what is your name?"

इजिप्शियाजी चुपचाप खड़े होकर मन-ही-मन बुदबुदाते हुए अपना सिर खुजलाना

शुरू किया।

हेडमास्टर साहब ने फिर पूछा।

इजिप्शियाजी धीरे-धीरे कोशिश कर कहने लगे—"Sir, sir, my name is Little Red Egyptia."

हेडमास्टर चक्कर में आ गये। कहने लगे—"Little Red Egyptia! Are you a Christian?"

इजिप्शियाजी ने थूक छोड़ते हुए कहा—"No, no sir, I am—I, I, I am-am—"

इजिप्शियाजी एकाएक रुक गये।

हेडमास्टर साहब ने पूछा, "हाँ, You are a—speak, make haste."

इजिप्शियाजी खीसें निपोरकर, हाथ जोड़ते हुए कहने लगे—"मास्टर साहब, मुझे हिन्दू की अँग्रेज़ी बता दीजिए।"

सब लड़के हँस पड़े। हेडमास्टर साहब ने हँसी रोकते हुए समझाया कि हिन्दू की अँग्रेज़ी हिन्दू ही है।

इजिप्शियाजी बुत की तरह चुप।

हेडमास्टर साहब ने कहा—"So you are a Hindu! Eh! But your name is rather somewhat strange, Mr. Little Red Egyptia!"

इजिप्शियाजी कहने लगे—"Sir, I am Egyptia ब्राह्मण हिन्दू।"

हेडमास्टर साहब चक्कर में पड़े। इस बार उन्होंने अच्छी-खासी पुरानी आदत को छोड़ हिन्दी में ही पूछा—"ये इजिप्शियाजी कौन-से ब्राह्मण होते हैं जी?"

इजिप्शियाजी ने अँग्रेज़ी में ही जवाब दिया—"Sir, Kanaujias within Egyptia Brahmans are...

अँग्रेज़ी के एम० ए० होते हुए भी हमारे हेडमास्टर साहब इजिप्शियाजी की अँग्रेज़ी समझने में असफल रहे। उन्होंने झुंझलाकर कहा—"हिन्दी में कहिये, इजिप्शियाजी कौन ब्राह्मण होते हैं?"

इजिप्शियाजी ने हिन्दी में उत्तर दिया—"जनाब मिश्र ब्राह्मण होते हैं।"

हेडमास्टर साहब कहने लगे—"तो आप इजिप्शिया-इजिप्शिया क्या बक रहे थे?"

इजिप्शियाजी हकलाने लगे। हेडमास्टर साहब के द्वारा दुबारा पूछने पर उन्होंने बताया—"मैंने इंगलिश जबान में कहा था जनाब।"

हेडमास्टर साहब के कान ठनके। उन्होंने अपनी मुस्कराहट रोकते हुए पूछा—"अच्छा, अब अपना नाम हिन्दी में बतलाइए।"

इजिप्शियाजी ने बताया—"मेरा नाम छोटेलाल मिश्रा है, जनाब।"

हेडमास्टर ने पूछा—"और इसका अँग्रेज़ी तर्जुमा क्या है?"

"लिटिल रेड इजिप्शिया, जनाब!"

मिस्टर छोटेलाल मिश्रा आज अँग्रेज़ी से एम० ए० हो गये हैं, मगर अब भी जब कभी भेंट हो जाती है, उन्हें मिस्टर लिटिल रेड इजिप्शिया ही कहकर सम्बोधित करता हूँ। पहले वह इससे चिढ़ा करते थे लेकिन; अब मुस्करा देते हैं।

इकलौता लाल

फूलघाटी से दो हजार फीट ऊपर पहाड़ के आसपास-बसे हुए चार गाँवों में सईसाँझ से सनसनी फैल गई थी कि पावर हाउस के मज़दूर इन पर हमला करने वाले हैं। पुरुषों और जवान लड़कों की टोलियाँ इधर-उधर बातें करती चौकन्नी डोल रही थीं। काँते, बल्लम, तलवारों और लाठियों का सामूहिक संगठन यहाँ पिछले पचास वर्षों में कभी नहीं देखा गया। बड़े-बूढ़े कहते हैं कि उनके बचपन में एक बार पूरब की तरफ से डाकुओं का दल आया था, तब गाँव वाले लड़े थे। फिर कभी कोई वारदात नहीं हुई। हथियारों पर कभी खून लगा भी तो रीछ या तेंदुए का ही और अब ये दंगे का डर फैला है। सुना है पाँच सौ आदमी हमला करेंगे। औरतें आपस में कहतीं—"भला ये भी कोई न्याय है, हमारी ही गैया-बछिया नित्य लूटमार के खा जाएँ और बोलने पर हमी को मारने आएँ। इनका सत्यानाश हो जाए। क्या इनके घर-द्वार औरतें-बच्चे नहीं हैं?"

यहाँ से दो मील उत्तर में झरने पर पावर हाउस बन रहा है, सैकड़ों मजदूर वहाँ काम करते हैं। कहा जाता है कि सरहद पार हमसे दुश्मनी मानने वाले देश के गोयन्दों ने मजदूरों के दिलों में धर्म का जोश और नफरत की आग भड़कायी है। पावर हाउस निर्माण के कार्य में भी वे लोग ढील डालने लगे हैं। आसपास के गाँवों से रोज पाँच-सात गायें और भेड़ें गायब होने लगी हैं और, कल शाम से तो वे लोग अपने अफसरों की हुक्म-उदूली भी कर रहे हैं। आज दोपहर में एक बड़े अफसर का आदमी इन गाँवों से मदद माँगने भी आया था कि तैयार रहो, होशियार रहो, दुश्मन धोखे से वार करेगा और फिर पावर हाउस का बाँध तोड़ेगा।

सुनते ही सनसनी फैल गयी और बचाव की तैयारियाँ होने लगीं। बच्चे घरों में बन्द, जानवर बाड़ों में बन्द, बूढ़े चिन्तामग्न फीके-फक्क चेहरे लटकाये कलयुग को कोस रहे हैं, जवान शेखी हाँक रहे हैं कि दुश्मनों को बोटी-बोटी काट डालेंगे।

पावर हाउस की मज़दूर बस्तियों और अफसरों-इंजीनियरों के बँगलों क्वार्टरों में भी सनसनी फैली हुई है। रक्षा का प्रबन्ध कच्चा है, सरकार ने कभी कल्पना न की थी कि यहाँ पर भी दंगे हो सकते हैं। इंजीनियरों-अफसरों ने मज़दूरों के एक पक्ष को अपनी ओर मिला लिया था। मजदूर, ड्राइवरों, मिस्त्री, पास-पड़ोस के गाँव वाले सचेत कर दिये गये थे। राजधानी से फौज बुलाने के लिए भी एक विश्वस्त आदमी भेजा गया था। अपने घरों-परिवारों की रक्षा के साथ ही साथ सबसे बड़ी आन की बात यह थी कि बलवाई बाँध की दीवार न तोड़ सकें, नहीं तो पावर हाउस की घाटी भरे-कटोरे की तरह डूब जायेगी, एक धर्म विशेष वालों की मजदूर-बस्ती डूबेगी, नीचे के गाँवों में बाढ़ आयेगी, लाखों रुपयों की मशीनों और गाँवों के धन-जन का नुकसान होगा। ठेकेदार बदमाश है। वह विदेशी गोयन्दों से मिल गया है। आज दोपहर में उसने डिप्टी साहब के मुँह पर तमाचा मारा, फिर चीफ साहब का अपमान किया। पुलिस द्वारा पकड़े जाने पर उसके धरम भाई तीन-सौ

मजदूरों ने अपना कामकाज छोड़ तुरन्त संगठित होकर सुरक्षा-पुलिस के हैडक्वार्टर को घेर लिया था। बड़ी गाली-गलौज और उत्तेजना फैली लेकिन; बन्दूकों के भय से भीड़ को लौटना पड़ा। लौटे हुए कुण्ठित बलवाइयों ने अपने विरोधी-धर्म वाले मजदूरों की बस्तियों पर भी हमला करने का प्रयत्न किया परन्तु; देवीसिंह ड्राइवर के बेटे अनूप ने पचास साथियों के साथ अद्भुत फुर्ती और हिम्मत दिखाते हुए पहाड़ी से पत्थर लुढ़काने शुरू किये और ऊपर चढ़ते हुए हमलावरों पर जलती मशालें फेंकीं। तब तक काम बन्द हो जाने के कारण पीछे से घर लौटती हुई मर्दों की टोलियाँ भी दुश्मनों से गुँथ गयीं। दो चक्की के पाटों में बलवाई पिसे और पिट कर भागे। मर्दों में इस तरफ के पाँच व्यक्ति जख्मी हुए और बलवाइयों में दो की जानें गयीं तथा कई जख्मी हुए, जिनमें बुलाकी फिटर का लड़का मोटू भी था।

मोटू बस्ती भर के लड़कों का खिलौना था। सत्रह बरस का वह जवान, ठिगना, काला और महा मोटा था। जैसी देह मोटी थी, वैसी ही बुद्धि भी। मोटू भागते समय लड़कों के द्वारा पकड़ा गया। उसके हाथ में पत्थर की नोक चुभी थी, थोड़ा-बहुत खून भी बह रहा था। इन लड़कों ने जब उसे पकड़ा, तब वह जोश में आकर गालियाँ देने लगा। इस पर उसकी खूब पिटायी हुई। अनूप को दया आ गयी, उसने छुड़वा दिया लेकिन; लड़कों ने चलते-चलते भी उसकी जान न छोड़ी, एक लड़का अपने घर से पटाखे की छछूँदरें ले आया। उसकी दुम बना कर मोटू के इजारबन्द में बाँधी गयी, उसके हाथ बाँधे गये और छछूँदरों में माचिस लगा कर उसे छोड़ दिया गया। छछूँदरें पटापट दगतीं, मोटू भय से चिल्लाता हुआ उछलता, लड़के हँसते। मोटू लुढ़कता-पुढ़कता, गिरता-उठता किसी तरह अपनी जान बचा कर भागा। सुनसान रात। ठण्डी हवा के झोंके। झींगुरों-झिल्लियों की झंकार और कुत्तों के भौंकने की आवाज़ें। पावर हाउस के इर्द-गिर्द से लेकर ऊँचे पहाड़ के आसपास बसे चार गाँवों की बस्ती से बीच-बीच में नारों का शोर उठता था। इधर से एक भी जवाबी नारा नहीं लगता था। शाम को ही चीफ साहब ने लोगों को सचेत कर दिया था कि अपनी ओर से तब तक शान्त रहना, जब तक कि हमला न हो। उन्होंने अपील की थी कि बाँध की रक्षा करो। दुश्मनों के प्रभाव में आकर हमारे ही कुछ देशवासी देश के जन-धन को नुकसान पहुँचाना चाहते हैं। वे बाँध तोड़ कर पावर हाउस को डुबाना चाहते हैं, नीचे के गाँवों को बाढ़ से नष्ट करना चाहते हैं। जब तक यहाँ सुरक्षा के लिए फौज न आ जाय, तब तक हमें प्राण-पण से अपने जन-धन की रक्षा करनी है।

अनूप सिंह अपनी टोली के पचास और गाँवों के लगभग सौ लड़कों का सरदार था। बाँध की दीवार के दोनों सिरों पर बारह-बारह बन्दूकधारी सिपाही तैनात थे, आठ सिपाही दीवार के ऊपर गश्त लगा रहे थे। अनूप के दस स्काउट एक जगह से दूसरी जगह सूचनाएँ और आदेश पहुँचाने के काम पर नियुक्त थे और स्वयं अनूप चारों ओर घूम-घूम कर चौकसी कर रहा था।

आधी रात के घण्टे ड्यूटी आफिस से बजने लगे। अनूप सिंह और गुरदित्ता, बल्लम-टार्च और करौलियों से सज्जित बाँधवाली पहाड़ी की ओर जा रहे थे। आसपास कहीं पत्ता भी खड़कता तो दोनों के कान ठनक जाते थे। चलते-चलते गुरदित्ता धीमे स्वर में कहने लगा—"ये मुसलमान कभी हमारे देश के प्रति सच्चे नहीं बनेंगे।"

"इसमें हिन्दू-मुसलमान का सवाल नहीं। हिन्दुओं में क्या जयचन्द नहीं हुए?"

''जयचन्दों की बात न्यारी है। जयचन्द व्यक्तिगत शत्रुता में स्वदेश का हित भूला था लेकिन; ये लोग तो देश को ही शत्रु मानते हैं।'' गुरदित्ता बोला।

''वो एक ही बात है।'' पीछे कहीं पैरों की रपटन हुई, पत्ते खड़के। दोनों के कान खड़े हो गये।

''कोई है।''

''देखना चाहिए।'' कह कर अनूप ने कड़कदार आवाज लगायी—''कौन है?''

कोई उत्तर न मिला। टार्च की रोशनी फैल गयी। कहीं कोई दिखलायी न दिया, इससे और शक हुआ। दाहिनी ओर की चट्टान के पीछे फिर किसी के दौड़ने की आहट हुई। गुरदित्ता का चेहरा भय से सफेद हो गया। उसके पैर पत्थर जैसे जाम हो गये लेकिन; अनूप गुरदित्ता के हाथ से टार्च छीन कर फौरन उधर ही लपका। चट्टान पर चढ़ कर उसने टार्च की रोशनी फेंकी, एक काली आकृति घबराहट में नीचे की ओर भागती दिखलायी पड़ी। 'खबरदार' कहता हुआ अनूप फुर्ती से चट्टान के दूसरी ओर कूद कर उसे पकड़ने के लिए भागा। ऐसा लगा कि काली आकृति, दौड़ने-भागने की अधिक अभ्यस्त न थी। दौड़ते हुए गिर पड़ी। उसके मुँह से एक कराह निकल पड़ी। तब तक अनूप उसके पास पहुँच गया था। रोशनी में मुँह देखा तो मोटू की माँ!

''अनूप, मैं हूँ बेटे।''

परन्तु अनूप सिंह को इस समय उसका 'बेटे' पुकारना अच्छा न लगा। उसने और सख्ती से पूछा—''इस वक्त यहाँ क्या करने आयी हो?''

मोटू की माँ घबरा गयी, काँपते हुए बोली—''मैं...मैं उपले-ऊँ-ऊँ पत्ते ऊँ-ऊँ...''

''ठीक-ठीक बोलो, क्यों आयी थी?''

मोटू की माँ रोने लगी। तभी पीछे से गुरदित्ता आता दिखलायी दिया। वह घबरा गयी। अनूप के पैर पकड़ कर गिड़गिड़ाती हुई बोली—''मेरे करीमे की जान बचाना बेटा। वो मेरा इकलौता लाल है, जैसे तू अपने माँ-बाप का इकलौता है। परदेशी गोयन्दे उसे जबरदस्ती यहाँ पकड़ लाये हैं। उसकी जान न लेना बेटा। वो बिल्कुल बेकसूर है—बेकसूर है।''

औरत की बातों से अन्दाज लगा कि मोटू और कुछ लोग यहीं आसपास हैं, पर क्या करने आये हैं और उसकी माँ क्या कर रही है, अनूप यह जानना चाहता था? गुरदित्ता पास आ रहा है, उसके सामने ये स्त्री कभी खुलकर बात नहीं करेगी, यह सोच कर अनूप अपने सहज स्वर में बोला—''देखो चच्ची, अगर मोटू की जान बचाना चाहती हो तो बताओ, वो लोग इस वक्त यहाँ क्या कर रहे हैं?''

मोटू की माँ हिचकी। अनूप ने कहा—''फिर मैं तेरे बेटे की जान न बचा सकूँगा।''

''तू वादा कर कि मेरे करीमे को आँच नहीं आयेगी। तू तो मेरे करीमे को कई बार बचा चुका है। खुदा तेरा...''

''है कहाँ? जल्दी बता, वादा करता हूँ।''

''बाँध की दीवार वाला पहाड़ तोड़ने...''

''घर भाग बुढ़िया। गुरदित्ता इधर आ। पत्ता न खड़के।''

अनूप सिंह के सामने महानाश का चित्र उपस्थित था। वह अब एक क्षण भी नहीं रुक सकता था।

विदेशी षड्यन्त्रकारियों से बारूद पाकर सात आदमी चुपचाप बाँध की दीवार तोड़ने

का उपक्रम कर रहे थे। विदेशी एक्सपर्ट बारूद का काम कर चुकने के बाद एकदम गायब हो जाना चाहता था, डायनामाइट के स्विच पर मोटू को बिठलाया गया था। अनूप टोह लेते हुए वहाँ पहुँच गया। गुरदित्ता और अनूप को देख कर मोटू घबरा गया, उसने चीखना चाहा। गुरदित्ता ने बल्लम ताना, अनूप ने झटके से बल्लम की नोक हटा दी और मोटू के मुँह पर हाथ रख कर उस पर लद गया। बोला—"गुरदित्ता ये तार काट, फ्यूज खोल दे," कहते हुए उसने मोटू के मुँह में अपना रूमाल ठूँस दिया। फिर कहा—"गुरदित्ता, इसी तार से इसके हाथ पीछे कसकर बाँध दे और पैर भी।"

मोटू को अच्छी तरह से बाँध कर उन्होंने वहीं डाल दिया और दबे पाँव पहाड़ की तरफ चले। तभी ऊपर से इन पर टार्च की रोशनी पड़ी।

"धाँय! धाँय!" कहीं से उनकी ओर गोली चली। दोनों झुक कर बच गये और फिर दनादन गोलियाँ दगने लगीं।

दीवार के पास वाले पहरेदारों ने भी जवाबी फायर दागे। चारों ओर शोर मच गया।

"गुरदित्ता, ये लोग इसी ओर आयेंगे। रस्सी कमर से खोल ले, फन्दे तैयार रख, दो-चार को तो फँसाना ही है।"

कमर से रस्सियाँ खोल कर उनके फन्दे ढीले कर लिये गये। ऊपर से राइफल दागते हुए असफल षड्यन्त्रकारी बराबर नीचे उतर रहे थे। अनूप और गुरदित्ता अँधेरे में छिप कर बैठे थे। अनूप बोला—"राइफल इनके पास एक ही है। मैं उस पर ही फन्दा डालूँगा, तू पीछे वालों पर बर्छी फेंकना। एकाध गोयन्दा तो पकड़ना ही है, जाने न पायें।"

टुकड़ी पास आयी। गुरदित्ता ने अपनी बर्छी फेंकी, पीछे एक को लगी। राइफल वाले ने हाथ उठाया ही था कि अनूप के सधे हाथों की रस्सी झटके के साथ उसके गले में पड़ गयी। उसका निशाना चूका, एक हाथ से फन्दा कसने से बचाना चाहा मगर, तब तक जंगली जानवरों की गर्दन फँसाने में पटु अनूप सिंह का हाथ दुश्मन के गले में फन्दा बनकर कस चुका था। खींचने के लिए वह अपनी जगह से उठ खड़ा हुआ। फँसे हुए शत्रु ने बेतहाशा गोलियाँ दागनी शुरू कीं। दूसरे दो, इन्हें पकड़ने झपटे। एक गुरदित्ता की बर्छी से घायल हुआ, दूसरा भागा और राइफल की अन्तिम गोली चली।

"अहा...!" अनूप के मुख से चीख निकल गयी।

नीचे से सिपाहियों ने गोलियाँ दागनी आरम्भ कर दी थीं। विदेशी षड्यन्त्रकारी पकड़ा गया। अनूप सिंह के कमजोर हाथों से तभी रस्सी छूटी। सब लोग उसकी प्रशंसा कर रहे थे।

"गुरदित्ता।" अनूप ने धीरे से पुकारा, गुरदित्ता अपने जख्मी मित्र की बात सुनने के लिए झुका। "बापू से कहना, मैंने देश की सेवा में प्राण दिये हैं, दुखी न हों। और...और मोटू के बन्धन चुपचाप खोल के उसे निकाल दे। वह न फँसे। वह अपने माँ-बाप का इकलौता है—मेरी तरह!"

अपने माँ-बाप का इकलौता, सत्रह वर्ष का अनूप सिंह साम्प्र-दायिकता के विष की भेंट चढ़कर अस्त हो गया था।

(**ज्ञानभारती,** वर्ष-3, अंक-1, नवम्बर, 1961)

•

साझा

आज से लगभग सौ-सवा सौ वर्ष पहले की बात है। मथुरा में पण्डित कुंजबिहारी के घराने को जाति-बिरादरी और नगर के गणमान्य सज्जनों में बड़ी प्रतिष्ठा प्राप्त थी। पण्डितजी वैष्णव सम्प्रदाय के थे। इनके यहाँ लेन-देन का काम होता था। इनकी माता दानशीलता के लिए दूर-दूर तक प्रसिद्ध थीं, हैसियत से अधिक उनके खर्चे थे। उनके द्वार से कोई खाली हाथ नहीं लौटता था। द्वारिकाधीश के मन्दिर में भी उनकी ओर से दो सौ रुपये मासिक का खर्च नैवेद्य के लिये बँधा हुआ था। माता की अन्धाधुन्ध दानशीलता से यद्यपि पण्डित कुंजबिहारी को बड़ी चिन्ता होने लगी थी, फिर भी उन्होंने कभी एक शब्द मुँह से बाहर न निकाला।

अपनी आमदनी बढ़ाने की चिन्ता में पण्डितजी रहते ही थे कि एक दिन वृन्दावन के डूँगर सिंह बढ़ई उनसे मिलने आये। डूँगर सिंह चौपइये और किराचियाँ चलवाते थे; कई गाँवों का अनाज मथुरा की मण्डी तक पहुँचाने का ठेका उन्होंने ले रक्खा था। अच्छी आमदनी देख कर डूँगर सिंह को अपना कारोबार बढ़ाने की सहज इच्छा उत्पन्न हुई। इसीलिए वे पण्डित कुंजबिहारी से कुछ रुपया उधार लेना चाहते थे। पण्डितजी को अपना खजाना भरने के लिए नये सीगे की तलाश थी। उन्होंने साझे का प्रस्ताव किया। डूँगर सिंह राजी हो गये। पण्डित कुंजबिहारी की लक्ष्मी से प्रोत्साहन पाकर साझे का कारोबार बड़ी तेजी से बढ़ चला। उन्होंने केवल रुपया ही नहीं लगाया वरन्, कारोबार में पूरा रस भी लेने लगे। लोगों ने ब्राह्मण और बढ़ई के साझे पर कुछ टीका-टिप्पणियाँ भी कीं। पण्डितजी ने इस तरह की बातों को एक कान से सुना और दूसरे से निकाल दिया। उनकी लगन और प्रभाव से इनकी फर्म 'डूँगर सिंह-कुंजबिहारी' दूर-दूर तक मशहूर हो गयी। डूँगर सिंह-कुंजबिहारी के चौपइये और किराचियाँ लश्कर, कोसी, मथुरा और आगरा तक की मण्डियों में गल्ला पहुँचाने लगीं। इस इलाके में इनके कारोबार का प्रभाव देखकर मेरठ वालों को अपना इधर का कारबार छोड़ देना पड़ा। फिर क्या था, चारों ओर डूँगर सिंह-कुंजबिहारी की बड़ी धाक जम गयी।

एक धन्धे की सफलता से उत्साहित होकर पण्डित कुंजबिहारी ने दूसरा धन्धा चलाने का विचार किया। उनकी इच्छा हुई कि आगरे से मथुरा, और मथुरा से कोसी तक शिकरमें और घोड़ा-गाड़ियाँ चलायी जायँ।

डूँगर सिंह की इच्छा नया कारबार चलाने की नहीं थी। वे अपनी सधी-बँधी आमदनी से ही सन्तुष्ट थे; बोले—"भैया रे, मैं सलाह नहीं दूँगा। इस समय अँगरेज का राज है। नयी-नयी रेलें खोल रहे हैं। हमारा कारोबार जम न सकेगा। कल को जो इधर की रेल चला दी तो अपुन ने जो कमाया है, सो भी नष्ट हो जायगा।"

पण्डितजी बोले—"मैं अँगरेजों की मदद से ही कारबार चलाऊँगा, फिर कोई चिन्ता नहीं रहेगी।"

डूँगर सिंह ने कहा—"तुम्हारी इच्छा है तो अलग से करो। मैं तो मथुरा-बिन्द्राबन छोड़ के अब आगरे नहीं जाऊँगा।"

इस पर पण्डितजी बोले—"डूँगर सिंहजी, जब आपने साझा किया है, तब आपकी राय के बिना कोई काम नहीं करूँगा।"

डूँगर सिंह और पण्डित कुंजबिहारी का आपसी-व्यवहार बड़ा साफ और सच्चा था। जाति के छोटे होने पर भी डूँगर सिंह उम्र में बड़े थे, इसलिए पण्डितजी उनका बड़ा अदब करते थे। डूँगर सिंह भी पण्डितजी के प्रति स्नेह-भाव रखते थे। उनके कारण ही डूँगर सिंह का धन और मान बढ़ा था। इसलिए अन्त में उन्होंने पण्डितजी का प्रस्ताव स्वीकार कर लिया। उन्होंने कहा—"पण्डितजी, तुम आगरे में नया रुजगार चलाना चाहो हो तो सौक से चलाओ—मैं भी कभी-कभी आता-जाता रहूँगा।"

पण्डित कुंजबिहारी ने आगरे आकर अपना नया कारोबार जमाना आरम्भ किया। हौसले वाले जवान थे। साझेदार की बात लग गयी थी, इसलिये नये कारोबार को सफल बनाने में उन्होंने कोई कसर न उठा रक्खी। एक अँग्रेज को चार सौ रुपये माहवार पर नौकर रक्खा; चालीस रुपया सवारी फीस रक्खी। तार से सवारियाँ बुक करने लगे। उस जमाने में उस तरफ रिवाड़ी-मथुरा की केवल एक ही रेलवे लाइन थी। उससे कम्पटीशन नहीं था। 'डूँगर सिंह कुंजबिहारी' फर्म का सितारा दिनोंदिन बुलन्द होने लगा।

धीरे-धीरे पण्डित कुंजबिहारी ने आगरे में अपनी पक्की हवेली भी बनवा ली और स्थायी तौर पर आगरे में ही बस गये। अपने पुराने कारोबार का हेडक्वार्टर भी उन्होंने आगरे को ही बना लिया। डूँगर सिंह अधिकतर अपने गाँव में ही रहते थे। व्यवसाय में सक्रिय रूप से भाग लेना उन्होंने प्राय: छोड़ दिया था, कभी-कभी आगरा आकर सलाह-सूत दे जाया करते थे।

इस तरह कई बरस बीत गये। अँग्रेजों ने 'जी० आई० पी०' की नयी रेलवे लाइन खोली। इससे इनका धन्धा चौपट हो गया। चौपइये और किराचियों का काम भी अब पहले इतना नहीं चलता था। साझेदारों को खर्च कम करने की चिन्ता सताने लगी।

पण्डित कुंजबिहारी निष्ठावान ब्राह्मण थे। पीने के लिये गढ़मुक्तेश्वर से गंगा-जल मँगाते थे। घर के काम-काज के लिये भी वे कुएँ का जल इस्तेमाल में नहीं लाते थे; रोज गाड़ी भर कर जमुनाजी से जल आता था। गाड़ी फर्म की थी। एक बार जब डूँगर सिंह आगरे आये, तब जमादार ने कहा कि अगर पण्डितजी हर दूसरे दिन दो रोज का जल मँगवा लिया करें तो दो आदमियों की तनख्वाह का खर्च कम हो जाय।

डूँगर सिंह को यह बात मुनासिब जान पड़ी। उन्होंने पण्डितजी से कहा—"भैया रे, पानी का खरच तेरे यहाँ बहुत होता है।"

पण्डितजी को बात चुभ गयी, बोले—"लाला जी, ब्राह्मण का घर ठहरा, पानी तो लगेगा ही।"

डूँगर सिंह ने पण्डितजी का मन समझ कर बात इधर-उधर उड़ा दी। थोड़ी देर बाद वे उठ कर चले गये। पण्डितजी के मन में बात का घुन लग गया।

दूसरे रोज दुकान पर डूँगर सिंहजी को अलग कमरे में ले जाकर, कमरा बन्द कर पण्डितजी ने कहा—"लालाजी, मेरी तबीयत अब ठीक नहीं रहती, इसलिए आपका

हिसाब कर देना अच्छा समझता हूँ।''

डूँगर सिंह बोले—''हिसाब की कोई बात नहीं। यह रकम तूने कमायी है, तेरी है।''

पण्डितजी ने उत्तर दिया—''मैं ब्राह्मण हूँ सही, पर किसी का दान नहीं लेता। मुनीमों से चिट्ठा तैयार करा रहा हूँ, आप देख लीजियेगा।''

''अच्छा देख लूँगा।'' कहकर डूँगर सिंह चल दिये। फिर शहर में भी न ठहरे।

साल भर बाद आगरे आये। पण्डित कुंजबिहारी ने चिट्ठा सामने रक्खा, कहा—''देख लीजिये।''

डूँगर सिंह ने चिट्ठा उठा कर पण्डितजी के तकिये तले रख दिया; कहा—''देख लिया।''

पण्डितजी उत्तेजित होकर बोले—''नहीं। आपको देखना ही होगा।''

डूँगर सिंह ने कहा—''क्या देखूँ! मेरी सारी हैसियत तेरे ही दम से है। तू ब्राह्मण पण्डित होके भी मेरे छोटे भाई के समान है। मेरे बेटों के लिए तो जमीन-जायदाद और हवेली सब कुछ हो गयी। ये नकद रुपया तू अपने बच्चों के लिये रहने दे। मेहनत मैंने नहीं की। तेरी मेहनत है, तू ही रख।''

पण्डितजी बोले—''जब तक हम दोनों का साझा है, तब तक यह सवाल ही नहीं उठता कि मेहनत किसने की। आप अपना रुपया ले जाइये।''

डूँगर सिंह, पण्डितजी को उत्तेजित देख कुछ दम-दिलासा देकर चले गये, फिर सीधे अपने गाँव की राह पकड़ी और भूले से भी आगरे की ओर मुँह न किया।

पण्डित कुंजबिहारी ने दो बार डूँगर सिंह को बुलवाया। वे न आये। पण्डितजी हिसाब साफ करने पर तुल ही गये। उन्हीं दिनों आगरे में नयी-नयी बंगाल बैंक खुली थी; पण्डितजी ने चालीस हजार रुपया डूँगर सिंह के नाम जमा करवा दिया और पासबुक डूँगर सिंह के पास भिजवा दी।

इस बार डूँगर सिंह अपनी पत्नी को साथ लेकर आगरे आये। सराय में टिके। पण्डितजी को यह समाचार मिला तो बहुत उबले। कहा—''लालाजी को जहाँ रहना हो रहें पर भाभी तो अपने ही घर में रहेंगी।'' उन्होंने गाड़ी भेज कर डूँगर सिंह की पत्नी को सामान सहित अपने घर बुलवा लिया।

डूँगर सिंह पासबुक लेकर घर आये, बोले—''कुंजबिहारी, मेरा-तेरा भाई का नाता बड़ा है। पैसे को बीच में न आने दे।''

पण्डितजी बोले—''तुम्हारा रुपया तुम्हें देता हूँ, इसमें बिगाड़ की क्या बात है!''

डूँगर सिंह बोले—''ये रुपया मेरे भतीजों का है। अपनी भाभी से पूछ ले।'' फिर अपनी पत्नी की ओर देख कर बोले—''क्यों री, तू क्या कहवे है?''

ललाइन बोलीं—''तुम्हारी बात ठीक है। देवरजी को रुपया लेना ही होगा।''

डूँगर सिंह ने पासबुक पण्डितजी को दे दी और कहा—''अब जो एक अच्छर भी कहा तो मेरी लाश ही यहाँ से निकलेगी।''

पण्डित कुंजबिहारी उस समय तो कुछ न बोले, पासबुक रख ली; परन्तु डूँगर सिंह के गाँव चले जाने के बाद उन्होंने यह निश्चय किया कि वह रुपया वे अपने पास नहीं

रक्खेंगे—उनका नहीं है। उन्होंने बैंक से रुपया निकलवा कर थैलियाँ गाँव भिजवा दीं।

डूँगर सिंह ने चालीस हजार की थैलियाँ देखीं, उनकी आँखें छलछला उठीं, बोले—"मैं समझता था कुंजबिहारी का दिल बहुत बड़ा है।"

डूँगर सिंह ने निश्चय कर लिया कि यह रुपया कुंजबिहारी की मेहनत का है और मैं इसे अपने काम में नहीं ला सकता। इसलिए वह उन्हीं के नाम पर उसे खर्च करने की सोचने लगे।

अपनी स्त्री से राय की और धर्मशाला बनवाने का काम शुरू हो गया।

(1965)

गुण्डों के बच्चे

एक बड़ा शहर था। वहाँ बड़ी चहल-पहल रहती थी। बहुत सारी मोटरगाड़ियाँ, बस, रिक्शे, टेम्पो, साइकिलें सबेरे से रात तक दौड़ती ही रहती थीं। बड़ी-बड़ी दुकानें, स्कूल, कॉलिज, व्यापार आदि उस शहर में भी खूब थे, जैसे कि बड़े शहरों में होते हैं। अच्छे-अच्छे सिनेमाघर, नाटक, खेल-तमाशे होते रहते थे। ये सब मजे में चल रहे थे कि एकाएक बड़ा हुल्लड़ मच गया। "हो हो हो हो! भागो-भागो," पटापट दुकानें बन्द होने लगीं, चारों ओर भगदड़ मच गयी। कोई लम्बू मियाँ ऊँट की तरह भागते चले जा रहे हैं, तो कोई मुटल्लू बाबा डरे-चौंके हुए हाथी की तरह थपाथप दौड़ते हुए चले जा रहे हैं। जवान, बच्चे-बूढ़े सभी भाग रहे हैं। जैसे जंगल में शेरों के आने पर छोटे-बड़े जानवर अपनी जान बचाने के लिये दौड़ रहे हों।

बात यह थी कि शहर के एक भाग में एकाएक दंगा हो गया था। बहुत-से मकान जला दिये गये। टॉफी, मिठाइयाँ, खिलौने और तरह-तरह के सामानों से भरी बहुत-सी दुकानें जला दी गयीं। बहुत-से आदमियों ने बहुत-से आदमियों को मार डाला। किसी की गरदन कट गयी, किसी के पेट में छूरा भोंका गया, किसी के सीने में गोली लगी। बड़ा हाहाकार मच गया। कोई चीख रहा है कि "बचाओ-बचाओ", कोई "हाय मरा-हाय मरा", चिल्ला रहा है। कहीं बच्चे चीख रहे हैं, कहीं औरतें रो रही हैं, बूढ़े सिसक रहे हैं—बस यही हाल था। चारों ओर तबाही-ही-तबाही मची हुई थी।

तीन-चार बरस की एक छोटी-सी लड़की थी। उस बेचारी का घर जला दिया गया था। उसके माँ और बाप दोनों ही उसके सामने छुरे से मारे गये थे। वह, उसकी दादी और बहन घबराहट में घर छोड़ कर भागीं। फिर गलियों में बहुत-से लोगों की घबराहट भरी दौड़-भाग में दादी और बहन कहीं छूट गयीं। वह बेचारी नन्हीं-सी बच्ची अकेली रह गयी। कभी रोती हुई 'मम्मी, दादी और पापा' को पुकारती सड़क पर आ जाए तो पुलिसवाले उसे डाँट कर भगा दें। सब के घरों के दरवाजे बन्द। गलियाँ सुनसान। लड़की मुँह में उँगली डाले, भौंचक-सी इधर-उधर देखती हुई कई गलियाँ पार कर गयी।

रात होने को आयी। बच्ची चलते-चलते संयोग से ऐसे मुहल्ले में पहुँच गयी, जहाँ शहर भर के गुण्डों के सरदार बिन्दा और नन्दा नामक दो भाई रहते थे। वहाँ एक घर की जंगलेदार खिड़की खुली दिखी, बच्चों की आवाजें भी बच्ची के कानों में पड़ीं। वह बेचारी बड़ी भूखी थी। खाना माँगने के लिए चबूतरे पर चढ़ आयी और खिड़की से झाँकने लगी।

यह घर बिन्दा-नन्दा का ही था। उनके चारों बेटे पुन्नू, मुन्नू, राजू और रंजीत भी आपस में दंगे का खेल-खेल रहे थे। दफ्तियों के छुरे और खपच्चियों की तलवारों से हिन्दू-मुसलमान बन कर लड़ रहे थे। ऊपर उनकी मम्मियाँ उन्हें ऐसे खेलों से बरजती और झिड़कतीं हैं, उन्होंने इन बच्चों के पापाओं से बड़ा झगड़ा किया था, मगर वे तो धरम

के नाम से बुलाये जाने से जोश में छुरे ले-लेकर चले गये थे। उनके बच्चों में यह समझ आयी कि जब उनके पापा लोग दंगे को धरम का काम मानते हैं, तब हम भी वही खेल खेलेंगे। इस तरह नीचे बैठक में खुल कर शोर न मचाते हुये भी मारो-काटो का दुन्द मचा रहे थे कि एकाएक उनके कानों में एक मीठी-सी आवाज आयी, ''हमको भूख लगी है, खाना दो।''

बच्चों ने खिड़की पर एक छोटी-सी बच्ची को देखा। रंजीत ने तख्त पर चढ़कर खिड़की के पास आते हुए पूछा, ''तू कौन है?''

''मुन्नी!''

''कहाँ से आयी है?''

''बड़ी दूर से। हमें बड़ी भूख लगी है।''

''पहले यह बता कि तू अपने घर से भाग क्यों आयी?''

बच्ची रोने लगी, कहा—''बहुत-से आदमियों ने घर में घुस के हमारे मम्मी-पापा और भाई को मार डाला।''

''हाय बेचारी! अरे पुन्नू, कुर्सी पर चढ़ कर जल्दी से सिटकनी और कुण्डी खोल दो। बाहर का कोई इसको मार न डाले। हाय बेचारी!''

जल्दी से दरवाजा खोल कर मुन्नी को भीतर ले लिया गया। झट से दरवाजे की सिटकनी और कुण्डी भी चढ़ा दी। इस बार खुली खिड़की को भी बन्द कर लिया कि कहीं मुन्नी को मारने वाले उसे देख न लें। सब ने उसे प्यार किया। रंजीत ने पुन्नू से कहा कि अपनी मम्मी से एक पराँठा ले आओ।

पुन्नू बोला—''मैं खा चुका हूँ, मम्मी मुझे नहीं देंगी।''

मुन्नू बोला—''मैंने नहीं खाया। मैं लाता हूँ, इसे खिला दूँगा।'',

''और तुम?'' राजू ने पूछा।

''अरे एक दिन भूखा भी रह गया तो क्या हुआ? इस बिचारी पर तो मुसीबत पड़ी है।'' कह कर मुन्नू ऊपर चला गया।

पुन्नू ने रंजीत से कहा—''भैया ये हिन्दू है या मुसलमान?'' मुन्नी यह न बतला सकी। उसके माँ और बाप भी मम्मी-पापा थे। उसका नाम मुन्नी था। इससे कुछ समझ में नहीं आता था। फिर बातों में उसने बतलाया कि उसका घर मस्जिद के पास था और उसके पापा नमाज पढ़ के आये, खाना खा रहे थे तभी भीड़ ने घुस कर मारा।

मुन्नू, पराँठे, तरकारी और एक गुड़ की डली लेकर आ गया। पुन्नू बोला—''मुन्नू, इसको खाना मत देना, यह मुसलमान है।''

यह सुन कर मुन्नी रोने लगी। राजू ने भी मना किया पर मुन्नू बोला—''भूखे को खिलाना पुण्य का काम है।''

राजू बोला, ''हमारे चाचा और पापा तो उन दुष्टों का संहार करने गए हैं और तुम इसे खिलाओगे?''

रंजीत बोला, ''नहीं, इसको पटक कर मार डालना चाहिए।''

डर के मारे रोना तक भूल कर मुन्नी हक्का-बक्का हो गयी। मुन्नू ने फौरन ही उसके सिर पर प्यार से हाथ रख कर कहा—"जिसको शरण दी उसी को मारोगे? तुम्हें शरम नहीं आती रंजीत? लो मुन्नी, खाना खाओ।"

मुन्नी बेचारी ने दो-चार ही गस्से खाये और फिर वह इतनी थकी हुई थी कि खाते-खाते ही सो गयी। अब तक इस बच्ची पर सब के मन में थोड़ी या बहुत दया उपज ही आयी थी। बात यह थी कि उनकी माताएँ बहुत धार्मिक और भली थीं। वे आज दिन भर बहुत ही दुखी और उदास रही हैं।

पुन्नू ने कहा—"भैया, हमें मम्मी से चल कर कह देना चाहिए। पापा आयेंगे और इसे देखेंगे तो जरूर मार डालेंगे।"

रंजीत ने कहा—"मुझे तो इस बात का पूरा शक है। देखा नहीं था, कितने जोश में छुरे लेकर गये थे हमारे और तुम्हारे पापा। आज उन्होंने बहुतों को मारा होगा, फिर इसे ही क्यों छोड़ेंगे।"

"यह तो सच है मगर हमारी-तुम्हारी मम्मियाँ भी उनसे कैसे बचा सकेंगी? देखा नहीं था कि मम्मी-चाची के चिल्लाने का उन पर कोई असर नहीं पड़ा था।" राजू बोला।

मुन्नू बोला, "इसको तो हमी लोग बचा सकते हैं। ऐसा करो कि हम दोनों अपने लिहाफ लाकर यहीं सो रहें। यह भी आराम पा जायेगी और लिहाफ में ढकी रहने से कोई इसे देख भी न सकेगा।" बस, यह तय कर कहानी सुनने-सुनाने का बहाना बना करके चारों बच्चे नीचे ही अपने तकिये और लिहाफ ले आये। मुन्नी को लिहाफ में छिपा कर वे उसे बराबर बचाये रखने के उपाय सोचने लगे। सबेरे इसको जीने के नीचे वाली बुखारी में छिपा देंगे। फिर टीले पर मिट्टी खोद कर इसके लिए एक मिट्टी का घर बना देंगे, उसमें यह रहा करेगी। बहुत देर तक ऐसी ही दया-प्रेम भरी योजनाएँ बनाते-बनाते उन्होंने यहाँ तक सोच डाला कि बड़े होकर अपने टीले पर वह सब बेचारों के लिए मिट्टी के घर बनवा देंगे। बातें करते-करते वे सो गये।

थोड़ी देर बाद राजू-रंजीत की मम्मी यह देखने के लिए नीचे आयीं कि बच्चे ठीक से ओढ़-लपेट कर सो रहे हैं या नहीं। उन्होंने मुन्नू को ठीक तरह से ओढ़ाने के लिए पुन्नू की तरफ अधिक दबे हुए लिहाफ को घसीटा तो मुन्नी जाग उठी। वह रोयी तो उन्होंने लिहाफ पूरा उठा कर देखा। बच्चों को जगाया, पूछा—"यह कौन है?"

मुन्नू रोने लगा, "चाची, इसे निकालना नईं, निकालना नईं। हमने इसे बचाया है।"

अपने आग्रह में बच्चों ने एक ऐसा कराहभरा—करुण शोर मचाया कि राजू-रंजीत की मम्मी की बात किसी के कान में पड़ी ही नहीं। इतने में पुन्नू-मुन्नू की मम्मी भी नीचे आ गयी। बड़ी मुश्किल से वह अपने बच्चों से मुन्नी के सम्बन्ध में सब बातें जान सकीं। सुनकर उन्होंने प्यार से मुन्नी को चिपटा लिया। पर उनको भी इस बात का बड़ा ही डर लग रहा था कि जब बच्चों के पापा आयेंगे, तब इसी बच्ची को उनके क्रोध से कैसे बचाया जा सकेगा।

रंजीत बोला—"मम्मी, तुम सच्ची कहती हो, वे आयेंगे और कहानी वाले राक्षस की तरह मानुस-गन्ध-मानुस-गन्ध..."

"खबरदार! अपने पापा को इस तरह कहते हैं।" पुन्नू-मुन्नू की मम्मी ने डाँटा और मुन्नी को छिपाने के लिये वह अपने साथ सब बच्चों को भी ऊपर सुलाने के लिए ले गयीं। दोनों मम्मियाँ आपस में इस बात पर दुख करने लगीं कि बच्चों पर पिताओं के बुरे काम का कैसा बुरा असर पड़ता है कि वे अपने बाप को भी राक्षस कहने लगते हैं, खैर।

रात में किसी समय नन्दा-बिन्दा घर पहुँचे। उस वक्त तो वे मुन्नी को देख नहीं पाये, पर सबेरे कोठरी के अन्दर लिहाफों के बीच छिपायी हुई मुन्नी को नन्दा ने देख ही लिया। वह उसे ऊपर कर पूछने लगा कि तू कौन है? कहाँ से आई है? चारों बच्चे डर के मारे सिमट कर बाहर खड़े हो गये। उनकी मम्मियाँ भी आ गयीं। नन्दा ने जब दुबारा डाँट कर पूछा, तब पुन्नू-मुन्नू रोते हुए बोले, "आप हमें मार डालिए, पर इसे मत मारिये, इसे हमने बचाया है।"

बच्चों का शोर सुन कर बिन्दा भी वहाँ पहुँच गये। बिन्दा ने अपनी पत्नी से सब बात पूछी और हँस कर कहा—"अरे बच्चो! तुमने यह क्यों समझ लिया कि तुम्हारे पापा-चाचा मुन्ने-मुन्ने बच्चों को भी बेरहमी से मारेंगे?"

नन्दा बोला—"हमने तो कल भी तुम्हारी मम्मियों की अच्छी-अच्छी बातें सुन कर किसी को भी नहीं मारा बल्कि; बहुतों की जान बचायी।"

चारों बच्चे और उनकी मम्मियाँ ये बातें सुन कर बहुत खुश हुयीं और फिर मुन्नी चारों भाइयों की बहन बन कर वहीं रहने लगी।

(**धर्मयुग**, 22 मार्च, 1970)

●

त्रिलोक विजय

छत के द्वार पर बारह-तेरह वर्ष का एक गौरवर्ण बटुक दिया लिये हुए खड़ा है। अभी ही उसने सीढ़ियाँ चढ़कर द्वार पर पहला कदम रखा है। सामने पीपल की टहनियाँ उसकी कोठरी की छत से लेकर इस छत की मुण्डेर और दीवार तक को हवा के झोंकों से ऐसे झाड़ जाती हैं, मानों किसी के बोझ से इतनी नीचे झुकती हों। बालक की भावना में एक विशालकाय मनुष्य-आकार झलकता है जो क्रमशः बड़ा होते हुए आकाश को छू लेता है और फिर तिरोहित हो जाता है। कलेजे के अन्दर धमाके की गूँज अब भी सनसनाहट भर रही है। बच्चे का चेहरा फीका पड़ गया, काया काठ हो गयी, केवल हाथ-पैर भय की सनसनाहट से जल्दी-जल्दी काँप उठते, जिससे हाथों का दिया हिल-हिल जाता था।

अपने भय-जड़ित स्वर को क्रमशः खोलने के प्रयास में ऊँचा उठाते हुए बालक के हाथ-पैरों में गति आयी। कदम आगे बढ़ा 'जै बजरंग...', दूसरा कदम बढ़ा 'बजरंग-बजरंग', दो सहमे हुए डग और आगे बढ़ गये, बढ़ने से भय कुछ-कुछ पीछे हटा किन्तु; अभी तो भय का आगार, वह दीवार ठीक सामने थी, जिसके सहारे दस-पाँच पल पहले बच्चे ने अति विशालकाय काया देखी थी। भय अपने-आप में हाँफने लगा, साथ ही उसमें फिर से एक नयी तेजी भी आयी—"भूत-पिशाच निकट नहिं आवै, महाबीर जब नाम सुनावै।" अपने शब्द अपने ही लिए नयी आस्था बनकर बच्चे को आगे बढ़ाने लगे। वह डरता जाता है और डर को जीतते हुए बढ़ता भी जाता है।

वह अपनी कोठरी के द्वार तक पहुँच ही गया। दिये को हवा से बचाने वाला दाहिना हाथ दरवाजे की कुण्डी तक लड़खड़ाता हुआ उठा गया। काँपते हाथों कुण्डी खुली फिर झटके से द्वार खुला। बच्चा हवा की तरह घुस गया और द्वार उड़का उस पर अपनी पीठ टेककर अपनी हथेली के दिये को सँभालने और अपने-आपको निरापद महसूस करने की स्वचलित प्रक्रिया में रम गया।

दूसरे दिन पाठशाला में तुलसी ने अपने मित्र गंगाराम से कहा—"गंगा, भूत-प्रेत सचमुच होते हैं। कल मैंने पीपल वाले ब्रह्मराक्षस को अपनी आँखों से देखा है!"

सायंकाल के समय तुलसी और गंगाराम दोनों ही पाठशाला के आगे का आँगन बुहार रहे हैं। दोनों सूखे-पत्ते, गर्द आदि सारा कूड़ा एक जगह लाकर एकत्र कर रहे हैं, हथेलियों से कूड़ा एक जगह डाल रहे हैं और बातें कर रहे हैं। तुलसी कह रहे हैं—"ब्रह्मराक्षस हमारी कुठरिया की छत पर पीपल की डाल पकड़े हुए बैठा था। उसने जो हमको देखा तो ऐसी जोर से टहनी झकझोर उठा कि मानो हमें देखकर उसे बड़ा क्रोध आ गया हो। और वो बड़ा होने लगा। मैंने भी जोर-जोर से 'राम-राम, बजरंग-बजरंग' जपना आरम्भ कर

दिया। एक पंक्ति भी बन गयी—'भूत-पिशाच निकट नहिं आवै, महाबीर जब नाम सुनावै।''

बालक गंगाराम बोले—''हमारी तो भैया ऐसे में सिट्टी-पिट्टी ही गुम हो जाय। काशी में विश्व-भर के भूत आते हैं।''

तुलसी बोला—''हमारे बाबा कहते थे कि राम मन्त्र, सिद्ध मन्त्र है। हमको तो वही फलता है। जिसके हनुमान और अंगद जैसे महाबीर सैनिक हैं, जो नाथों के नाथ विश्वनाथ के भी इष्टदेव हैं, उनके चरण भला क्यों न गहैं! अरे, हम तो कहते हैं गंगा, कि ऐसे बड़े मालिक को कष्ट देने की भी आवश्यकता नहीं। उनके परम सेवक बजरंग बली से ही हमें रक्षा मिल जाती है! 'भूत-पिशाच निकट नहिं आवै, महाबीर जब नाम सुनावै। नासै रोग हरै सब पीरा, जपत निरन्तर हनुमत बीरा। संकट से हनुमान छुड़ावै, मन-क्रम वचन ध्यान जो लावै।''

पास ही से दो विद्यार्थी साग-भाजी लेकर आँगन में प्रवेश कर रहे थे। उन्होंने सुना। एक ने मुस्कराकर कहा—''अरे वाह, आशु कविजी, बड़ी जोर की कविताई हो रही है!''

तुलसी झेंप गया, गंगा ने हँसकर कहा—''भूत-बाधा दूर करने का मन्त्र बना रहे हैं।''

दूसरा लड़का हँसकर बोला—''हे:-हे:-हे:, अभी नाक पोंछना तो आता नहीं, मन्त्र बनावैंगे। अभी पिछवाड़े का पीपलवाला जो इनके सामने आकर खड़ा हो जाय, तो डर के मारे इनके वस्त्र बिगड़ जायँ। हि:, मन्त्र बनाने चले हैं।''

तुलसी को ताव आ गया। उस लड़के की ओर देखकर कहा—''देखा है, देखा है उस पीपलवाले को भी। मेरी कोठरी की दीवार पर ही तो बैठता है। पर मैं जैसे ही जाकर हनुमानजी का नाम लेता हूँ, वैसे ही भाग जाता है।''

लड़के आँगन में खड़े हो गये। एक ने कहा—''अरे जा रे लबार, झूठ-मूठ की न हाँक।''

''मैं गुरुजी के चरणकमलों की सौगन्ध खाकर कहता हूँ। मैंने पीपलवाले को कई रूपों में देखा।'' इतनी बड़ी शपथ का प्रभाव उन विद्यार्थियों पर पड़े बिना न रह सका।

एक बोला—''अपना बटेश्वर प्रत्येक अमावस्या की रात को श्मशान पर एक कापालिक से भूत-विद्या सीखने के लिये जाता है। वह कहता था कि आधी रात को वहाँ शिवजी के मन्दिर में सारे भूत एकत्र होते हैं और भूतनाथ की आरती उतारते हैं। वह कहता था कि उस समय जो कोई वहाँ आकर शंख बजा दे तो सारे भूत उसके वश में हो जाएँ। पर कोई बजा ही नहीं सकता। बड़े-बड़े सिद्ध भी यह साहस नहीं कर सकते।''

गंगा बोला—''हमारा तुलसी जा सकता है। यह बड़ा राम-भक्त है।''

''हि: , देखी-देखी इसकी भक्ति।'' एक ने कहा।

तुलसी की आँखें स्वाभिमान से चमक उठीं। कूड़े वाली डलिया उठाकर उसने कहा—''बटेश्वर अमावस्या की रात्रि में वहाँ जाते हैं ना? उनसे कहना कि अबकी

अमावस्या की रात्रि में मेरा शंखघोष वे रामजी की दया से सुन लेंगे।''

''अरे जा-जा, बड़ी रामजी की दयावाला बना है। हग भरेगा बच्चू, हग भरेगा।''

तुलसी के चेहरे पर निश्चय की स्फटिक-शिला जम गयी थी। उसने अपने सिर पर कूड़े की डलिया रखी और सधे पाँव बाहर की ओर चला। गंगा भी उसके साथ ही साथ चला। कुछ-कुछ सहमे-से-स्वर में उसने पूछा—''तुलसी, क्या तुम सचमुच अमावस्या की रात में वहाँ जावोगे? मैंने बड़ी गलती की जो आवेश में आकर कह गया। तुम्हें भी जल्दी आवेश में नहीं आना चाहिये था। हम दोनों से चूक हुई।''

तुलसी चुप रहा। घूरे तक वे लोग चुपचाप आये। तुलसी ने कूड़ा घूरे पर डालकर झाड़ा, फिर संयत स्वर में कहा—''अब तो अमावस्या को जाऊँगा, गंगा। नहीं जाऊँगा तो मेरे रामजी, हनुमानजी झूठे सिद्ध होंगे।''

गंगा बोला—''रामजी समर्थ हैं, अपनी निन्दा-बड़ाई को वह आप सँभाल सकते हैं। तुम भूत-प्रेतों से मत खेलो तुलसी।''

''नहीं, अब तो बात दे चुका। मैं जाऊँगा।''

''भाई, मेरे मते तुम्हें पहले आचार्यपाद से आज्ञा ले लेनी चाहिए।''

''हाँ-हाँ, निश्चिन्त रहो। गुरुजी से पूछकर ही जाऊँगा। मेरा विश्वास है कि वे आज्ञा दे देंगे।''

''अभी से यह भरोसा न बाँधो। गुरुजी ज्ञान नारायण को धारण करने वाले साक्षात् शेष भगवान हैं।''

''तभी तो विश्वासपूर्वक यह कह रहा हूँ कि वे आज्ञा दे देंगे।''

नीम के पेड़ तले मिट्टी के चबूतरे पर कुशासन बिछाये विराजमान, ज्ञानमूर्ति, तपोपुंज आचार्यपाद शेष सनातनजी महाराज सामने बेंत की बुनी हुई चौकी पर रखी पोथी के कुछ पन्ने हाथ में उठाये हुए बाँच रहे थे। बालक तुलसी दबे पाँव पहुँचा और चुपचाप हाथ बाँधे खड़ा हो गया। गुरुजी कुछ समय के अन्तराल में पोथी के पन्ने पढ़कर पलटते हैं और आगे पढ़ने में तल्लीन हो जाते हैं। तुलसीदास की ओर उनका ध्यान तक नहीं जाता। बालक सिर झुकाये हाथ बाँधे खड़ा रह जाता है। गुरुजी जब उन पृष्ठों को पढ़कर पोथी में मिलाते हुए आगे के पृष्ठ उठाते हैं, तब उनका ध्यान एकाएक तुलसी की ओर जाता है। पूछा—''क्या है?''

हाथ जोड़कर तुलसी ने कहा—''एक आज्ञा लेने के लिए सेवा में आया हूँ गुरुजी।''

''कहो।'' गुरुजी ने नये पृष्ठ हाथ में उठा लिये।

''दो दिन पहले हरि और केशव से मेरी बदाबदी हो गयी थी। वे भूतों का भय दिखला रहे थे। मैंने कहा कि भूत-पिशाच बजरंग बली से बढ़कर शक्तिशाली नहीं हैं। जिसकी भक्ति राम के चरणों में अटल है, वह भूतों से कदापि नहीं डर सकता। इस पर हरि ने कहा कि जो ऐसे भक्त हो तो हरिश्चन्द्र घाट पर शिवजी के मन्दिर में अमावस्या

को आधी रात के समय शंख बजा आओ, तब हम जानें। बटेश्वर वहाँ किसी भूत-विशारद से भूत-विद्या सीखने के लिये जाते हैं। वे मेरे शंखवादन के साक्षी होंगे। यदि आप आज्ञा दें तो चला जाऊँ।''

गुरुजी मौन रहे, फिर पूछा—''अपनी कोठरी में कभी डरे हो कि नहीं?''

''कुछ-कुछ तो अवश्य डरता हूँ गुरुजी, परन्तु श्री केसरीकिशोर के ध्यान से मेरे भय के भूत भाग जाते हैं। आपके उपदेश भी मेरे मन को बल देते रहते हैं।''

पैनी परख-भरी दृष्टि से अपने शिष्य का मुख निहारकर फिर पोथी की ओर देखते हुए गुरुजी गम्भीर स्वर में बोले—''पीपलवाला तो बड़ा सभ्य भूत है, केवल दुष्टों को ही सताता है परन्तु; सब भूत-प्रेत ऐसे नहीं होते। कुटिल और क्रूर भूतों की कमी नहीं है। हरिश्चन्द्र घाट भूतों की अति भयावनी लीलास्थली है।''

''बालक की वाचालता क्षमा हो गुरुजी, बटेश्वर भी तो वहाँ जाते हैं।''

''बटेश्वर मन्त्र-कवच मण्डित है। तुमको तो भूत फाड़ खायेंगे।''

तुलसी एक क्षण तक स्तम्भित खड़ा रहा। फिर सिर में कुछ तनाव आया। झटके से स्वर उठा, कहा—''रामजी के रहते मेरा कोई कुछ नहीं बिगाड़ सकेगा। आपके चरणों का ध्यान ही मेरा कवच बनेगा।''

''यह तुम्हारा अटल विश्वास है?''

गुरु के चरणों में शीश नवाकर तुलसी ने कहा—''हाँ, गुरुजी, मेरी परीक्षा ले लें।''

''तुम्हें स्वयं अपनी ही परीक्षा लेनी है तुलसी। यदि तुम्हारी भक्ति अटल है तो भूतनाथ भय से तुम्हारी रक्षा करेंगे। जाओ, मेरा आशीर्वाद है।''

पाठशाला में सभी छात्रों को धीरे-धीरे यह बात विदित हो गयी। पाठशाला में केवल चार-पाँच छात्र ही छोटी आयु के थे। उनमें भी केवल तीन बालक गुरुजी के घर में रहकर सेवा-वृत्ति से शिक्षा ग्रहण करते थे, बाकी सब स्थानीय निवासी थे और दक्षिणा देकर पढ़ा करते थे। उनकी संख्या आठ थी, उनमें भी छः विद्यार्थी सत्तरह-अट्ठारह से बीस-पच्चीस की आयु वाले थे। बटेश्वर मिश्र की आयु 23-24 वर्ष के लगभग थी। वह श्याम वर्ण का दुबला-पतला क्रोधी और अहंकारी युवक था। गुस्सा सदा उसकी नाक पर ही धरा रहता था। धनी पिता का पुत्र था, इसलिए अपने आगे किसी को कुछ समझता नहीं था। ज़री काम का दुशाला और लाल मखमल की मिर्जई पहनकर वह पढ़ने के लिए आया करता था। हरि तथा केशव दोनों ही सदा उसकी चाटुकारी में रहा करते थे। चतुर्दशी के दिन गुरुजी महाराज किसी नरेश के यहाँ बुलावे पर गये थे। सब लोग उस दिन अनुशासन-मुक्त थे, तभी हरि ने छेड़-छाड़ की।

हरि, केशव, बटेश्वर तथा उनके समवयस्क दो छात्र दालान में गुरुजी की सूनी चौकी के पास बैठे हुए थे। तीन बड़े छात्र एक अलग कोने में बैठे हुए आपस में साहित्य-विवेचना कर रहे थे।

तुलसी, गंगाराम और उनके समवयस्क दो छात्र बैठे हुए आपस में ज्योतिष संबंधी चर्चा कर रहे थे कि एक ने पूछा—"अच्छा तुलसी, बताओ, व्यापार के लिए कितने नक्षत्र अच्छे होते हैं?"

तुलसी बोला—"बारह! श्रवण के तीन, हस्ति के तीन, फिर पुष्य और पुनर्वसु, इसके बाद मृगशिरा, अश्विनी, रेवती तथा अनुराधा—इन बारह नक्षत्रों में धन-धान्य, धरोहर-धरती का लेन-देन करो तो लाभ होगा।"

उसी समय कुछ दूर पर बैठे केशव ने बटेश्वर से हँसकर कहा—"ये तुलसिया परसों अमावस्या को अर्धरात्रि के समय हरिश्चन्द्र घाट के मन्दिर में शंखघोष करने जायगा।"

सुनकर तुलसी और उसकी मण्डली के बालक चुप हो गये। बटेश्वर उपेक्षा-भरी हँसी हँसा किन्तु; कहा कुछ भी नहीं। हरि ने बात आगे बढ़ायी, बोला—"कहता था, राम शब्द से अधिक सिद्ध और कोई मन्त्र ही नहीं है।" कहकर वह जोर से खिलखिलाकर हँस पड़ा।

तुलसी आवेश में आ गया। वहीं से बोला—"हाँ-हाँ, अब भी कहता हूँ और कल जाकर रामकृपा से अवश्य ही शंकरजी के मन्दिर में शंखनाद करूँगा। देखूँगा कि भूत बड़े हैं या रामसेवक कपि केसरी किशोर।"

तुलसी का तैश देखकर हरि और केशव दोनों ही हो-हो करके हँस पड़े। "अरे वाह रे कपि केसरी किशोर के भक्त, जब शंखिनी-डंकिनी दहाड़ेंगी तब कहना।" हरि ने व्यंग्य कस। और फिर हँस पड़ा।

तुलसी फिर तैश खा गया, झटके से उठकर खड़ा हो गया और हरि की ओर देखते हुए हाथ बढ़ाकर बोला—"भूत-पिशाच निकट नहिं आवे, महाबीर जब नाम सुनावै। एक भी भूत-चुड़ैल मेरे सामने नहीं ही आवैगी। देख लेना।"

बटेश्वर क्रोध में आँखें निकालकर गरजा—"अच्छा बक-बक बन्द कर। ससुरा, भिखारी की औलाद। टहल-मजूरी करके पढ़ता है और हम विद्वानों से उलझता है? बड़ा हौसला होय तो आना बेटा कल रात में। परसों सबेरे मन्दिर के नीचे से डोम ही तेरा शव उठायेंगे और वही लोग फूकेंगे।"

तुलसी भी ताव खा गया, बोला—"जाको राखे साइयाँ, मार सकै नहिं कोय। बाल न बाँका कर सकै जो जग बैरी होय। तुमसे जो बने सो कर लेना। मरना बदा होगा तो रामजी के नाम पर मर जाएँगे। कौन हमें रोने को बैठा है!"

कहकर तुलसी दालान से बाहर चला आया। गंगा भी उसके पीछे ही पीछे आया। आवेश में भरे तुलसी के कन्धे पर प्रेम से हाथ रखकर गंगा ने कहा—"तुलसी, मेरे पिता मणिकर्णिका घाट के योगीजी को जानते हैं। मुझे भी उनके कारण योगीजी जानते हैं। चलो चलकर उनसे सारी बात कहें। वे निश्चय ही कोई सिद्ध जड़ी-बूटी अथवा मन्त्र तुम्हें दे देंगे।"

"राम सिद्धमन्त्र है। बन्धु, मुझे अपने स्वर्गवासी गुरु बाबा की बात ही राजमार्ग जैसी सरल और सुखद लगती है। तुम जानते नहीं हो, हनुमानजी बचपन से ही मेरी बाँह गहे

हुए हैं। अच्छा, अब चलूँ, गायों की सानी करना है। फिर माताजी के सायं-स्नान के हेतु दो गगरी गंगाजल लाना है।''

उस रात तुलसी जब सब कामों से छुट्टी पाकर अपना दिया लिये हुए ऊपर चला, तब सीढ़ियों में ही हवा का ऐसा गूँज-भरा थपेड़ा आया कि दीप की लौ झोंका खाकर बुझी, अब बुझी—जैसी हो गयी। मन सहम उठा, राम-राम का जप स्वर में हल्की कँपकँपी के साथ तीव्र गतिशाली हुआ। बत्ती की लौ नन्हीं बूँद जैसी बन गयी पर बुझी नहीं, फिर क्रमशः उसमें उजाला बढ़ने लगा। उस उजाले से बालक के चेहरे पर आत्मविश्वास का उजाला बढ़ गया। सीढ़ी पर जमे डग फिर उठे। तुलसी छत के द्वार तक पहुँच गया। रात घनी काली थी किन्तु; सर्दी की स्वच्छ रात में तारों की चमक लुभावनी लग रही थी। नीचे गली से लेकर कोठरी की छत को छूता हुआ पीपल रात की कालिमा में अँधेरे की एक और गहरी पर्त बनकर खड़ा था लेकिन; आज वह तुलसी के लिए रुकावट न बना। उसकी कोठरी की छत पर आज उसे कोई दीर्घ आकार न बैठा दिखलायी दिया, न वह छत पर धम् से कूदा, न कोई आवाज़ ही सुनायी दी। बालक उत्साह में तनिक जोर से बड़बड़ा उठा—''जै बजरंग बली। हे बजरंग बली, आज हमने तुम्हें सारे दिन-भर ध्याया है। भला कौन भूत अब मेरे सामने आने का साहस करेगा?''

यह बड़बड़ाते हुए तुलसी कुण्डी खोलकर जो कोठरी में कदम रखा तो ऐसा लगा कि उसकी चटायी पर कोई लेटा है। सारी आस्था, मन का चैन लड़खड़ा गया। एक बार उल्टे पैरों लौटा, फिर देखा तो लगा कि कहीं कुछ भी नहीं है। बालक के मन में नये सिरे से उत्साह आया। उसने अपनी कोठरी में पुनः भीतर तक प्रवेश किया। दिये के प्रकाश में कोठरी के चारों ओर कोने और फर्श से लेकर छत तक, सतर्क नजरों से सब छान मारा, कहीं कुछ भी न था। मन का विश्वास फिर लौटा। दिया आड़ में रखा। द्वार खुले होने से ठण्डी हवा भीतर आ रही थी। तुलसीदास ने दरवाजे अन्दर से बन्द कर लिये। छोटी-सी कोठरी की अकेली दुनिया कुछ अजीब-सी लगी, कुछ भय, कुछ अभय मिलकर तरुण-मन को सनसनाहट से भरने लगा। भरी सर्दी में भी माथे पर पसीने की बूँदे चुचुआ उठीं। फिर आप ही बड़बड़ा उठा—''धत् तेरे की रामभगतवा। हनुमानजी का ध्यान कर!''

वह अपनी चटायी पर बिछी हुई कथरी पर बैठ गया। मिट्टी की दवात और सरकण्डे की कलम सामने रख ली। कागज उठा लिया और लिखना आरम्भ किया :

जै हनुमान ज्ञान-गुन-सागर।
जै कपीस तिहँ लोक उजागर॥

मध्य रात्रि तक हनुमान चालीसा पूरी की। अब तक के अपने जीवन में तुलसी ने यह पहला लम्बा काव्य रचा था। वह बड़ा ही मगन था। जोश में आकर उसने दो-तीन बार अपने चालीसा-काव्य को पढ़ा। दो-एक जगह संशोधन भी किये, फिर ऐसे सुख से टाँगे पसारकर सोया मानो उसने कोई बड़ी भारी दिग्विजय कर ली हो।

दूसरे दिन सुबह जब वह गंगाजल की गगरियों को घर के भीतर पहुँचाने के लिए गया, तब गुरु-पत्नी ने पूछा—''तुलसी, हमने सुना है, तुम आज मसान जाने वाले हो?''

तुलसी झेंप गया, फिर कहा—''हम रामजी की शक्ति को भूतों की शक्ति से बड़ी

मानते हैं, आयी! क्या ग़लती करते हैं?''

''नहीं। बेटा, भूत तो बनते-बिगड़ते रहते हैं, वह तुम्हारे मन के विकारों की तरंगे मात्र हैं। उनकी चिन्ता कभी न करना।''

गुरु-पत्नी की बात अच्छी तो लगी पर मन को जैसे विश्वास न हुआ। पूछा—''अइया जी, रात में पीपल तले कभी-कभी ऐसा उजाला दिखलायी देता है कि हम आपसे क्या बतलायें। आकार भले भय के हों, पर यह उजाला कौन करता है? कभी-कभी हवा शरीर का ऐसे स्पर्श करती है कि लगता है कोई हमारी देह रगड़ता हुआ चला गया है। यह सब क्या होता है आई?''

''अपने गुरुजी से पूछना।''

''साहस नहीं होता। गुरुजी कहेंगे, तुम्हें अभी इन बातों से क्या प्रयोजन। फिर रामजी भी तो हैं।''

गुरु-पत्नी हँसीं, कहा—''तुमने रामजी को देखा है तुलसी?''

''नहीं आई।''

''तूमने भूत को नहीं देखा और रामजी को भी नहीं देखा। जिस पर चाहो, विश्वास कर लो। मन माने की बात है।''

तुलसी बोला—''तब फिर मैं रामजी को क्यों न मानूँ! भूत मेरा कुछ नहीं बिगाड़ सकता है।''

तुलसी की गम्भीर किन्तु भोली बातें गुरु-पत्नी को भली लगीं। स्निग्ध दृष्टि से उसकी ओर देखते हुए कहा—''तुम बड़े अच्छे लड़के हो। भगवान तुम्हारा सदा मंगल करें।''

गुरु-पत्नी के आशीर्वाद ने तुलसी के मन को बड़ा बल दिया किन्तु; पाठशाला के बड़े विद्यार्थी विशेष रूप से उसे दिन-भर डराते और चिढ़ाते रहे। शुभचिन्तक साथियों ने न जाने के लिए आग्रह किया। तुलसी के मन में उनके तर्कों से भूत कभी वास्तविकता का आभास कराते थे और कभी अपनी हठवश वह उसे नकारने लगता था। गुरुजी से पूछने की इच्छा बार-बार मन में जागी परन्तु; उनके सम्मुख होने पर उसका सारा साहस मानो समाप्त हो जाता था। वे कहेंगे कि जब जाने की आज्ञा ले ही चुके हो तो स्वयं अनुभव करना। अब शास्त्रार्थ की क्या आवश्यकता है? उनका तेजस्वी, शान्त और गम्भीर मुखमण्डल देखते ही उसे मानो अपने न पूछे हुए प्रश्न का उत्तर मिल जाता था किन्तु; ऊहापोह फिर भी शान्त न हुआ और बालक मन 'हाँ' और 'न' के झूले में झूलता ही रहा। यह होते हुए भी जितना ही उसे डराया या समझाया जाता था, उतना ही उसका हठ और दृढ़ होता जाता था।

शाम आयी, तुलसी ने गुरुजी के घर का सारा काम-काज पूरा किया, फिर गुरु-पत्नी से कहा—''आई, हमें आज रात के लिये एक शंख दे दीजिये।''

''तो तुम जाओगे ही तुलसी?''

''हाँ, आई।''

"कोई भी बाधा आये, पर डरना मत बेटा।"

"नहीं आई, डरूँगा तो फिर मेरे बजरंग बली रूठ जायेंगे। मुझे उनके रूठने का भय है। रावण का मानमर्दन करने वाले रामप्रभु मुझसे न रूठें, केवल इसी की चिन्ता है।" अपने इस उत्तर से उसे सहसा वह आस्था मिल गयी, जिसे वह इतने दिनों से पाने और संगठित करने के लिए सतत् प्रयत्नशील था।

शंख लेकर तुलसी अपनी कोठरी में आया। आज उसके हाथ में दिया नहीं था। वह बाहर के अँधेरे से लड़ने के लिए अपने भीतर के प्रकाश का सहारा ले रहा था।

रात का पहला पहर समाप्त हुआ। कसौटी पर चढ़ने का क्षण आ गया। तुलसी ने शंख उठाया, अँधेरे में शंख के स्पर्श मात्र से उसके मन में एक विचित्र-सी सनसनाहट भर गयी। हृदय धड़-धड़ करने लगा, किन्तु; उसे लगा कि यह धड़कन भयकारी नहीं वरन् उत्साहवर्धक है। हृदय 'राम-राम' बोल रहा है, 'उठ-उठ' कह रहा है। तुलसी खड़ा हो गया। कोठरी से बाहर निकला, कुण्डी चढ़ायी। आगे की छोटी-सी छत अन्धकारमय थी। बायीं ओर का पीपल अँधेरे में भय की सघन छायामूर्ति बनकर खड़ा था। तुलसी स्तब्ध होकर उधर ही देखता रहा। मन तेजी से कल्पना करने लगा कि नीचे से बड़े-बड़े दाँतों और सींगों वाला ब्रह्मराक्षस अपना आकार बढ़ाता हुआ मानों अब उठने ही वाला है। वह आयेगा और उसके हाथ से शंख लेकर चूर-चूर कर डालेगा। वह धक्का देगा और तुलसी छत से गिर के नीचे गली में जा पड़ेगा। उसकी एक-एक हड्डी-पसली चूर-चूर हो जायेगी। इस दुनिया से उसका नाम-निशान तक मिट जायेगा लेकिन; तुलसी की कल्पना-शक्ति ने उसके भय का साथ न देकर एक नया रूप ही धारण कर लिया। ब्रह्मराक्षस के बजाय उसे हनुमानजी अपनी कल्पना में बढ़ते हुए दिखायी देने लगे। हनुमानजी के दाहिने कन्धे पर राम और बायें पर श्री लक्ष्मणजी विराजमान हैं। दोनों ही अपने-अपने धनुषों पर बाण चढ़ाये मानो तैयार बैठे हैं। बालक का मन अपनी कल्पना से प्रसन्न हो गया। "जहाँ राम है वहाँ भय कहाँ? भय ही तो भूत है। चल रे तुलसी, चल, आज यह दिखा दे कि तेरा रामबल अनन्त भूतों से अधिक शक्तिशाली और विशाल है। जय बजरंग।"

सँकरी घुमावदार सीढ़ियों पर वह उतरने लगा। उतरने की सतर्कता में एक बार भय फिर उमगा। अपने ही मन के धक्के से उसकी देह दीवार से जा टकरायी। वह सहमा और फिर सँभल गया—"राम-राम जप रे मन। कहाँ लड़खड़ाता है?"

सीढ़ी का एक द्वार पीपलवाली गली की ओर पड़ता था। वह द्वार यों तो बन्द रहता था किन्तु, गुरु-पत्नी से आज्ञा लेकर उस द्वार का ताला तुलसी ने आज शाम ही को खुलवा लिया था। तुलसी उसी से होकर बाहर आया। द्वार बन्द किये, कुण्डी चढ़ायी, ताला बन्द किया, कुंजी अँगौछे में बाँधी और अँगौछे को कमर पर कसकर बाँध लिया, 'जय गणेश, जय भूतेश्वर, बजरंग, रामभद्र जय! जय! जय! जय!!' तुलसी पीपल के नीचे से ही गली पार कर रहा है। शीत उसकी रुई की मिर्जई को भेदकर उसके भीतर कँपकँपी भर रहा है। ऐसा लगता है कि तुलसी की परीक्षा लेने को सरदी भी आज अपने

चरम बिन्दु तक पहुँच रही है। पर अब तो चाहे सर्दी सतावे या स्वयं भूत ही आकर उसका हाथ क्यों न पकड़े, तुलसी अपने निश्चय से डिग नहीं सकता। वह सदा आगे ही बढ़ेगा।

अँधेरी-सूनी गलियाँ पीछे छूटती जाती हैं। शीत के मारे कुत्ते भी इधर-उधर दुबके हुए बैठे हैं, केवल आहट पाकर जहाँ-तहाँ 'भौं-भौं' कर उठते हैं। गलियों में यत्र-तत्र बैठे हुए साँड़ भी तुलसी के चलने की आहट पाकर अथवा शीत की प्रतिक्रियावश अपनी साँसों की फुफकारें-सी छोड़ते हुए मिल जाते हैं। सँकरी गलियों में बन्द घरों की दीवारें मानों साँय-साँय बोल रही हैं। एक जगह पर छत्ते के नीचे एक साँड़ पूरी गली घेरे हुए पड़ा था। घने-अँधेरे में वह तुलसी को दिखलायी न पड़ा। वह जैसे ही आगे बढ़ा तो ठोकर खायी। पैर लड़खड़ाया और वह साँड़ पर ही गिर पड़ा। शंख की नोक साँड़ के शरीर में चुभी और उसने फुँफकारते हुए अपने सींग इधर घुमाये। तुलसी घबरा गया। साँड़ भी घबराकर उठने का उपक्रम करने लगा। उसकी पीठ पर गिरे हुए बालक की घबराहट इस कारण से और भी बढ़ी। भूत भले न हो, पर भूतनाथ के इस नन्दी ने यदि आक्रमण कर दिया तो तुलसी की जान की खैर नहीं। इस भय ने सुरक्षा की भावना तीव्र कर दी। साँड़ के पिछले पैरों के पूरी तरह उठने के पहले ही वह फुर्ती से फिसल पड़ा और फिर घुटनों तथा बायें हाथ के पंजे के बल पर उठकर वह तेजी से भागा। अपने भय के भाग जाने पर पशु वहीं का वहीं खड़ा रह गया। आगे थोड़ी ही दूर पर गली समाप्त हो गयी, खुला मैदान आ गया, तुलसी की साँस में साँस आयी।

कितना शीत है। सीलन-भरी गलियों की बन्दिनी शीत से यह मैदान की मुक्त-ठिठुरन तुलसी को अपेक्षाकृत भली लगी। तीन साल पहले गुरुजी के एक धनी यजमान के द्वारा विद्यार्थियों को दान में मिली हुई मिर्जइयाँ अब अपनी गर्मी प्रायः खो चुकी थीं। तुलसी को लग रहा था कि शीत महाबली-योद्धा बनकर हवा के सनसनाते तीर छोड़ रहा है। मिर्जई का कवच उसकी रक्षा नहीं कर पा रहा है। दौड़ने से गर्मी बढ़ती है और वही उसकी रक्षा भी कर सकती है।

श्मशान तट पास आ गया। विशाल वट-वृक्ष की अनगिनत जटाएँ हवा में झूलती हुई ऐसी लग रही थीं, मानों सैकड़ों फाँसी के फन्दे लटक रहे हों। बरगद पर कोई पक्षी इस तरह रिरिया रहा था कि मानो कोई बच्चा पीड़ा से कराह रहा हो। तुलसी के पाँव भय से थम गये पर, यह भय अब उसके लिए चुनौती बन गया था। वह श्मशान में आ पहुँचा है। बटेश्वर निश्चय ही यहाँ उपस्थित होगा। वह अपने कापालिक गुरु से मन्त्र-विद्या सीख रहा होगा। यहाँ तक पहुँचकर अब यदि तुलसी घबराया तो उसकी लोक हँसायी होगी। कल विद्यार्थियों के सामने बटेश्वर दम्भ-भरे ठहाके लगाएगा। नहीं, ऐसा कदापि नहीं होगा। तुलसी के पाँव अब पीछे नहीं लौट सकते। यह श्मशान उसके शंखघोष से गूँजना ही चाहिए। तुलसी वट के नीचे से निर्भय होकर गुजरने लगा। लटकती जटाएँ उसके सिर और कन्धों को छू जाती हैं लेकिन; अब वह उनसे तनिक भी भयभीत नहीं हो सकता।

श्मशान की जलती-बुझती चिताएँ दिखलायी पड़ रही हैं। एक चिता की लपटों से उसे तरह-तरह के आकार भी दिखायी देते हैं लेकिन; तुलसी अब भयभीत नहीं हो सकता। भूत चाहे उसका गला ही क्यों न दबोच दें, पर जब तक वह शिवजी के मन्दिर में

शंखघोष नहीं कर देता, तब तक उसके प्राण कदापि नहीं निकलेंगे। "जय हनुमान ज्ञान-गुन सागर, जय कपीस तिहुँ लोक उजागर।"

तुलसी शिव मन्दिर की सीढ़ियाँ चढ़ता गया। सामने गंगा तट पर जलती हुई चिता के पास उसे दो आकृतियाँ बैठी हुई दिखलायी दीं। निश्चय ही बटेश्वर और उसके गुरु कापालिक की आकृतियाँ होंगी। इस विचार ने तुलसी के भीतर मानों नये प्राण फूँक दिये। पैर तेजी से ऊपर चढ़े। भूतनाथ अपने इष्टदेव के इस भक्त को कदापि हतोत्साहित नहीं कर सकते—"जय भूतेश्वर, जय बजरंग, जय-जय-जय सीताराम।"

तुलसी ने विशाल शिवलिंग के समक्ष खड़े होकर पूरी शक्ति के साथ अपना शंख बजाया, एक बार नहीं, पूरे तीन बार बजाया। बाहर दूर से एक कड़कड़ाती हुई आवाज आयी—"कौन है रे?"

"रामजी का खास सेवक तुलसीदास।" शिवजी के चबूतरे से ही आत्मविश्वास से जगमगाये हुए बालक ने कड़क कर जवाब दिया।

"ठहर तो सही, रे भण्ड।" दूर की आवाज फिर गरजी लेकिन; तुलसी उस चुनौती का सामना करने के लिये फिर खड़ा न रहा। जल्दी से शिवलिंग की परिक्रमा करके सीढ़ियों से उतरकर वह भागा। इस समय भूतों से अधिक किसी जीवित मनुष्य की मार खाने का भय ही उसे अधिक सता रहा था। श्मशान से बाहर निकल कर वह थमा और दम-भर खड़े होकर हाँफते हुए श्मशान की ओर देखने लगा—"आव बच्चू, बटेश्वर होवैं, चाहे उनके गुरु होवैं, चाहे गुरु के भूत होवैं, हमार कोऊ का बिगाड़ि सकत है? अरे हम तौ रामजी का जय-घोष करि आयेन।" तुलसी श्मशान से यों घर लौट रहा था मानों त्रिलोक विजय करके आ रहा हो। इस समय न उसे जाड़ा सता रहा था और न किसी प्रकार का भय ही। आस्था प्रबल होकर उसे राममय बना रही थी।

(अमृतलाल नागर के उपन्यास **मानस का हंस** का यह कथा-प्रसंग, **'पराग'** (अक्तूबर, 1987) ने भी प्रकाशित किया-सम्पादक)

●

अन्तरिक्ष-सूट में बन्दर

आकाश के अनगिनत तारों में हमारी धरती की तरह ऐसी बहुत-सी धरती हैं, जिनकी सभ्यता शायद हमसे बढ़ी-चढ़ी हुई है। एक जगह तो नन्हें-मुन्ने बच्चे तक अन्तरिक्ष की सैर किया करते हैं। उन्होंने ऐसे अन्तरिक्ष-सूट बना लिये हैं, जिसमें छोटी किन्तु; बड़ी ही शक्तिशाली मशीनें लगी हुई हैं। नन्हें-नन्हें ट्रांजिस्टरों जैसे राकेट लगे हुए हैं। बच्चे उसे पहन कर मशीनें चलाते हुए आकाश में लाखों मील की सैर बड़ी आसानी से कर लिया करते हैं। उन्हीं में एक लड़की थी। उसकी आयु आठ-नौ साल से अधिक न थी, पर वह बड़ी तेज और साहसी थी। अपने स्कूल की अन्तरिक्ष दौड़ों में वह कई बार फर्स्ट आ चुकी थी और छुट्टियों में अक्सर वह इतनी-इतनी दूर उड़ा करती थी, जितनी दूर तक उस दुनिया के बड़े-बड़े उड़ाकू भी नहीं गये होते थे।

एक दिन अपना अन्तरिक्ष-सूट पहन कर वह लड़की उड़ी और खेल के जोश में अपनी उड़ान की गति तेज करते-करते आकाश में ऐसी जगह पहुँच गयी, जहाँ लाखों मील तक घना अन्धकार छाया था। बस, अँधेरा-ही-अँधेरा, घटाटोप अँधेरा। अँधेरे के कारण वह लड़की घबरा तो अवश्य गयी, पर उसने हिम्मत न हारी। अपने सूट में लगी नन्हीं शक्तिशाली मशीनों की सहायता से पूरी स्पीड में, यानी एक सेकेण्ड में पाँच हजार किलोमीटर की उड़ान भरते हुए दो घण्टे में आखिरकार उसने वह अन्धकार पार कर ही लिया। संयोग से वह हमारी पृथ्वी पर आ गयी और कश्मीर में अमरनाथ के पास एक झील के किनारे उतरी। वह लड़की बेहद थक गयी थी और नयी दुनिया में आने के कारण कुछ घबरायी हुई भी थी। फिर भी, आसपास का दृश्य देखकर वह बड़ी खुश हुई। सुन्दर झील देखा तो उसकी नहाने की इच्छा हुई। एक चट्टान की आड़ में अपना अन्तरिक्ष-सूट रख कर वह झील में नहाने लगी। उसकी दुनिया में जलवायु तो लगभग हमारी दुनिया के जैसी ही थी, पर वहाँ का पानी यहाँ जैसा निर्मल और शीतल नहीं होता था। हवा में भी ऐसी बहार नहीं होती थी। इतने चटक रंग के सुन्दर सुगन्धित फूल भी उसने पहली ही बार देखे थे। नहा-धोकर वह तरोताज़ा हो गयी। उसे भूख भी लग आयी थी। भोजन की तलाश में वह आसपास भटकने लगी। उसने अन्तरिक्ष-सूट अपने कन्धे पर रख लिया था।

झील के पास ही पेड़ों के झुरमुट में एक बूढ़े साधु रहते थे। उनके पास बन्दर-बँदरिया का एक पालतू जोड़ा भी था। बूढ़े बाबा ने अपनी कुटी के सामने बड़ी सुन्दर और प्यारी-प्यारी एक छोटी लड़की को भटकते देखा तो उठ कर आये और उससे पूछने लगे—"बेटी कहाँ से आयी हो?" वह लड़की उनकी बोली तो नहीं समझी, पर बात समझ गयी। आकाश की ओर संकेत करके उसने कहा कि परलोक से आयी हूँ और भूखी हूँ। बूढ़े बाबा भी आकाश की ओर वाले उसके इशारे को तो नहीं समझे, पर भूख की बात

समझ गये। तुरन्त कुटी में से मीठे फल ले आये। लड़की खुशी से खाने लगी। बूढ़े बाबा ने उसके लिये तुरन्त अपनी गाय दुही और दूध ले आये। लड़की को बड़ा स्वाद-सुख मिला। बोली न समझने पर भी इशारों से खूब हँसाइयाँ हुईं। बाबा ने बन्दर-बँदरिया के खेल दिखला कर उसको खूब हँसाया। लड़की अब अपनी दुनिया, अपने घर जाने के लिए अन्तरिक्ष-सूट पहनने लगी। यह अजब पोशाक देख कर बाबा को बड़ी हैरानी हुई। उन्हें शायद यह अचरज लगा होगा कि यह जो अभी प्यारी-प्यारी लड़की जैसी लग रही थी, एकाएक बेदुम की विचित्र बँदरिया कैसे बन गयी!

उस 'बँदरिया' ने एकाएक अपने सूट में टँगे हुए, एक नन्हें से चक्के को घुमाया और सर्र से ऊपर उठ गयी। बाबाजी को अब लड़की के उस संकेत का सही अनुमान लगा, जो उसने अपने घर का पता बतलाने के लिए आकाश की ओर संकेत कर किया था। खैर!

लड़की पाँच-छह घण्टे के बाद अपनी दुनिया में पहुँच गयी। फिर तो उसे ऐसा चस्का लग गया कि हर छुट्टी के दिन वह बाबाजी के पास उड़ आती और मजे से झील में तैरती, नहाती, फल खाती और बन्दर-बँदरिया के तमाशे देख कर बाबाजी के साथ खूब हँसा करती थी। आते-जाते वह थोड़ी बहुत हिन्दी भी सीख गयी।

बन्दर उस लड़की को अपना अन्तरिक्ष-सूट उतारते, पहनते और नन्हा चक्का घुमा कर उड़ते हुए बराबर गौर से देखा करता था। एक दिन जब लड़की नहा रही थी और बाबाजी फल तोड़ने गये थे, बन्दर ने वह अन्तरिक्ष-सूट पहन लिया और चक्के को घुमाते ही उड़ने लगा। लड़की ने नहाते हुए देखा और बहुत घबरायी। बाबाजी ने भी देखा और परेशान होकर दौड़ते हुए आये। बन्दर आसमान में उड़-उड़ कर परेशान हो रहा था और दूसरे पंछियों को भी अपनी उल्टी-सीधी उड़ानों से परेशान कर रहा था। कभी चक्का घुमाते हुए ही सर्र से ऊपर जाता और फिर नीचे आता। कभी घबराहट में दूसरा चक्का घुमाता और उलट जाता। वह भी घबरा रहा था और घबराहट में दोनों चक्के घुमा कर परेशान भी हो रहा था। कभी सर्र से ऊपर कभी सर्र से नीचे, कभी खट से सीधा कभी पट से उल्टा!

लड़की को यह घबराहट थी कि अगर उसकी मशीनें बिगड़ गयीं तो वह अपने घर कैसे पहुँचेगी? वह रोने लगी। बाबाजी ने उसे दिलासा दिया और बन्दर को नीचे लाने की तरकीब करने लगे। उन्होंने बँदरिया के गले में रस्सी का फन्दा डालकर पेड़ की ऊँची डाल से बाँध दिया और उसे सड़ासड़ सण्टिया मारने लगे। बँदरिया जोर-जोर से 'चीं-चीं-चीं' चिल्लाने लगी। बन्दर उसकी आवाज़ सुन कर घबरा गया और उलटे-सीधे चक्के घुमा कर नीचे आने में सफल हुआ। मशीनों के कल-पुर्जे सौभाग्य से ठीक थे। बाबाजी ने लड़की के सूट में टँगे झोले में फल रख दिये और वह उड़ गयी।

उस दिन बन्दरलीला के कारण उसे घर पहुँचने में काफी देर हो गयी। उसके माँ-बाप ने जब पूछा, तब उसने सच-सच बतला दिया और अपने घरवालों को हमारी दुनिया के फल खिलाये। वे सब बड़े प्रसन्न हुए। अगली छुट्टी पड़ने पर वे अपनी बेटी के साथ बाबाजी से मिलने आये। अपने यहाँ के मेवे खिलाये। पर हमारे फल उनके मेवों से अधिक स्वादिष्ट थे। चलते समय लड़की के माता-पिता ने बाबाजी से कहा कि हमारी

दुनिया की सैर करने चलिये। वह उनके लिये एक अन्तरिक्ष-सूट भी अपने साथ लाये थे। परन्तु बाबाजी ने लड़की के द्वारा उसके पिता से कहा कि जब उनके भारत देश के बच्चे बड़े होकर ऐसा ही सूट ईजाद कर लेंगे, वह तभी आयेंगे।

बच्चों, बाबाजी के लिए ऐसा सूट बना दो।

(धर्मयुग, 17 अगस्त, 1978)

सोने का चूहा

एक गरीब लड़का अपने पड़ोस के एक धनी महाजन से रुपये उधार माँगने पहुँचा। सोचा, रुपये लेकर के किसी काम में लगाऊँगा।

वह लड़का जिस समय पहुँचा, उस समय महाजन अपने किसी कर्ज़दार को बुरी तरह से डाँट रहा था। वह मनुष्य महाजन से लिया कर्ज़ निश्चित समय में लौटा न सका था।

महाजन उससे कह रहा था—"तुम निकम्मे और आलसी हो, इसीलिए मेरे द्वारा दिये गये धन से कोई काम न कर सके। अगर कोई मेहनती और बुद्धिमान व्यक्ति होता तो यह सामने मरे पड़े हुए चूहे से भी कमाई करके दौलत की मीनार खड़ी कर सकता था।"

लड़के ने यह बात सुनी। महाजन से यह फटकार सुनने वाला आदमी जब चला गया तो उस लड़के ने विनयपूर्वक कहा—"सेठजी मैं आपसे यह मरा हुआ चूहा उधार माँगता हूँ, इसी को लेकर अपनी किस्मत आजमाऊँगा।"

महाजन ने पैनी नज़र से लड़के को देखा, फिर चूहा ले जाने की अनुमति दे दी।

लड़का चूहा लटकाये जा रहा था। एक भड़भूजे की बिल्ली बहुत भूखी थी, वह उस पर लपकी। भड़भूजे ने लड़के से वह मरा हुआ चूहा माँगा। लड़के ने सौदा किया, और चूहे के बदले चने लिये।

चने लेकर जंगल की राह पर पानी पिलाने वाली बुढ़िया के पास बैठ गया। लकड़ियों का बोझ लादे आते हुए थके-माँदे लकड़हारे वहाँ दम भर सुस्ताते और पानी पिया करते थे। अब उन्हें चने भी मिलने लगे। हर लकड़हारा बदले में एक-एक दो लकड़ियाँ उस बुढ़िया और लड़के को देता था। लड़का उन्हें बेच आता था। इस तरह कमाई होने लगी और वह क्रमशः पूँजी बढ़ाता रहा।

मेहनत करते-करते एक दिन वह गरीब लड़का लखपती बन गया और सेर भर सोने का चूहा बनवाकर उस महाजन को लौटाने के लिये गया।

अपनी सीख का यह सुप्रभाव देखकर महाजन बहुत प्रसन्न हुआ।

(1978)

पान की कहानी

ख़ैर और चूनम, दो अनाथ भाई थे। पुंगी ने दया विचार कर उन्हें अपने गुरुकुल में भरती कर लिया। पुंगी गुरु की एक कन्या थी—हरे-हरे चिकने पातों वाली नागवल्ली। वह लता-सी सुन्दर और पिता की बड़ी लाडली कन्या थी। ख़ैर-चूनम पढ़ने में तेज थे। गुरु उन्हें बहुत चाहते थे, इसलिए वे दोनों उन्हीं के घर रहने लगे। ख़ैर और नागवल्ली में प्रेम हो गया। पुंगी पण्डित ने यह भाँप लिया। बूढ़े हो गये थे। उन्होंने सोचा लड़का अच्छा है, समय शकुन—विचार कर उन्होंने ख़ैर और नागवल्ली का ब्याह कर दिया और अपनी पाठशाला भी ख़ैर को सौंप दी और संन्यासी होकर घर छोड़ चले। बेटी-दामाद और उसके भाई रोने लगे। पुंगी पण्डित ने कहा—"मैं तपस्या करके प्राण त्यागूँगा। मेरी चिता की राख इस खाली भूमि पर छिड़क देना, पुंगी फल का महावन प्रकट हो जायेगा।"

यही हुआ। ख़ैर पण्डित की पाठशाला के चारों ओर पुंगी वृक्षों से हरा-भरा घना जंगल उग आया। पुंगीफल बड़े मीठे दूधिया और लसदार थे। ख़ैर पण्डित और नागवल्ली भी एक-दूसरे को बहुत भाये। ख़ैर और नागवल्ली में इतना प्रेम बढ़ गया था कि एक-दूसरे में रमकर उन्हें सारी दुनिया ही बिसर गयी। इससे चूनम के दिल को बड़ी चोट लगी। उसने सोचा कि मैं भाई और भाभी के प्रेम-सुख में कँकड़ की तरह बुरा लगता हूँ। मुझे अब यह घर छोड़ देना चाहिए। इस तरह प्रेमी-युगल के प्रति ग़लतफ़हमी का शिकार होकर बेचारा चूनम दुखी मन से घर छोड़कर चला गया।

चूनम गोरा और ख़ैर साँवला था। हमारे राम-लक्ष्मण की जोड़ी की तरह ही इन दोनों भाइयों में भी बड़ा प्रेम था। दुख-ताप से दग्ध चूनम घर से बहुत दूर भाग जाना चाहता था, दुख के मारे बेचारे के नैनों से नीर बहता जाय और बावले-हठ की फुर्ती लिये कदम तेजी से आगे बढ़ते जायँ। चलते-चलते रात आ गयी। यों तो रात का अँधेरा भी शोकाकुल चूनम के पाँव नहीं थाम सकता था, पर दूसरी बाधा यह भी थी कि सामने गहरी नदी थी। वहाँ न नाव न और कोई साधन। दु:ख का मारा बेचारा चूनम रोता हुआ नदी से कुछ हटकर गुड़मुड़ी मारकर पड़ रहा। कुछ तो रात की ठण्डी-ठण्डी ओस और कुछ दु:ख की जड़ता-बस कुछ यों समझिये कि भगवान की माया—गोरा चूनम रात भर में जमकर पहाड़ बन गया।

अब इधर का हाल सुनिये कि ख़ैर पण्डित और उसकी पत्नी नागवल्ली ने जब यह देखा कि चूनमजी घर में नहीं हैं, तब उन्हें बड़ी चिन्ता हुई। इधर-उधर खोजा, पर चूनम जब खोजे न मिला, तब ख़ैर पण्डित विलाप करने लगे। रामचरितमानस के श्रीराम-समान ही ख़ैर पण्डित का हाल भी हो गया—'सुत बिन नारि; भवन परिवारा'। यह सब तो इस जगत में हर किसी को खोजने पर भी बार-बार मिल जाते हैं परन्तु; 'मिलयि न जगत

सहोदर भ्राता।' विलाप करते हुए ख़ैर पण्डित ने अपनी पत्नी से कहा कि मैं अपने भाई को खोजने जाता हूँ। मिलेगा तो चूनम को अपने साथ ही लेकर घर लौटूँगा, नहीं तो फिर वापस नहीं आऊँगा। बेचारी नागवल्ली क्या कहती, मन मारकर बैठ गयी और ख़ैर पण्डित अपने भाई की खोज में चल दिये।

चलते-चलते ख़ैर पण्डित भी वहीं पहुँच गये, जहाँ उनका भाई चूनम पहाड़ होकर पड़ा था। आगे नदी थी, जा नहीं सकते थे। चूनम के पहाड़ के पास ही खड़े होकर सोचने लगे कि क्या करूँ, क्या न करूँ! तभी पहाड़ से आवाज आयी कि भाई, मैं यहाँ हूँ। दुःख ने ही मेरी यह दशा कर रखी है। अब सब हाल सुना तो ख़ैर पण्डित बहुत दुःखी हुए, बोले—"भैया तुम्हें भ्रम हुआ। पत्नी मुझे बेहद प्यारी है, पर भाई का प्यार तो मेरे मन में असीम अन्तरिक्ष को लाँघकर भी आगे निकल जाता है। इसका प्रत्यक्ष प्रमाण भी मैं तुम्हें देता हूँ कि अगर तेरे लिए मेरा प्यार सच्चा है तो भगवान मुझे यहीं तेरे पास पेड़ बनाकर जमा दे, जिससे मैं तुझे छोड़कर और कहीं न जा सकूँ। ख़ैर पण्डित का प्रेम सच्चा था, इसलिए भगवान ने ख़ैर को पेड़ बनाकर चूनम के पहाड़ के पास खड़ा कर दिया।

कई दिन बीत गये। देवर की तलाश में गये हुए पति देवता जब न लौटे, तब नागवल्ली को चिन्ता होने लगी।

एक दिन बिरह-बावली होकर नागवल्ली भी घर से निकल पड़ी। बेचारी पुंगी पण्डित की आत्मा ने जब यह देखा, तब बेटी के लिए प्यार जागा। उनके तपोबल से पुंगीफल के पेड़ उसे रास्ता बतलाने के लिए अपने आप ही उगने लगे कि उनकी बेटी के लिए रास्ता छायादार हो जाय। साथ ही साथ वह बिना भटके उस जगह पर पहुँच जाये, जहाँ उसके पति और देवर पेड़ और पहाड़ बनकर खड़े थे। नागवल्ली जब वहाँ पहुँची तो नदी के किनारे ख़ैर के पेड़ का सहारा लेकर खड़ी हो गयी, सोचने लगी कि अब क्या करूँ?

तभी पुंगी पण्डित की आकाशवाणी हुई—"बेटी, जिस पेड़ के सहारे तू खड़ी है, वह तो तेरा पति है। उसके पास जो सफेद पर्वत है, वही तेरा देवर है।"

सुनते ही नागवल्ली, "हाय मेरे प्रियतम" कहती हुई पेड़ से लिपट गयी और भगवान की माया कि वह बेल बन गयी। उसके हरे-हरे पात निकल आये।

आकाशवाणी हुई कि तुम चारों अब इसी रूप में रहोगे। फिर राजा आयेगा, तब तुम चारों मिलकर एक हो जाओगे और तुम्हें बड़ा आदर-मान मिलेगा।

यही हुआ। राजा की सेना पुंगी वन से गुजरकर वहाँ पहुँची। राजा ने पुंगीफलों का स्वाद लिया, फिर चारों को मिलाकर चखा और बड़े प्रसन्न हुए। बस उसी दिन से पान, ख़ैर, चूनम और पुंगीफल को एक साथ खाने का चलन चल पड़ा।

(1981)

●

चोर बना कोतवाल

एक राजा के राज में एक सुनार था। वह अपना काम तो बहुत अच्छा जानता था, मगर काना था। इसलिए बेचारे को कोई काम ही नहीं देता था। वह भूखों मरने लगा।

भूख के मारे उसको चोरी की आदत लग गयी। वह बहुत बड़ा चोर बन गया।

अब तो राजा के राज में बड़ी चोरियाँ होने लगीं। सब लोग घबरा गये। राजा ने पुलिस से कहा—"चोर को पकड़ो।" मगर पुलिस चोर को न पकड़ सकी। बदला लेने के लिये चोर ने कोतवाल और मन्त्री के घरों में भी चोरियाँ कीं।

अब तो राजा भी घबराया।

उसने कहा—"यह चोर बड़ा चालाक है। इसकी परीक्षा लो।"

राजा की ओर से सब जगह लाउडस्पीकर से कहला दिया गया कि राजा के खज़ाने से जो नौलखे हार की चोरी करेगा और वह पुलिस की पकड़ाई में नहीं आयेगा तो राजा चोर को इनाम देगा।

राजा ने खज़ाने में बड़ी पुलिस बैठायी। मगर चोर उन सबको चकमा देकर नौलखा हार चुरा ले गया।

अब राजा ने कहा—"चोर मेरे दरबार में आये। मैं उसे इनाम दूँगा।"

चोर आया और राजा को उसका नौलखा हार दिया। मन्त्री और कोतवाल को भी उनका सामान लौटाया और राजा से कहा—"मैं सचमुच का चोर नहीं हूँ, भूख के मारे लाचार होकर चोर बना हूँ। मैं अच्छा सुनार हूँ। पर काना होने के कारण सब मुझे मनहूस समझते हैं, मुझे देखना भी नहीं चाहते। इसीलिये चोरी करने लगा। परन्तु मैंने जिस-जिस का माल चुराया है, वह अलग गठरी बाँध कर रख दिया है। केवल अपने और अपनी पत्नी के खाने के लिये हर चोरी से पाँच रुपये अपने लिये खर्चे हैं।"

राजा ने कहा—"अच्छा, तुम एक परीक्षा और दो तो तुम्हें और बड़ा इनाम दूँगा।"

चोर ने कहा—"अब क्या परीक्षा दूँ?"

राजा ने कहा—"मैं तुम्हें पाँच किलो सोना दूँगा। दरबार में यहीं बैठकर, सब के सामने उसकी मूर्ति बनाओ और उसे गायब कर दो तो तुम्हें बड़ा चालाक जानूँ।"

चोर ने कहा—"कल आऊँगा।"

रात में घर जाकर उसने एक पीतल की मूर्ति बनायी और झोले में छिपा कर दूसरे दिन दरबार में ले गया। वहाँ सोने की मूर्ति बनायी। फिर ऐसी चालाकी से उसे झोले में छिपा कर पीतल की मूर्ति निकाल कर चमका दी कि राजा समझ न सके।

उसने जब अपनी चालाकी बतलायी तो राजा बहुत खुश हुआ। कहा—"तुमको कोतवाल बनाता हूँ। अब मेरे राज में चोरी नहीं होगी।"

इस तरह चोर को काम मिल गया। उसने ईमानदारी से सबका माल लौटा दिया।

वह इतनी होशियारी से कोतवाल का काम करने लगा कि राजा के राज में फिर कोई चोर टिकने न पाया। राजा भी खुश, प्रजा भी खुश और नया कोतवाल भी खुशी-खुशी रहने लगा। कहानी खत्म।

(जून, 1982)

एक पत्ता, जो जासूस नहीं था

मारे गये एक शिकार के फेर में दो चीलें आपस में गुत्थम-गुत्था होकर एक ढाक के पेड़ पर गिरीं। वे क्षण-भर में ही फिर लड़ने लगीं। उनकी लड़ाई में ढाक के कई पत्ते टूटकर गिरे, पत्तों में कई पुराने और कुछ हरे भी थे। उनमें एक पत्ता था ताजा, बड़ा और कोमल। बेचारे ने अभी हाल ही में अपनी जवानी के दिन देखे थे।

खैर, लू-बवण्डर के दिन थे, वह चक्कर खाता, उड़ता-नाचता ही चला गया। उड़ते-उड़ते पत्ता एक मन्त्री की कोठी के भीतर वाले बरामदे में जा गिरा। चलो, कुछ तो साँस मिली। तभी एक नौकर भीतर से आया और बरामदे का पर्दा गिरा गया। बरामदे में कुछ ठण्डक भी आयी और पत्ता लू के सीधे झोंकों के टकराव से भी बचा।

गर्म हवा का झोंका जब कभी जोर-जोर से आता, पत्ता सरक कर आगे बढ़ जाता। सरकते-सरकते कमरे के दरवाजे के पास पहुँच गया। एक दासी ट्रे में शरबत के गिलास और कटे खरबूजों की प्लेटें लिये आयी। उसने कमरे का दरवाज़ा खोला। जाने कैसे, झोंक में पत्ता भी भीतर चला गया।

वाह! बड़ा आलीशान कमरा है...!! जंगल का वह बेचारा पत्ता यह शहरी ठाठ-बाट देख कर सहम-सा गया और ईरानी कालीन से चिपका पड़ा टुकुर-टुकुर देखता रहा। सोफे पर एक जौहरी और मन्त्रीजी की पत्नी बैठी थी। दासी शरबत और खरबूजे की प्लेटें रखने लगी। मन्त्रीजी की पत्नी गुस्सायी। चीख कर बोली—''मन्त्रीजी के हिंयान काम करे वाली का सहूर ऐसा ही होत है क्या? देखत नहीं हो कि हिंया मोतियन के हार फैले हैं? दूसरी तिपाई पे लायके रखो।''

दासी को डाँटकर मन्त्री की पत्नी जौहरी से बोली—''ई क्या छोटे-छोटे दिखउत होगे। बरे-बरे मोतिन की माला दिखाओ।''

जौहरी बोला—''देवीजी, जब आप ब्याह कर आयी थीं, तब आपके पति ने मेरी दुकान से नकली मोतियों की माला खरीदी थी।''

''हाँ-हाँ, तब हमारे मन्तरीजी बिचारे मामूली उकील रहे।'' मन्त्री की पत्नी बोली।

जौहरी ने कहा—''फिर उन्होंने आपके लिए असली मोतियों की माला खरीदी।''

''हाँ, जब इलक्सन में जीते रहे। इलक्सन में जो रुपया पारटी का बचा, सो असली मोती खरीदे और अब तो हमारे वो बाणिज मन्तरी हैं। अब हम बड़े मोतिन की माला पहिरेंगे कि जिससे दूसरी औरतैं दूर से देख-देख के जलैं।'' मन्त्री-पत्नी की ठसक देख कर पत्ते को बड़ा गुस्सा आया। सोचने लगा कि मेरे भी मनुष्यों की तरह यदि हाथ-पैर होते तो अभी उठकर एक झापड़ मारता। घमण्डिन अपने बुरे दिन भूल गयी और अब दूसरों का जी जला कर प्रसन्न होना चाहती है!

भगवान की कुछ ऐसी मरजी हुई कि नौकरानी के पैर से ठोकर खाकर पत्ता उछला और कूलर की ठण्डी हवा के झोंके में बरबस उड़ता हुआ आकर मन्त्री-पत्नी के मुँह से चिपक गया।

''ऊँह! ये धूल-भरा पत्ता मरा कहाँ से आ गया? नौकरानी, इसे फौरन बाहर फेंको।'' मन्त्री-पत्नी के हुकुम से बेचारा पत्ता बगीचे के लान पर फेंक दिया गया।

लू उसे फिर उड़ा ले चली। इस बार पत्ता एक सन्त्री के घर गिरा। सन्त्री कोई मामूली सन्त्री नहीं, नायब दारोगा था। दारोगाजी नायब पद पाकर एक गरीब विधवा की लड़की से शादी करना चाहते थे। दारोगाजी का चलन खराब देख कर विधवा ने यह रिश्ता मना कर दिया। एक-दूसरे अच्छे वर से सगाई कर दी।

दारोगाजी को बड़ा गुस्सा आया। विधवा को धमकी भेजी कि तुम्हारी लड़की को उड़वा कर उसके नाक-कान कटवा दूँगा।

बेचारी विधवा अब बहुत घबरायी। पड़ोस के एक डाक्टर साहब के यहाँ अपना दुखड़ा रोने गयी। दयालु डाक्टर ने कहा—''पुलिस कप्तान मेरे मित्र हैं। मैं पुलिस का प्रबन्ध कर दूँगा। तुम शादी की तैयारी करो।''

फिर उसी दिन, जिस समय दारोगाजी अपने गुण्डों के साथ विधवा की लड़की को उड़वाने का षड्यन्त्र कर रहे थे, वह पत्ता भी वहीं दारोगाजी के कमरे में था। पत्ता सोच रहा था कि हे भगवान! यह कैसा नीच आदमी है! सरकार ने इसे रक्षक बनाया और यह भक्षक बन गया है। प्रभु इसे दण्ड दो। तभी दारोगा की दृष्टि पत्ते पर पड़ी। नौकर से कहा—''यह पत्ता यहाँ क्यों पड़ा है? बाहर फेंको।''

पत्ता बाहर फेंका गया और उसके दस मिनट के बाद ही दारोगाजी और उसके गुण्डे साथी पकड़े गये।

पत्ता गली में पड़ा-पड़ा अपने भाग्य और दुनिया की दशा पर विचार कर ही रहा था कि रात में भी लू चलने लगी। बेचारे दिन-भर के थके मुरझाये पत्ते को फिर उड़ना पड़ा।

इस बार पत्ता उड़ कर एक तन्त्री के यहाँ पहुँचा। वह तन्त्री या तान्त्रिक, एक सूने मन्दिर में एक निपूती सेठानी को माता बनाने के लिए दो बरस के एक बच्चे की बलि देने को था। यह बच्चा, सेठानी कहीं से लायी थी। उसे बेहोश करके लिटा दिया गया था और तन्त्री शराब पी-पीकर मन्त्र जपते हुए, आग में घी छोड़कर 'स्वाहा-स्वाहा' कर रहा था। सेठानी कहती थी—''महाराज, जल्दी से बच्चे की बलि चढ़ाओ, कहीं कोई आ न जाये।''

तन्त्री नशे में गरजा, ''सेठानी, खाण्डा तब चलाऊँगा, जब तू मुझे हजार रुपये नकद देगी।''

सेठानी अपना सोने का हार उतार कर देने लगी। तभी बलि दिये जाने वाले बच्चे की माँ पुलिस को लेकर आ गयी। माँ ने झट से बच्चे को उठा लिया। पुलिस ने सेठानी और तन्त्री को गिरफ्तार कर लिया। पर सेठानी गिडगिड़ाकर दारोगा से बोली—''तुम मेरे सब गहने ले लो और मुझे छोड़ दो।''

दारोगा ने सेठानी से रिश्वत लेकर उसे छोड़ दिया।

पत्ते को क्रोध आया। वह उड़ कर दारोगा के मुँह पर पड़ा। उसमें चिपकी धूल दारोगा की आँखों में जा पड़ी। दारोगा पत्ते को झटक कर फेंकते हुए बोला—''इसे बाहर फेंको।''

पत्ता फेंके जाने पर उड़ने लगा। वह सोच रहा था कि क्या दुनिया में सब बेईमान हो गये हैं और मेरा अपमान कर रहे हैं?

उड़ते-उड़ते पत्ता एक बुढ़िया के यहाँ जा पहुँचा। ग़रीबी में उस बेचारी के घर के बर्तन तक बिक गये थे। वह बरसों के बाद घर आये अपने कमासुत बेटे को हाथ में ही नमक-रोटी दे रही थी। सोच रही थी—भगवान, तूने मुझे इतना ग़रीब क्यों बनाया कि मैं अपने बेटे को थाली में खाना तक नहीं परोस सकती?

तभी उसने पत्ते को देखा, खुश हुई कहा—''भगवान तुम धन्य हो। यह पत्ता भेज दिया।'' उसने पत्ते को उठाया, धोया और उस पर रोटी रख कर बेटे को दी।

दिन-भर के दुर्भाग्यपूर्ण अनुभवों के बाद पत्ते को लगा कि उसे अपनी सार्थकता मिली है, सच्चा प्यार मिला है, ग़रीब ही मुझे चाहते हैं।

(पराग, अक्तूबर, 1983)

सतखण्डी हवेली का मालिक

बहुत पुराने समय की बात है। एक नगर में एक बहुत बड़ा जौहरी रहता था। उसका नाम मानिकचन्द था।

छप्पन कोटि की सम्पदा, सतखण्डी हवेली का मालिक ऐसे ठाठ से रहता था कि राजा की लक्ष्मी भी उसके वैभव के आगे फीकी पड़ जाती थी लेकिन; समय का फेर और भाग्य का लिखा भला कौन मिटाये। मानिकचन्द को व्यापार में ऐसा घाटा हुआ कि देखते ही देखते लाख का घर खाक में मिल गया। बुरे दिन आये तो मानिकचन्द की घरवाली भी बीमार पड़ी और प्रभु को प्यारी हो गयी। घर में केवल एक सोलह वर्ष का लड़का अमीचन्द और मानिकचन्द ही बच रहे। एक तो धन जाने का गम, दूसरे पत्नी का वियोग; सेठ मानिकचन्द दुख के मारे खाट से लग गये। स्वाभिमानी ऐसे थे कि किसी दोस्त से कानी-कौड़ी भी उधार न ली। रोग में घुलते-घुलते एक दिन मरन किनारे आ लगे। जब अन्तकाल आया, तब मानिकचन्द ने अपने बेटे अमीचन्द से कहा- "तुम्हें भगवान के भरोसे सौंपता हूँ। एक बात का ध्यान रखना कि इस नगर को छोड़कर किसी दूसरे नगर में काम शुरू करना क्योंकि; यहाँ तुम्हें नये सिरे से उठने में बड़ी बाधाएँ आयेंगी, और यह भी ध्यान रखना कि नौकरी उसी सेठ की करना, जिसकी सतखण्डी हवेली हो।"

मानिकचन्द जब स्वर्ग सिधार गये, तब उनके क्रिया-कर्म से निपट कर अमीचन्द ने पिता की आज्ञानुसार अपना नगर छोड़ दिया। कई नगर घूमा, पर उसे कहीं सतखण्डी हवेली न दिखायी पड़ी। अमीचन्द निराश हो गया। एक दिन वह एक जौहरी की दुकान के आगे से गुजर रहा था। उसने देखा कि जौहरी सेठ को एक व्यापारी एक अठपहलू कटा हुआ हीरा दिखला रहा है। व्यापारी हीरे की बड़ी-बड़ी तारीफें कर रहा है और जौहरी सेठ भी उससे कह रहे हैं-"आपका यह हीरा बहुत अच्छा है लेकिन; मैं इसके एक लाख रुपये से ज्यादा न दूँगा।"

व्यापारी मुँह बनाकर बोला-"सेठजी, इतने नायाब हीरे के केवल एक लाख! मैं नहीं बेचूँगा।" यह कहकर उसने सेठ के हाथ से हीरा ले लिया।

सेठ ने उसके दाम और बढ़ा दिये। अमीचन्द खड़ा था, हाथ जोड़कर बोला- "महाराज, मैं ग़रीब आदमी हूँ, पर जौहरी का बेटा हूँ। आपके इस हीरे को देखकर मेरे मन में भी यह चाव आया है कि इसे एक बार निकट से देखूँ। क्या मुझे यह हीरा दिखलायेंगे?"

व्यापारी ने वह हीरा उसे दिखलाया। पास ही में जल भरा लोटा रखा था। अमीचन्द ने हीरा हाथ में लेकर उसे चट से जल भरे लोटे में डाल दिया। घबरा कर व्यापारी 'हाय-हाय' करने लगा। अमीचन्द बोला-"झूठ-मूठ की हाय-हाय क्यों करते हो? मिसरी का हीरा बनाकर लाये और सेठजी से दो लाख रुपये ठग रहे थे! तुम नीच हो।"

तब जौहरी सेठ भी आश्चर्य से अमीचन्द का मुँह देखने लगा। इधर वह मिसरी का हीरा पानी में घुल गया। जाल-साज व्यापारी दुकान से उठकर भाग गया। जौहरी सेठ ने अमीचन्द से कहा, "बेटा, तुमने आज एक ठग से मुझे बचा लिया, क्या मेरे यहाँ नौकरी करोगे?"

अमीचन्द ने एक बार देखा। सेठ की हवेली पँचखण्डी थी, सतखण्डी नहीं। फिर भी उसने सोचा कि पिता के आदेशानुसार इतने नगर तो घूम लिये लेकिन; कहीं सतखण्डी हवेली नहीं मिली। चलो, इसके यहाँ नौकरी कर लें। सो अमीचन्द ने सेठ से हामी भर ली और उनके यहाँ काम करने लगा।

अमीचन्द के मालिक उसके काम से बहुत सन्तुष्ट थे। रत्नों की परख में वह नवयुवक अपनी पैनी और बारीक दृष्टि से ऐसे कमाल दिखला जाता था कि उसके अनुभवी मालिक को भी कभी-कभी आश्चर्य प्रकट करना पड़ता था! एक बार नगर के व्यापारियों का एक दल विदेशों में यहाँ का माल बेचने और वहाँ का खरीदने के लिए जा रहा था। ऐसे व्यापारी दलों को 'सार्थ' कहते थे। इनमें बड़े-बड़े अनुभवी मुनीम और कुशल कारिन्दे भेजे जाते थे। शिक्षा की दृष्टि से व्यापारियों के नौजवान बेटे भी उनके साथ जाया करते थे। पँचखण्डी हवेली वाले जौहरी सेठ के चूँकि कोई बेटा न था और उसके मुनीम, तथा कारिन्दों में सबसे छोटा होते हुए भी अमीचन्द से चतुर और कोई न था, इसलिए सेठजी ने उसे ही 'साथ' में भेजा।

जहाज चला। दस-पन्द्रह दिनों की यात्रा के बाद जहाज एक द्वीप के पास पहुँचा। यहाँ यात्री कुछ घण्टों के लिए ठहरा करते थे। आगे के सफर के लिए यहाँ जहाज के मटकों में पीने के लिए ताज़ा पानी भरा जाता था। समुद्र किनारे एक छोटा-सा बाजार था, जिसमें यात्री दिन भर घूमते, आराम करते, खाते-पीते और शाम को अपनी समुद्री यात्रा के लिए फिर चल पड़ते थे। अमीचन्द भी दूसरे यात्रियों के साथ उस द्वीप पर उतरा। दूसरे यात्री तो कई बार यात्रा पर आ चुके थे लेकिन; अमीचन्द पहली बार आया था। वह बाजार में न ठहरा बल्कि; घूम-घूमकर द्वीप की सैर करने लगा। द्वीप बहुत सुन्दर था, पर वहाँ आबादी अधिक न थी। पच्चीस-पचास बजारिये थे और वह भी कोई बड़े व्यापारी नहीं, खाने-पीने का सामान और ऐसी ही कुछ छुट-पुट चीजों का यहाँ व्यापार करते थे। गाय, ढोर पालने वालों की तो यह हालत थी कि 'ओनामासी धम, बाप पढ़े न हम।'

युवा अमीचन्द घूमते-घूमते द्वीप के एक ऐसे हिस्से में गया, जहाँ अब तक कोई पहुँचा ही नहीं था। वह देखकर दंग रह गया—समुद्र के किनारे अनगढ़ पत्थरों का सा एक पहाड़ खड़ा था, जिस पर काई की पर्त चढ़ गई थी! उस पहाड़ के नीचे ज़मीन पर अमीचन्द की दृष्टि पड़ी तो देखा कि यह तो सीपें हैं। उत्सुकतावश एक सीप खोली—छोटे मोतीचूर के लड्डू जैसे बड़े-बड़े मोती देखकर अमीचन्द की आँखें फट गयीं। पुराने जमाने के भावों को देखते हुए भी एक-एक मोती दस हजार रुपयों से कम न था। अमीचन्द ने सीपियों के पहाड़ की ओर दृष्टि डाली तो सोचा, कम से कम डेढ़-दो अरब रुपयों की कीमत के मोती यहाँ लावारिस पड़े हैं। बस उसके मन में चट-पट एक तरकीब सूझ गयी। वह जहाज पर आया और उसने कप्तान से कहा—"भाई मुझे तो यह द्वीप बहुत ही पसन्द आ गया है और दूध बेचने वाली यहाँ की एक लड़की से मेरा प्रेम हो गया है, इसलिए मैं तो अब फारस देश नहीं जाऊँगा। यहीं पड़ा-पड़ा दूध-दही खाऊँगा और मजे

से प्रेम करूँगा। तुम लौटते हुए मुझे अपने साथ ले लेना।''

कप्तान समझाने लगा–''अरे नादान, जिस मालिक का नमक खाता है, कम से कम उसके कर्तव्य का तो पालन कर।''

अमीचन्द बोला–''अरे कप्तान साहब, जवानी चार दिन की है अभी मौज कर लूँ। फिर बुढ़ापे में कर्तव्य पालन कर लूँगा।''

दूसरे व्यापारियों के मुनीम-कारिन्दे उसका मजाक उड़ाने लगे और निन्दा भी करने लगे कि पँचखण्डी वाले जौहरी सेठ ने ऐसे अनुभवहीन नौकर को भेज कर भयंकर भूल की है।

सेठ के यहाँ से लाया गया जो थोड़ा-बहुत माल जहाज पर था, वह उसने कप्तान को सँभलवा दिया और द्वीप में ही रुक गया। उसने दूधवालों से कहा कि अपने गाय और ढोरों का गोबर मुझे बेच दिया करो। ये जो पहाड़ के अनगढ़ पत्थर (सीपें) यहाँ पड़े हैं, उन्हें गोबर में लपेट-लपेट कर एक-एक कण्डा बनाते चलो। मैं तुम्हें मजदूरी के पैसे दूँगा।

दूधवालों और उस द्वीप के बजारियों ने यह समझा कि अमीचन्द पागल हो गया है, मगर वह किसी ऐसी बात का जवाब नहीं देता था। करते-करते छह महीनों में उसने लाखों कण्डे बनवा लिये। जितनी सीपें थीं, सब कण्डों में छुप गयीं। दूसरे देशों से जहाज जब लौटा, बड़े-बड़े और अनोखे माल लेकर सभी देसावर से लौटे थे। सबने कहा कि अमीचन्द अब तो चलो कि दूध वाली से प्रेम करते यहीं अपना जन्म बिताओगे।

अमीचन्द बोला–''नहीं भाई, अब तो प्रेम करते-करते मेरा जी अघा गया है, इसलिए घर चलूँगा लेकिन; कप्तान साहब ये कण्डे भी मेरे साथ चलेंगे।''

सब लोग मज़ाक उड़ाने लगे कि भला ये गोबर के कण्डे भी कोई ले जाने की वस्तु है। मगर अमीचन्द अड़ गया, उसने कहा कि कण्डे जायेंगे, इनका महसूल अलग से दूँगा।

कप्तान ने कहा–''नगद महसूल लूँगा।''

अमीचन्द ने नगद भुगतान कर दिया। रास्ते भर दूसरे मालिकों के नौकर यह बतलाते रहे कि हम ये नयी चीज लाये हैं या सेठ का माल बेचकर इतना मुनाफा कमा कर लाये हैं। फिर लोग हँसे और बोले कि अमीचन्द से सेठ पूछेगा कि तुम क्या लाये? तो ये कहेगा कण्डे लाये हैं।

एक दिन मजाक करने के लिए एक सेठ के मुनीम ने कहा–''भाई मुझे रोटी पकानी है, लाओ दो कण्डे दे दो।''

अमीचन्द बोला–''दे दूँगा, मगर पहले तुम यह रसीद लिख दो कि मैंने पच्चीस-पच्चीस हजार के दो कण्डे अमीचन्द से लिये हैं, उनके दाम मेरे सेठ से वसूल कर लिये जायें।''

यह सुनकर जहाज भर के लोग हँस पड़े, ''अमीचन्द जरूर पागल हो गया है, जो कि कानी कौड़ी मोल बिकने वाले कण्डों के पच्चीस-पच्चीस हजार रुपये माँग रहा है।''

किसी ने हँसकर कहा कि लिख दो भाई, लिख दो, अमीचन्द के पागलपन का एक लिखित सबूत भी नगरवालों के सामने आ जायेगा।

जहाज नगर के बन्दरगाह पर पहुँचा। सबने अपने-अपने सेठों को कहलाया कि माल ले जाने के लिए एक या दो छकड़े भेज दो लेकिन; अमीचन्द ने चार छकड़े मँगवाये। उस समय का यह कायदा था कि विदेशों से आये माल को छकड़ों पर सजा-सजाकर उनका जुलूस बाजार से निकाला जाता था। उसे देखने के लिए नगर भर की भीड़ इकट्ठा हुआ करती थी। यह दो खण्डों वाले व्यापारियों के द्वारा लाया गया माल है, यह तीन खण्ड, चार खण्ड वाली हवेलियों के व्यापारियों का माल है। सोना-चाँदी और तरह-तरह के सामान छकड़ों पर लदे हैं। उन्हें देखकर लोग 'वाह-वाह' कर रहे हैं। अन्त में नगर की सबसे बड़ी पँचखण्डी हवेली के छकड़े जुलूस से गुजरे। छकड़े तो चार थे, मगर सब पर कण्डे लदे हुए। शहर भर में पँचखण्डी हवेली के सेठ की हँसी उड़ायी जाने लगी। शहर भर में अमीचन्द की मूर्खता और लापरवाही के किस्से फैलने लगे। सेठ ने भी सुना और वह बहुत क्रोधित हुआ। छकड़े पँचखण्डी हवेली के द्वार पर पहुँचे। अमीचन्द ने जाकर सेठ के पैर छुए और कहा-"माल लाया हूँ एक बार देख लीजिये।"

सेठजी गुस्सा हो गये। उन्होंने अमीचन्द के गाल पर एक तमाचा मारा और कहा-"नालायक, तूने मेरी इज़्ज़त ले ली। मैंने तुम्हें चतुर समझकर भेजा था, पर तूने तो मेरी जग हँसायी करा दी।"

अमीचन्द हाथ जोड़कर बोला-"अब जो हुआ सो हुआ, पर आप फलाने सेठ के यहाँ से ये पावती पर्ची भेजकर पचास हजार रुपये मँगा लीजिये।"

सेठ बोले, "किस बात के मँगवा लूँ?"

अमीचन्द बोला-"उसने दो कण्डे मुझसे खरीदे थे, सो उससे यह रसीद लिखवायी थी। आप पचास हजार रुपये मँगायें तो अभी आपकी बदनामी, नेकनामी में बदल जायेगी।"

पहले तो सेठजी बहुत क्रोधित हुए। परन्तु सेठानी अधिक समझदार थी, वह छहखण्ड की हवेली के मालिक की बेटी थी। उसने अपने पति से कहा-"पहले इन कण्डों को समझ तो लीजिये, तब नाराज होइये।"

सेठानी ने अमीचन्द से कहा-"हाँ बेटा, अब बतलाओ कि इन कण्डों में क्या खास बात है?"

तब अमीचन्द ने कहा-"हाँ माताजी, अब आपने हमसे कायदे की बात पूछी है। यह देखिये, एक-एक कण्डे में एक-एक मोती दबा हुआ है।"

मोती देखकर सेठजी की आँखें चौंधिया गयीं। उन्होंने लपककर अमीचन्द को कलेजे से लगा लिया और कहा कि-"बेटा, मुझे क्षमा कर दे, मैं तेरी चतुराई को पहचान नहीं पाया। तू तो इन मोतियों से भी अधिक मूल्यवान है।"

अमीचन्द बोला-"मैं अब आपके यहाँ नहीं रहूँगा। पिताजी ने सच कहा था कि सतखण्डी हवेली वाले के यहाँ नौकरी करना। जिस व्यापारी की जितनी ऊँची बुद्धि होती है, उतना ही उसका बाहरी वैभव भी ऊँचाइयों पर नजर आता है। आप पँचखण्डी के मालिक हैं, इसलिए मेरे कण्डे लाने का मतलब न समझ कर गुस्सा हुए। माताजी छहखण्डी वाले की बेटी हैं, इसलिए उन्होंने आपसे यह कहा कि पहले कण्डों की खासियत पूछो। अगर मैं ये कण्डे बनाकर न लाता तो ये शहर के सारे व्यापारी मुझे लूट

लेते। मेरे पिताजी सतखण्डी हवेली वाले थे। मुझे यह चतुराई उन्होंने ही सिखलायी थी। अब मैं जाता हूँ।''

सेठ-सेठानी, अमीचन्द के पैरों पड़ गये और कहा कि हमारी इकलौती बेटी से विवाह करके तुम हमारे जमाई बनो।

अमीचन्द बोला-''जमाई तब बनूँगा, जब आप वह द्वीप खरीद लेंगे, जिससे और कोई उस द्वीप के मोतियों का मालिक न बन सके।''

सेठजी ने तुरन्त राजा से वह द्वीप खरीदा, अपनी लड़की का विवाह अमीचन्द से किया और सारे शहर में उसकी बुद्धि के दमदमे बजने लगे।

राम करे जैसे उसके सुख-सौभाग्य के दिन लौटे, वैसे अच्छे दिन सब के फिरें।

(**सारिका**, लोककथा विशेषांक-2)
वर्ष-24, अंक-365, सितम्बर, 1984

भागते भूतों की कहानी

एक राजा था। बड़ा ही प्रजापालक, दानी और न्यायप्रिय। उसको नयी-नयी इमारतें बनवाने का शौक बहुत था। एक बार राजा ने अपने लिये अनोखा महल बनवाने का विचार किया। एक बड़ा-सा तालाब खुदवा कर बीच में संगमरमर का महल बनवाया, तालाब में लबालब पानी भरा था। घाट भी बड़े सुन्दर थे, जिनके चारों तरफ संगमरमर की बुर्जियाँ शोभायमान थीं।

उस राजा के राज्य में जो भी परदेसी आता तो राजा उससे यही पूछता कि क्या तुम्हारे राज्य में ऐसा महल है? तब लोग जब कहते कि नहीं महाराज, ऐसा सुन्दर महल तो हमने आज तक कहीं देखा ही नहीं। राजा तब बहुत खुश हो जाता। अब चारों तरफ नये महल की धूम मच गयी तो राजा ने कहा कि अब पण्डितों से मुहूर्त सुझवा कर शुभ शकुन-साइत में नये महल में रहा जाये। सो राजा ने मुहूर्त सुझवाया। बड़े-बड़े पण्डित बुलवाये गये, यज्ञ हुआ, पूजा-पाठ हुआ, दीन-दुखियों को भर पेट भोजन दिया गया और चारों ओर राजा की जय-जयकार होने लगी। राजा ने आदेश दिया कि जैसा सुन्दर मेरा महल है, वैसा ही उसे सजाना भी चाहिए। हुक्म की देर थी कि ईरान के गलीचे, चीन के नक्काशीदार बर्तन और विलायत के कीमती से कीमती झाड़-फानूस मँगाये गये। यह सब सामान नये महल में अच्छी तरह से सजा दिया गया। सजावट देखकर सब यही कहते कि अब तो राजा इन्द्र का महल भी इसके आगे फीका लगेगा।

संयोग की बात कि उसी रात कैलास पर्वत से भागी हुई भूतों की एक टोली महल के ऊपर से गुजरी। भूतों के मुखिया ने इतना सुन्दर महल देखा, वह भी सुनसान में तो बहुत खुश हुआ। भूतों को सन्नाटे की जगह बहुत पसन्द आती है, इसलिये मुखिया के हुक्म से वे सब वहीं उतर पड़े। अच्छी जगह, बहुमूल्य सजावट और खाने-पीने का बहुत बड़ा भण्डार देखकर भूतों को बड़ा आनन्द आया। रात भर वहाँ सब धमा-चौकड़ी मचाते रहे।

सबेरे सूरज निकलते ही भूतों की ताकत कम हो जाती है। इसलिये वे कोने में निर्बल और निस्तेज होकर दिन भर छिपे पड़े रहे। संयोग की बात कि उसी दिन सबेरे राजा अपनी रानियों और राजकुमारों के साथ उस महल में रहने के लिए आये। बड़ी धूम-धाम हुई। दिन भर गाना-बजाना, खाना-पीना आदि राग-रंग चलते रहे। भूतों को बहुत क्रोध आया कि राजा ने हमारी जगह छीन ली है, मगर दिन भर में वह बोल नहीं सकते थे। रात हुई। राजा, रानियाँ, नौकर और बाँदियाँ, जब सब सो गये, तब भूत-मण्डली एक जगह जमा हो गई। उनमें यह विचार होने लगा कि अब कहाँ चला जाय? भूतों का मुखिया अपनी नकसुरी आवाज़ में बोला-''हम कहीं नहीं जायेंगे। यह महल तालाब के बीच में है। इसलिए जो भी कैलास पर्वत से हमें पकड़ने आयेंगे, उन्हें यहाँ का पता नहीं चलेगा। ऐसा करो कि राजा-रानी, नौकर-बाँदी, सबको पलँग समेत उठाकर तालाब में फेंक दो। यहाँ हम ही रहेंगे।''

भूतों के इस निश्चय से महल में हाहाकर मच गया। रानियों समेत राजा और डेढ़-दो सौ लोगों को सोते समय ही भूतों ने पानी में फेंक दिया। बड़ा शोर-शराबा हुआ, मशालें जलीं, 'बचाओ-बचाओ' की आवाज़ें चारों तरफ से सुनायी देने लगीं। 'राम-राम' करके किसी तरह राजा, रानी और सब लोग बचाये गये। भाग कर सब लोग फिर अपने पुराने महलों में लौट आये। कई रानियों को डर और ठण्डे पानी के कारण बुखार चढ़ गया। राजा भी बहुत परेशान कि यह कौन-सी आफ़त आ गयी। उसने लाखों रुपया खर्च करके इतना सुन्दर महल बनवाया; परन्तु वहाँ रह न सका, इसका कारण क्या है? बड़े-बड़े पण्डित आये, ज्योतिषी आये, बाबा-बैरागी आये। सबने विचार किया, फिर एक साधु बोला कि यह शिवजी के भूतों की भागी हुई मण्डली है। इसको कोई नहीं निकाल सकेगा।

फिर भी दक्षिणा के लालच में कुछ पण्डितों ने कहा कि हम अपनी मन्त्र-तन्त्र की शक्तियों से भूतों को भगा देंगे। पण्डितों के कहे मुताबिक पूजा-पाठ के लिए ढेर सारी सामग्री मँगाई गयी, पण्डित लोग महल में गये, पूजा की और महल के चारों ओर अभिमन्त्रित कीलें गाड़ी, फिर कहा-"अब यहाँ भूत तो भूत, स्वयं यहाँ भूतनाथ भी आने की हिम्मत न करेंगे। राजा से कहो कि अपने महल में आकर सोयें।" परन्तु मन्त्री ने कहा-"अभी मैं राज-परिवार को यहाँ लाने का जोखिम नहीं उठाऊँगा। पहले दो-चार दिन तुम्हीं लोग रहकर बताओ कि सब ठीक-ठाक है, तब हम राजा को बुलायेंगे।"

परन्तु पण्डितों की पूजा-पाठ बिल्कुल निकम्मी साबित हुई। रात के समय जब भूतों में जोर आया, तब उन्होंने उन सब पण्डितों को भी उठा-उठाकर फेंकना शुरू कर दिया। किसी पण्डित की चोटी पकड़कर उसे उड़ाते हुए आकाश में ले गये और वहीं से 'धम्म!' से धरती पर पटक दिया। कोई पण्डित दल-दल में गिरा, किसी की हड्डी-पसली टूटी; सभी हाय-हाय करते वहाँ से भागे।

पण्डितों की पराजय से राजा बहुत दुखी हुआ। उसने चारों ओर ढिंढोरा पिटवाया कि जो मेरे महल से भूतों को निकाल देगा, उसे पचास लाख रुपये इनाम में दूँगा।

रुपयों के लालच में इस बार बड़े-बड़े मौलवी, मुल्ले और ओझे-सयाने आये। मगर भूतों ने उनकी भी बुरी दुर्गत कर डाली। वे भी भाग गये। अब राजा बहुत दुखी हुआ। उसे इस बात का बहुत दुख था कि ऐसे सुन्दर और बहुमूल्य महल में वह रह नहीं सकता। राजा को समझाते हुए मन्त्री ने कहा-"सरकार, अब उस धन को कृष्णार्पण कर दीजिए और भूल जाइये।"

परन्तु राजा भी जिद पर चढ़ गया था। उसने कहा-"यह नहीं होगा। मन्त्री, तुम देश-देश में ढिंढोरा पिटवा दो कि जो व्यक्ति इस महल से भूतों को निकाल देगा, उससे राजा अपनी राजकुमारी का विवाह कर आधा राज-पाट सौंप देंगे।"

ढिंढोरा पिटा-खल्क ख़ुदा का, मुलक हिन्दुस्तान का, हुक्म राजा बहादुर का कि जो कोई भूतों को निकाल देगा वह राजकुमारी का पति बन जायेगा।

परन्तु कोई न आया। चारों तरफ यह खबर फैल गयी थी कि शिवजी के भूत हैं, उनको कोई निकाल नहीं सकता। जिसको जान देनी हो, वही जाये। महीनों बीत गये, फिर भी कोई नहीं आया। बेचारा राजा बहुत उदास रहता, मगर वह क्या कर सकता था।

बुढ़ापे की उनकी एक औलाद थी और बूढ़ी विधवा पत्नी। गरीबी की मार से दुखी होकर माँ-बेटे अपना जीवन जैसे-तैसे काट रहे थे। लड़का नौकरी की तलाश में रोज राजा के दरबार में जाता। मगर वहाँ उसे कोई काम-धाम नहीं मिला। बेचारे माँ-बेटे भूख से बिलबिलाने लगे। एक दिन बीता, दो दिन बीता, जब तीसरा दिन भी खत्म हुआ तो मुंशीजी के बेटे ने यह सोचा कि भूतों के महल में क्यों न चला जाये? या तो मैं उन्हें वहाँ से निकाल दूँगा या फिर भूत ही उसे मुझे मार डालेंगे।

सोचते-सोचते एक तरकीब उसके दिमाग में आयी। झट-पट उठा, अपने स्वर्गीय पिता का क़लमदान लिया, एक बही उठायी, एक टाट का बोरा और पैना चाकू भी सँभाल कर टेंट में रखा, फिर लालटेन लेकर माँ से बोला-"माँ-माँ! मैं बाहर काम पर जा रहा हूँ। जो लौटकर न आऊँ तो राजा के यहाँ से पूछ लेना कि मेरा बेटा कहाँ गया है? तुम्हें पता लग जायेगा।" बेचारी बुढ़िया! वह समझ ही न पायी कि बेटा कहाँ जा रहा है और बेटा भूतों के महल में पहुँच गया।

महल के तालाब के बाहर शानदार फाटक था। वहाँ सिपाही पहरा दे रहे थे। मुंशीजी के बेटे ने सिपाहियों से कहा-"फाटक खोल दो, मैं भूतों से लड़ने के लिए आया हूँ।"

सिपाही हँस पड़े। कहा-"जा-जा। पिद्दी जैसा लड़का, शिवजी के भूतों से लड़ेगा! बड़े-बड़े पण्डित, मौलवी, ओझे-सयाने तो अपने कान पकड़ कर भाग गये। अब क्या तू अपनी जान देने आया है?"

लड़का बोला-"तुम लोग अगर फाटक़ न खोलेगे तो मैं राजा से जाकर शिकायत करूँगा।"

सिपाही ने झुँझला कर फाटक खोल दिया और कहा-"ले-जा, और मर।"

तालाब के किनारे एक डोंगी बँधी थी। उसी में अपनी सब चीजें रखकर मुंशीजी का लड़का महल की ओर डोंगी खेने लगा। महल में भूत काँव-काँव, झाँव-झाँव करते हुए बड़ा शोर मचा रहे थे। सुनकर वह लड़का डरा नहीं बल्कि गरज कर बोला-"ठहरो मूर्खों, शिवजी को तुम्हारे यहाँ रहने का पता चल गया है और मैं, मैं यहाँ तुम्हारी सबकी खबर लेने के लिए आया हूँ।"

लड़के की यह बात सुनकर महल में सन्नाटा छा गया। लड़का डोंगी से उतरकर अपना टाट का बोरा, लालटेन, बस्ता, बही और कलमदान लेकर घाट की सीढ़ियाँ चढ़ने लगा। फिर ऊपर जाकर जोर से बोला- "मैं महादेवजी के हुक्म से आया हूँ। उनके जितने भूत भागे हैं, वे सब मेरे सामने आएँ और अपना-अपना नाम लिखाएँ। अगर नहीं लिखाएँगे तो आधी पहर में बीरभद्र की टोली आकर सब भूतों को आसमान में ही जला डालेगी।"

भूतों में खलबली मच गयी, सब एक-दूसरे के चेहरे देखने लगे। मुंशीजी के बेटे ने फिर ललकारा, कहा-"जो मेरे पास आकर अपना नाम नहीं लिखाएगा, उसको सजा दी जायेगी। ॐ नम: शिवाय।"

भूत बेचारे डरते-काँपते आये। लड़का सबके नाम पूछता, बही में लिखता और फिर चाकू निकालकर कहता "तुम्हारी नाक काटेंगे।"

भूत डरकर गिड़गिड़ाने लगे। लड़के ने कहा–''शिवजी की आज्ञा से तुम्हें सजा तो अवश्य ही दी जाएगी। चाहे नाक कटवाओ या आग में जलो।''

हारकर भूतों का मुखिया बोला–''आप हमारी नाक ही काट लें, मगर जीने दें।''

लड़का बोला–''ठीक है, नाक ही कटवाओ और राजा का राज छोड़कर पाँच सौ कोस दूर भाग जाओ। और, अगर लौट कर फिर यहाँ आये तो इन्हीं कटी हुई नाकों से हवन करके तुम्हें जलाया जायेगा।''

भूत बहुत डर गये थे, इसलिए आ–आकर लड़के की बही में अपना नाम लिखवाते, नाक कटवाते और भाग जाते थे। मुंशीजी के बेटे ने सब नाकें बोरे में भरीं, बोरे को सिया और फिर बही का तकिया बनाकर, नाकों भरे उसी बोरे पर सो गया। नकटे भूत भाग गये और मुंशीजी का लड़का चैन से खर्राटे भरने लगा।

सबेरे सिपाही आये कि महल से लड़के की लाश निकालें और राजा को जाकर खबर करें। परन्तु लड़का तो नाकों के बोरे पर सोता हुआ खर्राटे भर रहा था। सिपाहियों ने उसे जगाया और पूछा–''भूतों ने तुम्हें मारा क्यों नहीं?''

लड़का हँसकर बोला–''भूत अब यहाँ हैं ही कहाँ, जो मुझे मारते? भूत तो मेरे बोरे में बन्द हैं। जाओ, राजा को जाकर खबर करो कि यहाँ आकर रहें और राजकुमारी से मेरा ब्याह करें।''

ऐसा ही हुआ, राजा ने राजकुमारी का ब्याह उस लड़के से कर दिया और कहा–''इस नये महल में अब तुम्ही रहो और राज-पाट करो। मगर इतना जरूर बतला दो कि तुमने किस मन्त्र से भूतों पर विजय पायी!''

लड़के ने हँसकर इतना भर कहा–''महाराज मैं कायस्थ का बेटा हूँ। बुद्धि से काम लेता हूँ, इसलिए बुद्धुओं से जीत गया।'' सुनकर राजा-रानी बड़े खुश हुए, लड़के की माँ को भी महल में बुला लिया गया।

जैसे उनके सुख के दिन लौटे, वैसे राम करे सबके दिन बहुरें।

(**सारिका**, पाक्षिक; 1984)

●

रानी मक्खी की चतुराई

एक शहद की मक्खी थी। वह रानी थी।

वह बेचारी और उसकी बेटियाँ तो सुबह से शाम तक मेहनत करके अपने छत्ते में शहद बटोरें और भालूराम चोरी से पेड़ पर चढ़कर उसका छत्ता गिरा दें। छत्ता जब नीचे गिरे तो मक्खियाँ बेचारी डर के मारे उड़ जायें और भालूराम मजे से छत्ते को चूस-चूस कर उसका शहद पियें।

रानी मक्खी अपनी प्रजा के दुःख से बहुत दुखी थी।

आखिर उसने एक तरकीब सोच ली और अपनी प्रजा से कहा- खूब बड़ा छत्ता बनाओ और खूब शहद बटोरो।

मक्खियों ने कहा–भालू फिर खा जायेगा।

रानी बोली–अब नहीं खा सकेगा।

मक्खियों ने पहले तो शहद का बड़ा छत्ता बनाया और फिर, खूब मेहनत करके फूलों के रस का शहद बनाया। भालू, भालुनी और उनके बच्चे इस ताक में लगे कि कब यह छत्ता पूरा हो और कब हम तोड़ें।

मगर रानी मक्खी ने अपनी एअर फोर्स बना ली थी।

जैसे ही भालू पेड़ पर चढ़ा और भालुनी उसके पीछे-पीछे चढ़ी, वैसे ही रानी मक्खी के तीन-तीन सैनिक उनकी नाक पर डंक मारकर उड़ गये। भालू और भालुनी दर्द के मारे डाल को पकड़े न रह सके, लद्द से जमीन पर आ गिरे। इसी तरह बच्चों को भी काटा। फिर तो जब-जब भालू चढ़ें, तब-तब रानी मक्खी के सैनिक उनकी नाकों पर हमलें करें और वे जमीन पर गिर पड़ें।

भालुओं ने तब बन्दरों को दोस्त बनाया।

एक दिन बन्दरों ने उस पेड़ पर हमला किया। रानी मक्खी ने अपनी प्रजा से कहा कि छत्ते से बाहर निकल आओ और बन्दर पेड़ पर चढ़ें, इससे पहले ही उन्हें डंक मारना शुरू कर दो।

बेचारे बन्दर भी डंकों के कारण फूल-फूल कर फुटबाल हो गये। उनके पीछे जो भालू थे, वे भी डंकों के जहर से फूल कर कुप्पा हो गये।

अब तो जंगल के जानवरों ने मीटिंग की। जानवरों ने कहा कि चिड़ियों से दोस्ती करो।

रानी मक्खी की एक जासूस ने यह सुन लिया और रानी से कहा। रानी ने कहा–उन सब को रात में सोते समय डंक मारा करो। रात को दर्द के मारे सो नहीं पायेंगी। दिन में दाना न बटोरने के कारण भूखी रहेंगी। आप ही इस जंगल से उड़ जायेंगी।

मक्खियों ने रानी की आज्ञा मानी। सारी चिड़ियों को डंक मार आयीं। रात में चिड़िया दर्द से दुखी हो दिन में दाना चुगने न जा सकीं और दुखी होकर दिन में वहाँ से उड़ गयीं।

तब सारे जानवरों ने शेर राजा से कहा।

शेर राजा ने अपने मन्त्री हाथी जी को बुलाया।

हाथी जी ने कहा–रानी मक्खी से सन्धि कर लो। वह छोटी ही सही, मगर बहुत बुद्धिमान है; हरदम चौकस रहती है। उसका संगठन बहुत मजबूत है।

तब राजा शेर ने रानी मक्खी से दोस्ती की।

रानी मक्खी ने कहा–जंगल में चूँकि सबने एका कर लिया है, इसलिए आज मैं सबको शहद की दावत दूँगी।

* * *

इस तरह हमेशा ध्यान रखो कि संगठन में बड़ी शक्ति है। उसी शक्ति से सबकी ज़िन्दगी मीठी होती है।

(सितम्बर, १९८४)

●

बलिया के बाबा

बाबू बनारसीदास को अपना पूरा नाम केवल पहली तारीख को वेतन के रजिस्टर पर दस्तखत करते समय ही याद आता था, वरना दफ्तर में, मुहल्ले में, पास-पड़ोस में सभी उन्हें बाबा कहते थे और वह खुद भी अपने आपको जगत बाबा समझते थे। सिर और दाढ़ी-मूँछों के बाल लगभग रुपये में अट्ठानबे पैसे सफेद हो गये थे। शाम को दफ्तर से घर लौटते तो मौसम की कोई न कोई चीज उनके झोले में अवश्य होती थी। कभी बूट, कभी मूँगफली, कभी बेर, मकोय या ककड़ी-खीरे कुछ भी ले आते क्योंकि; मुहल्ले-भर के बच्चे उनके घर पहुँचते तो सबसे पहले उनका झोला ही टटोलते थे।

"हाँ-हाँ, अभी नहीं-अभी नहीं। पहले बाबा की सेवा करो, फिर मिलेगी।"

एक लम्बी-सी पतली कोठरी का घर, जिसके पीछे आधी ईंटें, आधे में परदे की ओट लगाकर उन्होंने अपना नित्यकर्म का स्थान बना रखा था। वहीं निपटे, नहाये, कभी खिचड़ी डाल दी, कभी बेसन या आटा घोलकर लपसी-सी पका ली और नमक-काली मिर्च डालकर प्रेम से सपड़-सपड़ खा गये। किसी बच्चे के यहाँ कभी कोई अच्छी चीज बनी तो वह भी आ जाती थी। फिर मजे से चबूतरे पर बैठकर बच्चों को कहानियाँ और इधर-उधर की बातें सुनाते थे।

उस दिन जब शाम को घर पहुँचे, तब उनका एक 'पोता' अरुण, जो अब पत्रकार हो गया है, उनके पास पहुँचा और बोला-"बाबा, पौने पाँच बजे हैं। मेरी घड़ी देख लीजिए और ठीक सवा पाँच बजे... समझ गए न? ठीक सवा पाँच बजे... मेरे दफ्तर का फोटोग्राफर यहाँ आ जायेगा। क्या समझे?"

"समझ गया। बाकी, किस खुशी में मेरी फोटो खिंचेगी बेटा, जरा यह भी तो बताते जाओ?"

"यह सब उसी समय बतलाऊँगा।" फिर बाबा की कोठरी साफ करते और चूल्हा जलाते हुए अरुण ने बच्चों से कहा, "तुम सब लोग भी समय से तैयार हो जाना। जरा बाबा की दाढ़ी-मूँछों पर कंघा बंघा कर देना भैया। हमारे बाबा को 'राजा बेटा' बनाकर बैठाना, उनके साथ तुम लोगों की भी फोटो खिंचेगी।"

बाबा को 'राजा बेटा' बनाने की बात सब बच्चों को आनन्दित कर गयी। मिनट-मिनट पर-वे 'कित्ता बजा, कित्ता बजा' पूछते और कोठरी आदि साफ करते हुए लड़कों ने सचमुच ठीक सवा पाँच बजे तक बाबा को 'राजा' बेटा बनाकर चबूतरे पर बैठा दिया। किसी ने उनकी दाढ़ी में कंघी की, किसी ने उनके बड़े-बड़े सफेद बाल ठीक किये। लल्लू अपने घर से अपने पापा का थोड़ा-सा पाउडर ले आया, वह भी बाबा के मुँह पर मला गया। यों ही हँसते-हँसते और बाबा-पोतों में छेड़छाड़ होते-होते 'धूमधाम' अखबार का फोटोग्राफर आ गया। लड़कों के साथ बाबा की फोटो खिंची, उसमें अरुण भी बैठ

गया। जब यह सब काम पूरा हो गया और फोटोग्राफर भी चला गया, तब अरुण ने कहा–"बाबा, इस साल कांग्रेस के सौ साल पूरे होने वाले हैं, जरा अपनी सन् 1942 वाली वह बातें बतलाइये, जो एक बार आपने हम लोगों को, जब हम छोटे-छोटे थे, सुनायी थीं।"

"अच्छा तो यह बात है। अब समझ में आयी। पर भैया, पहले हम कुछ खिचड़ी-उचड़ी बनायें, अपने पेट में डाल लें, तब सुनावेंगे।"

"वह सब कुछ नहीं, आप सुनाना शुरू कीजिए। अभी लल्ली आती है, वह आपकी खिचड़ी बना देगी। बस, बैठ जाइए आप। अब मैं टेप रिकार्डर खोलता हूँ–वन, टू, थ्री-स्टार्ट।"

बाबा खिलखिलाकर हँस पड़े बोले–"वाह! ऐसे रोब से 'स्टार्ट' कहा है तुमने, जैसे पुलिस कप्तान ने गोलियाँ चलाने का आर्डर देते हुए कहा था–"फायर"।

"ये देखो, हमारे कन्धे पर आज तक गोली का निशान बना हुआ है। आर-पार निकल गयी थी ससुरी, हँड़िया भर खून बहा था। ये तो कहो, बुलाकी बच्चा कम्पाउडर थे, उन्होंने हमको मलहम-पट्टी करके जिलाय लिया, नहीं तो ये सब बातें सुनाने के लिए हम जिन्दा न बैठे होते।"

"शुरू से सुनाइये बाबा। नौ अगस्त के दिन बम्बई में 'करो या मरो' कहते हुए गान्धीजी और सब नेता लोग पकड़े गये थे, उस दिन आपके बलिया में क्या हुआ था?"

"अरे हमारे यहाँ भी बड़ी सनसनी मची थी बेटा! सवेरे आँख खुली तो सूरज परसाद ने आकर बताया कि जिला कांग्रेस अध्यक्ष चित्तू पाँड़े, इस्टूडेंटों के लीडर तारकेसर पाँड़े, ठाकुर जगन्नाथसिंह, युसूफ कुरैशी, शिवपूजन सिंह वगैरे-वगैरे, सब बड़े-बड़े लोग सवेरे चार बजे ही गिरफ्तार कर लिए गये। हमने सूरज से कहा–"भैया, कुछ बात जरूर है, तभी ये सब पकड़े गये हैं। मगर बात क्या है, ये समझ नहीं आतीं?"

तब तक लल्ली लोटे में चाय और पीने के लिए एक कटोरी लेकर आ पहुँची और कहा, "लो बाबा चाय पियो, तब तक मैं तुम्हारी खिचड़ी बना के लाती हूँ।"

"अरे, तो लोटा भर चाय पिलाएगी मुण्डो। खिचड़ी फिर किस पेट में खाऊँगा?"

अरुण बोला, "लल्ली, भीतर से कोई गिलास हो तो ले आ, आधी चाय मैं पी लूँगा। हाँ बाबा, तो फिर क्या हुआ?"

"फिर ये हुआ कि हम और सूरज परसाद, दोनों इधर-उधर टोह लेने निकले। शहर की रंगत देखी, मगर सबके चेहरों पर साढ़े छह बजे थे। किसी की भी यह समझ में नहीं आता था कि ये सब लोग क्यों पकड़े गये और शहर में जगह-जगह इतनी पुलिस क्यों खड़ी कर दी गयी है, कुछ पता न चला।"

"क्यों, रेडियो में खबर नहीं आयी थी?"

"उस बखत आज की तरह रेडियो-फेडियो इतने थोड़े ही थे, जो ख़बर लगती! हमारे सहर-भर में उस बखत शायद एक-आद जगह ही रेडियो था, सो भी बड़े आदमियों के यहाँ। टोह लगाते-लगाते बड़ी मुश्किल से पता लगा कि आज बम्बई में महात्माजी और जवाहरलालजी और पटेल-आजाद, सब बड़े-बड़े नेता पकड़ लिये गये हैं। उन्हें कहाँ ले जाया गया है, यह भी किसी को नहीं मालूम। बस, गान्धीजी एक हुक्म दे गये हैं–'डू ऑर डाई'। अब तुम लोग यह जान लो कि उस समय हम लोगों की उम्र

पन्द्रह-पन्द्रह बरस की थी। सूरज हमसे कहे कि बनारसी, क्या करें? ये लाल मुँह वाले हमारे नेताओं को पकड़कर जाने कहाँ ले गये हैं! मेरी समझ में तो सब नेताओं को इन्होंने गोली से उड़वा दिया है। हम भी इनमें से एक-एक को भून डालेंगे।''

मैंने कहा-''गुस्सा तो हमको भी बहुत आ रहा है। मगर देखो सूरज, बिना बड़ों से पूछे कोई काम नहीं करना चाहिये।''

सूरज परसाद बोला-''ठीक कहते हो। मैं सब पूछताछ करके आता हूँ। तुम इस बीच में यहाँ के लोगों को गान्धीजी की बात बतलाते रहो-डू ऑर डाई! 'करो या मरो!' ''

''रात में सूरज परसाद हाथ में लालटेन लेकर बचे-खुचे सब नेताओं को यह खबर कर आये कि गान्धीजी 'करो या मरो' कहकर कहाँ चले गये, इसका पता नहीं। अब हम लोग क्या करें?

एक बुजुर्ग बोले कि भाई, तुम एक बार सब नेताओं को कह आओ कि सबेरे अखबार पढ़ते ही सब लोग शहर में आम हड़ताल करा देंगे और इसके लिए कोई मीटिंग-वीटिंग करने का समय अब नहीं है।

''हड़ताल हुई और ऐसी जोरदार हुई कि एक भी दुकान नहीं खुली थी। उन दिनों हमारे शहर के डिक्टेटर श्री उमाशंकर थे। उन्होंने हम लड़कों से कहा-भोंपा बजाओ और गान्धीजी की जय-जयकार करना शुरू करो। बस भैया, सब लोगों ने 'इंकलाब जिंदाबाद' मचा दिया। चारों ओर सनसनी फैल गयी।

''दूसरे ही दिन से बलिया और आस-पास के गाँवों में ऐसी जबरदस्त आग लगी कि तुम लोग यह समझ लो, बलिया का बच्चा-बच्चा अर्जुन के गाण्डीव धनुष की टंकार-सा बन गया...पर हमारा दोस्त, बेचारा सूरज परसाद पुलिस की पकड़ में आ गया। पुलिस ने उसे ऐसा मारा, ऐसा मारा कि बेचारे की जान ही ले ली। हमें अभी तक अपने मित्र की बड़ी याद आती है।'' कहते-कहते बाबा की आँखें भर आयीं।

सब बच्चों का दिल भी दुख और क्रोध से भर उठा। मिनट भर बाद ही आँखें पोंछकर बाबा फिर सुनाने लगे, ''बस भैया, फिर तो तुम यह जान लो कि जवानों के दिलों में ऐसा जोश जागा, ऐसा जोश जागा कि किसी के थामे न थमा। पुलिस हैरान! बड़े-बड़े अँग्रेज हाकिम और उनके पिट्ठू हिंदुस्तानी अफसर हैरान!! रेलवे स्टेशन जलाये गये, डाकखाने जलाये गये, सारे तार काट डाले गये कि हाकिम कहीं टेलीफोन, टेलीग्राम न कर सकें। जगह-जगह पुलिस और लड़कों में मुठभेड़ें होने लगीं। पुलिसवालों को नाकों चने चबवा दिये बेटा। इस बार लड़के भी ऐसे चंट हो गये थे और आड़ ले-लेकर ऐसी मार मारते थे कि पुलिसवाले घबरा गये। जज साहब को औरतों ने चूड़ियाँ भेंट की। हाकिम परगना ऐसे घबराये कि अपनी कुर्सी छोड़-छाड़ कर भाग गये। बिलथरा रोड में एक रेलगाड़ी पर कब्जा कर लिया और उसे 'आज़ाद हिन्द रेल' नाम देकर स्टेशन-स्टेशन 'इंकलाब जिन्दाबाद' के नारे लगाते हुए ले गये। उस रेल पर जोशीले जवान जाते और सरकारी माल-गोदामों, डाकखानों, दफ्तरों पर कब्जा करके कहते कि अब हम आज़ाद हो गये हैं। अब पंचायती हुकूमत चलेगी।''

लल्लू बोला, ''यानी सन् 1947 से पहले ही बलिया ने आज़ादी देख ली?''

"अरे बेटा, खाली बलिया ही नहीं, ऐसी सैकड़ों जगहें थीं जहाँ से अँग्रेज सरकार को एकदम उखाड़ डाला गया था। निगम साहब जैसे बड़े-बड़े आई०सी०एस० अफसर, कलक्टर, बड़े-बड़े कप्तान-दरोगा, थानेदार हम लोगों से थर्रा गये थे। कई जगहों पर ये दुष्ट लोग हम लोगों से बदला भी लेते थे। बाँसडीह में हमारे नेताओं ने काजिम हुसैन थानेदार से कहा कि थाना हमारे हवाले कर दो। काजिम हुसैन बेचारा दो चक्की के पाटों के बीच में दबने लगा। थाने के बहुत-से हथियार हमने अपने कब्जे में कर लिये थे। नेता थानेदार से कहने लगे कि चलो, हमारे साथ रेल की पटरियाँ उखाड़ो। वह बेचारा कैसे राजी हो! उसको गान्धी टोपी दी गयी, उसने तुरन्त पहन ली। कहा-"तिरंगे को सलाम करो।"

बेचारा झुक-झुककर सलाम करने लगा। लड़कों में यह ललक थी कि थाने के ऊपर तिरंगा झण्डा फहराया जाये, मगर काजिम हुसैन इसके लिए राजी न हुआ। वह चालाकी से अपने साथियों को लेकर थाने की छत पर जा चढ़ा। संयोग से दो-चार बन्दूकें भी उसके आदमियों के पास थी। काजिम हुसैन अब अकड़ कर कहने लगा कि जो झण्डा लगाने आयेगा, उसको गोली मार दी जायेगी।

"उसका यह कहना था कि लड़कों में जोश चढ़ आया। लोग ऊपर चढ़ने की कोशिश करते और थानेदार गोलियाँ चलाता। लगभग 20 लोग मरे और 100-200 घायल हुए। इन घायलों में मैं भी एक था। मगर हममें से एक ऐसा भी था, जिसने हार न मानी। उसका नाम कौशल कुमार था। वह बहादुर जवान अपनी जान हथेली पर रखकर पीछे से किसी तरह छत पर चढ़ ही गया। पुलिस देखती ही रह गयी। वह एक बार तो झण्डा फहराते हुए छत पर खड़ा हो ही गया भैया, और जोर से 'महात्मा गान्धी की जय' चिल्लाया। 'जय' मुँह से पूरी निकल भी न पायी थी कि काजिम हुसैन की गोली उसकी पीठ पर लगी और वह झण्डा लिये-लिये छत की मुण्डेर से उल्टा ही नीचे गिरा, कौशल को तो बहुत से लोगों ने हाथों-हाथ झेल लिया, मगर कौशल बेचारा तब तक अमर शहीद हो चुका था। लोगों ने उसके हाथ के झण्डे को भी धरती न छूने दी, बीच ही में उठा लिया... और फिर तो लोगों में ऐसा जोश चढ़ा, ऐसा जोश चढ़ा कि थाने पर कब्जा करके ही माने।

"भीड़ ने दीवाने-जोश में थाने की छत पर चढ़कर गोली चलाते थानेदार और सिपाहियों को पकड़कर उनकी बन्दूकें छीन लीं और ऐसा मारा, ऐसा मारा, ऐसा मारा कि उनमें से अगर कोई आज जिन्दा भी होगा तो अपनी पीठ सीधी नहीं कर सकता होगा। तुमने भले ही घर बैठे आज़ादी पा ली हो, पर हमने अपना खून बहाकर आज़ादी कमायी थी और यह भी याद रखो कि जो नेतापनेता आज पब्लिक को लूट-लूट के अपनी तोंदे बढ़ा रहे हैं, उनकी भी एक दिन यही हालत होगी और हमारे ये बच्चे जवान होकर उनको भी नहीं छोड़ेंगे। उनके पापों का घड़ा एक दिन फूट कर ही रहेगा।"

पौने उनसठ बरस के जगत बाबा जब खुद ही इतने जोश में आ गये थे, तब उनकी वानर सेना का हाल भला क्या कहा जाये! एक क्षण रुक बाबा ने फिर कहा-"लड़को, बाबा तो सदा नहीं रहेंगे, पर बाबा की यह बात सदा याद रखना कि जुल्म और अन्याय से लड़ने का नाम ही जवानी है।"

(**पराग**, अगस्त, 1985)

बहादुर सोमू

एक पण्डितजी थे, बहुत सीधे और भले। किसी की मुसीबत देखकर वह तुरन्त उसकी सहायता करते थे। पर वे बेचारे अमीर तो थे नहीं, कुछ घरों में जाकर पूजा-पाठ करते, कथा सुनाते। इसी से उनकी कमायी चलती थी। पण्डितजी की पत्नी और दो मुन्नी-मुन्नी बच्चियाँ थीं। उनके घर में सब लोग बड़े अच्छे और दयावान थे।

पण्डितजी के घर के पास एक पेड़ था। एक दिन क्या हुआ कि न ज़ाने कहाँ से लगभग सत्तर-अस्सी या शायद इससे भी ज्यादा बन्दर-बँदरिया लड़ते हुए पेड़ पर आ पहुँचे। वे लोग आपस में 'चीं-चीं, खों-खों' करते हुए खूब लड़ रहे थे। एक-दूसरे को काटते-मारते, ढकेलते, इस डाल से उस डाल पर कूद कर उत्पात मचा रहे थे। उनमें एक बँदरिया थी। वह अपने मुन्ने-से बच्चे को पेट से चिपकाये, लड़ाई-झगड़े से दूर पत्तों में छिपी बैठी थी। वह बच्चा उसी दिन पैदा हुआ था, इसलिये बँदरिया बहुत कमज़ोर और बीमार भी थी। दुर्भाग्य की मार कि दोनों दलों के बन्दर सरदार एक-दूसरे से आपस में गुँथ गये। दोनों बड़े मोटे-मोटे थे। उनमें जो गुत्थम-गुत्था हुई तो एक सरदार के धक्के से दूसरा सरदार नीचे लुढ़का। वह संयोग से उसी बँदरिया पर गिरा, जो अपने बच्चे को पेट से चिपकाये बैठी थी। बेचारी! अचानक इस धक्के को सम्हाल न पायी और अपने बच्चे के साथ ही साथ पेड़ से नीचे आ गिरी। एक नोकीले पत्थर पर गिरने के कारण बेचारी बँदरिया का सिर फट गया। वह मर गयी।

गली में बहुत से लड़के और आदमी इस लड़ाई को देखने के लिये जमा हो गये थे। उन्होंने पेड़ पर पत्थर बरसाने शुरू किये और 'लगे-लगे! भाग-भाग' का शोर मचाने लगे। राम-राम करके बन्दर तो भाग गये, पर वह बेचारी मरी हुई बँदरिया पड़ी ही रह गयी। उसका चुन्ना-मुन्ना बच्चा उसके पेट से चिपका हुआ चीख रहा था। भगवान की कृपा से उसको जरा भी चोट नहीं आयी।

सब लोग कहने लगे-इस बच्चे का क्या होगा? पण्डितजी की दोनों बेटियाँ-चुनिया और मुनिया वहाँ खड़ी हुई थीं। उनकी माँ भी अपने घर की खिड़की से देख रही थी। चुनिया ने गिड़गिड़ा गिड़गिड़ा कर माँ से कहा कि माँ-माँ, इस बेचारे को ले आऊँ।

माँ ने भी बड़ी दया दिखलायी और कहा कि हाँ, जल्दी से ले आ।

बच्चे की रक्षा के लिये खून से सनी और मरी हुई बँदरिया से भी चुनिया को न तो घिन आयी, न वैसा डर लगा, जैसा बच्चों को लगता है। उसने बच्चे को माँ के पेट से खींच लिया। बच्चा अपनी महीन-सी आवाज़ में बहुत चीखा। खिलौने जैसे मुन्ने-मुन्ने हाथ पैर भी खूब चलाये, मगर चुनिया उसको अपनी गोदी में चिपका कर घर ले ही आयी। बन्दर का बच्चा चीखता रहा परन्तु; जैसे ही चुनिया-मुनिया की माँ ने उसे लेकर अपनी छाती से चिपका लिया, वैसे ही वह चुप हो गया।

पण्डितजी के घर में बन्दर का बच्चा बड़े ही लाड़-प्यार में पलने लगा। सोमवार के दिन जन्म लेकर वह इस घर में आया था। इसलिये पण्डितजी ने उसका नाम सोमनाथ रख दिया। घर में सब लोग उसे सोमू-सोमू पुकारते थे। सोमू बड़ा नटखट था। सबका मन रिझाता था। पण्डितजी चुनिया-मुनिया से कहते कि तुम्हारे कोई भाई नहीं था, इसलिए भगवान ने तुम्हें यह बन्दर भैया दिया है।

चुनिया-मुनिया जब स्कूल जातीं, तब सोमू भी उछलता-कूदता हुआ उनके पीछे-पीछे जाता। कभी उनकी किसी सहेली के कन्धे पर उचक कर चढ़ जाता तो वे चीख पड़तीं और दूसरी सहेलियाँ तथा चुनिया-मुनिया भी हँस पड़ती थीं लेकिन; सोमू से किसी को डर नहीं लगता था। वह स्कूल के फाटक तक अपनी बहनों को पहुँचाकर सीधे घर ही पहुँचता था।

एक दिन क्या हुआ कि बड़ी बहन चुनिया तो जल्दी-जल्दी अपनी सहेलियों के साथ स्कूल के लिये निकल गयी, पर मुनिया अभी अपना बस्ता ही सजा रही थी, इसलिए उसे घर से चलने में ही देर हुई। वैसे तो सोमू भी चुनिया बहिन के साथ ही घर से बाहर निकल गया था लेकिन; थोड़ी दूर चलकर उसने देखा कि अभी मुनिया नहीं आयी है तो फिर पीछे लौटा। उसने देखा कि जैसे ही मुनिया अपने घर से बाहर निकली, वैसे ही एक लाल-लाल आँखों वाले डरावने बाबा ने झट से उसकी नाक पर एक रूमाल रख दिया, उस रूमाल में बेहोशी की दवा लगी हुई थी। बेचारी मुनिया बेहोश होकर गिरने लगी तो बाबाजी ने उसको उठाकर झोली में रख लिया।

गली में उस समय एक दम सन्नाटा था। सोमू ने जब यह देखा, तब चीख-चीखकर उस डरावने बाबा के पीछे दौड़ा। पास आने पर बाबा उसे लाठी मार देता था। बाबा शहर की तरफ से गया ही नहीं बल्कि; पीछे नाले को पार करके जंगल की तरफ चला गया। सोमू भी जब उस कच्चे पुल की तरफ बढ़ने लगा तो उसने एक बड़ा-सा पत्थर उठाकर उस पर खींच मारा। सोमू बेचारे की एक टाँग घायल हो गयी। वह गिर पड़ा और बाबा मुनिया को झोली में छिपाके तेजी से भागा। सोमू बेचारा बड़ी देर तक तो चल ही नहीं पाया। फिर किसी तरह लँगड़ाते-लँगड़ाते घर पहुँचा। घर में पण्डितजी आ गये थे। वह चीं-ची करके पण्डितजी की धोती का पल्ला पकड़कर धीरे-धीरे खींचे लेकिन; न बेचारे पण्डितजी ही समझ पाये कि वह क्या कह रहा है और न उनकी पत्नी। सोमू बेचारा बावला-सा इधर-उधर मण्डराये और कराहे। पण्डितजी की पत्नी ने यह समझा कि इसके पैर में चोट है। इसलिए हल्दी-चूना लेप करके पट्टी बाँध दी।

शाम को चुनिया तो स्कूल से लौट आयी, पर मुनिया बेचारी का कहीं भी पता न चला। सब जने उसे ढूँढ़ने लगे। पर वह कहीं आसपास हो न, पता तो तब चलता। बेचारा सोमू अपनी सूजी हुई टाँग के कारण चल भी नहीं पा रहा था, इसलिये कोने में पड़ा-पड़ा कराहे लेकिन; वह अपनी बात किसी को समझा नहीं सकता था। अब क्या हो?

बेचारी चुनिया और उसकी माँ बहुत रोईं। पण्डितजी भी बड़े दुखी थे। पास-पड़ोसवाले भी परेशान थे। पण्डितजी ने पुलिस में भी रिपोर्ट लिखायी थी; पर पुलिस भी उसकी तलाश न कर सकी। तीसरे दिन सोमू की टाँग की सूजन भी कम हुई और दर्द भी कम हुआ। तीसरे दिन चुपचाप वह घर से निकल कर पीछे की गलियों में होता हुआ नाले के पुल को पार कर वह जंगल में जा पहुँचा। बेचारा इधर से उधर सारे जंगल में भटकता

रहा पर उसे कहीं मुनिया न मिली।

एकाएक उसे चीख सुनायी दी। सोमू के कान खड़े हुए। कूदता-फाँदता वह उसी तरफ बढ़ चला। आगे चलकर देखता क्या है कि खण्डहर में वही डरावना साधू बाबा तीन बच्चों को सड़ा-सड़ मार रहा है। उन बच्चों में सोमू की छोटी जीजी मुनिया भी थी। अब तो सोमू की परेशानी बहुत बढ़ गयी। वह अपनी बन्दर-बुद्धि से यह सोचने लगा कि इस डरावने बाबा से आखिर कैसे बदला लिया जाय। वह खण्डहर की एक दीवाल के ऊपर छिपा हुआ बैठा था। उसने दीवाल की ईंटे उखाड़-उखाड़ और फेंक कर बाबा को मारना शुरू किया। ऊपर से जब ईंटे बरसने लगीं, तब बाबा उधर दौड़ा मगर सोमू ईंटे खोद-खोदकर बाबा के ऊपर फेंके और छिप जाये। बाबा की खोपड़ी में चोट लगी, गाल से खून निकलने लगा, नाक टूटी, और एक ईंट पड़ी तो एक आँख भी फूट गयी। आँख में चोट लगी तो बाबा लड़खड़ाकर गिर गया।

बेचारे तीनों बच्चे घबराये हुए यह तमाशा देख रहे थे कि कौन उनको भगाकर ले आने वाले बाबा को मार रहा है। तभी मुनिया ने सोमू को देख लिया और सोमू-सोमू चिल्ला उठी लेकिन; सोमूजी तो उस समय बाबाजी से बदला लेने पर तुले हुए थे। गिरे हुए बाबा पर ईंटें उखाड़-उखाड़ कर वह दनादन फेंकता ही चला जा रहा था! बाबा जब बेहोश हो गया, तब वह मुनिया के पास आया। मुनिया ने उसे लपककर गोदी में उठा लिया और तीनों बच्चे वहाँ से भाग निकले।

रास्ता बतलाते हुए आगे-आगे सोमू उन्हें नाले के पार ले आया। थोड़ी दूर चलकर, जब मुहल्ले के लोगों ने मुनिया और बच्चों को देखा, तब बड़े खुश हुए। जब बच्चों ने बाबा का हाल और सोमू की बहादुरी का बखान करना शुरू किया तो मुहल्ले के कुछ लोग मुनिया और खोये हुए बच्चों को लेकर उनको पहुँचाने गये तथा कुछ लोग सोमू को रास्ता बतलाने के लिए साथ लेकर जंगल में निकल गये। बाबा लँगड़ाते-लँगड़ाते अपना सामान उठाकर कहीं जाने ही वाला था कि लोगों ने उसे पकड़ लिया और मारते-मारते ले जाकर पुलिस हवालात में बन्द करवा दिया।

उधर पण्डितजी के घर बड़ी खुशियाँ मनायी जा रही थीं और सोमू की प्रशंसा की जा रही थी। तभी पण्डितजी ने बतलाया कि आज सोमू का जन्म-दिन है। इस पर चुनिया-मुनिया और उसकी सहेलियों ने खुश होकर सोमू को घेर लिया "हैप्पी बर्थ-डे टू यू" का गाना शुरू हो गया। सब तरफ सोमू की तारीफ़ होने लगी। बड़े-बूढ़े लोग कहने लगे-जो भला करता है, भगवान उसका भी भला करता है।

(1982)

सात पूँछों वाला चीकू

चूहों की बस्ती में दो चुहियों के ऐसे अनोखे बच्चे हुए कि चारों तरफ उनकी धूम मच गयी। मुगरी के एक बेटे के सिर पर रोयों का एक सफेद तिलक बना था और उसके सारे शरीर पर सफेद गोल चित्तियाँ थीं, जिससे कि वह बहुत सुन्दर लगता था और सुगरी का बेटा सफेद चूहे के समान था। मगर उसकी अनोखी विशेषता यह थी कि उसकी एक के बजाय सात पूँछें थी। वह जब चलता तो उसकी सातों पूँछें सूरज की किरणों के समान लहराती हुई चलती थीं। देखने वाले कहते कि यह दोनों चूहे बस्ती की शोभा है। मगर उसमें भी सुगरी के सात पूँछों वाले बच्चे की सुन्दरता बहुत बखानी जाती थी, जिसे सुन-सुन कर मुगरी चुहिया को बड़ी जलन होती थी। वह सोचती कि अगर भगवान ने उसके बेटे मीकू को भी ऐसी ही सुन्दर पूँछें दी होतीं तो दुनियाँ भर के चूहों में से वही अनोखा और सुन्दर माना जाता।

एक बार अजायबघर के दो फोटोग्राफर अचानक चूहों की बस्ती में पहुँच गये। उस समय मुगरी का बेटी मीकू दूसरे चूहे बच्चों के साथ आँख-मिचौनी खेल रहा था और मुगरी अपने बिल के बाहर बैठी उनका खेल देखकर खुश हो रही थी। तभी एक फोटोग्राफर ने दूसरे से कहा-"अरे! देखो तो यह चूहा बच्चा कितना अनोखा और सुन्दर है!"

मीकू की माँ मुगरी यह सुनकर बहुत ही खुश हुई। मगर तभी दूसरे फोटोग्राफर ने सुगरी के सात पूँछों वाले बेटे चीकू को एक झाड़ी के पीछे से आते हुए देखा। वह उसकी लहराती हुई पूँछे देखकर बहुत ही खुश हुआ। उसने अपने मित्र से कहा-"अरे भाई, यह चूहा तो सबसे सुन्दर है! ऐसा सात पूँछों वाला चूहा इसके सिवाय दूसरा नहीं मिलेगा।"

दोनों फोटोग्राफरों ने कहा-"हाँ, ये सात पूँछों वाला चूहा ही सबसे सुन्दर है।" दोनों ने ही यह तय किया कि एक महीने बाद जब हम फिर आयेंगे, तब अपने साथ अपने-अपने कैमरे ज़रूर लायेंगे और इन दोनो चूहों की फोटो और फिल्म खींचेंगे। दुनिया भर में हमारा और इन चूहों का नाम हो जायेगा। यह कह दोनों फोटोग्राफर अपने-अपने रास्ते चले गये।

मीकू और उसकी माँ को यह सुनकर बड़ी जलन हुई कि फोटोग्राफरों ने चीकू को अनोखा और सबसे सुन्दर चूहा बतलाया। मीकू अपनी माँ से लिपटकर खूब रोया कि माँ! माँ! उन लोगों ने मुझको अनोखा चूहा नहीं बताया। मुगरी ईर्ष्या और क्रोध के मारे मन ही मन जल रही थी। उसने अपने बेटे मीकू को प्यार करके कहा- "बेटा, तू रो मत, मैं तुझे ही दुनियाँ का सबसे अनोखा चूहा साबित कर दूँगी।"

सात पूँछों वाला मीकू बहुत सुन्दर और अनोखा तो था, मगर अक्ल का बड़ा बुद्धू भी था। उधर मीकू की माँ मुगरी ने हलवाई के घर से ढेर सारी मिठाइयाँ चुरा कर बस्ती के

दूसरे चूहा बच्चों को खिलायी। उसने उन्हें यह भी सिखला दिया कि जब चीकू बाहर गलियों में खेलने के लिये निकले या पढ़ने के लिए चूहा-स्कूल में जाये, तब तुम उसे यह कहकर चिढ़ाया करो-"चीकू तो सात पूँछ का रे! चीकू तो सात पूँछ का रे!!"

चूहा बच्चों को मिठाई मिली और ऊपर से हँसी का एक नया खेल मिला। वे सब चीकू को हर जगह चिढ़ाने लगे-"चीकू तो सात पूँछ का रे! चीकू तो सात पूँछ का रे!!"

उसका घर से बाहर निकलना दूभर हो गया। चूहा-स्कूल जाते समय, पार्क में घूमते हुए, बाजार जाते हुए, जहाँ कहीं चीकू दीखता सब मिलकर उसे छेड़ने लगते। अपने साथियों के संग जब वह खेलने के लिये जाये, तब सब कह देते। हम सात पूँछ वाले को नहीं खिलायेंगे।

बेचारा चीकू घर आकर फूट-फूट कर रोता और माँ से कहता- "माँ! डाक्टर साहब से मेरी एक पूँछ कटवा दो। बच्चे मुझे बहुत छेड़ते हैं-साथ नहीं खिलाते हैं!"

उसकी माँ उसे समझाती कि सात पूँछ भगवान ने दी है, उन्हें मत कटवा बेटा। तेरी ये अनोखी पूँछें बहुत सुन्दर लगती हैं।

सुगरी रोज़-रोज़ बेटे के रोने से दुःखी हो गयी और एक दिन चूहा डाक्टर मूसरचन्द के यहाँ ले गयी। डाक्टर मूसरचन्द ने चीकू की एक पूँछ काटकर मरहम पट्टी कर दी। पूँछ कटाते वक्त उसे दर्द तो बहुत हुआ, पर वह खुश था कि उसे अब न कोई छेड़ेगा न खेलने से रोकेगा।

कटी पूँछ के दर्द के बावजूद हँसता हुआ चीकू अपने साथियों के पास जैसे ही पहुँचा, तो सब के सब ठठाकर हँसने लगे और ताली बजा-बजाकर उसे घेरकर नाचने लगे और कोरस में गाने लगे :

"देखो रे-देखो भैया।
चीकू की एक पूँछ कट गयी-छः पूँछ रह गयी-
अरे चीकू तो छः पूँछ का रे! एक पूँछ कट गयी, छः पूँछ रह गयी!"

चीकू बेचारा रोता हुआ आया और माँ से लिपट कर रोने लगा- "माँ, मेरी एक पूँछ और कटवा दो!"

डाक्टर का क्या जाता था। सुगरी से पाँच सौ रुपये फीस लेकर एक पूँछ और काट दी!

अब चीकू मियाँ बड़े खुश थे-सोचा अब कोई कुछ न कहेगा लेकिन; जब वे पार्क में अपने संगी साथियों के साथ खेलने पहुँचे, तब वे सब फिर तालियाँ बजाकर उसके चारों तरफ गोल-गोल नाचते जायें और हँसते जायें।

"देखो रे-देखो भैया।
चीकू की दो पूँछ कट गयी-पाँच पूँछ रह गयी-
अरे चीकू तो पाँच पूँछ का रे! दो पूँछ कट गयी, पाँच पूँछ रह गयी!"

बेचारे चीकू को उसकी सुगरी माँ ने समझाया कि बेटा सबको बकने दो, तुम अपना ध्यान पढ़ने-लिखने में लगाओ। लेकिन चीकू को कोई बात समझ ही में न आती। वह रोज पूँछ कटाने की ही ज़िद करता-एक-एक करके उसने अपनी छः पूँछ कटवा डालीं। छठी

पूँछ कटने के बाद उसने सोचा कि अब तो अपने और साथियों की तरह एक ही पूँछ रह गयी है। अब न तो उसे कोई छेड़ेगा और न खेलने से रोकेगा। लेकिन बेचारा चीकू जब पार्क में पहुँचा, तब उसके साथी खूब ज़ोर से हँसे और पहले की तरह ही गा-गाकर उसके चारों तरफ नाचने लगे:

"देखो रे-देखो भैया।

सतपुँछे चीकू भैया की-

छः पूँछ कट गयी-एक पूँछ रह गयी!"

इस बार दुःखी चीकू माँ के पास न जाकर सीधा डाक्टर मूसरचन्द के पास पहुँच गया बोला-"डाक्टरजी, आप ये दुम भी काट दीजिये- पैसा अम्मा दे जायेंगी।

डाक्टर को तो बस टके से काम था। उसने चीकू की बची हुई इकलौती पूँछ भी काट कर पट्टी बाँध दी। चीकू दर्द से कराहता लेकिन, यह सोचकर खुश होता हुआ अपने साथियों के पास आया कि अब कोई क्या छेड़ेगा? न रहा बाँस, न बजेगी बाँसुरी। लेकिन; उसके साथी अब तो हो-होकर हँसते जायें, ताली बजाते जायें और उसके चारो तरफ गोल-गोल नाचते जायें और गाते जायें :

"देखो रे-देखो भैया।

पूँछकट्टा चीकू आ गया!

लुण्डा चीकू आ गया!

सात पूँछ कट गयी-पुँछकट्टा चीकू आ गया!

बेचारा चीकू दुःखी होकर डाक्टर मूसरचन्द के पास गया और कहा कि आप चाहे जितनी फीस ले लीजिये लेकिन; मेरी सातों पूँछे फिर से जोड़ दीजिये। डाक्टर ने कहा कि अरे बुद्धू, कटी पूँछें अब जुड़ नहीं सकतीं। जब तेरी माँ ने तुझे समझाया था, तब तू नहीं समझा, इसीलिये कहा है :

बिना बिचारे जो करै, सो पाछे पछताय।
काम बिगाड़े आपनो, जग में होत हँसाय॥

(1987)

सच्चे साधु की पहचान

एक बार अकबर बादशाह की रानी जोधाबाई ने साधुओं का भण्डारा किया। सैकड़ों साधु पंगत में बैठे। वे काली रोटी धौली दाल (मालपूआ और खीर) खा-खाकर मगन हो रहे थे। अकबर बादशाह और बीरबल, महल के झरोखे से यह दृश्य देख रहे थे। अकबर ने कहा, "बीरबल, इन साधुओं में कौन किस जाति का है और सच्चा साधु कौन है, इसका पता लगाओ?"

बीरबल ने कहा, "अच्छा।"

बीरबल नीचे आये और दान देने के अधिकारी के पास तखत पर बैठ गये। साधु लोग अब हाथ मुँह धोकर दक्षिणा लेने के लिये दानाधिकारी के पास आने लगे। जो पाँच साधु पहले पहुँचे, उन्हें बीरबल एक अलग कोठरी में ले गये। सबको आसनों पर बैठाया और हाथ जोड़कर कहा, "महाराज, आप लोगों को एक अशर्फी के बजाय दो अशर्फियाँ दक्षिणा में मिलेंगी लेकिन; पहले हमें उपदेश सुनाइये।"

पहले साधु ने कहा :

राम नाम लड्डू, गोपाल नाम घी,
हरि का नाम मिसरी, तू घोल-घोल पी।

दूसरे ने सुनाया :

राम नाम शमशेर पकड़ के, कृष्ण कटारा बाँध लिया,
दया धर्म की ढाल बाँध ली, यमदूतों से जीत गया।

तीसरे ने गाया :

साहब मेरा बानिया, सहज करे ब्योपार,
बिन डण्डी, बिन पालड़े, तोले जग-संसार।

चौथा बोला :

राम झरोखे बैठ के, सबका मुजरा लेंय,
जैसी जाकी चाकरी, वैसा वाको देंय।

पाचवाँ साधु खड़ा हो गया और हाथ जोड़कर बड़े भाव से बोला :

सियाराम मय सब जग जानी।
करहुँ प्रनाम जोरि जुग पानी॥

"राजा बीरबल मैं आपको पहचान गया हूँ। मेरी दक्षिणा की अशर्फियाँ इन चारों को बाँट दीजिये।" कहकर पाचवाँ साधु चला गया।

बीरबल ने अकबर को जाकर बतलाया, ''बादशाह सलामत, मेरी परीक्षा में पहले चार तो ब्राह्मण, क्षत्रिय, वैश्य और शूद्र थे लेकिन; पाँचवें की जाति न जान सका।''

बादशाह ने पूछा, ''पहले चारों की जाति कैसे जानी, उसे कुछ तो मानोगे?''

बीरबल बोले, ''जिसने लड्डू, घी, और मिसरी में भगवान को देखा–वह ब्राह्मण था। जिसने कटार, ढाल और तलवार में देखा–वह क्षत्रिय था। ईश्वर को बनिये के रूप में देखने वाला वैश्य और चाकरी की बात करने वाला शूद्र था। लेकिन पाँचवें साधु ने ईश्वर को इन्सान के रूप में देखा। उसे दक्षिणा का लोभ भी न था, चारों को अपनी दक्षिणा बराबर-बराबर बाँट गया। वही सच्चा साधु था।''

(1988)

•

फूलों की घाटी

तारों भरे नीले आसमान में अब ऐसे कई ग्रह उन्नत हो गये हैं, जिनसे आपसी व्यापार और सांस्कृतिक सम्बन्ध जोड़ने के लिए भी बड़ी चहल-पहल जारी है। इसी में एक ग्रह के लोग बड़े वैज्ञानिक और ऊँची संस्कृति वाले थे। उनके समाज के लोग 'स्पेस सूट' पहनकर दूर-पास के ग्रहों में खूब आया-जाया करते थे।

एक माँ थी, एक था उसका बेटा शंकू। बेटा आठ-दस बरस का था और माँ अपने समय की दो ग्रहों की उड़ान-प्रतियोगिता में पाँच बार प्रथम आकर अपना 'रिकार्ड' स्थापित कर चुकी थी।

एक बार अपने बेटे को साहसी-उड़ाकू बनाने की इच्छा से माँ ने बेटे शंकु को लेकर बड़ी लम्बी उड़ान ली और होते-होते वे हमारी पृथ्वी के भारत देश में फूलों की घाटी में जा पहुँचे। माँ-बेटा बहुत ही खुश थे। वे घूमते-घूमते एक ऐसी जगह जा पहुँचे, जहाँ मधुमक्खियों ने पेड़ पर बड़ा भारी छत्ता लगा रखा था। छत्ते में इतना शहद भर गया था कि लगातार धरती पर टपकता ही रहता था। माँ-बेटे ने उस टपकते शहद को हाथ में लेकर चाटा। शहद मीठा तो था ही, उनके लिये बहुत ही शक्ति देने वाला भी साबित हुआ। चतुर माँ ने ध्यान से देखा कि मधुमक्खियाँ फूलों का पराग चूस-चूसकर शहद इकट्ठा करती हैं। उसने अपने बेटे से कहा-''पुत्र, इस वस्तु से तो हम अपने यहाँ करोड़ों का धन कमा लेंगे। इन मधुमक्खियों को पालकर यहाँ शहद का धन्धा क्यों न चलाया जाय?''

बेटा बहुत खुश हुआ। उसने कहा-''हाँ माँ, यह तो अच्छा सुझाव है। कम्प्यूटर से मैंने अपने ग्रह से लेकर यहाँ तक आने-जाने का नक्शा बना लिया है।''

माँ बोली-''चलो, इस पेड़ के छत्ते को तो हम बटोरकर ले ही चलेंगे और मक्खियों को इसी जगह दूसरा छत्ता बनाने के लिये एक ऐसी जाली भी लगा जायेंगे, जिससे वे अपने छत्ते उसी जाली में बनाती रहें।''

○

माँ-बेटे का यह धन्धा खूब चल गया। दोनों सप्ताह में एक बार फूलों की घाटी में अपना शहद का फार्म देखने के लिए अवश्य आते थे। एक बार संयोग से काले कोसों भरे लम्बी दूरी वाले मार्ग से दो बड़े-बड़े गरुड़ न जाने कहाँ से वहाँ आ गये! उनकी उड़ान तो अँधेरे में दिखायी नहीं देती थी, लेकिन हाँ, उनके बड़े-बड़े पंखों की हवा से एक आँधी-सी आ गयी, जिससे माँ और बेटा अलग-अलग हो गये।

बड़ी देर बाद उजाले में एक बहुत बड़ा 'स्पेस स्टेशन' आया। लड़के ने सन्तरी से अपनी माँ के बारे में पूछा।

अपनी माँ के बारे में पूछा।

सन्तरी बोला–''यहाँ तो कोई स्त्री नहीं आयीं। यहाँ से पृथ्वी ग्रह पास है, शायद वो वहीं चली गयी हो।''

लड़का पृथ्वी ग्रह की ओर उड़ चला। ग्रहों में जब से आपस में आवाजाही बहुत बढ़ गयी है, तब से पृथ्वी ग्रह वालों ने भी अपने वायुमण्डल की सीमा पर एक सेना तैनात कर रखी है। चूँकि माँ-बेटा दोनों; प्रति सप्ताह यहाँ आते थे, इसलिए दोनों के पासपोर्ट भी बने हुए थे और बहुत-से वायु-सैनिक अधिकारी इन दोनों को जानते भी थे। बेटे की एयर मार्शल टीकम सिंह से मुलाकात हुई।

पूछने पर उन्होंने बतलाया–''भाई, मैंने तुम्हारी माँ को इस हफ्ते में यहाँ आते हुए नहीं देखा। तुम 'स्पेस स्टेशन' जाओ, वहीं सच्ची तलाश हो सकेगी।''

बेटा बेचारा फिर उलटा लौटकर 'स्पेस स्टेशन' आया।

वहाँ के अधिकारी ने बतलाया–''थोड़ी देर पहले चन्द्रलोक से किसी स्त्री के चीखने की आवाज़ हमारे ध्वनि-यन्त्र में सुनी गयी थी। हमने अपना रॉकेट यान भेजा है। ठहरो, शायद कुछ खबर आये।''

मगर रॉकेट यान से जो घायल लड़की उतारी गई, वह किसी दूसरे ग्रह की थी और 'स्पेस सूट' फट जाने से चन्द्रमा में आ गिरी थी। लड़की (लोमा) बहुत ही सुन्दर थी लेकिन; बेटे को तो अपनी माँ की चिन्ता थी। तभी 'स्पेस स्टेशन' के ध्वनि-यन्त्र पर पृथ्वी ग्रह से आवाज़ें आने लगीं। पता लगा कि शंकू की माँ सुरक्षित रूप से फूलों की घाटी पहुँच गयी है। शंकू यदि वहाँ हो तो उसे तुरन्त वहाँ भेज दिया जाय।

शंकू ने अधिकारी से कहा–''इस लड़की को अब मैं यहाँ नहीं छोड़ सकूँगा। मुझे इसे ले जाने की आज्ञा दीजिये। मेरी माँ इसकी अच्छी देखभाल कर लेगी।''

इसके बाद वह लड़की को लेकर फूलों की घाटी पहुँच गया। माँ-बेटे मिलकर बहुत ही प्रसन्न हुए।

लड़की के माँ-बाप चूँकि मर चुके थे, सो माँ ने उससे बड़े प्यार से कहा–''मत रो बेटी, मैं अपने बेटे से तेरा विवाह कर दूँगी। तू सुखी रहेगी।''

शंकू ने लोमा से हँसकर कहा–''देखो न, यह फूलों की घाटी हमारे भाग्य की तरह ही कितनी सुन्दर है!''

राम जी करे, जैसे इन सबका जीवन सुखी हुआ, वैसे सबका हो।

(1989)

नटखट खरगोश

एक जंगल में बड़ा सुख-चैन था। वहाँ का शेर राजा बड़ा ही ईमानदार और न्यायप्रिय था। चीता मन्त्री भी बहुत बुद्धिमान था। सब राजकाज बड़ी अच्छी तरह चलता था। उस जंगल में एक खरगोश परिवार रहता था। एक खरगोश बाबा, दूसरा खरगोश आवास विकास योजना का उनका अधिकारी बेटा और उसकी मास्टरनी पत्नी। उनके एक बेटा मुन्ना खरगोश था। मुन्ना खरगोश बेहद नटखट था। उसके नटखटपने से मुहल्ले के सारे लोग परेशान हो जाते थे।

एक दिन पापा खरगोश दौरे पर गये थे। बाबा खरगोश अपने कमरे में 'खरगोश टाइम्स' अखबार पढ़ रहे थे और मास्टरनी खरगोश मुन्ने खरगोश को डाँट रही थी- "मुन्ने, जल्दी से दूध पी ले, मुझे स्कूल जाना है।"

माँ जब बहुत चिल्लायी, तब मुन्ना, बाबा के कमरे में भाग गया और बाबा से कहने लगा-"मुझे कहानी सुनाइये।"

मास्टरनी बोली-"बाबू जी, जब तक यह दूध न पी ले, आप इसको कहानी मत सुनाइये।" हारकर मुन्ने खरगोश ने दूध पिया। मास्टरनी खरगोश, बाबा खरगोश से बोली- "बाबूजी, मैं दरवाजे का ताला बाहर से लगा जाती हूँ क्योंकि; आपके सो जाने के बाद यह बाहर निकलकर मुहल्ले-भर में ऊधम मचाता है।" कहकर मास्टरनी मकान का ताला बन्द करके चली गयी।

बाबा भी कहानी सुनाकर सो गये। अब मुन्ना खरगोश क्या करे! उसका उत्पाती मन कुछ दंगा करना चाह रहा था, पर वह मजबूर था। वह घर के छज्जे पर खड़ा हुआ सोच रहा था कि नीचे कैसे जाऊँ। अगर कूदूँगा तो हड्डी-पसली चूर-चूर हो जायेगी। संयोग से गली से एक ऊँट गुजरा। नटखट खरगोश ने न आव देखा न ताव, झट से ऊँट की पीठ पर छलाँग लगा दी। ऊँट बेचारा बौखला उठा और नटखट खरगोश उसे तंग करने लगा। कभी उसके कूबड़ पर चुटकी काटे, कभी दुम पर, कभी खोपड़ी पर। मौका देखकर वह ऊँट के बाद एक घोड़े की पीठ पर जा कूदा। घोड़ा चालाक था। उसने जैसे ही उछाल मारी, वैसे ही खरगोश भाग निकला। रास्ते में एक गाय मिली, खरगोश ने उसके चुटकी काटी, फिर बकरी के पैर में चुटकी काटी। फिर तो ऊँट, घोड़ा, गाय, बकरी सभी उसके पीछे भागे कि आज इसकी खूब मरम्मत करेंगे।

मुन्ना खरगोश दौड़ने में सबसे तेज निकला। ऊँट, घोड़ा, गाय, बकरी, सभी पीछा करने वालों को बहुत पीछे छोड़कर वह दूर नदी के किनारे एक बेल के पेड़ के नीचे जा छिपा। वहाँ उसने पानी-वानी पिया। हवा ठण्डी चल रही थी, इसलिये सो गया।

संयोग की बात कि एक पका हुआ बेल पेड़ से गिरा और उसकी नाक से जा टकराया। मुन्ना खरगोश घबरा गया। उसका मुन्ना-सा दिल घबराहट से धड़कने लगा।

उसने घबराहट में बेल तो न देखा, समझा धरती में हाला-डोला आ गया। वह भागा। आगे चला तो उन सब जानवरों की भीड़ मिली, जो उसे पकड़ने को दौड़े आ रहे थे। ऊँट बोला-"पकड़ो-पकड़ो! यही वो नटखट है, जिसने हम सबको तंग किया है।"

मुन्ना खरगोश चिल्लाया :

बोलो मत, जल्दी भागो, हाला-डोला,
भागो - भागो, हाला डोला।

यह सुनकर सब जानवर घबरा गये। उनके दिल दहलने लगे। दिल दहलने से वे मूर्ख यही समझे कि धरती पर हाला-डोला आया है। सो वे भी भागने लगे। आगे मिले चीता मन्त्री। वह इषा की ट्राइसिकिल पर अपने दफ्तर जा रहे थे। चीता मन्त्री सबको देखकर रुके और पूछा- "क्या बात है? क्यों भाग रहे हो?"

सब जानवर चिल्लाये-"चीता मन्त्री, बोलो मत, हाला-डोला। भागो-भागो, हाला-डोला।"

चीता मन्त्री बोले-"हिम्मत से काम लो। चलो, शेर राजा के पास चलते हैं।"

शेर राजा उस वक्त चश्मा चढ़ाये 'जंगल समाचार' पढ़ रहे थे और बीच-बीच में रेडियो भी सुनते जा रहे थे। शेरनी उनके लिए चाय बना रही थी।

शोर सुनकर शेर राजा ने अखबार हटाया और बोले-"चीता मन्त्री, क्या बात है? ये सब लोग यहाँ क्यों आये हैं?"

सब जानवर चिल्लाये :

"हजूर भागिये, हाला-डोला,
हाला डोला, हाला-डोला।"

शेर राजा बड़ी जोर से दहाड़े-"चुप रहो,

न अखबार में छपा, न रेडियो बोला
और तुम कहते हो-हाला-डोला?
ये क्या गड़बड़ गोला?

किसने यह हाले डोले की खबर उड़ायी? जल्दी बोलो!"

सब लोग हाथ जोड़कर बोले-"सरकार, यह मुन्ना खरगोश ही घबराकर कह रहा था। हम लोग भी घबराकर कहने लगे।"

मुन्ना बोला-"हाँ सरकार, मैंने अपनी आँखों से देखा। मैं आपको भी दिखला सकता हूँ, जहाँ हाला-डोला आया था।"

शेर राजा बोले-"चलो, हम खुद देखेंगे।"

सब लोग चले। नदी-किनारे बेल के पेड़ के नीचे शेर राजा खड़े हुए। फिर सबसे बोले-"यहाँ तो हाला डोला, वाला-डोला कुछ नहीं आया। सब ठीक है।"

तभी शेर राजा की नाक पर एक पका बेल गिरा-टप्प! अब शेर राजा की समझ में सारी बात आ गयी। वह तुरन्त बोला, "एक निर्बुद्धि जानवर की वजह से जंगल के राज में

इतना बड़ा हंगामा हो गया। यह खरगोश का बच्चा बहुत बेवकूफ और नटखट भी है। इसे सजा मिलनी चाहिये।''

अब तो मुन्ना खरगोश रोने लगा।

भालू सिपाही उसे पकड़ने आया। तभी संयोग से खरगोश के बाबा और माँ-बाप भी वहाँ आ गये। उन्होंने शेर राजा से कहा-''इसे माफ कर दीजिये। अब यह दंगा कभी नहीं करेगा।'' मुन्ने खरगोश ने भी रोते हुए कहा-''मैं कभी दंगा नहीं करूँगा।''

राम करे, जैसे उसकी बुद्धि सुधरी, वैसी सबकी सुधरे।

(1989)

घमण्ड की सजा

एक था चिड़ा, एक थी चिड़िया। दोनों की नयी-नयी शादी हुई थी। चिड़िया बड़े बाप की बेटी तो न थी लेकिन; इकलौती सन्तान होने व बड़े लाड़-प्यार के कारण उसकी आदतें बिगड़ गयी थीं। वह बड़ी स्वार्थी, घमण्डिन और तुनुक मिजाज हो गयी थी।

चिड़े ने कुछ दिनों तो प्रेमवश अपनी चिड़िया के लिए सुबह उठकर चाय बनायी, नहाने को पानी गरम किया, कभी-कभी नाश्ता बनाने में भी मदद की, मगर चिड़िया बड़ी आलसी थी।

चिड़ा अपने दफ्तर में बड़ा अधिकारी था। एक दिन उसने कहा- "चिड़िया, मुझे सवेरे दफ्तर का पिछड़ा काम भी करना होता है, इसलिए चाय और नाश्ते वगैरह का काम अब तुम ही सम्हालो।"

चिड़िया को यह बुरा लगा। गुस्से में बोली-"सवेरे मेरे सिर में आप ही बहुत दर्द होता है।"

सुनकर चिड़े को दु:ख हुआ। उसने सोचा, चिड़िया बहुत घमण्डिन है। मैं इससे बात नहीं करूँगा और इसकी कोई चिन्ता भी नहीं करूँगा।

दूसरे दिन से चिड़ा अपने लिए चाय-टोस्ट बनाता और वही खा-पीकर दफ्तर चला जाता। स्वार्थी चिड़िया इसके बाद उठती। घर का कुण्डा भीतर से बन्द करती और खूब मलाई-पड़ी चाय बनाती। कभी-हलुवा, कभी खीर, कभी पूड़ी, कभी कचौड़ी जैसे बड़े-बड़े व्यंजन नित्य बनाती और खा-खाकर खूब मोटी होती गयी।

चिड़ा बेचारा बिना खाये-पिये दुबला होता जा रहा था। उसके दफ्तर का कउए खाँ खजांची अपने घर से दफ्तर उसी राह से उड़कर आता था, जिस पर चिड़े साहब का मकान था। मुँडेरे-मुँडेरे बैठकर ताक-झाँक करना कउए की आदत है। सो दफ्तर पहुँचने में देर हो ही जाती थी।

एक दिन चिड़े साहब कउए खाँ पर बड़ी जोर से बिगड़े। कउए खाँ गिड़गिड़ाकर बोले-"सरकार, आपके दुबले होने की वजह से मैं चिन्ता में आपके घर की गुप्त जाँच कर रहा हूँ। वहाँ तो चिड़िया रानी रोज हलुवा, पूड़ी, खीर, कचौड़ी बनाती हैं।"

चिड़ा बोला-"अरे नहीं, उस बेचारी को तो मोटापे का रोग हो गया है।"

कौवे खाँ हँसे, बोले-"सरकार, आप दो-चार रोज की छुट्टी ले लीजिये लेकिन; चिड़िया रानी के सामने रोज दफ्तर जाने का बहाना बनाकर कहीं छिपकर बैठ जाया कीजिए।"

चिड़े ने कहा-"ठीक है, मैं खुद जाँच करूँगा।"

दूसरे दिन चिड़ा दफ्तर जाने का बहाना बनाकर अपने घर ही के एक कोने में छिपकर बैठ गया। चिड़िया उठी, फिर अपने लिए खाना बनाया–खीर, पूड़ी, रायता, पापड़, दही, अचार सब कुछ। थाली जैसे ही परोसी, चिड़ा झट से निकलकर सामने आ गया और बोला–"अरे वाह चिड़िया रानी, आज तो बड़े-बड़े पकवान बनाये हैं! मुझे तो बहुत ज़ोर की भूख लगी है।" कहकर वह सब कुछ खा गया। चिड़िया भूखी रह गयी।

अब चिड़ा रोज यही करे और चिड़िया को रोज भूखा रहना पड़े। एक दिन चिड़िया रो पड़ी और पति से कहा–"अब ऐसी स्वार्थी कभी नहीं बनूँगी। अब से अपने लिए बनाऊँगी और तुम्हारे लिए भी। मुझे माफ कर दो।"

राम करे, जैसे चिड़े-चिड़िया का घर सुधरा, वैसे सबका सुधरे।

(1989)

●

बुढ़िया की चालाकी

जंगल में एक बुढ़िया रहती थी। उसकी एक बेटी थी, जिसका ब्याह जंगल की सीमा के पार पूरब दिशा के एक गाँव में हो चुका था। बरसों से बुढ़िया अकेली रहती थी। एक दिन अपनी कुटिया को गोबर से लीपते हुए उसका हाथ एक पोली जगह पर पड़ा। दबाव से गड्ढा हो गया और एक छोटी-सी पोटली उसके हाथ में आ गयी। बुढ़िया ने पोटली खोली। पोटली में उसकी जवानी के समय के दो सोने के कंगन और उसकी बेटी के लिये बनवाये गये कई चुन्ने-मुन्ने सोने के गहने बँधे थे। उन्हें देखकर बुढ़िया को अपनी बेटी की बड़ी याद आयी। सोचा, अब तो उसके बाल-बच्चे भी हो गये होंगे। यह सब उन्हें दूँ तो वे कितने प्रसन्न होंगे!

जंगल में एक चीता, एक शेर और एक भालू भी रहते थे, जिनसे सबको बहुत ही डर लगता था। बुढ़िया ने सोचा, जैसे भी हो, मैं इस बार अपनी बेटी से मिलने जरूर जाऊँगी। उसने झटपट थोड़े से मठरी, शकरपारे और लड्डू बनाये। झोपड़ी के दरवाजे बन्द किये और चल पड़ी। आगे मिला भालू। भालू ने कहा–"बुढ़िया, मैं तुझे खा जाऊँगा।"

बुढ़िया बोली–"अरे, अभी तो मैं दुबली-पतली हूँ। बेटी के घर हो आऊँ, मोटी-ताज़ी हो आऊँ, तब मुझे खाना।"

भालू बोला–"अच्छा।"

थोड़ी दूर पर चीता मिला। चीता तेज़ी से छलाँगें मारते हुए आया और बोला–"बुढ़िया, तू अब कहाँ जायेगी? मैं तुझे खा जाऊँगा।"

बुढ़िया बोली–"अभी तो मैं सूखी हड्डियों का ढाँचा हूँ बेटा! लड़की के घर हो आऊँ, मोटी-ताज़ी हो जाऊँ, तब मुझे खाना।"

चीते ने भी सोचा, बुढ़िया ठीक कह रही है, बोला–"अच्छा जा लेकिन; अगर शेर तुझे खाने लगे तो मत खाने देना। तुझे मैं ही खाऊँगा।"

बुढ़िया वहाँ से चली तो फिर शेर मिला। उसने शेर से भी यही सब कहा और फिर अपनी बेटी के घर पहुँची। माँ को देखकर बेटी बहुत खुश हुई। उसके दो नन्हे-मुन्ने बेटे भी हो चुके थे। दोनों नानी से मिलकर बहुत खुश हुए। दिन-ब-दिन खा-पीकर, बच्चों के साथ रहकर बुढ़िया खूब मोटी-ताज़ी हो गयी। पर उसे यही डर लगा रहता कि अगर लौटकर जाऊँगी तो शेर, चीता, भालू; इनमें से कोई न कोई मुझे खा ज़रूर जायेगा। बुढ़िया ने बेटी-दामाद को अपना डर बताया।

बुढ़िया का दामाद एक कुशल बढ़ई था। उसने लकड़ी की एक बड़ी भारी ढोलक-सी बनायी और ढोलक के बीच में एक खाना बनाकर, उसमें बुढ़िया को बिठाया। उसके अन्दर खाने-पीने के लिए उसने ढेर सारी चीजें रखीं और बुढ़िया से कहा–"अम्मा, इसमें

बैठ जाओ और भीतर से कुण्डी बन्द कर लो। फिर मैं यह ढोलक लुढ़का दूँगा। इसमें बैठी तुम ढाल का जंगल पार करके सीधे अपनी झोपड़ी से ही टकराओगी और इस तरह राजी-खुशी घर पहुँच जाओगी।''

सुनकर बुढ़िया बहुत ख़ुश हुई। सबसे विदा लेकर वह ढोलक में बैठ गयी और अन्दर से कुण्डी चढ़ा ली। बेटी और दामाद ने मिलकर ढोलक लुढ़का दी तो वह 'चर्रख चूँ-चर्रख चूँ' करती हुई चली।

शेर बुढ़िया की राह देख रहा था। उसने आती हुई एक ढोलक लुढ़कती देखी तो बोला-''कौन है? कौन है? बुढ़िया कहाँ है?''

बुढ़िया अन्दर से अकड़कर बोली :

कहाँ की बुढ़िया, कहाँ का तू,
चल मेरी ढोलक, ''चर्रख-चूँ।''

इस तरह चीते और भालू को भी धोखा देती हुई बुढ़िया की ढोलक सीधे उसकी झोपड़ी के सामने वाले पेड़ से जा टकरायी।

राम करे, जैसे बुढ़िया राजी-खुशी अपने घर पहुँची, वैसे सब पहुँचे।

(1989)

पद्यकथा

- निंदिया आजा
- तीन लफंगे
- विकलांगों की सच्ची सेवा
- सात भाई चम्पा

निंदिया आजा

रात हुई तारों की टोली झिलमिल करती आयी।
झाँक झरोखे से, मुन्नी को सबने हाँक लगायी–
मुन्नी रानी झटपट आओ, आँख मिचोली खेलें।
मुन्नी बोली, 'कैसे आऊँ, कैसे हम तुम खेलें?'

नींद परी के पंख सुनहले लेकर मुन्नी आओ।
चमचम करते हम नन्हें-से तारों को बहलाओ।
मुन्नी बोली, 'ठहरो आयी, गुड़िया तो सो जाये भाई।
सो जा गुड़िया, सो जा गुड्डे, दोनों मत अब करो लड़ाई।'

गुड्डे-गुड़िया को लेकर तब मुन्नी लगी मनाने।
पिल्लू, कसरतवाला बन्दर, सबको लगी सुलाने।
गोरा साहब, काली आया, मोटी बिल्ली, रूठी माया;
पलँग के नीचे, पलँग के ऊपर लिटाके सबको, गीत सुनाया।

'निंदिया आ जा! निंदिया आ जा!
सपनों के गहनों से सज कर–
निंदिया आ जा! निंदिया आ जा!
मीठी लोरी की धुन सुन कर–
निंदिया आ जा! निंदिया आ जा!'

नींद परी परदे के पीछे खड़ी खड़ी मुस्कायी।
चाँद सितारों की टोली भी उसे देख हरसायी।
डोरे लोरी के डाल नींद ने सुन्दर पंख लगाये।
परी बनी मुन्नी रानी, सपनों के साज सजाये।

नींद लोक की दुनिया न्यारी,
सपनों की खिलती फुलवारी।
देखा इक दरबार लगाये,
जग के सारे बच्चे आये–
अरब, फारसी, इंग्लिस्तानी,
रूसी, अमरीकी, जापानी।
चीन, कोरिया, बरमावाले,
यूनानी और हब्शी काले।
मुन्नी सबकी रानी हो ली,
खेली सबने आँख मिचौली।

हिलमिल कर सब एक रहेंगे,
नहीं लड़ेंगे, नेक बनेंगे।
फूलों की सीढ़ी पर चढ़ कर,
चन्द्रलोक की सैर करेंगे।

चन्द्रलोक की बुढ़िया नानी,
चरखा काते, कहे कहानी।
चन्दा मामा हँसते आये,
दूध कटोरे भर-भर लाये।

बैर-फूट का राक्षस आया,
तोप, टैंक, एटमबम लाया।
कृष्ण कन्हैया की बंसी ले,
प्रेम-राग मुन्नी ने गाया।
भागा राक्षस, भागी रात।
आशाओं का हुआ प्रभात।
फूल खिले, पंछी हरसाये।
माताजी मुन्नी को जगायें–

'जा री निंदिया अपने देश;
फिर आना धर सुन्दर वेश।' (1951)

•

तीन लफंगे

एक थे श्री भालू सरदार
जंगल के थे थानेदार।
बेटे उनके बड़े लफंगे
बढ़े - चढ़े थे उनके दंगे।

बड़ी मारपीट करते थे
दुखी बहुत सबको करते थे।
जंगल में थे दो लंगूर
शहर से लाये वे अंगूर।

देख के ललचा मोटू बन्दर।
बड़ा क्रोध था मन के अन्दर।
मोटू बोला, 'सुन लंगूर।
मैं भी खाऊँगा अंगूर।'

लम्बी पूँछ का हण्टर मार
बोला फिर लंगूर कुमार–
'अब जो तुम फिर आये चच्चा,
खा जाऊँगा तुमको कच्चा।'

मोटू बोला, 'ठहरो बच्चा
सबक मिलेगा तुमको सच्चा।'
मोटू पहुँचा भालू पास,
'थानेदार, तुम्हारी आस।

शहर के थाने से अंगूर
तोड़ लाये हैं दो लंगूर।'
वर्दी पहन के थानेदार
बोले, 'सुन मोटू सरदार!

लेकर पुलिस
अभी हूँ जाता
लंगूरों को
पकड़ के लाता।

हवालात में उन्हें बन्द कर
मैं जाऊँगा शहर के थाने।
अंगूरों का झौआ लेकर
जाऊँगा उसको लौटाने।'

पीछे सुनते तीन लफंगे
लालू, कालू, हालू चंगे।

लालू बोला, 'हालू भैया!
चलो चलें, खोजें लंगूर।
डैडी जब तक पहुँचें-पहुँचें,
हम खा जायेंगे अंगूर।'

इधर चले ये तीन लफंगे
उधर चल पड़ा पुलिस जलूस।
बीच डगर में इन्हें मिल गये
चतुर चण्ट लोमड़ जासूस।
लोमड़ बोला, इन तीनों से,
'पिता तुम्हारे थानेदार।
तुम जाते हो चोरी करने
तुमको बहुत-बहुत धिक्कार।'

'चोरी करने नहीं जा रहे
हम .पकड़ेंगे इक जासूस।
बहुत हो गया है मोटा वह
ले-ले करके सबसे घूस।

सिंह राज के शिकार में
कल चोरी से उसने खाया।
औ' आज लंगूरों को भी वो
रिश्वत लेकर छिपा है आया।'

'जा रे कालू डैडी को ला
तब तक हमने इसको पकड़ा।'
लालू ने झट गर्दन नापी
हालू ने चट दुम को जकड़ा।

जटा एक बरगद की लाकर
कालू ने दी गर्दन फाँस।
कसने लगा गला लोमड़ का
घुटने लग गयी उसकी साँस।

लोमड़ बोला, 'मुझे न मारो
मैं पकड़ा दूँगा लंगूर।
मज़ा चखाना उनको भैया
तुम तीनों खाना अंगूर।'
बरगद की दो बड़ी जटाएँ।
तोड़, चले तीनों भाई।
रास्ते भर हण्टर भी खाये
दुखी हुए लोमड़ भाई।

लंगूरों को पकड़ा जाकर
तीनों ने खाये अंगूर।
बेचारे रह गये ताकते
फँसे हुए लोमड़-लंगूर।

मधुमक्खी रानी ने देखा
आई लंगूरों के पास।
भन-भन-भन-भन कहा कान में,
'भाई होना नहीं उदास।

मैं अब बदला इनसे लूँगी
ये हमको भी करते तंग।
शहद के छत्ते पर ले आओ
फुसला कर तुम अपने संग।'

मधुमक्खी चुपचाप उड़ गयी
कैदी बोले, 'माई - बाप!
क्षमा करें अपराध हमारा
शहद का छत्ता देखें आप।'

देख शहद का बड़ा-सा छत्ता
ललचाये तीनों भाई।
जल्दी-जल्दी चढ़े नीम पर
शामत उनकी थी आयी।
हुक्म हुआ रानी मक्खी का
टूट पड़ी लाखों मक्खी।
डंक चुभाये इतने उनको
छूट गयी हक्की - बक्की।

'अरे मर गये, हाय बचाओ'
तीनों भाई चिल्लाये।
गुब्बारों से फूल-फूल, हो-
बेसुध, धरती पर आये।

चोट करारी खाकर अब तो
सीधे बन गये तीन लफंगे।
इतनी सज़ा मिल गयी उनको
फिर न किये ऐसे दंगे।

(1980)

•

विकलांगों की सच्ची सेवा

चहल - पहल की शाम,
हो रहा था जगमग सारा बाज़ार।
भीड़-भरी दूकानों में चहुँ ओर,
हो रहा था व्यापार।
मोटर, टैंपो, रिक्शा, साइकिल,
स्त्री - पुरुषों से गुलज़ार।

सहसा चौराहे की
लाइट लाल हो गयी।
पैदल चलने वालों की
गति स्तब्ध हो गयी।
मम्मी, पापा, बहन, भाई संग
मैं भी ठिठकी खड़ी हो गयी!

मुझसे दो डग दूर था
बैठा एक भिखारी।
पैर कटे थे उसके दोनों,
कमर पे लिपटा चिथड़ा भारी।
मैंने कहा, 'देखिये पापा,
इस बेचारे की लाचारी।'

मम्मी ने भी देखा उसको,
दया से बोलीं, 'हे भगवान!'
मैं चीखी- बोली, 'रे बुद्धू!
प्यारी नहीं तुझे क्या जान?

रिक्शों-कारों बीच उछलकर,
कहाँ चला तू ऐ नादान!'

भिखमंगे ने देखा मुझको,
हँसा और फिर, से उछला।
मोटर - रिक्शों बीच
सफाई से जा निकला!
वाह - वाह! कर उठे सभी जन,
सबका मन आनन्द खिला।

आवाजाही खुली सड़क की,
हम सब गये भिखारी पास।
झिड़क प्यार से पापा बोले,
'जीवन से क्यों हुआ निराश?'
बोला वह, दो आम दिखाकर,
'भाग पड़ा मैं इनकी आस।

चलते रिक्शे से टपके ये,
बड़े - बड़े दो पीले आम।
मैंने सोचा, नहीं बचाया,
तो दबकर होंगे बेकाम।
भूख लगी थी बड़ी ज़ोर की,
आम मिल रहे थे बेदाम।

कटे रेल से पैर, मगर
लाचार समझना मत मुझको।
हिम्मत, चुस्ती और फुर्ती में,
दूँ पछाड़ अब भी सबको।'
पापा बोले, 'भीख माँगते
लाज नहीं आती तुझको?'

बोला दुख से, 'समझ अपाहिज
देते सभी दया का दान।
मैं बढ़ई हूँ, काम माँगता,
कोई न देता इस पर ध्यान।
कहते– अरे अपाहिज, क्यों तू
दिखा रहा है झूठी शान?

झूठी हमदर्दी देते सब,
करता कोई नहीं मदद।
यह समाज की झूठी ममता,
झूठे हैं यह दया शब्द।
मुझे बनाते भिखमंगा यह,
बिना विचारे मेरा दर्द।'

पापा बोले, 'भीख नहीं,
मैं तुझको दूँगा तेरा काम।'
अपना पता बता कर बोले–
'आना दफ्तर तुम कल शाम।'
तब से भीख माँगना तजकर,
करने लगा भिखारी काम।

विकलांगों की सच्ची सेवा का
मैंने तब समझा यह मर्म–
उन्हें सहायता दें उठने में,
यही हमारा सच्चा धर्म।

(1982)

•

सात भाई चम्पा

सात हैं चम्पा सात हैं बिरवे
सात हैं चम्पा भाई,
लाल सजी हैं पारुल दीदी
तुलना जिनकी नाहीं।
सात रे सोना चम्पा भीतर
सात सुनहले मुख,
पारुल दीदी का कोमल मुखड़ा
देखें वे टुक - टुक।
नींद खुली चिड़ियाँ जब बोलीं
हुआ रैन मुख काला,
भोर पहर फैला बिरवों पर
चम्पे - सा उजियाला।
शिशिर ऋतु ने मुखड़े धोये
तब वे बाहर झाँके,
भोर पहर में देख रहे क्या
सातों भाई बाँके।
देख रहे फूलों का जंगल
खिल - खिल उठे गुलाब,
धूप के पड़ने से पत्तों पर
कैसी आयी आब।
झोंका देकर पवन भागता
जैसे नटखट बच्चा,

हिलते-डुलते बेल औ' पत्ते
हुड़दंग कैसा मचा!
नदी किनारे बिरवा काँपे
छाया काँपे जल में,
फूल तो सारे रोये पड़ते
शेफाली के तल में।
फूलों का यह हाल झाँककर
देखें भाई - बहन,
दुखिया माँ की तरह हो गया
आकुल - व्याकुल मन।
दिन - भर पत्ते काँप-काँप कर
करते हैं झर - झर,
अपने ही सुख जंगल का दिल
करता है हर - हर।
कुलू-कुलू सुनते हैं केवल
ये क्या बादल खेला,
सारी दुपहर वन के भीतर
कहीं से घुग्घू बोला।
किसकी खोज में शहद की मक्खी
गुन-गुन करती डोले?
घास के भीतर झीं-झीं करते
झींगुर किससे बोलें?
फूल के पत्तों पर सिर रखकर
सुनते भाई - बहन,
माँ की याद आये जब उनको
आकुल होता मन।
नज़र उठायी बादल देखे
बादल मिलते एक में,

राजहंस की पाँतें उड़तीं
जातीं कौन से देश में?
कहाँ राम जी का घर है ये?
जान न पाता कोई,
सारा दिन चलकर जाते कित
ये बादल निर्मोही?
भरी दुपहरी डोल बयरिया
उदास होती जाये,
सूखे पत्ते गिरते पड़ते
उड़ते कहाँ जायें?
फूल - पंखुड़ी-से हाथ गाल धर
देखें भाई - बहन,
माँ की याद हूक-सी उठती
रो - रो पड़ता मन।
आये साँझ चाँदनी फैले
चमके पत्ते प्यारे,
पेड़ के सिर पर पीपल पर के
चमकें दो - दो तारे।
हवा बन्द, पंछी भी गुप - चुप
रात पड़े की साँय - साँय,
रह-रहकर बस इक-दो कौए
कर उठते हैं काँय-काँय।
पच्छुम चमके, झिलमिल-झिलमिल
पूरब में अँधेरा,
गुड़ी - मुड़ी सतभैय्ये करते
चम्पा में बसेरा।
"एक कहानी पारुल दीदी"-
भैयों ने हठ ठानी,

माँ की याद सताती सुन-सुन
दीदी की कहानी।
घण्टे बोले रात हो गयी,
साँय - साँय करे वन,
फूलों अन्दर सोये आठों-
सतभैय्या औ' बहन।
सात सितारे ताकें ऊपर
सात हैं चम्पा बाग में,
सतभैय्यों पर पड़े चाँदनी
मुख चमकें अनुराग में।
तन हैं लिपटे फूल गन्ध में
सतभैय्यों के भाग से,
कोमल सेज बिछाई किसने
फूलों के पराग से?
फूलों में सतभैय्यै सोये
सपनों में माँ डोले,
हुआ सबेरा "जागों-जागो"-
पारुल दीदी बोले।

(1961)

यह पद्यकथा कवीन्द्र रवीन्द्रनाथ ठाकुर की एक रचना का काव्य-रूपान्तर है–सम्पादक

उपन्यास

- बजरंगी–नौरंगी
- बजरंगी पहलवान
- बजरंगी स्मगलरों के फन्दे में
- अक्ल बड़ी या भैंस

बजरंगी-नौरंगी

सौ बरस पहले की बात है। तराई की एक छोटी रियासत कुबेरपुर में बजरंगी-नौरंगी दो भाई रहते थे। बजरंगी बड़े बाँके पहलवान थे और नौरंगी बड़े सयाने जादूगर। बड़े भाई बजरंगी पहलवान का अखाड़ा और रहने का मकान नगर से बाहर था। वह सुगन्धा नदी के किनारे छोटी-सी पहाड़ी पर बसा था।

नौरंगी स्वामी नगर के अन्दर जगदम्बा जी के मन्दिर के पुजारी थे। उनकी जादूगरी की धाक चारों ओर दूर-दूर तक बँधी थी। उनके पास उड़ने वाला कलदार घोड़ा था और भाँति-भाँति के रसायन थी थे। इन रसायनों से वे ताँबे को सोना बना सकते थे, बुड्ढे को युवक और युवक को बुड्ढा कर सकते थे। रोते को हँसा सकते थे। नौरंगी स्वामी बड़े कीमियागर थे। वे साधु के ढंग से रहते थे, खाना बहुत कम खाते थे। दो चुन्नी-मुन्नी चपातियाँ और आध पाव दूध-दही, सुबह-शाम का यही उनका आहार था। एक फल की दो-चार फाँकें खाकर दो चम्मच शहद पी लेते थे। सोते भी वे बहुत कम थे। चौबीस घण्टे में कुल जमा पन्द्रह मिनट। अच्छे योगाभ्यासी, अच्छे वैद्य भी थे। उनमें बहुत-सी अच्छाइयाँ थीं।

बुराई थी तो बस यही कि वे बहुत लालची थे।

सदा से अपढ़-गँवार लोगों में भूत-प्रेतों का भय ज़रूरत से ज्यादा फैला हुआ होता है। उन दिनों भी यही बात थी। नौरंगी स्वामी अपने टके कमाने की लालच में उस भय को अधिक बढ़ावा दिया करते थे। रोगी का इलाज तो वे यौगिक और रासायनिक क्रियाओं से करते थे, पर आडम्बर बहुत अधिक करते थे; मानो कोई बड़ा भारी भूत झाड़ रहे हों।

बजरंगी पहलवान अपने छोटे भाई नौरंगी को बहुत चाहते थे परन्तु; वे उसके झूठे आडम्बर से चिढ़ते भी थे। इसीलिये उसे अकेले में 'नकली स्वामी' कहकर छेड़ा भी करते थे।

बजरंगी पहलवान उस समय भी सारी दुनिया में सरनाम थे। रूस, जापान, अफरीका, अमरीका, इंगलैण्ड, जरमनी आदि कई देशों में बड़े-बड़े पहलवानों को वे पछाड़ चुके थे। टारजन और फैण्टम तक को बजरंगी ने चौपट कर दिया था। बाद में जब दोनों को यह मालूम हुआ कि बजरंगी बड़े उपकारी और मानव-बन्धु हैं, तब उन्होंने पहलवान से दोस्ती कर ली।

उन दिनों भारत में अँग्रेजी राज्य की शुरुआत ही थी। रियासत कुबेरपुर के पास ही अँग्रेजों का राज था। अँग्रेज हाकिम अकसर रियासत के जंगलों में हाथियों का शिकार करने के लिए घुस आते थे। इस तरह उन्होंने कई हाथियों को मारा। रियासत की प्रजा और राजा तक ने विरोध किया, पर घमण्डी अँग्रेजों के कान में जूँ तक न रेंगी। कुबेरपुर के राजा ने बजरंगी पहलवान से शिकायत की। बजरंगी ने कहा-"राजा साहब, अगर वे लोग

अबकी बार घुसें तो मुझे खबर कीजिएगा। मैं अँग्रेजों को मजा चखा दूँगा।''

परन्तु राजा को पता तक न चल सका। अँग्रेज हाकिम चुपके से रियासत के जंगलों में शिकार करने फिर पहुँच गये। उस दिन दुर्भाग्य से जंगली हाथियों ने अँग्रेज शिकारी-दल को घेर लिया। वे जिस पेड़ पर अपनी जान बचाने के लिए चढ़ें, हाथी उसी को तोड़कर गिरा दें। एक अँग्रेज शिकारी बेचारा, एक हाथी की पकड़ में आ गया। उसे हाथी ने पाँवों तले रौंद डाला। बाकी अँग्रेज भागे। नदी पार करके नगर में घुस आये। उनका पीछा करते हुए क्रुद्ध हाथियों के दल ने कुबेरपुर नगर पर आक्रमण कर दिया। उनके मस्तकों और लातों की ठोकरों से झोंपड़ियाँ धराशायी हो गयीं। लकड़ी की बनी इमारतें चकनाचूर हो गयीं। जान-माल की बरबादी हुई। लोग बजरंगी को खबर देने के लिये दौड़े।

उधर नगर के बड़े बाजार में मतवाले हाथियों का दल अपनी सूँड़ें उठाये धरती-धमक चाल से आ पहुँचा था। उनकी चिंघाड़ों से आकाश थर्रा रहा था। जनता आकुल-व्याकुल होकर चीख-पुकार रही थी। तभी पहलवान आये। उन्होंने आव देखा न ताव, आगे वाले दो हाथियों की सूँड़ें अपने दोनों हाथों से पकड़ लीं। उन्होंने दोनों हाथियों को अपनी बाहों में लपेटकर, हवा में उल्टा उछाला और पीठ के बल धरती पर पटक दिया। फिर उधर से उठाकर उन्हें इधर आ रहे हाथियों के दल के ऊपर ही 'धम्म' से पटक दिया।

इसी बीच नौरंगी स्वामी भी ताँबे का एक पिचकारा लिए हुए अपने उड़न घोड़े पर वहाँ आ धमके। अपने पिचकारे से वे हाथियों पर कोई दवा छिड़कने लगे। साथ-ही-साथ वे छतों पर खड़े हुए लोगों पर अपनी जादूगरी का प्रभाव जमाने के लिए जोर-जोर और अस्पष्ट-स्वर में मन्त्र भी जपते जाते थे। कुछ 'अगड़म-बगड़म यूँ फटाक् स्वाहा' भी करते जाते थे। मगर उनकी दवा का असर सचमुच जादू के समान ही हुआ। वह दवा हाथियों के शरीर पर जहाँ-जहाँ पड़ी, वहीं-वहीं उन्हें भयानक खुजली मचने लगी। खुजलाहट के मारे हाथी बावले होने लगे। उधर बजरंगी की मार से भी वे सब घबरा गये थे। थोड़ी देर ही में हाथी भाग गये।

राजा ने दोनों भाइयों का सम्मान किया। बजरंगी पहलवान को तो जनता साक्षात् 'बजरंग बली' का ही अवतार मानने लगी।

: 2 :

एक दिन नौरंगी स्वामी अपने उड़न घोड़े पर घर लौट रहे थे। मार्ग में पहलवान का घर पड़ा। नौरंगी स्वामी के मन में एक इच्छा जागी- यहाँ उतरकर भाई साहब और भाभी के दर्शन किये जायें। साथ-ही-साथ पेट भी भर लिया जाय। बस, चट से कल दबा दी। घोड़ा नीचे उतरने लगा। सीधे पहलवान के ही आँगन में आकर रुका, बजरंगी की पत्नी अपने देवर को देखकर बहुत प्रसन्न हुईं। बजरंगी को भी बेहद सुख मिला! लेकिन ये लोग कुछ कह भी न पाये थे कि अपने घोड़े से कूदते हुए नौरंगी स्वामी चिल्ला उठे- ''भाभी, जल्दी से थाली परोसो। मुझे बहुत भूख लगी है।''

बजरंगी ने कहा-''नौरंगी, तुम्हारी बड़ी उमर है भैया। अभी थोड़ी देर पहले ही मैंने तुम्हें याद किया था। आज तुम्हारी भाभी ने मोतीचूर के लड्डू और श्रीखण्ड बनाया है।''

"अहा, मोतीचूर के लड्डू और श्रीखण्ड! भाभी, जल्दी परोसो। मेरी भूख डबल हो गयी है। देर होने पर मैं तुम्हारी रसोई का सब सामान चट कर जाऊँगा।"

बजरंगी बोले–"अरे, जा रे! एक लड्डू और आधी कटोरी श्रीखण्ड तो खा नहीं सकता, रसोई चट करेगा! नकली स्वामी कहीं का!"

नौरंगी स्वामी चिढ़ गये। बोले–"भाई साहब, आप मुझको बार-बार 'नकली स्वामी-नकली स्वामी' कहकर चिढ़ाते हैं। यह बन्द कीजिये, नहीं तो मैं आपको ऐसी करारी मात दूँगा कि सदा याद करेंगे।"

बजरंगी बोले–"तू नकली स्वामी है, इसीलिये झूठमूठ के मन्त्र पढ़ता है और भूत झाड़ता है।"

"इससे क्या हुआ? हूँ तो मैं असली स्वामी।"

"नकली है।"

दोनों भाई 'असली-नकली' की बहस करने लगे। इतने में बजरंगी की पत्नी ने आकर कहा कि पहले दोनों भोजन कर लो, फिर रात भर बहस करना।

बजरंगी के आगे एक बड़ी भारी परात रखी थी और नौरंगी के आगे एक छोटी-सी तश्तरी। बजरंगी की परात में एक हजार लड्डू और एक हजार खस्ता-कचौरियाँ रखी थीं, नौरंगी की तश्तरी में एक-एक। बजरंगी के लिए चार बड़े-बड़े भगोनों में श्रीखण्ड रखा था, और नौरंगी के लिए एक छोटी-सी कटोरी में। नौरंगी बोले–"भाभी, जितना भाई साहब की थाली में रखा है, उतना ही मुझे भी परोसो।"

भाभी ने हँसकर कहा–"देवर जी, खाते चलो। फिर और ले लेना। अन्न नष्ट मत करवाओ। तुम अपने भाई के पासंग बराबर भी नहीं खा सकते। हठ मत करो।"

लेकिन नौरंगी स्वामी हठ पकड़ गये। बोले–"आज मैं भाई साहब को खाने में मात दूँगा। आज असली स्वामीपना दिखलाकर रहूँगा।"

बजरंगी हँसकर बोले–"अच्छा भाई, इसे भी मेरे समान ही परोसो। या तो आज इसका असली स्वामीपना देखूँगा, नहीं तो मैं जितने हजार लड्डू और कचौरियाँ खाऊँगा, उतनी हजार चपतें इसके सिर पर लगाऊँगा।"

"और आप हार गये तो क्या देंगे?"

"अरे शेखी खोरे, नकली स्वामी। मैं तुझे बचपन से जानता हूँ। फिर भी तूने ऐसा करके दिखला दिया तो मैं तुझे इच्छा-वरदान दूँगा।"

"मेरी जीत का पुरस्कार होगा चाँगचू द्वीप," नौरंगी बोले।

"वो चीनी दानव वाला टापू?" बजरंगी की पत्नी ने चौंककर पूछा। चाँगचू द्वीप का चीनी दानव फेनफू उन दिनों अजेय माना जाता था। वह सबसे बड़ा पहलवान और सबसे सयाना जादूगर माना जाता था। वह दस फुट लम्बा, दस फुट चौड़ा और अठारह फुट मोटा था। उसके दल में बड़े डबल-डबल, सण्ड-मुसटण्ड पहलवान नौकर थे। उस द्वीप के चारों तरफ चुम्बक के पहाड़ डूबे हुए थे। जो भी जहाज उनके आकर्षण में फँस जाता, उसकी सारी लोहे की कीलें और कल-पुर्जे खिंचने लगते। वह जहाज डूब जाता। हवाई जहाज उन दिनों में थे नहीं। महान जादूगर नौरंगी स्वामी का उड़न घोड़ा भी वहाँ नहीं जा

सकता था। उसमें भी लोहे की कीलें लगी हुई थीं। इसी कारण फेनफू के चाँगचू द्वीप को आज तक कोई जीत ही नहीं सका था।

फेनफू अपने डाकू दल के साथ जब चाहता, तब वह अपने जादू के जोर से बाहर चला आता था। वह कमजोर देशों में लूट-पाट मचाता। सैकड़ों स्त्री-पुरुषों और बच्चों को गुलाम बनाकर पकड़ ले जाता। सोना-चाँदी, अन्न आदि भी लूटकर ले जाता। दुनिया फेनफू के नाम से थर्राती थी। इसीलिये बजरंगी की पत्नी ने चौंककर अपने देवर नौरंगी स्वामी से प्रश्न किया था! इससे पहले कि नौरंगी स्वामी कुछ कहें, बजरंगी ने हँसकर नौरंगी की पीठ थपथपायी। वे बोले-"अच्छा, दिखला अपना कमाल। मैं तुझे फेनफू और उसका द्वीप दोनों ही पुरस्कार में दूँगा।"

खैर, दोनों भाइयों के आगे एक समान भोजन परोसा गया। बड़े भाई को चिढ़ाने के लिए नौरंगी स्वामी ने ज़ोर-ज़ोर से-"ओं भीम पाण्डव अगड़म-बड़गम चरो-चरो स्वाहा" जपना शुरू किया। फिर वे गपागप लड्डू पर लड्डू उड़ाने लगे। बजरंगी की पत्नी और घर के नौकर-चाकर, अभी तक सभी स्वामीजी की हँसी उड़ा रहे थे। अब सब अचरज करने लगे! शीघ्र ही स्वामीजी ने पूरा थाल और चार भगोने श्रीखण्ड चटपट साफ कर दिया। उधर पहलवान आधा थाल ही साफ कर पाये। नौरंगी के थाल में फिर एक हजार लड्डू और कचौरियाँ परोस दी गयीं। भगोने श्रीखण्ड से भर दिए गये। यह देखकर पहलवान ने भी जल्दी-जल्दी खाना आरम्भ किया। दोनों भाई साक्षात् भोजन की मशीन बन गये। लड्डू और कचौरियों के पहाड़ के पहाड़ उनके पेटों में समाने लगे। पाँच हजार लड्डू, सात हजार कचौरियाँ और पच्चीस मन दही का श्रीखण्ड पेट में पहुँचने के बाद बजरंगी पहलवान तो डकार लेकर टें बोल गये, मगर नौरंगी स्वामी गपागप खाते ही चले गये। यह देखकर उनकी भाभी ने हाथ जोड़कर हँसते मुख से कहा-"अब दया करो महात्मा जी।"

नौरंगी बोले-"भाई साहब से कहो, हार मानें। तब मैं खाना बन्द करूँगा।"

"अच्छा भाई, मैं हारा और तू जीता। दो महीने के अन्दर मैं तुझे चाँगचू द्वीप और क़ैदी के रूप में दानव फेनफू भेंट करूँगा।"

नौरंगी स्वामी हँसी-खुशी उड़न घोड़े पर सवार होकर अपने निवास-स्थान को चले गये।

: 3 :

नौरंगी स्वामी तो चले गये लेकिन; बजरंगी पहलवान के दिनों का चैन और रातों की नींद उड़ गयी। किसी बड़े काम को करने के लिए शरीर की शक्ति ही काफी नहीं होती, बुद्धि की शक्ति भी चाहिए। पहलवान जैसे शरीर के बलवान थे, वैसे ही बुद्धि के भी। पहले राजा के पुस्तकालय में गये। वहाँ उन्होंने पुस्तकों से चाँगचू द्वीप के सम्बन्ध में जानकारी प्राप्त की। चाँगचू द्वीप के पास एक दिव्य देश था। दानव फेनफू ने बार-बार लूटपाट करके उसे उजाड़ दिया था। दिव्य देश में ही उसके द्वीप से बाहर आने का मार्ग भी कहीं पर था। उस रास्ते का पता आज तक किसी को भी नहीं लग पाया था। पहलवान ने दिव्य देश जाकर उस गुप्त मार्ग को खोजने का निश्चय किया। रस्सा, कुदाल, तलवार, बन्दूक और बिजली घोड़ी, ये पाँच साथी बजरंगी पहलवान के साथ चले। चलने से पहले

बजरंगी ने अपने घर में लगी हुई तुलसी की परिक्रमा की। फिर अपनी पत्नी से कहा– ''तुलसी का बिरवा तुम्हें मेरे कुशल समाचार दिया करेगा। मैं संकट में रहूँगा तो तुलसी मुरझा जायेगी, बीमार पड़ूँगा तो इसकी पत्तियाँ सड़ने लगेंगी। यदि मैं मर जाऊँगा तो इसकी मंजरियाँ भी सूखकर झड़ जायेंगी।''

पत्नी ने पति को विजय-तिलक लगाकर कहा–''मरें तुम्हारे दुश्मन। तुम्हारे नामरासी देवता तुम्हारी रक्षा करें। जैसे मुझे पीठ दिखलाते हो, वैसे ही मुख भी दिखलाना।

बजरंगी चल पड़े। हजार कोस जंगल और हजार कोस पहाड़ को पार करके ही दिव्य देश पहुँचा जा सकता था। बजरंगी ने अपनी घोड़ी को थपथपाकर कहा–''बिजली, इज़्ज़त का मामला है और समय कम है। तेज़ी से दौड़ो और शीघ्र से शीघ्र मुझे पहाड़ों के पास पहुँचा दो।''

कहने की देर थी, बिजली सचमुच बिजली हो गयी। दिन-रात दौड़कर उसने तीसवें दिन बजरंगी को पहाड़ों के पास पहुँचा दिया। बजरंगी ने उतरकर उसकी पीठ थपथपायी, मालिश की, और अपने हाथ से घास खिलायी, फिर कहा–''बिजली, पचास दिन मेरी बाट देखना। जो मैं न लौटूँ तो इक्यावनवें दिन घर लौट जाना।'' यह कहकर बजरंगी पहाड़ पर चढ़ गये। फिर अपना बदन तौलकर पहाड़ों की एक चोटी से दूसरी चोटी पर छलाँगें मारने लगे। वे इतनी फुर्ती से छलाँग मारते थे कि लगता था, मानो उड़े चले जा रहे हों। तीसरे दिन वे दिव्य देश में पहुँच गये। वहाँ के राजा के पास जाकर उन्होंने अपने आने का उद्देश्य बतलाया।

दिव्य देश के राजा ने कहा–''भगवान आपको यश दे लेकिन; चाँगचू द्वीप पहुँचना आसान काम नहीं है। दानव फेनफू जिस मार्ग से हमारे देश में आता है, उसका पता हम आज तक नहीं लगा पाये, आप कैसे लगायेंगे?''

बजरंगी पहलवान ने दिव्य देश के सारे जंगल-पहाड़ छान मारे लेकिन; वे उस रास्ते को ढूँढ़ नहीं पाये। हारकर उन्होंने दूसरा उपाय सोचा। एक दिन अपना रस्सा और तलवार लेकर वे समुद्र में कूद पड़े। वे तैरते हुए वहाँ पहुँचे, जहाँ व्हेल मच्छ रहते थे। वहाँ जाकर उन्होंने अपने पैरों से पानी को खूब खलमलाया। इससे मच्छराज की नींद में विघ्न पड़ा। उसे बड़ा गुस्सा आया। नकसोरों से पानी की फुहारें छोड़ता हुआ वह ऊपर आया। अब बजरंगी और ह्वेल की लड़ाई शुरू हुई। थोड़ी ही देर में बलवान बजरंगी उछलकर उसकी गर्दन पर सवार हो गये। फुर्ती से उसकी नाक में तलवार आर-पार घुसेड़कर रस्सी से उसे नाथ दिया। यह काम बड़ी फुर्ती से हुआ। ह्वेल को डुबकी मारने का अवसर ही नहीं मिल सका। अब जब बजरंगी रस्सी खींचें, ह्वेल की सिट्टी-पिट्टी ही गुम हो जाय। थोड़ी देर में ह्वेल विवश होकर बजरंगी के वश में आ गया। नकेल खींचते और तलवार की नोंक गड़ाते हुए वे उसे समुद्र-तट पर ले आये।

अब जो देखे, वही दाँतों तले उँगली दबाये! ऐसा बहादुर किसी ने अब तब नहीं देखा था। सब लोग बजरंगी पहलवान की जयजयकार बोलने लगे। आठ-दस दिनों में बजरंगी ने ह्वेल को अपने संकेतों पर नाचने वाला पालतू जानवर बना लिया। फिर एक दिन वे उस पर सवार हो गये और चाँगचू द्वीप की ओर चल पड़े। दिव्य देश के राजा-रानी और हजारों प्रजाजनों ने बजरंगी पहलवान को विदाई दी। सब लोग विजय के लिए

भगवान् से प्रार्थना करने लगे।

बजरंगी का ह्वेल समुद्र को चीरता हुआ तीर की तरह आगे बढ़ने लगा। चुम्बक के डूबे पहाड़ों के बीच में मछलियों की बड़ी-बड़ी बस्तियाँ थीं। उन सभी को अपने पेट में उतारता हुआ ह्वेल शान से आगे बढ़ता गया। एक दिन वह चाँगचू द्वीप के बन्दरगाह पर पहुँच गया। बजरंगी पर पहरेदार तीर बनसाने लगे। बजरंगी ने भी अपनी बन्दूक चलानी शुरू कर दी। पहलवान का निशाना अचूक था। कई पहरेदार मारे गये। बाकी भाग गये। बजरंगी पहलवान ने घाट पर पहुँचकर नाव बाँधने के एक कड़े से ह्वेल को बाँधा, फिर वे ऊपर चढ़ने लगे। तभी घाट के ऊपर से डाकू पहलवानों ने बड़े-बड़े पत्थर लुढ़काने शुरू कर दिये। बजरंगी पहलवान ने आव देखा न ताव, तुरन्त वे एक उछाल में दस सीढ़ियाँ ऊपर चढ़ गये। वहाँ उन्होंने डाकुओं से मुक्केबाजी शुरू कर दी। दस-पाँच डाकुओं को उठाकर उन्होंने नीचे ह्वेल के मुँह में झोंक दिया। वह उन सब को निगल गया। इस तरह से पहलवान ने पचास डाकू मार डाले। फेनफू और उसके दुष्ट डाकुओं ने अनेक लोगों को पकड़कर दास बनाया था। वे दास बजरंगी पहलवान की शक्ति देखकर बहुत ही प्रसन्न हुए। बजरंगी को वे डाकू-दल के रहने के स्थान बताने लगे तो बजरंगी पूरे टापू में घूम-घूमकर डाकुओं को मारना आरम्भ कर दिया। मरे हुए और घायल डाकुओं को उठाकर गुलाम लोग ले जाते और ह्वेल के मुँह में छोड़ आते थे। इस तरह वे अपने ऊपर होने वाले अत्याचारों का बदला ले रहे थे।

चीनी दानव फेनफू उस समय अपने महल के आँगन में पाँच मन अफीम पीकर बैठा हुआ था। नशे में वह मुरगे लड़ा रहा था। नौकरों ने जाकर कहा कि अन्नदाता, एक पहलवान ह्वेल पर सवार होकर हमारे टापू में घुस आया है। हमारे चार सौ पहलवानों को वह अपने ह्वेल का नाश्ता बना चुका है।

फेनफू हँसा, फिर बोला-"चिन्ता न करो। मेरे डबलू-ढकेल बहादुर उस भारतीय पहलवान की चटनी पीस डालेंगे।"

मगर तब तक बजरंगी ने डबलू-ढकेलों की ही चटनी बनानी शुरू कर दी थी। वे दो सौ दानव अपने गदा-मुग्दर ले-लेकर बजरंगी पहलवान पर आक्रमण करने के लिए दौड़े। पहलवान ने झपटकर एक बड़ा भारी पीपल का पेड़ जड़ सहित उखाड़ लिया और उसी को गदा की तरह घुमाने लगे। मिनटों में बजरंगी ने फेनफू के सौ-डेढ़ सौ डबलू-ढकेल मारकर फेंक दिये। बचे-खुचे दानव हाथ जोड़ने लगे-"दुहाई है, दुहाई है पहलवान। हमें मत मारो।"

बजरंगी ने एक बड़े भारी रस्से से उन सब दानवों को एक साथ लकड़ी के गट्ठर की तरह कसकर बाँध दिया। टापू भर के दास प्रसन्न होकर अपने रक्षक बजरंगी पहलवान के पैर छूने लगे। बजरंगी ने पूछा-"फेनफू के पहलवानों में अब और भी कोई बचा है?"

एक दास ने गद्गद् स्वर में कहा-"सब मर गये, मालिक। अब यही गट्ठर वाले बचे हैं। इन्हें भी हम आपके मच्छ के मुँह में छोड़े आते हैं।"

बजरंगी ने कहा-"आप लोग मुझे मालिक कहकर न पुकारें। मैं भगवान का सेवक और दीन-दुखियों का भाई हूँ। आज से आप स्वतन्त्र हैं। इस द्वीप का नाम आज से 'स्वतन्त्र द्वीप' हो गया। इन दुष्टों को इसी तरह पड़ा रहने दीजिए। मैं इन्हें और इनके उस दुष्ट दानव सरदार फेनफू को जीवित पकड़ कर ले जाना चाहता हूँ।"

यह कहकर बजरंगी, फेनफू के महल के फाटक की ओर दौड़ पड़े।

चीनी दानव के कुछ नौकर बहुत घबरा गये थे। उन्होंने उसके पास जाकर कहा– "अन्नदाता, वह भारतीय पहलवान अब इधर ही आ रहा है।" पर फेनफू चुप रहा। गँडेरियाँ चूसता रहा। बजरंगी ने पहला फाटक तोड़ डाला। नौकरों ने फेनफू को खबर दी। वह चुपचाप गँडेरियाँ चूसता रहा। थोड़ी-थोड़ी देर के बाद नौकरों ने आकर बतलाना शुरू किया कि अन्नदाता, दूसरा फाटक टूटा, तीसरा, चौथा भी टूटा, अब पाँचवाँ भी टूटने ही वाला है।

महल के सात फाटकों में से जब पाँच टूट गये, तब फेनफू नक्की सुर में गरजा– "डबल अफीम लाओ।"

नौकर एक-एक मन के दस हण्डों में अफीम घोलकर ले आये। फेनफू एक-एक हण्डा उठाकर गटर-गटर पीता जाए और आँगन में डण्ड-बैठक करता जाये। जब सात फाटक टूट गये तो फेनफू महल के नीचे जाने के लिये हुँकार मारता हुआ दौड़ पड़ा।

उधर बजरंगी सातों फाटक तोड़कर पहले आँगन में घुसे। उन्होंने देखा कि सीढ़ियों पर फेनफू नहीं, मानो दस फुट लम्बी, दस फुट चौड़ी और अठारह फुट मोटी माँस की दीवार दौड़ी चली आ रही है।

अपने शत्रु को देखकर चीनी दानव क्रोधावेग में सीढ़ियों से ही एक लम्बी छलाँग मारकर नीचे कूद पड़ा। बजरंगी ने भी फुर्ती से उछलकर उसके पेट में अपने सिर की टक्कर मारी। फिर तो दोनों पहलवानों में भयानक धर-पकड़ शुरू हो गयी।

उधर क्या हुआ कि बजरंगी के घर में तुलसी का बिरवा घड़ी में हरा हो, घड़ी में मुरझा जाय। बीच-बीच में एकाध छोटी पत्ती झड़ने भी लगी। यह देखकर बजरंगी की पत्नी ने नौरंगी स्वामी को बुलाया। वे फौरन अपने उड़न घोड़े पर सवार होकर चाँगचू द्वीप पहुँचने के लिये दिव्य देश की ओर उड़ चले। पहुँचते-पहुँचते चार दिन लग गये। जब पहुँचे, तब रात हो चुकी थी। नौरंगी स्वामी ने सोचा, बिना कुछ चमत्कार दिखलाये काम नहीं बनेगा। अपना काम सिद्ध करने के लिये मुझे राजा को चेला बनाना चाहिए। बस, चट से नौरंगी स्वामी ने कीमियागिरी से अपने ताँबे के फुहारेवाले पिचकारे में कोई गैसदार रसायन भरा। फिर उसे हवा में छोड़ने लगे। धरती से देखने वालों को ऐसा लगे कि मानो तारे ही नीचे उतरते चले आ रहे हों। इस प्रकार नौरंगी स्वामी ने एक पंथ दो काज कर लिये। वे तारे चमकाते हुए राजा के महल में उतर पड़े।

उड़न घोड़े पर सवार, हाथ में ताँबे का अनोखा पिचकारा और कन्धे पर झोली डाले हुए साधु को आया देखकर राजा-रानी का भक्तिभाव जागा। झट नौरंगी स्वामी ने आशीर्वाद दिया और अपने आने का कारण बतलाया। दिव्य देश के राजा ने बजरंगी के ह्वेल पर सवार होकर चाँगचू द्वीप जाने का हाल नौरंगी को सुना दिया।

रात में सारी दुनिया सो गयी, पर नौरंगी स्वामी चाँगचू द्वीप पहुँचने का उपाय सोचते रहे। सवेरे उन्होंने राजा से कहा–"मुझे पाँच सौ चीलें एक जाल में पकड़वा कर मँगा दीजिये।"

राजा ने चीलें मँगवा दीं। अब नौरंगी स्वामी ने फड़फड़ाती हुई पाँच सौ चीलों के जाल को एक लम्बी रस्सी से बाँधा। रस्सी का दूसरा सिरा उड़न घोड़े की गरदन से बाँधा।

हाथ में एक लम्बा बाँस भी ले लिया। फिर राजा के नौकरों से कहा कि चीलों को उड़ने के लिए उकसाओ। नौकर जाल के पास खड़े होकर हुल्लड़ मचाने लगे। चीलें घबराकर उड़ीं। नौरंगी ने उनके साथ ही साथ अपना घोड़ा भी उड़ा दिया। हाथ के बाँस को बार-बार ऊपर उचका कर चीलों को डराते थे, जिससे वे आसमान में ऊँची उड़ती ही चली गयीं। इस तरह नौरंगी का उड़न घोड़ा चुम्बक के पहाड़ों के आकर्षण से बचकर चाँगचू द्वीप पहुँच गया। जब चाँगचू आ गया तो नौरंगी ने घोड़े की गरदन से चीलों के जाल वाली रस्सी खोल दी और घोड़े को द्वीप में उतार दिया।

वहाँ उन्होंने बजरंगी का मच्छ देखा, डाकू-पहलवानों का बँधा गट्ठर देखा और लोगों से अपने भाई का हाल पूछा। लोगों ने बतलाया कि पूरे नौ दिन हो गये पर पहलवान अभी फेनफू को जीत नहीं पाये। लड़ाई चल रही है। यह सुनकर नौरंगी अपने घोड़े पर उड़कर फेनफू के आँगन में पहुँच गये। उन्होंने देखा कि बजरंगी पट पड़े हैं और फेनफू उन्हें चित करने के लिए पूरा जोर लगा रहा है। नौरंगी स्वामी ने चट से अपने घोड़े को नीचा किया और दुष्ट फेनफू की नाक पर सुँघनी उछाल कर फिर ऊपर उड़ गये। फेनफू को तड़ातड़ छींकें आने लगीं। बस, बजरंगी को अवसर मिल गया। फुर्ती से उसे गिराकर वे उसकी छाती पर चढ़ बैठे और उसकी नाक पर इतने घूसे मारे कि फेनफू बेहोश हो गया।

फिर तो दोनों भाई गले मिले। ढेर सारे मोटे-मोटे रस्से मँगवाकर पापी फेनफू को कसकर बाँध दिया। फेनफू के हारने की खबर सुनकर द्वीप भर में खुशी फैल गयी। नौरंगी ने अपने पिचकारे में कोई ऐसी दवा भरकर चारों तरफ छोड़ी कि बड़ी सुगन्ध उड़ने लगी। बजरंगी ने कहा-"आज से नौरंगी स्वामी इस 'स्वतंत्र द्वीप' के राष्ट्रपति होंगे।"

यह कहकर बजरंगी ने फेनफू और उसके पहलवानों को ह्वेल पर लादा और दिव्य देश पहुँच गये। वहाँ उनका बड़ा शानदार स्वागत हुआ। दानव फेनफू तथा उसके डाकुओं को लोगों ने खूब पीटा। जूतों, लातों और डण्डों से पापी फेनफू की खूब कुटम्मस हुई। राजा ने कहा कि जिन देशों को इस पापी ने तबाह किया है, उन सभी में इसकी और इसके साथियों की नुमाइश करो।

इतने में नौरंगी स्वामी भी वहाँ पहुँच गये। बजरंगी ने पूछा-"तुम बिना समुद्र पार किये वहाँ कैसे आ गये?"

नौरंगी ने कहा-"उसी पहाड़ी सुरंग से आया हूँ, जिसे बनवाकर यह दुष्ट फेनफू जादूगरों का सरताज बना था। मगर भाई साहब, कुछ भी हो, यह मानना ही पड़ेगा कि समुद्र के अन्दर डूबे हुए पहाड़ों के भीतर पक्का रास्ता बनाकर इसने सचमुच कमाल किया है। वह रास्ता इसी देश के पहाड़ की एक गुफा में मिला दिया है। इसी एक कमाल के लिए इसे मरने से पहले कुछ इनाम भी देना चाहिए। और इसका इनाम यही है कि इसे फौरन तोप के मुँह में बाँधकर उड़ा दिया जाय। देश-देश घुमाकर इसे अपमानित न किया जाय।"

बजरंगी को भी भा यह गया। फेनफू को तोप से उड़ाने का दिन घोषित किया गया। जिस दिन फेनफू तोप से उड़ाया गया, उस दिन से आज तक फेनफू का पुतला उसी तरह आतिशबाजी की तोप से दिव्य देश में उड़ाया जाता है।

चार दिन हँसी-खुशी से दिव्य देश और स्वतंत्र द्वीप में बिताकर बजरंगी पहलवान अपने घर के लिये चले। नौरंगी ने पहलवान को अपने उड़न घोड़े पर पहाड़ों के पार

पहुँचा दिया। बिजली घोड़ी अपने स्वामी को देखकर खुशी से हिनहिनाने और कूदने लगी। छोटे भाई को विदा देते हुए बड़े भाई ने कहा-"नौरंगी, वचन दो कि आज से तुम कभी जादूगरी वाले ढोंग करके भोली जनता को नहीं ठगोगे। यदि तुमने ऐसा किया तो याद रखना, न्याय के लिए मैं तुम्हें भी दण्ड देने से हरगिज नहीं चूकूँगा।"

नौरंगी स्वामी ने अपने बड़े भाई के चरण छूकर कहा-"मैं वचन देता हूँ। कभी-कभी, नीतिवश उचित समझने पर तो यह ढोंग अवश्य करूँगा, पर धन या निजी स्वार्थों के लिये यह ढोंग कभी नहीं करूँगा।"

अपने स्वामी को लेकर बिजली घर की ओर ऐसे दौड़ी कि लगता था, उड़ती हुई जा रही है। उधर नौरंगी स्वामी का उड़न घोड़ा स्वतन्त्र द्वीप की ओर बढ़ रहा था।

(1969)

●

बजरंगी पहलवान

हिमालय की तराई में एक रियासत थी। उसका नाम था कुबेरपुर। कुबेरपुर में चार नदियाँ बहती थीं। इनमें से एक नदी का नाम सुगन्धा था। सारे संसार में विख्यात महाबली बजरंगी पहलवान का घर सुगन्धा नदी के किनारे ही एक छोटी-सी पहाड़ी पर बना था। सुगन्धा के जल में गुलाबों की खुशबू आती थी और जल निर्मल तथा शीतल था। बजरंगी पहलवान प्रतिदिन सबेरे चार बजे सुगन्धा में स्नान करते थे। फिर वहीं पहाड़ी पर बने एक छोटे-से मन्दिर में बजरंग बली के दर्शन करते और उन्हें सिन्दूर चढ़ाकर अपनी दिनचर्या में लगते।

हिमालय के उत्तर में काऊकाऊ नामक एक कीमियागर था। उसने अपनी मेहनत और चतुराई के बल पर एक रसायन का आविष्कार किया था। उस रसायन से बर्फ को मिसरी की डली में बदला जा सकता था। अपनी सफलता से काऊकाऊ बहुत प्रसन्न हुआ। उसने सोचा कि अगर वह पूरे हिमालय पहाड़ को मिसरी का पहाड़ बना डाले तो फिर वह दुनिया का सबसे बड़ा धनी आदमी बन जायेगा। मगर उसकी यह लालसा पूरी होने में एक अड़चन थी। पूरे हिमालय पहाड़ को मिसरी का पहाड़ बनाने के लिए पहले उसे दो करोड़ पचास लाख रुपयों की व्यवस्था करना जरूरी था। इतनी धनराशि के बिना वह आवश्यक रसायन तैयार नहीं कर सकता था। एक दूसरी हिचक और थी—लुटेरों से मिसरी के पहाड़ की रक्षा करना।

काऊकाऊ अपना दिमाग दौड़ाने लगा—'किस राजा, किस सम्राट् को अपनी योजना में साझेदार बनाऊँ कि रुपया भी मिल जाय और सेना की सुरक्षा भी!'

इसके लिए पहले वह चीन के सम्राट् के पास गया। वह काऊकाऊ से भी डबल लालची था। उसने कहा—"तुम हमारी प्रजा हो। हम तुम्हें अपना साझीदार नहीं बना सकते। हाँ, तुमको रासायनिक आविष्कार के लिए पाँच लाख रुपये का इनाम देंगे और पाँच सौ रुपये महीने की नौकरी भी दे देंगे।" मगर काऊकाऊ तो करोड़पति, अरबपति बनना चाहता था। उसने इनकार कर दिया।

अब उसने जापान के सम्राट से लिखा-पढ़ी शुरू की। सम्राट् ने उसे लिख भेजा—"तुम्हारी योजना स्वार्थ और पाप से पूर्ण है। हिमालय के न रहने से भारत देश की सारी नदियाँ सूख जायेंगी। कई छोटे-छोटे देश तबाह हो जायेंगे। करोड़ों मनुष्यों के प्राण संकट में डालकर जो धनी बनना चाहता है, वह मनुष्य नहीं राक्षस है।

काऊकाऊ इस चिट्ठी को पाकर चिढ़ गया। वह सोचने लगा कि अब किससे सहायता माँगे। सोचते-सोचते उसके ध्यान में सहसा नवाब इंग्लैजुद्दौला का नाम आया तो वह खुशी से फड़क उठा। इंग्लैजुद्दौला पक्का धूर्त, स्वार्थी और निर्दयी था। सात समन्दरों तक वह सौदागरी भी करता था। साथ ही कमज़ोर राजा, नवाबों, और उनके प्रजाजनों को अपनी

सेना के जोर से लूटता था। काऊकाऊ ने उसी से समझौता करने का निश्चय किया। उसकी बातें सुनकर इंग्लैजुद्दौला बहुत खुश हुआ। उसने तुरन्त काऊकाऊ से समझौता किया। पक्की लिखा-पढ़ी के बाद काऊकाऊ ने अपना काम शुरू कर दिया। गहरा षड्यन्त्र रचकर काम चालू हुआ। दो हजार मील लम्बे हिमालय पहाड़ को उसने बराबर के आठ हिस्सों में बाँटा। फिर बीच के ढाई सौ मील के एक भाग पर अपने दो रसायन बारी-बारी से छिड़के। रसायन के प्रभाव से बर्फ, मिसरी बन गयी।

हिमालय की तराई में बसी हुई कुबेरपुर रियासत की चार नदियाँ एक दिन सुबह एकाएक सूखी हुई पायी गयीं। कुबेरपुर नगर में बहने वाली सुगन्धा नदी भी सूख गयी। कुबेरपुर राज्य और उस क्षेत्र की दूसरी छोटी-बड़ी रियासतों में त्राहि-त्राहि मच गयी। धीरे-धीरे यह खबर सारी दुनिया में पहुँच गयी। जापान के सम्राट् ने यह समाचार पढ़ा तो तुरन्त ताड़ गया कि यह काऊकाऊ की करतूत है। उसने तुरन्त एक पत्र लिखकर कुबेरपुर के राजा को भिजवाया।

महाराज ने यह समाचार पाया तो सन्न रह गये! परन्तु; उनके मन्त्री दीवान विश्वासराव बड़ी सूझ-बूझ वाले थे। उन्होंने कहा-''महाराज, घबराना कमज़ोरी की निशानी हे। सौभाग्य से बड़े-बड़े दुष्टों का दलन करने वाले महावीर बजरंगी पहलवान हमारे ही नगर में रहते हैं। उनसे कहिये कि इसका पता लगायें।''

राजा ने बजरंगी पहलवान को बुलाया। सारा हाल सुनकर बजरंगी बोले-''महाराज, मैं अभी जाकर पता लगाता हूँ। यदि यह काऊकाऊ या किसी मनुष्य की करतूत है तो मैं उसका कचूमर ही निकालकर छोड़ूँगा।''

बजरंगी पहलवान ने हरबे-हथियारों से लैस होकर घर के तुलसी चौरे की परिक्रमा की। पत्नी को उसकी सेवा करने की आज्ञा दी, फिर वे अपनी बिजली घोड़ी पर सवार हो सुगन्धा नदी के सूखे घाट के मुहाने की ओर बढ़ चले।

शाम झुटपुटा रही थी। बिजली सरपट दौड़ रही थी। सहसा बजरंगी ने लगाम खींचकर कहा-''रुक बिजली!'' उसके टापों की आवाज़ के साथ-साथ पहलवान को दरअस्ल कुछ खट-खट सुनायी पड़ रही थी।

बिजली के रुकने पर उन्होंने ध्यान से सुना, फिर घोड़ी से उतर कर उसकी गरदन प्यार से थपथपाकर धीरे से कहा-''बिजली, तू नदी के पाट से हटकर दाहिने हाथ के जंगल में चली जा। वहीं रहना और मेरी आवाज़ की प्रतीक्षा करना।''

बिजली चली गयी। बजरंगी भी सुगन्धा नदी के मुहाने के सूखे घाट को छोड़कर जंगल की राह आगे बढ़े। बड़े-बड़े पेड़ों की डालों पर अपनी एक ट्रिक से रस्सी की लपेटें फुर्ती से डालते और खोलते हुए, एक पेड़ से दूसरे पेड़ तक पेंगे ले-लेकर वे पाँच मिनट में बड़ी दूर पहुँच गये। खट-खट की आवाज़ें अब एकदम स्पष्ट और ज़ोर से सुनायी पड़ रही थी। पहलवान सतर्क होकर आगे बढ़ने लगे। फिर दृश्य को साफ-साफ देखने के लिए वे एक पेड़ पर चढ़ गये और दूरबीन लगाकर जाँच-पड़ताल करने लगे।

बजरंगी की दूरबीन बहुत ही उत्तम थी। इसे उनके छोटे भाई, प्रसिद्ध जादूगर, नौरंगी स्वामी ने उनके लिए तैयार किया था। इस दूरबीन से दस मील दूर का दृश्य भी बहुत स्पष्ट दिखलायी पड़ता था। पहलवान ने देखा कि ऊँचे पहाड़ पर गैसों के प्रकाश में सैकड़ों

मज़दूर मिसरी के बड़े-बड़े ढोंके काट रहे हैं। पहाड़ के नीचे बांयीं ओर के जंगल में कई तम्बू तने हैं। उनमें एक तम्बू पर सुनहरी जरी-तारों से नवाब इंग्लैजुद्दौला का सुप्रसिद्ध निशान कढ़ा हुआ है।

थोड़ी ही देर में उन्होंने देखा–मखमली तम्बू से नवाब और काऊकाऊ बाहर आये। उसी समय पेट्रोल से चलने वाले लोहे के बने दस मजबूत मोटर ठेले आकर वहाँ रुके। काऊकाऊ उन पर मिसरी लदवाने लगा।

पहलवान झटपट पेड़ से उतरे और दौड़कर पीछे की ओर लौटे। एक मील पीछे लौटकर उन्होंने नदी के सूखे पाट के दोनों ओर खड़े हुए बड़े-बड़े पेड़ों को अपने दोनों हाथों से हिला-हिलाकर जड़ समेत उखाड़ना आरम्भ कर दिया। घण्टे भर के अन्दर उन्होंने सौ पेड़ गिराकर मार्ग में बिछा दिये और ठेलों की प्रतीक्षा करने लगे।

थोड़ी देर के बाद मिसरी से लदे हुए दसों ठेले वहाँ पहुँच गये। उनके साथ बहुत-से बन्दूकधारी सिपाही भी थे। आगे का मार्ग रुका हुआ देखकर इंग्लैजुद्दौला के सिपाही चौकन्ने हो गये। तभी पहलवान ने पीछे वाले ठेले की पेट्रोल टंकी के ऊपर निशाना साधकर अपनी बनायी हुई स्प्रिंगदार गुलेल से बारूद का गोला फेंका। इस गुलेल को वे जेबी तोप कहा करते थे। जेबी तोप से एक गोला छूटा, फिर दूसरा, फिर तीसरा और धड़ाम-धड़ाम की आवाज़ों के साथ गोले छूटने लगे। पेट्रोल की टंकियों में आग लग गयी। सिपाही और ड्राइवर मोटर ठेलों से उतर-उतरकर भागने लगे। तभी पहलवान ने हाँक लगायी–"बिजली!"

जिस पेड़ से बजरंगी ने बिजली को पुकारा था, उसे निशाना बनाकर इंग्लैजुद्दौला के सिपाही जमकर गोलियाँ बरसाने लगे, लेकिन; पहलवान की जेबी तोप के गोलों की मार के आगे वे ठहर न सके। पहलवान नंगी तलवार हाथ में लेकर बड़ी फुर्ती से दुश्मनों पर दैवी-विपत्ति के समान पेड़ से कूद पड़े और सिपाहियों के पेर-के-पेर साफ कर दिये। उन पर आक्रमण इतना आकस्मिक हुआ था कि इंग्लैजुद्दौला के सिपाहियों ने घुटने टेक दिए। तभी बिजली वहाँ आ पहुँची। बजरंगी फुर्ती से उछलकर उस पर सवार हुए और बायें किनारे के जंगल में यह जा और वह जा। नवाब के पिटे-पिटाये सिपाही और मजदूर अचम्भे से उन्हें जाता हुआ देखते ही रह गये!

नवाब इंग्लैजुद्दौला और काऊकाऊ उस समय बड़ी मस्ती से विलायती शराब के प्याले उड़ा रहे थे। अपने तम्बू में उन्होंने लोहे के बड़े-बड़े टबों में मिसरी को फिर से बर्फ बनाकर भरवा रखा था। मिट्टी के तेल से चलने वाले दो बड़े-बड़े पंखे चल रहे थे। नवाब साहब बड़ी शान से बोले–"काऊकाऊ, पूरे हिमालय को जल्दी से मिसरी का बना डालो। उसके बाद तुम सात समन्दरों के पानी से सारा नमक खींच लेने की तरकीब निकालो। मिसरी और नमक के धन्धे से मैं तुमको अरबों रुपयों का लाभ करा दूँगा। समुद्र से नहरें निकालूँगा। नदियों के सूखने से मेरी नहरों की माँग बहुत बढ़ जायेगी।"

काऊकाऊ बोला–"मैं मिसरी और नमक तो बनाऊँगा ही, साथ ही साथ बादलों को बोरों में भरकर बेचने की तरकीब भी मैंने सोच ली है। जहाँ चाहो, पानी बरसाओ, जहाँ चाहो न बरसाओ। बादलों के थैले भी खूब बिकेंगे। फिर मैं हवा को दुनिया से खींचकर बोतलों में बन्द कर दूँगा। तब हर आदमी को जीने के लिए हमारी हवा की बोतलें खरीदनी पड़ेंगी। उनके बिना कोई साँस ही न ले सकेगा।"

स्वार्थ-भरी ये बातें चल रही थीं, तभी 'धड़ाम-धड़ाम-धड़ाम' गड़-गड गरड़ड़ धम' के धमाके लगातार सुनायी पड़ने लगे। सिपाहियों के घोड़े और पहाड़ तोड़ने वाले मजदूर भय के मारे चिल्ला उठे। नवाब और काऊकाऊ घबराकर बाहर आये। उन्होंने देखा कि ऊपर वाले पहाड़ से बड़ी-बड़ी चट्टानें और पत्थरों के कई मन वजनी ढोंके नीचे की ओर लुढ़कते ही चले आ रहे हैं। यह पहाड़ अभी पूरी तरह से मिसरी का नहीं बन पाया था।

देखते-देखते एक चट्टान धड़ाम से गिरी और इंग्लैजुद्दौला का मखमली तम्बू एक बड़ी चट्टान से दबकर टूट गया। इंग्लैजुद्दौला का प्यारा कुत्ता भी उसमें दब गया। तभी दूसरी चट्टान गिरी। रसायनों के हौदे टूट गये और सभी रसायन भी नष्ट हो गये।

काऊकाऊ चिल्लाया-"हाय मेरे रसायन!"

इंग्लैजुद्दौला चिल्लाया-"हाय मेरा कुत्ता!"

इस बीच किसी की दृष्टि ऊपर गयी। उसने वीर बजरंगी को बड़ी-बड़ी चट्टानें फुर्ती से लुढ़काते हुए देखा। बस, फिर तो पुकार पड़ गयी- "अरे बजरंगी, बजरंगी! भागो, भागो!"

उधर बजरंगी पहलवान चट्टानों पर चट्टानें लुढ़काते चले आ रहे थे। उन्होंने वहाँ की एक-एक चीज नष्ट कर डाली। इंग्लैजुद्दौला के हाथी, घोड़े, तम्बू, कनात सब नष्ट हो गये। अब उन दोनों को भी जान बचाने के लिए वहाँ से भागना पड़ा।

: 2 :

कुबेरपुर राज्य के महामन्त्री दीवान विश्वासराव अत्यन्त कुशल और अनुभवी आदमी थे। बजरंगी पहलवान के जाते ही उन्होंने कुबेरपुर राज्य के कोने-कोने में अपने जासूसों और संवाददाताओं का जाल बिछा दिया। इससे उन्हें एक-एक घण्टे में हर तरफ के समाचार मिलने लगे। सुगन्धा नदी के सूखने का असली कारण जानते ही उन्होंने अपने सबसे तेज उड़ने वाले कबूतर के गले में नौरंगी स्वामी के नाम एक चिट्ठी लिखकर बाँधी और तुरन्त उसे स्वतन्त्र द्वीप की ओर रवाना कर दिया।

कुबेरपुर के महाराजाधिराज को जब सारी घटनाओं की सूचना मिली, तब वे गम्भीर हो गये। उन्होंने अपने दीवान से कहा- "विश्वासराव, यह इंग्लैजुद्दौला बड़ा ही निर्मम, धूर्त और लालची है। इसे रोकने का प्रबन्ध तुरन्त करना चाहिए।"

दीवान विश्वासराव ने महाराज की बात का समर्थन किया। उन्होंने महाराज को सुझाव दिया कि इंग्लैजुद्दौला के घर में फूट डाल दी जाये। इसके लिए उसकी हिन्दुस्तानी बेगम के बेटे किंलैजुद्दौला की सहायता ली जाये।

उस रात महाराजाधिराज और महामन्त्री बड़ी देर तक अपनी प्रजा और संसार के सुख-दुख पर विचार करते रहे।

उसी रात की बात है। महाराज अपने पलंग पर लेटे-लेटे विचार कर रहे थे कि उन्हें दूर आकाश में लाल आग जैसी वस्तु लपकती हुई दिखलायी पड़ने लगी। सावधान होकर वे उठ खड़े हुए और खिड़की से बाहर देखने लगे। कुछ ही देर में महाराज ने देखा कि वह आग की लकीर उनके महल की ओर ही आ रही है। महल के पास आने पर लपटें

बन्द हो गयीं। महाराज ने देखा कि लाल रोशनी का एक बड़ा भारी तीर उनकी ओर आ रहा था। खिड़की के पास आते ही वह तिरछा मुड़कर खड़ा हो गया। उसका दरवाजा खुला। उसमें से एक व्यक्ति बाहर आया। महाराज उसे पहचान गये। वह व्यक्ति और कोई नहीं, नौरंगी स्वामी थे। उन्होंने कहा–''महाराज, मैं आ गया। आप दरबार-खास में पधारें। दीवान विश्वासराव को भी बुलवा लें। मैं अपना यह 'बजरंगबाण' बगीचे में उतारकर अभी आता हूँ।''

महाराज प्रसन्न हो उठे। उन्होंने तुरन्त दीवान विश्वासराव को बुलवाया। बगीचे में बजरंगबाण को उतारकर नौरंगी स्वामी भी दरबार-खास में पहुँचे। वहाँ दीवान विश्वासराव ने उन्हें काऊकाऊ और इंग्लैजुद्दौला के षड्यन्त्र की जानकारी दी। साथ ही यह भी बताया कि बजरंगी पहलवान उनकी दुष्ट चालों को चकनाचूर कर बिजली घोड़ी पर घर लौट रहे हैं।

सारी बातें सुनकर नौरंगी स्वामी बोले–''काऊकाऊ की यह कीमियागिरी अद्भुत है। अगर उसने अपने रसायन के आविष्कार का उपयोग ऐसे राक्षसी काम के लिए न किया होता तो मैं उसे इनाम देता। खैर, कल सबेरे सब देखभाल करके कोई उपाय करूँगा। भाई साहब भी तब तक घर आ जायेंगे।''

महाराज ने कहा–''देर करने से काम बिगड़ेगा। आप कल सवेरे ही रवाना हो जायँ।''

दूसरे दिन नौरंगी स्वामी बड़े सबेरे ही अपने बजरंगबाण पर सवार होकर हिमालय की ओर चल दिये। सूर्योदय का समय था। पूर्व दिशा में लाली छायी हुई थी। यह लाल-लाल चमकता हुआ बजरंगबाण भी सर्र से उड़कर उसी लाली में मिल गया।

बजरंगी के हाथों इंग्लैजुद्दौला बुरी तरह से तबाह हो गया था। वह काऊकाऊ के साथ जंगलों में लुकता-छिपता समुद्र के किनारे अपनी राजधानी कालाकूता में पहुँचा। इस समय वह बजरंगी पहलवान से बहुत नाराज था। उसने काऊकाऊ से कहा–''तुम कैसे कीमियागर हो कि बर्फ के पहाड़ों से तो मिसरी बना सकते हो, पर इस बजरंगी पहलवान को पत्थर का पुतला नहीं बना सकते?''

काऊकाऊ की आँखों में एकाएक शैतानी चमक गयी! अपनी दोनों हथेलियों को प्रसन्नता से एक-दूसरे पर फेरते हुए उसने कहा–''नवाब साहब, एक चतुर कारीगर बुलवाइये, जो कपड़े के गुलाबों की एक सुन्दर माला बना सके।''

नवाब इंग्लैजुद्दौला ने अपनी राजधानी के सबसे चतुर कारीगर को बुलवाया और चौबीस घण्टे के अन्दर फारस देश के बड़े-बड़े गुलाबों जैसी माला बनाने का आदेश दिया। दूसरे दिन जब माला बनकर आयी, तब काऊकाऊ ने तामचीनी के एक छोटे-से टब में एक रसायन घोला। फिर वह माला उसमें डाल दी और पन्द्रह मिनटों के बाद उसने उस माला को बाहर निकाला। अब तो माला के गुलाब हाथों से छूने पर भी एकदम असली गुलाब लगते थे। काऊकाऊ ने उस गुलाब की माला पर पिचकारी से एक दूसरा रसायन छिड़का। उसमें से गुलाब की मनमोहिनी महक आ रही थी। काऊकाऊ ने इंग्लैजुद्दौला से कहा–''आप, इस खुशबू को पन्द्रह मिनटों तक सूँघते रहेंगे तो पत्थर के पुतले हो जायेंगे।''

नवाब बहुत खुश हुआ। उसने उसी समय चार नौकरों को फारस देश की पोशाक पहनाकर, उस माला के साथ कुबेरपुर भेजा।

इन चारों नकली दूतों ने कुबेरपुर के दरबार में जाकर महाराज को प्रणाम किया और सोने की एक सौ एक मुद्राएँ भेंट कीं। इसके बाद उन्होंने महाराज से कहा–''जहाँपनाह, फारस के बादशाह ने बजरंगी पहलवान की वीरता और दयालु–स्वभाव की बड़ी तारीफ सुनी है। इसीलिए हमारे बादशाह ने बजरंगी पहलवान के सम्मान में एक गुलाबों की माला भेजी है। हमारे बादशाह ने आपसे यह प्रार्थना की है कि आप उनकी ओर से यह माला बजरंगी पहलवान को पहना दें।''

महाराज बड़े खुश हुए। पहलवान को बुलवाया। बजरंगी आये तो फारस के नकली दूतों ने वह माला महाराज के हाथ में दी। इतने बड़े-बड़े, ताजे और खुशबूदार गुलाब देखकर महाराज और सभी दरबारी खुश हो गये। महाराज ने बड़ी प्रसन्नता के साथ वह माला पहलवान को पहनायी। पहलवान एक कुर्सी पर बैठ गये। बातें होने लगी। थोड़ी देर के बाद पहलवान बोले–''महाराज, मुझे न जाने क्या हो गया है! मेरा सारा शरीर अन्दर से जकड़ा जा रहा है।...नहीं, नहीं, मैं ऐसा रोग अपने शरीर में नहीं होने दूँगा।'' यह कहकर पहलवान सब कुछ बिसारकर वहीं राज–दरबार में एकाएक दण्ड–बैठक लगाने लगे। महाराज और सारे राजदरबारी देख-देखकर हैरान!

दीवान विश्वासराव ने एकाएक चिल्लाकर कहा–''फारस के वे दूत कहाँ हैं? अवश्य ही इस फूल–माला में कोई जहरीली दवा मिली है।''

सिपाहियों और दरबारियों ने फारस के उन नकली दूतों की खोज की। मगर वे लोग पहले ही नौ–दो–ग्यारह हो चुके थे।

दीवानजी ने अबकी चिल्लाकर कहा–''पहलवान, माला को तुरन्त उतार फेंकिये। इसकी खुशबू में जहर है।''

मगर पहलवान अपनी धुन में कसरत करते ही चले गये, कुछ सुना नहीं। कई लोगों ने शोर मचाकर जब पहलवान को माला फेंकने के लिए कहा, तब पहलवान रुके। माला उतारकर देखी, फिर बोले–''ये कपड़े के गुलाब हैं। इन पर चमकीला रोगन और सुगन्धी छिड़की गयी है। परीक्षा के लिए इसे किसी कुत्ते को पहनाकर देखिये।...आह, मेरा शरीर जकड़ा जाता है। बस, कसरत करने से ही आराम मिलता है।'' कहकर पहलवान फिर कसरत करने लगे।

इधर महाराज की आज्ञा से दरबार में एक कुत्ता लाया गया। वह माला पहनाकर उसे एक कोने में बाँध दिया गया। पन्द्रह–बीस मिनटों में ही वह कुत्ता बड़ी करुणा से, मगर जोर से कराहा और एक बार उछलकर फिर पत्थर का हो गया! पहलवान ने उसे देखा और बोले– ''यदि मैं कसरत न करता तो मेरा भी यही हाल हो जाता। मेरा शरीर अब भी अन्दर से सख्त हो रहा है किन्तु; मैं ऐसे होने नहीं दूँगा। मैं कसरत तब तक करता रहूँगा, जब तक कि नीच काऊकाऊ के इस विष को मैं अपने लिए अमृत नहीं बना लेता।''

सचमुच अद्भुत आत्मविश्वासी थे बजरंगी पहलवान! महाराज से आज्ञा लेकर वे दरबार से दौड़ते हुए सीधे अपने अखाड़े पहुँचे और मुगदर घुमाना आरम्भ किया। सारा दिन, सारी रात वे कठिन व्यायाम करते रहे। दूसरे दिन सबेरे उन्होंने अपने चेलों से कहा–

"आओ, तुम सब मिलकर मेरे ऊपर गदा, मुगदर और पत्थरों से वार करो। मेरा शरीर अब वज्र का बन गया है। मैंने काऊकाऊ के विष को अपने लिए अमृत बना लिया है।"

सचमुच पहलवान की देह एकदम वज्र की बन गयी थी। उस पर करारी से करारी चोटों का असर भी न हो सका। इतने ही में एक नौकर दौड़ता हुआ आया। उसने बड़े उत्साह से कहा कि सुगन्धा नदी में फिर से जल भर गया है। और एकदम मीठा शरबत जैसा है।

बजरंगी पहलवान समझ गये कि नौरंगी स्वामी मिसरी को फिर से बर्फ बनाकर पिघलाने में सफल हो गये हैं। वे दौड़े सुगन्धा नदी के घाट पर गये और आनन्द से नहाने लगे।

: 3 :

सुगन्धा नदी में फिर से जल भरने का समाचार चारों ओर फैल गया था। उसके तट पर खड़े लोग सुगन्धा नदी में अपने प्रिय पहलवान बजरंगी का नहाना देख रहे थे। नौरंगी स्वामी भी इसी समय अपने 'बजरंग-बाण' पर सवार होकर वहाँ पहुँच गये। स्वतंत्र द्वीप से आने के पाँचवें दिन आज पहली बार दोनों भाई मिले थे। नौरंगी स्वामी ने कहा-"भाई साहब, मेरे 'उद्‌जन-चूर्ण' की बरसात से मिसरी तो घुलकर पानी बनने लगी परन्तु; मैं अभी तक पानी को बर्फ नहीं बना पाया। वहाँ गरमी इतनी पड़ रही है कि नयी बर्फ बन नहीं पाती। मिसरी के पहाड़ अधिक से अधिक पन्द्रह दिनों में पानी बनकर बह जायेंगे। फिर वहाँ कुछ भी न बचेगा। और सुगम रास्ता बन जाने पर चीन की सेनाएँ उधर से आकर हमें घेर सकती हैं। इधर से इंग्लैजुद्दौला की सेनाएँ हम पर आक्रमण करेंगी। दो चक्की के पाटों में हम सब बुरी तरह पिस जायेंगे।"

बजरंगी पहलवान बड़ी चिन्ता में पड़ गये। वह बोले-"यों तो इंग्लैजुद्दौला बहुत स्वार्थी है। अपने मिसरी के व्यापार में वह चीन के सम्राट को अपना साझीदार नहीं बनायेगा परन्तु; यह भी सच है कि हमें हराने के लिए वह कुछ भी कर सकता है। अब तुम्हीं कहो, क्या किया जाय?"

नौरंगी बोले-"एक उपाय हो सकता है। हम दोनों भाई नवाब की राजधानी कालाकूता में चलें। हनुमान जी ने जिस प्रकार से रावण की अशोक-वाटिका को उजाड़ना शुरू किया था, वहाँ पहुँचकर उसी प्रकार आप उसकी राजधानी को उजाड़ना शुरू करें। इसी बीच में मैं काऊकाऊ और इंग्लैजुद्दौला को कैद करके अपने बजरंग-बाण पर यहाँ ले आऊँगा। इसके बाद तो सारा काम आसान हो जायेगा।"

"तब फिर जल्दी से कालाकूता चलो। मैं इस काम में एक मिनट की भी देर नहीं चाहता।" कहकर बजरंगी पहलवान उठ खड़े हुए।

तभी बजरंगी की पत्नी का संदेश लिये। दासी ने आकर कहा- "मालकिन ने कहलाया है कि आप लोग भोजन करके जायें।"

नौरंगी स्वामी ने कहा-"भाभी से कह दो कि अब रोटियों और पूड़ी-कचौड़ियों से मेरा पेट नहीं भरेगा। अब तो मैं इंग्लैजुद्दौला का महल, उसका राज-सिंहासन चबा-चबाकर खाऊँगा। भाई साहब खाना चाहें तो खा लें।"

हाँ, भाई, मैं तो कल सारा दिन और सारी रात कसरत करता रहा हूँ। मुझे बहुत ज़ोर की भूख लगी है''–बजरंगी बोले।

''तब फिर भाई साहब, मेरे साथ आइये। मैं आज आपको सचमुच इंग्लैजुद्दौला का महल और राज-सिंहासन ही खिलाऊँगा। वहाँ के मनुष्यों और पशु-पक्षियों आदि को छोड़कर और सारी वस्तुओं को मिसरी बना दूँगा। उन्हें आप मजे से खाइयेगा!'' नौरंगी स्वामी ने कहा।

बजरंगी पहलवान अपने छोटे भाई की यह बात सुनते ही ठठाकर बड़े जोर से हँस पड़े। फिर दासी से कहा–''अच्छा, भोजन कालाकूता में ही चलकर करेंगे। मेरे नाश्ते के लिए तुम, दूध-बादाम ले आओ, बस।''

नौकर लोग डेढ़ मन दूध में एक मन बादाम की लुगदी घोलकर बारह बड़े-बड़े भगोनों में ले आये। बजरंगी पहलवान खड़े-ही-खड़े सारा माल गटागट अपने पेट में उतारकर भाई के साथ बजरंगबाण पर सवार हो गये। उनकी दूरबीन, जेबी तोप, बन्दूक, रस्सी और भयानक बम-गोलों का बड़ा भारी बैग भी साथ था। बजरंगबाण में तीन मंजिलों पर तीन कमरे बने हुए थे। एक में मशीनें लगी हुई थीं, दूसरे में छोटा-सा पुस्तकालय और सोने बैठने का प्रबन्ध था और सबसे ऊपर वाले तीसरे कमरे में प्रयोगशाला थी। नौरंगी स्वामी मशीन के सारे दिशा-संकेत और गति साधकर अपने पुस्तकालय या प्रयोगशाला में काम करने चले जाते और बजरंगबाण मजे में ऊँचाइयों पर उड़ता चला जाता था। पहलवान अपने छोटे भाई का यह आविष्कार देखकर बड़े प्रसन्न हुए।

कुबेरपुर और कालाकूता के बीच एक हजार मील का अन्तर था। कालाकूता एकदम समुद्र के किनारे पर बसा था लेकिन; तूफान से भी अधिक तेज गति वाला बजरंगबाण केवल बीस मिनटों में ही कालाकूता पहुँच गया।

कालाकूता में उस समय बड़ी चहल-पहल थी। बजरंगबाण को देखते ही सारे नागरिक सड़कों, चौराहों और छज्जों पर खड़े होकर तेज़ आवाज़ में चिल्लाने लगे। उन्होंने देखा–'जूँ...जूँ...' करता हुआ चमकीला अग्निबाण नीचे आया और एक 'दैत्य' उसमें से नीचे कूदा। दैत्य के नीचे कूदते ही अग्निबाण जादू की तरह सर्राता हुआ फिर ऊपर उड़ गया! छावनी के सब सिपाही आश्चर्य से देखते रह गये। उनकी समझ में कुछ भी न आया। मगर इतनी देर में हाथियों के चिंघाड़ने और घोड़ों के ज़ोर-ज़ोर से हिनहिनाने से सबका ध्यान उधर गया। बजरंगी पहलवान ने सब हाथी-घोड़ों को खोल दिया। उनके रखवालों को धमकाने के लिये उनके ऊपर बड़े-बड़े घोड़े उठा-उठाकर फेंकने शुरू कर दिए। फिर हाथियों को धमाधम पटकने लगे। हाथी-घोड़े घबराकर इधर-उधर भागे। तब तक सिपाही बन्दूकें लिये आ धमके। बजरंगी पहलवान पर दनादन गोलियाँ बरसने लगीं लेकिन; पहलवान की देह तो अब बज्र की हो गयी थी। पहलवान पहले हँसे, फिर उन्होंने कहा– ''अमाँ, ये तुम्हारी बन्दूकों में गोलियाँ भरी हैं या मूँगफली के दाने? अच्छा, अब मेरे एक गोले की बहार देखो।''

यह कहकर बजरंगी ने अपनी जेबी तोप से एक गोला छोड़ा। यह क्या! सिपाहियों की लाशें बिछ गयीं। अब तो बड़े-बड़े जनरल और कमाण्डर अपनी पूरी सेना और तोपखाना लेकर सामना करने के लिये आये परन्तु; वे बजरंगी की चतुरायी, फुर्ती और

वीरता से पार न पा सके। उन लोगों को ऐसा भ्रम होने लगा, मानो वहाँ एक बजरंगी न होकर हजारों बजरंगी आ गये हों। एक पल में इधर से उनकी जेबी तोप का गोला छूटता तो दूसरे पल में उधर से। दो घण्टों के भीतर ही इंग्लैजुद्दौला की आधी से अधिक सेना तबाह हो गयी। बाकी लोग पहलवान की दुहाई देते हुए उनके शरणागत हो गये। पहलवान ने उन्हें क्षमा कर दिया और कहा–"जाओ, मेरे लिए सौ मन दूध लाओ। और हाँ, इंग्लैजुद्दौला का महल कहाँ है? मुझे वहीं ले चलो।" यह कहकर वे एक हाथी की पीठ पर उछलकर बैठ गये।

उधर नौरंगी स्वामी भी अपना काम सफलतापूर्वक कर चुके थे। उन्होंने इंग्लैजुद्दौला और काऊकाऊ को बाँधकर अपने बजरंगबाण में कैद कर दिया। फिर उन्होंने पूरे महल के ऊपर उड़ान लेकर बजरंग-बाण से ही पूरे एक घण्टे तक एक रसायन की मूसलाधार बरसात की। महल, झाड़फानूस, दरी-कालीनें, सिंहासन, कुरसियाँ, पलँग, बरतन-भाँड़े आदि जो कुछ था, सब गलकर मिसरी के ढोंके बन गया। महल वाले सब, डर के मारे भागे। इतनी देर में बजरंगी पहलवान वहाँ पहुँच गये। सौ मन दूध में सारी मिसरी घोलकर पी गये। फिर उन्होंने नौकरों से कहा कि इस दुष्ट का पूरा माल-खजाना मेरे सामने लाओ। जब खजाना आया, तब अच्छे-अच्छे रत्न छाँटकर उन्होंने अपने महाराज के लिये रख लिये और बाकी सब कुछ ग़रीबों के बीच बाँटकर वहाँ से चल दिये।

: 4 :

सुगन्धा नदी के उद्‌गम के पास बजरंगबाण हिमालय पर्वत पर उतरा। पहलवान ने अपने दोनों कैदियों को धक्के देकर यान से उतारा। अब नौरंगी स्वामी उनके सामने अपना पिचकारा तानकर खड़े हो गये। उन्होंने काऊकाऊ से कहा–"तुम तो खाली बर्फ को ही मिसरी बना सकते हो मगर मैं हर चीज को मिसरी बना सकता हूँ। आपके महल-सिंहासन आदि का जो हाल हुआ, वह तो तुमने देख ही लिया। अब मैं तुम दोनों को मिसरी के पुतले बनाकर सुगन्धा नदी के जल में फेंक दूँगा। फिर तुम लोग आदमी से शरबत बन जाओगे।"

मगर दोनों ही बड़े धूर्त थे। रावण-कुम्भकरण की जोड़ी की तरह गुमसुम वे मुँह फैलाये बैठे रहे। बजरंगी ने क्रोध में आकर उन्हें दो-दो लातें जमायीं। वे लोग पीड़ा के मारे 'कें-कें, पें-पें' करने लगे। नौरंगी ने कहा–"काऊकाऊ, हिमालय की जलवायु को फिर पुरानी हालत पर ले आओ। नहीं यह देखो, मैं इंग्लैजुद्दौला को मिसरी का बनाता हूँ।"

यह कहकर नौरंगी स्वामी ने इंग्लैजुद्दौला के सिर पर पिचकारा छोड़ा। उसके सिर के बाल मिसरी के हो गये। इंग्लैजुद्दौला चिल्लाया– "अरे काऊकाऊ, बता दो।"

मगर धूर्त काऊकाऊ ने न बतलाया। इंग्लैजुद्दौला को नौरंगी स्वामी ने सचमुच ही मिसरी का पुतला बना डाला और फिर काऊकाऊ की ओर पिचकारा ताना। वह हाथ जोड़कर बोला–"मुझे मत मारो। मैं बतलाता हूँ।" काऊकाऊ ने दवाओं के नाम बतला दिये।

नौरंगी ने बजरंगी से कहा–"भाई साहब, इस दुष्ट पर निगरानी रखें!" यह कहकर वे अपनी प्रयोगशाला में गये और काऊकाऊ के बतलाये हुए रसायनों का घोल तैयार करके

बजरंगबाण को उड़ाते हुए पहाड़ के ऊपर दूर-दूर तक उस रसायन को बरसाया। थोड़ी ही देर में कड़ाके की सरदी फिर पड़ने लगी।

नौरंगी ने अब बजरंगी से कहा-"आइये, कुबेरपुर चलें। इस धूर्त को भी बाँधकर वहीं ले चलेंगे। वहाँ पहुँचकर मैं इसे जान से तो नहीं मारूँगा, पर अपनी दवा के कमाल से इसके सिर पर दो सींग और पीठ में एक लम्बी-सी दुम उगाऊँगा। कुबेरपुर के चिड़ियाखाने में बन्द रहकर यह सदा एक घिनौने जानवर की तरह तमाशे की वस्तु बना रहेगा।"

नौरंगी स्वामी की बात सुनकर बजरंगी ठठाकर हँस पड़े किन्तु; काऊकाऊ की तो सिट्टी-पिट्टी गुम हो गयी। उसने घिघियाकर क्षमा माँगते हुए बजरंगी पहलवान के पैर पकड़ लिये। दयालु बजरंगी पहलवान ने नौरंगी स्वामी की ओर देखा। नौरंगी स्वामी बोले-"भाई साहब, यह बड़ा धूर्त है। इसकी बातों में नहीं आयें।" फिर उन्होंने काऊकाऊ को बजरंगबाण में ढकेला और बाद में पहलवान के साथ स्वयं भी उस पर सवार हो गये।

कुबेरपुर पहुँचने पर दोनों भाइयों का भव्य स्वागत हुआ। आकाश बजरंगी-नौरंगी के जय-जयकारों से गूँज उठा। जापान के दयालु सम्राट का उपकार मानने के लिए महाराज ने उनकी सेवा में बहुमूल्य उपहार भेजे।

(1969)

•

बजरंगी स्मगलरों के फन्दे में

तिब्बत और हिन्दुस्तान की सीमा पर बसा कुबेरपुर नगर अपने ढंग का अनोखा है। वहाँ के दृश्य बहुत ही सुन्दर और मोहक हैं। झीलों, झरनों और जंगलों से घिरा हुआ कुबेरपुर पहले एक छोटी-सी रियासत था लेकिन; अब वह आज़ाद भारत का एक महत्वपूर्ण नगर बन गया है। हिमालय की लकड़ी और खनिज पदार्थों के कारण वहाँ बहुत से छोटे-छोटे कारखाने खुल गये हैं, जिससे शहर की आबादी और रौनक खूब बढ़ गयी है।

कुबेरपुर के एक सेठ मानकचन्द्र ने दुनिया भर की सुन्दरतम मूर्तियों की हूबहू नकलें तैयार कराके एक ऐसा म्यूजियम बनाया है कि जिसे देखने के लिए बड़ी भीड़ आया करती है। कुबेरपुर के पुराने राजा का ऐतिहासिक महल भी देखने लायक है लेकिन; इन सबसे अधिक कुबेरपुर का महत्त्व विश्वविख्यात बजरंगी पहलवान और उनके छोटे भाई नौरंगी स्वामी के कारण ही बढ़ा है।

कुछ वर्ष पहले एक बार ओलम्पिक के मैदानों में बजरंगी ने टारजन और फैण्टम को हराकर लगभग बारह प्रतियोगिताओं में स्वर्ण-पदक जीते। तब से बजरंगी पहलवान की धाक सारी दुनिया में बैठ गयी, लोग उनकी बहुत ही इज़्ज़त करने लगे हैं। बजरंगी पहलवान ने प्रतियोगिताएँ जीतीं तो सही लेकिन; अपने स्वर्ण-पदक उन्होंने साथ लड़ने वालों को ही दिलवा दिये। इससे उनके प्रति लोगों का आदर बहुत अधिक बढ़ गया।

ओलम्पिक कमेटी ने बाद में यह तय किया कि इनाम न लेने वाले इस अलबेले भारतीय का सम्मान अवश्य होना चाहिए। बजरंगी पहलवान को एक बड़ी सभा में 'विश्व-रत्न' की उपाधि दी गयी। वह जब भारत लौटकर आये, तब उनका बड़ा ज़ोरदार स्वागत हुआ। हर हिन्दुस्तानी को इस बात का अभिमान था कि उनके देश के एक पहलवान ने टारजन और फैण्टम जैसे विश्वविख्यात पहलवानों को भी पछाड़ दिया। कुबेरपुर आने पर वहाँ की जनता ने पहलवान का ऐसा स्वागत किया, जैसा दुनिया के इतिहास में आज तक किसी का नहीं हुआ। उन्हें फूलों की मालाओं की बजाय कीमती हीरों-मोतियों की मालाएँ पहनायी गयीं। सोने की प्लेट पर उन्हें अभिनन्दन-पत्र दिया गया। बजरंगी पहलवान बोले कि मैं यह सारा धन प्रधानमंत्री कोष में दे दूँगा, जिससे मेरे देशवासियों का भला होगा और अब मैं देश के नौजवानों को कसरत, कुश्ती, घुड़सवारी, निशानेबाजी तथा तरह-तरह की विद्याएँ सिखाकर ऐसा मजबूत बनाना चाहता हूँ कि दुनिया में उनका मुकाबला कोई भी न कर सके। आज भारत में एक बजरंगी है तो कल अनेक बजरंगी हो जायेंगे।

बजरंगी पहलवान के इस त्याग की महिमा चारो ओर फैल गयी और देश भर के नौजवानों ने बजरंगी पहलवान का शिष्य बनने के लिये अर्जियाँ भेजनी शुरू कर दीं। पहलवान ने उन्हीं नौजवानों में से चुनकर 50 लोगों को शिक्षा देना आरम्भ किया।

बजरंगी के अखाड़े का बड़ा जोर था। कुछ ही महीनों में उनका एक-एक चेला ऐसे कमाल दिखलाने लगा कि लोग-बाग तारीफें करते न अघाते थे। उन्हीं दिनों भारत के एक प्रदेश में बहुत-से डाकुओं ने अपना हत्यारा पेशा छोड़कर सरकार के सामने आत्मसमर्पण करने का निश्चय किया। एक बड़े नेता ने उन डरावने डाकुओं को आदमी बना दिया। अखबार में जब ये खबरें छपीं, तब, दिन के खाली समय में बजरंगी पहलवान के कई शिष्य एक दिन आपस में चर्चा करने लगे।

संजीव ने कहा–"इन डाकुओं का आत्मसमर्पण तो एक-न-एक दिन होना ही था। मनुष्य चाहे कितना ही कठोर और बलशाली क्यों न हो लेकिन; डाकुओं की तरह जंगलों में मारे-मारे डोलना और तरह-तरह के दुख-सुख झेलना किसी को अच्छा नहीं लगता। बात तो तब बनेगी, जब असली डाकू आत्मसमर्पण करें।"

बबलू ने कहा–"तुम किन डाकुओं की बात कर रहे हो, संजू?"

संजीव बोला–"अरे, असली डाकू तो यह काला धन कमाने वाले सेठ और स्मगलर हैं। देखते नहीं, हमारे कुबेरपुर में आजकल स्मगलिंग का सामान हर बाजार में पटा पड़ा है। विदेशों में बने हुए टेलिविजन, टेपरिकार्डर, रेडियो सेट, घड़ियाँ, फाउण्टेन पैन और कपड़े इतनी तेज़ी से बिक रहे हैं कि उनके कारण हमारे स्वदेशी उद्योगों को झटका लग रहा है। दूसरी तरफ से मुनाफाखोर लोग हमारे देश को तंग कर रहे हैं। रोज-रोज महँगाई बढ़ाकर वे स्वयं तो मोटे बनते चले जा रहे हैं, जबकि हमारी जनता चिन्ताओं के मारे दिन-रात दुबली होती चली जा रही है।"

आलोक ने कहा–"अरे संजू, क्या बेकार की शिकायत लेकर बैठ गया है तू? इन लोगों से तो सरकार भी नहीं जीत पाती, दूसरा भला क्या जीतेगा?"

सिद्धार्थ बोला–"आलोक, पूज्य बजरंगी पहलवान के शिष्य होकर तुम निराशा भरी बातें क्यों कहते हो? जो काम कोई नहीं कर सका, वह हम करेंगे। क्यों अक्षय, मैं ठीक कहता हूँ न?"

बात का उत्तर केवल अक्षय ने ही नहीं बल्कि; कई लड़कों ने 'हाँ-हाँ, क्यों नहीं' कहकर एक साथ दिया।

आलोक बोला–"खोखला जोश दिखलाने से कुछ नहीं होगा सिद्धार्थ, क्या तुम उन गुण्डों को पकड़ सकते हो, जो हमारे यहाँ स्मगलिंग का माल बेचने के लिए आते हैं? क्या तुम किसी भी सेठ के गोदाम खोजकर स्मगलिंग का माल उजागर कर सकते हो?"

संजू बोला–"हाँ-हाँ, हम कर सकते हैं। ये गुण्डे हमसे न तो पिस्तौल-छुरा चलाने में जीत सकते हैं, न कुश्ती में और न दौड़ने में। फिर हम इनको पकड़ क्यों न लेंगे?"

दूसरे लड़के भी संजू की बात का जोशीला समर्थन करने लगे। आलोक हँस पड़ा। बोला–"अच्छा भाई, तुम लोग भी अपने मन की निकाल लो। हो सके तो एक-आध स्मगलर या मुनाफाखोर को पकड़ो।"

सिद्धि बोला–"एक-आध नहीं, हम सबको पकड़ेंगे।"

बबलू ने कहा–"लेकिन इस तरह का कोई काम करने से पहले हम लोग क्या अपने गुरुजी से आज्ञा नहीं लेंगे?"

संजीवन ने कहा–"क्यों नहीं, भला आज तक हम लोगों ने गुरुजी से पूछे बिना कोई काम किया है, जो आज ही करेंगे? चलो, हम सब अभी गुरुजी के पास चलते हैं।"

आलोक फिर हँस पड़ा, बोला–"चलो-चलो, अभी पाँच ही मिनट में गुरुजी की डाँट खाकर अपना मुँह लटकाये हुए तुम लोग बाहर निकलोगे।"

आलोक की यह बात किसी भी लड़के को अच्छी नहीं लगी। अतुल ने चिढ़कर कहा–"हम तुम्हारी तरह अशुभ कभी नहीं सोचते। और, हम यह भी जानते हैं कि हमारे गुरुजी हमें सदा हौसला देते हैं। वह किसी को बेकार में कभी नहीं झिड़कते।"

ये लड़के पहलवान के घर जिस समय पहुँचे, उस समय बजरंगी गुरु पच्चीस-पच्चीस मन के दो बड़े-बड़े पत्थरों को दोनों हाथों में उठाकर पहाड़ी के नीचे से अपने घर की ओर ऐसे झूमते-झामते चले आ रहे थे कि मानो उनके हाथ में पत्थरों का नहीं, वरन् फूलों का बोझ है। शिष्यों को देखकर उन्होंने पूछा–"कहो, अक्षय, तुम लोग इस समय क्यों आये हो?"

अक्षय ने आगे बढ़कर कहा–"गुरुजी, आप यह पत्थरों का बोझ न उठायें। जो काम आप अकेले कर रहे हैं, वह हम आठ-दस लड़के मिलकर कर लेंगे।"

बजरंगी हँसे, बोले–"भाई, यह बोझ तो मैं तभी दूँगा, जब तुममें से कोई एक लड़का इसे उठाकर ले चले।"

गुरुजी की बात सुनकर सब लड़के चुप हो गये। पचास मन बोझ उठाकर यों मस्ती में चलना उनमें से किसी के बस की बात नहीं थी। गुरुजी पूरे छह मील से पत्थर की ये शिलाएँ ढोकर लाये थे। अब शिष्यों के साथ ही वे उस पहाड़ी पर चढ़ रहे थे, जिस पर कि उनका मकान बना था। चलते हुए बजरंगी ने फिर कहा–"तुम सब गोल बनाकर आये हो, इसलिए लगता है कि तुम्हारे मन में कोई योजना अवश्य है।"

संजीव बोला–"हाँ, गुरुजी, हम लोगों ने सचमुच ही एक योजना बनायी है। उसे पूरा करने के लिए ही हम आपकी आज्ञा लेने आये हैं।"

इसके बाद संजीव ने अपनी बात गुरुजी के सामने विस्तार से कहना आरम्भ किया। सुनते हुए बजरंगी और उनके शिष्य पहाड़ी के ऊपर पहुँच गये। अपने घर के सामने वाले बगीचे में पहलवान ने फव्वारे के दोनों ओर एक-एक पत्थर रख दिया और बोले–"कल मैं ऐसी ही दो बड़ी शिलाएँ काटकर और लाऊँगा। फव्वारे के चारों ओर बैठने के लिए शिलाएँ चौकियों का काम देंगी।" यह कहते हुए वे एक पत्थर पर बैठ गये। उनके शिष्य उनके सामने घास पर बैठे। बजरंगी ने कहा– "बच्चो, यह मेरे नाश्ता करने का समय है, आज तुम लोग भी मेरे साथ ही नाश्ता करो।"

पहलवान के शिष्यों को उनके साथ भोजन या नाश्ता करते समय बड़ा डर लगता था। बजरंगी पहलवान जितना खाते थे, उतना तो वे सब मिलकर भी नहीं खा सकते थे। पहलवान इसके लिए उन्हें मीठे ताने देते थे। लड़कों की गरदनें शर्म से झुक-झुक जाती थीं परन्तु; गुरु के आदेश को न मानने की हिम्मत किसी में नहीं थी। वे सकपकाये हुए मुँह देखने लगे। तभी बजरंगी ने अपने नौकर को आवाज़ देकर सबके लिये जलपान लाने को कहा।

घास पर ही छोटी-छोटी चौकियाँ लाकर रख दी गयीं। लड़कों के लिये जलपान की तश्तरियाँ और पहलवान के लिये एक बड़े थाल में ढेर सारा हलुवा और एक बड़ा गंगाल भरकर दूध लाया गया। आज पहलवान ने नाश्ता करते समय अपने किसी भी चेले को

कम खाने पर ताना न दिया। सब लोग जब नाश्ता कर चुके और पहलवान धरती से उठकर फिर शिला पर बैठ गये, तब उन्होंने शान्त स्वर में कहना शुरू किया–''बच्चो, मैं तुम्हारी हिम्मत से बहुत प्रसन्न हुआ। मैं चाहता हूँ कि तुम लोग मुझसे यह सब विद्याएँ सीख तथा बलवान होकर अपने देश का हर तरह से कल्याण करो। परन्तु एक बात सदा याद रखना, कोरा शारीरिक-बल ही इन्सान को कभी नहीं जिता सकता। जोश होना अच्छी बात है, शक्तिशाली होना उससे भी अच्छी बात है लेकिन; बुद्धिशाली होना सबसे अच्छी बात है। जो बुद्धिमान नहीं होता, वह अक्सर मार खा जाया करता है।''

बबलू ने उठकर हाथ जोड़े और कहा–''गुरुजी, हमने आपका यह उपदेश इतनी बार सुना है कि अब यदि हम उसका पालन न कर सके तो हम लोगों से बढ़कर मूर्ख सारी दुनिया में और कोई नहीं माना जायेगा। हम इस समय तो आपकी आज्ञा लेने आये हैं लेकिन; जब आज्ञा पा जायेंगे तो इन दुष्टों के खिलाफ अपने लड़ने की योजना अच्छी तरह से बना करके ही इस काम में हाथ डालेंगे।''

बजरंगी पहलवान ने मीठी झिड़की दी और कहा–''तुम लोग यदि योजना बनाकर ही मेरे पास अनुमति लेने के लिए आते तो अधिक बुद्धिमान साबित होते। खैर, मैं चाहता हूँ कि तुम्हारा हौसला बढ़े और तुम्हारे शरीर के बल की परीक्षा भी हो जाय। इसलिये मैं तुम्हें इन स्मगलरों और मुनाफाखोरों के विरुद्ध युद्ध छेड़ने की अनुमति देता हूँ। इसके साथ-ही-साथ मैं तुम्हें कुछ चेतावनियाँ भी देता हूँ; अगर तुम लोग उन्हें न भूलोगे तो तुम अपने काम में अवश्य सफल होगे। बच्चो, इन मुनाफाखोरों और स्मगलरों का संगठन विश्वव्यापी है। बड़े-बड़े सेठ-साहूकार, जो अपने-अपने देशों की सरकारों पर भी अपना प्रभाव रखते हैं, इन कामों को कराते हैं। दुनिया-भर के छँटे हुए गुण्डे, जो डाकू और खूनी हैं, इनकी नौकरी बजाते हैं। इनके जासूसों का जाल ऐसा फैला हुआ है कि उससे पार पाना मुश्किल है। गुण्डे हर भेस में मिलते हैं। देखने में वे अक्सर बड़े शरीफ भी लगते हैं। वे फेरी वाले दूकानदारों में हैं, क्लर्कों में हैं, अफसरों और नेताओं के भेस में भी मिलते हैं; इसलिये उनको जाँचना और समझना बहुत कठिन काम है। तुम अगर इन बातों का ध्यान रखकर योजना बनाओगे तब ही तुम्हें सफलता मिलेगी, वरना मुफ्त में ही अपनी जानें गँवाओगे।''

संजू, बबलू, सिद्धार्थ, आलोक, अक्षय आदि सब लड़के अपने छात्रावास में लौट आये। उन्होंने अपने दूसरे साथियों को भी बुलवाया और सबके सामने अपनी योजना रख दी। संजू ने कहा–''मित्रो, गुरुजी ने कहा है कि यह हमारी पहली परीक्षा है। इसलिए हम सबको बहुत सावधानी से इस पर विचार करना है, योजना बनानी है और काम करना है।''

परितोष बोला–''हम लोगों ने अपनी पहली परीक्षा के रूप में बहुत बड़ी जिम्मेदारी उठाने का विचार किया है। मैं समझता हूँ कि पहले हमें छोटी-मोटी परीक्षाएँ देनी चाहिए। यह काम बहुत कठिन है। देख रहे हो न, कुबेरपुर के बाजारों में लाखों रुपये का स्मगलिंग का माल खुलेआम बिक रहा है। पुलिस ही जब उन्हें नहीं पकड़ सकती, तब हम अनुभवहीन छोकरे ऐसे धन्धों को भला क्या समाप्त कर पायेंगे।''

किंशुक ने कहा–''परितोष भाई, हममें और पुलिस में एक अन्तर है। हम नयी दुनिया का निर्माण करने के लिए यहाँ बजरंगी गुरु से शिक्षा लेते हैं। अगर हम आरम्भ में

ही यह काम कर दिखलायेंगे तो उससे नये भारत और नयी दुनिया का निर्माण करने के लिए हमें बड़ा बल मिलेगा।''

परितोष बोला–''ठीक है, अगर सब लोग इसी जोश में हैं तो मैं भी अपना कदम पीछे नहीं हटाऊँगा। मेरा मतलब यह है कि एक बार हम सब लोग मिलकर अच्छी तरह से योजना बना लें कि हमें क्या-क्या काम करने हैं? मेरी राय में तो हमें सबसे पहले इनकी जासूसी करनी है।''

''हाँ-हाँ, यही बात अभी-अभी गुरुजी ने भी हमें बतलायी थी। संजू, तुम पहले साथियों को गुरुजी का उपदेश सुना दो, फिर हम सब लोग उस पर विचार करने का काम शुरू करेंगे।''

योजना बनी। सभा वाला कमरा भीतर से बन्द करके पचासों लड़के रात के तीन बजे तक एक-एक बात पर बड़ी बारीकी से विचार करते रहे। फिर सबको सबका काम सौंप दिया गया। आरम्भ में पाँच लड़के जासूसी करने के लिए बाजारों में भेजे गये। उनको जासूसी करते हुए चार दिन भी न बीते थे कि वे लोग अचानक गायब हो गये! बजरंगी पहलवान को सूचना देने से पहले सब लड़कों ने बड़ी सावधानी के साथ एक-एक गली-कूचे से लेकर जंगल और पहाड़ छान मारे, पर उन्हें अपने साथी नहीं मिले। यही नहीं, जिस दिन जंगल से लौटकर लड़कों ने गुरुजी से बात करने का निश्चय किया, उसी दिन लौटते-लौटते जंगल से बाहर निकलने पर उन्होंने अनुभव किया कि पीछे की कतार में चलने वाले पाँच लड़के और गायब हो गये हैं!

शहर में सनसनी फैल गयी। बजरंगी पहलवान चौंक उठे! अब तक तो लड़कों का ही सवाल था, पर अब स्वयं 'विश्वरत्न' बजरंगी पहलवान की प्रतिष्ठा पर ही सीधे आँच आ रही थी।

पाँचवें दिन सबेरे आठ बजे एक हेलीकॉप्टर कुबेरपुर के आसमान में अपनी गूँज भरने लगा। वह काफी नीचे उड़ रहा था। शहर के कई चक्कर काटकर हेलीकॉप्टर ने नागरिकों के मन में एक कौतूहल पैदा कर दिया कि हवाई जहाज इतनी देर से शहर के ऊपर आखिर क्यों उड़ान भर रहा है! आधे घण्टे तक इसी तरह चक्कर लगाने के बाद एक बार हेलीकॉप्टर जब बजरंगी पहलवान के मकान के ऊपर पहुँचा, तब उसने एक और नया करिश्मा दिखाया। हेलीकॉप्टर के निचले हिस्से से एक बड़ी भारी डोलची उसी तरह गिरने लगी, जैसे लड़ाकू हवाई जहाजों से बम गिरते हैं।

बजरंगी पहलवान अपने मकान के आगे वाले हरे-भरे लॉन में फव्वारे के पास अपने द्वारा लायी हुई पत्थर की शिला पर बैठे-बैठे यह तमाशा देख रहे थे। पिछली रात से उनका मन चिन्तामग्न तो था ही, इसलिये हवाई जहाज की आवाज़ ने उन्हें किसी हद तक खिजला दिया था। हवाई जहाज से डोलची के निकलते ही बजरंगी पहलवान को पहले तो यह भ्रम हुआ कि दुश्मन कहीं उनके मकान पर बम तो नहीं गिरा रहा है। वे सावधान होकर खड़े हो गये। तब तक डोलची काफी नीचे आ गयी थी, लेकिन वह जमीन पर न गिरी। उन्होंने देखा– जालीदार डोलची प्लास्टिक की है, जिसकी डोरी हवाई जहाज से बँधी हुई है। डोलची के नीचे आते ही उसमें से 'गुरुजी', 'गुरुजी' की आवाज़ सुनकर बजरंगी को और भी अधिक आश्चर्य हुआ। उन्होंने देखा कि उनके दसों शिष्य उस जालीदार डोलची में पकड़े हुए पंछियों की तरह उन्हें देख-देखकर फड़फड़ा रहे थे।

डोलची काफी नीचे थी। इसलिये पहलवान उसे पकड़ने को झपटे; मगर वैसे ही हेलीकॉप्टर ऊँचा उठ गया। उसके साथ उछलती हुई डोलची भी पहलवान की पकड़ से बाहर हो गयी! हवाई जहाज फिर आसमान में चक्कर काटने लगा!

सारे शहर ने यह तमाशा देखा। प्लास्टिक की मजबूत रस्सी से बँधी हुई वह जालीदार डोलची हेलीकॉप्टर की ऊँची-नीची उड़ानों से हवा में ऐसे तेज़ झोंके लेती थी कि देखने वालों को लगता था, अब टूटी, अब गिरी और अब पहलवान के नौनिहालों की हड्डियाँ-पसलियाँ चूर-चूर हुईं। मगर ऐसा कुछ नहीं हुआ। थोड़ी देर तक सारे नगर को यह तमाशा दिखलाकर डोलची देखते-ही-देखते ऊपर उठने लगी और हेलीकॉप्टर के पेट से यों जाकर चिपक गयी, जैसे कंगारू के पेट से बच्चा चिपकता है।

हेलीकॉप्टर के जाल में फँसे हुए बजरंगी के दसों शिष्यों के लिए परीक्षा का यह सबसे कठिन क्षण था। हेलीकॉप्टर उन्हें हवा में लटकाये हुये जब तक कुबेरपुर निवासियों को अपने करिश्मे दिखलाता रहा, तब तक उनकी साँसें मानो सूली पर चढ़ी रहीं। उधर लड़कों ने सोचा- 'क्या यह हमको बेबस करके मारना चाहता है? हमारे गुरुजी को नीचा दिखलाना चाहता है?'

यह सोचते लड़कों ने तय किया कि हम जान दे देंगे, मगर मुँह से उफ तक न निकालेंगे। उन्हें तो धोखे से बेहोश करके पकड़ा गया था। रात भर उन्हें मशीनों भरे एक ऐसे कमरे में रखा गया, जिसमें बेहद गरमी थी। मशीनों से तरह-तरह की भयानक आवाजें आतीं। रंग-बिरंगी लपटें निकलतीं और उन लपटों से कमरे की गर्मी अधिक बढ़ जाती थी।

लड़कों के कण्ठ प्यास से सूखने लगे। उनके शरीर से इस तरह पसीना छूट रहा था जैसे कि वे पसीना बनकर ही गल जायेंगे। लाउडस्पीकर के द्वारा उनसे कहा गया कि अगर तुम लोग माफीनामा लिखकर दे दो और हमारी जासूसी करना छोड़ दो तो हम तुम्हें मुक्त कर देंगे। परन्तु लड़कों ने एक स्वर में कहा कि हम जान दे देंगे पर तुम अत्याचारियों को ऐसा कोई वचन हरगिज-हरगिज नहीं देंगे। वे नौजवान सारी रात भूखे-प्यासे कष्ट सहते रहे, मगर मुँह से एक अक्षर न कहा। सुबह उन्हें कमरे से निकालकर ले जाया गया। उनकी आँखों पर काली पट्टियाँ बाँधी गयीं और उन्हें हेलीकॉप्टर की डोलची में बिठलाने के बाद आँखों की पट्टियाँ खोल दी गयीं। डोलची में बिठलाते समय उनके ऊपर इतनी कृपा अवश्य की गयी कि उन्हें पानी पिला दिया गया। बच्चे हवाई जहाज की उड़ानों के समय आपस में एक-दूसरे से टकराते थे, एक-दूसरे पर गिर पड़ते थे, उनकी खोपड़ियाँ लड़ जाती थीं। इस तरह उनकी हड्डियाँ चूरचूर हो गयी थीं। वे चाहते थे अब अधिक कष्ट न भोगना पड़े और मौत आ जाये।

कुबेरपुर के निवासी तो उनकी दुर्दशा देखकर ऐसे दुखी हुए कि न तो किसी से खाया गया, न पिया गया और न किसी का किसी काम में मन ही लग पाया। सब यही कहते थे कि हाय, यह कौन दुश्मन है जो इन नौजवानों पर इतना अत्याचार कर रहा है? क्या बजरंगी पहलवान अपने शिष्यों को आज़ाद करा पायेगा? बहुत से लोग पहलवान के घर अपने मन की व्यथा कहने गये। सेठ मानकचन्द भी उस समय पहलवान के पास ही बैठे हुए थे। बजरंगी ने सबसे कहा-"दुष्ट लोग कष्ट तो दिया ही करते हैं, पर इन कष्टों से हमें घबराना नहीं चाहिए। रावण ने रामजी को क्या कम कष्ट दिया था? मगर अन्त में

जीत रामजी की ही हुई। इसी तरह अब भी घबराने की कोई बात नहीं। एक-न-एक दिन रामजी की कृपा से इन दुष्टों का नाश कर ही डालूँगा।''

अपने साथियों को हवाई जहाज में लटकते देखकर बजरंगी के दूसरे शिष्यों के भीतर उग्र विचार आ रहे थे। उन्होंने आपस में तय किया कि हम इन स्मगलरों की जासूसी करना कदापि नहीं छोड़ेंगे। हम इनके अड्डों का पता लगायेंगे और शीघ्र ही इनसे अपने साथियों को एक दिन मुक्त करा लेंगे। पाँच लड़के फिर जासूसी करने के लिए शहर में गये लेकिन; शाम तक जब वे लौटकर न आये तो घबराहट और भी अधिक बढ़ गयी। लड़के दौड़े-दौड़े पहलवान को खबर करने के लिए गये लेकिन; पहलवान अपने घर में मौजूद न थे। कहाँ गये हैं? इसका पता किसी को भी नहीं था।

बजरंगी पहलवान अपने घर के भीतर से बने एक सुरंग मार्ग से उस जंगल में बनी रामगुफा की ओर जा रहे थे। पहलवान का घर जिस पहाड़ी पर है, उसके ठीक नीचे से नदी बहती है। नदी के पार हस्ति वन है। यह जंगल बहुत बड़ा है। यहाँ जंगली हाथियों के कई दल रहते हैं। एक बार वर्षों पहले बजरंगी पहलवान से इन हाथियों की मुठभेड़ हो गयी थी। पहलवान ने उनमें से कइयों को पटक-पटककर बुरी तरह से घायल कर दिया था। तब से इस जंगल के हाथी पहलवान से दबने लगे। बाद में वे उनके दोस्त हो गये तथा उनका बड़ा आदर करने लगे। इन हाथियों के दलों में दो दल सबसे बड़े हैं और ताकतवर भी। बजरंगी पहलवान ने एक दल के सरदार का नाम गणेश और दूसरे दल के सरदार का नाम विघ्नेश रख छोड़ा है। वे दोनों सरदार जंगल की रामगुफा के मुहाने पर ही रहा करते हैं। रामगुफा के बारे में यह मशहूर है कि कुबेरपुर राज्य के किसी राजकुमार ने पुराने समय में यहाँ तपस्या करके रामजी के दर्शन पाये थे। गुफा के भीतर हनुमानजी की एक बड़ी मूर्ति स्थापित है। वे अपने दोनों कन्धों पर राम और लक्ष्मण को बिठलाये हुए खड़े हैं। पहलवान पहले नदी में नहाकर जंगल के रास्ते से रामगुफा में बजरंगबली की पूजा करने के लिए आया करते थे।

परन्तु कई वर्ष पहले नौरंगी स्वामी पहलवान की इच्छा के अनुसार अपने किसी इंजीनियर चेले से एक सुरंग मार्ग बनवाया था, जो पहलवान के कमरे से नदी के नीचे होता हुआ जंगल की इस रामगुफा के भीतर तक जाता था। सुरंग इतनी बड़ी थी कि पहलवान चाहने पर अपनी घोड़ी बिजली पर सवार होकर भी उसमें से जाया करते थे। उनका यह गुफा मार्ग बड़े काम का था और किसी को भी उसका पता नहीं था।

बजरंगी पहलवान इसी सुरंग से होकर जंगल में अपने दोस्त हाथी-सरदार गणेश और विघ्नेश से मिलने के लिए गये थे।

रामगुफा के बाहर एक पेड़ के नीचे बजरंगी पहलवान गणेश और विघ्नेश को अपने पास बिठलाकर उनसे बात कर रहे थे। दोनों की सूँड़ें उनके दोनों कन्धों पर रखी हुई थीं। पहलवान उनसे इस तरह से बातें कर रहे थे जैसे कि आदमियों से कर रहे हों। हाथियों को जब 'हाँ' कहनी होती, तब उन दोनों की सूँड़ों में आनन्द की फुरफुरी आ जाती थी, जिसको अपने कन्धों पर अनुभव करके बजरंगी पहलवान समझ जाते थे। परन्तु जब वे दोनों अथवा उनमें से कोई एक हाथी सरदार, पहलवान की बातों से असहमत होता था, तब वह अपनी सूँड़ उनके कन्धे पर पटकता था; जितना विरोध होता, उतनी सख्ती से पटकता था।

पहलवान गणेश और विघ्नेश को समझा रहे थे–"सुनो गणेश, सुनो विघ्नेश, रात के तीन बजे तुम आज अपने-अपने दलों को लेकर कुबेरपुर में पहुँच जाना। शहर आने पर जो पहली सड़क मिले उस पर मत जाना। फिर आगे एक चौराहा आयेगा। तुम लोग चौराहा पार करके सामने वाले बाजार की सड़क पर जब पहुँचो, तब ज़ोर-ज़ोर से चिंग्घाड़ना शुरू कर देना। इतनी ज़ोर का शोर हो कि सारे शहर वाले चौंक पड़ें। उस बाजार में जिस-जिस दूकान के आगे तुम्हें कूड़े का ढेर रखा दिखलायी दे, उस-उस दूकान को तुम तहस-नहस कर डालना। उन दुकानों के मालिक बड़े ही पापी हैं। उनके पापों से सारा शहर नफरत करता है। उन लोगों को अवश्य ही सजा मिलनी चाहिये। लेकिन गणेश, इस बात का ध्यान रखना कि उनकी दूकानों के माल को तुम लोग नष्ट न करना, खाली बिखेर भर देना। शहर में बहुत-से गरीबों के पास कपड़े नहीं हैं। वे लोग लूट ले जायेंगे तो इससे उनका भला ही होगा। इन दुष्टों ने दवाएँ, कपड़े और दैनिक आवश्यकताओं की छोटी-छोटी चीजों के लिए हमारे नगर-निवासियों को तड़पा-तड़पाकर अकूत काला धन कमाया है। गरीबों का भला हो और इन पापियों का बुरा हो, यह विचार कर ही तुम लोग उनकी दूकानें तोड़कर सारा माल सड़क पर बिखेर देना। तुम लोग उस बाजार में अगले चौराहे तक ही जाना। तब तक मैं वहाँ पहुँच जाऊँगा। मैं दहाड़ता हुआ जैसे ही तुम लोगों के सामने पहुँचूँ और तुम्हारे ऊपर मुक्के तानूँ, वैसे ही तुम लोग डर दिखलाते हुए उल्टे पाँव भागने लगना। मैं नहीं चाहता कि तुम में से किसी को किसी मकान के छज्जे या छत से कोई दुष्ट गोलियाँ चलाकर घायल करे, तुम आतंक फैला दो! बस। आगे का काम मैं बना लूँगा।"

गणेश और विघ्नेश ने बजरंगी की छाती को अपनी सूँडों से थप-थपाकर बात का समर्थन किया। पहलवान बहुत खुश हुए। वे गुफा में घुसकर फिर सुरंग के रास्ते अपने घर लौट आये।

वे जब पत्नी के पास पहुँचे, तब उन्होंने कहा–"तुम कहाँ चले गये थे जी? दुश्मन ने पाँच लड़के और पकड़ लिये हैं!"

बजरंगी बोले–"भरने दो उन्हें अपना पाप का घड़ा। एक-न-एक दिन मैं इन दुष्टों से अपना बदला अवश्य ले लूँगा। तुम चिन्ता न करना। मैं इस घर के भीतरी भाग को मशीनी जंगलों से घेरे जाता हूँ, जिससे कि कोई तुम पर आक्रमण न कर सके।" पहलवान ने यह कहकर बिजली के बोर्ड के पास जाकर एक मेन स्विच को उठा दिया। 'घर्र-घर्र' की आवाज़ के साथ-साथ बाहर की दीवारों के चारों ओर जमीन में से मोटे-मोटे लोहे के जँगले निकलकर खड़े हो गये। उन्होंने छत को भी आरक्षित कर लिया।

बजरंगी ने सुरक्षा के लिए अपनी पत्नी के वास्ते यह जेलखाना-सा बना दिया था। वे अब बाहर निकले और सब्जी मण्डी में तरकारी बेचने वालों के चौधरी के घर पर जाकर उन्होंने कुण्डा खटखटाया। सुलेमान चौधरी, बजरंगी पहलवान को बहुत मानते थे। दोनों एक ही उम्र के थे। दोनों ने एक ही उस्ताद से कुश्ती सीखी थी। बजरंगी ने नाम कमाया, इससे सुलेमान चौधरी को बड़ा अभिमान होता था। चौधरी ने बजरंगी को देखा तो गले से लगा लिया और अन्दर ले गये। कोठरी में बैठकर बजरंगी ने भीतर से दरवाजा बन्द कर लिया। फिर सुलेमान से कहा– "ये बच्चे स्मगलरों को पकड़ने के फेर में ही दुख भोग रहे हैं। उनका उद्धार करना है।"

सुलेमान ने कहा–"गुरु, हमारे लायक जो खिदमत हो, सो बताओ। तुम्हारे लिए तो हमारी जान तक हाजिर है। मैं जानता हूँ कि स्मगलिंग के धन्धे को शहर के तीन लोग सँभाले हुए हैं। एक तो 'अकबर भाई सालेह भाई फरम' वाले हैं, दूसरे 'किरोड़ीमल-बैजनाथ' और तीसरे..."

बजरंगी बोले–"मैं सब जानता हूँ सुलेमान, और इसीलिए मैं चाहता हूँ कि आज रात बारह बजे के बाद तुम मेहतरों से बाजार में एक बार झाड़ू लगवा दो और सारा कूड़ा चार हिस्सों में बाँटकर उसकी एक-एक ढेरी अकबर भाई, किरोड़ी मल, घासीमल और मुन्नेलाल केमिस्ट की दूकानों के सामने रखवा देना। किसी को कानों-कान खबर न पड़े।"

सुलेमान बोले–"घबराओ मत गुरु, जैसा तुम कहते हो वैसा ही कर दूँगा।"

"सुलेमान, तुम अगर किसी तरह से इस बात की टोह लगा सको कि इनका बड़ा गोदाम कहाँ है और ये लोग कहाँ से माल लाते हैं? तो मेरा बड़ा उपकार होगा। इनका केन्द्रीय अड्डा जहाँ होगा, वहीं मेरे बच्चे भी कैद में पड़े होंगे।"

सुलेमान ने कहा–"ज्यादा कुछ तो मैं नहीं बतला सकता गुरु लेकिन; एक बार नत्थन पहलवान ने मुझे बतलाया था कि हाथी-वन में बहुत गहरे घुसकर इन्होंने कोई अड्डा बना रखा है। पर वहाँ पहुँचना मुश्किल है। कहते हैं, रास्ता बहुत बीहड़ और खराब है। हाथियों और दूसरे जंगली जानवरों से बच कर ये लोग कैसे आते-जाते हैं, इसकी थाह हमें भी नहीं मालूम भैया!"

"अगर हाथी-वन में इनका अड्डा है तो मैं ज़रूर पता लगा लूँगा। और हाँ, यह पचास रुपये रख लो। मेहतरों से काम कराना और उन्हें मजदूरी तथा इनाम दे देना। उनसे कहना कि इस बात की चर्चा किसी से न करें।"

नोटों को लौटाते हुए सुलेमान ने कहा–"बजरंगी गुरु, तुम हमारे साथ के पढ़े-खेले हो। हमको तुम्हारे ऊपर नाज़ है। अपने पैसे अपने पास रखो। एक भले काम के लिए मेरे दो-चार रुपये खर्च हो जायेंगे तो मैं कुछ ग़रीब नहीं हो जाऊँगा। मेरे भैया, कुछ सबाब तो मुझे भी लूटने दो कि सब तुम ही लूट ले जाओगे?"

सुलेमान चौधरी से सब बात तय करके बजरंगी पहलवान जब घर लौटे, तब उन्होंने अपने कमरे में लगे हुए बेतार-यन्त्र के द्वारा नौरंगी से सम्पर्क स्थापित किया। उन्होंने नौरंगी को सारा हाल बतलाया।

स्वतन्त्र द्वीप के राष्ट्रपति महामहिम नौरंगी स्वामी ने उनसे रेडियो-फोन पर कहा–"ऐसा लगता है भैया कि इस बार तुम्हारे कई दुश्मन इकट्ठे होकर तुम्हें पछाड़ेंगे, सावधान रहना। किसी दिन तुम्हारा अपमान करने के लिए वे मेरी भाभी को भी ग़ायब कर सकते हैं। इसलिए अपने घर के चारों ओर तुम वह जँगला अवश्य लगाये रखो, जो मैंने बनवाया था।"

"तुम्हारे कहने से पहले ही मैं वह काम कर चुका हूँ, नौरंगी। किन्तु; प्रश्न यह है कि इन हवाई जहाजों से मैं कैसे लड़ूँ?"

नौरंगी स्वामी बोले–"मैं कल अपने अलोपी हवाई जहाजों का बेड़ा यहाँ से भेज दूँगा। वे हवाई हमलों से तुम्हारी और कुबेरपुर नगर की रक्षा करेंगे। मेरे इन हवाई जहाजों

में न तो आवाज़ होती है और न वे किसी को दिखलायी ही पड़ते हैं। तुम घबराना मत, मैं स्वयं भी जहाँ तक हो सकेगा, जल्दी-से-जल्दी कुबेरपुर पहुँचने की कोशिश करूँगा।''

रात के तीन बजे तक कुबेरपुर नगर के चौलखी बाजार में उग्र हाथियों की चिंग्घाड़ें सुनायी पड़ने लगीं। शोर इतना भारी था कि सारा शहर चौंककर जाग उठा। चौलखी बाजार में उन चारों दूकानों की बहुत ही तबाही हुई, जिनके आगे बजरंगी ने कूड़े के ढेर रखवा दिये थे। इनमें से कोई दूकान ऊपरी तौर पर तो बच्चों की स्कूली किताबों की लगती थी, पर उसके पीछे के हिस्से से जापानी साड़ियाँ और घड़ियों के भण्डार निकल पड़े। सब-कुछ खींच-खींचकर हाथियों ने सड़क पर बिखेर दिया। एक दुकान से, तो दवाइयों का ऐसा स्टॉक बरामद हुआ जिनके बारे में कहा जाता था कि ये दवाइयाँ शहर में हैं ही नहीं। घड़ियाँ, फाउण्टेन पेन, रेडियो सेट, नाइलोन आदि हजारों रुपयों का सामान सड़क पर छतरा गया।

बाजार के ऊपर रहने वाले लोग बड़ी घबराहट के साथ नीचे के दृश्य को देख रहे थे। ये जंगली हाथी कहीं किसी इमारत को हिलाकर न गिरा दें! राम जाने क्या हो जाये! यही सब सोचते हुए प्रजाजन आतंकित होकर खड़े-खड़े देख रहे थे। डर के मारे किसी के मुँह से चीख़ तक न निकलती थी। हाथियों का दल मानकचन्द म्यूजियम के चौराहे तक पहुँचा ही था कि सधे-बँधे संकेत के अनुसार बजरंगी पहलवान वहाँ दहाड़ते हुए पहुँचे। सेठ मानकचन्द की हवेली म्यूजियम की बगल में ही थी। बड़ी घबराहट के साथ वह अपनी हवेली के ऊपर वाले हिस्से में खड़े-खड़े यह तमाशा देख रहे थे और वे अपने सिपाहियों को गोलियाँ चलाने की आज्ञा देने ही वाले थे कि बजरंगी पहलवान की दहाड़ सुनकर थम गये।

बजरंगी को आते देखकर गणेश तथा विघ्नेश, अपनी सूँड़ें ऊँची करके जोर से चिंग्घाड़े और उल्टे पाँव दौड़ चले। अन्य हाथी भी चिंग्घाड़ते हुए फौरन लौट पड़े। थोड़ी देर में बाजार हाथियों से साफ हो गया; आदमियों की भीड़ घुस आयी। ग़रीब-गुरबे, मध्य वर्ग के कम आमदनी वाले नौकरपेशा लोगों और मनचले जवानों ने घड़ियाँ, फाउण्टेन-पेन, नाइलोन आदि को सड़क पर बिखरे देखा तो लूट मचा दी। सेठ अकबर भाई दौड़े हुए आये और पूरी ताकत से चीखे-''मैं गोली चला दूँगा, अगर किसी ने मेरा माल उठाया तो मैं एक-एक को तबाह कर दूँगा।''

उनकी ये बातें सुनकर आम जनता उल्टे उन्हीं को सुनाने लगी- ''तुम्हारी तो पंसारी की दुकान है, ये इतने सारे रेडियो इतनी घड़ियाँ कहाँ से निकल आयीं?''

चारो ओर ऐसा कोलाहल मचा कि अकबर भाई भागा। सब लोग बजरंगी की प्रशंसा करने लगे कि उनके कारण हाथी डरकर भाग गये।

पहलवान को मानकचन्द अपनी हवेली पर ले गये। उन्होंने नौकरों को पहलवान के लिए नाश्ता लाने का आदेश दिया। एक मन मिठाई, चार मन नमकीन और दस मन दूध सामने ले आया गया।

बजरंगी बोले-''मानक, इस समय मैं कुछ भी नहीं खाऊँगा, मुझे भूख नहीं है।''

मानक बोला-''हाँ, भाई साहब, मैं आपकी परेशानियों को समझ रहा हूँ, दुश्मन आपके पन्द्रह चेलों को पकड़ ले गया है। मुझे तो लगता है कि आज भी वह हवाई तमाशा ज़रूर दिखलायेगा।''

बजरंगी बोला–"कोई चिन्ता की बात नहीं। दुश्मन को अपनी मनमानी कर लेने दो।"

"लेकिन भाई साहब, यह तो बड़ी ही बदनामी की बात है कि कोई आपके इतने चेलों को पकड़ ले जाये, उन पर अत्याचार करे और आप उसका कुछ भी न बिगाड़ सकें! आपने अभी-अभी जो विश्व-रत्न का खिताब पाया है, उस पर कैसे गजब की आँच आयेगी? मान लीजिये, शत्रु आपके पचासों चेलों को चुरा ले जाये तो क्या होगा? ये लड़के सारे भारत भर से आये हैं, इसलिए पलभर में ही सारे अखबारों में खबर छप जायेगी। सारी दुनिया के गुण्डे आपकी असफलता पर हँसेंगे। मुझे तो बड़ा क्रोध आ रहा है, भाई साहब। मैं तो जब से छोटा था, तभी से अपने पूज्य गुरु नौरंगी स्वामी तथा आपकी सेवा करता रहा हूँ। अपने को आप ही के घर का आदमी मानता हूँ। इसलिए मुझे तो अपार कष्ट हो रहा है।" सेठ मानकचन्द इस तरह की बहुत-सी बातें करता रहा, लेकिन बजरंगी पहलवान ने कोई उत्तर न दिया। उन्होंने चलते समय बस इतना ही कहा–"मेरी लाज राम के हाथ है, मानक। बजरंगी तो केवल रामजी का सेवक है।"

"मगर यह स्मगलर और गुण्डे राम-श्याम किसी को कुछ नहीं समझते, भाई साहब। यह आपको बहुत कष्ट पहुँचा सकते हैं। आप इनसे हरगिज पार न पा पायेंगे। यह बात मैं आपकी पूरी इज़्ज़त करते हुए कह रहा हूँ।"

बजरंगी ने कहा–"मैं अपने सारे काम भगवान के ऊपर छोड़कर करता हूँ। अगर भगवान ही को मेरी इज्जत लेनी होगी तो ले लेगा। उसकी चिन्ता तुम क्यों करते हो।" कहकर बजरंगी चले आये। उन्होंने अपने शिष्यों को यह आदेश दिया कि फिलहाल उनकी दूसरी आज्ञा पाने तक कोई भी शिष्य बाहर न जाये।

उन्होंने फिर अपने शिष्यों को घर के भीतर ही बने रहने की आज्ञा देकर घर को जँगलों से घेर दिया। अपनी पत्नी के कमरे में जाकर वे बोले–"मैं सुरंग की राह से जा रहा हूँ, शायद कुछ दिनों तक लौटकर न आ सकूँ। यह भी सम्भव हो सकता है कि कभी लौटकर आ ही न पाऊँ।"

बजरंगी की पत्नी घबराकर बोली–"ऐसी अशुभ बात मुँह से क्यों निकालते हो? तुम्हारे नामरासी देवता मेरे सुहाग की रक्षा करेंगे।"

"यह बात मैं घबराकर तुमसे नहीं कह रहा लेकिन; मेरा काम ऐसा है कि तुम्हें हर तरह से होशियार रहना ही चाहिए। तुम अपना तुलसी का बिरवा रोज सींचती और पूजती ही हो। बस, उससे ही मेरी राजी-खुशी का हाल तुम्हें मिलता रहेगा। जब तक अच्छा रहूँगा, तब तक तुलसी मैया भी हरी-भरी रहेंगी और जब मुसीबत में पड़ूँगा, तब वह मुरझाने लगेंगी। रामजी की इच्छा से अगर मर गया तो तुम्हारी तुलसी सूख जायेंगी। इसलिए जब तुम तुलसी को मुरझाता देखो तो अपने देवर नौरंगी को बेतार के फोन से यह सूचना तुरन्त देना।"

बजरंगी की पत्नी ने उन्हें टीका किया, आरती उतारी, विजयमाला पहनायी। अपनी जेबी तोप, जहरीले हथगोलों का झोला, रस्सी, पिस्तौल और तलवार लेकर बजरंगी पहलवान बिजली पर सवार होकर सुरंग की राह जंगल से चले गये। रामगुफा में पहुँचकर बिजली को मुहाने से बाहर जंगल में निकाल दिया। फिर हनुमानजी की पूजा करके वे अपने दोस्त गणेश और विघ्नेश के पास जा पहुँचे। तीनों फिर उसी तरह एक पेड़ के नीचे

जा बैठे और बातें होने लगीं। बजरंगी ने कहा- ''गणेश, मैं इस जंगल की पश्चिम दिशा के दलदली हिस्से को छोड़कर और हर तरफ गया हूँ, मुझे तो इसमें कहीं कोई मकान या गुप्त अड्डा कभी नहीं दिखायी दिया। क्या पश्चिम में तुमने ऐसी कोई चीज देखी है?''

सुनकर विघ्नेश ने सूँड़ फटकारी। वह झटपट उठकर खड़ा हो गया। उसकी फुर्ती देखकर बजरंगी यह समझ गये कि विघ्नेश ने कोई ऐसी जगह ज़रूर देखी है और सब्जी वालों के चौधरी सुलेमान की बात शायद सच है। फौरन ही उछलकर वह विघ्नेश की गर्दन पर सवार हो गये। उन्हें लेकर विघ्नेश धरती-धमक चाल से दौड़ पड़ा।

हस्ती वन के पश्चिम में बहुत भारी एक दलदली इलाका है। एक बार वर्षों पहले बजरंगी उधर गये थे। वह जगह इतनी बीहड़ और धोखे भरी है कि आदमी तो आदमी, वहाँ जानवर भी आमतौर से नहीं जाते। विघ्नेश दौड़ते-दौड़ते एक ऊँची पहाड़ी से लगभग मील भर पहले एक जगह पर थम गया। बजरंगी पहलवान ने अपने झोले से दूरबीन निकाली और विघ्नेश की पीठ पर खड़े होकर पास वाले ऊँचे चीड़ के वृक्ष पर चढ़ गये। एक मजबूत डाल पर बैठकर उन्होंने दूरबीन से देखना शुरू किया। मील भर दूरी पर दिखलायी पड़ने वाली वह पहाड़ी उन्हें बड़ी अजीब लगी!

वह पहाड़ी धरती से तो पहाड़ी जैसी ही लगती थी क्योंकि; उसके नीचे का हिस्सा घने पेड़ों के कारण दिखलायी नहीं पड़ता था। परन्तु ऊपर से जब उन्होंने ध्यानपूर्वक देखा, तब वह दंग रह गये। किसी ने उस पहाड़ी को अँग्रेजी अक्षर 'टी' जैसा काट दिया था। 'टी' के माथे पर पहाड़ की चोटी ही सिर्फ ऐसी थी, जो अपने असली रूप में कायम थी। बाकी पूरा पहाड़ इन्सानी-चमत्कार से अनोखापन पा गया था! चोटी की दाहिनी ओर उन्होंने देखा कि सपाट बनायी हुई धरती पर चार हेलीकॉप्टर खड़े हैं! उन्हें पहाड़ी पर कुछ लोग चलते-फिरते भी नज़र आये। उन्होंने और ध्यान दिया तो देखा कि वहाँ पर एक दरवाजा भी बना हुआ है, जिससे लोग बाहर-भीतर आ-जा रहे हैं।

'तो यह अड्डा बदमाशों का है!' बजरंगी ने सोचा-'अजन्ता-एलोरा की गुफाएँ काटने वाले शिल्पियों ने तो अपनी मेहनत से जड़ पहाड़ी को भगवान का अनूठा मन्दिर बना दिया था लेकिन; यहाँ उससे ठीक उल्टा करिश्मा नजर आ रहा है। इन्होंने पूरी पहाड़ी नीचे से काटी है। एक मजबूत आधार-स्तम्भ पर उन्होंने पहाड़ी के ऊपरी हिस्से की चौड़ी छत-सी बनाकर अपने हेलीकॉप्टरों को उतारने का अड्डा बनाया है। उस छत के बीचोबीच उन्होंने चोटी को छोड़कर नीचे से देखने वालों के लिए अच्छा धोखा भी खड़ा किया है! मुझे ऐसा लगता है कि इसके भीतर कुछ कमरे भी बने होंगे और नीचे के आधार-स्तम्भ में भी कुछ-न-कुछ ऐसी ही कारीगरी की गयी होगी। मेरे बच्चे जरूर यहीं छिपे होंगे। मैं यहाँ कैसे पहुँचूँ? इस भयानक दलदल को पार करके उस पहाड़ी तक पहुँचना असम्भव तो नहीं, पर कठिन ज़रूर है।'

पेड़ की पत्तियों में छिपे बैठे बजरंगी पहलवान जब ऐसी चिन्ताएँ कर रहे थे, तभी उन्होंने देखा कि पहाड़ी से एक हेलीकॉप्टर उड़ा और थोड़ी ही देर में लगभग उन्हीं के सर के ऊपर से होते हुए कुबेरपुर की ओर चला गया। उन्हें लगा कि यह वही हवाई जहाज है, जिसमें डोलची चिपकी हुई थी। उन्हें यह भी विश्वास हो गया कि इसमें ही वे नये बच्चे बन्द करके ले जाये जा रहे हैं, जो हाल ही में ग़ायब हुए हैं। हाथियों की घटना के बाद मेरे शत्रु आज भी कुबेरपुर वालों को कल जैसा तमाशा दिखलायेंगे।

हेलीकॉप्टर जंगलों से उड़कर जब जा रहा था, तब उसने हाथियों के एक झुण्ड पर कुछ छोटे-छोटे गोले भी बरसाये। इससे जंगल के सारे हाथियों में चीख-पुकार मच गयी। बजरंगी को चिन्ता हुई। अपने शिष्यों की जान बचाने की चिन्ता तो उन्हें पहले से ही थी, अब अपने हाथियों के बारे में भी वे परेशान हो उठे। उन्होंने सोचा–यह लोग निश्चय ही हाथियों से बदला लेंगे। ये जीव बेचारे मेरे कारण बेकार ही कष्ट पायेंगे। मैं ऐसा क्या करूँ कि हवाई हमलों से मेरे हाथी साथियों की रक्षा हो जाये। नौरंगी के अलोपी वायुयान न जाने कब तक यहाँ पहुँचे! तब तक मैं क्या करूँ?

यही सब बातें सोचते-सोचते बजरंगी ने आखिरकार तय किया कि मैं जब तक इनके पहाड़ी क़िले में नहीं पहुँच जाता, तब तक कोई भी उपाय नहीं हो सकता। वहाँ पहुँचने पर तो भैं ठहरे हुए जहाजों को ठोकर मार-मारकर दलदल में गिरा दूँगा और ऐसी तोड़-फोड़ मचाऊँगा कि शत्रुओं के छक्के छूट जायेंगे। मगर पहुँचूँ कैसे?

बजरंगी पहलवान पेड़ के नीचे उतरे और विघ्नेश की पीठ पर लेटकर कान में धीरे से कहा–"विघ्नेश, इस दलदल में क्या कोई ऐसी जगह भी है जो कम गहरी हो?" विघ्नेश ने गर्दन इधर से उधर हिला दी।

"अच्छा, कोई ऐसी जगह है जहाँ से इस पहाड़ी तक पहुँचने का फासला सबसे कम हो?"

यह सुनकर विघ्नेश पेड़ों की कतार के बीच से तेजी दौड़ता हुआ जंगल के बाहर की ओर भाग चला। दलदल के पार पश्चिमी छोर पर किसी राजा के पुराने किले की एक दीवार का कुछ भाग खड़ा था। हाथी वहीं आकर रुक गया। बजरंगी दीवार पर चढ़कर दूरबीन से देखने लगे। सब कुछ देखभाल कर वे नीचे उतरे। फिर दीवार के नीचे पड़े हुए दो-एक पत्थर के ढोके उठाये और उन्होंने पहाड़ी में काटे गये आधार-स्तम्भ की ओर निशाना साधकर फेंका। उन्हें बड़ा आश्चर्य हुआ, जब उनके पत्थर के गिरते ही एक के बाद एक वहाँ से कई मगर उछलकर भागते हुए पानी से बाहर आ गये। मगरों के बाहर आने से उन्हें यह अन्दाज़ हुआ कि खम्भे के चारों ओर पानी भरी गहरी खाई है। उन्हें यह भी अन्दाज़ हुआ कि जहाँ मगर दौड़ रहे हैं वहाँ ज़मीन दलदली कदापि नहीं है। यह सूखी धरती आखिर कहाँ तक फैली हुई है? इस बात की टोह लेने के लिए उन्होंने फिर एक छोटा-सा पत्थर उठाया और बिल्कुल पीछे वाले मगर पर फेंका। उसने घबराहट में आगे वाले मगरों को ढकेला; उनमें दौड़ होने लगी। थोड़ी दूर और आगे आकर मगर रुक गये और चौंककर देखने लगे! बजरंगी ने फिर पीछे वाले मगरों पर पत्थर मारे। वे लोग भी आगे बढ़े, पर सबसे आगे वाले मगर थोड़ी ही दूर और भागकर आये। इससे बजरंगी को सूखी धरती की थाह मिल गयी। अब उन्होंने आगे वाले मगरों पर पत्थर फेंकने आरम्भ किये। मगर फिर घबराकर पानी की ओर लौट गये और थोड़ी ही देर में ज़मीन साफ हो गयी।

बजरंगी पहलवान के लिए अब स्पष्ट हो गया कि दोनों ओर सूखी धरती के बीच में कम-से-कम एक फलांग का दलदल है। उन्होंने अपने इष्टदेव बजरंग बली का ध्यान किया और सोचा कि मेरे इष्टदेव जब मीलों चौड़ा समुद्र लाँघ गये थे, तब क्या मैं एक फलांग का दलदल भी न लाँघ पाऊँगा? यह सोचने के साथ ही वे विघ्नेश की पीठ पर चढ़ गये। उसे दलदली धरती के किनारे खड़ा किया और 'जय बजरंग बली' बोलकर

उन्होंने छलाँग मार दी। ऐसा लगता था कि बजरंगी पहलवान मानो उड़ते हुए जा रहे हैं। देखते-ही-देखते वे उस पार की सूखी धरती पर पहुँच गये। वहाँ पहुँचकर उन्हें इस बात का अन्दाज़ लगा कि जिस जगह वे खड़े हैं, वह भी पुराने किले की दीवार ही है।

बजरंगी पहलवान पहाड़ी की छत के नीचे जाकर मगरों से भरी हुई खाई को भी देखा। उन्होंने आधार-स्तम्भ के दूसरी ओर वाली खाई के हिस्से तक पहुँचकर यह देखा कि पानी एकदम साफ है और नीचे रोशनियों का प्रकाश भी हो रहा है। उन्होंने यह भी देखा कि पानी के निकल जाने का रास्ता भी वहाँ बना है। बहुत गौर से देखने पर मगरों से हिलते-डुलते पानी में रोशनी के पास उन्हें एक दरवाजा भी झलका। अपनी ओर उन्हें पानी में डूबी हुई कुछ सीढ़ियाँ भी नजर आयीं। बजरंगी सोचने लगे-यहाँ से यह लोग अवश्य ही आते-जाते होंगे। पानी को ये लोग भीतर किसी मशीन से किसी और तरफ निकालते होंगे। इन रोशनियों के आसपास जँगले भी अवश्य होंगे, जिससे वे मगरों को दरवाजे तक आने से रोक लिया करते होंगे और तब दरवाजा खुलता होगा। बजरंगी को मगरों से युद्ध करने में तनिक भी संकोच नहीं था। एक बार उन्हें शार्कों और ह्वेल मछलियों से भरे हुए समुद्र में भयंकर जानवरों से भी लड़ना पड़ा था। फिर यह मगर भला क्या चीज हैं। 'परन्तु; यह तमाम कोशिशें करने के बाद भी अगर यह दरवाजा नहीं खुला, तब तो मेरी सारी मेहनत ही बेकार चली जायेगी। बहुत जोर लगाकर दरवाजा तोड़ने से शायद कोई कल बिगड़ जाये और ऊपर वालों को नीचे होने वाली गड़बड़ी का संकेत मिले तो बहुत बुरा होगा।''

बजरंगी खड़े-खड़े यह सब सोच ही रहे थे कि उन्हें दूर से अपनी ओर आती हुई कुछ आवाज़ सुनायी पड़ी। कुछ गुण्डे किस्म के लोग ज़ोर-ज़ोर से बातें करते हुए चले आ रहे थे। बजरंगी पहलवान फौरन ही एक अँधेरे कोने में छिपकर खड़े हो गये। थोड़ी देर में दो आदमी बातें करते हुए उसी जगह आ पहुँचे, जहाँ पहले बजरंगी पहलवान खड़े थे। उन्होंने खाई के पास वाली दीवार का एक कोना टॉर्च से देखकर हिलाया। छत पर घनघनाहट की-सी आवाज हुई और थोड़ी ही देर बाद बजरंगी पहलवान के कानों में तेजी से पानी के बहने की आवाज़ आने लगी। बाते करने वाले दोनों लोग थोड़ी देर बाद खाई में उतरने लगे। बजरंगी पहलवान को लगा कि यही समय है कि वह दबे पाँव चलकर वहाँ पहुँचें। वहाँ पहुँचकर उन्होंने देखा कि खाई पानी से खाली होती चली जा रही है और उनके अनुमान के अनुसार ही रोशनी के अगल-बगल लोहे के जँगले भी लगे हैं। बजरंगी पहलवान ने उधर की सीढ़ियाँ उतर कर अपने दोनों हाथों की मुट्ठियों से उन दोनों गुण्डों के गले दबोच लिये। वे अपने दोनों हाथों की पूरी ताकत लगाकर भी बजरंगी के हाथों से ख़ुद को मुक्त न करा पाये। वे चीख भी नहीं सकते थे क्योंकि; उनके गले घुट रहे थे। थोड़ी ही देर में वे बेहोश हो गये।

दोनों गुण्डों को गरदन से उठाये हुए बजरंगी पहलवान खाई के तल तक पहुँच गये। अब तक पानी बिलकुल साफ हो गया था और ऊपर जाने के लिए लोहे का मोटा द्वार खुल गया था। दोनों गुण्डों को खाई में छोड़कर पहलवान दरवाजे में घुस गये। एक छोटी-सी लिफ्ट थी। उस पर जैसे ही उन्होंने पाँव रखा, वैसे ही खाईं का फाटक उठने लगा। उन्हें लगा कि खाईं में फिर से पानी लौट रहा है। वे अपने सौभाग्य की बात सोचकर खुश होने लगे कि इन गुण्डों के आगमन के कारण ही शायद खाई की नीचे की लाइटें खोली

गयी थीं और उसी कारण से वे पहुँच सके। उनके मन में फिर यह विश्वास भी हुआ कि उस पार से आने के लिए ज़रूर ही कोई सूखी ज़मीन है, जिससे ये लोग आया-जाया करते हैं। उनके यह सोचते-सोचते लिफ्ट पल भर में ही ऊपर पहुँच कर रुक गयी। सामने का फाटक अपने-आप खुल गया और जैसे ही बरामदे में आकर वह खड़े हुए, फाटक बन्द भी हो गया।

बजरंगी पहलवान अब अपने-आप को स्मगलरों के एक बहुत बड़े गढ़ में खड़ा पा रहे थे। चारों ओर रोशनियाँ, फर्श पर कालीन बिछे हुए तथा बरामदे में थोड़ी दूरी पर वैसी ही मूर्तियाँ सजी हुई थीं, जैसी उन्होंने मानकचन्द म्यूजियम में देखी थीं। पहाड़ी काटकर बनाये हुए उस बरामदे में जगह-जगह, दीवारों पर चित्र भी बने हुए थे। वे थोड़ी दूर तक चलते चले गये। उन्हें कोई भी आदमी दिखलायी नहीं दिया लेकिन; जब वे बरामदे के दाहिनी ओर मुड़े, तब उन्हें कई आदमी हिसाब-किताब लिखते हुए दिखलायी दिये। बजरंगी को देखकर वे सब हक्के-बक्के हो गये! बजरंगी ने पूछा-"तुम्हारा मालिक कौन है?"

"जी, जी, जी, जी!"-वे सब हकलाते ही रह गये। उनके मुँह से बोल नहीं फूट रहे थे।

"कहाँ हैं तुम्हारे मालिक? मुझे फौरन वहाँ ले चलो।"

बजरंगी की गरज सुनकर भीतर के कमरे से कोई बड़ा अफसर लगने वाला आदमी निकला। उसने बजरंगी को देखा, स्थिति को समझा और मीठे स्वर में कहा-"आइये, मैं आपको ले चलूँगा। आइये, इधर से चले आइये।"

वह आदमी आगे बढ़ आया और बरामदे के आगे वाले हिस्से में थोड़ी दूर बढ़ कर सीढ़ियाँ चढ़ने लगा तो बजरंगी पहलवान ने दाहिने हाथ से अपनी जेबी तोप साध ली और बायें हाथ में पिस्तौल लिये हुए वे सीढ़ियाँ चढ़ने लगे। वे ऊपर की मंजिल में पहुँच गये। यह नीचे की मंजिल से भी अधिक सजी हुई थी। यहाँ उन्हें ऐसी बहुत-सी चीजें दिखलायी दीं, जो उन्होंने पहले कभी मानकचन्द की हवेली में देखी थीं। उनका क्रोध और आश्चर्य बढ़ने लगा। मैनेजर उन्हें एक बहुत ही आलीशान और सजे-धजे कमरे में ले गया। झाड़-फानूसों की जगमगाहट हो रही थी। कमरे में ठण्डी हवा के झोंके भी आ रहे थे। तभी मैनेजर ने हाथ जोड़कर कहा-"आप यहाँ विराजें। मैं सेठजी को खबर करके अभी आता हूँ।"

मैनेजर जैसे बगल वाले दरवाजे से बाहर गया, वैसे ही सामने वाले दरवाजे अपने-आप पटापट बन्द हो गये और हवा के जो झोंके अब तक तरावट भरे लग रहे थे, अब मीठी-मीठी अजीब-सी गन्ध से भर उठे। बजरंगी ने फौरन ही भाँप लिया कि यह क्लोरोफार्म है। उन्हें प्राणायाम करने की आदत थी। वे देर तक अपनी साँस रोककर रख सकते थे, फिर भी क्लोरोफार्म इतनी अधिक मात्रा में और इतनी देर तक हवा में फैलाया गया कि बजरंगी के सिवाय अगर कोई दूसरा होता तो उसके प्राण निकल गये होते। बहुत यत्न करने पर भी बजरंगी अपने-आप को बेहोश होने से बचा न सके। उन्हें जब होश आया, तब वे एक बाथरूम में पड़े थे और उनके ऊपर शॉवर की बौछारें पड़ रही थीं। बजरंगी ने देखा कि उनसे उनके सारे हथियार छीन लिये गये हैं। लँगोट के सिवा उनके बदन पर अब कुछ भी नहीं रहा।

खैर यही सही, ऐसी मुसीबतें तो उनके ऊपर जीवन-भर पड़ती ही रही हैं, वह बराबर उनसे निकलते भी आये हैं। शॉवर के नीचे बैठे वह नहाते रहे। एकाएक सामने की दीवार खिसकने लगी और उन्होंने देखा कि वह गोल बने हुए एक हॉल में घिरे हैं और बहुत-से शेरों का सामना कर रहे हैं। बजरंगी पहलवान तुरन्त सधकर खड़े हो गये। 'अच्छा, तो यह बात है! फिर यही सही'-मन ही मन यह कहकर वह बड़ी ज़ोर से दहाड़े। वह गोल गुम्बद वाला हॉल गूँजों-दर-गूँजों से भर उठा। सारे शेर उनकी दहाड़ सुनकर एक बार तो सकते में आ गये। पर, आगे वाला बबर शेर सहसा गरजता हुआ उनकी ओर बढ़ा। बजरंगी पहलवान का शरीर पानी की बूँदों से भरा हुआ था। एक बार जब तक ये बूँदें झड़ न जायें, तब तक ठीक तरह से हाथ-पाँव चलाने में उन्हें बड़ी परेशानी होगी-यह सोचकर उन्होंने अपनी ओर बढ़ते हुए शेर के ऊपर से हॉल के बीचों-बीच छलाँग मारी। इससे वे तमाम शेर चौंक उठे। बजरंगी ने बिजली की-सी नजर से एक बार ऊपर की ओर देखा। छज्जे पर उनके दस शिष्य 'गुरुजी', 'गुरुजी', चिल्ला रहे थे। दूसरे छज्जे पर कुछ और लोग खड़े थे। उन लोगों की केवल गरदनें ही दिखायी दे रही थीं। मगर बहुत देर तक ऊपर देखने का समय भी तो बजरंगी पहलवान के पास नहीं था क्योंकि; उस हॉल में वह बबर शेरों के बीच में खड़े हुए थे। चारों ओर शेरों की गुर्राहटें और उनके घूरने तथा आगे बढ़ने के पैंतरे! बजरंगी पहलवान चौकन्ने होकर चारों ओर देख रहे हैं, जल्दी-जल्दी फिर-फिरकर देख रहे हैं और-देखते-ही-देखते बिजली की फुर्ती से उन्होंने दो बबर शेरों के लम्बे-लम्बे अयाल पकड़कर उनको उठा लिया। एक को इधर खड़े शेरों पर फेंका, दूसरे को उधर। वे फटाफट दो को पकड़ते और दो को फेंकते। पाँच-सात मिनट में बबर शेरों के बीच में उन्होंने ऐसी खलबली मचा दी कि वे अपनी-अपनी दुमें दबाकर एक ओर सरककर बैठ गये। बजरंगी उन्हें ठोकरें मारते हुए हॉल में चारों ओर डोलने लगे। उन्होंने दहाड़ के साथ ऊपर की ओर मुँह उठाकर कहा-"तुम्हारे पास इनसे ताकतवर और जो हों, उन्हें भी मुझसे लड़ने को भेजो।"

ऊपर से एक आवाज़ आयी-"घबराओ मत, आज हम विश्वरत्न बजरंगी गुरु को उनके पचासों चेलों के साथ शहर में उसी तरह घुमायेंगे, जैसे तुम्हारे कुछ चेले घूमे थे।" ऊपर से यह बात आते-आते लोहे की एक डोलची उतरने लगी। उसके साथ एक क्रेननुमा-यन्त्र भी उतर रहा था, जो शायद बजरंगी पहलवान को अपनी मजबूत गिरफ्त में लेकर इस डोलची में रख दे। बजरंगी पहलवान पहले ही तैयार हो गये। उन्होंने उछलकर उस क्रेन के दो फलक पकड़ लिये। लेकिन पकड़ते ही उन्होंने अनुभव किया कि यन्त्र में करेण्ट है। फिर भी बहुत साहस करके वह उसे पकड़े ही रहे, फिर झटककर नीचे खींच लाये। उनके झटका देने से गुम्बद के भीतर से लटकने वाली मोटी जंजीर टूट गयी। जंजीर के शेष भाग और उनमें बँधे हुए चार वजनी फलकों में अब सिर्फ लोहे की ताकत थी, उनमें बिजली का करेण्ट नहीं रह गया था। बजरंगी पहलवान ने उसे उठाकर दीवार को ठोकना शुरू किया। ऊपर से गोलियाँ बरसने लगीं, पर बजरंगी की वज्र-देह पर गोले-गोलियों का असर तो होता ही नहीं था। इसलिए वह निरापद ढंग से दीवार ठोंकते रहे। एक दीवार पर लोहा पड़ते ही पत्थर के रंग में रंगा प्लाईवुड का बना फलक टूट गया।

दरवाजा खोलकर बजरंगी उस गोल गुम्बद से बाहर निकले और फिर एक बरामदे में पहुँचे, जहाँ बहुत बदबू आ रही थी। वह जगह तरह-तरह के जंगली जानवरों के शोर से

भरी हुई थी। जंगलों में बन्द हिंस्र पशुओं को देखते हुए वे दरवाजे तक पहुँचे, जो उनके खोलते ही खुल भी गया। वह आ.ानी से बाहर निकल गये लेकिन; यह आसानी उन्हें नये पिंजरे में दबोचने के लिए की गयी थी। बजरंगी अब जहाँ पहुँचे थे, वहाँ उनके पचास शिष्य भी मौजूद थे।

उनके पहुँचते ही वह कमरा बन्द हो गया। बन्द ही नहीं हुआ, वह कमरा सरकने लगा, दौड़ने लगा। बजरंगी गुरु ने पहले तो आश्चर्य से यह देखा, फिर समझ गये कि बिजली से चल रहा है लेकिन, कहाँ ले जायेगा? एक अँधेरे बरामदे को पार करते हुए वह कमरा छत पर आ गया। किनारे पर आते ही वह अपनी पटरियों से हटकर झटके के साथ छत के नीचे लटकते हुए लोहे की मजबूत रस्सियों के सहारे उतरने लगा। बजरंगी ने देखा-नीचे अपार दलदल था। इसका मतलब यह था कि सबकी मौत का क्षण सामने था।

बजरंगी और उनके शिष्यों को मरने से अब कोई नहीं बचा सकता! कमरेनुमा डिब्बा छत और दलदल के बीचोंबीच में था, तभी बजरंगी और उनके शिष्यों ने अनुभव किया कि फर्श खिसक रहा है।बजरंगी समझ गये, फर्श किवाड़-सा खुलेगा और सब दलदल में समा जायेंगे। कुछ पल तक बजरंगी अपने इष्टदेव के ध्यान में लग गये। वैसे ही झटका लगा। फर्श ऊपर उठ आया और कमरा भी ऊपर उठने लगा।

नौरंगी के अलोपी यानों ने जगह की टोह ले ली थी। पहाड़ी की छत पर हेलीकॉप्टर खड़े थे। अचानक बम-वर्षा से पहाड़ी पर खलबली मंच गयी थी। अलोपी जहाजों ने जल्दी ही पहाड़ी के चारों ओर अपनी उड़ानें भरना शुरू कर दिया। एक हवाई जहाज से लाउडस्पीकर पर आवाज आयी-''कैदियों को दलदल में फेंकने से रोको, नहीं तो हम तुम सबको तबाह कर डालेंगे।''

घर में बजरंगी की पत्नी तुलसी मैया को मुरझाता देख-देखकर घबरायी चली जा रही थीं। उन्होंने बहुत देर हुए नौरंगी को बेतारसे फोन किया था। मालूम हुआ कि वे चल चुके हैं, अभी तक आये नहीं। बेचैनी में वह अस्फुट स्वर में बोलने लगीं कहाँ चले गये, कहाँ रह गये? हे भगवान! मेरे सुहाग की रक्षा करो।

भगवान ने पहलवान की पत्नी की प्रार्थना पहले ही सुन ली थी। नौरंगी स्वामी की ललकार सुनते ही छत के नीचे दलदल की ओर बढ़ता हुआ लिफ्टनुमा कमरा ऊपर उठते-उठते एक जगह एकाएक अधर ही में लटक गया। नौरंगी के अलोपी-वायुयान अँग्रेजी अक्षर 'टी' के आक.ार की कटी हुई उस पहाड़ी के स्मगलिंग-गढ़ पर उतर आये। असाधारण वैज्ञानिक हथियारों से लैस और गैसों से बचने के लिए नकाबें पहने हुए सिपाही भी उतर आये। सबसे पीछे नौरंगी स्वामी जहाज से धीरे-धीरे उतरे। उन्होंने एक नौकर को जहाज के भीतर से लाउडस्पीकर और माइक्रोफोन लाने के लिए कहा। माइक्रोफोन हाथ में आते ही उन्होंने घोषित किया-''मानकचन्द, मैंने तुमको पकड़ लिया है। मैंने तुम्हारी कोठी और म्यूजियम में भी तुम्हारी खोज करवायी थी पर, मुझे मालूम हुआ कि तुम आज सवेरे से ही यहाँ पर हो, इसीलिए मैं सीधा यहीं आया हूँ। रे नीच, तू मुझे अपना गुरु कहता था, तू मेरे बड़े भाई को 'भाई साहब' कहता था और अब तू ही उन्हें मृत्यु के मुख में फेंकने जा रहा है? मैं तुझे पाँच मिनट का समय देता हूँ। अपने सारे छल-छन्द छोड़कर मेरे सामने आ जाओ नहीं तो छठे मिनट मेरा वायुयान यहाँ से जैसे ही उड़ेगा, वैसे ही यह सारी पहाड़ी पानी बनकर बह जायेगी। तुम्हारी हड्डी-पसलियों का

भी नाम-निशान नहीं रहेगा। तुम जानते हो, मैं पत्थर को पानी बना सकता हूँ और मेरी टोली तुम्हारी पहाड़ी पर चारों ओर से रसायन छिड़कने के लिए बढ़ रही है। अगर तीसरे मिनट तुम्हारे ऊपर आने के संकेत मुझे न मिले तो मैं इन्हें हर मोर्चे पर तैनात कर दूँगा। ठीक पाँचवें मिनट ये दवा छिड़क देंगे। छठें मिनट; इस लटकती हुई लिफ्ट में लटकते हुए अपने पूज्य भाई साहब और उनके शिष्यों को लेकर मैं यहाँ से चला जाऊँगा। मौत और बरबादी की बाजी पर अब तुम हो, भाई साहब या मैं बिल्कुल नहीं।'' यह कह कर नौरंगी स्वामी चुप हो गये।

अगले ही क्षण नौरंगी की सेना की टुकड़ी ने दलदल में लटकती हुई इसी काम के लिए बनायी गयी अब तक करामाती लिफ्ट को अपने साथ लाये हुए यन्त्रों की गिरफ्त में लेकर ऊपर खींच लिया। कमरा तोड़ डाला गया। बजरंगी अपने शिष्यों के साथ बाहर आ गये। नौरंगी स्वामी ने अपने बड़े भाई के पैर छुए! बजरंगी पहलवान ने माइक्रोफोन पर फिर कहा-''तीन मिनट बीत चुके हैं, मानकचन्द! चलो, नहीं तो तुम जानते हो कि तुम्हारे गुरु क्या-क्या कर सकते हैं।''

कुछ ही पलों के बाद सभ्य पोशाक पहने सभ्य-से लगने वाले दो आदमी सामने आये और हाथ जोड़कर कहा-''सेठजी अभी आ रहे हैं।'' उनके पीछे-ही-पीछे मानकचन्द सेठ सिर झुकाये सामने आ गये।

बजरंगी बोले-''अरे, मानकचन्द, मैंने यह कभी सोचा भी नहीं था कि तुम यह सब कर सकते हो!''

नौरंगी स्वामी बोले, ''भैया, मुझे तो छह महीने पहले ही पता चल गया था। मैंने हाँगकाँग में कुछ ऐसी मूर्तियाँ देखीं, जो या तो असली हों या मेरे ईजाद किये हुए तरीकों से मशीनों द्वारा बनायी गयी नकलें हों। तभी मालूम हुआ कि हमारे कुबेरपुर के सेठ मानकचन्द का यही धन्धा है। फिर मैंने अपने जासूसों से भी इनकी टोह ली। मालूम हुआ हमारे कुबेरपुर में खाली विश्व-प्रसिद्ध पहलवान ही नहीं रहते बल्कि; एशिया के दो सबसे बड़े स्मगलरों में से एक मानकचन्द भी रहते हैं। तभी से मैंने इसकी गतिविधियों को पकड़ लिया था। अच्छा हुआ, जो आपके बहाने यह सामने आया।''

वह पहाड़ी एक आधुनिक किस्म की अद्‌भुत तिलिस्मी इमारत थी। स्मगलिंग का माल हेलीकॉप्टरों से वहाँ पहुँचाया जाता था। उस समय भी लगभग दो अरब का माल पहाड़ी की उस तिलिस्मी इमारत के गोदामों में मौजूद था। रहस्य का भण्डाफोड़ होने पर सबने बजरंगी पहलवान के शिष्यों को बधाई दी, जिन्होंने आगे बढ़कर इस काम को हौसले से उठाया था। सेठ मानकचन्द ने आत्मसमर्पण किया तो उनके साथ अनेक स्मगलरों ने भी आत्मसमर्पण कर दिया। सबसे बड़ी बात यह हुई कि कलात्मक मूर्तियों की चोरी रुक गयी। एक बार फिर से बजरंगी-नौरंगी के झण्डे गड़ गये।

(1972)

अक्ल बड़ी या भैंस

पचास-बावन बरस पहले की बात है। मेरा और प्रेमलाल का साथ उन दिनों, पाँचवें दर्जे में हुआ था। शीघ्र ही हम दोनों में गहरी मित्रता हो गयी। मैं, प्रेम, चाँदनरायन और शिवचरन बहुत ही गहरे मित्र थे। मुझमें और चाँदनरायन में तो हर तिमाही, छमाही या सालाना परीक्षा में प्रथम या द्वितीय स्थान पाने की होड़ चली आती थी और शिवचरन तथा प्रेमलाल भी तीसरे या चौथे स्थान के लिये बराबर कम्पीटीशन किया करते थे। परन्तु; सातवीं या आठवीं क्लास तक आते-आते प्रेमलाल की दो नयी खूबियाँ उभरकर सामने आने लगीं, जिनके कारण वह हीरो बन गया। एक तो अँग्रेजी वाद-विवाद प्रतियोगिताओं में वह बराबर चमकने लगा, दूसरे-क्रिकेट का अच्छा खिलाड़ी साबित हुआ। दसवें दर्जे तक पहुँचते-पहुँचते प्रेम ने दोनों ही क्षेत्रों में बहुत अच्छा नाम कमाया। खास तौर से डिबेट या वाद-विवाद प्रतियोगिता में तो वह हमारे नगर में ही नहीं बल्कि; पूरे सूबे की हाईस्कूल डिबेट में शील्ड जीतकर लाया था। कलेक्टर, कमिश्नर, जज, पुलिस कप्तान आदि बड़े-बड़े अंग्रेज़ हाकिमों या उनकी मेमों के हाथों से वह कई बार इनाम पा चुका था। कलेक्टर मिस्टर डेवी की मेम तो प्रेमलाल से करीब-करीब परिचित ही हो चुकी थीं और इनाम देने के बाद पीठ थपथपाकर उसकी सराहना करती थीं।

अप्रैल के पहले सप्ताह में हाईस्कूल की परीक्षाओं से छुट्टी पाकर प्रेमलाल अपने गाँव जाने की तैयारी कर रहा था। तभी हमारी गली में एक भैंस बिकने आयी। मोटी-ताजी, भूरी-खुण्डी भैंस और उसके पँड़वे को बिकाऊ देखकर प्रेम ललचा गया। अहिर कहीं बड़ी दूर पछाँह के मेले से उसे चार सौ रुपये में खरीदकर लाया था। उस समय चार सौ रुपयों की बड़ी कीमत थी। अहिर बेचारे ने अपने एक रिश्तेदार की जमानत दी थी और वह भाग गया। सरकार अहिर के घर कुर्की लाने वाली थी। वह इज़्ज़त बचाने के लिए भैंस को बेच रहा था। प्रेम ने सवा दो सौ रुपये में उसका सौदा पक्का कर लिया। मुझसे कहा-"तुम अपने घर से लेकर इसे सवा दो सौ रुपये दे दो और भैंस को घर में बाँध लो। मैं बोड्रग हाउस जाकर रुपये लिये आता हूँ।"

मैंने दादी से रुपये माँगकर अहिर को चुका दिये। माँ बोलीं-"इतने में तो यह भैंस हमीं ले लें। बीस सेर दूध रोज़ मिलेगा।" खैर।

घण्टे भर में प्रेमलाल ने रुपये लाकर दे दिये और प्यार भरी नज़रों से भैंस को देखते-देखते एकाएक उदास होकर बोला-"यार, इसे गाँव तो लिए जाता हूँ। मेरे बप्पा भी देखकर खुश होंगे लेकिन; वह उल्लू का पट्ठा मुन्नूसिंह बड़ा बदमाश है।"

"यह मुन्नूसिंह कौन है?"

"मुन्नूसिंह, ज़मींदार का बेटा है। बड़ा बदमाश है। हम लोगों से शायद चार-पाँच साल बड़ा होगा, मगर बाप का इकलौता बेटा होने के कारण उसकी आदतें बहुत बिगड़ी

हुई हैं। देखने में पूरा हाथी का बच्चा लगता है और जानते हो, उसकी खुराक कितनी है! सबेरे सवा सेर दूध में आधा सेर जलेबियाँ भिगोकर खाता है। दिन में मोटी-मोटी बत्तीस रोटियाँ और ढेर सारा दाल-भात, फिर शाम को बीस पराँवठे और सेर भर रबड़ी और रात में सोते समय दूध भी।''

''अरे बाबा रे बाबा! जब अभी यह हाल है तो आगे चलकर जाने क्या होगा!''

''वह कसरत, कुश्ती और लाठी चलाने में बहुत तेज़ है। उसने अपना अखाड़ा भी खोल रखा है। दस-बारह गुण्डे उसके चेले हैं। बत्तीस गाँवों में ज़मींदारी है उसकी। जिसके यहाँ भी अच्छी गाय-भैंस दिखायी देती है, वह खोल लाता है। कहता है, 'जिसकी लाठी उसकी भैंस।' कोई उस दुष्ट के आगे चूँ भी नहीं कर सकता। अरे, मेरे पिता इतने बड़े महाजन हैं, लेकिन; हमारे घर से भी वह दो अच्छी भैंसें खोल ले गया। बात यह है कि थानेदार उसका होने वाला साला है। डर इसीलिये भी लगता है कि अपने मोह में मैंने इसे खरीद तो लिया है, घरवाले भी खुश होंगे। परन्तु; उस दुष्ट से इसे कैसे बचा पाऊँगा! कुछ समझ में नहीं आता।''

सोचते-सोचते एकाएक सूझ आयी। मैंने कहा-''प्रेम यह बतलाओ कि अक्ल बड़ी होती है या भैंस?''

''अरे यार, यहाँ अक्ल का मुकाबला भैंस से नहीं बल्कि; भैंसचोर से है।''

''अरे भाई! मूर्खता में भैंस और भैंसचोर, दोनों ही समान होते हैं। मैंने कहा-सुनो प्रेम, कलेक्टर की मेम तुम्हें पहचानती हैं। उन्हें लिखकर सब हाल बतलाओ और प्रार्थना करो कि वे मिलने का समय दें।''

प्रेमलाल सहमत हो गया। एक घण्टे में मेहनत करके हम दोनों ने 'डियर एण्ड रेस्पेक्टेड मैडम' को चिट्ठी लिखी। फिर उसकी साफ-साफ नकल की और डाकखाने में छोड़ आये। प्रेमलाल का गाँव जाना कुछ दिनों के लिए स्थगित हो गया। भैंस का दूध अधिकतर हमारे ही काम आया। तीसरे दिन मेम साहब का उत्तर आ गया। शाम को चार बजे उन्होंने प्रेमलाल को मिलने का समय दिया था।

प्रेमलाल और मैडम डेवी की बातों का सही और सीधा प्रभाव पड़ा। मैडम ने अपने मित्र-अंग्रेज़ पुलिस सुपरिटेण्डेण्ट को फोन पर सब बातें बतलायीं। सुपरिटेण्डेण्ट ने असिस्टेण्ट सुपरिटेण्डेण्ट को हुक्म भिजवाया। असिस्टेण्ट सुपरिटेण्डेण्ट ने देहाती इलाके के कोतवाल रसूल अहमद खाँ को तलब किया और कहा कि इलाके के थानेदार पर काबू रखो। मुन्नूसिंह अगर भैंस को छीनने की कोशिश करे तो उसको फौरन गिरफ्तार करो। प्रेमलाल वल्द मँगतू साव के यहाँ से भैंस अगर गयी तो समझ लो, तुम्हें कोतवाल के बजाय किसी गाँव का चौकीदार बना दिया जाएगा।

हुक्म यह भी था कि अब तक जितने लोगों की भैंसें मुन्नूसिंह ने लूटी हों, उन सबको उनके असली मालिकों को लौटाया जाए। बड़े ज़मींदार का बेटा होने की बात पर ध्यान न दिया जाए। सख्ती से उसे दबाया जाये। अंग्रेज़ नायब सुपरिटेण्डेण्ट ने हिन्दुस्तानी कोतवाल को और भी न जाने क्या-क्या धमकियाँ दी होंगी। वह दफ्तर से जब बाहर निकला, तब भीगा बिलौटा बना हुआ था। तुरन्त प्रेमलाल से मिलने आया। वहाँ से पता लगाकर मेरे घर आया।

अधेड़ उम्र के कोतवाल ने प्रेमलाल को जूते मिलाकर फौजी सलाम दिया और पूछा–"साहब, आप अपनी भैंस को अपने गाँव मुदकीपुर कब ले जाना चाहते हैं? और यह भी कि गाँव में आपकी भैंस की हिफाज़त के लिए चार सिपाही तैनात रहेंगे। मुन्नूसिंह क्या मुन्नूसिंह के बाप कुदऊसिंह भी आपका कुछ न बिगाड़ सकेंगे।"

प्रेमलाल के लिए कोतवाल से 'आप' और 'हुजूर' जैसे शब्द सुनकर मेरे और प्रेमलाल के पेट हँसी के मारे फूल-फूल रहे थे परन्तु; बाहर से हमने गम्भीर बने रहने की पूरी कोशिश की। कोतवाल को दूसरे दिन का कार्यक्रम देकर विदा किया। हम लोग जी खोलकर हँसे। फिर प्रेमलाल ने संजीदगी से कहा–"आदमी में बुद्धि होनी चाहिए। इससे वह हर परिस्थिति को जीत लेता है।" इसके बाद भैंस को ले जाने के प्रबन्ध पर विचार होने लगा।

छुट्टियाँ थीं ही, शिवचरन और चाँदनरायन को भी साथ ले चलने की बात बनी। सबसे तय कर आये कि चलना है। खैर, फिर हमने एक लारी सीधे मुदकीपुर तक जाने के लिए ठहरायी। सबेरे अपने-अपने घरों से जलपान करके ठीक आठ बजे स्टैण्ड पर पहुँच गये।

सड़क पर खड़ी लारी हमारी राह देख रही थी। चूँकि भैंस और उसका पँड़वा मेरे ही घर बँधे थे, इसलिए प्रेमलाल हमारे यहाँ सोया था। सबेरे नहा-धोकर, नाश्ता-पानी करके भैंस को लेकर हम ठीक सात बजे घर से चल दिये थे। प्रेमलाल की भैंस जब हमारे घर से विदा हुई, तब हम सभी को दुःख हुआ। दो दिन भैंस से बड़ी रौनक रही, खूब दूध पिया, खीर खायी, खोये की बर्फी जमायी। मेरे पिताजी ने उसी समय कहा कि अब जल्द ही इस घर में एक गाय या भैंस आ जायेगी।

: दो :

प्रेमलाल की भैंस और उसका पँड़वा लारी पर चढ़ा दिये गये। हम चारों मित्र ड्राइवर के पास आगे बैठ गये। हँसी-मज़ाक हुआ, गम्भीर बातें भी हुईं। चाँद ने कहा–"तुमने लाख पुलिस का प्रबन्ध कर लिया हो प्रेम, पर वह भैंस-बुद्धि मुन्नू अपनी-सी बदमाशी किये बिना मानेगा नहीं।"

शिवचरन बोला–"ठीक बात है, रईस माँ-बाप का इकलौता बेटा है। उसको ज़िद चढ़ेगी कि तुमने पुलिस की ताकत से उसकी मनमानी पर अंकुश लगाया; इसीलिए वह तुमसे बदला लेने के लिए यह भैंस लूटने ज़रूर आएगा।"

"मुंशी शिवचरन, मान गये तुम्हारी खोपड़ी को भी। अब यही सोचकर अपने मोर्चे साधो।"

प्रेमलाल बोला–"सुनो यारो, मुन्नूसिंह को ठीक करने के लिए दो-चार सौ, पाँच सौ अगर खर्च भी हो जायँ तो मेरे फादर खुशी से खर्च कर देंगे। इस बार मौका पाया है तो इस दुष्ट के ज़हर के दाँत तोड़ देना चाहता हूँ।"

हम लोग मुन्नूसिंह को गुण्डागीरी का मज़ा चखाने के लिए प्रभावशाली उपाय सोचने लगे।

: तीन :

ज़मींदार कोतवाल रसूल अहमद खाँ खुद पण्डित कुदऊसिंह ज़मींदार के घर गये। बतलाया–"पण्डित साहब, सीधे बड़े कप्तान का हुक्म है, कलेक्टर की मेम की सिफारिश है। अगर मँगतूराम साहूकार की भैंस पर कुँवरजी ने नज़र भी डाली तो समझ लीजिए कि बस हमारे हाथों से तोते उड़ जायेंगे। फिर कुछ करते-धरते न बनेगा।"

ज़मींदार कुदऊसिंह दोनों हाथों से अपना सिर पकड़कर बैठ गये। कहा–"हम मुन्नू कुँवरजी को रोज यही समझाते रहे कि बेटा, पढ़ लेव। हुनर से इज़्ज़त रहती है। इस बखत इस मँगतू के बेटे ने अपने हुनर से हमारी-सबकी नाक काट ली। मगर कोतवाल साहब, आपे उयि नालायक का समुझाय देव कि हमार इज़्ज़त न लेय। का कही!"

रसूल अहमद खाँ ने मुन्नूसिंह को बुलाकर समझाया–"कलेक्टर और पुलिस कप्तान का हुक्म है कि आप उस भैंस की ओर नज़र उठाकर भी नहीं देखिएगा वरना..."

"वरना का करिहैं। का हमार आँखी फोरि देहैं?" मुन्नूसिंह पहलवान क्रोध में उफनता ही चला गया। हाँ, कोतवाल की धमकियों और पिताजी की फटकार से वह ऊपर से तो दब गया, पर उसके क्रोध से उबलते मन को भला कौन दबा सकता था!

थानेदार भी आये। थानेदार की बहन से मुन्नूसिंह की सगाई तय हुई थी, इसलिए दोनों में साले-बहनोई का रिश्ता था।

थानेदार नेतराम ने कहा–"मुन्नू भैया, हमारे कहने से तुम आठ-दस दिन गम खाव। एक बार ये स्कूल-कालेज वाले लड़के यहाँ से शहर चले जायँ, तब फिर देख लेंगे। अरे, काठ की हँड़िया एक बार चूल्हे पर चढ़ गयी तो चढ़ गयी। बार-बार थोड़े ही जा पाएँगे कलेक्टर, कप्तान के यहाँ।"

मुन्नूसिंह अकड़कर बोले–"बड़े भैया, हम आहिन ब्राह्मण। ससुर गोरे मलेच्छन का डर हमारा ब्रह्म-तेज थोड़े ही कम कर सकता है! हम उस सारे की भैंस आज ही लूटि लायँगे।"

मगर इससे थानेदार की अपनी नौकरी पर आँच आने का भय था। समझा के बोले–"मुन्नूसिंह हमारा कहा मानो, अभी चुप्पे बैठो। हमने तुम्हें बचन दिया है, हम इनकी एक-एक नस ढीली कर डालेंगे।"

परन्तु मुन्नूसिंह तो परशुरामी क्रोध की मूर्ति बना हुआ था–"नहीं, आज ही जाऊँगा। तुम छुट्टी लैके नखलऊ चले जाव, बाकी हम देख लेंगे।"

थानेदार के बहुत समझाने-बुझाने पर कुँवर मुन्नूसिंह इस बात पर राज़ी हुये कि दो दिन ठहर जायँगे। फिर थानेदार ने एक ऐसा उपाय सोचा कि मुन्नूसिह बदला ले लें और उन पर या थानेदार पर कोई आँच भी न आ सके। उन्होंने तरकीब बतायी कि भैंस खोलकर लाना तो उचित न होगा लेकिन; उसे कुछ दवा खिलाकर इस तरह से बीमार किया जा सकता है कि वह उस दिन न मरकर चार-छह दिन बाद मरे। इस तरह साँप भी मर जाएगा और लाठी भी नहीं टूट पाएगी।

: चार :

संयोग से ज़मींदार का एक नौकर ये बातें सुन रहा था। वह मुन्नूसिंह के स्वभाव से खुश नहीं था और मँगतूराम साहूकार का कुछ एहसानमन्द भी था। वह सारी बातें मँगतूराम को बतला आया। अभी भैंस घर में आयी भी न थी कि ये सब बातें सुन-सुनकर मँगतूराम साहूकार बहुत घबराये। उन्हें प्रेमलाल के द्वारा घर में भैंस लाये जाने की कोई सूचना ही न थी। भैंस के साथ प्रेम के कुछ दोस्त आ रहे हैं, यह खबर भी अचानक ही मिली थी। पहले तो उन्होंने ज़मींदार के अपने इस उपकारी नौकर के लिये शर्बत-पानी का प्रबन्ध करवाया, फिर यह हुक्म दिया कि बारह-पन्द्रह आदमियों की रसोई और तैयार की जाये। प्रेम की किसी बड़े अंग्रेज़ हाकिम के पास पहुँच रही होगी, तभी तो खुद कोतवाल, कुदऊसिंह और मुन्नू को धमकाने आया था। इस कल्पना से मँगतूराम को अपने बेटे के प्रति मन ही मन गर्व हुआ। पढ़ा-लिखा लड़का है, कुछ सोच करके ही यह सब दन्द-फन्द किया होगा। फिर अपने जी में मँगतूराम और भी सख्त हुए। सोचा कि मुन्नू पहले भी हमारे यहाँ से भैंस खोल ले गया था। मुझे कई बार नीचा दिखा चुका है क्योंकि; थानेदार उसका होने वाला साला है। उसके और कुदऊसिंह द्वारा किये गये सब अपमानों का बदला लेने के लिए आज साहूकार मँगतूराम का मन भी पूरी तरह से कस गया। उन्होंने सोचा- अरे, जब अपने नामी बेटे ने, जिसकी तस्वीरें अंग्रेज़ी के अखबारों में छपती हैं, यह लड़ाई मोल ली है, तब चाहे जितना पैसा खर्च हो जाय, मैं भी मैदान से पीछे नहीं हटूँगा। इस बहाने कुदऊसिंह और उसके बेहद बिगड़े बेटे को इस बार सदा के वास्ते निस्तेज कर दिया जायेगा।

थोड़ी देर में मँगतूराम साहूकार के यहाँ चार बन्दूकधारी पुलिसमैन आकर खड़े हो गये। उन्होंने साहूकार से कहा-"आपके यहाँ शहर से भैंस आ रही है। हमको लखनऊ कोतवाली से टेलीफ़ोन मिला था कि ठीक आठ बजे चार लड़कों के साथ आपकी भैंस लारी पर रवाना हो चुकी है और करीब तीन घण्टे में वह लारी से यहाँ पहुँच जाएगी। सो, अब ग्यारह बजने वाले हैं। आते ही होंगे। हम लोग गुण्डे मुन्नूसिंह से आपकी भैंस को बचाने के लिए यहाँ भेजे गये हैं।"

मँगतूराम की तोंद खुशी के मारे कुछ और फूल उठी। अपना बेटा होशियार और पहुँच वाला है। आगे चलकर देखो क्या-क्या तरक्कियाँ करने वाला है। उन्होंने घर के अन्दर जाकर प्रेम की माँ से कहा- "अरे घरैतिन, कुछ सुनेउ। तुम्हार लाडला शहर से भैंस लै कै आय रहा है और वहि के साथ यू सरकारी अडर आवा है कि मँगतूराम साहूकार की भैंस की हिफाज़त और निगरानी सरकार की तरफ से की जायगी। चार रैफलधारी चौकीदार भेजे गये हैं। अपनी भैंस लारी से आय रही है। बस पहुँचतै होई। (हाथ मलते हुए) का बताई, प्रेम हमका जो एक दिन पहले खबर भेज दिहिस होति, तौ हम रोसन चौकी का इन्तेज़ाम करिति। खैर, अब तुम जल्दी से महाराज का हाक देउ। हमरे बचवा के साथ चार-छह और दोस्त आय रहे हैं। चौकस खातिर होय का चही। यू चार सिपाही तौ हियाँ पहुँचै गये हैं, बाकी हम तुमका पहले से चेताये देइति हैं कि जब हमार बचवा हियाँ आय जाई ना, तब कोतवाल-थानेदार, बड़े-बड़े हाकिम, सबै हमरे दरवज्जै पै अइहैं।"

सारे घर में एक अजीब रहस्य और उत्साह भरी लहर दौड़ गयी। घर के 'युवराज' प्रेमलाल भैंस तो ला ही रहे हैं और कोई बड़ा सरकारी करिश्मा भी करके ला रहे हैं। इसलिए मुनीम-कारिन्दे और तगादा करने वाले नौकर; सभी साहूकार की ड्योढ़ी पर इधर-उधर कुछ न कुछ इन्तज़ाम करते, बैठक में नयी चाँदनी बिछाते और मसनदों पर उजले गिलाफ चढ़ाते दिखलायी देने लगे उधार लेने के लिए आये हुए बहुत से ग़रीब-गर्ज़ू किसान बेगारी में हवेली के बाहर का मैदान तथा गौशाला बुहारते नज़र आ रहे थे। मँगतूराम ने अपनी धुली हुई धोती, चिकन का अँगरखा और गुलाबी पगड़ी बक्स से निकालकर पहन ली थी। रेशम का दुपट्टा भी अँगरखे के ऊपर डाल लिया था और अपने यशस्वी-पुत्र, उसकी-मित्र मण्डली और मुन्नूसिंह के हेकड़ी को ठेंगा दिखाकर; सरकारी-शक्ति की सुरक्षा में आने वाली भैंस के स्वागत में हवेली के बाहर इधर-उधर टहलने लगे।

इतनी ही देर में बिजली की तरह केवल मुदकीपुर ग्राम में ही नहीं बल्कि; आसपास के दो-चार गाँवों में भी यह खबर पहुँच गयी कि मुन्नूसिंह की नाक काटने के लिए मँगतूराम साहूकार के यहाँ पुलिस की निगरानी में भैंस आ रही है।

लगभग साढ़े ग्यारह बजे ज़ोर-ज़ोर से भोंपू बजाते हुए लाल रंग की लम्बी-सी लारी गाँव की सरहद में घुसी और लोग-बाग अपने काम धन्धे-छोड़कर भैंस को देखने के लिये भागे। मँगतूराम के पास खबरें दौड़-दौड़कर आने लगीं। स्वागत में क्या करिश्मा कर दिखाएँ साहूकार, इसी चिन्ता की उधेड़-बुन में जल्दी-जल्दी टहल रहे थे कि एकाएक उनके मन में एक सूझ आयी। वे रायफलधारी सिपाहियों के मुखिया के पास गये। मुखिया भी सयाना था, मुस्कराकर बोला-"मैं जानता हूँ आप क्या सोचकर मेरे पास आये हैं लेकिन; सेठ जी, यही हमारा मौका है। अगर आप कहें तो मैं एक आपके साहबजादे के नाम पर और दूसरी इस भागशाली भैंस के नाम पर; दो गोलियाँ दाग दूँ। मगर हुज़ूर, ग्यारह रुपये नेग के होंगे। इस बड़ी खुशी के मौके पर तो आपसे हमें ज़्यादा लेना चाहिए था और पाँच-पाँच रुपये हुज़ूर तो कारतूसों के, सरकारी हैं ना, माल-खज़ाने में जमा करने पड़ते हैं।"

'पों-पों' पास आ गयी थी। मँगतूराम हड़बड़ाहट में फिर हवेली से बाहर निकल आये। मोटर आकर ठीक हवेली के सामने ही रुकी। भैंस को उतारने पर नये हाथ लगे। भैंस-भैंस, खुण्ड़ी भैंस, राजमहिषी की तरह; पूरे सम्मान के साथ मँगतूराम साहूकार की ड्योढ़ी के सामने उतरी।

सहुवाइन ने भी भैंस को गऊमाता जैसा शाही-स्वागत दिया। भैंस और उसके पँड़वे को टीके चढ़ाये गये, चरन धोये गये, आरती-नज़रें उतारी गयीं, शंख-घड़ियाल तक बजा दिये गये। दो-चार भले घरों की जो औरतें आयीं थीं, उनके कण्ठ से सहज गाय और गोविन्द के गुणगान सस्वर फूट निकले।

मैं, चाँदनरायन और मुंशी शिवचरन आदि मित्र इस ग्रामीण स्वागत को देखकर दंग रह गये। तब तक रेल की खिड़की से ही मैंने गाँवों की सूरत देखी थी। शहर से काफी दूर ग्रामीण-समाज के ठीक हृदयस्थल में आना हमारे लिए एक बिल्कुल नया अनुभव था।

इधर भैंस और इस क्षण भैंसकाण्ड के नायक प्रेमलाल घर में पहुँचे, उनकी नज़रें-वज़रें उतारने के लोकाचार हुए और उधर, गोलियाँ दाग कर रायफलधारी सिपाहियों ने बन्दूकों की सलामी दी। लाला मँगतूराम ने अपने अँगरखे में हाथ डालकर बड़े हौसले से न्योछावर में इक्यावन रुपये पुलिस वालों की नज़र कर दिये। देहाती कान्सटेबुलों के साथ आये हुये कोतवाली के छोटे-मोटे हाकिम ने पैर से पैर टकराकर जब उनको लाट साहब जैसा सलूट मारा, तब मँगतूराम साहूकार के मानो सात पुरखे तर गये। कौड़ी-कौड़ी की माया जोड़ने में उस्ताद मँगतूराम ने वंश को उजागर करने वाले अपने बेटे के नाम पर इस समय थैलियाँ लुटाने में तनिक भी संकोच नहीं किया। पैसा और होता ही किस दिन के लिये है। पैसा क्या लायक बेटे से भी बढ़कर है! अरे, इन्हीं की आने वाली तीन पीढ़ियों तक के लिए मैंने जमा करके रख दिया है। लाला मँगतूराम यह सब सोचते हुए इस समय बड़ी शहंशाही तरंग में थे। घर के भीतर सहुवाइन का भी यही हाल था। अब धीरे-धीरे लोगों का आना-जाना बढ़ने लगा। जिसका लड़का ब्रिटिश सरकार में इतनी पहुँच वाला हो, उसके बाप से मिलने भला कौन नहीं आएगा? लाला मँगतूराम ने सोचा कि घर के महराज से ही काम न चलेगा। मुनीम के कानों में मन्त्र फूँक दिया कि हलवाई बुलाओ।

हवेली के सहन में हलवाइयों के लिए पक्का बारहोंमासी इन्तज़ाम था। देखते ही देखते हलवाई भी आ गया। भट्ठियाँ खुलते और पूड़ियाँ छनते फिर भला देर ही क्या लगती?

हम लोगों की खातिरदारी के सम्बन्ध में तो पूछना ही क्या! उन दिनों ऐसी कोई खास गर्मी तो न थी, फिर भी हम चार आदमियों के लिए चार बड़े-बड़े ताड़ के पंखें हाँकने वाले नौकर तैनात थे। हम लोगों ने चूँकि प्रेमलाल को धमका दिया था कि अगर यहाँ हमें अच्छी चाय न मिली तो तुम्हारे इस सारे हीरोपने की पोल खोल दी जायेगी। आखिर किनकी अमूल्य अक्ल के बल पर तुम इस भैंस को जीत लाये हो!

प्रेमलाल अपनी निगरानी में चाय तैयार करवाने के लिये भीतर स्वयं गया। चाय अच्छी बनी लेकिन; कलई के गिलासों में आयी। खैर! हमने गज़ा तो खुशी-खुशी ले लिया। खूब बादाम, पिस्ते, चिरौंजी पड़ा, असली घी में बना सूजी का हलवा खाया, समोसे, फल खाये। फिर लाला मँगतूराम और घसीट-घसाट कर लायी गयी श्रीमती मँगतूराम को भी हमसे मिलाया गया। हम इस बात से खुश थे कि प्रेमलाल ने अपने माँ-बाप के सामने यह खुले दिल से स्वीकार किया कि यह सरकारी सहारा लेने का सारा सुझाव हमें इन्हीं लोगों ने दिया और यही अब मुन्नूसिंह को नाकों चने चबवाने के लिए यहाँ आये हैं। प्रेमलाल ने अपनी गुपचुप भाषा में अपने पिता को यह भी बतला दिया कि कोतवाल का सहारा लेकर इस बार वह मुन्नूसिंह को तथा उसके होने वाले साले थानेदार को जीवन-भर का सबक सिखा जायेगा। इसके लिये हमें मौके पर काम आने वाले दस अच्छे लठैत और भरोसे के कुछ मज़दूर चाहिए। लाला मँगतूराम इस वक्त हम लोगों की मुँह-माँगी मुरादें पूरी करने के जोश में थे।

रात के दस बजे मज़दूरों ने सामने वाली ज़मीन को दस-दस फुट गहरा खोदना शुरू किया। गैस के उजाले में सारा काम चल रहा था। प्रेमलाल सहित हम लोगों ने जिस-जिस तरफ से मुन्नूसिंह और उसके गुण्डों के घर में घुसने की तनिक-सी भी गुंजाइशें देखीं, वहाँ-वहाँ दस-दस फुट गहरी ज़मीन खुदवा दी। खुदी मिट्टी फिर गड्ढे में भरवा दी और

इतना पानी छिड़कवाया कि सारी मिट्टी कीचड़ बन गयी। उन कीचड़ भरे लम्बे गड्ढों में ऊपर से हमने मिट्टी से सनी हुई सिरकी भी बिछवा दी ताकि ऊपर से देखने में गड्ढे छिपे रहें। हमने सोचा था कि पहले दिन तो शायद यह भैंस-बुद्धि वाले लठ लोग आक्रमण न करें। पहला दिन था, इसलिए पुलिस का रौब भी था किन्तु; दूसरे दिन से आक्रमण की पूरी सम्भावना थी। हमारे कहने से हवेली के इस भाग में लोगों की आवाजाही पर लाला मँगतूराम ने सख्त रोक लगा दी थी।

दूसरी रात तो हमारी चौकसी करते-करते निकम्मी ही बीती, मगर तीसरी रात चोर आये। सबसे पहले हवेली की सबसे छोटी छत के ऊपर नक़ली वेशधारी चोर के भेष में थानेदार ही दिखलायी दिया। वही भैंस को ज़हर देने के लिये आया था। फिर मुन्नूसिंह आया और धीरे-धीरे करके छत पर आठ लठैत नज़र आने लगे। उन्होंने ऊपर छत से नीचे कूदने का अन्दाज़ लिया। उनके पैरों में कपड़े की मोटी-मोटी पट्टियाँ लपेटी हुई थीं, जिससे कूदने पर कम से कम धमाका हो। मगर थानेदारी बुद्धि समेत मुन्नूसिंह की सारी चतुराई छत से कूदते ही दलदल में फँस गयी। दो सयाने निकले और कई लोगों के धरती पर कूदते ही 'धोखा' शब्द कहा। अन्य कई की चीखें सुनकर दो सयाने गुण्डे अपनी जान बचाकर छत से ही नौ-दौ ग्यारह हो लिये।

: पाँच :

आठ-आठ फुट कीचड़ में फँसे हुए दस्यु और उनके लट्ठ, क्रोध और विवशता में तड़प-तड़प रहे थे। गड्ढों में पानी शायद अब भी डाला जा रहा था, इसलिए फिसलन ज़्यादा ही हो गयी थी। देखते ही देखते हमारे लठैत और गैस के हण्डे सामने आ गये। कीचड़ की फिसलन से लड़ते हुए भी मुन्नूसिंह और थानेदार ने हमारे लठैतों से लड़ने का असफल प्रयत्न किया। लेकिन उनके ऊपर हमने मोटे रस्सों के फन्दे अब तक डाल दिये थे, उनकी बाँहें बँध गयी थीं। चार लठैत, थानेदार और मुन्नूसिंह समेत छः बेबस गुण्डों को दलदल से निकालकर उनके हाथ-पैरों को बहुत अच्छे तरीके से बाँधा गया। फिर उनके ऊपर पानी की बौछारें की गयीं, बैठकघर के नंगे फर्श पर उनके गीले और बँधे हुए शरीर ला-लाकर पटके गये। इसके बाद हम लोगों ने उनकी भीतरी मार शुरू की, हम लोगों में सबसे निर्मम था शिवचरन। उसने कल से ही एक डिब्बे में ढेर सारी चींटियाँ और गुड़ की राब जमा कर ली थी। मुन्नूसिंह की मूँछों पर राब लगाकर आठ-दस चींटियाँ उस पर छोड़ दी गयीं। मुँह से ज़मीन तक राब के साथ चींटियों की लकीर-सी बन गयी। मुन्नूसिंह तड़प-तड़पकर रह जाते। थानेदार की मूँछों पर, दोनों बगलों और जाँघों पर हम लोगों ने यही निर्मम तरीका अपनाया था। एक तो हमारी लड़काई बुद्धि, दूसरे अन्याय से लड़ने का जोश भी हममें ज़्यादा था। तीसरे, हम यह चाहते थे कि मुन्नूसिंह और थानेदार जैसे शरीफ गुण्डे काबू कर लिए जाएँ। शिवचरन का यह निर्मम नुस्खा बड़ा ही सफल साबित हुआ। घण्टे-डेढ़ घण्टे में वह सारा स्थान लाल-काली चींटियों से भर गया था और सभी गुण्डे पीड़ा से त्राहि-त्राहि कर कराहते हुए हमसे क्षमा माँग रहे थे।

डेढ़ घण्टे में मुन्नूसिंह और थानेदार ढीले पड़ गये और रोने लगे। तब हमारे बहुत कहने पर शिवचरन ने उनके चींटियों वाले काया-क्षेत्र को साफ करवाया। मिठास के लालच में लाल चींटियों ने तो कहीं-कहीं उनके माँस में भी छेद कर दिया था, जलन के

मारे उनका बुरा हाल था।

हमने थानेदार से उसका नौकरी से त्यागपत्र और अपना सच्चा बयान लिखवाया तथा मुन्नूसिंह से माफीनामा।

कोतवाल को ख़बर भेजकर बुलाया गया कि चोर गिरफ्तार हैं, उनका इकबालनामा भी हमारे हाथ में है।

कोतवाल दो घण्टे के अन्दर मय कुछ सिपाहियों के लाला मँगतूराम की हवेली पर आ पहुँचे। इस डकैती और डाकू पकड़े जाने की किसी को कानों-कान खबर न हुई लेकिन सारा काण्ड हो जाने तक जाने कैसे यह हवा फैल गयी कि डाकू के रूप में गिरफ्तार मुन्नूसिंह और थानेदार को देखने के लिए दूर-दूर के गाँवों से हज़ारों की भीड़ इकट्ठी हो गयी।

मँगतूराम साहूकार ने प्रेमलाल के द्वारा यह आग्रह किया कि चाहे जितनी दुर्गति की जाए लेकिन, मुन्नूसिंह की आबरू ढक ली जाय। आखिर; वह उनके ही ज़मींदार का बेटा है। हमारे मुंशी शिवचरन ने इसका भी इलाज निकाल लिया। एक पीली जनानी धोती लायी गयी, उन्हें ज़बरदस्ती पहनायी गयी, घूँघट काढ़कर हाथ में चूड़ियाँ पहनायी गयीं, पैरों में, किसी के गिरवी रखे चाँदी के कड़े भी डाल दिये गये। थानेदार समेत कोतवाल साहब के सामने सारे डाकू पेश किये गये। मुन्नूसिंह को लम्बे घूँघट में साधे हुए मुंशी शिवचरन कोतवाल के सामने पहुँचा और कहा–"हुज़ूर, डाकुओं में यह आया तो था मर्द बनकर लेकिन; कमबख़्त अब जनाना हो गया है। इसलिए इसका घूँघट न उठाया जाय।"

सुनते ही चारों ओर ठहाके लगने लगे क्योंकि; सभी जानते थे कि हेकड़ीबाज़ मुन्नूसिंह अब कभी सिर नहीं उठाएगा।

(1972)

नाट्य

- बालदिवस की रेल
- परी देश की सैर
- आओ बच्चो नाटक लिखें

बालदिवस की रेल

दर्शन* :

पुरुष : *(काव्यात्मक पाठ)*

आओ भई आओ!

चुन्नू, मुन्नू, पप्पू, बिट्टो, सुषमा, राजू भैया, गुड्डू , तम्बी, घेंटू, धोंड्या, पोपट, मीना, नरगिस, भँगतू, रुलटू, अतुल, मुकुल, काके और रीता,

अख्तर, कब्बन, गीता, सीता।

आओ-आओ, सब जन घिर आओ।

आज तुम्हें हम खेल दिखायें। क्या दिखलायें?

(बाजीगरों का स्वर-लटका) कहो तो हथेली पर सरसों जमायें, साहब के टोप से कुत्ता निकालें, चुकन्दर को सिकन्दर और बन्दर को कलन्दर बना लें, मुर्गी के अण्डे से हाथी का बच्चा निकालें।

बच्चा 1 : छोड़िये भी! कहाँ साइंस का यह नया ज़माना और कहाँ यह आपका दकियानूस जादू!

बच्चा 2 : हाँ जी! कहाँ राजा भोज और कहाँ गंगू तेली!

[बच्चों की हँसी]

पुरुष : तुम लोग हमारे जादू की हँसी उड़ाते हो? जाओ, मैं नाराज हो गया।

बच्चा 1 : जादू को तो नहीं मानेंगे, पर आप नाराज न हों। आज तो हमारा बालदिवस है।

बच्ची 1 : हाँ, हमारा नया त्योहार है। आज के दिन तो हँसिये और हँसाइये।

पुरुष : कैसे हँसूँ? हे...हे...हे...हे...!

बच्चे : नहीं, हः हः हः ! *(सामूहिक हँसी)*

[गीत : आप हँसते जाइये, हमको हँसाते जाइये।]

पुरुष : अरे वाह भई बच्चो! तुमने तो बड़ा मजेदार गीत सुनाया! अब मैं भी करिश्मा दिखलाता हूँ। गीतों की रेल दौड़ाता हूँ।

बच्चा 1 : गीतों की रेल! फिर जादू की बात की! अजी, हमारे चाचा नेहरू ने बच्चों के लिए सचमुच की चुन्नी-मुन्नी रेल चलायी है।

---

* रेडियो नाटक के 'फेड इन' के लिए नागरजी हिन्दी के 'दर्शन' शब्द का प्रयोग करते थे।

बच्चा 2 : हाँ! बच्चे ड्राइवर।
बच्चा 3 : बच्चे टिकट कलेक्टर। *(उत्साह-वेग में)*
बच्चा 4 : और बच्चे यात्री।

सब बच्चे : क्या समझे?

पुरुष : ओहो! तो ये ठाठ, ये जश्न हैं! हाँ भई, क्यों न हों, तुम लोग स्वाधीन भारत के बच्चे हो। हम जब बच्चे थे, तब देश गुलाम था। फिर हमारे लिये यह ठाट-बाट कौन सजाता? और अब तो भारत के इतिहास में बालदिवस का नया त्योहार जुड़ गया है। अब तो तुम्हारे लिए प्रति वर्ष, प्रतिदिन, नये-नये तथा उन्नतिशील मनोरंजन और शिक्षा के मार्ग खुलते रहेंगे। हमें इस बात की तो बड़ी ही खुशी है। मगर भई, आज तो हमको भी अपनी रेल पर सैर करा दो।

बच्चा 1 : हमारी रेल पर! अच्छा, तो कहाँ की सैर करेंगे?

पुरुष : पूरे भारत की।

बच्चा 2 : अच्छी बात है, ले चलेंगे।

बच्चा 3 : और अपने त्योहार के दिन हम आपका टिकट भी माफ कर देंगे।

पुरुष : बच्चो, यह तो बड़ी रियायत की तुमने मेरे साथ।

बच्ची 1 : तो पहले किधर चलियेगा? हमारी नानी की कहानी में तो राजकुमार को उपदेश दिया गया है कि बेटा, पूरब-पच्छिम, उत्तर; सब जगह जाना पर; दक्खिन न जाना।

पुरुष : मैं आपकी नानीं की कहानी नहीं मानूँगा क्योंकि; आप लोगों ने मेरा जादू नहीं माना। मैं तो पहले दक्षिण की ही सैर करूँगा।

बच्चा 1 : अच्छा, तो फिर चलिये।

बच्चे : चलिये, चलिये!

[गीत : बालदिवस की चली ये रेल...]

बच्ची 1 : यह देखिये, हम आपको देश के धुर दक्षिण में ले आये।

पुरुष : अरे! यहाँ के बच्चे यह कैसा स्वाँग भर रहे हैं?

बच्चा 1 : अरे! इन्होंने तो कथकली नाच के बाजों का-सा रूप बना रखा है!

पुरुष : यह देखो, मिस्टर नगाड़ा और बीबी ढोलकी हैं। यह मियाँ मँजीरे और यह घनन-घनन-घन घड़ियाल जी हैं। सब जने अपनी-अपनी करामात दिखलाने के लिये भरपूर उत्साह में ढिमिक-ढिमिकि, ढिम-खनखन, खनखन करते क्या शान से गीत गाते चले आ रहे हैं!

बच्ची 2 : इनकी भाषा क्या है?

बच्चा 1 : मलयालम। और उस भाषा में इन बाजों के नाम हैं–
मंगलम, चेंगल, इल्लट्टलम और चेण्डा।

पुरुष : शाबाश! लो, अब इनका गीत सुनो।

[गीत : बलबल–बलबल... (मलयाली गीत)]

बच्चा 1 : कहिये, कैसा मजेदार गीत सुनाया हमारे केरली मित्रों ने!

बच्चा 2 : अब चलिये, हमारे तमिलनाडु के दोस्तों से मिलिये।

[जिकि जांग संगीत आरम्भ (तमिल)]

बच्चा 2 : ये लोग भी अपना त्योहार मनाने में मगन हैं। यह देखिये।

[जिकि जिकि चाँग]

पुरुष : अरे वाह रे बच्चो! अपनी मस्ती में बेमतलब की बातों का समाँ बाँधना तुम्हीं लोग जानते हो। फुर्र–सी चिड़िया आयी, बैठी, उसके पैर में लगी, जाल से बची, काला कौआ आया, गौरैया चिड़िया आयी– जाने क्या-क्या बेपर की उड़ान ले डाली हैं–यहाँ शब्दों का अर्थ नहीं, मस्ती और उड़ान का आनन्द है। और यही चाहिये भी।

बच्चा 1 : अच्छा, अब किधर चलना चाहिये?

पुरुष : इस बार जहाँ तुम्हारी मरजी हो।

बच्चा 1 : तो अब हम अपने कन्नड़भाषी मित्रों का तमाशा देखेंगे।

[दूरागत हँसी]

बच्ची 1 : ये लोग तो उस मोटी तोंद वाले खाऊवीर की तोंद का नगाड़ा बजा रहे थे। *(बच्चों की हँसी)* कहते थे, भट्ट जी, भट्ट जी, तुम्हारी तोंद तो लोहे के उलटे कढ़ाव जैसी है, जिसे पीटने पर मजेदार आवाजें निकलती हैं। *(हँसी)*

[गीत : भटुन्ना होट्टे... (कन्नड़ गीत)]

पुरुष : हमने माना कि उस तोंदियल पेटू को छेड़कर तुमने बड़ा सुख पाया। हम यह भी मानते हैं कि बच्चों को छेड़खानी अवश्य करनी चाहिये। मगर किसी को इतना मत सताओ कि तुम्हारा थोड़ी देर का सुख किसी का अपार दुःख बन जाय। *(बच्चों का समर्थन)* अच्छा, खैर, यह तो बीच की बात हो गयी–अब किधर?

बच्ची 1 : अब हमारे तेलुगुभाषी साथियों से मिलिये।

पुरुष : *(हँसकर)* अरे बाबा, ये लोग भी छेड़खानी के मूड में दिखलायी देते हैं।

[गीत : बाबा बाबा... (तेलुगु गीत)]

पुरुष : मगर यह छेड़खानी बुरी नहीं। बच्चे अपने जीजा को सता रहे हैं। मखमली शब्दों में लपेट-लपेटकर कि– जीजा जी का क्या कहना! वह तो गुलाब जल के समान हैं। बस, एक बार वह पकड़े गये थे, बाँधकर लाये गये, सड़कों पर नचाये गये, फिर चन्दन से उनका लेप हुआ, फिर द्वार पर के लैम्पपोस्ट् से बाँधकर उन्हें हँसी-दिल्लगी के कोड़ों से पीटा गया। *(हँसी)* वाह भाई! मजा आ गया–तो बच्चो, अब किधर?

बच्चा 1 : महाराष्ट्र।

[संगीत। बच्चों की स्वर-गूँज]

पुरुष : यहाँ क्या सुनने को मिलेगा?

बच्चा 1 : टिम्बू ची तुमण्डी ऐका।

पुरुष : यह क्या है?

बच्चा 2 : यह महाराष्ट्र का प्रसिद्ध लोकगीत है। मराठा राज में भिखारी जैसी हिन्दी-मराठी मिश्रित तुमड़ियाँ गाते थे, वैसी ही भाषा में है यह टिम्बू की तुमड़ी।

बच्ची 2 : तुम्हें कैसे मालूम?

बच्चा 2 : मेरे पड़ोस में मराठी, पंजाबी, मद्रासी, गुजराती सभी लोग रहते हैं। मैं उनके खेलों को भी सीखता हूँ।

पुरुष : तुम चतुर लड़के हो भाई! ऐसा ही करना चाहिये। अच्छा, अब सुनो, वो सुना रहे हैं, टिम्बू की तुमड़ी।

[गीत : टिम्बू की तुमड़ी... (मराठी गान)]

पुरुष : थोड़े ज्ञान पर भरोसा और थोड़ी शक्ति पर घमण्ड करने वाले की दुर्गति टिम्बू जैसी ही होती है। अच्छा हाँ, तो अब किधर चलें?

बच्ची : गुजरात।

[गीत : ऊँट कहे... (गुजराती गीत)]

पुरुष : अपने ऐब न देखने वाला एक ऊँट पशुओं और पक्षियों की सभा में सबके ऐब निकालता डोलता है कि कुत्ते की दुम टेढ़ी, तोते की चोंच टेढ़ी, भैंसे के सींग टेढ़े। करते-करते उसने हाथी, चीते आदि सभी के टेढ़े अंग समालोचक के तेवर चढ़ाकर बखान दिये। सुनते-सुनते सबके कान पक गये। तब लोमड़ी बोली कि अरे ऊँट! सूप बोले तो बोले, चलनी क्या बोले, जिसमें बहत्तर छेद। अरे, औरों के तो एक ही एक अंग टेढ़े हैं, पर तेरे तो अठारहों अंग टेढ़े हैं।

[बच्चों की हँसी]

बच्ची 2 : *(हँसकर)* अच्छा जवाब दिया।

पुरुष : अच्छा सुनो भई, यहाँ से अब हम सीधे असम चलना चाहते हैं। फिर बंगाल जायेंगे और फिर उड़ीसा और फिर यों ही आगे बढ़ चलेंगे।

बच्चा 1 : ऑलराइट सर! यह बच्चों की रेल है। चुटकी बजाते जहाँ कहिये, वहाँ पहुँच जायँ। चलिये, हमारे असम के दोस्तों से मिलिये।

[गीत : मस्त-मस्त... (असमिया गीत)]

पुरुष : भई, बच्चों के गीत भी मजेदार हैं। लड़के कहते हैं कि हम बड़े बहादुर हैं, हमारी बहादुरी से घर में हरदम हंगामा मचा रहता है। अभी जरा कोई हाथी मेरे सामने आ तो जाये। कागज की जंजीर से बाँधकर मैं उसे

यों झिंझोड़ डालूँगा और यों उसके कान काट डालूँगा और यों उसे सन्दूक में बन्द कर पटक दूँगा, यों करूँगा और वो करूँगा।

बच्चियाँ : म्याऊँ, म्याऊँ!

बच्चे : अरे बाप रे!

पुरुष : *(हँसकर)* ह: ह:, लड़कियाँ बोलीं। अरे, बिल्ली की म्याऊँ से तो डर गये, हाथी पकड़ेंगे!

[बच्चों की हँसी]

[गीत : सिंहसाने बसलो राजा (बंगला गीत)]

पुरुष : राजनीति के चक्र में पड़कर आदमी एक-दूसरे से शंका तथा भय करते हुए कितना बड़ा कायर और बुद्धू हो जाता है, इसका चित्र इस बंगला गीत-कथा में है–

एक राजा का मन्त्री एक दिन दरबार में तेज़ महक वाला इत्र लगाकर आया। महक से दरबार गमगमा उठा। राजा डरा कि कहीं इस सुगन्ध में ज़हर न भरा हो! आप तो डर के मारे सूँघा नहीं, दूसरे दरबारियों पर रोब झाड़ा कि फलाने, तू सूँघ और ढिमाके, तू सूँघकर बतला। कहीं यह मीठा ज़हर तो नहीं है? अब तो दरबारी बगलें झाँकने लगे। कोई कहे कि हूजूर, मेरी नाक में सुँघनी भरी है, मैं कुछ और न सूँघ पाऊँगा। कोई कहे कि सरकार, मैंने कपूर का पान खा लिया, उसकी सुगन्ध के असर से इस सुगन्ध का पता ही नहीं लग पायेगा। इस प्रकार सब ने हीले-बहाने बतला दिये। एक नब्बे बरस का बूढ़ा किरानी बाबू था। यह सब देखकर; वह मन में मुस्कराया फिर कहा कि राजा जी! हजार रुपये इनाम दें तो मैं सूँघ लूँ। राजा ने कहा, कि दूँगा। बूढ़े ने मन्त्री के पास आकर ठाठ से खूब इत्र सूँघा। इस पर भी मजे की बात यह है बच्चों कि दरबारियों ने यह न माना कि महक में ज़हर नहीं था बल्कि; यह कहने लगे कि देखो, बूढ़े की हड्डियों में इतना कसबल है, इतना सूँघकर भी नहीं मरा।

[बच्चों की हँसी]

[गीत : बिल्ली-सियार... (उड़िया गीत)]

पुरुष : यह लो बच्चो, हँसते-गाते हम तुम्हारे उड़िया साथियों के पास आ पहुँचे। यहाँ भी वही मस्ती है। बच्चे बिल्ली और सियार की आपसी छेड़खानी के गीत गाने में मगन हैं।

[सब बच्चे-बच्चियाँ ताली बजाकर बिल्ली और सियार का गीत गाते हैं।]

पुरुष : *(हँसकर)* बहुत अच्छा रहा, बहुत अच्छा! अब किधर?

बच्ची 1 : पंजाब।

बच्चा : अरे, हमारे ये दोस्त तो 'कोटला-छपाकी' का खेल रहे हैं!

[गीत : छड्डो पराँजी कोटला छपाकी...]

पुरुष : ये बच्चे हॉकी-फुटबाल खेलते-खेलते ऊब गये हैं। कहते हैं कि अपना पुराना खेल 'कोटला-छपाकी' खेलो। इस खेल में बच्चो, सब खेलने वाले घेरे में बैठते हैं और कपड़े का बँटा हुआ एक कोड़ा होता है। उसे एक छिपाता है। अगर दूसरा न देख पाये तो उसे ही चोर बनकर पिटना पड़ता है।

[गीत : बुलबुलो करु... (डोगरी गीत)]

पुरुष : अरे बच्चो! ये तुम हमें कहाँ ले आये? यह तो बिलकुल स्वर्ग है, स्वर्ग!

बच्चा 2 : जी हाँ, यह पृथ्वी का स्वर्ग कश्मीर है।

पुरुष : वाह, भई वाह! बच्चो, तुम्हें बहुत-बहुत धन्यवाद। तुमने अपनी रेल पर बैठाकर हमें भारत दर्शन करा दिया।

बच्चे : हमारी रेल...

बच्चियाँ : बच्चों का करायेगी मेल।

[गीत : बाल दिवस की रेल...]

*(विलयन)**

(आकाशवाणी, लखनऊ से बालदिवस, 1955 के अवसर पर प्रसारित)

---

* फेड आउट के लिये प्रयुक्त हिन्दी शब्द।

परी देश की सैर

दर्शन*

[संगीत। कामकाज के साथ होने वाला स्वर बच्चों का हलका-हलका]

कल्पना : अहा! यह तो बहुत बढ़िया बाग है! कैसे अच्छे फूल खिले हैं यहाँ! कैसे बढ़िया पेड़ हैं, तालाब और फव्वारे हैं! वाह! मैंने बड़ा अच्छा किया, जो तुम्हारे साथ यहाँ चली आयी।

आरती : अरे, पर मेरा तो चूल्हा फूँकते-फूँकते दम निकल गया है कल्पना बहन!

एक लड़का : *(दूर से)* आरती, अभी तक चूल्हा नहीं सुलगा तुझसे?

आरती : *(खीझकर चिल्लाते हुए)* तो मैं क्या करूँ? मैं तो अपनी गुड़िया का चूल्हा ही जलाना जानती हूँ।

लड़का : तब फिर तुम चूल्हा जलाने दौड़ क्यों पड़ी थीं? तुमसे कहा ही किसने था? पूरी दियासलाई की डिब्बी जला डाली!

अतुल : ओ माई गॉड आरती जीजी, तुम एकदम अकल की लड्डू हो!

आरती : चुप रह अतुल, मैं तेरी जीजी हूँ जीजी, मुझे अकल की लड्डू कहता है!

लड़का : अकल की लड्डू तो हो ही, पूरी दियासलाई घिस डाली, फिर भी चूल्हा न जला।

अतुल : और क्या! अरे, घर से बिजली का पंखा भी साथ ले आतीं, चूल्हे के सामने रख कर चला देतीं, चूल्हा जल जाता।

आरती : अकल की लड्डू मैं हूँ या तुम! भला बिजली का पंखा ले आती तो इतना बड़ा तार कहाँ से लाती, जो पंखे को मेरे घर के प्लग से जोड़ता?

अतुल : ओ माई गॉड, यह तो मैं भूल ही गया था!

आरती : अरे अतुल, तू बात-बात में 'ओ माई गॉड, ओ माई गॉड' कहना कहाँ से सीख आया?

अतुल : *(हँसकर)* मेरे स्कूल में मैडम ऐसे ही बोलती हैं।

[तीन चार लड़के-लड़कियों का आना और प्राय: साथ ही साथ प्रश्नों की बौछार करना।]

---

* **फेड आउट के लिये प्रयुक्त हिन्दी शब्द।**

शिबू : ओ हो आरती, अभी तक चूल्हा नहीं जला?

मीनू : ओह, मैं तो तरकारी भी काट चुकी। आरती, तुम बड़ी सुस्त हो!

वीणा : यह बस स्कूल में मॉनीटरी ही करना जानती है, इसे कुछ भी काम नहीं आता।

सलीम : भला बताओ, कब खाना पकेगा और कब हम लोग खायेंगे और कब खेलेंगे? भई, आरती को खाना मत देना, इसने तो हमारा सारा प्रोग्राम बिगाड़ दिया।

अतुल : ओ माई गॉड, आरती जीजी भूखी रहेंगी!

आरती : मुझे कौन भूखी रख सकता है! मैंने इस वनभोज के लिए आठ आना चन्दा दिया है और चार आने मेरे भाई अतुल के जमा किये गये हैं। हमें कौन रोक सकता है?

शिबू : मैंने अकेले अपना बारह आना चन्दा दिया है। मुझसे ज्यादा किसी ने नहीं दिया। बस, आरती और बिट्टो ने अठन्नी-अठन्नी दी है। और बच्चों में किसी ने दुअन्नी दी तो किसी ने इकन्नी। और, इस कल्पना ने तो एक धेला भी नहीं दिया।

कल्पना : भाई, मैं तो इसी से आ नहीं रही थी। तुम सब लोग ज़ोर देने लगे तो मैं भी ललचा उठी। मगर मैं तुम सबका काम खुशी से करूँगी। आरती बहन, तुम हट जाओ। मैं चूल्हा सुलगाकर अभी सब खाना बनाये डालती हूँ। आभा, तुम ईंटें इकट्ठी करके दो चूल्हे और बना डालो; जल्दी-जल्दी। आरती और शोभा पूड़ियाँ बेलेंगी। मैं, किच्चू और बीना झटपट पूड़ियाँ उतारते जायेंगे। तुम सब लड़के मिलकर पत्तलें और दोने बना डालो।

शिबू : मैं कुछ भी काम नहीं करूँगा, मैंने बारह आने दिये हैं।

कुछ लड़के : हमने भी काम करने के लिए चन्दा नहीं दिया। इकन्नियाँ-दुअन्नियाँ जिन्होंने दी हों, वही काम करें। *(समवेत स्वर में)* हाँ-हाँ, वही लोग काम करें।

अतुल : ओ माई गॉड, आप लोग चन्दा खायेंगे कि खाना खायेंगे!

आरती : अतुल, तू चुप रह। जा, तू अपना बॉल खेल। कल्पना बहन, मैंने अपने और अतुल के बारह आने जमा किये हैं, मगर मैं तुम्हारे साथ काम करूँगी क्योंकि; काम करना सबके लिए अच्छी बात है।

कल्पना : हाँ आरती बहन, काम तो सबको मिलकर ही करना चाहिये। आओ, हम सब लोग झटपट काम कर डालें।

अतुल : आओ राजू, हम लोग भी इनकी मदद करें-बाद में खेलेंगे।

[बच्चों का दूर पर शोर, हँसी, संगीत]

[लड़कों का शोर]

अतुल : ओ माई गॉड, अब तो बड़ी भूख लगी है।

शिबू : हाँ भई हाँ, मुझको भी भूख लगी है। चलो, जल्दी-जल्दी खाना परोसो। कल्पना, क्या देर लगा रही हो? चन्दा भी नहीं दिया, खाना भी नहीं दे रही हो!

आरती : चुपचाप बैठो शिबू, अभी सबको खाना मिलता है। नरगिस, मीना, जल्दी-जल्दी पत्तलें बिछाती चलो। किच्चू-बीना, तुम लोग कुल्हड़ों में पानी भरती चलो। बिट्टो, सुषमा! पूड़ी-तरकारी परोसो। अतुल भइया और राजू लड्डू परोसेंगे। चलो, जल्दी करो।

शिबू : मैंने बारह आने दिये हैं, मुझे सबसे ज्यादा मिठाई दो।

लड़के : हाँ, हाँ! जिसने ज्यादा पैसे दिये हैं, उसको ज्यादा खाना परोसो और जिसने कम पैसे दिये हैं, उसको कम।

शिबू : और कल्पना को खाना नहीं मिलेगा क्योंकि; उसने पैसे नहीं दिये हैं।

आरती : यह नहीं हो सकता शिबू, कल्पना बहन ने सबसे ज्यादा काम किया है।

शिबू : मैं यह सब कुछ नहीं जानता। अगर कल्पना को कोई खाना देगा तो मैं उसका खाना फेंक दूँगा।

अतुल : ओ माई गॉड! शिबू भाई, धमकी देते हो? मैं तुमको अभी रस्सी से बाँधकर पेड़ से लटका दूँगा। आओ, बॉक्सिग कर लो-रेडी!

कुछ लड़के : रेडी! रेडी! हम शिबू के साथ हैं-हाँ-हाँ! हम भी अतुल के साथ हैं-खाना बाद में होगा, आओ पहले लड़ाई हो जाय। हाँ-हाँ, हो जाय! हो जाय!! हो जाय!!!

कल्पना *(घबराकर जोर से)* नहीं, नहीं, लड़ो मत-लड़ो मत, मैं किसी का कुछ नहीं खाऊँगी। मैं तो घर जाकर अपनी माँ की बनायी रूखी-सूखी ही खाऊँगी। मैंने खाने के लालच में नहीं बल्कि; सबका साथ देने के लिये काम किया है। आप सब लोग खाना खाने बैठिये।

आरती : कल्पना बहन, तुम मेरे साथ खाओ, नहीं तो मैं नहीं खाऊँगी।

अतुल : जीजी नहीं खायेगी तो मैं कैसे खाऊँगा! मगर ओ माई गॉड, पेट में धमाधम चूहे कूद रहे हैं!

[बहुत मनोरम संगीत]

आरती : हैं! ये इतने मधुर बाजे कहाँ से बजने लगे?

अतुल : ओ माई गॉड! फूलों के मँजीरे बज रहे हैं, पेड़ झूम रहे हैं! लताओं के सितार पर हवा मीठी धुन बजा रही है!!

शिबू : अरे, ये बादलों में नगाड़े बज रहे हैं! बाँसों से बंसियाँ सुनायी दे रही है। यह सब क्या चमत्कार हो रहा है?

गगन परी : *(आकाशवाणी के रूप में आवाज़)* कल्पना! मैं तुम्हारे लिये परी देश से छप्पन भोग लायी हूँ और आरती, अतुल, आभा, शोभा, काके, किच्चू, बीना, बाबा, गुड्डू, सुषमा, बिट्टो, राजू, कृष्णन, नरगिस, जॉन; जितने बच्चे कल्पना का उपकार मानकर उसे अपने साथ खिलाना

चाहते थे, उन सबको भी परी देश की बढ़िया-बढ़िया मिठाइयाँ खाने को दूँगी। तुम लोग आँखें बन्द करो। देखो, अभी चमत्कार होता है।

[मधुर संगीत का अपनी पूर्णता पर पहुँचना, बच्चों का हर्षनाद-आहा, मिठाई आ गयी, मिठाई आ गयी! कैसी बढ़िया मिठाइयाँ हैं-वाह! वाह!! वाह!!!]

अतुल : ओ माई गॉड, परी देश की एक-एक मिठाई तो मिठास में पूरी शक्कर की मिल ही है।

शिबू : अतुल, हमको भी परियों की मिठाई खाने को दो।

अतुल : तुम अपने बारह आने पैसे खाओ जी! *(खाते हुए)* आहा! कैसी बढ़िया-बढ़िया और स्वादिष्ट मिठाइयाँ हैं!

गगन परी : *(आकाशवाणी के रूप में आवाज़)* बच्चों, मैं परी देश से निमन्त्रण लेकर आयी हूँ। हमारे परी देश में आसमान पर चमकने वाले लाखों सितारों के बच्चे मेला देखने के लिये बुलाये गये हैं।

शिबू : तो क्या उस मेले में हमारी दुनिया के सभी देशों के बच्चे जायेंगे?

गगन परी : हाँ, पृथ्वी के बच्चे, मंगल, शुक्र, सप्तर्षि मण्डल, आकाश-गंगा और जगह-जगह के ब्रह्माण्डों के बच्चे हमारे परी देश में आयेंगे।

[लड़कों का शोर और तालियाँ : आहा, हम भी जायेंगे! हम सब जायेंगे!]

गगन परी : नहीं, सब बच्चे नहीं जा सकेंगे।

शिबू : *(अकड़कर)* मैं बड़े पैसे वाले का बेटा हूँ। परी देश के मेले का टिकट खरीद लूँगा।

गगन परी : टिकट खरीदकर वहाँ कोई नहीं जा सकता। हमारे यहाँ की काम परी और उपकार परी सब बच्चों की परीक्षा लेंगी। जो बच्चे पास हो जायेंगे, उनके लिए मैं आकाश से पंख गिरा दूँगी। बस, वही लोग पंख लगा सकेंगे और उड़कर परी देश पहुँच पायेंगे।

अतुल : ओ माई गॉड! हर जगह परीक्षा! स्कूल में भी, परी देश में भी...! *(धीमे स्वर में)* आरती जीजी, तुम मुझे चुप्पे-चुप्पे कान में बतला देना, बस, मैं पास हो जाऊँगा।

आरती : भाग, मैं तुझे कुछ भी नहीं बताऊँगी। तू तो मुझे अकल की लड्डू कहता है।

अतुल : खैर, मैं परीक्षा से डरता थोड़े ही हूँ। मगर मान लो कि फेल हो जाऊँ तो तुम मुझे छोड़ के अकेली तमाशा देखने न जाना।

आरती : यह तो कभी न होगा। अपने प्यारे-प्यारे भाई को छोड़कर भला मैं अकेली जा सकती हूँ?

गगन परी : नहीं अतुल, तुम लोग तो कल्पना की मदद करके सब परीक्षाएँ पास कर चुके हो। जिन बच्चों ने कल्पना की पूरी सहायता की है, उन सबके

लिए तो मैं अभी पंख गिराती हूँ। जिन्होंने कम सहायता की है, उन्हें परीक्षा देनी पड़ेगी और जिन्होंने बिलकुल सहायता नहीं की है, वे...

शिबू : *(ज़ोर-ज़ोर से रोकर)* नहीं-नहीं! परी रानी, अब मैं घमण्ड नहीं करूँगा, मनमानी भी नहीं करूँगा। मैं चलूँगा, मैं चलूँगा-आऽ आऽ आऽ!

अतुल : ओ माई गॉड! तुम तो मिल के भोंपू की तरह रोते हो शिबू!

राजू : मिल के भोंपू की तरह नहीं अतुल, यह तो ढेंचू-ढेंचू करके रोते हैं!

एक लड़का : अरे-अरे, यह देखो, आकाश से पंख गिर रहे हैं!

दूसरी लड़की : यह देखो! यह देखो! कल्पना के पंख लग भी गये! कल्पना उड़ चली! आरती, अतुल, नरगिस, सुषमा, बिट्टो, पंख इन सबके भी लग गये! ये सब लोग भी परी हो गये!!

अतुल : माई गॉड-माई गॉड, तुम लोग मुझको परी क्यों कहते हो? मैं तो परा हूँ, परा!

आरती : *(झिड़ककर)* चुप रह अतुल! अक्ल का लड्डू कहीं का!

अतुल : ओ माई गॉड-माई गॉड! हम तो उड़ने लगे जीजी! यह देखो! अच्छा दोस्तो, टा-टा! हम तो चले परी देश को!

[परों की फड़फड़ाहट का स्वर, तीव्र गति और बच्चों की प्रसन्नता का प्रतीकात्मक संगीत। बच्चों का दूरागत शोर-गगन परी, हमारी भी परीक्षा लो, हमारी भी परीक्षा लो!]

गगन परी : हाँ बच्चो, यह देखो, काम परी और उपकार परी तुम्हारी परीक्षा लेने के लिए आ गयी हैं। मैं कल्पना और इन सब ऊँचे मन वाले बच्चों को गगन मण्डल की सैर कराती हूँ। फिर जो बच्चे पास हो जायेंगे, उन्हें पंख देने के लिए मैं आ जाऊँगी।

[झुण्ड बद्ध पंखों की उड़ान और मनोरम संगीत]

अतुल : ओ माई गॉड आरती जीजी, हम लोग कितने ऊँचे आ गये! यहाँ से तो चन्द्रमा बिलकुल बिस्कुट जैसा लगता है। जीजी, मैं भी चन्द्रलोक जाकर रॉकेट की तरह फोटो लेता हूँ। मैं पापा जी का कैमरा अपने साथ ले आया था।

आरती : अतुल-अतुल! नहीं मानेगा, इतनी तेजी से उड़ा जा रहा है। मेरी उँगली पकड़कर मेरे साथ उड़, नहीं तो ताऊ जी से कहकर तेरी पिट्टी करवाऊँगी।

कल्पना : आऽहा! इस गगन मण्डल की सैर में कैसा मज़ा आ रहा है! हमारे चारों ओर सब तारे ही तारे दिखायी देते हैं और पृथ्वी भी तारों जैसी ही चमक रही है!!

आरती : अरे, ये सब तारे अपनी जगह पर नाच रहे हैं! कैसे अच्छे लगते हैं!!

अतुल : माई गॉड-माई गॉड! हम बच्चे भी तो चमकते हुए तारे ही हैं। आओ कल्पना जीजी, आओ आरती जीजी, आओ-आओ सब लोग नाचें-गायें।

कल्पना : हाँ साथियों, हम लोग अपने गीतों से इन तारों के बीच के सूनेपन को भर दें।

अतुल : माई गॉड! मैं सारे दुमदार तारों की दुमें जोड़कर एक में मिला दूँगा।

[संगीत। विनोदपूर्ण, चंचल]

(विलयन)*

दर्शन*

[पृष्ठभूमि में मनोरम संगीत फिर बच्चों का कलरव]

सुषमा : अरे वो कल्पना की टोली के बच्चे कितना ऊँचा पहुँच गये! हम कब पहुँचेंगे? मालताई, काम परी, नेक परी!

शिबू : ओह, सब बेटा आकाशे परी देशे उड़े जाच्चे! आर आमीं जेते पारी ना। की अन्याय! आमि एइ अन्यायेर बिरुद्धो विद्रोह करबो।

इन्दु : ओ प्रा, तैनू की तकलीफ पई होन्दी ए? ये मुट्ठियाँ भाँज-भाँजकर क्या कह रहे हो भाई?

शिबू : हम तुमसे पूछते हैं इन्दु कि हमको पंख क्यों नहीं लगाये गये और क्या हमारी परीक्षा लेना अन्याय नहीं है? एक बच्चा आखिर कितनी परीक्षाएँ दे सकता है! रोज होमवर्क, मंथली टैस्ट, तिमाही, छमाही, सालाना परीक्षाएँ और ऊपर से ये काम परी, नेक परी की परीक्षाएँ...बाबा रे बाबा!! घोर अन्याय!!

कृष्णन : ऐ मिस्टर! तुम क्या बोलता भाई! बोलता, परीक्षा नईं। ऐसा कैसे होना सकता है रे! एनक्कु इपडिप्पटु सामांगठ सिरिदुम पिडिक्कादु! आम तुमेरा बात बिलकुल नईं मानता!

शिबू : कृष्णन, तुम रट्टूवीर हो, तभी परीक्षा देने के पक्ष में हो।

चन्दर : देखो भाई, मैं न इनकी कहूँगा और न उनकी कहूँगा, लेकिन न्याय की बात यह है कि चाहने से ही हमको सब कुछ नहीं मिल जाता। उसके लिए आदमी को कुछ करना पड़ता है।

शिबू : अरे भाई चन्दर! तो मैं टिकट लेने से कब मना करता हूँ?

चन्दर : हर चीज पैसे से नहीं खरीदी जाती शिबू!! हम लोग स्कूल जाते हैं, पढ़ाई की फीस देते हैं, बहुतों की फीस माफ भी रहती है मगर; क्या फीस देने से ही हम पढ़ जाते हैं? पढ़ने के लिए हमें अपनी बुद्धि लगानी पड़ती है। ऊँचा उड़ने के लिए भी हमें बुद्धि लगानी पड़ेगी और

---

* फेड आउट।

* फेड इन।

फिर परीक्षा देकर, उसमें जीतकर जाने में तो और ही शान है। हम जहाँ जाएँगे, वहाँ हमारा आदर होगा।

[लड़कों का तालियाँ बजाना : हियर! हियर! चन्दर भाई जिन्दाबाद!]

केशव : खरु कहो छो चन्दर भाई! अपन को मुफत का स्वर्ग भी मिले तो खोट्टा! अपन बच्चे लोग को परीक्षा से क्या डरना।

[चंचल, गतिशील संगीत। तबला-तरंग, घुँघरू, स्वर-मण्डल। ऐसा लगे कि कोई रुनझुन दौड़ता चला आया। काम की गति चंचल और वेगवती होते हुए भी गम्भीरता की धरती पर सदा दौड़ती है। इसलिए गम्भीर नाद भी आवश्यक है।]

काम परी : *(धीमे प्यार-भरे स्वर में)* बच्चो! मैं आ गयी।

बच्चे : (शोर) काम परी आ गयी! काम परी आ गयी! कहाँ है काम परी? कहाँ है काम परी?

काम परी : *(धीमे, प्यार-भरे स्वर में)* मैं यहाँ हूँ बच्चो, तुम्हारे पास! मैं तुममें से हरेक के पास खड़ी हूँ।

शिबू : हाँ, आवाज़ तो बहुत पास से आ रही है, पर तुम कहाँ हो काम परी? हममें से कोई भी तुम्हें देख नहीं पा रहा!

काम परी : बच्चो! अपने को दिखा देना मेरे बस की बात नहीं। जो मुझे देखना चाहता है, वह अपनी बुद्धि के बल पर देख लेता है। हाँ, हाँ, हाँ, मैं तुम्हारे लिये ऐसे साधन अवश्य जुटा दूँगी, जिससे कि तुम आसानी से मुझे देख सको। आओ, मैं तुम्हें इस बाग में बने हुए 'इच्छा महल' में ले चलती हूँ। तुम्हारा इतना काम मैं कर दूँगी कि तुम यहाँ खड़े-खड़े ही इस बाग के इच्छा महल में पहुँच जाओगे।

[संगीत की मनोरंजक स्वीप]

बच्चे : अरे! हम इच्छा महल में आ गए!

शिबू : महल है तो आलीशान! मगर यह कैसा 'इच्छा महल' है, जहाँ सारा सामान बँधा-लिपटा और बिखरा हुआ पड़ा है। यह देखो, फर्नीचर तक नहीं बनवाया, लकड़ी उठाकर पटक दी। बिजली की सारी फिटिंग है। ये कितने बड़े-बड़े और मूल्यवान झाड़-फानूस लटक रहे हैं? मगर बिजली नदारद! छी:-छी:!!

काम परी : हाँ बच्चों, आओ आँख-मिचौली खेलें। आओ बच्चों, अब मुझे ढूँढ़ो तो जानूँ!

केशव : तुम तो बिल्कुल पहेली बन गयी हो काम परी!

काम परी : *(हँसकर)* मैं आलसियों के लिए पहेली और मेहनती बच्चों की सहेली हूँ। अच्छा, अब मुझे ढूँढ़ो।

चन्दर : अच्छा काम परी, तुम अपना कुछ अता-पता तो दो हमें।

काम परी : अता-पता! (हँसी) मैं यहीं हूँ। मैं तुम्हारे इस इच्छा महल में हर जगह हूँ। शिबू की शिकायतों में भी हूँ। अच्छा, मुझे अब ढूँढ़ो।

चन्दर : *(हँसकर)* अब ढूँढ़ते क्या देर लगती है! अब तो ढूँढ़ ही लेंगे। आओ सुभाष, दिलीप, विभा, इन्दु, सरोज, इस महल में अँधेरा बहुत है। आओ, पहले इसमें बिजली का प्रकाश लायें।

इन्दु : ठीक है।

रमेश : अब्बास भाई! यह देखो, इतनी कीमती चीजें चारों ओर बिखरी पड़ी हैं। इन्हें सँभाल-सँभालकर एक तरफ रख दो वरना किसी को चोट लगती है, कोई चीज़ टूटती है, हर तरह से नुकसान होता है। फिर जब रोशनी हो जाएगी, तब हर वस्तु को ठीक ढंग से सजा लेंगे। आओ अब्बास, मदद करो!

अब्बास : ठीक कहते हो रमेश! डेविड, आओ मदद करो। शिबू! आओ, तुम भी आओ!

शिबू : मैं यह सब करने के लिए यहाँ पर नहीं आया। जल्दी से रोशनी का प्रबन्ध करो ताकि मैं काम परी को ढूँढ़ूँ।

काम परी : *(खिलखिलाकर हँसती है)* मुझे ढूँढ़ोगे! हाः5! हाः5! जिन खोजा तिन पाइयाँ, गहरे पानी पैठ।

[खिलाखिलाकर हँसती है। काम परी के चंचल वेगवती नूपुरों की रुनझुन और मृदंग-नाद। ऐसा लगता है, मानो पूरे महल में दूर-दूर तक दौड़ आती जाती है, फिर पास आ जाती है। चारों ओर चक्कर काट आती है और फिर उसके साथ उत्साहवर्द्धक वाद्य-वृन्द जुड़ जाता है।]

*(विलयन)**

दर्शन*

[उड़ते पंखों का ध्वनि-प्रभाव]

अतुल : ओ माई गॉड! लाखों-करोड़ों मील घूमकर फिर हम अपने देश में आ गये! गगन परी, आप हमको परी देश क्यों नहीं ले गयीं?

गगन परी : तुम्हें अपने और साथियों को भी तो परी देश ले चलना है न अतुल?

कल्पना : गगन परी! आप मुझे अपने साथियों की सहायता करने देंगी?

गगन परी : हाँ कल्पना, खुशी से। मगर याद रखना-केवल उन्हीं बच्चों के पास जाना, जो काम परी को देखने में लगन से जुटे हों। अगर दयावश तुम निकम्मे बच्चों के पास जाओगी तो दुत्कारी जाओगी।

[टिंग! टिंग! टिंग! मधुर संगीत बज उठता है।]

अतुल : ओ माई गॉड! कौन परी आ रही है, गगन परी?

---

* फेड आउट।

* फेड इन।

आरती : मैं बतलाऊँ? नेक परी!

गगन परी : हाँ आरती, तुमने ठीक बतलाया। यह नेकी करने वाले बच्चों को खूब प्यार करती है।

नेक परी : हाँ। बच्चे मुझे बहुत प्यारे हैं। अच्छा, आओ अतुल। तुम मेरे साथ इच्छा महल में काम करने वालों की परीक्षा लेने तो चलो।

अतुल : माई गॉड-माई गॉड! अभी न तो मेरी मूँछें निकली हैं और न अभी मैंने उन्हें क्लीन शेव किया, फिर किसी का परीक्षक कैसे बन सकता हूँ?

[सब लोग हँस पड़ते हैं।]

आरती : अतुल, तू एकदम अकल का लड्डू ही है! अरे,परीक्षा तू नहीं लेगा। नेक परी अपने परीक्षा लेने के ढंग में तुझे काम में लाएँगी।

नेक परी : आरती ने इस बार भी ठीक कहा! आओ अतुल, चलो।

आरती : अतुल, नेक परी का हाथ पकड़कर उड़ना।

अतुल : माई गॉड! जीजी हरदम मुझ पर रोब जमाती है। अच्छा नेक परी, आप मुझे परीक्षा में कैसे काम में लाएँगी?

नेक परी : मैं तुम्हें...तुम्हें बन्दर बनाऊँगी।

अतुल : माई गॉड! पापाजी, ताऊजी, चाचाजी, भाई साहब, जीजी, अम्मा-सब मुझे बन्दर कहते हैं। आप भी मुझे बन्दर ही बना रही हैं! आलराइट!

[स्वल्प विराम]

दर्शन*

[कार्य-व्यस्त बच्चों का शोर]

चन्दर : देखो, अब यह महल कितना अच्छा लगता है! है न? बिजली आ गयी, कालीन बिछ गये, हम लोगों ने फर्नीचर भी बनाकर बिछा दिया, फव्वारे चल रहे हैं। कैसा अच्छा लग रहा है!

शिबू : यह सब तो ठीक है भाई चन्दर, मगर काम परी अभी तक नहीं आयी!

चन्दर : अब आये या न आये, हमने तो अपना काम कर लिया जी!

[सहसा एक बन्दर के बच्चे का कराहता-चिंचियाता दूरागत स्वर। प्रवेश]

चन्दर : अरे-रे, यह बन्दर का बच्चा कहाँ से आ गया?

दिलीप : शायद इसके पाँव में चोट है। लँगड़ाता-भागता चला आ रहा है। इसे किसी ने मारा है क्या?

शिबू : अरे, इसे डण्डा मारकर भगाओ! यहाँ सब तोड़-फोड़ डालेगा। सजावट बिगाड़ेगा।

---

* फेड इन।

कुछ लड़के : हाँ-हाँ! मारो-मारो! धत्-धत्!

[कुछ दूरी पर बन्दर का चिंचियाना]

चन्दर : अरे, जँगले में फँस गया बेचारा! नहीं-नहीं, मारो नहीं! वह तो आप ही कष्ट में है। आओ भैया, हम सब मिलकर इस बेचारे को निकालें।

[बच्चों के दौड़ने का स्वर। दूर से सुनायी पड़ने वाली बन्दर की चीख। दौड़ते पैरों का स्वर पास आने पर बन्दर की चीखें अतुल की खिलखिलाहट में बदल जाती हैं।]

अतुल : *(हँसते हुए)* ओ माई गॉड! मजा आ गया!

चन्दर : अरे! यह तो अतुल है, दूर से बिल्कुल बन्दर लगता था!

अतुल : अरे बुद्धुओं, वह तो नेक परी ने तुम लोगों की परीक्षा लेने के लिए मुझे बन्दर बनाया था।

शिबू : हूँ-हूँऽ। तुम्हारे पंख उग आये हैं न अतुल, इसीलिये परियों की बात कहते हो। अरे, अभी यहाँ काम परी तक तो आयी नहीं, फिर नेक परी कैसे आ जायेगी? उनकी राह देखते-देखते तो हम बोर हो गये।

चन्दर : तुम हुए होगे बोर! हम सबका समय तो महल को सजाने में बहुत अच्छा बीता। अरे, यह क्या! हमारी बिछायी कालीनों पर, फर्नीचर पर, झाड़-फानूस, फूलों और बेलों पर यह कौन परी नाच रही है? चारों ओर एक ही परी, एक नाच!

[कई लड़के-लड़कियाँ ताली पीटकर खुशी से : हमने पहचान लिया! हमने पहचान लिया! यही है काम परी।]

चन्दर : जहाँ-जहाँ हमने सजाया, जो कुछ किया, वहाँ काम परी नाचने लगी। वाह, कैसा अच्छा लगता है!

[उपर्युक्त संवादों की पृष्ठभूमि में जिस स्थल से चन्दर को परी-नृत्य का चमत्कार दिखायी देता है, समुचित उल्लासपूर्ण वाद्य-वृन्द आरम्भ हो जाता है।]

शिबू : अरे, तुम सब लोग 'काम परी-काम परी' चिल्ला रहे हो, कहाँ है काम परी? मुझे तो अभी तक दिखायी नहीं पड़ी?

काम परी : काम परी, काम करने वालों को दिखायी पड़ती है शिबू!

नेक परी : और अपनी नेकी दूसरों को दिखायी देती है शिबू!

गगन परी : अच्छा, बच्चों, आओ, परीक्षा में जो पास हो गये, वे सब इच्छा महल में जहाँ चाहें बैठ जायें। निकम्मे बच्चे अगर अपनी इज़्ज़त चाहते हों तो कृपा करके इच्छा महल से बाहर चले जाएँ क्योंकि; निकम्मों की इच्छा कभी नहीं फलती।

शिबू : *(रोते हुए)* अब नहीं करूँगा...! मैं निकम्मापन बिल्कुल नहीं करूँगा। मुझे ले चलो गगन परी!

कल्पना : *(धीरे से)* शिबू, मेरी एक बात सुनो-एक काम करो।

शिबू : (घृणा से) कौन, कल्पना? परी बन गयी है तो बात सुनायेगी! चन्दा तक तो दे नहीं सकी, बात सुनायेगी! भाग... *(घबराकर)* अरे-रे! यह क्या? मैं ही गिरा! मैं गिरा!!

[स्वर विलयित होता है।]

गगन परी : अच्छा, आओ बच्चो। मैं तुम्हारे इस इच्छा महल को, जिसे तुमने इतनी मेहनत से सजाया है; हजार पंखों वाला बनाकर तुम्हें परी देश में उड़ाये लिये चलती हूँ।

[संगीत...वाद्य-संगीत, अब से लेकर अन्त तक क्रमबद्ध रूप में आवश्यकतानुकूल परिवर्तित लय-ताल से आगे बढ़ता रहेगा। गगन परी के उपर्युक्त संवाद के साथ ही पृष्ठ-संगीत इस प्रकार उठता है कि मानो महल उड़ा जा रहा है। वायु को चीरता, आकाश में गड़गड़ाता इच्छा महल, बच्चों के कोलाहल और तीव्र उल्लास-भरे संगीत के साथ उड़ता चला जा रहा है।

संगीत के स्वर विलयित होते हैं और फिर सैकड़ों बच्चों के हर्षनाद तथा कोलाहल के साथ दर्शित होते हैं। यहाँ से पृष्ठ-संगीत मेले का संगीत बन जाता है, जिसके बीच-बीच में संगीत के रोचक टुकड़े बच्चों के दिल-बहलाव के लिए जुड़े होते हैं।]*

अतुल : आरती जीजी! हम परी देश में आ गये।

आरती : अरे, यहाँ तो हर चीज उड़ती है!

चन्दर : अरे, यह देखो, फूल तो तितलियों की तरह उड़कर इस बाग से उस बाग में चले गये!

अतुल : माई गॉड! यह परी देश की नदी तो कमाल की है...एक धारा आसमान में उड़ती हुई बह रही है, दूसरी धरती पर है और तीसरी-नीचे बह रही है!

कल्पना : तीनों परी देश की त्रिपगथा हैं...आकाशगंगा, गंगा और पातालगंगा।

दिलीप : यह देखो, नीलम का बाजार है। नीलम की सड़कें, नीलम के मकान और दुकानें। चारों ओर नीली-नीली रोशनी।

आभा : आहा! कैसा अनोखा है यह परी देश! कहीं पन्ने के महल हैं तो कहीं पुखराज की सड़कें हैं। शहद और दूध की नदियाँ बह रही हैं।

अतुल : माई गॉड! यहाँ सड़कों पर मक्खन की टिकियाँ वैसे ही पड़ी हैं, जैसे हमारे देश की सड़कों पर केले के छिलके पड़े रहते हैं। इसलिये सब लोग सम्हलकर चलना, नहीं तो कहीं गिर जाओगे।...अरे-रे, आरती जीजी! सँभालो, मैं गिरा!

आरती : पर उपदेश कुशल बहुतेरे। अकल का लड्डू कहीं का, मेरी उँगली पकड़कर चल। *(चौंककर)* है...पर मेरा अतुल कहाँ गया? अतुल! अतुल!

कल्पना : क्या हुआ आरती बहन?

आरती : अरे, मेरा अतुल अभी मेरे साथ था, मक्खन की टिकियों पर पैर फिसला, न जाने कहाँ गया?

अतुल : *(दूर से)* आरती जीऽऽजीऽऽ! घबराओ मत, मैं यहाँ हूँ। परियों के डांस की फोटो ले रहा हूँ। अगर जल्दी आना चाहो तो इसी तरह मक्खन की टिकियों पर फिसलकर आ आओ!

[लड़कों के 'धड़ाम-धड़ाम' फिसलकर गिरने की ध्वनि गूँजकर विलयित होती है और परियों का नृत्य-संगीत आरम्भ होता है।]

आरती : यह नृत्य है या कमाल! परियों के शरीर से रंग-बिरंगी रोशनियाँ फूट रही हैं।

दिलीप : अरे, कमाल है कमाल! इनके पैरों की थाप से कहीं पहाड़ बनते हैं, कहीं खेत, बाग, वन, हरियाली और फल।

अतुल : माई गॉड! मैं तो समझता था, एक ही सूर्य और एक ही चन्द्रमा है मगर, यहाँ तो सूरज और चाँद हर परी के हाथ में गेंद की तरह उछल रहे हैं।

शोभा : अरे, यह रोशनियों का नाच कितना अच्छा लगता है!

अतुल : मैं इसकी फोटो लेकर पापाजी को दिखाऊँगा।

चन्दर : यह क्या हो रहा है आरती जीजी? हमें अपने आस-पास बहुत-से बच्चे छूकर आते-जाते मालूम तो पड़ते हैं, पर दिखलायी नहीं देते।

दिलीप : हाँ चन्दर, चारों तरफ बड़ी भीड़ लगती है, पर दिखलायी नहीं पड़ती।

अतुल : ओ माई गॉड! यह भन-भन, भन-भन, टंग-टंग, टंग-टंग कौन बोल रहा है?

गगन परी : *(हँसकर)* यह दूसरे तारों के बच्चे हैं, जो तुम्हें अभी दिखलायी नहीं पड़ते।

अतुल : ये हमें क्यों नहीं दिखलायी पड़ते गगन परी?

गगन परी : बात यह है कि अभी तुमने इन्हें देखने की कोशिश नहीं की। कोशिश करने पर अवश्य देख सकोगे। अच्छा आओ, अब तुम सबको भूख लगी होगी, खाना खाओ और सो जाओ। मैं अब तुम्हें परी देश के स्वप्न महल में ले चलती हूँ।

अतुल : *(जमुहाई लेते हुए)* चलिये-चलिये, अब तो हमें अम्मा की याद आने लगी! मेरी अम्मा परियों से भी अधिक प्यारी हैं।

आरती : हाँ, हमारी मातृभूमि भी हमें परी देश से अधिक प्यारी लगती है।

गगन परी : सचमुच बच्चो, तुम्हारी मातृभूमि हमारे परी देश से भी अधिक प्यारी है। आओ चलो, वहीं चलें।

[पृष्ठभूमि संगीत क्रमशः पूर्ण विराम लेता है।]

(विलयन)

(आकाशवाणी, लखनऊ से बालदिवस, 1959 के अवसर पर प्रसारित)

●

आओ बच्चो नाटक लिखें*

नाटक की बात करने से पहले चलो हम चारपायी की बात कर लें–

चारपायी बनी होती है चार पाटियों और चार पायों की–और पाटियों को पायों से जोड़ने के लिए छेद यानी चूलें भी होनी चाहिये, नहीं तो खटिया नहीं बनेगी। फिर उसको बुनने के लिए बाध (मूँज की डोरी) का ताना-बाना बनाना पड़ेगा–समझ लो, यही चारपायी तुम्हारा नाटक है–तुम्हारी पाटियाँ हैं तुम्हारे पात्र। अब तो पाटियाँ पाये में बँधेंगी क्योंकि; जब तक उनको धरातल नहीं मिलेगा, पाटियाँ बेकार हैं। तो पाया है हमारी कथावस्तु–यानि नाटक का तत्त्व। चूल से चूल जब तक बराबर नहीं बैठेगी तो बात कैसे बनेगी? ऐसे ही पात्र के साथ पात्र भी जुड़ने चाहिये। इसलिए सबसे पहले पात्रों का स्वरूप होने का आधार चाहिये यानि 'थीम' या कथावस्तु चाहिये, ताकि पात्र एक-दूसरे से वैसे ही जुड़ जाएँ, जैसे चूल से चूल जुड़ती है–क्योंकि; अगर चूलें आपस में सही ढंग से नहीं जुड़ सकीं, तब तो खटिया एक तरफ से ऊँची और दूसरी तरफ से नीची रह जायेगी। इसलिए खटिया एक-सी होनी चाहिये, ताकि जहाँ उसे बिछाओ, वह सलोतर बैठे; ऊँची-नीची न हो। इसी तरह पात्रों को भी समतल दो, ताकि नाटक जमे।

चरित्र और उनके आपसी रिश्ते

पात्रों के आपसी रिश्ते आपस में बिल्कुल ठीक होने चाहिये–चाहे वह 'कैरेक्टर्स' विरोध में हों या पक्ष में, दोस्त हों या दुश्मन पर; रिश्ता समतल हो, यह ज़रूरी है। अगर दोस्ती है तो दोस्ती की सारी विशेषताएँ–कैसी दोस्ती है?

- एक तो दोस्ती होती है स्वार्थ की यानि कोई काम-धाम है तो थोड़ी देर लल्लो-चप्पो की दोस्ती बढ़ा ली और अपना मतलब साध कर खिसक लिये।
- दूसरी दोस्ती ऐसी होती है कि हम एक-दूसरे के कुछ गुणों पर रीझ जाते हैं और फिर सुख-दु:ख में कभी एक-दूसरे का साथ नहीं छोड़ते।

दुश्मनी में एक तो होती है ईर्ष्या की दुश्मनी और एक दुश्मन ऐसा होता है कि तुम्हारी किसी बात पर दुश्मनी हुई किन्तु; तुम्हारे व्यक्ति से नहीं। तुम्हारे सुख-दु:ख में हम शामिल होंगे लेकिन; तुम्हारी जिस एक बात से हम नाराज़ हैं, वहाँ अपनी बात पर डटे रहेंगे। दोनों किस्मों की दुश्मनी के रंग भिन्न होंगे।

---

* **सन् 1986 में शारदीय नवरात्रि में बालनाट्य अकादमी, लखनऊ द्वारा आयोजित बालनाट्य-लेखन शिविर में नागरजी ने नाट्य-लेखन पर अत्यन्त रोचक व्याख्यान दिये थे। शिविर की प्रतिभागी ऋचा नागर ने इन व्याख्यानों का संपादन-संकलन किया था–सम्पादक।**

एक उदाहरण देता हूँ–

एक गाँव में दो ठाकुर थे। बचपन के घनिष्ठ मित्र, पर किसी बात पर आपस में ठन गयी। और ठनी तो ऐसी ठनी कि एक–दूसरे की जान लेने पर आमादा हो गये। उनमें एक ठाकुर ज़रा अधिक जबरा था, शरीर से भी और पैसे से भी।

दूसरा ठाकुर इन दोनों ही विशेषताओं में कमज़ोर था। सो इसके बेटे की शादी की बरात उठी। तभी किसी ने आकर बेटे के पिता से कहा कि जबरा ठाकुर गाँव के मुहाने पर तलवार लिए बैठा है। कहता है कि बेटे की बरात उठने से पहले बाप की अर्थी उठेगी। निबले ठाकुर ने कुछ सोचा और कहा कि जब एक समधी पहले ही तैयार बैठा है, तब मेरे जाने की क्या आवश्यकता है। जबरे ठाकुर को यह रुपयों की थैली सौंपों और कहो कि वही जाकर अपने भतीजे को ब्याह लाये।

जबरे ने जब यह सुना तो थैली लौटा दी और अपने कारिन्दों के कन्धों पर घर से मँगायी गयी थैलियाँ लदवा खुद दुश्मन का बेटा ब्याहने गया। डोला लेकर जब बरात लौटी, तब जबरा ठाकुर दूर ही से अपने घर लौट पड़ा; पर निबला ठाकुर भी तैयार था। दौड़कर उसे पकड़ा और कहा कि दोस्ती तो निभा आए, अब दुश्मनी भी निकाल लो। मेरी गर्दन हाजिर है।

जबरे ने तलवार फेंक दी और दोनों आपस में गले मिलकर रोने लगे।

यह एक उदाहरण हुआ।

◎

ऐसे ही स्वार्थी दोस्त भी होते हैं। मैं समझता हूँ, कुछ ऐसे दोस्त तुम्हारे भी होंगे।

खैर, इनके अलावा एक दोस्त ऐसा भी होता है, जो चाहे तुम्हारे सुख में शामिल न हो सके, पर दुःख में ज़रूर साथ देगा। चूँकि तुम्हारे सुख को भी वह अपना सुख मानता है, इसलिए उसके अन्दर भी वही सुखानुभूति है, जो तुम्हारे भीतर है। परन्तु; हो सकता है कि किसी मजबूरी की वजह से बाहरी रूप से वह तुम्हारे सुख में साथ न दे सके।

ऐसे ही अपने मन में सन्नाटे के खिलवाड़ में तुम बहुत सारे रिश्ते सोच जाओ। भीतर गहराई में जाकर तुम पाओगे कि पात्रों में कितनी सारी विभिन्नताएँ हो सकती हैं!

यह सब बातें जब तुम अपने मन में साफ कर लेते हो, तब तुम्हारे हाथ में नाटक का काठ–कबाड़ आ जाता है, जिससे तुम पाटियाँ बनाओगे। यह मसाला जब तक नहीं आ जाता, तब तक बात नहीं बनती। तुमने देखा कि–यह कमी है, वह कमी है, और सोचा–ऊँह, आगे ठीक कर लेंगे। बस–यहीं काम से गये! मौका पड़ते ही सारी तैयारी कर लो क्योंकि; यदि पात्र की टोपी भी लानी है तो तुम्हारे दिमाग़ को ही लानी है–दूकान खुलने का इन्तजार नहीं करना है।

परकाया प्रवेश

कभी--कभी हममें यह वृत्ति आ जाती है कि हम बच्चों की तरह बोलने लगते हैं, यह स्थिति अलग है। परन्तु; हम बच्चे बन जायें और बच्चे बनकर 'एक्शन' करें, यह स्थिति एकदम भिन्न है।

अभिनय तुमको नहीं करना है लेकिन; दिमाग़ में जब तक तुम खुद अभिनय नहीं करोगे तो अभिनेता क्या करेगा? इसलिए नाटककार पहले अभिनय भी करता है।

एक बार एक योगी से किसी ने राजनीति के विषय में जानना चाहा–

योगी ने एक माह का अवसर माँगा। अब योगीजी निकल पड़े और राह में देखा कि एक राजा का शव जा रहा है। योगी ने अपनी मन्त्र विद्या से ऐसी आँधी बुलायी कि सब लोग भाग खड़े हुये। फिर योगी ने अपनी देह तो छिपा कर सुरक्षित रख दी और राजा के शव में अपने प्राण फूँक दिये!

राजा पुनः जी उठा! अब राजा के रूप में योगी ने दरबार में बैठकर सम्पूर्ण राजनैतिक अनुभव प्राप्त कर लिये और उसके बाद यह राजा फिर मर गया और योगी अपनी देह में आ गया।

ठीक यही काम नाटककार को भी करना पड़ता है। तुम परकाया में ही नहीं, दूसरों के मन में भी प्रवेश करते हो। साधु जिस तरह अपनी देह को सुरक्षित रखकर राजा की देह में पूर्णतः प्रवेश कर गया तो अब वह अपनी नहीं, राजा की ज़बान बोल रहा है! वह जैसे वातावरण में पहुँच गया है, उस वातावरण को पूरी तरह निभायेगा। तुम जब अपने 'कैरेक्टर' की खूबियाँ-खामियाँ अपने मन में इकट्ठी कर लोगे तो 'कैरेक्टर' तुम्हारे सामने ज़िन्दा हो जायेगा–अब, जब 'कैरेक्टर' तुम्हारे सामने ज़िन्दा हो जायेगा, तब तुम हमारे सामने भी उसे ज़िन्दा कर सकते हो।

अगर तुम पात्र में डूबे नहीं तो तुमको क्या मिला? यदि तुम पात्र के अनुरूप न बोले तो पात्र स्वाभाविक नहीं लगेगा। तुम जब उसके अनुरूप बोलोगे, तब पाओगे कि 'डायलॉग्स' तुम्हारे दिमाग़ के नहीं रह जायेंगे बल्कि; खुद-ब-खुद पात्र के दिमाग़ के हो जाएँगे।

परन्तु; पराए मन में प्रवेश तुम तभी कर सकोगे, जब अपना 'आब्ज़रवेशन' बढ़ाओगे। तुम अपनी राह चलते हो और यों ही निकल जाते हो–एकाध दोस्त को देखा तो देखा या कहीं बन्दर का तमाशा है, तो एक नज़र लपक लिये; बाकी तुम किसी को देखते नहीं हो।

तुम्हें बताता हूँ–बचपन से लगी मेरी एक आदत 'आब्ज़रवेशन' तो आज 71 बरस की उम्र तक नहीं छूटी। हर एक की चाल-ढाल, बोलने का लहजा, हाथ घुमाने का तरीका, आँखों के भाव आदि ये सब चीजें, तुम जितनी ज़्यादा देखोगे, उतना ही बड़ा 'कैरेक्टर्स' का खज़ाना– कुबेर का कोष हो तुम्हारे पास जाएगा।

परन्तु; यदि तुम ही अपने 'कैरेक्टर्स' को ज़िन्दा न कर सकोगे तो तुम अधूरा देखोगे और हमें उस अधूरे का भी एक हिस्सा काटकर दिखाओगे; ये नहीं करना चाहिए। किसी भी सृजनशील आदमी की एक महानता अलग होती है। 'क्रियेटिव माइण्ड' का नाम ही है–'क्रियेटिव ईगो'। पर अगर तुम ही परफेक्ट न हुये तो तुम्हारी 'क्रियेटिव ईगो' कैसे परफेक्ट होगी? और 'क्रियेटिव ईगो' जितनी मजबूत होगी, उतना ही अच्छा-तुम्हारा लेखन होगा।

हमको अपने उपन्यास, नाटक या कहानी में एक खास वक्त पर किसी खास पात्र की ज़रूरत होती है लेकिन; हम उसके बाप-दादा तक की आदतें देख जाते हैं, इसलिये हर चरित्र में कुछ पैतृक-संस्कार भी आते हैं। मतलब यह कि अगर तुम्हें अपने पात्र को जीवन्त और शक्तिशाली रखना है तो तुम अपने पात्र की पूरी की पूरी जन्मपत्री जान लो। यह ज़रूरी नहीं कि तुम हमको भी वह पूरी जन्मपत्री खोल कर दिखाओ–लेकिन; तुम

जान ज़रूर लो।

कल्पना की उड़ान

कल्पना अपने आप में कुछ नहीं होती–यह मैं अपने पूरे अनुभव से कह रहा हूँ, बस। हम एक रूप ले लेते हैं, बस उससे तार आगे बढ़ने लगता है। कल्पना एक विराट रूप में भी आ सकती है, पर अपने आप में वह और कुछ नहीं, वह तुम्हारे मनोभावों की ऊर्जा मात्र होती है। उसकी तेज़ी और गर्मी से उसमें कुछ बिम्ब फूट पड़ते हैं। तभी कल्पना बनती है। मनोभावों के बिना कल्पना खोखली है क्योंकि; तुम इधर हाथ मारोगे, उधर हाथ मारोगे–पाओगे कुछ नहीं। कल्पना 'ऑफ हैण्ड' नहीं होती–वह तो एक ऐसी चीज़ है, जिसको जब क्रम-बद्ध रूप में आगे बढ़ाया जाता है, तब जैसे-जैसे कमल खिलता है, वैसे-वैसे उसकी कलियाँ खिलती हैं–वैसे-वैसे उसका आधार बनता है। अन्यथा कल्पना खाली बचाव का साधन बनती है। ऐसी कल्पना; जो बचाव का साधन बने, उसे लिखते समय नकारो, निजी जिन्दगी में तुम कल्पना का चाहे कोई भी प्रयोग करो लेकिन; जब रचनाकार की हैसियत से रचने बैठो, तब कल्पना तुम्हारी 'सिचुएशंस' को, तुम्हारे 'कैरेक्टराइजेशन' को मनोवैज्ञानिक रूप से आगे बढ़ाने के लिए रस्सी का काम करती है, जिसके सहारे तुम चढ़ते चले जाओगे।

कल्पना विधिवत् आती है। आमतौर पर तुम कह दोगे कि सूझ और कल्पना एक ही चीज़ है क्योंकि; अगर सूझ आयी तो सूझ में भी कल्पना ही तो आयी। परन्तु; सूझ में खाली कल्पना नहीं रहती। सूझ में, तुम्हारे मन में, भाव से तर्क या विचार से एक तथ्य आ जाता है, जिसको तुम्हारा 'क्रियेटिव माइण्ड', 'परसोनिफाई' कर लेता है–वहाँ से कल्पना का धरातल आरम्भ होता है लेकिन; वह कल्पना मात्र नहीं है, आधार भर है।

कल्पना एक ऐसी चीज़ है, जो तुम्हारे देखे हुये या भोगे हुये यथार्थ को पगडण्डी देकर आगे बढ़ाती है–कल्पना का अपने आप में कोई स्वतन्त्र अस्तित्व है ही नहीं। मान लो मैंने अकबर पर एक ऐतिहासिक नाटक लिखा तो उसकी जानकारी मुझे इधर-उधर से मिल गयी और उस जानकारी में है कि अकबर को बेटा नहीं हो रहा था तो बेटे के लिए वह मन्नत माँगता है लेकिन; मन्नत माँगने के लिए उसकी मनोधारा में, उसके मस्तिष्क में जो विचार आते हैं, वो इतिहास में तो लिखे नहीं हैं। इसलिए उन मनोभावों को हम सही ढंग से कल्पित कर लेते हैं किन्तु; कल्पित करते हैं यथार्थ के धरातल पर–क्योंकि जिस कल्पना में सत्य शामिल नहीं होगा, वह कल्पना 'बिना रीढ़ की हड्डी के आदमी' की तरह होगी–वो उठ ही नहीं सकती।

ऐसे ही हम जब सपने देखते हैं, तब तस्वीरें अक्सर बड़ी साफ हो जाती हैं–सपने में जो चरित्र आये, वो आये तो तुम्हारी रोज़मर्राह ज़िंदगी के धरातल से ही। बहुत कम ही ऐसा होता है कि हमें सपने में कोई ऐसी चीज दिखायी दे, जो हमने धरती पर होते हुए नहीं देखी! मान लो हम सपना देख रहे हैं कि हम बैठे हुए कुछ खा रहे हैं और एक बहुत बड़ा पक्षी उड़ता हुआ आया और हमको चोंच या पंजे में दबाकर उड़ा ले गया! और हम भयभीत हैं–ऐसा पक्षी हमारे जीवन में कभी नहीं आया। तो जो यथार्थ में हमारे भोगने में नहीं आया, वह सुख, दु:ख या अनुभूति एक नया आकार ले लेती है, जिससे हम अपरिचित हैं लेकिन; वह जो भी नया आकार लेती है, उसके साथ जितनी भी कड़ियाँ आएँगी, वो यथार्थ से ही आएँगी–जो भय होगा, संत्रास होगा या आनन्द होगा,

वह स्वाभाविक होगा। तो कल्पना जब यथार्थ के साथ उसी तरह मिल जाती है, जिस तरह पानी से रंग–तभी वह काम की होती है अन्यथा नहीं क्योंकि; कल्पना यथार्थ को गति या लोच देकर तुम्हारी बात को प्रगाढ़ करती है और उसे अधिक खूबसूरत बनाकर पेश करती है।

कल्पना और थीम

एक और दृष्टान्त दे रहा हूँ।

एक नाटक है 'द ब्लू बर्ड' (दुर्भाग्य से लेखक का नाम भूल रहा हूँ), जिसमें 'ब्लू बर्ड' एक काल्पनिक चिड़िया है, जो आसमान से उतरकर एक ग़रीब परिवार के बच्चे की कल्पना में आती है। वह चिड़िया काल्पनिक अवश्य है पर वो वस्तुतः है–'थीम'। वह 'ब्लू बर्ड' वैचारिक और काल्पनिक–दृष्टि से नसीब या किस्मत है, जो उस बच्चे की सूझ को हर बार नया बनाने के लिए आती है। तो लेखक ने अपनी थीम का नाम दे दिया–ब्लू बर्ड। ऐसे ही तुम्हारी कल्पना भी अगर प्रतीक रूप में किसी कथावस्तु के साथ जुड़कर आयी है तो वह सटीक होगी। परन्तु; यदि तुम्हारी कल्पना 'ऑफ़ दि हैण्ड' आ गयी है तो उसे तुरन्त किसी 'थीम' के साथ जोड़ो–नहीं तो वह कटी–कटी घूमेगी।

नाट्य–लेखन का खास गुर

जीवन तो बहुत बड़ा होता है लेकिन; पूरी जिन्दगी को तो नाटक में उतारना असम्भव है। तो तुम जीवन के प्रमुख प्रसंग छाँटकर ही लिखोगे–अब छँटाई का क्या रूप होगा? यहीं पर आता है नाटक।

अगर तुम्हें अकबर और जहाँगीर के रिश्ते पर नाटक बनाना है तो तुम उनके जन्म से लेकर बुढ़ापे तक की जन्मपत्री थोड़े ही खोलोगे? अकबर बहुत बड़ा सम्राट है–लोग उसके आगे थर–थर काँपते हैं और उसका इकलौता बेटा है जहाँगीर जो, थोड़ा बेअदब भी है और बादशाह उसको सज़ा नहीं दे पाता–कहाँ हारा है सम्मान!

मान लो जहाँगीर कोई ऐसा काम कर दे कि बादशाह को सज़ा देनी ही चाहिए क्योंकि; बादशाह का धर्म है न्याय करना, अगर वो उसका पक्ष लेकर चुप हो जाएगा तो उसकी बादशाहत से लोगों का विश्वास डिगेगा–और दूसरी तरफ–वह उस बेटे का बाप भी है, जिसे शेख सलीम चिश्ती की दरगाह पर कितनी ही मन्नतें माँग कर पाया है। तो बाप की कमजोरी बेटे के साथ और बादशाह का न्याय अपराधी के साथ; वह अपराधी, जो उसका इकलौता बेटा भी है–अब क्या होगा?

यह एक नाटकीय क्षण आया। अब थोड़ी देर तो तुम दर्शक को 'सस्पेंस' में रखोगे कि यह क्या करेगा, न्याय या लाड़? अब तुमने हमारा कौतूहल बढ़ा दिया, इतनी मिर्च नहीं डाली कि हम 'सी–सी' करें पर जरा चटपटापन आ गया।

पहले तुमने स्वाद चखाया। फिर अपनी बात कही बहुत ही साधारण और सीधे ढंग से। अब या तो हमें 'रिलीफ' होगी या हम 'धत्–धत्' कहेंगे। तो यह हुआ नाटककार का नाटकीय क्षण, यानि एक तरफ घटना की नाटकीयता और दूसरी तरफ लेखक का परकाया में प्रवेश।

सर्जक मन का खिलन्दड़पन

यदि तुम किसी भी तरह के रचनाकार हो, चाहे नाटककार, उपन्यासकार, कहानीकार या पेण्टर, तो तुम्हें अपने मन का खिलन्दड़पन नहीं खोना होगा।

रवीन्द्रनाथ टैगोर ने बच्चों के बड़े अच्छे नाटक लिखे-क्यों लिख सके वो? इतने बड़े-बूढ़े, नोबेल प्राइज विजेता लेकिन; उनके बालनाटक पढ़ो तो लगता है मानो बच्चा बोल रहा हो। तो ऐसी ही दीवानगी होनी चाहिए।

एक जोगी हुआ करते थे-वो कहते थे-''रामजी को पाने के लिए उनके पीछे-पीछे पाकेटमार की तरह लगे रहो कि जहाँ मौका मिले, झट चरण छू लो।'' कितनी अच्छी उपमा दी है पाकेटमार की! तो ठीक यही होता है। तुम्हारे भीतर जो खिलाड़ी बच्चा है-जो 'क्रियेटिव ईगो' है, वह हमेशा इतना जगाए रखो कि तुम्हारा दीवानापन बरकरार रहे-तभी तुम लेखक बनोगे, दीवानापन नहीं रहेगा तो लेखक नहीं बन सकते।

सबसे पहले तुम अपना काठ-कबाड़ इकट्ठा कर लो, मोटेतौर पर देख तो कि चूल कैसे बैठानी है। शुरू-शुरू में कम पात्र लो, ताकि तुम पूरी तरह से 'कांसंट्रेट' कर सको। विरोधाभास दिखाना ज़रूरी है क्योंकि; सब कुछ एक रंग होगा तो मज़ा नहीं आएगा। विभिन्नता में ही चटपटेपन का मज़ा है।

हमारे पुराने लोग लड्डू खाने के लिए मशहूर थे। तो जब ज्योनार हो तो दिन में ही खूब बड़े से कढ़ाव में पानी के साथ छिलके सहित आलू पकाने को चढ़ा देते थे। आलू पकते रहते, पानी कम होता तो और डाल देते और जब छिलका आलू सब एक रस हो जाते तो उसमें नमक और ढेर सारी मिर्चें डाल दी जातीं। इसको कहते थे-'झन्नाटा'। अब पण्डितजी ने गपागप तीन-चार लड्डू खाये तो मुँह बँध गया। फिर कुल्हड़ में से एक चुस्की ली 'झन्नाटे' की और फिर चार-पाँच लड्डू मुँह में भर लिये। सो यही दृष्टान्त है तुम्हारे नाटक खेलने का। सिर्फ मीठा ही मीठा या नमकीन ही नमकीन रखोगे तो खेल बिगड़ जायेगा। मीठा भी चाहिये, नमकीन भी, खट्टा भी,-चटपटा भी-सब स्वाद होंगे; तभी तो हम उँगली चाटते हुए उठेंगे और तुम्हारा खेल देखकर हम कहेंगे 'वाह'!

नाटककार और मनोविज्ञान

तुम्हारी दृष्टि जब तक मनोवैज्ञानिक नहीं होगी, तुम अपने चरित्रों को न पा सकते हो, न पहचान सकते हो। मनोविज्ञान मन की गति को पहचानने की विद्या का नाम है। हर इन्सान में एक 'मेल माइण्ड' होता है, जो तर्क से चलता है और एक 'फीमेल माइण्ड' होता है, जो संवेदना यानि 'इमोशन' से चलता है लेकिन; यह ज़रूरी नहीं है कि हर पुरुष का दिमाग़ पुरुष के ढंग से ही चले या हर नारी का दिमाग़ नारी के ढंग से ही चले।

'क्रियेटिव माइण्ड' में दोनों बातें होती हैं। तुम्हारे लेखक का विकसित मस्तिष्क और सर्जक का कल्पित-चरित्र। इन दोनों का सामंजस्य जब तक तुम सही ढंग से नहीं करोगे, तब तक तुम अच्छे नाटककार नहीं बनोगे। तुम्हारे लेखक का बौद्धिक-मानस जिस बात या 'थीम' को उतारना चाहता है, उसको जब तक सही ढंग से 'कैरेक्टर' में नहीं पिरोयेगा। तब तक वह बात सच्ची नहीं लगेगी। तुम सारी स्थितियों को जब तक मनोवैज्ञानिक दृष्टि में रखकर सम्यक् रूप से नहीं विचारोगे, तब तक तुम गलती करते रहोगे यानि तुम यदि अपने चरित्र के मनोविज्ञान और लेखक की मनोवृत्ति अर्थात् बौद्धिक-वृत्ति को एक-दूसरे में दूध और शक्कर की तरह नहीं मिलाओगे, तुम्हारी बात

खोखली रहेगी। दानेदार चीनी, दूध में ऊपर से डाल दी, चीनी नीचे बैठ गयी और दूध फीका का फीका। दोनों को जब तक एक-दूसरे में गड्ड-मड्ड नहीं करोगे, दूध में मिठास कैसे आएगी? तो तुमको भी शक्कर के दाने घुलाने पड़ेंगे। तुम्हारे लेखक का जो बौद्धिक-मानस है, वह है दानेदार शक्कर और जो तुम्हारा सर्जक-मानस यानि तुम्हारे पात्र हैं, वह दूध और तुम अपने सर्जक और बौद्धिक-मानस को जब तक एक रस नहीं करोगे, दूध फीका रहेगा।

लिखने के पहले एक और बात का ध्यान रखो कि मान लो तुम बच्चों के लिए लिख रहे हो तो कहीं कुछ हो रहा हो, कोई तमाशा ही चल रहा हो, जहाँ एक भी बच्चा है तो तुम्हारे आँख और कान दोनों चौंकन्ने हो जाने चाहिए क्योंकि; असली मनोविज्ञान तो बोलने में, मुख की भंगिमाओं में ही है।

तुम्हारे लेखक का विकसित बौद्धिक-मानस उसे पहचानेगा और सर्जक उसे लेखन में ढालेगा। जब इन दोनों को तुम एक ढंग से सम्यक् कर लोगे, तब तुम्हें निश्चित सफलता प्राप्त होगी; इसमें तनिक भी सन्देह नहीं।

(1987)

•

बालमहाभारत

- कहानी पढ़ने से पहले
- राजा शान्तनु की कथा
- सत्यवती के बेटों की कथा
- विचित्रवीर्य का विवाह और मरण
- पाण्डु का राज्याभिषेक
- रानी कुन्ती और रानी माद्री के चरित्र
- धृतराष्ट्र और पाण्डु के पुत्रों की शिक्षा का प्रबन्ध
- एकलव्य की कथा
- कौरवों-पाण्डवों से द्रुपद का युद्ध
- विदुरजी की चतुरायी
- भीमसेन का एक अन्य राक्षस को मारना
- राजा द्रुपद की नगरी में
- द्रोपदी का स्वयंवर और पाण्डव
- इन्द्रप्रस्थ पाण्डवों की राजधानी हुई
- नारदजी का आगमन और सुन्द-उपसुन्द की कथा
- अर्जुन के वनवास और देशाटन की कथा
- छोटी-सी भूल की नीति-कथा
- सुभद्रा और अर्जुन का विवाह
- युधिष्ठिर द्वारा राज सूय यज्ञ
- जुए में युधिष्ठिर की हार
- राजा विराट के राज्य में पाण्डव
- बाबा ने आगे कहा...
- कौरवों का आक्रमण
- उत्तरा और अभिमन्यु का विवाह
- द्रुपद की रणनीति
- दुर्योधन और अर्जुन की श्रीकृष्ण से भेंट
- दुर्योधन द्वारा शल्य का स्वागत
- संजय और युधिष्ठिर की भेंट
- युद्ध-भूमि का फैलाव
- शान्ति-दूत श्रीकृष्ण
- दुर्योधन और भीष्म की भेंट
- विदुरजी सुनकर गद्‌गद हो उठे
- कुन्ती-कर्ण मिलन
- महानाश की तैयारी
- दुर्योधन द्वारा शान्ति का ढोंग-भरा प्रस्ताव
- युद्ध का आरम्भ
- भीम-युधिष्ठिर भेंट
- द्रोणाचार्य का पराक्रम
- भीमसेन का युद्ध-चमत्कार
- दधीचि के कुण्ड की कथा महफिल

- दधीचि का अस्थिदान
- शर-शैय्या पर भीष्म पितामह
- भीमसेन और द्रोणाचार्य का पराक्रम
- वीर अभिमन्यु का चक्रव्यूह भेदना
- अर्जुन-सुभद्रा मिलन
- दुर्योधन की उदासी और अश्वत्थामा की प्रतिज्ञा
- अश्वत्थामा का प्रचण्ड-युद्ध
- मामा-भांजे की भेंट
- नैमिष की अयोध्या
- प्राचीन युद्ध-कलो
- कर्ण के सेनापतित्व में कौरव-दल
- दुर्योधन और कर्ण की सलाह
- शल्य, सारथी बने
- कौवे और हंस की कहानी
- युधिष्ठिर और अर्जुन की मंत्रणा
- भीम-दु:शासन युद्ध
- दुर्योधन और कृपाचार्य की बातें
- शल्य और युधिष्ठिर का युद्ध
- धृतराष्ट्र और गान्धारी का विलाप
- लड़ाइयाँ ही लड़ाइयाँ, क्यों?
- दुर्योधन और अश्वत्थामा की भेंट
- महाविलाप
- भीष्म पितामह से भेंट
- भीष्म पितामह द्वारा मानव-इतिहास की कथाएँ सुनाया जाना
- ध्रुव की कथा
- प्रियव्रत के वंश की कथा
- ऋषभ की कथा
- भरत की कथा
- वेद की कथा
- बेन और पृथु की कथा
- इन्द्र की कथा
- हस्तिनापुर में युधिष्ठिर का राज्याभिषेक
- धृतराष्ट्र आदि का सन्यास ग्रहण करना
- अश्वमेध-यज्ञ
- परीक्षित के एक जन्म में दो जन्म
- खजाने की खोज
- यज्ञ का घोड़ा
- घोड़ा सिन्धु देश में
- बाप-बेटे की लड़ाई
- अनेकता में एकता
- उपसंहार

कहानी पढ़ने से पहले

राजधानी की नयी बस्तियों में हमारी शंकरपुरी सबसे निराली है। इस नयी बस्ती के अगुआ पण्डित शंकरदत्त शर्मा अवकाश प्राप्त सरकारी भवन-शिल्पी (इंजीनियर) थे। उन्होंने पूरी बस्ती की कोठियों के नक्शे अपनी निगरानी में बनवाये। सड़कों और गलियों में, चौराहों या दोराहों पर भी उनके द्वारा सुन्दर मूर्तियाँ या छोटे-बड़े फौहारे आदि बनवा देने से चारों ओर अब ऐसी शोभा बिखरती है कि जो यहाँ आता है, वही मुग्ध हो जाता है।

इन्हीं शर्माजी ने हमारी शंकरपुरी में वार्षिक पिकनिक का चलन चलाया था। हम पचीस परिवार मिलकर देश के किसी न किसी भाग में पन्द्रह दिनों की सैर करने के लिए जाया करते थे। हम लोग अजन्ता, एलोरा, इन्दौर, उज्जैन, ग्वालियर, आगरा, मथुरा घूमे। बड़ा अच्छा लगा। ऐसी पिकनिक में करीब-करीब पूरा महल्ला एक साथ रहता, एक साथ खाता-पीता और अपनी-अपनी अलग-अलग टोलियों में मौज से समय भी बिता लेता।

शर्माजी बड़े कुशल प्रबन्धक थे। पिछले वर्ष बद्री-केदारनाथ की यात्रा का प्रोग्राम बना था। परन्तु शर्माजी पर अचानक फालिज गिरा और वे रोगशैय्या पर पड़ गये। यात्रा स्थगित कर दी गयी।

इस वर्ष अभी दो महीने पहले ही शर्माजी का देहान्त हो गया। परन्तु मरने से पहले वे अपने कुछ मित्रों और महल्ले के युवकों से यह प्रतिज्ञा करवा चुके थे कि इस वर्ष पिकनिक का नियम भंग नहीं होगा। उन्होंने कहा था-''दूर न जा पाओ तो कुछ मोटरें और एक किराये की बस लेकर नीमसार-मिश्रिख चले जाना। वहाँ लखपेड़वा जंगल है। पुराणों की कथाओं से भरा-पूरा क्षेत्र है। बूढ़े-बूढ़ियों को तो सुख मिलेगा ही, जवान टोलियाँ भी प्राकृतिक सौन्दर्य का सुख ले सकेंगी।'' शर्माजी ऐसी धुन पर चढ़े कि सीतापुर के अपने कुछ मित्रों से टेलीफोन पर बातचीत करके सरकारी अधिकारियों से उस जंगल में तम्बू लगाने की अनुमति आदि भी मँगवा ली।

हम लोग आज नैमिषारण्य जा रहे हैं।

नीमसार मिश्रिख के नाम से हम बच्चे लोग कुछ बोर हो गये थे। जब एलोरा, अजन्ता की पिकनिक हुई थी, तब मैं आठ वर्ष का था। उज्जैन और हरिद्वार की यात्राएँ भी बहुत अच्छी रही थीं। उस सबके मुकाबले में यह नीमसार-मिश्रिख की पिकनिक हम लोगों को तनिक भी मजा नहीं दे रही थी। हम लोग आपस में इस नाम का ही मखौल उड़ा रहे थे। कहते थे कि हम लोग वहाँ जाकर नीम और मिश्री खाया करेंगे।

हमारी गाड़ियाँ दोपहर तक नीमसार और मिश्रिख के बीच वाले जंगल में पहुँच गयीं। वहाँ मजदूरों और प्रबन्धकों ने हमारी तम्बुओं की शंकरपुरी पहले से ही बसा दी थी। मैं, बबलू, सिद्धी, राजू, पप्पू सभी लोग यह देखकर बड़े खुश हुए कि जगह भयावनी नहीं है। हम लोगों के लिए भोजन पहले से ही तैयार हो चुका था।

बड़े-बूढ़े लोग तो चक्रतीर्थ और न जाने कितने तीर्थों में नहाने का प्रोग्राम बनाकर दिन भर ब्रत-उपवास रखने का निश्चय करके चले गये। हमारे पापाओं और मम्मियों में से भी आधे लोग बूढ़ों की पार्टी के साथ चले गये। बाकी हम सब लोगों ने मिलकर भोजन किया और सब लोग अपनी-अपनी टोलियाँ बनाकर जंगल में इधर-उधर घूमने लगे।

हम लोग घूमते-घूमते एक पुराने और छोटे-से मन्दिर के पास आये। वह मन्दिर सचमुच बहुत छोटा था। उस पर तीन-चार तिकोने लाल झण्डे फहरा रहे थे। एक काली जटा-दाढ़ी वाले बाबाजी मन्दिर के पास ही कसरत कर रहे थे। हम लोग चूँकि चलते-चलते थक गये थे, इसलिये वहीं एक टूटे-से चबूतरे पर बैठ कर बातें करने लगे। बबलू बोला- "संजू! मेरी समझ में अभी तक यही नहीं आया कि आखिर शर्माजी ने यहीं पिकनिक मनाने पर इतना जोर क्यों दिया? यहाँ इन पेड़ों के सिवा है ही क्या?"

संजू बोला-"हाँ यार। बस, पेड़ ही पेड़ हैं लेकिन; इनमें एक भी पेड़ न नीम का है और न मिश्री का।"

सब साथी हँस पड़े। इतने में ही वह बाबाजी दण्ड पेल कर अपने पुट्ठे सहलाते हुए दूर से ही बोले-"यह पेड़ नहीं हैं बच्चों। यह अट्ठासी हजार ऋषि-मुनि हैं, जो रोज रात में व्यासजी से कथा सुनते हैं।"

हम सब हक्का-बक्का होकर एक-दूसरे का मुँह देखने लगे और फिर करीब-करीब एक साथ ही बाबाजी की ओर भागे और उन तक पहुँचते ही उन्हें घेर लिया। सिद्धि बोला-"यह पेड़ नहीं, ऋषि-मुनि हैं बाबाजी? आप सच कहते हैं?"

बाबाजी ने हँस कर कहा-"अरे भाई, आधी रात में तुम लोग अगर बिना किसी को बताये चुपचाप अपने तम्बू की बस्ती से केवल सौ कदम उत्तर की ओर जाओगे तो तुम्हें अपने आप तरह-तरह के तमाशे दिखलायी देने लगेंगे।"

बबलू बोला-"संजू! हम लोग आज चलकर देखेंगे।"

बाबाजी बोले-"अवश्य जाना लेकिन; एक बात है-इस समय से ही तुम लोग अपने मन में यह कल्पना करते रहो कि यह जंगल तुम्हें आधी रात में कहानियाँ सुनायेगा। तुम्हें ऐसा लगेगा कि तुम उन कहानियों के जीते-जागते चित्र-से देख रहे हो। मगर खबरदार, किसी से कहना मत। चुपचाप अपने मन में रखना और आपस में ही बातें करना।"

पूरी शाम और आधी रात तक हम बच्चे अपने मन में एक बड़े कौतूहल और साथ ही गुपचुप षड्यन्त्र की भावना से भरे रहे। हम लोग बस आपस में अधिकतर सिमटे रहे। बड़ों में से कई लोगों ने दो-चार बार टोंका भी, पर हम लोगों ने उन्हें बातों में बहला दिया।

जंगल में रात बड़ी जल्दी आ जाती है। हम लोग जंगल में अपनी बस्ती तो बसा लिये थे, पर वहाँ बिजली नहीं ला सके। इसलिये घुप्प अँधेरा फैला हुआ था। कुछ दूर पर सियारों की हुक्की-हुँआ और कुत्तों के भौंकने का स्वर आ रहा था। हम बच्चों ने पहले से ही सोमू अंकिलजी वाले खाली तम्बू में जिद करके अपने बिस्तरे लगवा लिये थे। सोमू अंकिलजी और आंटी कल अपनी कार से यहाँ पहुँचेंगे, इसलिये हम एकान्त में रात को दिखलायी पड़ने वाले दृश्यों की ही कल्पना अपनी बातों में करते रहे-बहुत सारे पेड़ यह अट्ठासी हजार ऋषि-मुनि हो जायेंगे, जंगल कहानियाँ सुनायेगा लेकिन; जब पेड़ ऋषि-मुनि हो जायेंगे, तब जंगल रह ही कहाँ जायगा? हम लोग आपस में घूम-फिर कर इसी निश्चय पर पहुँचते कि भाई, अब जब देखेंगे, तब कहेंगे। राजू के पास रेडियम की घड़ी थी, अँधेरे में अक्षरों को चमका कर समय बताने वाली! वही घड़ी हम लोगों की सहारा थी।

साढ़े ग्यारह बजे। पप्पू सो गया था। हम लोगों ने सोचा कि यह सो गया है तो दण्ड भोगे। हम इसे छोड़कर चल देंगे। बबलू ने कहा-"यह ठीक नहीं होगा। मान लो उसकी नींद बाद में खुली और हम लोगों को न पाकर उसने गुस्से में दूसरों से कह दिया। तब शोर होगा, लालटेनें-मशालें जलेंगे, टार्चों की रोशनियों में हमें ढूँढ़ा जायगा और इससे हमारा सारा जादू खतम हो जायगा।"

खैर, पप्पू को जगा लिया गया। राजू, तम्बू से होते हुए निकल कर टोह लेने के लिए गया। उसने आकर सबको चलने का आदेश दिया। हम लोग तम्बुओं की बस्ती के पीछे खूटों और रस्सियों से बचते हुए दबे पाँव उत्तर दिशा की ओर चले। यह दिशा-ज्ञान और रात के अँधेरे में उधर पहुँचने का रास्ता आदि हम लोग दिन में ही अपने ध्यान में बैठा चुके थे। इसलिये तम्बुओं के पीछे-पीछे चल कर हम लोग अपनी बस्ती के सामने वाले भाग में आये और यहाँ से सौ कदम उत्तर दिशा की ओर बढ़े। वह जगह आम के पेड़ों से घिरी हुई थी। हम लोगों ने अपनी-अपनी जेबों से टार्चें निकाल कर उस धरती को सावधानी से देखा, जिस पर हमें तुरन्त ही अँधेरे में खड़ा होना पड़ेगा। अभी बारह बजने में पाँच मिनट बाकी थे। हम लोग कुछ-कुछ डरे हुए और कुछ-कुछ अपने मन ही से बहादुर बने हुए इस कौतूहल में साँस रोके खड़े थे कि देखो क्या होता है?

और थोड़ी ही देर बाद एक भारी आवाज़ जंगल में गूँजती है। वह स्वर जब बोलता, तब उसके आगे-पीछे मानों बंशियाँ बजती हैं। हम सब सावधान हो और आपस में सिमट कर खड़े हो जाते।

वह स्वर कहता है कि आज से कई हजार वर्ष पहले हस्तिनापुर में कुरूवंशी राजा राज करते थे। दुष्यन्त के बेटे प्रतापी महाराज भरत की राजधानी इस हस्तिनापुर में थी लेकिन; उन दिनों उस जगह का नाम हस्तिनापुर नहीं था। तब वह या तो आसंदीव्रत कहलाती होगी या ब्रह्मस्थल। इस नगरी का हस्तिनापुर नाम तो महाराज भरत की छठी पीढ़ी में होने वाले प्रतापी महाराज हस्तिन ने रखा था। राजा हस्तिन की ननिहाल अवध के इक्षवाकु वंश वालों के यहाँ थी। इसलिए राजा हस्तिन को अपने दोनों प्रतापी वंशों का

वैभव मिला था। इन्हीं महाराज हस्तिन की आगे आने वाली पीढ़ियों में एक ऐसी घटना घटी जो कि हजारों वर्ष से अब तक भुलायी नहीं जा सकी और उस महान् घटना का नाम है–महाभारत युद्ध!

आवाज़ रुक गयी। फिर ऐसा लगा कि मानो सैकड़ों बंशियाँ एक साथ बज उठीं। हम लोग आश्चर्य में थे! यह कौन बोल रहा है? मेरे मन में यह आशंका थी कि हो न हो। हमें दोपहर में मिले बाबाजी ही किसी खोखले पेड़ से भारी आवाज में बोल रहे हों लेकिन; बबलू बोला–"मान लो वही कथा सुना रहे हैं। पर यह बंशियाँ कहाँ से बज रही हैं? एक साथ इतनी बंशियाँ एक आदमी तो बजा नहीं सकता?" यह ऐसी समस्या थी; जिसे हम सुलझा न सकें। वैसे ही आवाज़ आई कि वह देखो, हस्तिनापुर में राजा प्रतीप का दरबार लगा हुआ है। राजा का दरबार पत्थर का अवश्य बना हुआ है, पर बहुत ऊँचा और भव्य नहीं है। यह कलात्मक भी नहीं है। हाँ, उसके छत में सोना मढ़ा हुआ है और खम्भे चाँदी से चमचमा रहे हैं। महाराज जिस सिंहासन पर विराजमान हैं, वह ठोस सोने का है। सारे दरबारी, बड़े-बड़े सेठ-साहूकार और बड़े-बड़े सेनापति भी सिपहसालार उस दरबार में बैठे हैं। जिधर देखो, उधर केवल धोती और दुपट्टे ही प्रयोग में हैं; पर सोने और मणि-मणिक्यों से भी सब लदे हुए हैं। दरबार में सिंहासन से थोड़ा नीचे ही तीन चौकियों पर राजा प्रतीप के तीन राजकुमार बैठे हैं। बड़े का नाम दवापि है, मझले का वाह्लीक और तीसरे का शान्तनु। शान्तनु अपने दोनों बड़े भाइयों से छोटे हैं। चूँकि वह राजा प्रतीप के बुढ़ापे की सन्तान हैं और उसके जन्म से महाराजा के मन को बड़ी शान्ति मिली थी, इसीलिये उसका नाम शान्तनु रखा गया है।

मन्त्री ने खड़े होकर कहा–"अपनी वृद्धावस्था पर विचार करके महाराज अब एक युवराज का चुनाव करना चाहते हैं। राजकुमारों में देवापि सबसे बड़े हैं।"

मन्त्री अपनी बात पूरी भी न कर पाया था कि सभा में बैठा एक साधारण व्यक्ति सहसा बोल उठा–"देवापि को हम अपना युवराज नहीं बनायेंगे। वह विद्वान हैं, सब तरह से भले हैं परन्तु; दुर्भाग्य से वह कोढ़ी हैं। युवराज के चुनाव के मामले में हमें शुभ-अशुभ का विचार रखना ही होगा।"

देवापि ने तुरन्त खड़े होकर पहले अपने पिता, फिर सभा के बड़े लोगों को हाथ जोड़कर कहा–"मेरा मन भी राज-कर्मों से अधिक ऋषि-कर्मों में लगने लगा है, इसलिये मैं अपने मन से अपने छोटे भाइयों के लिए राजगद्दी का त्याग करता हूँ।" यह कहकर वे अपने आसन पर बैठ गए।

मन्त्री के कुछ कहने से पहले ही इस बार राजकुमार बाल्हीक उठे और हाथ जोड़कर महाराज से सविनय बोले–"महाराज, मैं भी यहाँ नहीं रहना चाहता। सिन्धु नदी के पार मैं उन देशों को जीतना चाहता हूँ, जो कभी हमारे पुरखों की भूमि रहे हैं। महाराज मुझे ऐसा ही करने की आज्ञा दें।"

अब अकेले एक शान्तनु ही जब बच गये थे, उन्हें युवराज चुन लिया गया। यह राजा शान्तनु ही महाभारत-युद्ध के नायक युधिष्ठिर, दुर्योधन आदि के पड़बाबा थे। इतना

कहकर जंगल चुप हो गया।

अब न बंशी बजी न सीटी। बस सन्नाटा छा गया। आवाज जब चलती रहती है या बंशियाँ सुनायी पड़ती हैं, तब हमें यह अँधेरापन तनिक भी नहीं खलता। हम बातों के प्रकाश में अपने भीतर मानो आलोकित होते रहते हैं। जंगल ने जब अपनी कहानी सुनाना बन्द कर दिया, तब हम लोग घटाटोप अँधेरे से घिर गये। थोड़ी देर तो हम लोग चुपचाप खड़े रहे कि देखें अब क्या होता है! मगर फिर, मुझसे न रहा गया। मैंने कहा–"अपनी-अपनी टार्चें जलाओ, चारों तरफ रोशनियाँ जलाओ और चल दो।"

हम लोगों ने एक साथ ही अपनी टार्चें जलायीं तो हमने देखा। सामने से एक आदमी हमारी तरफ आ रहा है। हम लोग अपनी-अपनी टार्चें बराबर खोले रहे। थोड़ा और पास आते ही हम सभी ने उसे पहचान लिया। जिस पर मेरा शक था, वह बात आखिर सच साबित हुई। बाबाजी हँसते हुए हमारे पास आ गये, मैंने कहा–"बाबाजी, मैं तो पहले ही यह भाँप गया था।" बाबाजी हँसे और बोले–"तुम चतुर हो।"

बबलू बोला–"लेकिन बाबा जी, आपने अपनी आवाज भारी कैसे बना ली थी?"

"हमने एक भोंपा बना लिया था उसी से बोलते थे।"

"और बाबाजी, इतनी सारी बंशियाँ कैसे बजती थी?" मैंने पूछा।

"पूरे बाँसों के झुरमुट के पास ही तो मैं बैठा हुआ था। जब एक फूँक मारता, तब वही अनेक छेदों से चमत्कार पैदा कर देता था। खैर, यह तो भाई मैंने इसलिये किया कि तुम लोगों से उस समय वचन हार गया था। मगर यह सच है कि महाभारत की कथा में बड़ा सार है, अगर तुम सुनना चाहो तो मैं तुम्हें रोज सुनाऊँगा।"

राजू बोला–"बाबाजी, महाभारत की कहानियाँ तो हमने बहुत पढ़ी हैं। सभी पत्र-पत्रिकाओं में निकलती हैं, हमारी कोर्स की किताबों में भी रहती हैं। हम उनके बारे में काफी-कुछ जानते हैं।"

बाबाजी बोले, "आओ घर की ओर चलते चलें। हाँ तो बच्चो, तुमने कहानियाँ सुनीं। तुमने यह भी सुना होगा कि हस्तिनापुर के दरबार में जब द्रोपदी का चीर-हरण हुआ, तब कृष्ण भगवान साड़ियों पर साड़ियाँ बरसाते चले गये।"

"हाँ यह तो हमको पता है कि भगवान ने द्रोपदी की लाज रखी।"

"भगवान तो सबकी लाज रखता ही है। पर बच्चो, मेरी महाभारत में तुम्हें ऐसी कथाएँ नहीं मिलेंगी। मेरी महाभारत में कोई काम जादू-मन्तर से नहीं होगा। मुझसे महाभारत सुनकर तुम्हें ऐसा लगेगा कि तुम अपने पुरखों का सच्चा किस्सा सुन रहे हो और बहुत-सी ऐसी बातें जान रहे हो, जिन्हें तुम पहले नहीं जानते थे।"

"सच"? बबलू बोला।

"तब हम आपसे अवश्य सुनेंगे। हम भी अब उस युग में रहते हैं, जब आदमी चन्द्रमा तक उड़ान भरने लगा। अब चमत्कारों को भी हम बुद्धि के साथ ही देखना पसन्द

करते हैं। अकेले चमत्कार से हमारे मनों में बहुत-सी कथाएँ उठ आती थीं। संजीव भाई, मैं ठीक कह रहा हूँ न?"

लेकिन बाबाजी स्वयं ही बोले-"तुम्हारी बात बहुत ठीक है। अपने पुरखों की कहानियों को ठीक तरह से जानो, ताकि उन पर तुम्हारी श्रद्धा बराबर बनी रहे। मुझसे महाभारत सुनकर तुमको लगेगा कि यह पुरानी महान् कथा तुम्हारे इस राकेट युग में भी सुनने के योग्य है। विश्वास रखो बच्चों, मैं तुम्हें बड़े ही रोचक ढंग से तुम्हारी जानी पहचानी कथाओं को नया अर्थ-बोध देकर सुनाऊँगा।"

तय हुआ कि दूसरे दिन प्रात: 8 बजे से 12 बजे तक बाबाजी हमें महाभारत की कहानियाँ सुनाया करेंगे। महाभारत की इस कथा को बच्चों के अलावा जो और लोग भी सुनना चाहें, वे भी आकर अपनी श्रद्धा बढ़ा और सुन सकते हैं।

दूसरे दिन से बाबा हमें कथा सुनाने लगे।

•

राजा शान्तनु की कथा

राजा शान्तनु बड़े ही प्रतापी और योग्य शासक थे। उनके राज-काज में प्रजा को सब प्रकार से सुख मिला। एक बार राजा शान्तनु गंगा नदी के किनारे एक वन में शिकार खेलने के लिये गये। शिकार खेलना क्षत्रिय राजा का धर्म माना जाता था। इसका कारण यह था कि शिकार के बहाने राजा लोगों को निशानेबाजी और आक्रमण करने की कला का अभ्यास बढ़ाने के अवसर मिलते। इससे उनके शरीर में चुस्ती बनी रहती थी और उनका मनोरंजन भी होता था। राजा शान्तनु भी इसी तरह अपना मनोरंजन करते हुए जंगल में घूम रहे थे। गंगा नदी के तट पर उन्हें अनेक तपस्वी महात्माओं के आश्रम देखने को मिले। इससे उनका चित्त और भी प्रसन्न हुआ।

एक दिन जंगल में गंगा नदी के तट पर उन्हें एक बहुत ही सुन्दर स्त्री दिखलायी पड़ी। वह अच्छे-अच्छे गहने-कपड़े पहने हुई थी और उसका व्यवहार भी बहुत आत्मीय और मधुर था। राजा ने उससे पूछा- हे सुन्दरी तुम कौन हो? और यहाँ जंगल में अकेली क्यों भटक रही हो?

सुन्दरी ने कहा-हे राजन्, मेरा नाम गंगा है। मेरा निवास इसी जंगल में है। प्राचीन काल से ही हमारे समाज की प्रथा जंगल में ही रहने की रही है। हम इस पवित्र नदी के समान ही मुक्त जीवन बिताती हैं। सब लोग हमें गंगा स्वरूपा ही मानते हैं।

राजा बोले-हे सुन्दरी देवी गंगा। तुम्हें देखते ही मेरा मन प्रसन्न हो गया है। मैं अब तुमको अपनी रानी बनाना चाहता हूँ। इसलिए तुमसे यह विनती करता हूँ कि मेरी पत्नी बनकर तुम मेरे साथ महलों में चलो।

गंगा रुखाई से बोली-गंगा किसी की बँधुआ होकर नहीं रह सकती, वह सदा मुक्त बहती है।

राजा शान्तनु ने गंगा की बड़ी खुशामद की और कहा-हे सुन्दरी, अगर तुम मुझसे ब्याह नहीं करोगी तो मैं अपनी जान दे दूँगा। इससे तुमको पाप लगेगा।

बहुत कहने-सुनने पर गंगा राजी हो गयीं। उन्होंने कहा-हे राजा, तुम्हारा प्रेम देखकर मेरा मन भी पसीजने लगा है। मैं तुमसे ब्याह करने को राजी हूँ, पर इसके पहले तुम्हें मुझे एक वचन देना होगा।

राजा शान्तनु-बोलो, देवी तुम मुझसे क्या वचन चाहती हो?

गंगा बोली-वचन दो कि मेरे किसी काम में तुम अड़चन नहीं डालोगे। मेरी मर्जी में जो आयेगा, मैं वही करूँगी। और अगर तुमने कभी बाधा डाली तो तुरन्त मैं तुम्हारा साथ छोड़कर वापस चली आऊँगी।

आसक्त राजा शान्तनु तो गंगा से किसी प्रकार विवाह करना चाहते थे। वे शायद यह नहीं जानते थे कि ऐसी स्त्रियाँ अप्सरा कुल की होती हैं। अप्सरा शब्द के अर्थ है–पानी में विहार करने वाली स्त्री। गंगा, जमुना, नर्मदा अथवा किसी पवित्र पुष्कर आदि के तट पर इनका निवास होता है। प्राचीन काल में ऐसी अप्सराएँ राजा इन्द्र के दरबार में भी रहा करती थीं। इन्द्र की अप्सरा उर्वशी ने भी राजा पुरुरवा से इसी प्रकार एक वचन लेकर विवाह किया था। खैर, राजा शान्तनु गंगा को ब्याह कर उसे हस्तिनापुर ले आये। थोड़े दिनों के बाद उनके एक बेटा हुआ। राजा बहुत ही प्रसन्न हुए, लेकिन गंगा ने निठुराई दिखलायी। एक दिन वह अपने बेटे को लेकर गंगा नदी के किनारे गयीं और उस नन्हीं सी जान को नदी में डुबा दिया! राजा शान्तनु बेचारे कलेजा पकड़ कर रह गये, पर कुछ कह न सके।

समय आने पर उन्हें दूसरा बेटा हुआ। गंगा रानी उसे भी गंगाजी में डुबा आयीं। इस प्रकार राजा शान्तनु के सात लड़के हुए और सातों को उस निठुर माता ने नदी में डुबो दिया। राजा शान्तनु यों तो अपनी रानी को बहुत चाहते थे, पर उसकी निठुराई देख-देख कर उनका मन बहुत अस्थिर हो गया था। इसलिये जब आठवाँ बेटा हुआ और गंगा रानी उसे भी डुबाने के लिए चलीं, तब राजा शान्तनु रानी की राह रोककर खड़े हो गये। उन्होंने कहा–हे रानी, तुम्हारी निठुराई देखकर अब मुझसे रहा नहीं जाता। इसलिए मैं अपना वचन भंग करके तुम्हें इस बच्चे को नदी में डुबोने से मना करता हूँ। ग़रीब से ग़रीब व्यक्ति भी सन्तान के लिए तरसता है, फिर मैं तो राजा ठहरा। तुमने मेरे सात बेटे डुबो दिये। अब मैं इसे अपने पास रखूँगा। मेरे बाद यही हस्तिनापुर का राजा होगा।

गंगा बोली–अच्छा, तुम्हारा मन रखने के लिए मैं इस बच्चे को नहीं डुबाऊँगी। लेकिन तुमने मुझे दिया हुआ वचन भंग किया है, इसलिये अब मैं चली जाऊँगी। चूँकि यह बच्चा अभी बहुत छोटा है, इस कारण से अभी इसे मैं अपने साथ ले जाऊँगी किन्तु; पाल-पोस और बड़ा करके इसे मैं तुम्हारे पास वापस ले आऊँगी। तुम इसका नाम गंगादत्त रखना।

यह कहकर गंगा रानी बेटे को लेकर चली गयीं। उन्होंने अपने बेटे को बहुत अच्छी तरह पाला। श्रेष्ठ ऋषियों से उसे शिक्षा दिलायी। परशुरामजी ने उसे धनुष-बाण आदि तरह-तरह के हथियार चलाना सिखाया। बालक जब हर तरह से लायक हो गया, तब उसे लेकर रानी गंगा, राजा शान्तनु के पास पहुँचीं। ऐसे लायक, धीर और सुशील बालक को देखकर राजा शान्तनु बहुत ही प्रसन्न हुए। अपने मन्त्रियों और राज्य के प्रतिष्ठित लोगों से सलाह लेकर राजा शान्तनु ने गंगादत्त को अपना युवराज बना दिया। युवराज गंगादत्त अपनी प्रजा के सुख-दुख का इतना ख्याल रखते थे कि उनके राज्य में छोटे-बड़े, अमीर-ग़रीब, हर व्यक्ति को उनसे अत्यन्त प्रेम हो गया। गंगादत्त के प्रताप से चोरी-डकैती, लूट-पाट, मार-काट सब बन्द हो गया। रास्ते में कोई सोना उछालता हुआ चले तो उसे किसी बात का डर नहीं लगता था।

इस प्रकार युवराज गंगादत्त और हस्तिनापुर की प्रजा तो बहुत सुखी थी, पर राजा शान्तनु बेचारे बहुत उदास रहा करते थे। उनके महलों में उनकी रानी ही नहीं थीं, फिर उनका जी कैसे लगता।

एक दिन ऐसे ही राजा उदास-मन से नदी किनारे टहल रहे थे कि उन्होंने मछुओं के मुखिया की बेटी सत्यवती को देखा। सत्यवती बहुत सुन्दर थी। कहते हैं कि पहले उसके शरीर से मछली की बदबू आया करती थी, इसलिए बहुत सुन्दरी होने पर भी कोई उसके पास नहीं फटकता था। अपनी नौजवानी में महर्षि पाराशरजी एक बार सत्यवती की नाव पर गंगा पार कर रहे थे। वे सत्यवती पर प्रसन्न हो गये। उन्होंने अपने बुद्धि, तप और औषधि के बल से सत्यवती के शरीर से बदबू ही नहीं मिटायी बल्कि; ऐसा उपचार कर दिया कि वह जहाँ भी खड़ी हो जाती थी, वहीं उसके चारों ओर सुगन्ध की लपटें-सी निकलने लगती थीं। उसी समय में सत्यवती को पाराशरजी से एक बेटा भी हुआ था। रूप से काला, और नदी के बीच में एक टापू पर जन्म लेने के कारण सत्यवती और पाराशरजी के उस बेटे का नाम कृष्णद्वैपायन पड़ा। आगे चलकर यही बालक महर्षि वेद-व्यास के नाम से प्रसिद्ध हुआ।

खैर, राजा शान्तनु से सत्यवती की भेंट होने तक यह बात पुरानी पड़ चुकी थी। अत: राजा ने सत्यवती से कहा कि तुम मेरी रानी बन जाओ।

सत्यवती राजा की यह बात सुनकर लजा गयी। उसने उत्तर दिया- हे राजा, आप मेरे पिताजी को राजी कर लें। यदि वह हाँ कर देंगे तो मैं आपकी रानी बन जाऊँगी।

राजा शान्तनु ने सत्यवती के पिताजी से जाकर अपने जी की बात कही। सत्यवती का पिता-मछुआ बोला-हे महाराज, मेरे बड़े भाग्य कि आप मेरी बेटी से ब्याह करना चाहते हैं, पर मैं अपनी बेटी का ब्याह आपके साथ करने में बहुत सकुचा रहा हूँ। आप ठहरे राजा और यह बेचारी ग़रीब की बेटी है। चार दिन बाद जब आपका जी इससे भर जायेगा, तब आप इसकी ओर से अपना मुँह मोड़ लेंगे। इसलिये मैं अपनी बेटी का ब्याह आप से नहीं करना चाहता।

राजा शान्तनु बोले-मैं तुम्हें वचन देता हूँ कि तुम्हारी बेटी को सदा अपनी आँखों की पुतली बनाकर रखूँगा। मैं तुमको भी इतना धन दूँगा कि तुम सुखी जीवन बिताने लगोगे।

मछुए ने कहा-आपके यह वचन देने पर भी मेरा जी अभी नहीं भरा। आप इसे तो अवश्य सुखी रखेंगे, पर इससे पैदा होने वाले आपकी सन्तान को निश्चय ही बड़ा दुख मिलेगा क्योंकि; आपके बाद राजगद्दी के हकदार गंगादत्त होंगे। सत्यवती के बेटे होंगे, तब भी उनको गंगादत्त की गुलामी करनी होगी। इसलिये अगर आप मुझे यह वचन दें कि सत्यवती का बेटा ही आपके बाद राजा बनाया जायेगा तो मैं खुशी से अपनी बेटी का ब्याह आपके साथ कर दूँगा।

राजा बोले-मैं यह वचन नहीं दे सकता। अपने सुख के लिए मैं युवराज गंगादत्त का हक कभी नहीं छीनूँगा। यह कहकर राजा शान्तनु अपने महलों में लौट आये।

न्यायप्रिय राजा शान्तनु ने इस तरह अपने लायक बेटे का हक तो न छीना, पर वे अब दिन-रात दुखी रहने लगे। राजा को दुखी देखकर सारे मन्त्री, सेनापति और नौकर-चाकर भी दुखी रहा करते थे। होते-करते गंगादत्त को अपने पिता के दुख का कारण एक मन्त्री से मालूम हुआ। सुनते ही युवराज ने कहा-पिता के सुख के लिए अपने प्राणों का त्याग करना भी मेरे लिए बहुत सरल-सी बात है, फिर राज-पाट छोड़ने में भला मुझे क्या लगेगा? यह कहकर वे मछुए के पास गये और कहा कि अपनी बेटी का ब्याह आप मेरे

पूज्य पिताजी से कर दीजिए। मैं प्रतिज्ञा करता हूँ कि हस्तिनापुर की राजगद्दी पर कभी नहीं बैठूँगा।

मछुआ बोला–युवराज आप धन्य हैं, मगर मेरी चिन्ता अब भी मिट नहीं पायी है। आप तो राजगद्दी छोड़ देंगे, पर आपके बाल-बच्चे जलन के मारे मेरी बेटी की सन्तानों से अवश्य ही लड़ाई-झगड़ा करेंगे। इसलिये यह सम्बन्ध करके मैं आगे आने वाली अपनी और राजा की पीढ़ियों को कष्ट नहीं देना चाहता।

गंगादत्त यह सुनकर एक पल तो खड़े-खड़े सोचते रहे, पर तुरन्त ही उन्होंने कहा–अपने पिता को सुखी देखने के लिए मैं बड़े से बड़ा त्याग भी कर सकता हूँ। देवताओं को साक्षी देकर मैं यह प्रतिज्ञा करता हूँ कि मैं आजन्म कुँवारा और ब्रह्मचारी रहूँगा। आपकी बेटी से उत्पन्न होने वाले अपने छोटे भाइयों की रक्षा करूँगा और जब तक जीऊँगा, तब तक उन्हें और उनकी सन्तानों को अपने प्राणों से अधिक प्यार करूँगा।

गंगादत्त की यह प्रतिज्ञा सुनकर चारों ओर जय-जयकार होने लगी। ऐसी अति कठिन प्रतिज्ञा करने के कारण ही उनको लोग भीष्म कहने लगे। और इस प्रकार सत्यवती तथा महाराज शान्तनु का विवाह सम्भव हो गया।

सत्यवती के बेटों की कथा

राजा शान्तनु के, मछुआरिन सत्यवती से दो बेटे हुए। बड़े का नाम चित्रांगद और छोटे का नाम विचित्रवीर्य रखा गया। भीष्म अपने छोटे भाइयों को बहुत चाहते थे। उन्होंने छुटपन से ही चित्रांगद को उत्तम शिक्षाएँ देनीं शुरू कीं। बेचारा चित्रांगद अभी पूरी तरह से जवान भी न हो पाया था कि बूढ़े शान्तनु महाराज चल बसे। भीष्म ने अपनी प्रतिज्ञा के अनुसार चित्रांगद को हस्तिनापुर की गद्दी पर बैठा दिया। भीष्म उसे बड़े मनोयोग के साथ राजनीति सिखाते। राजा चित्रांगद बड़े ही नीति कुशल, न्यायपरायण, धीर-वीर और गम्भीर पुरुष थे। अपने बड़े भाई भीष्म-गंगादत्त की सलाहों पर चलकर उन्होंने प्रजा को सुखी बनाने के लिए बड़ा चौकस प्रबन्ध किया। यही नहीं, उन्होंने दूर-दूर तक दुष्ट राजाओं का संहार किया। इस प्रकार चारों ओर उनके प्रताप की बड़ी महिमा फैल गयी।

गन्धर्वों का एक राजा बड़ा प्रतापी था। वह मायावी युद्ध भी लड़ता था। मायावी युद्ध उसे कहते हैं, जो तरह-तरह के नये-नये चकमे देते हुए लड़ा जाता है। पुराने समय में असुर लोग तरह-तरह के बड़े चेहरे लगा लिया करते थे, जो देखने में बहुत ही भयानक लगते थे। कहीं पर उनकी सेना घास के बड़े-बड़े गट्ठों में अपने आपको छुपा कर इस तरह से मोरचा बाँध कर बैठ जाती थी कि शत्रु समझने लगता कि यहाँ घास का जंगल है। जैसे ही सेना बेझिझक होकर उस जंगल के पास से गुजरने लगती, वैसे ही यह लोग अचानक घास के गट्ठे फेंक-फेंककर उन पर आक्रमण कर देते थे। इस प्रकार मायायुद्ध लड़ने की बड़ी-बड़ी तरकीबें थीं। असुर, गन्धर्व, राक्षस आदि चूँकि आपस में रिश्तेदार भी हुआ करते थे, इसलिए अपनी नयी-नयी मायाओं को वे एक-दूसरे को सिखाया भी करते थे।

गन्धर्व राजा बहुत ही बड़ा मायावी था और बेचारे राजा चित्रांगद सीधे-साधे थे। फिर भी उन्होंने तीन वर्ष युद्ध करके गन्धर्व राजा के छक्के छुड़ा दिये। पर अन्त में चित्रांगद बेचारे, गन्धर्वों की माया के शिकार होकर मारे गये।

हस्तिनापुर के राजमहलों में कुहराम मच गया। बेचारी सत्यवती के ऊपर तो दुख का पहाड़ ही टूट पड़ा। पर भीष्म ने उन्हें और सबको समझा-बुझाकर धीरज बँधाया तथा चित्रांगद के छोटे भाई विचित्रवीर्य को राजगद्दी दे दी।

विचित्रवीर्य का विवाह और मरण

राजा विचित्रवीर्य की आयु अभी कम थी और वे नासमझ भी थे। इसलिये भीष्म ही अपने छोटे भाई के राज-पाट की निगरानी करते थे। उन्होंने अपने छोटे भाई के लिए काशी के राजा की तीन लड़कियों को स्वयंवर में जीत लिया। काशिराज की बड़ी लड़की अम्बा ने कहा–हे राजकुमार भीष्म, मैं शाल्व से विवाह करना चाहती हूँ। इसलिये आप मुझे अपने छोटे भाई की बहू न बनायें। भीष्म ने उसको तो विदा कर दिया और उसकी दोनों बहनों, अम्बिका और अम्बालिका से अपने छोटे भाई राजा विचित्रवीर्य का ब्याह बड़ी धूम-धाम से किया। रानी सत्यवती अपनी दोनों बहुओं के साथ सुख से दिन बिताने लगीं। राज-काज ऐसा अच्छा चल रहा था कि प्रजा हरदम जय-जयकार करती थी।

परन्तु रानी सत्यवती का यह सुख बहुत दिनों तक स्थायी न रह सका। विधाता की करनी कुछ ऐसी हुई कि राजा विचित्रवीर्य को क्षयरोग हो गया। बड़े-बड़े इलाज हुए पर होनी होकर ही रही। रानी सत्यवती का दूसरा बेटा भी उन्हें बुढ़ापे में रोती-तड़पती छोड़कर चल बसा। परन्तु भीष्म बड़े ही समझदार और उदार हृदय के व्यक्ति थे। उन्होंने अपनी सौतेली माता को ढाढ़स बँधाया। पाराशर ऋषि से उत्पन्न रानी सत्यवती के बेटे श्री कृष्णद्वैपायन अब बड़े तपस्वी हो गये थे। उन्होंने प्राचीन वेद की पवित्र ऋचाओं को चार खण्डों में संकलित किया था। इसलिए विद्वानों ने उन्हें महर्षि वेदव्यास की उपाधि दी थी। दुख के अवसर पर रानी सत्यवती ने अपने यशस्वी और महान् तपस्वी बेटे व्यासजी को बुलवाया और कहा–हे पुत्र, तुम्हारे रहते तुम्हारे छोटे भाई का वंश समाप्त नहीं होना चाहिए। मेरी बहुओं को कृपा करके सन्तानवती होने का वरदान दो।

व्यासजी ने अपनी माता की आज्ञा मानकर राजा विचित्रवीर्य के वंश को दो पुत्र प्रदान किये। रानियों के साथ महल की एक दासी भी व्यासजी की सेवा में गई थी। उसके भी एक बेटा हुआ।

परन्तु रानी सत्यवती के दुर्भाग्य ने यहाँ भी उनका पीछा नहीं छोड़ा। उनका बड़ा पोता धृतराष्ट्र जन्म से ही अन्धा था और–छोटे पोते पाण्डु को पीलिया रोग हो गया था लेकिन; दासी के पुत्र विदुर सब तरह से सुन्दर, स्वस्थ और बुद्धिमान निकले।

भीष्म प्रतिज्ञा करने वाले महान् गंगादत्तजी जैसे ताऊ की छत्र-छाया में यह बच्चे भी पढ़-लिखकर बड़े हुए। धृतराष्ट्र का ब्याह गान्धर्व देश की राजकुमारी से हुआ। वह भी बड़ी सती और समझदार सिद्ध हुई। जैसे ही गान्धार से, जिसे आजकल कन्धार कहते हैं, वह हस्तिनापुर आयी और उसे यह मालूम हुआ कि मेरे पति अन्धे हैं, वैसे ही उसने अपनी आँखों पर पट्टी बाँध ली। गान्धारी जैसी देवियों के उदाहरण अपने ही देश में मिल सकते हैं।

पाण्डु का विवाह राजा कुन्तिभोज की पुत्री कुन्ती से हुआ। कुन्ती ने अपने कुँआरापन में दुर्वासा ऋषि से एक ऐसा मन्त्र पाया था कि जिसके जपने से स्त्री जिस देवता का ध्यान

करती थी, उसी के अनुरूप उसकी सन्तान में भी गुण और सुन्दरता आ जाती थी। छोटी उमर की नादानी में राजकुमारी कुन्ती ने सन्तान की कामना से सूर्य देवता का ध्यान किया। अत: उसने एक सन्तान पायी। बच्चा सचमुच सूर्य भगवान जैसा ही तेजस्वी और सुन्दर था लेकिन; कुँवारेपन में माँ बनने की बदनामी भी कुछ कम न थी। कुन्ती ने अपने बेटे को एक डलिया में रखा और अच्छी तरह गद्दी-तोषक लगाकर उसे नदी में बहा दिया। कुन्ती भले ही राजकुमारी रही हो, फिर भी कुँवारेपन में माँ बनने के कारण उसका थोड़ा-बहुत कलंक तो फैला होगा। शायद इसीलिए उसके पिता ने एक बीमार राजकुमार से उसका ब्याह रचाना स्वीकार किया हो।

पाण्डु का राज्याभिषेक

धृतराष्ट्र यों तो हर तरह से योग्य थे, बड़े बेटे भी थे, इसलिए राजगद्दी पर उनका हक पहुँचता था। परन्तु अन्धे होने के कारण उन्हें उसी प्रकार से राजगद्दी नहीं मिली, जिस प्रकार कि उनके बाबा के बड़े भाई को चर्म रोग होने के कारण नहीं मिली थी। पाण्डु अपने पितामह राजा शान्तनु की तरह ही राजा घोषित हुए। औषधियों और वैद्यों की करामातों के बल पर यों तो पाण्डु राजा चंगे भी रहते थे और राज-काज चलाने में भी वह बड़े निपुण थे। भीष्मजी की छत्रछाया में कुरुवंश के नये महाराज का छत्र भी धीरे-धीरे वटवृक्ष के समान विशाल होने लगा। उन्होंने आज के तुर्किस्तान के आस-पास बसे मध्वीय देश की राजकन्या माध्वी से भी अपना ब्याह रचाया। उन दिनों मद्रों का जन-कबीला बड़ी दूर-दूर तक फ़ैला हुआ था। मध्य एशिया से लेकर भारत और पंजाब तक; और केवल पंजाब ही नहीं, धुर दक्षिण में मद्रस तक एक समय में फैल गया था। इसी मद्रस को अब मद्रास कहते हैं और इसका प्राचीन नाम द्रविण भाषा में सेनेपट्टनम था। इसी तरह जिस देश को हम आजकल मिश्र कहते हैं उसका असली नाम मद्र है। इस प्रकार मद्रों के प्रतापी जन-कबीले से अपना सम्बन्ध जोड़ कर कुरुक्षेत्र के राजा पाण्डु ने बड़ा दबदबा बढ़ा लिया। मद्रों के यहाँ अजब रिवाज था कि वे अपनी लड़की के लिए पैसा माँगते थे? भीष्मजी ने मिदिया के राजा को मुँह माँगी रकम देकर उसकी राजकुमारी खरीदी और इस तरह से कुरुक्षेत्र के राजा की हैसियत का सिक्का दूर-दूर तक जमा दिया।

●

रानी कुन्ती और रानी माद्री के चरित्र

कुन्ती यद्यपि निपट नादानी में अपने जीवन की एक बहुत बड़ी भूल कर बैठी थी, तथापि उस भूल से उसने बड़ी समझ भी पायी थी। कुन्ती ने अपने पति से कुछ न छिपाया। राजा पाण्डु भी बड़े दिलवाले थे। उन्होंने अपनी पत्नी को क्षमा कर दिया और यह कहा कि मेरे लिए सन्तान को गर्भ में धारण करते समय तुम उस मन्त्र का प्रयोग करो, जिससे कि भविष्य में देवापि विचित्रवीर्य, धृतराष्ट्र और पाण्डु जैसे बीमार बच्चे फिर पैदा न हों। पाण्डु राजा को कुन्ती से तीन सन्तान हुईं। बड़े का नाम युधिष्ठिर था, जिनमें मन्त्र के प्रभाव से धर्मराज के तेज और गुण दिखलायी पड़ते थे। भीम तो जनम से ही ऐसे प्रबल थे कि एक बार कुन्ती रानी उन्हें गोद में लिये सैर करते हुए किसी पहाड़ी शिला पर बैठ गयीं। अचानक ऐसा हुआ कि बच्चा माँ की गोद से नीचे चट्टान पर गिर पड़ा। बेचारी कुन्ती माँ का कलेजा तो धक्‌धक् हो गया कि हाय मेरा बेटा तो गया। पर नीचे उतर कर जब पास पहुँची तो देखा कि उनका बेटा तो अँगूठा चूस रहा था। मगर जिस चट्टान पर वह गिरा था, वह भीम के गिरने के धमाके से चिटक गई। इसके अतिरिक्त भीम में मरुत देवता की शक्ति भी थी। वह आरम्भ से ही बहुत भारी और पोढ़े थे। कुन्ती का तीसरा बेटा अर्जुन देखने से ही इन्द्र का अवतार लगता था। वैसा ही तेजस्वी हट्टा-कट्टा और सबल।

परन्तु कुन्ती रानी स्वार्थिन न थी। उसने अपनी सौत माद्री रानी को भी वह मन्त्र सिखा दिया। माध्वी ने अपने देश में बहु-पूजित अश्वीनीकुमारों का ध्यान करके मन्त्र जपते हुए अपने पति से दो जुड़वा बेटे प्राप्त किये। एक का नाम नकुल और दूसरे का सहदेव रखा गया। इस तरह पाँच बेटों के भाग्यशाली पिता और एक बड़े राज्य के राजा बनकर राजा पाण्डु ने बड़ी ख्याति पायी। रानी सत्यवती अपने यशस्वी बेटे और ज्येष्ठ पुत्र धृतराष्ट्र और उनके बच्चों के साथ बड़े सुख का जीवन बिता रही थीं। तब तक धृतराष्ट्र के भी बहुत सारे बच्चे हो चुके थे। बड़े बेटे का नाम सुयोधन था। छोटे का नाम सुशासन रखा गया। लेकिन अपने पिता के ईर्ष्या के संस्कार इन बच्चों में भी धीरे-धीरे ऐसे पनपे कि लोग-बाग पीठ पीछे इनका नाम बिगाड़ कर इन्हें दुर्योधन और दुशासन कहने लगे।

बड़ों की भूल के परिणाम बच्चों को भुगतने पड़ते हैं। धृतराष्ट्र अपने पितामह देवापि की तरह विद्वान और ऋषि न बन सके। उन्हें अपने ताऊ भीष्म (गंगादत्त) का महान् व्यक्तित्व भी प्रभावित न कर सका। अपने अन्धे होने के कारण वे भीतर से बेबस, घुन्ने और ईर्षालु हो गए थे। खैर, यह सब गृहस्थी के छोटे-बड़े झगड़े होते हुए भी रानी सत्यवती की गृहस्थी बड़े सुख से चल रही थी। परन्तु दुर्भाग्य से उनका यह सुख बहुत दिन न चला। राजा पाण्डु बहुत बीमार हुए और मर गए। रानी माध्वी (माद्र देश की माद्री) ने कुन्ती रानी से कहा-जीजी, मैं पति के साथ सती हो जाऊँगी। मैं कहने भर को ही

नकुल सहदेव की माँ हूँ। मुझे भरोसा है कि जैसे तुम अब तक अपने पाँचों बच्चों को सम्हालती रही हो, वैसे आगे भी सम्हालोगी। इसलिये मुझे कोई चिन्ता नहीं है और न मेरी कोई जिम्मेदारी ही है। मैं पति के साथ जाती हूँ। माद्री सती हो गयी। कुन्ती समान प्यार से पाँचों बेटों की देखभाल करने लग गयी।

•

धृतराष्ट्र और पाण्डु के पुत्रों की शिक्षा का प्रबन्ध

गान्धारी के सौ और कुन्ती के पाँच बेटे राजमहलों के आँगन में, उपवन या नदी तट पर नौकरों की निगरानी में खेला करते थे। परन्तु इस खेल ही खेल में भविष्य की लड़ाई के बीज भी पड़ गये। बड़ों के मन की दुर्बलताएँ दुर्योधन, दुशासन आदि भाइयों में अधिक उभर कर आयी थीं। उन्हें हरदम यही कचोट रहती थी कि अगर हमारे पिता अन्धे न होते तो राज उन्हीं को मिलता, और उनके बाद हमें मिलता। मगर अब चाचा के बाद, चाचा के बेटे बड़े होकर हस्तिनापुर पर राज करेंगे और हम फिर छुटभइये हो जायेंगे। इस जलन में दुर्योधन वगैरह कौरव भाई, अपने पाँच चचेरे भाइयों से सदा कुढ़ते रहते थे। खेल में भी वह अपना बैर ही अधिक निकालते थे।

पाण्डु के बड़े बेटे युधिष्ठिर शुरू से ही बड़े गम्भीर थे। मगर न भीम किसी से कम थे और न अर्जुन। कौरव बच्चे भीम को मोटू राम-मोटू राम कह कर चिढ़ाते। तब भीम झपट कर दो-चार चचेरे भाइयों को पकड़ते और ऐसी पटकनी देते कि उनसे बस पें-पें ही चिल्लाते बनता।

अर्जुन भी सेर का सवाया पड़ता था, और नकुल, सहदेव भी अपने भाइयों के समान ही बड़े हिम्मती और पैनी बुद्धि के थे। पाण्डु के पाँच बेटे मिलकर धृतराष्ट्र के सौ बेटों से हर बात में कुछ सवाये ही बैठते थे। बुद्धि या बल से जब बस न चला, तब दुर्योधन ने युक्ति से काम लेना सीखा। उनके सारथी का बेटा कर्ण अर्जुन से किसी भी बात में कम नहीं था। इसीलिए दुर्योधन ने उससे दोस्ती कर ली। नौकर के बेटे से दोस्ती करना पुराने मत वाले लोगों की नजर में तनिक भी सम्मानजनक बात नहीं मानी जाती थी। परन्तु दुर्योधन कहता कि हमारा मित्र कर्ण कोई सचमुच ही तो सारथी का बेटा है नहीं! हमारे सारथी ने तो उसे डलिया में लेटा हुआ और नदी में बहते हुए पाया था। यह किसी बड़े राजकुमार का बेटा है और मैं इससे मित्रता अवश्य रखूँगा। इस प्रकार कौरवों-पाण्डवों के साथ कुन्ती रानी के कुँवारेपन का बेटा कर्ण भी खेलने-कूदने लगा। पाण्डव बेचारे यह नहीं जानते थे कि कर्ण हमारा ही भाई है और कर्ण भी यह बिल्कुल नहीं जानता था। अगर जानता होता तो भला उसे नीची हैसियत का क्षत्रिय माना जाता! बड़ों की भूल का बच्चों के जीवन पर कैसा भयानक प्रभाव पड़ता है, इसका उदाहरण हम कर्ण की कथा में बहुत अच्छी तरह पाते हैं।

खैर, हुआ यह कि एक दिन यह सब बच्चे गेंद खेल रहे थे। उनके समय में गेंद या तो कपड़े के होते थे या लकड़ी के। कपड़े के गेंद हाथों से उछाल कर खेले जाते थे, जैसे आजकल बासकेट-बॉल खेला जाता है। खेलते-खेलते एक खिलाड़ी का हाथ बहका और गेंद सामने न जाकर पीछे एक अन्धे कुएँ में गिर गया। बेचारे लड़कों का सारा मजा ही बिगड़ गया। कुएँ के आस-पास खड़े वे आपस में अकल लड़ा रहे थे। परन्तु कुएँ से गेंद निकालने का उन्हें कोई उपाय सूझ नहीं रहा था। उस समय एक धर्नुधारी ब्राह्मण उधर से

जा रहे थे। उन्होंने बच्चों से उनकी परेशानी का कारण पूछा। बच्चों ने बतलाया। उनकी परेशानी सुन कर ब्राह्मण हँसे। पूछा तुम लोग किस वंश के राजकुमार हो। युधिष्ठिर ने आगे बढ़ कर दुष्यन्त और भरत से लेकर अपने भीष्म पितामह तक के नाम बड़ी शान से सुनाये। सुनकर ब्राह्मण ने कहा–ऐसे श्रेष्ठ कुल में जन्म लेने वाले बच्चे इतना छोटा-सा काम भी नहीं कर सकते? देखो, मैं दिखलाता हूँ तुम्हें कि प्रतापी क्षत्रियों के बेटे किस युक्ति से गेंद निकालते हैं।

उन्होंने लड़कों को किनारे हटाया, कुएँ के पास खड़े होकर कन्धे से धनुष उतारा और वाण चढ़ाकर कुएँ में फेंका। तीर कपड़े के गेंद में जाकर धँस गया। अब उस तीर के दूसरे सिरे को निशाना बनाकर दूसरा तीर लगाया। तीर एक में एक बिंधते चले गये। और छठा-सातवाँ तीर तो बिलकुल कुएँ की टूटी जगत से ही आ लगा। ब्राह्मण उन वाणों के डण्डे को खींच कर उठाते चले गये और गेंद बाहर निकल आया। सब बच्चे बड़े प्रसन्न हुए। उनमें से बहुतों ने उनसे धनुर्विद्या सीखने की इच्छा प्रकट कीं और भीष्म पितामह को जाकर सब हाल सुनाया। भीष्मजी बड़े ही समझदार और महान् पुरुष थे। वे विद्या और गुण का मान करना जानते थे। उसी समय उठकर वे उस ब्राह्मण को ढूँढ़ने के लिए निकल पड़े। वह ब्राह्मण पैदल ही नदी तट की ओर बढ़ रहा था। भीष्म पितामह उसके पास पहुँचे और हाथ जोड़कर पूछा–क्या आपने ही मेरे पोतों का गेंद अन्धे कुएँ से निकाला था।

ब्राह्मण ने कहा–हाँ महाराज, परन्तु वह मामूली-सा काम था। उसके लिए आप यदि मुझे पुरस्कार देने आयें हो, तो साफ कह देता हूँ कि मैं उसे अपमान समझूँगा।

भीष्म पितामह हाथ जोड़कर बोले–मैं आपको कुछ देने नहीं बल्कि; आपसे एक भीख माँगने आया हूँ। देवता, मैं समझ गया कि आप ही सुख्यात धनुर्धर द्रोण हैं। आप मेरे बच्चों के आचार्य बनें। आप से बढ़कर श्रेष्ठ गुरु उन्हें मिल ही नहीं सकता। परम प्रतापी और यशस्वी भीष्म पितामह की विनय देखकर द्रोणाचार्य सन्तुष्ट हो गये। उन्होंने भीष्म के पोतों का गुरुभार ग्रहण किया। अपने आश्रम में ले जाकर उन्होंने बड़ी लगन से अपने इन नये शिष्यों को धनुर्विद्या सिखलाना आरम्भ किया।

द्रोणाचार्य अपनी धनुर्विद्या के लिए आस-पास के राजे-रजवाड़ों में प्रसिद्ध तो अवश्य हो चुके थे, पर किसी ने उनकी ओर अब तक ध्यान नहीं दिया था। उसका कारण यह था कि द्रोणजी बड़े ही स्वाभिमानी ब्राह्मण थे। इस स्वाभिमान का नतीजा यह हुआ कि उनके दिन बड़े ही तंगी में कटने लगे। पैसे वाला या सरकारी दरबारी आदमी सदा तिकड़मी और खुशामद से आगे बढ़ने वालों को ही महत्व देता है। गुण को सराहने वाले बहुत कम लोग हुआ करते हैं। इसलिए द्रोणाचार्य के परिवार को बड़े कष्ट सहने पड़े। एक दिन द्रोणाचार्य का बेटा अश्वत्थामा गली में अपने समान आयु के बच्चों के साथ खेल रहा था। बात इस पर चल पड़ी कि कौन-कौन से बच्चे दूध पीते हैं। सबमें एक बेचारा अश्वत्थामा ही ऐसा निकला, जिसने दूध की शकल ही नहीं देखी थी। उसने घर आकर अपनी माँ से हठ किया कि तुमने अब तक मुझे दूध क्यों नहीं पिलाया? मैं आज दूध पियूँगा। घर में न गाय न पैसे, जब नादान बेटा बहुत हठ करने लगा तो माता ने छिपा कर आटा घोला और कटोरे में भर कर ले आयी कि बेटा, पी ले। दूसरे दिन उसने अपने संगी-साथियों के बीच में दूध पीने की बात कही तो संगी-साथी हँस पड़े। सबने उसका मजाक उड़ाया।

बेटे की यह पीड़ा द्रोणजी से न सही गई। वे पांचाल के राजा द्रुपद के यहाँ जाने का विचार करके घर से निकले। यह पांचाल भूमि आजकल की बरेली और उसके आस-पास के इलाके की भूमि थी। वास्तविकता यह थी कि द्रुपद-द्रोण, जब साथ-साथ पढ़ते थे तो दोनों में बड़ी दोस्ती थी। मगर अब द्रुपद ने जो द्रोण की फटेहाल सूरत देखी तो घमण्ड के मारे सीधे मुँह से बात तक न की।

द्रोण ने कहा कि तुम हमारे मित्र हो। इस पर द्रुपद ने तड़ से रूखा जवाब दिया कि दोस्ती बराबर वालों में होती है। तब हम पढ़ते थे, इसलिये बराबर थे। अब मैं राजा और तुम भिखारी हो, फिर हमारे बीच में दोस्ती कैसे? इस तरह अपमानित करके द्रुपद ने द्रोण को निकाल दिया। द्रोण ने उसी समय यह प्रतिज्ञा की थी कि इस द्रुपद को उसके घमण्ड का मजा चखा दूँगा।

अब भगवान ने उन्हें बहुत अच्छा अवसर दे दिया था। कुरु कुल के बेटे उन्हें शिष्यों के रूप में मिल गये थे। उन्होंने बड़ी लगन से कौरवों और पाण्डवों को सभी हरवे-हथियार चलाने में निपुण कर दिया। धनुर्विद्या उन दिनों सबमें श्रेष्ठ मानी जाती थी। उसमें द्रोणाचार्य का एक शिष्य ऐसा चमत्कारी निशानेबाज हो गया था कि गुरुजी उस पर अपने भविष्य की आशाएँ टिकाने लगे। उस शिष्य का नाम अर्जुन था।

एक बार इन सबकी परीक्षा राज दरबार में हुई। प्रजा के सभी मानी-सम्मानी लोग बुलाये गये और राजकुमारों के करतब देखे गये। दुर्योधन और भीम गदा चलाने में बड़े ऊँचे माने गये। युधिष्ठिर आदि ने भी अपने-अपने कमाल दिखलाये। धनुष, तलवार, कुस्ती आदि तरह-तरह की परीक्षाएँ हुईं। धनुष की परीक्षा में द्रोणाचार्यजी ने एक मिट्टी की चिड़िया पेड़ पर पत्तों की आड़ में छिपा कर बँधवा दी थी। उसकी रंगी हुई आँखें भी बनी हुई थीं। आचार्य ने सब राजकुमारों से कहा कि चिड़िया के आँख में तीर मारो। बहुत से राजकुमार तो ऐसे बुद्धू साबित हुए कि उन्हें पत्तों की आड़ में चिड़िया ही न दिखायी दी, परन्तु कई राजकुमारों ने चिड़िया को ताड़ लिया। आचार्य हर लड़के से पूछते तुम्हें क्या दिखलाई दे रहा है? और उत्तर में 'चिड़िया' सुनते ही आचार्यजी लड़कों को फेल कर देते थे। होते-करते अर्जुन की बारी आयी। आचार्यजी ने फिर वही प्रश्न किया-चिड़िया कहाँ है?

-तीसरी शाखा की टहनी में कोने में हरे डोरे से बँधी-।

-और तुम्हें क्या दिखाई पड़ रहा है?

-गुरुजी, अब तो मुझे केवल चिड़िया की आँखें ही दिखाई दे रही हैं और कुछ भी दिखाई नहीं दे रहा है।

उत्तर सुनकर गुरुजी खिल उठे, तीर चलाने की आज्ञा दी और तीर छोड़ते ही चिड़िया टूट कर नीचे आ गयी। उस दिन से धनुष में अर्जुन की धाक बन गयी।

एकलव्य की कथा

एक दिन गुरुजी सब शिष्यों को लेकर उन्हें जंगल में शिकार खिलाने के लिये ले गये। कुछ शिकारी कुत्ते भी उनके साथ गये। वह मनुष्यों से कुछ पहले ही जंगल में घुस गये थे। थोड़ी देर बाद उन कुत्तों में से एक कुत्ता बड़ी दयनीय दशा में घबड़ाया हुआ लौट आया। किसी ने बाणों से बींध कर कुत्ते का मुँह बन्द कर दिया था। सब लड़कों को बड़ा अचरज हुआ! सबने सोचा कि जंगल में चलकर देखा जाय।

कुत्ता, अर्जुन और द्रोणाचार्य के साथ अन्य राजकुमारों को उस स्थल पर ले गया, जहाँ उन्हीं की उमर का भील सरीखे कुल का एक किशोर बाण चलाने का अभ्यास कर रहा था। द्रोणाचार्य ने पूछा–तुम कौन हो?

लड़के ने कहा–मैं जंगल का भील हूँ। मेरा नाम एकलव्य है।

द्रोणाचार्य–तुमने ऐसी कमाल की धनुर्विद्या किससे सीखी?

भील लड़के ने सिर तानकर कहा–मेरे गुरु द्रोणाचार्यजी हैं।

एकलव्य की यह बात सुनकर द्रोणाचार्य और अर्जुन दोनों ही चौंक पड़े!

द्रोणाचार्य ने पूछा–तुमने कभी उन्हें देखा है?

एकलव्य–मैंने सुना है कि आज के समय में वही श्रेष्ठ आचार्य हैं, इसलिये मैंने बड़ी भक्ति से मिट्टी की उनकी एक मूर्ति बनायी। उसी मूर्ति में सच्ची भक्ति रखकर मैं धनुष चलाना सीखने लगा। यह सब गुरु द्रोणाचार्य की भक्ति का ही प्रताप है।

द्रोणाचार्य ने एकलव्य से अपनी धनुर्विद्या के करतब दिखलाने को कहा। तब उसने ऐसे हुनर दिखलाये कि अुर्जन को एकलव्य से ईर्ष्या होने लगी।

द्रोणाचार्यजी बड़े चतुर और दुनियादार थे। एक ओर जहाँ अपने में भक्ति रखने वाले वन के बालक से वे प्रसन्न हुये। वहीं दूसरी ओर उन्होंने यह भी ताड़ लिया कि राजकुमार अर्जुन को डाह होने लगी है। बहुत ग़रीबी भोगने के बाद अब सुख से रहने वाले द्रोणाचार्य अपने राजकुमार चेले को अप्रसन्न नहीं करना चाहते थे। इसलिये उन्होंने एकलव्य को अपना परिचय दिया। एकलव्य ने गद्‌गद् होकर उन्हें प्रणाम किया। आचार्य बोले–एकलव्य, तुमने मुझसे विद्या सीखी, इसलिये तुम्हें गुरुदक्षिणा भी देनी होगी।

एकलव्य ने तुरन्त हाथ जोड़ कर उनसे कहा कि मेरी हैसियत देख लें और उसके हिसाब से जो चाहें माँग लें।

गुरुजी ने कहा कि तुम हाथ का अँगूठा काट कर हमें दक्षिणा में दे दो। यह समझते हुए भी कि अपने राजकुमार चेले को प्रसन्न करने के लिए गुरुजी पक्षपातपूर्ण गुरुदक्षिणा माँग रहे हैं, हँसते-हँसते एकलव्य ने अपना अँगूठा काट कर गुरुजी के चरणों में रख दिया। उसने कहा– अँगूठा कट जाने से मेरी धनुर्विद्या में कमीं नहीं पड़ेगी। गुरुजी, अगर आपमें मेरी भक्ति सच्ची रही तो मैं अब केवल चार उँगलियों या बायें हाथ से बाण साधने के बल पर ऊँचा धनुर्धर बन जाऊँगा।

एकलव्य के समान निष्ठा रखने वाले बालक अपनी मनचाही शक्ति सिद्ध करके ही रहते हैं, उन्हें कोई शक्ति रोक नहीं सकती। ●

कौरवों-पाण्डवों से द्रुपद का युद्ध

द्रोणाचार्य के चेले जब हर तरह से कुशल योद्धा बन गये, तब आचार्य ने उनसे अपनी गुरुदक्षिणा माँगी। उनकी माँग यह थी कि मेरा अपमान करने वाले पांचाल के घमण्डी राजा को बाँध कर मेरे सामने लाओ। भीष्म पितामह की आज्ञा लेकर सेना सहित राजकुमारों ने पांचाल देश पर चढ़ायी कर दी। अर्जुन की धनुर्विद्या के आगे द्रुपद राजा के वीरों ने घुटने टेक दिये। पांचाल सिपाही भय के मारे तितर-बितर होने लगे। तब अर्जुन ने आगे बढ़कर राजा द्रुपद को बाँध लिया। द्रुपद राजा बन्दी बनाकर द्रोणाचार्य के चरणों में ला पटके गये। इस विजय से पाण्डवों और विशेषकर अर्जुन को बड़ा लाभ मिला। पाण्डवों की यह उन्नति देखकर धृतराष्ट्र और उनके बेटे मन ही मन जल उठे।

शासन के मंत्रियों में एक कुणिक नाम का मन्त्री था। वह राजा धृतराष्ट्र के मन की व्यथा को भली-भाँति समझ गया। एक दिन उसने थोड़ी देर इधर-उधर की ठकुर-सुहाती बातें बनाकर धृतराष्ट्र से कहा- महाराज, बच्चा होने पर भी नाग आखिर नाग ही होता है। आपको अपने बच्चों का भविष्य देखना ही होगा। आपके बच्चे संख्या में अधिक हैं, पर भोले हैं। उन्हें ये पाण्डव लोग ठग लेते हैं। मेरी समझ में तो शत्रु को साम, दाम, दण्ड, भेद; किसी भी उपाय से समाप्त कर देना ही उचित है। कुणिक मन्त्री ने राजा धृतराष्ट्र और उनके पुत्रों के मन में एक ऐसी कुटिल इच्छा जगा दी कि उसे पूरा करने के लिए वे हर सम्भव या असम्भव काम करने को तैयार हो गये। उन्हें न धर्म की चिन्ता थी, न न्याय की परवाह। एकमात्र यही उद्देश्य उनके सामने था कि हस्तिनापुर की राजगद्दी किस प्रकार पाण्डवों के कानूनी अधिकार से निकलकर हमारे अधिकार में आ जाय।

दुर्योधन ने अपने मामा शकुनि, कर्ण और दुशासन आदि के साथ यह सलाह की कि पाण्डवों को किस उपाय से यों समाप्त किया जाय कि साँप मर जाय, पर लाठी न टूटे। शकुनि मामा की सलाह से यह निश्चय हुआ कि राजा धृतराष्ट्र को ऊँच-नीच समझाकर उनसे यह कहलाया जाय कि तुम लोगों को विश्राम की ज़रूरत है, इसलिये कुछ दिनों वारणावत नगर में जाकर सुख से रह आओ, फिर तुम्हारे राज-पाट सँभालने के सम्बन्ध में हम लोग विचार करेंगे।

पांचाल नरेश द्रुपद को पराजित करने का यश लेकर राजकुमार युधिष्ठिर ने धीरे-धीरे बड़ों के बीच यह बात भी छेड़नी आरम्भ की कि हम लोग बालिग हो गये हैं, इसलिये अब राज-काज का प्रबन्ध हमें फिर से सौंप देना चाहिये।

इन बातों से राजा धृतराष्ट्र बहुत चिन्तित थे ही, इसलिये दुर्योधन ने जब उन्हें यह सलाह दी कि पाण्डवों को कुछ दिन वारणावत नगर में आराम करने भेज दीजिये, इससे आगे की समस्या पर विचार करने के लिये हमें काफी समय मिल जायगा, तब उन्हें यह सलाह बहुत पसन्द आयी।

राजा धृतराष्ट्र ऊपर से तो बड़े धर्मात्मा और दयालु बनते थे, मगर मन ही मन में वह यही चाहते थे कि किसी प्रकार से उनके यह पाण्डव भतीजे नष्ट हों तो राजगद्दी का अधिकार उनके बड़े बेटे दुर्योधन को मिले। धृतराष्ट्र ने युधिष्ठिर को बुलाकर कहा कि बेटा, तुमको विश्राम की आवश्यकता है। मैंने वारणावत नगर में तुम्हारे ठहरने का प्रबन्ध कर दिया है। अपनी माता को लेकर तुम पाँचों भाई कुछ दिनों वहाँ की सैर कर आओ।

राजकुमार युधिष्ठिर अपने ताऊजी की यह आज्ञा सुनकर मन ही मन चौंके, परन्तु बड़ों की आज्ञा मानना अपना धर्म समझकर उन्होंने आपत्ति नहीं की। ताऊजी से 'जो आज्ञा' कहकर वे चले आये।

●

विदुरजी की चतुरायी

राज्य के मन्त्रियों में विदुरजी का बड़ा मान-सम्मान था। वे पढ़े-लिखे गम्भीर और उदार पुरुष थे। उनका स्वभाव देखकर लोग उन्हें महात्मा कहते थे। पाण्डव लोग अपने चाचा के समान उनका आदर करते थे। इसीलिये महात्मा विदुर पाण्डवों से बहुत प्रसन्न थे। उन्हीं महात्मा विदुर को अपने जासूसों के द्वारा यह मालूम हुआ कि कुन्ती समेत पाँचों पाण्डवों को एक साथ समाप्त करने का षड्‌यन्त्र रचा जा रहा है। विदुरजी ने युधिष्ठिर को उस षड्‌यन्त्र की बात बता करके सचेत कर दिया। यही नहीं, विदुरजी ने खूब जतन करके यह पता भी लगा लिया कि लाख और दूसरे जलने वाले मसालों से वारणवत नगर में धोखे का एक महल बनाया जा रहा है। उसी में ये लोग ठहराये जायेंगे और रात में अचानक उस महल में आग लगाकर कुन्ती और उनके पाँचों बेटों को इस दुनिया से उठा दिया जायगा। विदुरजी इस षड्‌यन्त्र-योजना में काम करने वाले एक कुशल आदमी को रिश्वत आदि देकर किसी तरह फोड़ लिया। इसके द्वारा उन्होंने उस महल में एक सुरंग भी चुपचाप बनवा ली। विदुरजी ने यूनानी भाषा में युधिष्ठिर को उस गुप्त सुरंग का पता भी बता दिया।

उस समय भी हमारे देश में विदेशी भाषा लिखने-पढ़ने और बोलने वाले लोग हुआ करते थे। युधिष्ठिर और विदुरजी जैसे ऊँचे दर्जे के लोग अपनी मातृभाषा के अलावा और भी कई भाषाएँ जानते थे। इसीलिये यूनानी भाषा में भेजा गया सन्देश युधिष्ठिर को सुरक्षित रूप में मिल गया। युधिष्ठिर ने अपने भाइयों को भी दुर्योधन के षड्‌यन्त्र की सूचना दे दी। पाँचों भाई अपनी माता के साथ जब वारणावत नगर में पहुँचे तो राजकर्मचारियों ने उनकी आवभगत में कोई कसर न उठा रखी। दिन भर वे लोग पाँचों भाइयों और कुन्ती माता का हुकुम ही बजाते रहे। इधर यह लोग भी सबसे मीठा व्यवहार करते रहे। कुन्ती माता ने बहुत सारा दान-पुण्य किया, ग़रीबों को भोजन कराया। इस बीच में युधिष्ठिर ने विदुरजी की बतलायी हुई सुरंग का पता भी लगा लिया और सब तरह से चौकस हो गये। रात के समय जैसे ही सब लोग सो गये, वैसे ही युधिष्ठिर, कुन्ती माता, अर्जुन और नकुल तथा सहदेव को लेकर सुरंग के मार्ग से बाहर चले गये और भीमसेन ने दुश्मन के आग लगाने से पहले स्वयं ही उस महल में आग लगा दी। सुरंग की राह युधिष्ठिर अपने भाइयों और माता के समेत जंगल में निकल गये।

दूसरे दिन जले हुये शव महल में दिखलायी दिये। यह लाशें वास्तव में एक भिखारिन और उसके पाँच बेटों की थीं। यह सब रात में भोजन करने के कारण महल के नीचे सो गये थे। उन लाशों को देखकर दुर्योधन के नौकरों को यह विश्वास हो गया कि पाण्डव अपनी माता समेत जल कर मर गये। उन्होंने हस्तिनापुर में यह शोक-सूचना भेज दी।

राजा धृतराष्ट्र और दुर्योधन आदि अपनी चाची और भाइयों की अकाल-मृत्यु पर नकली आँसू बहाने लगे। राजा की आज्ञा से उन सबका अन्त्येष्टि-संस्कार किया गया। प्रजा ने भी दुख मनाया। तरह-तरह की शंकाएँ भी दबी-जबान से लोग-बाग प्रगट कर दिया करते थे। परन्तु निर्लज्ज कौरव भाइयों को इसकी तनिक भी परवाह नहीं थी। वह तो यह सोच-सोचकर सुखी हो रहे थे कि हमारे शत्रु अब हमारे राह के काँटें नहीं बन सकेंगे।

परन्तु उन्हें नहीं मालूम था कि पाँचों भाई और कुन्ती माता जंगल में सुरक्षित हैं। यह सच था कि जंगल के जीवन में राजरानी कुन्ती माता को बहुत ही कष्ट हो रहा था, फिर भी किसी तरह दिन तो बीत ही रहे थे। उस जंगल में हिडिम्ब नाम का एक राक्षस रहता था। राक्षस लोग इस देश के आदिवासी थे। उनके सचमुच के सींग नहीं हुआ करते थे बल्कि बैलों या भैंसों की सींगदार खोपड़ियों की टोपियाँ पहनना उनके समाज का आम चलन था। राक्षसों में आम तौर से तो लोग असुरों और गन्धर्वों के पहरुए या सिपाही हुआ करते थे, पर बहुत से ऐसे भी थे जो जंगलों में अपना स्वतन्त्र जीवन बिताते थे। ऐसे जंगली राक्षसों में शत्रु को मारने के बाद उसका मांस खाने का रिवाज था। वे राक्षस लोग नरमांस भी निस्संकोच खाया करते थे। हिडिम्ब राक्षस भी ऐसे ही नरभक्षी राक्षसों में था। उसकी बहन हिडिम्बा भी वैसी ही क्रूर थी। भाई-बहन ने इन छह हट्टे-कट्टे जवानों का भोजन करने की योजना बनायी। सोचा गया कि रात में ही इन्हें मारने का मौका मिल सकेगा। हिडिम्बा पाण्डवों को मारने के लिए रात में चली। उस दिन भीम पहरा दे रहे थे और माता तथा दूसरे भाई सो रहे थे। भीम को देखकर हिडिम्बा का मन डोल उठा। वह सोचने लगी कि यह सुन्दर और बलिष्ट जवान यदि मेरा पति बन जाय तो मेरा जीवन बहुत सुख से बीतने लगे। यह सोचकर उसने जंगल से कुछ फूल चुने, तलैया के पानी से अपना मुँह धोया, चोटी, कपड़े ठीक किये और भीम को रिझाने चली।

हिडिम्बा काली अवश्य थी पर देखने में शायद बुरी न थी। इसलिये भीम भी उसकी बातों से प्रसन्न होकर उस पर रीझ गये। तब हिडिम्बा ने सच-सच बात बतलायी और कहा कि इन सबको लेकर भाग चलो, नहीं तो मेरा भाई अभी आकर तुम सबको मार डालेगा।

भीम ने कहा-चिन्ता न करो। कहीं तुम्हारा भाई ही हमारे हाथों से चटनी न बन जाय।

सचमुच यही हुआ भी। जब हिडिम्बा को लौटने में देर लगी तो हिडिम्ब क्रोध में भर कर वहाँ आ पहुँचा। भीम ने उसे यों देखा जैसे शेर चूहों को देखता है। दोनों ही दहाड़ने लगे। करारी उठा-पटक हुई, पर हिडिम्ब राक्षस भीमसेन की शक्ति का मुकाबला नहीं कर सका। उसे उठाकर भीमसेन ने इतनी जोर से पटका कि हिडिम्ब के प्राण ही निकल गये।

भीमसेन का एक अन्य राक्षस को मारना

पाण्डवों ने जंगल में कुछ दिन अच्छी तरह बिताये। हिडिम्बा गर्भवती हो गयी। तब कुन्ती ने पाण्डवों को कहीं और चलने की आज्ञा दी। जंगल पार करने के बाद वे लोग एक दिन संध्या के समय एकचक्रा नाम की नगरी में पहुँचे। वह नगर हर तरह से सुन्दर लग रहा था। परन्तु साँझ होते न होते। वहाँ पर चारो ओर मुर्दनी-सी छा जाती थी। सड़कें सुनसान दिखायी पड़तीं और घरों के द्वार जिस गली में जाओ, बन्द ही मिलते। बेचारी कुन्ती माता से तो बहुत दूर चला ही नहीं जाता था, इसलिये जो घर पहुँचते ही पास में दिखलायी पड़ा राजकुमार युधिष्ठिर ने उसी का कुण्डा खटखटाया। एक ब्राह्मणी ने द्वार खोला। कुन्ती ने ब्राह्मणी से अपने और अपने बेटों के वास्ते रात भर के लिए जगह माँगी। बेचारी ब्राह्मणी भी किसी कारण से बहुत दुखी दिखलायी देती थी, फिर भी उसने मना न किया। कुन्ती और उसके बेटों को अपने घर में जगह दे दी। कुन्ती ने देखा कि घर में रहने वाले लोग तो अधिक नहीं हैं परन्तु भट्ठियों पर बड़े-बड़े देग और कढ़ाव चढ़ाकर ब्राह्मणी मनों स्वादिष्ट भोजन सामग्री तैयार कर रही थी। होते-करते कुन्ती माता को पता चला कि इस नगरी के पास वाले जंगल में वक जाति के क्रूर कठोर और मध्य एशियाई असुरों का डेरा पड़ा है।

यह वक शब्द ही अब बेक या बेग कहलाते हैं और यह शब्द अब कोरा जातिवाचक न रह कर समानवाचक बन गया है। इसी वक जाति के मनुष्यहारी राक्षस सरदार ने एकचक्रा नगरी के राजा से यह समझौता किया था कि राजधानी के हर घर से बारी-बारी से रोज एक पुरुष और उसके साथ एक छकड़ा भर कर स्वादिष्ट भोजन सामग्री अगर उसे प्रतिदिन न भेजी गयी तो वह पूरी राजधानी को तहस-नहस कर डालेगा। उसी समझौते के कारण आज ब्राह्मणी के बेटे की बारी आयी थी। कुन्ती ने यह सब सुना। उन्होंने अपने बेटों से सलाह की और फिर ब्राह्मणी से कहा कि तुम तनिक मत घबराओ। तुम्हारे केवल एक ही बेटा है और मेरे पाँच हैं। मैं अपने एक बेटे को तुम्हारे बेटे की जगह राक्षस के पास भेज दूँगी।

ब्राह्मणी ऐसी नीच नहीं थी कि अपने बेटे की जान बचाने के लिये दूसरे के बेटे की जान जाने देती। परन्तु जब रानी कुन्ती ने उसे अच्छी तरह से समझाया और कहा कि ईश्वर ने चाहा तो मेरा भीमसेन उस राक्षस को मार कर ही घर लौटेगा, तुम तनिक भी चिन्ता न करो। तब ब्राह्मणी मान गयी।

भीमसेन छकड़े पर पकवान लाद कर जंगल की ओर तो चले लेकिन; रास्ते भर वे पकवान हड़पते हुए धीमी चाल से चलने के कारण। बहुत देर से वहाँ पहुँचे जहाँ बकासुर उनकी प्रतीक्षा कर रहा था। एक तो वह भूख के मारे बावला हो रहा था, दूसरे यह देखकर तो उसे अपार क्रोध चढ़ा कि छकड़े पर आने वाला व्यक्ति छकड़े की भोजन सामग्री भी

ग़पागप हड़प करता आ रहा है। उसने भीमसेन को ललकारा। भीमसेन ने एक पेड़ के तने की गदा बनाकर उस पर वार किया। बलवान भीम-पाण्डव के आगे बकासुर और उसके रिश्तेदारों की दाल नहीं गली। वे सबके सब मारे गए।

इस प्रकार राक्षसों को मौत की नींद सुलाकर भीमसेन चुपचाप अपने घर आये और सो रहे। दूसरे दिन राक्षसों के मरने की बड़ी चमत्कारी कथा नगर में फैली हुई थी। कुन्ती माता और पाण्डवों ने किसी को भी अपना भेद नहीं बतलाया।

राजा द्रुपद की नगरी में

एक दिन ब्राह्मणों की एक बहुत बड़ी टोली उस नगर से पांचाल देश की ओर जा रही थी। वहाँ द्रुपद राजा ने अपनी बेटी द्रोपदी का स्वयंवर रचाया था। यह समाचार सुनकर पाण्डवों ने भी वहीं चलने का निश्चय किया। ब्राह्मणों का वेश धारण करके ब्राह्मणों की टोली में घुले-मिले हुए वे द्रोपदी के स्वयंवर में सम्मिलित होने के लिए चल दिये।

मार्ग में इन सबकी भेंट महर्षि वेदव्यासजी से भेंट हुई। व्यासजी अपने पोतों से मिलकर बहुत प्रसन्न हुए। बातें करते हुए उन्होंने समझा कि ये नवयुवक हर तरह से योग्य और नीतिवान हैं। इससे उन्हें खुशी हुई। कुन्ती माता ने वेदव्यासजी से पूछा कि क्या इन बच्चों का वहाँ जाना उचित होगा? व्यासजी ने कहा कि वारणावत नगर में अपने मरने की बात उड़ जाने के बाद सार्वजनिक रूप से तुम सबके प्रकट होने का यह श्रेष्ठ अवसर आया है, इसलिये तुम लोग अवश्य जाओ। भगवान तुम्हारे साथ है। सत्य की सदा जय होती है।

वेदव्यासजी से ऐसे शुभाशीर्वाद पाकर पाण्डव भाई अपनी माता के साथ पांचाल नगरी पहुँच गये। मार्ग में बहुत से मनोरम दृश्य, झीलों और छोटी-छोटी नदियों आदि का हरियाली से भरा-पूरा दृश्यावलोकन होता रहा, जिससे तनिक भी थकान अनुभव नहीं हुई।

●

द्रोपदी का स्वयंवर और पाण्डव

इस समय तक अनेक देशों से राजे और राजकुमार राजा द्रुपद के यहाँ आ चुके थे। चारों तरफ तम्बू ही तम्बू लगे थे। स्वागत-सत्कार के लिए हजारों आदमी तैनात थे। सामान की कमीं नहीं थी। एक-एक राजा, के सैकड़ों नौकर-चाकर, सिपाही, हाथी, घोड़े होते थे। ऐसे न जाने कितने राजा-राजकुमारों की भीड़ वहाँ पर मौजूद थी। इन सब के लिये समुचित व्यवस्था भी थी। पाण्डवों को दो-चार हस्तिनापुरी चेहरों की झलक भी देखने को मिल गयी। हर तरह से सोच-समझकर उन्होंने राजा द्रुपद के किले के बाहर एक कुम्हार के घर में अपना डेरा डाला। हर दिन कोई न कोई भाई जाता और बाहर से आये राजे-रजवाड़ों की टोह ले आया करता था। स्वयंवर मण्डप की सजावट और तड़क-भड़क की बातें तो चारों तरफ होती ही थीं, पर उस मछली की बड़ी प्रशंसा थी, जो किसी कल के सहारे बराबर हवा में चकफेरियाँ लगाया करती थी। उस नाचती मछली के खम्भे के नीचे एक तेल भरा कढ़ाव रखा जायगा, जिसमें नाचती हुई मछली की आँख जो व्यक्ति वेध देगा, वही द्रोपदी का पति चुना जायगा।

होते-करते स्वयंवर का दिन आ गया। ऊँचे-ऊँचे मंचों पर भव्य सिंहासन रखे हुए थे। बड़े-बड़े यशस्वी, तेजस्वी राजा उन पर विराजमान थे। महकते फूलों के बन्दनवार लगे हुये थे। चन्दन का छिड़काव हो रहा था। चारों तरफ ऐसा तेज फैल रहा था कि कहीं आँखें ठहर ही न पाती थीं। अपना बड़प्पन दिखलाने के लिये हर राजा और राजकुमार हीरे-मोतियों के गहने और सुनहरे कपड़ों से लदा हुआ था। मण्डप के एक ओर ब्राह्मण मण्डली भी विराजमान थी। स्वयंवर का तमाशा देखने के लिए भी दूर-दूर से लोग आये थे। राजा द्रुपद ने इन लोगों के बैठने के लिए भी उत्तम प्रबन्ध कराया था।

ब्राह्मणों ने मन्त्रोच्चार किया। फिर राजा द्रुपद के बेटे धृष्टद्युम्न ने सभामण्डप में अपनी बहन को लाकर सब राजाओं का परिचय उसे दिया। द्रोपदी साँवली अवश्य थी, पर उसकी सुन्दरता मन को खींचने वाली थी। उसे देखकर हर राजा और राजकुमार मन ही मन बावला हो गया। उनमें से हर व्यक्ति यही सोचने लगा कि यह राजकुमारी मेरी ही पत्नी बनेगी।

सभा में मंच पर खड़े होकर धृष्टद्युम्न ने ऊँचे स्वर में सब राजाओं से कहा कि जो इस नाचती हुई सोने की मछली की आँख वेध देगा, उस सत्कुल वाले वीर को मेरी बहन अपना पति मान लेगी।

बड़े-बड़े राजे वहाँ मौजूद थे। बंगाल नरेश, कलिंग नरेश, दक्षिण के पाण्डु राजा, दूर गान्धार-वाल्हीक के पनव राजा, हस्तिनापुर के दुर्योधन, कर्ण और अश्वत्थामा जैसे वीर उस सभा में उपस्थित थे। सबसे पहले चेदि नरेश उठे। मछली के नीचे तेल कुण्ड के पास रखे हुए धनुष को उठाकर वे जैसे ही उसकी डोरी चढ़ाने चले तो उसके झटके से उन्होंने दो पटकनियाँ खायीं। सिर झुकाकर चुपचाप चले आये। इसके बाद एक-एक करके कई

करके कई राजा उठे, पर लक्ष्य वेध करने में कोई सफल नहीं हुआ। हस्तिनापुर के राजकुमार दुर्योधन भी दुर्गत बनवाकर लौट आये। जो हरेला राजकुमार लौटता, उसी की हँसी होती थी। दुर्योधन के बाद कर्ण उठे। उन्हें उठते देखकर द्रोपदी बोली–मैं सारथी के बेटे से ब्याह नहीं करूँगी।

यह सुनना था कि कर्ण का चेहरा लाल हो गया। क्रोध में सिर झुकाये चुपचाप आकर वह अपनी जगह पर बैठ गया। राजाओं में जब, कोई भी ऐसा प्रतापी न निकला, तब राजा द्रुपद ने भी सीताजी के पिता राजा जनक के समान ही निराशा प्रकट की कि शायद विधाता ने मेरी बेटी के भी भाग्य में विवाह नहीं लिखा।

यह सुनकर ब्राह्मणों की टोली में बैठे हुए युधिष्ठिर ने अर्जुन से आँखों–ही आँखों में कहा कि उठो, अब समय आ गया है। भाई की आज्ञा पाते ही उनके पैर छूकर अर्जुन उठे और लक्ष्य वेध करने के लिए आगे बढ़े। ब्राह्मणों की टोली में यह देखकर बहुत से लोग हँस पड़े। वे सोचते थे कि जो काम बड़े–बड़े क्षत्रिय वीरों से नहीं हुआ, वह भला एक ब्राह्मण कुमार कैसे कर पायेगा। बहुत से पण्डितों को यह चिन्ता हुई कि इस ब्राह्मण नवयुवक की ढ़िठाई के कारण राजे लोग क्रुद्ध होकर कहीं ब्राह्मणों को दान–दक्षिणा देना बन्द कर दें। परन्तु बहुत से ऐसे समझदार ब्राह्मण भी थे, जो कहते थे कि जिस काम को करने के लिये बड़े–बड़े लोग बुलाये गये थे, लेकिन; जब वे असफल हो गये हैं तब जो भी यह काम करके दिखलाये, उसकी सराहना हमें अवश्य करनी होगी।

यह सब बातें हो ही रही थीं कि तापस वेश धारी सुन्दर और बलवान अर्जुन लक्ष्य के पास जाकर खड़ा हो गया। उसने सहज भाव से खिलौने की तरह धनुष उठाया और खेल ही खेल में उसकी प्रत्यंचा भी चढ़ा दी। अब लोग–बाग आश्चर्य से अर्जुन की तरफ देखने लगे। अर्जुन ने धनुष के पास रखे हुए पाँचों बाण भी उठा लिये। फिर तेल–कुण्ड के पास खड़े होकर पल भर नाचती मछली की परछाई देखते रहे और एक साथ पाँचों बाण धनुष पर चढ़ाकर इस तरह छोड़े कि एक से मछली की आँख छिद गई और चार से वह चक्र ही टूट गया, जिस पर मछली नाच रही थी।

चारों ओर जय–जयकार मच गया। दास–दासियाँ फूल बरसाने लगीं। सूत–चारण स्तुतियाँ गाने लगे, बाजों पर बधावे बजने लगे और प्रसन्न मन द्रोपदी ने अर्जुन के गले में जयमाला डाल दी।

यह देख कर बड़े–बड़े महाराजों के गर्व–गुमान भड़के। सबने मिलकर तय किया कि हम सब मिलकर द्रुपद और उनकी सेना को मार कर अपने अपमान का बदला लेंगे।

यह देखा तो भीमसेन भी उठ खड़े हुए और सभा मण्डप के बाहर आकर, एक पेड़ उखाड़ कर उन्होंने बिगड़े हुए राजाओं के सिपाहियों को ऐसी मार मारनी शुरू की कि सबको अपनी–अपनी छठी का दूध याद आने गया। अर्जुन के बाणों की वर्षा ने सब को चौकन्ना कर दिया। सभी सोचने लगे कि भीम और अर्जुन के सिवा ऐसे वीर भला और कौन हो सकते हैं!

यह प्रकट होने पर कि स्वयंवर जीतने वाला वीर स्वयं अर्जुन ही है, राजा द्रुपद बहुत प्रसन्न हुए। इसी अर्जुन के बूते पर द्रोणाचार्य ने उन्हें हराया था। वह वीर अब उनका दामाद हो गया है, यह जानकर उन्हें बड़ी ही प्रसन्नता हो रही थी।

पाण्डव लोग भी राजा द्रुपद और द्रोपदी को सब बातें समझाकर अपनी माता कुन्ती के पास आये। द्वार पर ही युधिष्ठिर ने कहा—माँ, हम भाई बहुत बड़ा अमूल्य-रत्न पा गये हैं।

कुन्ती माँ ने भीतर ही से कह दिया—अच्छा बेटा, फिर तो पाँचों भाई उसमें हिस्सा लगा लेना।

परन्तु द्वार खोला तो कुन्ती माता को पता चला कि वह मामूली रत्न नहीं बल्कि; नारी-रत्न है तो बड़ी चिन्ता में पड़ गयीं। बहुत सोच-विचार कर उन्होंने कहा—मेरे मुँह से निकली हुई बात को अब झुठलाया तो नहीं जा सकता। हमारे देश में यद्यपि स्त्री एक ही पति की पत्नी हुआ करती है, पर केवल यही चलन प्रचलित नहीं है। हमारे देश में ऐसी भी बहुत जातियाँ हैं, जिनमें एक स्त्री कई भाइयों की पत्नी बनती है। जौनसार में, नेपाल और केरल आदि में यह चलन खूब प्रचलित है। राजकुल के लोग भी इसे बुरा नहीं मानते। इसलिये द्रोपदी का विवाह तुम पाँचों भाइयों से होगा।

राजा द्रुपद ने जब कुन्ती माता का यह आदेश सुना, तब वह चिन्तित हो उठे। संयोग से महर्षि वेदव्यासजी भी वहाँ आ गये। उन्होंने द्रुपद से कहा कि कुन्ती रानी की बात मान लो और द्रोपदी का विवाह पाँचों भाइयों से कर दो। इस विवाह में मेरे रहने से तुम्हारी बदनामी नहीं होगी। ब्याह में कुन्ती माता ने अपने सगे-सम्बन्धियों में अपने भतीजे श्रीकृष्ण को बुलाना उचित समझा। वह जानती थीं कि पाण्डवों के जीने की सूचना पाकर उनके हस्तिनापुरी रिश्तेदारों को तो साँप ही सूँघ जायगा। इसलिये खुशी के अवसर पर ऐसे नातेदार को बुलाना ही उचित होगा, जो खुश हों। ब्याह बड़ी धूमधाम से हुआ। राजा द्रुपद ने अपने हर दामाद को खूब साज-सामान दिया। सैकड़ों दास-दासियाँ, सोने-चाँदी के बर्तन, कपड़े आदि बहुत कुछ उन्होंने दिया।

राजा धृतराष्ट्र और दुर्योधन के यहाँ तो आठो पहर की पंचायत बैठ गयी। अब क्या करें?

इन्द्रप्रस्थ पाण्डवों की राजधानी हुई

पाण्डव बच गये हैं तो अपना राज-पाट हमसे माँगेंगे। भीष्म पितामह, द्रोणाचार्य और महात्मा विदुर जैसे लोगों ने राजा धृतराष्ट्र को यही सलाह दी कि अब ससम्मान पाण्डवों को हस्तिनापुर बुलाकर उन्हें आधा राज-पाट सौंप दो। इसी में सबकी भलाई है। इन सबकी सलाह से मजबूर होकर धृतराष्ट्र को अपने भतीजों को हस्तिनापुर बुलाना पड़ा। श्रीकृष्ण और अपने श्वसुर राजा द्रुपद की सलाह से भाइयों ने हस्तिनापुर आना स्वीकार किया। राजा धृतराष्ट्र ने उन्हें आधा राज्य देकर कहा कि खाण्डवप्रस्त में अपनी राजधानी बनाकर तुम लोग रहो।

खाण्डवप्रस्त अत्यन्त मामूली कस्बा था। उसके आस-पास बहुत बड़ा जंगल था। उसमें नाग जाति के कुछ बड़े ही पिछड़े लोगों की बस्ती भी थी। वे लोग जितने ही पिछड़े थे, उतने ही कठिन लड़वइये भी थे। श्रीकृष्ण और अर्जुन ने मिलकर यह तय किया कि जंगल को सेना द्वारा चारो ओर से घेर कर फिर उसमें आग लगा दी जाय।

इस तरह छिपे हुए शत्रुओं और भयानक पशुओं को नष्ट करके पाण्डवों ने उस भूमि पर अपनी राजधानी बनवाना आरम्भ किया।

सबसे पहले महर्षि वेदव्यासजी विद्वान और पवित्र ब्राह्मणों की टोली के साथ वहाँ पहुँचे। शास्त्र की विधि से राजभवन की भूमि नाप कर उन्होंने शान्ति पाठ किया। उसके बाद राजधानी बनने का कार्य बड़ी तेज़ी से आरम्भ हो गया। दूर से सफेद बादलों जैसी दिखायी पड़ने वाली नगर की पक्की चहारदीवारी बनी। उसके चारों ओर खूब गहरी खाईं खोदी गयी। नगर के ऊँचे-ऊँचे फाटक और फाटकों के ऊपर कलात्मक गोपुर, ऊँचे-ऊँचे महल, हाट-बाजार सब कुछ बहुत ही सुन्दर और बहुत तेज़ी से बन रहे थे। सम्पन्न नागरिकों ने अपनी-अपनी हवेलियाँ बनवानी आरम्भ कर दीं। नित नये-नये दुकानदार और व्यापारी दूर-दूर से आकर राजधानी में अपने लिए भूमि माँगने लगे। तरह-तरह के धन्धों वाले कुशल कारीगर, मनोरंजन करने वाले नट-बाजीगर, नर्तक-नर्तकियाँ, बहुरूपिये आदि वहाँ आकर अपने-अपने डेरे डालने लगे। देखते ही देखते राजधानी का नगर तैयार हो गया। चारो ओर जगर-मगर हो रही थी। जगह-जगह बाग-बगीचे बने थे। फुहारे छूट रहे थे, कहीं काँच का महल, कहीं चित्रशाला, कहीं नकली पहाड़ और झरनों की छटा। राजधानी को देखकर हर एक के मुँहसे बस यही एक बात निकलती थी कि वाह! पारस्य देश की सुप्रसिद्ध शुषा नगरी और महिमा-मण्डित इन्द्रपुरी भी राजा युधिष्ठिर की राजधानी के आगे लजाती है। लोग-बाग कहते कि हस्तिनापुर भले ही पुराना बसा हुआ नगर हो, भले ही बहुत भव्य हो, पर राजा युधिष्ठिर की राजधानी के आगे वह अब फीका लगता है।

नगर जब अच्छी तरह से बन गया, किले पर शतग्नि नाम की तोपें आदि चढ़ा दी गयीं, चौकी-पहरे का प्रबन्ध हो गया, तब पाण्डव लोग बाजे-गाजे के साथ वहाँ रहने के लिए आये। महाराज युधिष्ठिर ने नगर की सुन्दरता देखकर अपनी राजधानी का नाम इन्द्रप्रस्थ रखा। कुछ ही दिनों में पाण्डवों के राज-पाट और राजधानी की उन्नति इस प्रकार से होने लगी कि चारों ओर पाण्डवों की प्रशंसा सुनकर कौरवों के जी जल उठे। •

नारदजी का आगमन और सुन्द-उपसुन्द की कथा

एक दिन नारदजी धर्मराज युधिष्ठिर के दरवार में पधारे। युधिष्ठिरजी ने उठकर उनका स्वागत-सत्कार किया। पाँचों भाई बड़े प्रेम और आदर-मान सहित नारदजी की सेवा करने लगे। दिन में भोजन इत्यादि करके जब पाँचों भाई नारदजी के पास आकर बैठे, तब उन्होंने कहा-हे धर्मात्मा पाण्डव, तुम्हारी उन्नति देखकर बड़ा ही प्रसन्न हुआ हूँ। तुम्हारा भला करने के लिए मैं तुम्हें एक सुन्दर कथा सुनाऊँगा। तुम लोग ध्यान से सुन्द-उपसुन्द नामक दो भाइयों की कथा सुनो!

पुराने समय में प्रतापी असुर राजा हिरण्यकशिप के वंश में निकुम्भ नामक एक अन्य प्रतापी और समझदार व्यक्ति हुआ था। वह असुरों का मुखिया था। सुन्द और उपसुन्द उसी निकुम्भ के बेटे थे।

उस समय मध्य एशिया से लेकर भरत खण्ड तक और मिस्र तथा अरब व आधुनिक यूरोप के कई देशों की एक ही जन-कबीले की अलग-अलग शाखाएँ फैली हुई थीं। वैसे जाति की दृष्टि से देव और असुर दोनों एक ही थे। रावण, जिसकी ननिहाल हेतिकुल (आधुनिक उच्चारण में हित्ती, हिट्टी, हित्ताइत कही जाने वाली जाति) में थी, वह आर्य था; उसके पिता का वंश भी आर्य था। और राम का इक्ष्वाकु वंश भी आर्य ही था। आपस में इनमें दो धार्मिक वर्ग बन गये थे। एक असुर-धर्मी था। और दूसरा देव-धर्मी। यज्ञ और तप दोनों ही करते थे। वेद भी दोनों के लिए ही पूज्य था। लड़ाई बस इस बात की थी कि एक वर्ग प्राण शक्ति यानी 'असु' को ही सर्वोच्च शक्ति मानता था। असुर प्रायः शिव यानी हर के उपासक थे। उनके लिए हर से ऊँचा और कोई नहीं था। उस समय कश्यप सागर यानी आधुनिक कस्पियन सागर के पास आर्यों की एक मुख्य प्रशाखा हरिवंश की रहती थी। आधुनिक इतिहासकार इन्हें ही 'हर्री' कहते हैं और आर्य शब्द का विकास 'हर्री' या 'हरि' शब्द से ही मानते हैं। ये हरि लोग प्राण से दिव्य यानी आत्मा को बड़ा मानते थे। यह लोग सूर्य-विष्णु के उपासक थे। इन देव धर्मियों का संगठन भी कुछ कम नहीं था। सोने की खान वाले पहाड़ यानी सुवर्ण मेरू, जिसे आजकल तुर्की भाषा में अल्लाई कहते हैं, कभी देवधर्मियों के अधिकार में जाते थे और कभी असुरधर्मियों के। असुर सुन्द-उपसुन्द दोनों भाइयों में चूँकि जबरदस्त एका और संगठन था, इसलिये यह लोग इन दिनों देव-धर्मियों से तगड़े पड़ रहे थे।

सुन्द-उपसुन्द, दोनों भाइयों ने मिलकर ब्रह्माजी की तपस्या की और अपने कठोर तप से उन्होंने यह समझ पायी कि जब तक हम दोनों भाई आपस में नहीं लड़ेंगे, तब तक हमें कोई मार नहीं सकेगा। अपनी एकता-बुद्धि और शक्ति के बल पर दोनों भाइयों ने आस-पास के बहुत से राज्यों को जीत लिया।

हीरे-मोती जवाहरात और सोना-चाँदी लूटने की लालच में दोनों भाइयों ने ऐसी सख्ती बरती कि दूर-दूर तक लोग-बाग उन दोनों भाइयों के नाम सुनकर ही थर्रा उठते थे।

भाइयों में इतना प्रबल एका था कि उन दोनों के बीच किसी तीसरे की दाल गल ही नहीं पाती थी।

देवधर्मी लोगों ने सोचा कि इन भाइयों को और कोई तो हरा नहीं सकता। हाँ, अगर किसी तरह से ये आपस में ही लड़ मरें तो जनता का यह संकट समाप्त हो सकेगा। विचार करते-करते उन्होंने सोचा कि केवल कोई अद्भुत सुन्दरी इन भाइयों के बीच में युद्ध का कारण बन सकती है। खोजते-खोजते उन्हें एक अपूर्व सुन्दर-स्त्री मिल गयी। वह जैसी सुन्दरी थी, वैसी ही चतुर नाचने और गाने वाली भी थी। बातें ऐसी मीठी करती थी कि सुनने वाला मुग्ध हो जाता था। उस सुन्दरी युवती का नाम तिलोत्तमा था। देवता लोग उसे मना कर और लोक कल्याण की दुहाई देकर अपने साथ ले आये।

एक दिन सुन्द-उपसुन्द दोनों भाई जब अपनी किसी नयी जीत व नयी लूट में आये हुए अपार धन और कैद करके लायी हुई सुन्दर स्त्रियों को देखकर बहुत प्रसन्न हुए, तब उस दिन उन्होंने खूब राग-रंग मनाने का निश्चय किया। दोनों भाई अपने सुरम्य बगीचे में चले गये। उनके महलों की चतुर दासियाँ और सुन्दर नर्तकियाँ भी, कैद करके लाई गई सुन्दरी स्त्रियों के साथ उस बाग में पहुँच गयीं। दासियाँ दोनों भाइयों को बढ़िया मदिरा पिलाने लगीं और दोनों भाई मतवाले होकर उन कैदी सुन्दरियों को तंग करने लगे।

सुन्द-उपसुन्द के पास तिलोत्तमा को भेजने के लिए यही अवसर सबसे अच्छा था। तरकीब से तिलोत्तमा भी उस बगीचे में पहुँचा दी गयी। तिलोत्तमा ने बहुत ही अच्छे-अच्छे गहने और कपड़े पहन रखे थे। वह बहुत चतुर और निडर भी थी। उसने पेड़ों की आड़ में खड़े होकर सामने आने का अवसर साधा। एक बेचारी भली-सी वंदिनी इन दोनों भाइयों के हाथ जोड़-जोड़कर तंग न करने की इनसे प्रार्थना कर रही थी और दोनों भाई हँस-हँस कर मदिरा पीते हुए उसे तंग करने की नयी तरकीब खोज रहे थे। अचानक घुँघरू झुनझुन करके बज उठे उधर दोनों भाइयों का ध्यान गया। उन्होंने देखा कि उनसे थोड़ी ही दूर पर एक पेड़ की डाल से एक परी जैसी सुन्दरी धम्म से धरती पर कूदी और अलबेला नाच नाचने लगी। दोनों भाइयों ने जो यह दृश्य देखा तो बस देखते ही रह गये। ऐसी अपूर्व सुन्दरी और अद्भुत नर्तकी, एक तो उन्होंने पहले कभी देखी नहीं थी। दूसरे, शराब के नशे में वह उन्हें और भी सुन्दर तथा अधिक अलबेली दिखलायी पड़ने लगी। सुन्दरी तिलोत्तमा जैसा अद्भुत नाचती थी, वैसा ही अद्भुत गाती भी थी। उसका स्वर ऐसा मीठा था कि कोयल की कूक भी उसके आगे फीकी पड़ जाती थी। वह गाती और फिर नाच कर गीत के भाव को दर्शाती थी! तिलोत्तमा का नृत्य और गीत जब रुका, तब दोनों भाई उसके प्रेम में दीवाने होकर तेज़ी से दौड़े। एक ने उसका दाहिना हाथ पकड़ा, दूसरे ने बायाँ। दोनों ही भाई तिलोत्तमा को अपनी ओर खींचने लगे। तिलोत्तमा बड़ी सफाई से इन दोनों मतवाले बलशालियों की पकड़ से अलग जा छिटकी और हाथ जोड़ कर कहा कि मैं कुमारी कन्या हूँ। पहले आप दोनों भाई आपस में यह तय कर लीजिये कि मैं किसकी वधू बनूँ। तब मुझे आप दोनों में से किसी के पास भी आने में इनकार न होगा।

यह सुनते ही सुन्द अपने छोटे भाई उपसुन्द से बोला-देखो उपसुन्द, मैंने पहले इस सुन्दरी का हाथ पकड़ा है। इसलिये यह मेरी पत्नी और तुम्हारी भावज बनेगी। तुम झटपट घुटने टेक कर और हाथ जोड़कर अपनी भाभी को प्रणाम करो।

उपसुन्द यह सुनकर एकदम से चिढ़ गया। उसने कहा–आये बड़े भाभी बनाने वाले। मैंने पहले इसका हाथ पकड़ा है, इसलिये यह मेरी पत्नी है। इसके जेठ होने के नाते तुम इसे आशीर्वाद दो और तुरन्त यहाँ से चलते नज़र आओ।

दोनों भाई फिर तिलोत्तमा की तरफ झपटे। वह घड़ी में इधर और घड़ी में उधर नाचती फिरी और फिर झट से पेड़ की डाल पकड़ कर पेंग लेते हुए दूसरी डाल पर उचक कर चढ़ गयी। फिर हँस कर कहा–सुन्द-उपसुन्द तुम दोनों ही भाई मुझे बड़े सुन्दर और प्यारे लगते हो। पर तुम दो हो और मैं एक हूँ। इसलिए या तो आपसी समझौते से अथवा आपस में युद्ध करके तुम दोनों यह तय करो कि मैं किसकी बनूँ।

सुन्द गरज कर बोला–उपसुन्द, अन्तिम बार कहता हूँ कि मान जाओ।

उपसुन्द ताल ठोक कर बोला–मानने की बात ही नहीं उठती। समझौता केवल इसी बात पर हो सकता है कि तुम इसी समय यहाँ से टल जाओ। और यदि यह स्वीकार नहीं तो फिर आओ, गदायुद्ध करके हम यह निर्णय करेंगे कि तिलोत्तमा किसकी स्त्री बनेगी।

बस फिर क्या था दोनों भाइयों में गदा-युद्ध होने लगा। न यह कम, न वह कम। सारी औरतें, नौकर-चाकर, सब दूर-दूर भागकर छिप गये। परन्तु तिलोत्तमा डाल पर टाँगें लटकाये बैठी कभी सुन्द को शाबास कह देती तो कभी उपसुन्द को। लड़ाई जब तनिक ठण्डी पड़ने लगी तो तिलोत्तमा झम से कूद कर नीचे आ गयी और ललकारने लगी–देखें, कौन वीर मुझे जीतता है। तिलोत्तमा की लालच भरी ललकार ने आग में घी का काम किया। दोनों भाई फिर ऐसे मतवाले होकर लड़े कि अन्त में कठिन गदा प्रहारों ने दोनों की खोपड़ियाँ फूट की तरह खिला दीं।

यह कथा सुनाकर नारद जी बोले–हे धर्मात्मा पाण्डव, मैंने तुमको यह कथा इसलिये सुनायी है कि नारी के सम्बन्ध में तुम पाँचों भाई आपस में कभी मन-मुटाव मत करना। तुम्हारी माता ने तुम्हें हिमालय की तराई में बसने वाले लोगों की रीति-नीति के अनुसार एक पत्नी के पाँच पतियों का पद दिया है। जिन जातियों में साझे के विवाह का नियम चलता है, उनमें समझौते के कुछ नियम भी पाले जाते हैं। पहला नियम यह है कि सब भाई बारी-बारी से उस पत्नी के पति बनते हैं। बारी पड़ने पर स्त्री जब बड़े भाई की पत्नी बनती है, तब सब छोटे भाई वैसा उसे ही आदर देते हैं। इसी प्रकार जब वह क्रम से छोटे भाई की पत्नी बनती है, तब बड़े भाई उसके प्रति वैसा ही मर्यादा का भाव रखते हैं। तुम अगर इस नियम का पालन करोगे तो तुम्हारे बीच में द्रोपदी को लेकर कभी लड़ाई-झगड़ा नहीं होगा।

नारदजी की इस सलाह पर विचार करके धर्मराज युधिष्ठिर ने सब भाइयों की बारियाँ बाँध दीं और यह नियम भी लगाया कि द्रोपदी जब किसी एक भाई के साथ एकान्त में हो, तब दूसरा भाई वहाँ कदापि न जाय। अगर कोई ऐसा करेगा तो उसे 12 वर्ष का वनवास झेलना पड़ेगा।

•

अर्जुन के वनवास और देशाटन की कथा

नारदजी की सलाह पर राजा युधिष्ठिर का बनाया हुआ नियम पालन करते हुए सब भाइयों ने अपनी एकता को अटूट रखा। द्रोपदी ने भी बड़ी सूझ-बूझ, सहयोग और निष्ठा के साथ इस नियम का पालन किया। सब काम ठीक चल रहा था कि एक दिन बानक ऐसे बने कि एक ब्राह्मण रोता-तड़पता पाण्डवों की राजधानी में आया। दोपहर में खा-पीकर विश्राम करने का समय था। सभी भाई अपने-अपने महलों में या बगीचे वाले घरों में चैन की झपकियाँ ले रहे थे या अपनी-अपनी रानियों से बातें कर रहे थे। चौकीदार ने ब्राह्मणों को युधिष्ठिर महाराज के पास तो जाने न दिया क्योंकि वह उस समय अस्त्रागार में सो रहे थे और स्वयं पटरानी द्रोपदी देवी उनके पैर दबा रही थीं। तब ब्राह्मण ने अर्जुन के महल पर गोहार लगायी। अर्जुन ने उसकी विपदा सुनी-कुछ चोरों ने सीना-जोरी दिखाकर इस ग़रीब ब्राह्मण को लूट लिया है और आपके राज्य में कोई मेरी गुहार सुनने वाला भी नहीं! धिक्कार है आपकी वीरता को।

अर्जुन ने यह कह कर उसका क्रोध शान्त किया कि मैं स्वयं चलकर तुम्हारे चोरों को पकड़ूँगा। अर्जुन अपना गाण्डीव धनुष और तरकस लाने के लिए उस विशेष अस्त्रागार में गये जिनमें पाँचों भाइयों के हथियार और श्रेष्ठ वाणों, तलवारों आदि का भण्डार रहता था। द्वार पर चौकीदार ने हाथ जोड़कर रोका, कहा कि महाराज और महारानी इस समय यहीं विश्राम कर रहे हैं। यह सुनकर अर्जुन बड़े धर्म-संकट में पड़े। युधिष्ठिर महाराज के जागने तक अगर रुकते हैं तो ब्राह्मण को दिया हुआ वचन खाली जायगा। ऊँच-नीच विचार कर उन्होंने यही तय किया कि उन्हें कमरे में आवाज़ देकर घुस ही जाना चाहिये। एक बार द्वार पर कहा कि भाई आपत्ति काल में मैं अपना गाण्डीव लेने आ रहा हूँ, पर कोई आहट न मिली। अर्जुन ने जान लिया कि वे लोग सो रहे हैं। उसने द्वार पर पड़ा मोटा परदा हटाया और दबे पाँच उनके धनुष-वाण, तलवार आदि जहाँ रखे थे, वहाँ गये। उसने महाराज और महारानी की तरफ देखा भी नहीं। उसने अपने हथियार उठाये और जब लौट रहा था, तब द्रोपदी रानी की आँख खुल गयी। उन्होंने खम्भों के पीछे अँधेरे में कोई परछाई-सी जाती देखी। चौंक उठीं और पूछा- कौन?

महारानी के आवाज़ देने से सोते हुए युधिष्ठिर की नींद खुल गयी। अर्जुन ने बिना देखे अपना नाम और आने का कारण बतलाया, क्षमा माँगी और जल्दी से बाहर चला गया।

ब्राह्मण के चोरों को पकड़ कर, उनसे उसका सारा माल-मत्ता वसूल करके और चोरों को जेल भेजकर अर्जुन जब घर लौटे तो रास्ते भर उनके मन में यह बात उठती रही कि मैंने आज महाराज का बनाया हुआ नियम उल्लंघन किया, इसलिए मैं दण्ड का भागी हूँ। मुझे वनवास के लिए जाना ही चाहिए। किले में पहुँचकर अर्जुन सीधे महाराज के खास दरबार में गये और उनसे अकेले में कहा कि मैं दण्ड भोगने को तैयार हूँ और आज

ही 12 वर्ष वनवास भोगने के लिए वन को जाता हूँ।

युधिष्ठिर ने बहुत समझाया कहा–तुमने राज-धर्म की रक्षा के लिए जो किया, वह बिल्कुल उचित था। असावधानी सचमुच मुझसे हुई कि मैंने विश्राम करने के लिए वह जगह चुनीं। मैं यह भूल गया कि वीरों को घर में स्थित अस्त्रागार में आने-जाने की आवश्यकता किसी समय भी पड़ सकती है, इसलिये अपनी नादानी का दण्ड मुझे झेलना चाहिये। वनवास के लिए मैं जाऊँगा।

अर्जुन बोले–आप धर्मराज हैं, बहुत विचार करते हैं। मगर राजा की मर्जी पर एक जगह कोई रोक-टोक नहीं होती। आपने जैसा किया, सो ठीक किया लेकिन; मैं अपने वचन अवश्य निभाऊँगा। इससे चाहे और कोई भी लाभ हो या नहीं, मगर हम भाइयों के बीच एकता का नाता और अधिक घना होगा।

युधिष्ठिर समेत सब भाई अर्जुन को बहुत समझाने लगे, पर वे अपने से छल नहीं करना चाहते थे। दो टूक बोले–मैंने अपराध किया है और उसके लिये जो दण्ड पहले से निश्चित हो चुका है मैं उसे सादर मान्य करूँगा।

बात और लक्ष्य के धनी महावीर अर्जुन राजपाट छोड़कर सादे वेष में किन्तु; अपने हथियारों से लैस होकर वनवास के लिये निकल गये। घूमते-घामते, प्रकृति की शोभा देखते और तपोवनों में ऋषियों-मुनियों की संगत में ज्ञान की बातें सुनते हुए वे हरद्वार में गंगा नदी के किनारे आये। उन दिनों उस क्षेत्र में बड़े ज्ञानी, योगी और तपस्वी महापुरुष रहते थे। ये लोग अधिकतर गंगा तट पर अपने आश्रम बनाकर रहते। लेकिन; यह क्षेत्र उन दिनों विशेष रूप से मय जाति के लोगों का था। हरद्वार का नाम ही मायावती था। मेरठ भी मयराष्ट्र था। इस जाति ने नगर, गुफाएँ, खानें, नहरें और महल आदि बनाने की विद्या में अपने आपको बड़ा माहिर किया था। परन्तु इन मयों को किसी पुराने समय में कश्मीर से आये हुए नाग जाति के लोगों ने परास्त किया। मय कबीले के बहुत से लोग तो उनकी मार से घबराकर भारत छोड़कर ही भाग गये। बाकी जो थे, वे इन्हीं नागों में घुल-मिल गये। इन्हीं मयों की संगति से नागों ने भी मयों की विद्या को सिद्ध किया और श्रेष्ठ नगर बनाने लगे। तब तक मयराष्ट्र एकदम समाप्त नहीं हो गया था। उनके यहाँ बड़े-बड़े इंजीनियर थे। महाराज युधिष्ठिर ने अपना इन्द्रप्रस्थ नगर और किला मय जाति के लोगों से ही बनवाया था।

अस्तु, अर्जुन के समय में मायावती का क्षेत्र ऐरावत वंश के नागों के अधिकार में था। यह मय भी नाग जाति की एक शाखा थी। इस जाति के पास चूँकि पैसा बहुत अधिक हो गया था, इसलिये विलासिता भी बढ़ गयी थी। राजकुमारी उलूपी अपने राज घाट पर नहा रही थी। वह तैरने में अत्यधिक कुशल थी। तैरते-तैरते वह पत्थर की उस दीवार से आगे निकल गयी, जो राज घाट से जनता का परदा रखने के लिये बनी थी। उलूपी ने देखा कि ऋषियों के घाट पर एक बड़ा ही बलिष्ट और सुन्दर जवान नहा रहा है। वह उसे अच्छा लगा। उसने उसे कई बार देखा। नौजवानी की उमंग थी। तैरने का हुनर आता था। वह पानी के भीतर ही भीतर तैरती हुई वहाँ पहुँची, जहाँ पाण्डव अर्जुन पानी में खड़े हुए अपनी देह मल रहे थे। उलूमी ने ऐसे झटके से उनकी टाँग खींची कि पानी में महाबली के पैर उखड़ गये। एक हाथ से उन्हें खींचती हुई और दूसरे से तैरती हुई वह राज घाट आ गयी और फिर तो दास-दासियाँ थीं, सब कुछ अपना था। हाथों हाथ अर्जुन को पानी से

निकाल कर खड़ा किया गया।

उलुपी के दासों और दासियों के बीच खड़े अर्जुन का चेहरा क्रोध से लाल हो रहा था। राजकुमारी उलूपी खट से उनके पैरों पर गिर पड़ी और कहा–आपको देखकर मैं अपना मन बस में नहीं रख सकी, आपको यहाँ लाने का यही उपाय मुझे सूझा, मैं ले आयी। मैंने अपनी इच्छा पूरी कर ली। अब आपका जी चाहे तो अपनी इस दासी को मारकर अपना बदला ले लें।

यह मीठे वचन सुन और राजकुमारी का सुन्दर सलोना रूप देखकर अर्जुन का क्रोध शान्त हुआ। उलूपी ने बतलाया कि मेरे पिता का नाम कौरव्य नाग है। हम लोग यज्ञ की अग्नि के उपासक हैं। अर्जुन ने सब तरह से सोच-समझकर उलूपी को अपना परिचय दिया और कहा कि मैं बारह वर्ष तक वनवास में रहूँगा। तुम मेरे साथ कहाँ डोलोगी और मैं तुम्हारे नगर में रह नहीं सकता। क्योंकि; मेरा प्रण टूट जायगा। फिर भला मैं तुमसे विवाह क्यों करूँ? मुझसे विवाह करके तुमको भला क्या सुख मिलेगा।

नाग कन्या उलूपी बोली–वैसे तो हम नागों में विवाह के नियम कठोर नहीं है, पर मैं संस्कार से आर्य नियमों को मानती हूँ। मैंने अपने जीवन में पहली बार जिस पुरुष के चरण पकड़े हैं, अब मैं उन्हीं की चरण-दासी हो चुकी। आप पण्डित बुलाकर मुझसे अपने सात फेरे न फिरवायें, तब भी अपने मन से मैं आपकी पत्नी हो चुकी।

उलूपी का ऐसा प्रेम देखकर अर्जुन के मन में भी सच्चा भाव जागा। उन्होंने नाग कन्या उलूपी की इच्छा रखने के लिए उसी के राज्य के एक वन में निवास किया और फिर यह कह कर हरद्वार लौट आये कि उलूपी, पता नहीं हम तुम अब कब मिल सकें, परन्तु मेरी याद दिलाने के लिए तुम्हारी कोख से जो बेटा होगा वह महा प्रतापी होगा। अर्जुन ने हरद्वार से गंगा के किनारे घूमते हुए बंगाल और असम तक की यात्रा इस वनवास में कर डाली।

फिर उधर से कलिंग देश पार करके एक ऐसे नगर में पहुँचे, जो समुद्र तट पर था और उसका नाम मणिपुर था। अर्जुन ऐसा वीर भला वहाँ पहुँचे और लोगों की दृष्टि में न पड़े, यह असम्भव बात है। परन्तु यहाँ तो एक और उल्टी बात हो गयी। सब महाबली अर्जुन को देखते थे। हाट में एक जगह राजकुमारी चित्रांगदा का सुन्दर रूप देखकर महाबली-सुन्दर अर्जुन ऐसे मुग्ध हुए कि सीधे राजा चित्रवाहक के पास जाकर अपना परिचय दिया। उन्होंने कहा कि मैं आपकी कन्या से विवाह करना चाहता हूँ। छोटे-छोटे राजे लोग बड़े-बड़े राजाओं-महाराजाओं से किसी तरह अपना मेल-जोल बढ़ा कर या सम्बन्ध जोड़कर स्वयं भी सम्पन्न और शक्तिशाली बना करते थे। राजा चित्रवाहक ने प्रसन्नतापूर्वक अर्जुन से अपनी बेटी चित्रांगदा का विवाह कर दिया। सम्पन्न ससुराल में कुछ दिनों सुख-चैन के दिन बिताते पति से चित्रांगदा जब गर्भवती हो गई तो अर्जुन ने कहा–हे प्रिये! पोता न होने पर दोहता ही अपने नाना की सम्पत्ति का अधिकारी होता है। मैं तुम्हारे पिता के राज्य का भावी उत्तराधिकारी तुम्हें देकर चला जाता हूँ।

मणिपुर से विदा लेकर अर्जुन घूमते-घामते सीधे गुज़रात के प्रभाष क्षेत्र की ओर चल पड़े।

मणिपुत्र से विदा होकर दक्षिणी समुद्र तट पर अनेक तीर्थों के दर्शन करते हुए अर्जुन पश्चिमी समुद्र तट की ओर मुड़ गये और वहाँ से केरल, कर्नाटक, गोमान्तक, रत्नागिरि,

महाराष्ट्र वगैरह के तीर्थों में घूमते हुए वह गुजरात पहुँच गये। वहाँ प्रभास तीर्थ में स्नान करने और सन्तों के दर्शन करने के लिए वह गये। अर्जुन के आने की खबर तो चुटकी बजाते यों उड़ा करती थी। उनके वहाँ पहुँचने के कुछ ही दिनों में यह सूचना उनके ममेरे भाई यादव गणतंत्र के अध्यक्ष द्वारकाधीश श्रीकृष्ण वासुदेव को भी मिल गयी। श्रीकृष्ण अपने समय के अनोखे व्यक्तित्व-शाली महापुरुष थे। बहुत छुटपन ही से उनकी नेतृत्व-शक्ति के प्रमाण मिलने लगे थे। वे श्रेष्ठ वीर, श्रेष्ठ विचारक और राजनीति के पण्डित थे। बहुत छोटे-छोटे रजवाड़ों के आपसी झगड़े नीति से सुलझाते रहने के कारण, स्वयं अपने अन्धक और विणु कुल के यादवों की आपसी पार्टी-बाजियों को भी वह अपनी चतुरायी और सुनीति से गिराया करते थे।

अर्जुन की माता कुन्ती उनके, वृष्णि वंशी कुल के नेता वसुदेवजी नाते में भाई थे। इस नाते के कारण श्रीकृष्ण तथा अर्जुन को छुटपन ही से मिलने के अवसर प्राप्त हो चुके थे। श्रीकृष्ण भाई तो थे ही, पर साथ ही साथ अर्जुन के मन के मीत भी थे। फिर भला प्रभास में अर्जुन का आना सुनकर श्रीकृष्ण रुक ही कैसे सकते थे। वह तुरन्त वहाँ पहुँच गये। दोनों मित्र-भाई बड़े ही प्रसन्न हुए। कृष्ण ने अर्जुन से वनवास का कारण पूछा। उन्होंने सब हाल बतलाया। प्रभास से अर्जुन को साथ लेकर कृष्ण द्वारका की ओर चले। रास्ते में रैवतक नाम का एक बड़ा ही मनोहर पहाड़ पड़ता था। श्रीकृष्ण ने द्वारका से चलते समय ही राज कर्मचारियों को वहाँ सब तरह का सुन्दर प्रबन्ध कर रखने की आज्ञा दे रखी थी। सो जैसे ही प्रभास से चल कर ये लोग रैवतक पर्वत पर पहुँचे, तो वहाँ यादव गणतन्त्र के बड़े-बड़े सरकारी अफ़सर तैनात थे। अच्छे-अच्छे गायक, नर्तकों और नर्तकियों की टोलियाँ, नट, विश्व के उस्ताद-कलाकार और नाटक करने वालों की टोली भी मौजूद थी। श्रीकृष्ण और अर्जुन दो-चार दिन वहीं रहे और एक-दूसरे से अपने मन की सारी बातें कही-सुनीं। इसके बाद श्रीकृष्ण और अर्जुन द्वारकापुरी की ओर चले।

रैवतक पर्वत पर दो-चार दिन रुकने के समय श्रीकृष्ण ने एक ढेले से दो शिकार किये थे। एक तो यह कि उन दोनों को वहाँ अकेले में अपने देश के राजनीतिक स्थिति पर बातें करने का अवसर मिल गया और बीच-बीच में हँसने-बोलने के मौके भी खूब मिले। इससे दोनों का मन भी बहला। उनके रुकने से सरकारी प्रबन्धकर्त्ताओं को इतना समय मिला कि दूर-दूर आसपास के गाँवों में डुग्गी पिटवा कर लोगों को सूचना दे सकें कि अमुक-अमुक मार्गों से महाबली अर्जुन की सवारी निकलती हुई द्वारकापुरी जायेगी। योद्धाओं में भीम और अर्जुन का नाम सारे देश में प्रसिद्ध था। इसलिए रैवतक से द्वारकापुरी तक के रास्ते में जगह-जगह सैकड़ों-हजारों लोगों की भीड़ खड़ी होकर अर्जुन की जय-जयकार करते हुए मिलती थी। श्रीकृष्ण जगह-जगह अर्जुन को निकट से देखने के लिए भीड़ ऐसा आग्रह करती थी कि रथ को रोक कर दोनों भाइयों को जनता के प्रेम-भरे सत्कार को स्वीकार करना पड़ता था।

द्वारकापुरी तो दुलहिन जैसी सजी हुई थी। सड़कों के दोनों किनारे ऊँचे-ऊँचे मकानों के झरोखे, और दरवाजे दर्शनार्थियों से भरे पड़े थे। सेना ने नगर के फाटक पर सलामी दी और नगर में प्रवेश करने पर तो खुले रथ पर खड़े अर्जुन और श्रीकृष्ण पर इतने फूल बरसे कि केवल अर्जुन और श्रीकृष्ण ही नहीं बल्कि; उनका रथ, सारथी और घोड़े भी फूलों की पंखुड़ियों में रंग-बिरंगी हो उठे थे। यह स्वागत कृष्ण के ममेरे भाई का नहीं

बल्कि; हस्तिनापुर के श्रेष्ठ कुरुवंश के पाण्डव कुलभूषण महावीर अर्जुन का था। बहरहाल, अर्जुन अपने बारह वर्षीय वनवास के इस अन्तिम दौर में द्वारका आकर इतने सन्तुष्ट हुए कि मन की सारी थकान उतर गयी। वृष्णि, भोज और अन्धक, इन तीनों वंशों के यादवों ने अर्जुन को बड़ा ही मान और प्यार दिया। भोज तो कुन्ती माता के जाति-बन्धु ही थे, अर्जुन को भला क्यों न सराहते। पर कृष्ण उन्हें उनसे भी अधिक मान दे रहे थे। उसका कारण श्रीकृष्ण और अर्जुन की मित्रता थी। कृष्ण के बड़े भाई बलराम और उनके बूढ़े पिता वसुदेव ने भी उन्हें वैसा ही मान दिया कि मानों सगी बहन का बेटा घर आया हो। अर्जुन ने श्रीकृष्ण की सलाह पर अपने वनवास तथा देशाटन के यह अंतिम दो-डेढ़ वर्ष यहीं बिताना निश्चित किया।

कुछ ही दिनों बाद रैवतक पर्वत पर यादवों का वार्षिक उत्सव होने वाला था। वहाँ मेलों-तमाशों और तरह-तरह के मनोरंजनों की मौज-बहार रहती थी। श्रीकृष्ण ने इस मेले का लालच दिया। फिर आस-पास की दो-एक और जगहों को घुमाने का प्रस्ताव किया। दोस्तों की आपसी मान-मनौवल की यही सब बातें हुईं। अन्ततः अर्जुन ने अपने वनवास का शेष समय वहीं बिताने का निश्चय किया।

●

छोटी-सी भूल की नीति-कथा

''बच्चो! महाभारत में केवल कथाएँ ही नहीं, उसमें ज्ञान की भी हजारों बातें हैं। मैं तुम्हें उसकी ही एक नीति-कथा सुनाकर आज की कथा समाप्त करूँगा।'' इतनी बात कहकर बाबा फिर कथा सुनाने लगे :

कौरव और पाण्डवों से बहुत पहले यमाति नाम के राजा थे। यमाति बहुत तपस्वी और धर्मात्मा थे। उन्होंने इतनी अधिक तपस्या की कि उनको स्वर्गलोक में स्थान मिल गया। वह वहाँ आनन्द से रहने लगे। एक दिन यमाति देवराज इन्द्र के पास बैठे थे। इन्द्र ने उनसे प्रश्न किया, ''राजन्! तुमने पृथ्वी में बड़ा कठोर तप किया, इसलिये तुम्हें स्वर्ग में स्थान मिला है। क्या तुम बता सकते हो कि तुम्हारा तप किसके समान है?''

यह प्रश्न सुनकर राजा यमाति के मन में घमण्ड आ गया। अत: उन्होंने सगर्व उत्तर दिया, ''इन्द्र! मैं देवताओं, मनुष्यों, गन्धर्वों और महर्षियों में से किसी को भी तपस्या में अपनी बराबरी करने वाला नहीं देखता हूँ।''

यह उत्तर सुनकर इन्द्र बोले, ''राजन्, तुमने यह बात कहकर अपने बराबर, अपने से बड़े और अपने से छोटे लोगों का प्रभाव न जानकर सबका अपमान किया है, अत: स्वर्गलोक में रहने की तुम्हारी अवधि समाप्त हो गयी; क्योंकि (दूसरों की निन्दा करने के कारण); तुम्हारा पुण्य नष्ट हो गया है। अब तुम यहाँ से नीचे गिरोगे और फिर मृत्युलोक में पहुँच जाओगे।''

इसके बाद किसी ने ऊँची आवाज़ में कहा, ''नीचे गिरो, नीचे गिरो, नीचे गिरो।'' और राजा यमाति नीचे गिरने लगे। राजा क्या कर सकते थे? एक छोटी-सी भूल से उनका स्वर्ग का सुख छिन गया।

''अत: बच्चो! सदा ध्यान रखो कि तुम किसी की निन्दा नहीं करोगे, बस! अब बहुत देर हो गयी है। तुम लोग अपने-अपने कैम्प में जाओ।''

बाबाजी की इन कथाओं ने केवल हम बच्चों को ही नहीं बल्कि; हमारे बड़े लोगों को भी रिझा लिया था।

हम लोगों ने बाबाजी से कहा-''हम चाहते हैं कि आप हमें अब इससे भी अधिक समय तक सुनाया करें।''

बाबाजी अपनी दाढ़ी-मूँछों में मुस्कुराये, बोले-''सबेरे सात बजे आ सकोगे?''

''हाँ-हाँ।'' हममें से कई लोग एक साथ बोल पड़े।

''अच्छा तो कल से कथा का समय एक घण्टा अधिक बढ़ गया।'' कह कर वह तेजस्वी साधु अपने मन्दिर की ओर चला गया।

सुभद्रा और अर्जुन का विवाह

रैवतक पर्वत पर अन्धक, भोज और वृष्णि–तीनों ही प्रकार के यादव प्रति वर्ष अपना जातीय मेला किया करते थे। इसलिये कुछ दिनों तक जंगल में मंगल होता था। बड़े-बड़े घरों के युवक सोने, जवाहरात के मढ़े हुए रथों पर इधर-उधर डोला करते थे। वहाँ हर बड़े परिवार की अपनी-अपनी कोठियाँ थीं। अनेक धर्मशालाएँ थीं। बड़ी-भव्य हाट भी लगती थी। मेले, तमाशे, धार्मिक कथा-वार्ता, दान-धर्म, दान-व्रत; सभी कुछ वहाँ पर होता था। इस बार उनके बीच में अर्जुन थे, इसलिये उत्सवों में कुछ विशेष उमंग आ गयी थी।

एक दिन मेले के बीच से गुजरते हुए एक जगह पर अर्जुन को एक इतनी सुन्दर युवती दिखलाई दी कि वे उसके रूप और सौन्दर्य को मन्त्र-मुग्ध दृष्टि से देखने लगे। श्रीकृष्ण अपने मित्र के मन की बात समझ गये। उन्होंने हँसकर कहा–व्याकुल मत हो, मित्र। इस युवती से तुम्हारे विवाह की बात चलाने में मैं तुम्हारी सहायता करूँगा। यह मेरी सौतेली बहन सुभद्रा है और मुझे विश्वास है कि अगर तुम मेरे पिताजी से प्रस्ताव करोगे तो बड़ी खुशी से वह तुम दोनों का विवाह करने की बात पर सहमत हो जायेंगे।

परन्तु यह कहने के साथ ही साथ श्रीकृष्ण ने एक नयी बात भी कही। उन्होंने कहा–अर्जुन, तुम मेरी एक सलाह मानोगे?

–तुम्हारी सलाह मैंने भला कब नहीं मानी?

मेरी सलाह यह है कि तुम्हारे जैसे योद्धा को किसी से अपने लिये कन्या माँगनी नहीं चाहिये। पसन्द आयी है तो उसे ले जाओ, क्षत्रिय का धर्म है। इस बहाने से मैं अपने यादवों को थोड़ा मानसिक झटका भी देना चाहता हूँ। इनके पास पैसा बहुत बढ़ गया है। चारो ओर से चैन-ही-चैन बरस रहा है। सो, योद्धा जैसी सुस्ती की कमीं यादवों के गणराष्ट्र में इस समय बहुत फैली हुई है। तुम अगर सुभद्रा का हरण करोगे तो उनके अन्दर भी एक बार क्रोध का उबाल आयेगा। यादवों के कल्याण के लिये मैं वह जातीय क्रोध भी इस समय जगाना चाहता हूँ। तुम्हारे बहाने से मेरी नीति अधिक सफल होगी।

अर्जुन बोले–भाई, यह बड़ी नीति का मामला है। इसमें मेरा स्वयं कोई निर्णय लेना उचित नहीं। तुम किसी चतुर सन्देसिया के द्वारा हमारे भाई धर्मराज युधिष्ठिर को सारा हाल कहला भेजो और उनसे मेरे लिये आज्ञा मँगा लो। तभी मैं इस कार्य में हाथ डालूँगा। यह मामला मेरे ननिहाल के नातेदारों का है। मैं बड़े भाई की आज्ञा के बिना कुछ भी नहीं करूँगा।

श्रीकृष्ण ने अर्जुन की बात का समर्थन किया और सारी बातें युधिष्ठिर महाराज को कहला भेजीं। धर्मराज युधिष्ठिर ने सब बातों पर विचार करके उत्तर यह दिया कि मैं

सहमत हूँ। कृष्ण और अर्जुन हरण-नीति का प्रयोग कर सकते हैं।

पुराने समय में द्वारका से आज की दिल्ली यानी उस समय के इन्द्रप्रस्थ तक पहुँचने में एक मनुष्य को पन्द्रह-बीस दिन लग सकते थे। मगर सन्देशों के आने-जाने में मुश्किल से आठ-दस दिन लगा करते थे। सन्देसिया रास्ते की नियत चौकियों पर अपना घोड़ा बदलता और फिर अपनी चौकी के लिए चल पड़ता। इस प्रकार उसकी गति में बड़ी तेजी आ जाती थी। लिखित सन्देश तो और भी जल्दी पहुँचते थे। एक हरकारा पूरी तेजी से एक कोस दौड़ दूसरे हरकारे को चिट्ठी थमाता था और वह तुरन्त वहाँ से अगले कोस की दौड़ लगा देता था। यूं कोस-कोस पर नये दौड़ने वालों का सहारा लेकर गुजरात की खबर दिल्ली तक चार दिन में पहुँच जाती थी। कृष्ण के सन्देसिये ने स्वयं पहुँचने में एक या दो-तीन दिन अधिक ले लिये। और इस प्रकार रैवतक का मेला रहते तक धर्मराज युधिष्ठिर की आज्ञा अर्जुन को मिल गयी।

एक दिन सुभद्रा जब रैवतक पर्वत पर देवी पूजा करने जाने वाली थी, तब कृष्ण ने अर्जुन को अपना रथ और सारथी दे दिया तथा सारथी को यह आज्ञा दे दी कि महाबली अर्जुन जो कहें सो करना। महाबली अर्जुन, कृष्ण के रथ पर चढ़कर देवी के मन्दिर पहुँचे। सुभद्रा जैसे ही मन्दिर से दर्शन करके बाहर निकली कि अर्जुन ने उसे अपनी बाहों में उठा लिया और रथ की ओर दौड़ पड़े। वहाँ सभी अर्जुन को जानते थे और उनसे ही ऐसा काम हुआ तो एक बार तो दास-दासियाँ, सारे लोग भौचक्के खड़े रह गये। पर अर्जुन जब वसुदेव की बड़ी दुलारी कन्या को रथ पर बैठाकर ले भागे तो उन सबने हुल्लड़ मचाना आरम्भ कर दिया। कुछ ही देर में इस दुर्घटना की खबर सारे यादवों के बीच बिजली की तरह दौड़ गयी। कृष्ण के सौतेले बड़े भाई बलराम तो एकदम क्रोध में आग बबूला हो उठे। यह पता चलते ही कि अर्जुन सुभद्रा को श्रीकृष्ण के रथ पर बिठाकर हर ले गए हैं, तब यादवों के बड़े-बड़े नेता श्रीकृष्ण के पास आये।

श्रीकृष्ण भोले बन गये और कहा-मैंने तो मित्र की माँग पर अपना रथ उसे दिया था। मुझे क्या मालूम था कि अर्जुन मेरे ही रथ पर मेरी बहन को उठा ले जायेगा।

बलराम बोले-मैं तो सदा से जानता था कि यह दुष्ट इतना आदर-सत्कार पाने योग्य नहीं है। कृष्ण, इस मामले में हम तुम्हारी मित्रता का तनिक भी मान नहीं रखेंगे। एक श्रेष्ठ कुल की यादव कन्या का अपहरण करने वाले दुष्ट को हम निश्चय ही पकड़ कर दण्ड देंगे।

वहाँ पर बैठे अन्य नेता भी ऐसी गरमा-गरम बातें करने लगे और श्रीकृष्ण बैठे चुपचाप सुनते रहे। सब नेता जब अपनी-अपनी स्पीचें झाड़ चुके, तब श्रीकृष्ण ने ठण्डे स्वर में कहा-भाई, तुम सबके समान ही मुझे भी इस बात का बुरा लगा है कि मेरे एक घनिष्ठ मित्र ने मेरे साथ छल किया। मेरे ही रथ पर वह मेरी बहन का हरण करके ले गया। वह निश्चय ही दण्ड देने योग्य है। परन्तु सबसे बड़ा सवाल यह है कि हममें से कौन इस योग्य है जो अर्जुन के बाणों के आगे ठहर सके? बलराम भैया हल और गदा से युद्ध करने में तो अद्वितीय हैं, पर दूर से आते हुए अर्जुन के बाणों से वे भी नहीं लड़ सकते। हम लोगों ने आपस में लड़ना-भिड़ना और बड़ी-बड़ी डींगें हाँकना तो बहुत सीख लिया है लेकिन; युद्ध-कला सीखने और अपनी शक्ति बढ़ाने की ओर से हम यादव लोग इस समय दुर्भाग्यवश एकदम ध्यान हटाये हुए हैं। मेले में इस बार जो हमारी जातीय

प्रतियोगिताएँ हुईं, उनका गिरा हुआ स्तर देखकर तो बलराम भैया को भी बड़ी लज्जा आयी होगी। हमारी जाति की जब यह दुर्दशा हो गयी, तब निश्चय ही कोई शक्तिशाली हमारी कन्याएँ भला क्यों न हर ले जाये। अस्तु, ऐसी परिस्थिति में मेरी सलाह यह है कि तुम लोग अर्जुन से समझौता करके इस समय अपनी लाज बचाओ। एक शक्तिशाली पुरुष को नातेदार बनाकर हम लोग लाभ में ही रहेंगे, कुछ घाटे में नहीं। जाओ, सब लोग अर्जुन को मना लाओ। हँसी-खुशी धूमधाम से, प्रेम से सुभद्रा का ब्याह करो। और भविष्य के लिए सचेत होकर अपनी शक्ति को बढ़ाने के उपायों में लगो, जिससे आगे फिर कभी ऐसी कोई दुर्घटना न हो।

श्रीकृष्ण की बात इतनी सुलझी हुई और इतनी साफ थी कि उपस्थित लोगों में बहुमत उनके साथ हो गया। तेज हरकारे दौड़ाये गये कि अर्जुन का रथ रोक लें और कुछ प्रमुख लोग घोड़ों पर सवार होकर अर्जुन और सुभद्रा को लौटा लाने के लिये गये। उनसे हँसकर कहा कि अरे आप माँगते तो हम हँसी-खुशी से सुभद्रा का ब्याह आपके साथ कर देते, पर आपने वीरोचित नीति अपनाकर सुभद्रा का हरण किया। इसलिये हम आपको यह बतलाने आये हैं कि हमें आपसे यह सम्बन्ध करना पसन्द है। आप कृपया हमारी जाति की कन्या का अपहरण करके न ले जायँ। हम बाजे-गाजे, दान-दहेज के साथ उसे आपको सौंपेंगे।

अर्जुन और सुभद्रा द्वारका लौट आये। बड़े समारोह के साथ दोनों का विवाह हुआ। वसुदेव ने अपनी दुलारी बेटी को बहुत-सा दान दिया और अपने दामाद अर्जुन से वनवास का शेष एक वर्ष द्वारका में ही बिताने का आग्रह किया। अर्जुन ने अपने पूज्य श्वसुर की आज्ञा शिरोधार्य की। एक वर्ष के बाद वे अपनी ससुराल वालों से विदा लेकर अपनी पत्नी सुभद्रा के साथ इन्द्रप्रस्थ की ओर चले। श्रीकृष्ण भी अपने सब भाइयों और बुआ से मिलने के लिए अर्जुन साथ हो लिये। इन सबके पहुँच जाने से 12 वर्ष बाद पाण्डव कुल में उत्सव मनने लगा। अर्जुन के न रहने से चारो भाई तथा द्रौपदी और कुन्ती माता दुखी रहा करते थे। आज सबके लिए मंगल का दिन आ गया था।

युधिष्ठिर द्वारा राज सूय यज्ञ

इन बारह वर्षों में पाण्डव की राजधानी इन्द्रप्रस्थ की महिमा बहुत बढ़ गयी थी। युधिष्ठिर ने राजधानी के आस-पास का बहुत बड़ा भू-भाग अपने प्रतापी भाइयों की बदौलत इस बीच अपने अधिकार में कर लिया था। राजा युधिष्ठिर में एक बड़ी विशेषता यह थी कि वह जिस राज्य को अपने हाथ में लेते थे, उसकी प्रजा को सुख बहुत मिलता था। राज-काज चलाने में धर्मराज युधिष्ठिर बड़े ही चौकस और चतुर थे। प्रजा को लूटने-खसोटने वाले उद्दण्ड राजाओं को सदा डर दिखाकर वह वश में रखते थे और दुर्बल तथा छोटे राजाओं की उनसे रक्षा करते थे। इसलिये बहुत से छोटे-छोटे राजे-रजवाड़े आप ही धर्मराज युधिष्ठिर की शरण में आ जाते थे। यही नहीं, अपनी रक्षा के निमित्त वे उन्हे प्रतिवर्ष अपने राज्य की आमदनी का एक भाग भेंट स्वरूप दिया करते थे। धर्मराज युधिष्ठिर का खजाना अब हीरे-मोती जवाहरात और सोने-चाँदी से भर गया था। अपनी सेना की शक्ति भी उन्होंने अब इतनी बढ़ा ली थी कि हस्तिनापुर के कौरव लोग उन्हें सहसा किसी प्रकार का नुकसान पहुँचाने का साहस नहीं कर सकते थे। पाण्डव लोग भी उस समय तक उत्तर भारत के महत्वपूर्ण शक्तिशाली शासक माने जाते थे।

एक दिन अर्जुन, भीम, युधिष्ठिर आदि सब भाई बैठे हुए थे। राजा युधिष्ठिर ने कहा कि मेरा विचार अब राज सूय यज्ञ करने का है। भगवान् ने जिस भीम और अर्जुन के समान महान् योद्धा भाई दिये हों, उस राजा को राज सूय यज्ञ करना ही चाहिए।

भाइयों ने कहा कि आप बड़े हैं, जैसा उचित समझें करें। परन्तु हमारी सलाह यह है कि इस सम्बन्ध में कुशल मन्त्रियों एवं विज्ञ जनों से आपको मन्त्रणा कर लेनी चाहिये। संयोग से उसी समय नारदजी पहुँच गये। प्राचीन काल में हमारे देश में नारद नाम के साधुओं की दो अलग-अलग जमात थी।

और चरक साधु चलते-फिरते रहते थे और रोगियों की दवा दारू किया करते थे। नारदों का काम हरिभक्ति का प्रचार करना, लोगों को उचित सलाह देना, दुष्टों को द्वन्द्व के लिए उकसाना और साधुओं और सज्जन राजाओं को लड़ाई-भिड़ाई से दूर रहने का परामर्श देना था।

नारद-सम्प्रदाय में प्राय: हँसोड़ और बुद्धिमान व्यक्ति ही भरती किए जाते थे। ऐसा लगता है कि इन नारदों की एक विशेषता यह भी होती थी कि ये दूर-दूर तक की सैर किया करते थे। अपने विस्तृत-अनुभव के कारण इन लोगों को समाज में बड़ी प्रतिष्ठा मिलती थी। बहरहाल, नारदजी द्वार पर आये। महाराज युधिष्ठिर को तुरन्त सूचना दी गयी। उनका स्वागत करने के लिये महाराज स्वयं बाहर आये। बड़े आदर-सत्कार से उन्हें महल में लाकर ऊँचे आसन पर बिठलाया। सब तरह की बातों के बीच में धर्मराज युधिष्ठिर ने कहा-मेरी इच्छा होती है कि राज सूय यज्ञ सम्पन्न करूँ। मेरे भाइयों ने योग्य पुरुषों से सलाह लेने के लिए कहा है। आप सब तरह से योग्य हैं। आप मुझे सलाह दीजिए कि राज

सूय यज्ञ अभी करूँ या न करूँ?

नारदजी गम्भीर होकर बोले–हे धर्मराज! सुना जाता है कि राज सूय यज्ञ में बड़े-बड़े विघ्न आते हैं। कोई जब राज सूय यज्ञ करता है, तब क्षत्रियों में मार-काट मचती है। युद्धों से पृथ्वी मण्डल का बहुत सारा कुछ उजड़ जाता है। इसलिये हमारा विचार तो यह है कि तुम अभी और सोच लो, फिर करना। राजा युधिष्ठिर को नारदजी का यह उत्तर टाल-मटोल भरा लगा। उनके मन में यह यज्ञ करने की लगन लग गयी थी, अतः उन्होंने मन्त्रियों से पूँछताँछ की। एक योग्य और बूढ़े मन्त्री ने कहा कि आप किसी और से सलाह न लें, सीधे अपने ममेरे भाई श्रीकृष्ण से जाकर पूछें। राजा युधिष्ठिर को इतनी उतावली थी कि उन्होंने उसी दिन अपना दूत द्वारकापुरी के लिए रवाना कर दिया। दूत श्रीकृष्ण को इन्द्रप्रस्थ लिवा लाने का आदेश लेकर गया था। कृष्णचन्द्र बड़े ही सुलझे हुए और शिष्टाचार कुशल पुरुष थे। बड़े भाई युधिष्ठिर के सन्देश में जैसी उतावली देखी, वैसी ही फुर्ती उन्होंने द्वारका से इन्द्रप्रस्थ की ओर रवाना होने में दिखलायी। अपने राजपाट का काम उचित पदाधिकारियों को सौंपा और वायु के समान वेग वाले रथ पर बैठकर वे युधिष्ठिर की सेवा में चल निकले।

श्रीकृष्ण जब इन्द्रप्रस्थ पहुँचे, तब नगर के द्वार पर ही धर्मराज युधिष्ठिर और महाबली भीम ने अपने छोटे भाई का स्वागत किया। शानदार स्वागत-सत्कार, सबसे मिलने-जुलने और आराम कर चुकने के बाद युधिष्ठिर ने एकान्त में श्रीकृष्ण से कहा–श्रीकृष्ण! मैं राज सूय यज्ञ करना चाहता हूँ लेकिन; चाहने से ही तो कोई काम हो नहीं जाता। राज सूय यज्ञ वही कर सकता है, जो पृथ्वी मण्डल का चक्रवर्ती राजा हो। मैं क्या करूँ, क्या न करूँ? तुम्हीं मुझे उचित सलाह दे सकते हो।

श्रीकृष्ण सुनकर गम्भीर हो गये। ध्यान एकाग्र करते ही, उनकी पैनी दृष्टि को एक उपाय सूझ ही गया। मुस्करा कर बोले–हे पूज्य भाई! कहावत है कि सुनार की सौ ठक-ठक से लुहार की एक घन चोट अधिक प्रभावशाली होती है। आप जगह-जगह पर राज सूय का घोड़ा फिरावेंगे, लड़ाइयाँ-भिड़ाइयाँ होंगी, व्यर्थ में बहुत से लोग मारे जायेंगे यही नहीं, आपको राज सूय यज्ञ करने में बहुत समय भी लग जायेगा। इसलिये मैं एक ऐसा उपाय बतलाता हूँ कि एक ही शत्रु को पराजित करके आप बिल्कुल चमत्कार की तरह सर्वश्रेष्ठ शक्तिशाली राजा मान लिये जायेंगे।

राजा युधिष्ठिर ने प्रसन्न होकर कहा–उस शत्रु का नाम बतलाओ कृष्ण, और उसके वध करने का उपाय भी मुझे बतलाओ।

श्रीकृष्ण बोले मगध का राजा जरासन्ध इस समय उत्तर भारत का सबसे प्रतापी सम्राट है। उसके मुकाबले में न आपका दबदबा है और न हस्तिनापुर के कौरवों का ही। उसके दामाद कंश को मारने के बाद उसी के डर से तो हम अन्धक, विष्णुओं और भोजों के अठारह कुरों को ब्रज भूमि छोड़कर द्वारका में बसना पड़ा। उसके कारण लोग मुझे आज तक 'रणछोर जी' कहकर बदनाम करते हैं। पर मैं क्या करता? उसकी असंख्य बर्बर सेना से मैं अपने आदमियों को कटवाने के लिए तैयार नहीं था, इसलिए युक्तिपूर्वक सबको भगा दिया और अन्तिम अवसर पर लड़ाई का मोर्चा छोड़कर हम लोग भी भाग खड़े हुए। तो इस जरासन्ध को अगर आप जीत लें तो चारों ओर आपकी जै-जै कार हो जायेगी।

यह सुनकर युधिष्ठिर गहरी सोच में पड़ गये। उन्होंने कहा– जरासन्ध की सेना अपार है। उत्तर-पश्चिम में हिमालय पार भगदत्त (बगदाद) का कलसी राजा जरासन्ध का पक्का मित्र है, दक्षिण के पाण्डु राजा तक उसके आगे सिर झुकाते हैं। तुमने शत्रु तो सचमुच ऐसा बतलाया है कि यदि जीता जा सका तो एक ही दिन में चारों ओर हमारा डंका बज जायेगा। परन्तु कृष्ण, जरासन्ध को हम आखिर किस उपाय से जीत सकते हैं?

श्रीकृष्ण बोले–उपाय न सूझता तो मैं आपको ऐसे शत्रु का नाम भी न बतलाता। जरासन्ध की सैन्य-शक्ति से लड़ना हमारे वश की बात नहीं है। परन्तु दूसरा ही उपाय मैंने सोच रखा है। जरासन्ध नामी पहलवान है। कुश्ती में और गदा-युद्ध में उसकी टक्कर यदि कोई ले सकता है तो अपने भीम भाई ही हैं। जरासन्ध युक्तिपूर्वक कुश्ती के लिए ललकारा जायेगा। ईश्वर की कृपा से इसी उपाय से आपको अनन्त यश लाभ हो जायेगा।

जरासन्ध एक ऐसा प्रबल शत्रु था, जिसका पहले से ध्यान किये बिना ही उन्होंने अपनी राज सूय यज्ञ की महत्वाकांक्षा जगा ली थी। अब मन ही मन पछता रहे थे और कुछ कह न पाते थे। भीम बड़े प्रबल हैं, पर जरासन्ध एक तो स्वयं प्रबल, दूसरे-अनेक राक्षसधर्मी राजाओं को भी उसने अपना मित्र बना रखा है। वह अकेले द्वन्द्व-युद्ध में अपने एक भाई का त्याग करने से कतराने लगे। उन्होंने बात को शान्तिपूर्ण भाव के उपदेश में बदलते हुए कहा कि हम शान्तिपूर्ण भाव से टकराने की इच्छा तत्काल टाल जायँ तो कुछ बुरा न होगा।

धर्मराज की टालमटोल-मुद्रा से अर्जुन, खौल उठा। उसने कहा– भैया, आपकी शान्ति इत्यादि की बातें अच्छी हैं, परन्तु रोग के समान ही शत्रु भी बिना उपचार के नष्ट नहीं होते।

जरासन्ध ने सैकड़ों राजाओं को कैद कर रखा है। उनकी स्त्रियों को अपने महलों में बन्द कर रखा है। दक्षिण के पाण्डु राजा भीष्म, बेचारे इतने सज्जन और मानवीय महापुरुष को भी जरासन्ध ने अपमानित किया। दुष्टता, अन्याय और क्रूरता को रोकना क्या अशान्ति फैलाना है? मैं समझता हूँ कि ऐसे दुष्ट को युद्ध में पराजित करना पाण्डवों के योग्य कार्य है।

महाबली भीम ने भी अपने ताल ठोके। धर्मराज युधिष्ठिर तब श्रीकृष्ण के प्रस्ताव को अस्वीकार नहीं कर सके। उन्होंने कहा कि हे केशव! तुम इतने चतुर और विज्ञ हो कि जैसा चाहते हो, वैसा ही होता है। यह कहकर उन्होंने श्रीकृष्ण, भीम, अर्जुन को गले लगाया। विजय-कामना के हेतु तिलकादि शुभ-शकुन लिये और तीनों भाई इन्द्रप्रस्थ से जरासन्ध की राजधानी के लिये चल पड़े। तीनों ने अपना वेश ब्राह्मणों जैसा बना रखा था। रास्ते भर वे उसी प्रकार नियम-कर्म करते हुये चलते गये। जरासन्ध की राजधानी में पहुँचकर उन्होंने राजा के महल पर जाकर कहा कि तीन तपस्वी ब्राह्मण आप से अभी मिलना चाहते हैं।

शत्रुओं के लिए जरासन्ध भले ही असुर हो लेकिन; तपस्वियों, साधु, सन्यासियों के लिए बड़ा ही विनम्र था। इनमें से अथवा पढ़ने वाले विद्यार्थियों में से कोई भी अपनी विपदा लेकर ऐन आधी रात में भी उसके पास आ सकता था। श्रीकृष्ण उसकी इस विशेषता को जानते थे। जरासन्ध से भेंट होने पर उन्होंने भीम और अर्जुन के सम्बन्ध में

बतलाया कि ये दोनों तापस-मौनव्रती हैं, इनका मौन आधी रात में टूटता है। अत: ये लोग अपनी माँग आपको उसी समय बता सकेंगे।

जरासन्ध बोला-अच्छा, आप लोग यज्ञशाला में ठहरिये। मैं आधी रात के समय ही इन तपस्वियों से बातें करने आऊँगा।

अपने वचन के अनुसार ही जरासन्ध आधी रात को यज्ञशाला में आया। दोनों भाइयों ने उसे अपने बीच में बिठाया।

फिर भीम ने उससे कहा-हम दोनों तपस्वियों की केवल यही माँग है कि शिवजी को मुण्डों की माला अर्पित करने के लिए आपने जिन असंख्य छोटे-छोटे राजाओं को पकड़ रखा है, उन्हें तुरन्त मुक्त करें। अपने अत्याचारों से जनता को अब अधिक पीड़ित न करें। यदि आपको मेरी बात स्वीकार नहीं है तो फिर मैं आपको अपने साथ मल्ल-युद्ध या गदा-युद्ध लड़ने की चुनौती देता हूँ।

राजा जरासन्ध यह सुनकर चौंक गये। फिर कहा कि मैं आपकी दोनों ही माँगे स्वीकार नहीं कर सकता। मैं नहीं चाहता कि कोई तपस्वी ब्राह्मण मेरे हाथों से मारा जाय। भीम बोले-जब मैंने न्याय की बात कही, तब ब्राह्मण की तरह से सोच रहा था और जब मैंने अन्याय को चुनौती देने की बात कही, तब वह क्षत्री-धर्म के अनुसार था। हर मनुष्य को दिन भर अवसर के अनुकूल ब्राह्मण, क्षत्रिय, वैश्य और शूद्र; इन चारों ही प्रकार के विवेक से काम लेना चाहिए। मेरी चुनौती आप को स्वीकार करनी ही होगी। दोनों में से एक न एक तो मारा ही जायेगा। भगवान यदि यह चाहते हैं कि आपका अत्याचार अभी और बढ़े तो मैं मारा जाऊँगा। परन्तु भगवान को यदि हजारों दीन, दुखियों की करुण पुकार के कारण आपको समाप्त करना होगा तो मेरे हाथों से आप मारे जायेंगे। युद्ध में तो यह सब होता ही है तो फिर चिन्ता क्यों?

युद्ध की चुनौती को कोई भी क्षत्री, भले वह असुर या राक्षस-धर्मी क्यों न हो, कभी अस्वीकार नहीं कर सकता। जरासन्ध को भीम की बात माननी ही पड़ी। दंगल के लिए दूसरे दिन सबेरे का समय चुना। नियत समय पर भीम, अर्जुन और श्रीकृष्ण अखाड़े में पहुँच गये। जरासन्ध भी अपने पुरोहित से तिलक कराकर ताल ठोंकता हुआ आया और दोनों में कुश्ती होने लगी जो रात-दिन चौदह दिनों तक चलती रही। चौदहवें दिन की रात थी। जरासन्ध अपनी पकड़ में अब कुछ-कुछ थका हुआ लग रहा था। चतुर श्रीकृष्ण ने, जो स्वयं भी अच्छे पहलवान थे, तुरन्त मौका ताड़कर भीम को ललकारा और बात ही बात में बड़ी ही सफाई से एक संकेत दिया। भीम, श्रीकृष्ण की बात ले उड़े। उन्होंने जरासन्ध को साँस लेने का अवसर न देकर एक ऐसा दाँव मारा कि वह पत्थर की चट्टान के समान अखाड़े में धमाक से गिरा। गिरते ही भीम ने पूरी शक्ति के साथ जरासन्ध को इतना रगड़ा कि उसकी जान ही निकल गयी।

पाण्डवों की सेना भी चुपचाप मगध की सीमा पर पहुँच गयी थी। जरासन्ध के मरने का समाचार पाते ही पाण्डव सेना ने ऐसे झपाटे के साथ मगध में प्रवेश किया कि जरासन्ध की घबरायी हुई सेना ने आतंकित होकर आत्म-समर्पण कर दिया।

जरासन्ध को मारने के बाद भीम ने गरज-गरज कर ऐसी दहाड़ें मारीं कि कायरों के कलेजे दहल उठे।

इन भाइयों ने सबसे पहले नर-बलि दिये जाने के लिए कैदी बनाये गये सारी राजाओं को मुक्त किया। राजा युधिष्ठिर के नाम की डुग्गी पिटवायी। पाण्डवों तथा श्रीकृष्ण का

आना सुनकर सभी लोग नये सिरे से इन महापुरुषों का दर्शन करने के लिए व्याकुल होने लगे। सभी दीन दुखियों ने इन सबको बहुत-बहुत अशीशा।

मगध जीत कर पाण्डव लोग सचमुच उत्तर भारत के सर्वश्रेष्ठ प्रतापी राजा बन गये थे। उनकी धाक जमी, धन मिला, सेना बढ़ी। तब पाण्डव लोग दिग्विजय के लिए निकल पड़े। चारो भाइयों ने दूर-दूर तक विजय प्राप्त की। इस प्रकार कुछ ही वर्षों में इन्द्रप्रस्थ के राज-खजाने में अपार धन-सम्पदा जमा हो गयी। पाण्डवों का लोहा अनेक राज्य मानने लगे। यूनानी, शक और मंगोलों तक को अर्जुन ने अपने वश में कर लिया।

इन देशों से अर्जुन अकूत धन-सम्पदा ले आया। राजा के पास धन बढ़ने से राजधानी की प्रजा के पास भी सम्पदा बढ़ने लगी। चारों ओर खुशहाली देखकर धर्मराज ने अब राज सूय यज्ञ करने का निश्चय किया। दूर तक के मित्र और बड़े-बड़े राजे-महाराजे न्योते गये। हस्तिनापुर के कौरवों को बहुत आग्रह के साथ न्योता गया। भीष्म पितामह, द्रोणाचार्य, अश्वत्थामा, विदुर और सभी कौरव भाई इस अवसर पर इन्द्रप्रस्थ पधारे। बड़े समारोह के साथ यज्ञ हुआ। ब्राह्मणों और गरीबों को नित्य ही दान दिये जाते थे। यज्ञ के अन्त में अवशेष दिवस आया। सत्कार के योग्य सारे महर्षि-ब्राह्मण और राजा लोग सभा-मण्डप में बुलाये गये। सब लोग जब आदर सहित अपने-अपने स्थान पर विराजमान हो गये, तब यह विचार हुआ कि सभा में पहला तिलक किस श्रेष्ठ पुरुष को लगाया जाये। इस सम्बन्ध में युधिष्ठिर ने अपने कुल के बड़े-बूढ़े भीष्म पितामह से सलाह माँगी। भीष्म ने कहा कि इस सभा में यों तो एक से एक नररत्न बैठे हैं; परन्तु, उनमें श्रीकृष्ण ही ऐसे महापुरुष हैं, जिनमें सबसे अच्छे गुण तुम्हें एक साथ देखने को मिल जाते हैं। इसलिए तुम पहली पूजा श्रीकृष्ण की करो।

युधिष्ठिर के लिए इससे बढ़कर खुशी की दूसरी बात हो ही नहीं सकती थी। वह आरम्भ में ही श्रीकृष्ण का अभिषेक करने के लिए जब आगे बढ़े तब चेदि के राजा शिशुपाल क्रोध में भुनभुनाते उठ खड़े हुए। उन्होंने कहा-यह नीच कृष्ण पहली पूजा पाने के योग्य कदापि नहीं है।

शिशुपाल ने भी अपने क्रोध में आकर श्रीकृष्ण के विरुद्ध कहनी न कहनी बातें आरम्भ कर दीं। उन्होंने भीष्म पितामह को भी यह चुनाव करने के लिए बहुत खरी-खोटी सुनायी। भीष्म ने ठण्डे स्वर में उन्हें समझाने का प्रयत्न किया। परन्तु शिशुपाल ने किसी की एक न सुनी। वह सभा मण्डप से उठकर वापस चला गया और थोड़ी-सी दौड़-धूप से उसने अनेक राजे-महाराजों को इस बात के लिए सहमत कर लिया कि यदि कृष्ण को पहली पूजा मिलेगी तो हम युद्ध करेंगे।

युधिष्ठिर ने अपने समारोह में यह विघ्न आया देखकर उसे शान्तिपूर्वक टालने का प्रयत्न किया। परन्तु शिशुपाल की हठधर्मी अब अपनी जगह पर ऐसी जम चुकी थी कि उसे कोई भी समझा नहीं सका। उसकी गालियों से दूसरों के कान पकने लगे। अन्य सबने श्रीकृष्ण की शान्त भाव से प्रशंसा की।

अपने को अकेला पाकर शिशुपाल प्रायः क्रोध और कुण्ठा के मारे पागल हो गया। वह भीष्म-पितामह, भीमसेन, युधिष्ठिर और अर्जुन आदि को भी श्रीकृष्ण की निन्दा के

साथ-साथ लपेट में लेने लगा। अतः उससे, सभी क्रुद्ध हो उठे। तब श्रीकृष्ण ने शान्त और गम्भीर स्वर में सब लोगों से कहा-हे नरपतियों, यह पापी हम यादवों का पुराना शत्रु है। हम यादवों ने इन चेदियों के साथ कभी कुछ बुराई नहीं की किन्तु; यह अवसर पाते ही हमारा अनिष्ट करता है। हम जब प्राग ज्योतिषपुर (असम) गए हुए थे, तब यह दुष्ट जाकर हमारी द्वारकापुरी को जला आया था। मेरे पिता के अश्वमेध यज्ञ के घोड़े को चुराकर इसने जला दिया था, उनके यज्ञ में विघ्न डाला था। इसने एक तपस्वी-स्त्री का अपमान किया। करूष राजा का वेश बनाकर यह अपने मामा की लड़की को धोखे से उठा लाया। इसके पाप अनन्त हैं। इसका स्वभाव आप देख ही रहे हैं। अपनी बुआ का लड़का समझ और उनको दिए वचन के कारण मैं अब तक इसको बराबर क्षमा करता आया हूँ; पर अब मैं इस पापी को दण्ड देने का अधिकारी हूँ और मैं इसे दण्ड दूँगा।

श्रीकृष्ण ने यह कहकर सब राजाओं के देखते ही देखते अपनी सधी उँगली से नचाकर ऐसा चक्र फेंका कि दूसरे ही क्षण शिशुपाल की गर्दन धड़ से कटकर अलग जा पड़ी। शिशुपाल-वध की इस घटना से हँसी-खुशी के वातावरण में थोड़ी मलीनता अवश्य आ गयी; पर शिशुपाल के मारे जाने से इसके नौकरों-चाकरों के सिवा और कोई भी दुखी न था। इस प्रकार धर्मराज युधिष्ठिर का राज सूय यज्ञ सम्पन्न हुआ।

व्यासजी की सलाह से युधिष्ठिर का राज सूय यज्ञ पूरा हो गया। बाहर के आये हुए सारे मेहमान विदा हुए, पर अभी निकट के नाते-गोते यहीं पर टिके हुए थे; उसी बीच में एक दिन व्यासजी आये। धर्मराज ने यथोचित रूप से उनका स्वागत किया। वे बोले-पुत्र, तुम्हारे यज्ञ और वैभव को देखकर मैं बड़ा आनन्दित हूँ। तुम कुल-रत्न हो। परन्तु एक बात कहे जाता हूँ कि एक की सफलता दूसरे कुछ लोगों के मन में ईर्ष्या बनकर समाती है और ईर्ष्या फिर जिस अन्तिम परिणाम बिन्दु को छूती है, उस बिन्दु का नाम है विनाश। तुम इस बात पर विचार करना और यूँ ही अपनी उन्नति करते हुए भी सदा इस बात का ध्यान रखना कि तुम्हारी सेना के द्वारा अनावश्यक रक्त-पात न हो।

व्यासजी यह उपदेश देकर चले गये। अब भाइयों की पंचायत बैठी। व्यासजी की बात का मतलब कुछ-कुछ तो साफ सामने दिखलायी पड़ रहा था। इस यज्ञ की सफलता से कौरव लोग जल-भुन गये हैं। भीष्म-पितामह, द्रोणाचार्य तथा विदुर को छोड़कर हस्तिनापुर से आये हुए ये कौरव-नातेदार सदा सीधी बातों का उत्तर भी जली-कटी तरह से दिया करते थे। युधिष्ठिर ने अपनी ओर से यहाँ तक बड़प्पन दिखलाया कि दक्षिणा देने के लिए सुयोधन को कोष का अधिकार तक सौंप दिया। एक-एक भाई की देखभाल करने के लिए नौकर, चाकर, दीवान आदि नियुक्त कर दिये थे किन्तु; वह समारोह में जला-कटा ही बना रहा। कभी-कभी तो भीम और अर्जुन अपमान के घूँट पी-पीकर रह जाते थे। परन्तु युधिष्ठिर की आज्ञा थी कि घर आये मेहमान की कड़वी बातों को भी अमृत मान कर ग्रहण करो।

अब यज्ञ पूरा हो चुका था। बाहर का भीड़-भाड़ भी समाप्त हो चुका था। भीमसेन, अर्जुन, द्रोपदी, आदि ने आपस में यह भी निश्चय कर रखा था कि बाद में किसी न किसी रूप में इसे नीचा अवश्य दिखलाया जायेगा। भाइयों की इस गुप्त योजना की भनक युधिष्ठिर के कानों में भी पड़ चुकी थी। इसलिए व्यासजी के उपदेश का सहारा लेकर

उन्होंने यह सलाह दी कि जहाँ इतने दिन चुप रहे, वहाँ कुछ दिन और धीरज धरो। चार दिन के मेहमान हैं, लौट के अपने-अपने घर चले जायेंगे। बेकार में रार क्यों उठाते हो।

सब भाई चुप थे लेकिन; उनके मन उबल रहे थे। भीमसेन ने कहा-देखिए हम आपकी बात भले ही मान जायँ; पर द्रोपदी देवी जो सोच चुकी हैं, वह तो आज ही करके रहेंगी और अर्जुन तो अपनी पत्नी का समर्थन कर ही रहा है। मैं भी इस पक्ष में हूँ कि बात-बात में हमारी हर वस्तु को तुच्छ बतलाकर अपने बुद्धि और शौर्य की हेकड़ी बघारने वाले मूर्ख की बुद्धि आज नापी जायेगी। उसकी कोई गर्दन तो काटी नहीं जा रही है कि आप शान्ति-शान्ति का उपदेश देने लगे। और देवर-भाभी में सदा से हँसी-विनोद होता है। द्रोपदी-सुयोधन के बीच में भला हम आप क्यों पड़ें?

युधिष्ठिर ने अपने सब भाइयों को जब इसी मत का पाया तो फिर कुछ न कहा।

चौथे पहर सुयोधन, सुशासन, भीम, अर्जुन, नकुल, सहदेव आदि महलों के भीतर अपने निजी बगीचे में सैर करने के लिये गये। वह बगीचा यों तो बड़ी भूमि घेरे हुए था, परन्तु उस समय के बड़े-बड़े बगीचों के समान बहुत बड़ा नहीं था। पर इस अन्तःपुर के बगीचे में रानियों के मनोविनोद के लिए बड़ी-बड़ी चमत्कारी चीजें बनी हुई थीं। बनावटी झरने, लुका-छिपी खेलने के लिए गुफाएँ और सब ऐसी कलात्मक कि देखते ही मन लुभा जाये। कई भूल भुलैया भी थी। एक जगह चलते-चलते ऐसा लगता कि अब रास्ते पर पानी आ गया और आगे भी पानी ही पानी भरा है। मगर सचमुच वहाँ ऐसा कुछ भी नहीं था। मय दानव इंजीनियर के यहाँ ईरान के कुछ ऐसे हुनरमन्द कारीगर भी थे कि जो पालिस करते-करते पत्थर को पानी की तरह चमका देते थे।

सारनाथ का सिंह-स्तम्भ, जो महाभारत के कई सौ वर्ष बाद बना था और जिस चतुरमुखी स्तम्भ को हमारे आज के स्वतन्त्र देश की सरकार ने अपना राज्य-चिन्ह बनाया है, उस जमाने की पालिस का प्रमाणपत्र देने के लिए आज भी मौजूद है।

सो सुयोधन, अर्जुन, दुर्योधन; एक जगह सबके साथ चलते-चलते एकाएक ठिठक कर खड़े हो गये। परन्तु दूसरे लोग आगे बढ़ने लगे। दुर्योधन बोला-अरे अरे!! कहाँ? तुम लोग पानी में जा रहे हो।

द्रोपदी हँस पड़ी। बोली वाह-लाला जी, बड़ी मोटी दृष्टि है तुम्हारी भी! कभी शायद ऐसे बगीचों में टहलने का अवसर तुम्हें पहले नहीं मिला।

दुर्योधन कुछ बोल नहीं सका, मन ही मन कटकर रह गया। पत्थर की सड़क पार करके सब लोग घास के मैदान में आ गये थे। फूलों की क्यारियाँ सबका मन लुभा रही थीं। भाइयों ने एक-दूसरों को फूल तोड़-तोड़ कर मारना शुरू किया। इसी तरह आगे बढ़ते हुए दूसरे सब तो दाहिनी ओर मुड़ गये किन्तु; दुर्योधन, जो औरों से कटकर अकेला चल रहा था, बराबर नाक की सीध में ही बढ़ता रहा। अचानक चलते-चलते गड़ाप से वह कमर तक पानी में गिर गया। उसके सारे कपड़े लथपथ हो गये। भीम आदि, जो दूर से उसकी यह दुर्दशा देख रहे थे, हँस पड़े, उनमें भी भीम तो ऐसे ठठाकर हँसे थे कि दुर्योधन उस अपमान और अपनी दुर्दशा से जल-भुन गया। खैर, दुर्योधन बाहर निकाले गये, उनकी धुलायी-पुछायी हुई, कपड़े बदलवाये गये। नकुल या सहदेव में से किसी भाई ने दुर्योधन से पूछा कि भाई साहब, आप धरती की घास और पानी पर उगने वाली

वनस्पति को पहचान न सके?

इस पर द्रोपदी ने ताना कसा–लाला जी बेचारे क्या करें, अन्धे का बेटा तो अन्धा ही रहता है।

दुर्योधन को अपने अपमान में अब कोई कसर न लगी। वह ऊपर से तो कुछ न बोला, पर मन ही मन में अपनी ईर्ष्या से घुलता रहा। दो-चार दिनों बाद यह लोग भी हस्तिनापुर के लिए विदा हुए।

रास्ते में दुर्योधन के मामा शकुनी ने एक दिन एकान्त में पूछा–तुम इतने उदास क्यों हो भइया? लम्बी-लम्बी साँसें ले लेकर रह जाते हो, आखिर क्या बात है?

दुर्योधन ने कहा–मामा! युधिष्ठिर का भाग्य तो देखो, क्या था, क्या बन गया! अर्जुन ने दूर-दूर के राजाओं को झुकाकर उस मूर्ख युधिष्ठिर को धर्मराज बना दिया। ऐसा भव्य राज सूय यज्ञ युधिष्ठिर ने किया है कि दूर-दूर तक उनका यश छा गया है। यही सब देख-देखकर मेरा जी आठो पहर धू-धू जलता रहता है। इतने दिन हम लोग वहाँ रहे तो बस यही देखा कि जो राजा आता, वह सम्राट युधिष्ठिर के सामने सोने, चाँदी और हीरो-मोतियों की बड़ी से बड़ी भेंट चढ़ाता। मैंने दान देने के बहाने इन दुष्टों का खजाना खाली करने का बड़ा जतन किया परन्तु; मैं जितनी राशि लुटाता था, उससे अठगुनी-दसगुनी राशि और आ जाती थी। देवताओं के समान पूजे जाने वाले प्रतापी सम्राटों, नाभाग मनु, वेणु, पृथु, भगीरथ, ययाति, नहुस को भी इतना ऐश्वर्य नहीं मिला होगा, जितना युधिष्ठिर को मिला। यही सब बातें सोच-सोच कर मैं दिनों दिन दुबला और शोक में व्याकुल रहता हूँ। इस समय पाण्डवों के पास जैसी शक्ति है, उसे देखते हुए तो हम लोग उन्हें जीतने की कभी कल्पना भी नहीं कर सकते हैं। समझ में नहीं आता है कि मेरे जी की जलन कैसे मिटेगी?

शकुनी मामा बड़े चालाक थे। उन्होंने अपने भांजे से कहा–अरे बेटा! जब तक मैं बैठा हूँ, तब तक तुम्हें चिन्ता करने की क्या आवश्यकता है। युधिष्ठिर को जीतने की तरकीब मेरे पास है। युधिष्ठिर को चौसर खेलने का बहुत शौक है। इस खेल में युधिष्ठिर को हराकर मैं उनका राजपाट जीत कर तुम्हें सौंप सकता हूँ।

दुर्योधन बोले–मामा! तुम बड़े ही हितकारी हो। वाह! क्या तरकीब निकाली है। इसमें न भीम की गदा काम आ सकती है और न अर्जुन का गाण्डीव। आपकी चतुराई के आगे युधिष्ठिर ठहर नहीं सकते। बस, फिर तो हमें इस काम को चट-पट कर डालना चाहिए।

शकुनी ने कहा–पहिले तुम अपने पिताजी को इस बात के लिए राजी कर लो। वह और भीष्म पितामह आदि हमारी योजना को खटाई में डाल सकते हैं। यदि तुम्हारे पिता सहमत हो जाएँ तो फिर भीष्म आदि हमारा कुछ नहीं बिगाड़ सकेंगे।

दुर्योधन बोला–पिताजी मुझे इतना चाहते हैं कि मैं उन्हें निःसन्देह इस प्रस्ताव के लिए राजी कर लूँगा।

दुर्योधन अपने पिता के पास गया और कहा कि आप हमारे प्रस्ताव को कृपया अस्वीकार न करें। धृतराष्ट्र यह जानते थे कि यह कार्य अच्छा नहीं है। उन्होंने अपने बेटे को समझाने की कोशिश भी की परन्तु; दुर्योधन की समझ में ऐसी बातें आ ही नहीं सकती थीं और दुर्योधन के हठ के आगे धृतराष्ट्र हार मान जाते थे। उन्होंने सोचा कि यदि मैंने इसको द्यूत-क्रीड़ा खेलने की अनुमति नहीं दी तो यह निश्चय ही सोच के मारे घुल-

घुल कर बीमार पड़ जायगा। अपने बेटे के मोह में धृतराष्ट्र ने जुआ खेलने की आज्ञा दे दी। उन्होंने मन्त्री विदुर से कहा कि आप इन्द्रप्रस्थ जाकर युधिष्ठिर को न्योता दे आइये। महात्मा विदुर ने राजा युधिष्ठिर को बहुत समझाया कि बच्चों के दबाव में आकर आप गलत कार्य न करें, इसका नतीजा अच्छा नहीं होगा। धृतराष्ट्र स्वयं ईर्षालु थे, इसलिए महात्मा विदुर की सलाह उन्हें उचित नहीं लगी। वे कुछ-कुछ मुँह फुलाकर बोले-आप तो मेरे बच्चों को इतना बुरा समझते हैं कि आपको उनके मनोरंजन में भी कुटिलता दिखलाई देती है।

इस बात का उत्तर बेचारे विदुर भला क्या देते? चुप मारकर चल दिये। इन्द्रप्रस्थ पहुँचकर उन्होंने युधिष्ठिर को सारा हाल बतलाया। कहा कि गान्धार का राजा शकुनी और चित्रसेन, सत्यव्रत आदि कुछ छँटे हुए धूर्त सामन्तों के साथ आपको जुए में हराकर तबाह करने पर तुले हैं। मेरी समझ में तो आपको वहाँ नहीं जाना चाहिए।

युधिष्ठिर बोले-न्योता यदि दुर्योधन ने भेजा होता तो मैं निःसन्देह उसे टाल जाता किन्तु; स्वयं पूज्यनीय काका जी ने ही जब मुझे जुआ खेलने के लिए बुलाया है तो न जाना भी पाप होगा।

पाण्डव भाई भी हस्तिनापुर से आये हुए इस प्रस्ताव से बहुत चिन्तित थे परन्तु; वे बेचारे कर ही क्या सकते थे? निमन्त्रण धृतराष्ट्र की ओर से था और युधिष्ठिर को जाने से कोई रोक नहीं सकता था। धर्मराज युधिष्ठिर, उनके चारो भाई और महारानी द्रोपदी हस्तिनापुर के लिये चल पड़े।

•

जुए में युधिष्ठिर की हार

हस्तिनापुर पहुँचने पर पहले तो सब भाइयों का खूब स्वागत-सत्कार हुआ। फिर दूसरे दिन जुए का दरबार लगा। भीष्म-पितामह और द्रोणाचार्य और विदुर जैसे बड़े-बड़े लोग दुर्योधन और शकुनी के इस षडयन्त्र से अत्यधिक दुखी थे। राजा ही जब अपने बेटों के मोह में पड़कर ऐसा अनुचित काम कर रहा हो, तब कोई अन्य भला क्या कर सकता है? सब लोग आकर दुखी मन से दरबार में बैठ गये। चौपड़ की विसात बिछी। युधिष्ठिर महाराज अपने आसन पर बैठ गये परन्तु; जब उनके सामने दुर्योधन की जगह पर शकुनी मामा बैठे तब युधिष्ठिर ने कहा-मैं तो दुर्योधन के साथ चौपड़ खेलने आया हूँ, आप क्यों बैठते हैं?

दुर्योधन बोला-मामा मुझसे बढ़िया चौपड़ खेलते हैं, इसलिए मेरी ओर से वे ही खेल खेलेंगे।

युधिष्ठिर बोले-भाई तुम्हारी बात उचित नहीं, जो खेलने के लिए बुलाए, वही खेले।

शकुनी बोला-खेल को कम समझने वाला अगर अपनी ओर किसी जानकार को साथ ले लेता है तो उसमें कोई दोष नहीं होता। तुम्हें यदि मुझसे खेलने में डर लगता हो, तो साफ-साफ कहो?

युधिष्ठिर बोले-क्षत्रिय वीर किसी भी परिस्थिति में डरा नहीं करते। मैं आपकी चुनौती को स्वीकार करता हूँ, चलिए पासा फेंकिए।

दाँव पर दाँव चले जाने लगे। शकुनी मामा बेइमानी से पाँसे पलटने की कला में भी पक्के थे। वह इतनी सफाई से पाँसा पलटते थे कि कोई भाँप नहीं पाता था। दाँव पर दाँव पड़ने लगे और युधिष्ठिर की हार होती चली गयी। धन हारे, सारा राजपाट हारे, और दुर्योधन आदि दुष्टों के चुनौतियाँ देने पर वह एक-एक करके अपने भाइयों को भी हार गये।

अपने मुकुट और आभूषण उतारकर भी अर्जुन, नकुल व सहदेव ने एक-एक करके अपना आसन छोड़ा। मुकुट और आभूषण कौरवों के द्वारा जीती हुई धनराशि के ढेर के पास रखे और धरती पर दासों की तरह सिर झुकाकर बैठ गये। प्रतापी राजकुमारों की यह दुर्गति देखकर सभा में बैठे हुए सभी भक्त लोगों को रोना आ गया। जिस भीम और अर्जुन के नाम से दुश्मनों के कलेजे थर-थर काँपते हैं, जो सदा अजेय सिद्ध हुए हैं, वे महाबली इस समय जुए के दाँव पर हार करके पराजित-दास बने बैठे हैं, सो भी घर में! कहाँ-स्वयं अपने ही चाचा-बाबा के घर में। सत्यवादी मन्त्री विदुरजी यह देखकर चुप न बैठ सके। उन्होंने खड़े होकर महाराज से कहा-हे राजन्! जुआ सारे पापों की जड़ माना गया है। हम उसके बुरे परिणामों को इस समय अपनी आँखों से प्रत्यक्ष देख रहे हैं। क्या यह आपको अच्छा लगेगा कि आपके सगे भतीजे आपके घर में, अपने बाप-दादों, परदादों

की राजधानी में इस तरह से दास होकर बैठें? हे महाराज, तुरन्त इस जुए को बन्द करने का आदेश दीजिए।

दुर्योधन यह सुनकर तड़प उठा। चोट खाये शेर की तरह वह उछलकर अपने आसन से उठकर बोला–हे विदुर! हम अब तुम्हारी बगुला-भक्ति को अच्छी तरह से पहचान गये। तुम हमारा नमक खाते हो और हमीं को आँखें दिखा रहे हो! हम स्वयं धर्मराज युधिष्ठिर से पूछते हैं कि क्या वे अब भी इस जुए की हमारी चुनौती को स्वीकार करते हैं या कायर की तरह रण से भाग जाना चाहते हैं?

विदुर फिर बोल उठे–महाराज! किसी की सज्जनता का अनुचित लाभ उठाना धार्मिक और न्यायिक पुरुषों का कार्य नहीं होता। यह जुआ मनोरंजन के लिए नहीं खेला जा रहा है। आपके बेटों के द्वारा यह द्वेषवश खेला जा रहा है। दुर्योधन; चालाक शकुनी के सहारे युधिष्ठिर को दाँव-प्रति दाँव हरा रहा है और आप सुन-सुन कर प्रसन्न हो रहे हैं। याद रखिये–यह जुआ नहीं, विष-बीज है। इसमें आपके कुल का नाश हो जायगा।

विदुर जब इस प्रकार आवेश में बोल रहे थे, तब काने शकुनी मामा के इशारे पर युधिष्ठिर को दुर्योधन और दु:शासन आदि कौरव भाई चुनौतियाँ देने लगे। कोई कहता–हार मान लो युधिष्ठिर भैया! धर्मराज को आड़ देने के लिए धर्मात्मा विदुरजी सामने आ गये हैं।

इस पर दूसरा भाई कहता–हाँ-हाँ, अब तुम्हारे पास धरा क्या है? हार मान लो न।

काने शकुनी मामा अपनी एक आँख नचाते हुए बोले–वाह-वाह! हमारे राजा युधिष्ठिर को तुमने कोई कंगाल समझ रखा है क्या, जो अभी से हार मान लें? अभी तो इनके पास एक अनमोल रत्न है द्रोपदी।

सुनते ही अर्जुन की बाहें क्रोधवश फड़कने लगीं। भीम से तो बैठा नहीं जा रहा था, ताव के मारे वह बार-बार ताल ठोककर उठ-उठ पड़ते थे। तभी युधिष्ठिर बोले–हस्तिनापुर की यह प्रख्यात और प्राचीन राज-सभा नीति और अनीति दोनों ही के उदाहरण अपने इतिहास में रखे। स्वयं मामा शकुनी जब अपनी बहू को दाँव पर लगाने के लिए मुझे चुनौती दे रहे हैं, तब उसे अस्वीकार करके मैं अपनी धर्मनीति से डिग जाऊँगा। यहाँ चाचा धृतराष्ट्रजी और स्वयं पितामह भीष्मजी विराजमान हैं, उनके सामने चुनौती स्वीकार न करके मैं कदाचित् उन्हें कलंकित करूँगा। इसलिये आओ मामा, फेंको पासा। ये मैंने द्रौपदी को दाँव पर लगाया।

सुनते ही भीम और अर्जुन भाई के अनुशासन के आगे फिर सिर झुकाकर बैठ गये। पाँसा पड़ते ही राजकुमारों की सभा में शोर मच गया। युवा कौरव उन्मत्त होकर और सभा के सारे शिष्टाचार भूलकर, नाच उठे। धर्मराज दाँव पर महारानी द्रोपदी को भी हार चुके थे।

दुर्योधन को भी सबसे अच्छा मौका मिला। उसके चेहरे पर शैतानी नाचने लगी। वह महाराज की तरह अपने भाई को आदेश देते हुए बोला–दु:शासन, जाओ और दासी द्रोपदी को हमारे सामने लाकर उपस्थित करो।

दु:शासन बड़े भाई के सामने विनय से सिर झुकाकर उनकी आज्ञा पालन करने के लिए चला। बहुत संयम रखते हुए भी अनेक सभासदों के मुखों से ठण्डी आहें, हल्का चीत्कार-सा करती हुई निकल पड़ीं। विदुर बोले–अब मुझसे देखा नहीं जाता है राजन्, मैं सभा को त्याग कर जाता हूँ।

विदुर चले गये किन्तु; पितामह भीष्म सिर झुकाये चुपचाप बैठे रहे। सब लोग उनका मुँह देख रहे थे और वे सिर झुकाये मूर्ति-से चुपचाप बैठे थे। कौरव पुत्रों को छोड़कर सभा में और सभी चुप थे। कौरव लोग अपनी बातों में बार-बार भीम, अर्जुन, द्रोपदी आदि को अपना दास कहकर चिढ़ाने का प्रयत्न कर रहे थे।

दु:शासन द्रोपदी की बाँह पकड़कर खींचता हुआ उसे ऊँची-नीची सीढ़ियों पर ला रहा था। सिसकती द्रोपदी को देखकर बहुतों ने अपनी आँखें नीची कर लीं। कौरवों ने उत्साह में आकर अपना छिछोरापन दिखलाना आरम्भ कर दिया। द्रोपदी को देखते ही वह बुरी-बुरी बातें कहने लगे। किसी ने आवाज कसी कि यह तो पाँच आदमियों की पत्नी है, हम इसे भरी सभा में नचायेंगे।

स्वयं दुर्योधन ने हाथ उठाकर द्रोपदी से कहा-आओ, अब तुम अपना नृत्य दिखाकर हम सबका मनोविनोद करो।

अब हद हो गयी थी। भीष्म पितामह ने अपने कुल की पूरी दुर्गति देख ली थी और अपनी उपस्थिति में अब वह किसी नारी का अपमान नहीं देख सकते थे। वह उठ खड़े हुए और तेज़ी से सभा को छोड़कर बाहर चले गये। भीष्म पितामह का अप्रसन्न होना कोई मामूली बात नहीं थी।

मन्त्री ने महात्मा धृतराष्ट्र के कान में कहा-अब बन्द करवा दीजिए महाराज, बहुत हो गया।

धृतराष्ट्र तुरन्त ही हड़बड़ाकर हाथ उठाकर कहने लगे-सावधान! सावधान! जुआ बन्द किया जाय। हार-जीत जो हुई, सो हो गयी। पाण्डव अपना हारा हुआ सब धन भण्डार उठा ले जायँ। घर के बच्चों में इस तरह से वैमनस्य नहीं बढ़ना चाहिए। द्रोपदी हमारी बहू है। उसके साथ जो अन्याय हुआ, उसके लिए हमें दुख है। जुए की सारी हार-जीत और उसका कड़ुवापन भूलकर पाँचों पाण्डव लड़के अब अपनी पत्नी के साथ जायँ और हमारे लड़के अपना राजपाट सम्हालें।

महाराज धृतराष्ट्र के यह कहते ही कौरव हाथ मलने और दाँत पीसने लगे लेकिन; द्रोपदी ने खड़े होकर भरी सभा में कहा-यह मेरे केश, जिन्हें खींचकर दु:शासन ने मुझे महल से उठाया था, तब तक यों ही खुले रहेंगे, जब तक इस दुष्ट के कलेजे के खून से यह धोये न जायेंगे।

द्रोपदी की इस प्रतिज्ञा को सुनकर भीम एकाएक गरज उठे, उन्होंने कहा-भरोसा रखो पांचालिन! इस दु:शासन के लहु से तुम्हारे केस धुलेंगे और दुर्योधन ने तुम्हारा जो अपमान किया है, उसका भी बदला अवश्य लूँगा। मैं कौरवों की सभा में यह प्रतिज्ञा करके जाता हूँ।

सभा सन्न रह गयी। किसी के मुँह से एक बोल तक न निकला। पाण्डव लोग सभामण्डप से सकुशल बाहर चले आये और उसी दिन अपने आदमियों के साथ इन्द्रप्रस्थ लौट गये।

सभा के भंग होने पर दुर्योधन, दु:शासन, शकुनी मामा आदि जब अकेले में बैठे, तब पछतावे के मारे आपस में अपने जी की जलन को नौ-नौ बाँस उछाल कर झलकाने लगे।

हर कौरव को उस समय अपने पितामह पर बड़ा क्रोध आ रहा था। सभी अपने बाप को कोस रहे थे कि अन्धे को तनिक भी बुद्धि नहीं है और यह विदुर, भीष्म और द्रोणाचार्य जैसे बूढ़े खूसट लोग भी हमारा नमक खाकर हमारा ही विरोध करते हैं।

शकुनी मामा बोले–अजी इस भीष्म को मैं कुछ भी नहीं समझता, सारी मूर्खता की जड़ हमारे जीजा ही हैं। मैं ऐसी चालाकी से पाँसे पलट देता था कि किसी को पता तक न चल सका, पर वह सारी चालाकी धरी रह गयी। किए-कराये पर पानी फिर गया।

पाण्डवों के इन्द्रप्रस्थ लौट जाने के बाद दुर्योधन दिनों दिन दुबला और उदास होता गया। न वह ठीक तरह से खाता था, न सैर-शिकार में ठीक तरह से मन लगा पाता था और न नाच, रंग, राज-पाट आदि में उसका मन लगता था। सब लोग महाराज धृतराष्ट्र के पास जाकर कहते कि युवराज तो दिनोंदिन घुलते चले जा रहे हैं। उनकी दशा आँखों से नहीं देखी जाती।

राजा सुनते-सुनते घबरा उठे। उन्हें दिन-रात यह भय सताने लगा कि कहीं मेरा बेटा यों ही दुख में घुलकर मर न जाय। बेटे की ममता ने धृतराष्ट्र के मन की आँखें भी फोड़ दीं। उन्होंने दुर्योधन से पूछा–तुम चाहते क्या हो बेटे? मैं तुम्हारी इच्छा पूरी करूँगा। अपनी यह उदासी छोड़कर मुझसे तुम अपने मन की बात खोल कर कहो।

दुर्योधन ने कहा–मैं पाण्डवों की उन्नति देखकर जीवित नहीं रह सकता। आपको मुझे युधिष्ठिर से जुआ खेलने की आज्ञा फिर देनी पड़ेगी। इस बार केवल उनके राज को ही दाँव पर लगाना होगा।

दुर्योधन की माता गान्धारी को जब यह पता चला कि दुर्योधन फिर दूसरी बार युधिष्ठिर को जुआ खेलने के लिए बुला रहे हैं, तब वह स्वयं महाराज धृतराष्ट्र के पास गयीं। उन्होंने कहा–हे स्वामी! आप अशिष्ट बालकों की सलाह मत मानिये। यह सारी कुचालें हैं। आज भले ही हार-जीत अच्छी लगे, पर इसका नतीजा अन्त में बहुत ही बुरा निकलेगा, यह मैं अभी से ही अपने विचारों में देखने लगी हूँ। आप फिर से जुआ खेलने की अनुमति मत दीजिए। अपनी बुद्धिमती पत्नी की इन बातों को सुनकर राजा धृतराष्ट्र ने गान्धारी से कहा–प्रिये! मैं दुर्योधन की इच्छा अवश्य पूरी करूँगा। युधिष्ठिर एक बार फिर जुआ खेलने के लिए बुलाये जायेंगे। इसके परिणामस्वरूप यदि हमारे वंश का नाश होना ही बदा है तो फिर होनी को मैं कैसे रोक सकता हूँ?

गान्धारी निराश होकर लौट गयीं। हस्तिनापुर राज्य की ओर से महाराज धृतराष्ट्र ने इन्द्रप्रस्थ के महाराज, अपने भतीजे युधिष्ठिर को फिर से चौसर खेलने का न्योता भेजा।

दूसरी बार भी छलभरा न्योता पाकर किसी भाई की राय नहीं थी कि यह न्योता स्वीकार किया जाय। परन्तु युधिष्ठिर बोले–विधाता की प्रेरणा से ही सारे प्राणी भले-बुरे फल पाते हैं, उन्हें टाल नहीं सकता। मेरे पूज्य चाचाजी ने जब मुझे फिर से जुआ खेलने के लिए बुलाया है, तब उसके बुरे परिणाम को जानते हुए भी उनकी आज्ञा टाल नहीं सकता। जो बुरा होगा, सो होगा। मैं चौसर खेलने के लिए फिर जाऊँगा।

भाई की आज्ञा के आगे सिर झुकाकर सब पाण्डव हस्तिनापुर गये। इस बार द्रोपदी रानी नहीं गयी। सभा में शकुनी मामा, युधिष्ठिर से बोले–देखो भइया, इस बार हम राज-

पाट, धन-दौलत, दास-दासी, आदि दाँव पर नहीं चलाएँगे। बस, एक दाँव पड़ेगा। उसी में हार-जीत हो जायगी। इस हार-जीत में केवल एक ही बात टेक पर रहेगी- अर्थात् जो हारेगा, उसे अपना सारा राज-पाट छोड़कर केवल मृगछाला धारण करके बारह वर्षों तक वनवास करना पड़ेगा और उसके बाद, तेरहवाँ वर्ष अज्ञातवास में बिताना पड़ेगा। इस अज्ञातवास में हारने वाले को जीतने वालों ने अगर ढूँढ़ लिया तो उसे फिर से बारह वर्ष का वनवास बिताना पड़ेगा। बस, हार-जीत की यही शर्त होगी।

सभा में बैठे सयाने लोग शकुनी मामा की चालाकियों को जानते थे। वे नहीं चाहते थे कि महाराज युधिष्ठिर इस शर्त को स्वीकार करें। किन्तु; महाराज युधिष्ठिर तो धर्मराज थे। उन्होंने कहा-आइये, पाँसा फेंकिये।

शकुनी मामा ने पाँसे फेंके, और फेंकते ही चिल्ला पड़े-मैं जीत गया, मैं जीत गया!

एक बड़े राज्य की हार-जीत का फैसला जुए के एक ही दाँव में हो गया। राजे-महाराजों की तरह से जो पाण्डव लाखों के रत्नाभूषण पहन कर आये थे, वे अब मृगछाला पहनकर वहाँ से बाहर जा रहे थे। उनको चलते देखकर दुःशासन ने बड़े घमण्ड से कहा-हमारे महाराज दुर्योधन ही अब इस पृथ्वी के चक्रवर्ती राजा हैं। जो लोग हमारी उन्नति में काँटे थे, वे भिखारी बनकर वनवास भोगने जा रहे हैं। अभिमानी पाण्डव बहुत दिनों के बाद दुख और विपत्ति के नरक में ढकेले जा सके हैं। हाः हाः हाः।

जीत के गर्व में मतवाले दुर्योधन ने सिंहगति से जाने वाले भीमसेन की नकल में उनके पीछे-पीछे मटक कर चलना आरम्भ कर दिया। कौरव पक्ष के ये सब लोग हँस पड़े। भीम ने भी मुड़कर दुर्योधन का यह मटकना देखा।

दुर्योधन ने क्रोध में गरजकर कहा-घबरा मत दुर्योधन! एक दिन तेरे और तेरे साथियों की यह सारी चटक-मटक का अन्त मेरे ही हाथों से होगा।

अर्जुन अपने बड़े भाई को समझाते हुए बोले-भाई, समय आने पर जो करना हो, वह कीजियेगा। अभी इन्हें अपनी कह लेने और तेरह वर्ष तक गुलछर्रे उड़ा लेने दीजिये, चौदहवाँ वर्ष फिर हमारा होगा। पाण्डव लोग हस्तिनापुर से चलते समय अपने चाचा धृतराष्ट्र से विदा लेना न भूले। उन्होंने विदुरजी से भी भेंट की।

विदुरजी ने उन्हें आशीर्वाद दिया और कहा-तुम्हारा भला हो। कुल-देवता तुम्हें निःरोग रखें। हे युधिष्ठिर! आपत्ति आने पर धैर्यपूर्वक यदि अपने कर्त्तव्य पर विचार करोगे तो तुम्हें दुख में भी अपार सुख मिलता रहेगा।

पाण्डव अपने महलों में आये। द्रोपदी से कहा-राजपाट छूट गया, तुम भी अब तापसी का वेष धारण करो और महलवासिनी से वनवासिनी बनो। रानी द्रोपदी तपस्विनी का वेष धारण कर जब राजमाता कुन्ती और दूसरी बड़ी-बूढ़ियों से भेंट करने के लिए गयीं, तब उन्हें देख राजमाता शोक के मारे मूर्छित होकर गिर पड़ीं। सब स्त्रियाँ ज़ोर-ज़ोर से विलाप करने लगीं। कुन्ती माता को किसी प्रकार होश में लाया गया, समझाया-बुझाया गया। माता कुन्ती के आशीर्वाद लेकर पाण्डव लोग द्रोपदी के साथ वनवास को चले। अनेक दास-दासियाँ और स्वामिभक्त राज-कर्मचारी लोग भी उनके पीछे हो लिये। प्रजा के लोग तो मानो धैर्यहीन-से हो गये। वे कहते थे-हमारे धर्मराज जहाँ जायेंगे, हम भी

वहीं जाकर रहेंगे। हम दुर्योधन जैसे दुराचारी और पापी-बुद्धि वाले राजा के अधीन कदापि नहीं रहेंगे।

प्रजा का यह विलाप देखकर पाण्डव लोग सचमुच अत्यन्त ही दुखी हुए। सच बात तो यह थी कि धृतराष्ट्र की धूर्तता को समझते हुए भी पाण्डवों को उनके जाल में फँसना स्वीकार करने के बजाय प्रजा के दुख-सुख का ध्यान करना अधिक अच्छा होता। परन्तु अब तो जो होना था, वह हो चुका था। महाराज युधिष्ठिर ने बहुत मीठे ढंग से अपनी प्रजा के लोगों को समझाया और कहा-आप लोगों ने हम पर जो विश्वास प्रकट किया तथा जो प्रेम दिखलाया है, वह हमको बहुत ही सुखी कर रहा है। आप लोग सुख से रहें। नये राजा की आज्ञा मानें। अच्छा समय आने पर हम फिर आपकी सेवा करने के लिये यहाँ आयेंगे।

प्रजा को भलीभाँति समझा-बुझाकर पाण्डवों ने वन की राह ली। एक प्रतापी वंश, जो यदि मिलकर चलता तो दूर-दूर तक अपने सुशासन से मनुष्य-जाति को सुख पहुँचा सकता था। परन्तु; आपसी ईर्ष्या-द्वेष और जलन का यह परिणाम निकला कि केवल कौरव-पाण्डव ही नहीं, वरन् हजारों लोगों को विनाश की होली खेलनी पड़ी। बिना बिचारे जो काम किये जाते हैं, उनके परिणाम ऐसे ही भयंकर होते हैं।

सदा सुखों में पले पाण्डव अब अपने दिन कष्ट में बिता रहे थे। वे जंगल से लकड़ी काटकर लाते थे, कन्द-मूल, फल तथा जंगल में उत्पन्न होने वाली भोजन-सामग्री का संग्रह करते थे और तपोवन के दूसरे बूढ़े ऋषि-मुनियों की सेवा भी बड़े प्रेम ओर जतन से किया करते थे। इस प्रकार पाण्डव भाइयों ने तो अपना मन किसी तरह बहला लिया था किन्तु; द्रोपदी रानी के मन का दुख किसी तरह से भी हल्का नहीं होता था। पाण्डवों के फुफेरे भाई श्रीकृष्ण को जब पाण्डवों के वनवास की खबर मिली, तब वह वन में पाण्डवों से मिलने के लिए आये। और भी अनेक राजे आए, जिनकी पाण्डव से या तो मित्रता थी या वे उनके नातेदार थे। पाण्डवों से मिलने के लिए कोई न कोई राजा या सामन्त जंगल में रोज-रोज आता ही रहता था किन्तु; श्रीकृष्ण के आने से पाण्डवों को अपार सुख मिला। द्रोपदी को तो मानो श्रीकृष्ण के रूप में सुखों की खान ही मिल गयी थी। श्रीकृष्ण के आगे रो-रोकर उन्होंने अपना कलेजा हल्का किया। कहने लगीं-मेरे साथ तो महाबली पतियों ने भी कोई न्याय नहीं किया। मेरे लाख मना करने पर भी धर्मराज बेईमान कौरव भाइयों से जुआ खेलने के लिये गये और ये दुख के दिन जान-बूझकर हमारे लिए लाये।

धर्मराज युधिष्ठिर पर द्रोपदी का क्रोध और राजपाट नष्ट होने के कारण उनका विलाप देखकर श्रीकृष्ण को बड़ी दया आयी। उन्होंने तरह-तरह से द्रोपदी को समझाया। उन्होंने कहा-हे देवि! भगवान की महिमा अपरम्पार है। यह मत समझो कि ये दुख और सारे संकट केवल तुम्हारे तथा तुम्हारे पतियों जैसे भले लोगों को ही घेर रहे हैं तथा दुष्ट लोग सुख भोग रहे हैं। यह केवल थोड़े दिनों की हिलती-फिरती छाया भर है। हे देवी, छल से तुम्हारा राज-पाट छीनकर जो लोग आज तुम्हें सता कर प्रसन्न हो रहे हैं, सच पूछो तो वे अपनी आने वाली घनघोर विपत्तियों और कष्टों के दिनों को मानो इस प्रकार हँस-हँस कर बुला रहे हैं। देवि द्रोपदी! धैर्य रखो, अपने प्रतापी पतियों पर क्रोध मत करो। धर्मराज के धर्म का फल तुम लोगों को अवश्य मिलेगा। इसी तरह दुर्योधन आदि कौरवों को उनके अधर्म का फल भी निश्चय ही मिलेगा।

श्रीकृष्ण के समझाने से द्रोपदी का शोक किसी तरह हल्का हुआ। श्रीकृष्ण ने पाण्डवों से कहा–मेरी इच्छा है कि मैं द्रोपदी तथा उनके बेटों और सुभद्रा तथा उसके बेटे अभिमन्यु को अपने साथ द्वारका ले जाऊँ।

द्रोपदी बोली–मुझे तथा मेरे बच्चों को ले जाने के लिए मेरा भाई धृष्टद्युम्न भी आया हुआ है। मैंने उससे अपने भांजों को ले जाने के लिए कह दिया है। हे मुरली मनोहर! तुम सुभद्रा और अभिमन्यु को अपने साथ द्वारकापुरी ले जाओ। मैं अपने पतियों को छोड़कर कहीं नहीं जाऊँगी।

द्रोपदी के इस निश्चय को कोई न टाल सका। अभिमन्यु और सुभद्रा को लेकर श्रीकृष्ण द्वारिकापुरी चले गये। द्रोपदी के बेटों को लेकर धृष्टद्युम्न पांचाल लौट आये। चेदि देश के राजा धृष्टकेतु अपनी बहन अर्थात् नकुल की पत्नी को और केकय देश के राजा अपनी बहन अर्थात् सहदेव की पत्नी को विदा कराकर अपनी-अपनी राजधानियों की ओर लौट गये। जो थोड़े से नगरवासी और स्वामिभक्त राज-कर्मचारी पाण्डवों के साथ अभी तक वन में ही रह रहे थे, धर्मराज युधिष्ठिर ने उनसे कहा–हे प्रजा जनो! आप लोग हमारे साथ यहाँ रहकर जो कष्ट भोग रहे हैं, उससे मुझे बड़ी पीड़ा होती है। आप सबके यहाँ रहने से इस तपोवन के तपस्वियों और साधकों के काम में भी बाधा-विघ्न पड़ रहा है। उससे मुझे और भी अधिक पीड़ा हो रही है। आप लोगों से मेरी यह प्रार्थना है कि आप सब नगर में लौट जायँ। हम लोग बारह वर्षों तक वन में वास करने के लिए प्रणबद्ध हैं। कृपा करके हम लोगों को शान्तिपूर्वक अपना प्रण-पालन करने दें।

इस प्रकार से लोगों को तरह-तरह समझा कर पाण्डवों ने उन्हें काम्यक नामक इस तपोवन से विदा किया।

यह काम्यक वन कुरु-जंगल में ही था। युधिष्ठिर ने सोचा कि यहाँ रहने से हमारी प्रजा के लोग बार-बार हमारे पास आते रहेंगे। यह देखकर दुर्योधन का क्रोध बराबर भड़कता रहेगा। प्रजा के हित में यह अच्छी बात नहीं होगी। इन सब बातों पर विचार करके पाण्डवों ने कहीं दूर जाने का निश्चय किया। वे लोग द्वैत वन में जाकर रहने लगे। कुछ समय बिताने के बाद युधिष्ठिर ने अर्जुन को यह सलाह दी कि तुम इस बीच में विभिन्न देशों का भ्रमण करो और कोल, किरात, पिशाच आदि जंगली जातियों के लोगों को प्रसन्न करके अपने पक्ष में मिलाओ। हमारा धर्म, राजधर्म है। राजपाट छूट जाने पर भी हमें अपना धर्म नहीं छोड़ना चाहिये।

धर्मराज की यह भली मन्त्रणा सुनकर अर्जुन यात्रा पर निकले। उन्होंने हिमालय तथा उत्तर-पश्चिम के अनेक देशों का भ्रमण किया। गुणी जनों से नये-नये हथियार और उन्हें चलाने की विद्या सीखी। इस प्रकार घूमते-घूमते वह मध्य एशिया में निवास करने वाली प्राचीन देवजाति के राजा इन्द्र की सभा में पहुँचे। देवजाति, आर्य संघ के धर्मात्मा लोगों की मुखिया थी। इन्द्र, देवों और मनुष्य बंशी आर्यों का सर्वश्रेष्ठ व्यक्ति माना जाता था। इन्द्र के दरबार में अर्जुन की बहुत आवभगत हुई। बूढ़े इन्द्र ने अर्जुन को अपने बेटे की तरह स्नेह और मान दिया।

देवराज इन्द्र के यहाँ महाबली अर्जुन, पाँच वर्षों तक रहे। इन्द्र उन्हें बहुत चाहने लगे थे। उन्होंने अर्जुन को अस्त्र-शस्त्र चलाने की बहुत-सी गुप्त विद्याएँ सीखने का मौका दिया। अर्जुन ने इस अवसर का अच्छा लाभ उठाया। इन्द्र बोले–हे अर्जुन, तुमने अस्त्र-

शस्त्र की हमारी गुप्त विद्याओं को तो सीख लिया, पर हमारी इच्छा है कि तुम संगीत और नृत्य-कला का भी अभ्यास कर लो। अर्जुन नाच-गान सीखने में कोई दिलचस्पी नहीं रखते थे।

परन्तु पिता के समान पूज्य देवराज इन्द्र की आज्ञा को टालना भी उनके लिए असम्भव था। अतः वह चित्रसेन गन्धर्व से यह विद्या सीखा करते थे। चित्रसेन से अर्जुन की दोस्ती दिनोंदिन गहरी होने लगी। परन्तु वह नाच सीखने से अधिक उसके साथ गप्पें लगाया करते थे। फिर भी इन गप्पों के सहारे ही महाबुद्धिमान अर्जुन ने नृत्यशास्त्र की सारी बारीकियां सीख और समझ लीं।

इन्द्र के दरबार की अप्सराएँ नृत्य-कला में बड़ी ही नामी थीं; मेनका, रम्भा, चित्रसेना, गोपाली, उर्वशी आदि एक से एक नामी नाचने वालियों का जमघट वहाँ सदा जुड़ा ही रहता था। अर्जुन ने नृत्य-कला का अभ्यास तो कम किया, पर इन अप्सराओं के नृत्य कला को देख-देखकर वह ऐसी अच्छी आलोचना करने लगे कि इन्द्रपुरी के बड़े-बड़े उस्ताद भी उनकी आलोचना का दम भरने लगे। उर्वशी नाचने की कला में जितनी ही निपुण थी, उतनी ही उसके शास्त्र की सिद्ध जानकार भी थी। अर्जुन की बातों से वह उन पर रीझ गयी।

देवराज इन्द्र ने उर्वशी के मन का भेद भाप लिया। वह भविष्य-द्रष्टा थे, अतः आगे आने वाली बातों को जानते थे। इसलिये उनकी बड़ी इच्छा थी कि अर्जुन नृत्य-कला सीख लें। उन्होंने चित्रसेन से कहा- ''चित्रसेन, तुम जानते हो कि मैं अर्जुन को अपने बेटे की तरह से मानता हूँ। यह बड़ा वीर और बुद्धिमान है। भाग्य के फेर से इसे तथा इसके भाइयों को इस समय कष्ट झेलने पड़ रहे हैं। आगे भी इनके भाग्य में कुछ गम्भीर संकट बदे हैं। उन्हीं संकट के क्षणों को कुछ हल्का करने के लिये मैं चाहता था कि यह नृत्य-कला सीख ले। यह लड़का तुम्हारे साथ रहकर नृत्य-शास्त्र का अच्छा जानकार अवश्य हो गया है परन्तु; नृत्य-कला का अभ्यास करने से यह जी चुराता है।

बूढ़ा चित्रसेन बोला-अरे महाराज! जो पैदा होता है, उस पर दुख-सुख तो पड़ा ही करते हैं किन्तु; खून का असर भला थोड़े ही जा सकता है। अर्जुन महाबली हैं, पुराने और प्रतापी राजवंश के रत्न हैं, यह हम गन्धर्वों के बेटे-बेटियों की तरह नृत्य-कला का अभ्यास करने में वैसा रस कभी नहीं ले सकते, जैसा कि आप चाहते हैं।

देवराज इन्द्र बड़े गम्भीर होकर दृढ़ स्वर में बोले-चित्रसेन मैं चाहता हूँ कि यह लड़का जैसा अपनी धनुर्विद्या के सम्बन्ध में प्रख्यात है, वैसा ही प्रख्यात नर्तक भी माना जाय। यदि एक नाम से यह महावीर जाना जाता है तो दूसरे नाम से यह महान् नर्तक भी माना जाय। मेरा विश्वास है कि जो काम तुम पुरुष होने के कारण नहीं कर सके, वह उर्वशी आसानी से पूर्ण कर लेगी। मैंने अक्सर देखा है कि उर्वशी अर्जुन की बहुत बड़ी समर्थक है। तुम उर्वशी और अर्जुन की दोस्ती करवा दो।

चित्रसेन बोला-महाराज! आपकी अप्सराएँ भी अर्जुन को मुझसे अधिक नहीं सिखा पायेंगी। इसलिए कि महाबली अर्जुन बड़े ही संस्कारी पुरुष हैं। यह अप्सराएँ चूँकि आपकी चाकरी में हैं, इसलिए अर्जुन इन सबमें छोटी से छोटी अप्सरा तक से बड़े ही आदर से बातें करते हैं।

इन्द्र बोले–अरे तुम उर्वशी से इसकी जान-पहचान जरा करा तो दो, उर्वशी बड़ी चालाक है। वह निश्चय ही अर्जुन का मन जीत लेगी।

गन्धर्वाचार्य चित्रसेन, देवराज के बड़े मुँह लगे थे। कहने लगे–वह चालाक औरत है। महाराज, अगर अर्जुन ने उसकी इच्छा पूरी न की, तो वह अपना बदला लिए बिना मान नहीं सकती। यह आप अच्छी तरह से जानते हैं।

इन्द्र बोले–अरे भाई! उसके पास बदला लेने वाले जितने उपाय हैं, वह सब मैं जानता हूँ। अगर वह अर्जुन का बुरा भी करेगी तो भी मैं उसे भले में बदल दूँगा।

चित्रसेन हाथ जोड़कर बोला–देवराज सर्वज्ञ हैं। मैंने जो कुछ कहा, वह दुनियादारी का विचार था। मैं आपसे क्षमा चाहता हूँ। उर्वशी और अर्जुन के मिलने की सुन्दर व्यवस्था मैं कर दूँगा।

एक दिन चित्रसेन ने नन्दन-कानन में एक बड़े ही मनोरम स्थल पर उर्वशी को अपना नृत्य दिखलाने के लिये आमन्त्रित किया। उससे कह दिया कि मेरे और अर्जुन के सिवा वहाँ कोई और न होगा। उर्वशी इस समाचार से बड़ी प्रसन्न हुई, उसने गन्धर्वाचार्य का बड़ा उपकार माना।

चित्रसेन बोले–मैं केवल यही नहीं चाहता कि उसे तुम नाच से रिझा लो बल्कि; यह भी चाहता हूँ कि अपनी कला से तुम उसे इतना रिझाओ कि वह भी तुम्हारे साथ-साथ नाचने के लिए तड़प उठे।

उर्वशी मुस्करा कर बोली–यह तो आपने मेरे ही स्वार्थ का सुझाव दिया है। अच्छी बात है, मैं आपको अपना यह कमाल भी दिखला दूँगी।

सचमुच, उर्वशी ने जो कहा था, वह कर दिखलाया। उसने पाण्डव अर्जुन को मीठी-मीठी चुनौतियाँ दी। उसने कहा–राजकुमार! आप तो मनुष्य लोक से लेकर हमारे इस देव लोक तक की कलाओं के पारखी हैं। देवराज की सभा में द्रो-एक बार आपने मेरा नृत्य देखा भी है, इसलिये आप जो कठिन से कठिन और सुन्दर से सुन्दर नृत्य समझते हों, वह मुझे बतलाइये। मैं आपको वही नाच दिखाऊँगी। यह कहकर उर्वशी मुस्कराई और फिर बोली–नाचती हुई मछली की आँख भेदने वाले निशानेबाज अर्जुन की मैंने बड़ी-बड़ी प्रशंसाएँ सुन रखी है। आज आप उर्वशी के घुँघरुओं की भी वैसी ही परीक्षा लीजिए।

अर्जुन इस चुनौती के चक्कर में फँस गये। उन्होंने बड़े कठिन-कठिन भाव बतलाये। उर्वशी ने वे सब भाव नाच कर दिखला दिये। होते-होते अर्जुन के मन में उर्वशी की कला के लिए बड़ा ही आदर, प्रशंसा और प्रेमपूर्ण-भाव उदित हुआ। उन्होंने कहा–उर्वशी देवी! मैंने आपको जो भाव बतलाये, वह कोई भी स्त्री नाच कर नहीं दिखला सकती। आपने तो अपने शरीर के हर अंग को मोम बना लिया है। जिस अंग को जैसा चाहती हैं, वैसी गति दे लेती हैं।

इस पर उर्वशी हाथ जोड़कर बोली–राजकुमार! आपने जो भाव बतलाये, मैं उससे भी कठिन भावों पर नाच सकती हूँ।

अर्जुन मुग्ध होकर बोला–तब फिर शृंगार-भाव तो इसी समय दिखलाने की कृपा कीजिए।

उर्वशी बोली–मैं अवश्य दिखलाऊँगी, पर मेरी भी एक शर्त है। शर्त यह है कि कठिन परीक्षा ले लेने के बाद अपने शरीर को विश्राम देने के लिए मुझे कुछ ललित-नृत्य भी नाचने ही पड़ेंगे। आपको भी उन नृत्यों में नाचना पड़ेगा। अगर आपने मेरी यह चुनौती स्वीकार नहीं की, फिर आपको मैं अपनी कला नहीं दिखलाऊँगी।

अर्जुन हँसकर बोले–आपके समान महान् कलाकार को मैं इतनी-सी बात के लिए रुष्ट नहीं करूँगा। आप मुझे अपने कठिन नृत्य दिखलायें, फिर मैं आपके साथ अवश्य नाचूँगा।

उर्वशी ने बूढ़े मृदंगाचार्य को अपने पैरों में मालिश के लिए नन्दन-वन की एक विशेष जड़ी-बूटी तोड़कर लाने की प्रार्थना की। चित्रसेन चला गया। उर्वशी ने अर्जुन से मृदंग बजाने को कहा और फिर कुछ ऐसे कठिन भाव नाच कर दिखलाये, जो कला की दृष्टि से तो सचमुच ही बड़े कठिन और उच्चकोटि के थे परन्तु; साथ ही साथ वे मनुष्य को एकदम मुग्ध भी कर सकते थे।

महाबली अर्जुन अत्यन्त अनुशासन वाले संयमी-युवक थे। अब उन्होंने यह निश्चय कर लिया कि देवगण की नौकरी में रहने वाली अप्सराएँ उनके लिए आदरणीया हैं। बड़े से बड़ा लालच भी उनके मन को छू नहीं सकता। इसलिये उन्होंने केवल उर्वशी की कला की ही तारीफ की। उसके बाद उर्वशी के साथ उन्होंने कुछ नाच के टुकड़े भी सीखे। यों ही अभ्यास चल रहा था कि चित्रसेन जड़ी-बूटी लेकर आ गये। उर्वशी ने प्रसन्न होकर कहा–आप ठीक समय से आये गुरूजी। लीजिये, मृदंग सँभालिये और मेरे साथ महान् नर्तक अर्जुन का नृत्य देखिये।

इस प्रकार चुनौतियाँ दे देकर उर्वशी ने अर्जुन को अपने वश में कर लिया। जो काम गन्धर्व गुरु चित्रसेन नहीं कर पाये थे, वह उर्वशी ने कर दिखलाया परन्तु; इसके नृत्य-कला सिखलाने के अलावा उर्वशी, अर्जुन पर अपना रंग न जमा सकी। उर्वशी को विश्वास था कि जिस अर्जुन को उसने अपना गहरा दोस्त बना लिया है, वह अवश्य ही उसका प्रेमी भी बन जायेगा। परन्तु ऐसा न हुआ।

एक दिन चित्रसेन ने देवराज इन्द्र से कहा–महाराज! उर्वशी, अर्जुन को नृत्य तो अवश्य सिखला सकी किन्तु; अर्जुन को अपना प्रेमी बनाने में उसे निराशा ही हाथ लगी। अर्जुन बहुत ही संस्कारी युवक है। आप कृपा करके उर्वशी को समझा-बुझाकर उसे अर्जुन से दूर हटा लें, नहीं तो उर्वशी क्रोध में आकर किसी दिन अर्जुन का कोई भयंकर अपकार कर देगी और आप दुखी होंगे।

इन्द्र बोले–चित्रसेन! मैं भूत, भविष्य और वर्तमान, तीनों बातों का अच्छी तरह से विचार करके ही कोई काम करता हूँ। अगर उर्वशी अर्जुन की कोई बुराई करेगी तो मैं उसे सँभाल लूँगा।

चित्रसेन और इन्द्र देव, दोनों की बातें सच सिद्ध हुईं। उर्वशी एक दिन अर्जुन से गिड़गिड़ा कर बोली–हे अर्जुन! मैं तुम्हारी सेवा करती हूँ। तुमको खुश करने के लिए सदा उपाय किया करती हूँ, फिर भी तुम मुझसे रूठे हुए हो। यह अच्छी बात नहीं है।

अर्जुन बोला–मैं आपका बड़ा उपकार मानता हूँ। आपने मुझे बहला-बहलाकर नृत्य-कला सिखला दी, इसके लिए भी मैं आपका उपकार मानता हूँ। इसके बाद भी आप

कहती हैं कि मैं आपसे रूठा हुआ हूँ। मेरी समझ में नहीं आता है कि आप ऐसी बात क्यों कहती हैं?

उर्वशी बोली–हे अर्जुन, मैं तुमसे प्रेम करती हूँ, अतः मैं चाहती हूँ कि तुम मुझसे प्रेम करो।

मैं आपसे उसी तरह प्रेम करता हूँ, जैसे बच्चा अपनी माँ को चाहता है।

उर्वशी नाराज हो गयी, कहने लगी–क्या मैं बूढ़ी हो गयी हूँ, जो तुम मुझे अपनी माँ कहते हो?

अर्जुन ने शान्त भाव से उत्तर दिया–आप देवराज की प्रिय अप्सरा हैं और मैं उन्हें पिता के समान मानता हूँ।

अप्सरा किसी की पत्नी नहीं होती अर्जुन, वह सदा मुक्त रहती है। तुम इस बात की तनिक भी चिन्ता न करो कि मैं देवराज की नौकर हूँ, तुम निर्भय होकर मुझसे प्रेम करो।

अर्जुन बोला–मैं क्षत्रिय का बेटा हूँ, मैंने अपने गुरुजनों से उत्तम शिक्षा पायी है। मैं आपको केवल उसी दृष्टि से देख सकता हूँ, जिस दृष्टि से मैं देवि कुन्ती, माद्री, और इन्द्राणी को देखता हूँ। आप इस सम्बन्ध में कृपा करके अब और कुछ न कहें। मुझे पुत्र की तरह अपनी रक्षा प्रदान करें।

अर्जुन के यह वचन सुनकर उर्वशी क्रोध के मारे लाल हो उठी। उसका सुन्दर शरीर गुस्से की बेबसी में काँपने लगा। फिर एकाएक जाने क्या सोच कर वह शान्त हो गयी। उसके चेहरे से क्रोध की रेखाएँ मिट गयीं और होठों पर मुस्कराहट आ गयी। वह बोली–अच्छा, भूलो इस बात को। आओ, थोड़ी देर बैठकर हँसे-बोलें। ठहरो; मैं तुम्हारे लिये कुछ खाने-पीने का सामान ले आऊँ।

उर्वशी कमरे से बाहर गयी और थोड़ी देर में शरबत, और नाश्ते का समान स्वयं अपने ही हाथों से लेकर आयी। उसने बड़े आग्रह से अर्जुन को वह शर्बत पिलाया। अर्जुन ने जब गिलास खाली कर दिया, तब उर्वशी मुस्करायी। उसने कहा–हे अर्जुन मैं दिल से अपनी प्रेम चाहा लेकर तुम्हारे पास आयी थी। मैंने तुम्हें यह भी बतलाया था कि अप्सरा से प्रेम करने में कोई दोष नहीं होता। फिर भी तुमने कायर की तरह मेरा प्रेम अस्वीकार किया। मुझ जवान-स्त्री को तुमने अपनी माँ कहकर मेरा सबसे बड़ा अपमान किया है, इस अपमान का बदला लिये बिना मैं तुम्हें छोड़ नहीं सकती। अब मेरे शाप से तुम पुरुष नहीं रहोगे। श्रेष्ठ संस्कारों का दावा करने वाले मूर्ख अर्जुन, मेरे शाप से अब तुम हिजड़ों की टोली में मिलकर दूसरों के बेटे होने की खुशी में नाचने लायक हो गये हो। यह कहकर उर्वशी घृणापूर्वक हँस पड़ी।

अर्जुन यह समझ गया कि उसके साथ कोई चालबाजी चली जा चुकी है। उसे मन ही मन में तो बड़ा क्रोध आया परन्तु; ऊपर से यह सोचकर वह शान्त रहा कि परायी जगह में क्रोध करने से लाभ के बजाय हानि ही अधिक हो सकती है। अर्जुन ने सोचा कि यह अप्सरा देवराज के पास जाकर कोई नया झूठ-सच न जड़े, इसलिये वह सीधे इन्द्र के पास गये और सारा हाल सच-सच बतला दिया।

यह सुनकर इन्द्र इतने प्रसन्न हुए कि उन्होंने उठकर अर्जुन को अपने कलेजे से लगा लिया। वह बोले–पुत्र! मैं तुमसे बहुत प्रसन्न हूँ। तुमने अपने वंश का नाम ऊँचा किया। तुम

उर्वशी के शरबती-शाप से तनिक भी चिन्तित न हो। ईश्वर जो करता है, वह अच्छे के लिए ही करता है। कुछ महीनों बाद तुम लोगों का अज्ञातवास का तेरहवाँ वर्ष आरम्भ होगा, उस समय उर्वशी का शाप तुम्हारे लिए वरदान सिद्ध होगा और उसके बाद मैं तुम्हें विश्वास दिलाता हूँ कि मैं तुम्हें उर्वशी के दुष्ट-दवा के प्रभाव से एकदम मुक्त कर दूँगा। इन अप्सराओं के सारे नुस्खे मैं जानता हूँ और उनकी काट की औषधियाँ भी मेरे पास हैं। उर्वशी ने तुम्हारा सारा जीवन बर्बाद करने के लिए तुम्हें जो दवा पिलायी है, उसका प्रभाव मेरी औषधि केवल एक ही वर्ष में दूर कर देगी। यही नहीं बल्कि, उसके प्रभाव से तुम्हारी खोयी हुई शक्ति तुम्हें दुगुनी होकर वापस मिलेगी।

अर्जुन यह बातें सुनकर निश्चिन्त हो गये। उनकी बड़ी इच्छा थी कि वे अब फिर से अपने भाइयों के पास लौट जायँ परन्तु; इन्द्र ने उन्हें स्वर्ग में ही रोके रखा। वह इन्हें तरह-तरह की गुप्त विद्याएँ सिखलाते थे। बूढ़ा पिता जिस भाव से अपनी सन्तान को उन्नति करने के लिए प्रयत्न करता है, उसी तरह इन्द्र भी अर्जुन की उन्नति के लिए तरह-तरह के उपाय बराबर करते रहे। भारत से लेकर स्वर्ग तक अनेक ऋषि-मुनि प्रायः आते-जाते रहा करते थे। ऐसे तपस्वियों में एक लोमस ऋषि देवराज इन्द्र से मिलने के लिए स्वर्ग पधारे। वे भारतवर्ष में वनवासी पाण्डवों से मिल चुके थे। उन्होंने बतलाया कि पाण्डव लोग इस समय पूरे भारतवर्ष के तीर्थों में घूम-घूम कर ऋषिों-मुनियों की संगति से ज्ञान-लाभ कर रहे हैं। उन्होंने यह भी बतलाया कि कौरवों के जासूस बराबर पाण्डवों का पीछा कर रहे हैं। अर्जुन के समाचार न मिल पाने से कौरव लोग कुछ-कुछ चिन्तित भी हैं। वे अब यह निश्चय नहीं कर पा रहे हैं कि अर्जुन जीवित हैं या मर गये।

लोमस ऋषि से यह बातें सुनकर देवराज इन्द्र ने अपनी नीति निर्धारित कर ली। उन्होंने अपने कुछ खास आदमियों को हस्तिनापुर भेजकर जनता में यह प्रचार करवाना आरम्भ कर दिया कि अर्जुन मरा नहीं, जीता है। वह अब ऐसा शक्तिशाली हो गया है कि कौरवों का नाम-निशान तक मिटा देगा।

अर्जुन के सम्बन्ध में ये चमत्कारी समाचार धृतराष्ट्र को भी मिले। सुनकर वह बड़े चिन्तित हुए। उनके जासूस बराबर यह समाचार लाते थे कि भीम बदला लेने के लिए अपनी शक्ति बढ़ा रहे हैं। श्रीकृष्ण, कौरवों का नाश करने के लिए दृढ़-प्रतिज्ञ हैं। अज्ञातवास में पाण्डवों को ऐसी जगह में रखा जायेगा कि कौरव उन्हें ढूँढ़े नहीं पा सकेंगे और अज्ञात वास का 13वाँ वर्ष बीतते ही कौरवों पर बज्रपात होगा।

अन्धे धृतराष्ट्र ये सब बातें सुन-सुनकर बड़े ही चिन्तित रहा करते थे। अर्जुन की नयी सफलताओं की अफवाहें सुनकर मन ही मन में अब वे दहल उठे। उन्हें यह विश्वास हो गया कि उनके भतीजे, उनके बेटों को मिट्टी में मिलाने में कोई कोर-कसर नहीं छोड़ेंगे। पाण्डव, दूसरे बड़े-बड़े राजाओं से अपने राजनीतिक सम्बन्ध बढ़ाने पर भी कौरव बड़ा जोर दिया करते थे। उन्होंने अर्जुन की तलाश में अपने कुछ चतुर जासूस लगाये लेकिन; धृतराष्ट्र तथा दुर्योधन के सारे प्रबन्ध बेकार हो गये। वनवास का बारहवाँ वर्ष जब बीतने लगा, तब उन्हें यह सूचना मिली कि पाँचों पाण्डव और द्रोपदी अब एक साथ मिल गये हैं। और इस समय वे द्वैतवन में हैं।

पाण्डवों की बढ़ती हुई तपस्या देखकर आस-पास के इलाके के लोग उनकी बहुत प्रशंसा किया करते थे। द्वैतवन के पास ही कौरवों की गोशाला भी थी, इसलिए उनके

आदमी पाण्डवों के सम्बन्ध में समय-समय पर अपने मालिकों को सूचनाएँ दिया करते थे। कौरवों ने सुना कि भीम ने गन्धर्वों को हराकर उन्हें अपने वश में कर लिया है। उन्होंने यह भी सुना कि अर्जुन ने निवात, कवच और पौलोभ आदि अनेक जाति के दुष्टों को हराकर दीन दुखियों में बड़ा नाम पैदा किया है।

यह सब खबरें कौरवों के लिए अत्यन्त ही दुखदाई थीं। इन समाचारों को सुनकर दुर्योधन को यह लगता कि पाण्डवों को इतने कष्ट में डालने पर भी, वह उनका तेज नष्ट नहीं कर सका। दुर्योधन मन में दिन-रात तड़पा करता था। उसने कई बार यह योजना बनायी कि द्वैतवन में जाकर पाण्डवों को चुपचाप खतम कर दिया जाय परन्तु; महाराज धृतराष्ट्र, दुर्योधन को उधर जाने की आज्ञा ही नहीं देते थे। उन्हें भय लगता था कि तपस्वी पाण्डवों को यदि अब और सताया गया तो भगवान निश्चय ही उनके पुत्रों का अमंगल करेंगे। परन्तु दुर्योधन तथा दूसरे कौरव भाइयों का ख्याल था कि वहाँ जाने के लिए अनुमति न देकर उनके पिता इनका अधिक अमंगल कर रहे हैं। काने शकुनी मामा ने उन्हें एक तरकीब बतलायी। उन्होंने दुर्योधन से कहा-अरे भाई! अन्धे पिता को बहलाने के लिये तुम्हारे पास भला बहानों की कमीं है? तुम्हारी गायें भी तो वही रहती हैं, उनकी देखभाल करना तुम्हारा कर्तव्य है। तुम्हें अपने गोधन को बढ़ाना भी चाहिए। इसके लिए तुम्हें अपने पिता से आज्ञा मिल जायेगी। वहाँ जाकर तुम फिर जो चाहो, सो कर सकते हो। महाराज फिर तुम्हारे मन चाहे कार्यक्रम पूरा करने में कोई बाधा न डाल सकेंगे।

यह सुनकर दुर्योधन फड़क उठा। उसने अपने पिता से जाकर कहा-पिताजी? हमारे घोसी बराबर यह खबरें ला रहे हैं कि दुष्ट लोग हमारी गायों को चुरा कर ले जा रहे हैं। इस समाचार से मुझे बड़ी चिन्ता हो रही है। आप आज्ञा दें तो एक बार वहाँ जाकर हम उनका उचित प्रबन्ध कर आयें। इसके साथ ही कुछ दिन रहकर हम लोग अपना कुछ मनोरंजन भी कर लेंगे। धृतराष्ट्र ने दुर्योधन को इसके लिए अनुमति दे दी। दुर्योधन प्रसन्न होकर अपने भाइयों के साथ द्वैतवन की ओर चल पड़ा। रास्ते भर कौरव भाई अपने मन के गुलगुले पकाते रहे कि पाण्डवों को हम लोग यों घेरेंगे और यों मारेंगे परन्तु; जंगल में पहुँचने के बाद उन्हें ठीक तरह से इस बात का पता तक नहीं चल सका कि पाण्डव लोग रहते किधर हैं। पाण्डवों की खोज करते हुए कौरव लोग गन्धर्वों के इलाके में घुस गये। गन्धर्व सिपाहियों ने उन्हें रोका, परन्तु घमण्डी कौरवों ने उन सिपाहियों को मार कर भगा दिया और अपने आदमियों को उस जगह एक क्रीड़ा भवन बनाने की आज्ञा दे दी।

गन्धर्वों का राजा चित्रसेन यह सूचना पाकर बहुत क्रुद्ध हुआ। उसने अपनी सेना को आज्ञा दी कि घमण्डी कौरवों को मार-मार कर भगा दो। कौरवों और गन्धर्वों की सेनाएँ आपस में टकराने लगीं। दुर्योधन दु:शासन, कर्ण, शकुनी आदि बड़े-बड़े महारथी गन्धर्वों की सेना पर टूट पड़े। पहले हमले में कौरवों की जीत हुई। गन्धर्वों को कुछ नुकसान उठाना पड़ा परन्तु; चित्रसेन ने शायद यही चालाकी की थी कि एक बार कौरव उनके बीच में अच्छी तरह से फँस जायँ और उन्हें अपनी जीत का थोड़ा-बहुत घमण्ड हो जाय। तब उनको ठिकाने से लगाना आसान होगा। गन्धर्व राजा चित्रसेन अपनी इस रणनीति में पूरी तरह से सफल रहा। कौरव लोग चूहों की तरह से मानो गन्धर्वों की बनायी हुई चूहेदानी में फँस गये। दुर्योधन गन्धर्वों के द्वारा पकड़ लिया गया। अब तो कौरवों की सेना में हाहाकार मच गया। उन्होंने करारी मात खायी थी।

कौरवों के हारने का समाचार महाराज युधिष्ठिर ने पाया। उन्होंने अपने भाइयों से कहा–इस समय आपसी बैर-भाव भुलाकर अपने भाइयों की रक्षा करना हमारा धर्म है। तुम लोग जाकर दुर्योधन को गन्धर्वों की कैद से मुक्त करो। इच्छा न होने पर भी अर्जुन को अपने बड़े भाई की आज्ञा माननी पड़ी। कौरवों की बची-खुची सेना को संगठित करके अर्जुन ने गन्धर्वों पर आक्रमण कर दिया। अर्जुन अब सब प्रकार की रण-नीतियों का जानकार हो चुका था, इसलिए उसने अपनी सेना की मोर्चेबन्दी इस प्रकार से की कि मायावी-युद्ध करने वाले चतुर, बाँके योद्धा गन्धर्व लोग अर्जुन से पार न पा सकें। अर्जुन ने गन्धर्व के राजा चित्रसेन को ही बड़ी कुशलता से घेरकर बन्दी बना लिया। चित्रसेन ने तुरन्त ही अर्जुन से क्षमा माँगी और उसे अपना मित्र बनाकर दुर्योधन आदि कौरवों को अपनी कैद से मुक्त कर दिया। दुर्योधन आदि कौरव भाई और उनके साथी बड़ी अकड़ से पाण्डवों को मारने गये थे, पर वे ही अब बुरी तरह से पिटे।

पाण्डवों की कृपा से ही हस्तिनापुर लौट रहा दुर्योधन मन ही मन में ईर्ष्या से जला जा रहा था। अगर कोई भला आदमी किसी बुरे आदमी का उपकार करता है तो बुरा आदमी उसका उपकार मानने के बजाय उससे और भी डाह करने लगता है। दुर्योधन भी इस समय ऐसी ही मन:स्थिति में था। यह लोग जब हस्तिनापुर पहुँचे, तब बड़े-बूढ़ों ने दुर्योधन आदि भाइयों को बहुत डाँटा। परन्तु इस डाँट का नतीजा भी उल्टा ही हुआ।

उधर बारह वर्ष पूरे होने वाले थे और अज्ञातवास का तेरहवाँ वर्ष बिताने की चिन्ता पाण्डवों को हो रही थी। वे ऐसी जगह रहना चाहते थे, जहाँ कौरव लोग उनकी परछाई भी न छू सकें।

पाण्डव इन सब बातों पर विचार कर ही रहे थे कि वन में एक दुर्घटना और हो गयी। सिन्धु देश का राजा जयद्रथ अपनी सेना के साथ उस वन से गुजर रहा था। जयद्रथ, दुर्योधन का साला भी था। वन से जाते समय मार्ग में संयोग से पाण्डवों की कुटिया भी दिखाई दी। द्रोपदी बाहर खड़ी थी। राजा जयद्रथ की दृष्टि उस पर गयी। अनुपम सुन्दरी द्रोपदी को देखकर जयद्रथ दीवाना हो गया। वह तुरन्त ही अपने रथ से उतरकर द्रोपदी के पास पहुँचा और द्रोपदी से कहा–मेरे साथ चलो। मैं तुम्हें अपनी रानी बनाऊँगा।

द्रोपदी बोली–तुम भला मुझे क्या रानी बनाओगे। अपनी राह जाओ, यह मत भूलो कि तुम पाण्डव-पत्नी द्रोपदी से बातें कर रहे हो।

द्रोपदी का परिचय पाकर दुष्ट जयद्रथ और भी हेकड़ी में आ गया। उसने द्रोपदी को जबरदस्ती अपने रथ पर बिठा लिया और चल पड़ा।

पाण्डव लोग जंगल में शिकार खेलने गये थे। उनकी कुटिया के आस-पास रहने वालों ने दौड़कर उन्हें यह सूचना दी कि द्रोपदी को कोई राजा अपने रथ पर भगाये लिये जा रहा है। यह सुनते ही पाँचों भाई दौड़े। उन्होंने सेना को जाते हुए देखा।

एक बड़ी सेना के सामने पाण्डव केवल पाँच ही थे, पर कुशल-रणनीति के जानकार होने के कारण वे इतनी बड़ी सेना को तितर-बितर करने में बड़ी जल्दी सफल हो गये। एक ओर से अर्जुन के तीखे बाणों की वर्षा हो रही थी, दूसरी ओर भीम ने ऐसा हमला बोला कि जयद्रथ की सेना तितर-बितर होकर भागी। नकुल, सहदेव और युधिष्ठिर भी अपनी रणचातुरी से जयद्रथ की सेना को छकाने लगे। थोड़ी ही देर में जयद्रथ पाण्डवों से

घिर गया। अर्जुन ने उसको रथ से घसीट लिया। द्रोपदी रोकर बोली–इस दुष्ट ने मेरे बाल पकड़कर मुझे खींचा था। तुम इस नराधम के झोंटे पकड़कर इसकी गर्दन उड़ा दो।

जयद्रथ ने कहा–मुझे क्षमा कर दो, मैं तुम्हारा दास हूँ।

इस पर युधिष्ठिर ने भीम से कहा–भैया, यह दुष्ट मारने के योग्य होकर भी हमारे लिए अवध्य है। यह हमारा रिश्तेदार है, हमारे एक भाई का साला है।

युधिष्ठिर की सिफारिश से जयद्रथ के प्राण छूटे। उसके जाने के बाद पाण्डवों ने आपस में विचार किया। अब इस जंगल में एक क्षण के लिए भी रुकना अच्छा न होगा। उन्होंने आपस में योजना बनायी और वहाँ से चल दिये।

●

राजा विराट के राज्य में पाण्डव

अपनी योजना के अनुसार पाण्डव लोग यमुना नदी के दक्षिण-तट पर पहुँचे। वहाँ से उन्होंने जंगल में भटक जाने की ऐसी तरकीब निकाली कि कौरवों के जासूस उस जगह के बाद उनका पता तक नहीं पा सकें। वे कभी पहाड़ों और कभी जंगलों में शिकार करते और अनेक रमणीय स्थानों में घूमते हुए पांचाल देश के दक्षिणी भाग से यकृल्लोम और शूरसेन प्रदेशों के बीच से होकर मत्स्यों के राज्य की राजधानी की ओर बढ़े। इस चक्करदार मार्ग से जाते हुए बेचारी द्रोपदी अक्सर थक-थक जाती थी। युधिष्ठिर की आज्ञा से अर्जुन द्रोपदी को अपने कन्धे पर बिठाकर चलते थे। चिन्ता और अनेक कष्ट सहने के कारण पाण्डवों के चेहरे फीके पड़ गये थे, उनके बाल और दाढ़ियाँ भी बढ़ गयी थीं। इस तरह देखने में यह लोग राजकुमारों से अधिक जंगली शिकारी लगते थे। अपने आपको छिपाये रखने के लिए इनकी यह वेश-भूषा और दशा इस समय इनके लिए वरदान साबित हुई। सारे रास्ते में उन्हें कोई पहचान न पाया। कौरवों के जासूस अब उनकी हवा भी नहीं पा सकते थे। दुर्योधन, दु:शासन आदि अपने भेदियों पर लाख चिल्लाये परन्तु; पाण्डवों की चतुराई के आगे उनकी दाल नहीं गली।

विराट नगर पहुँचते-पहुँचते शाम हो गयी। संयोग से वे नगर के श्मशान की ओर पहुँचे। युधिष्ठिर ने अपने भाइयों से कहा-हथियार लेकर नगर में जाना ठीक नहीं होगा। अर्जुन भले ही इस समय देखने में जंगली शिकारी लगते हों, पर उनका गाण्डीव धनुष देखते ही लोगों को उन पर शक हो जायेगा। इसी तरह भीम की गदा भी किसी से छिपी नहीं रह सकती। मैं चाहता हूँ कि यहाँ एकान्त में हम लोग अपने हथियारों को पहले किसी सुरक्षित स्थान पर रख दें तब नगर में प्रवेश करें। अपने धनुष, तरकस, गदा, तलवार आदि हथियार उन्होंने कपड़ों में इस तरह से बाँधे कि देखने में वह कफन से लिपटी हुई लाश की तरह लगते थे। नकुल ने आसपास के वृक्षों की खोह में हथियार छिपाने के लिए उचित जगह की तलाश की। संयोग से एक शमी-वृक्ष की ऊपरी डाल पर उन्हें खोखली जगह मिल गयी, पाण्डवों ने उसी खोखली डाल में अपने हथियारों को रखने का निश्चय किया। वे लोग हथियारों को जब एक शव की तरह रख रहे थे, तब मशान के पास रहने वाले कुछ आदिवासी लोग अचानक उधर आ गये। उन्हें आता देखकर पाण्डवों ने झटपट रोने और विलाप करने का ढोंग आरम्भ कर दिया तथा उन लोगों को यह बतलाया कि हमारी बुढ़िया माँ मर गयी है। अपने रिवाज के अनुसार हम उसका शव पेड़ के खोह में रख रहे हैं।

भोले-भाले जंगलियों ने पाण्डवों की बात को सच माना, उन लोगों के प्रति सहानुभूति प्रकट की तथा आगे बढ़ गये। पाण्डवों ने वह रात इस भयानक मशान में ही सोकर बितायी। सवेरे उठकर ये लोग नहाये-धोये.और पूजा-पाठ किया और उसके बाद युधिष्ठिर बोले-अब मैं राजा विराट की सभा में जाता हूँ। तुम लोग भी बारी-बारी से

नौकरी माँगने के लिए वहीं जाना। यह कहकर युधिष्ठिर ब्राह्मण का वेश बनाये हुए राजा विराट की सभा में पहुँचे।

युधिष्ठिर भले ही बहुत लट गये थे, दीन-मलीन भी लगते थे, पर इतना सब होने पर भी इनकी चाल-ढाल और चेहरे का तेज देखकर लोग यही सोचते थे कि यह कोई मुसीबत में पड़ा हुआ बड़ा आदमी है। राजा विराट की सेवा में पहुँचकर युधिष्ठिर ने कहा-हे महाराज! मैं दीन ब्राह्मण हूँ। मेरा नाम कंक है, मैं पहले महाराज युधिष्ठिर के दरबार में नौकरी करता था। वे मेरे साथ चौसर खेला करते थे; जब से उनके दुर्भाग्य के दिन आरम्भ हुए तब से मेरी भी नौकरी छूटी। पिछले बारह वर्षों से अनेक जगहों पर भटक कर बड़े-बड़े कष्ट झेलते हुए मैं आपकी शरण में आया हूँ।

यह जाना तो राजा विराट ने युधिष्ठिर से और भी बहुत सी बातें पूछीं। उनके उत्तर सुनकर राजा युधिष्ठिर से बहुत सन्तुष्ट हुए। उन्होंने कहा-हे ब्राह्मण! आज से आपके दुख के दिन बीत गये। मैं आपको उसी तरह से रखूँगा, जैसे धर्मराज युधिष्ठिर रखते थे। यह कहकर राजा विराट ने अपने मंत्री को आज्ञा दी कि कंक ब्राह्मण को रहने के लिए उत्तम जगह दी जाय तथा उन्हें पहनने के लिए उत्तम वस्त्र और आभूषण भी दिये जायें।

युधिष्ठिर के बाद भीमसेन दरबार में पहुँचे। उनके पास एक बड़ी-सी कलछी, चिमटा और तलवार थी। उन्होंने भी जाकर राजा विराट से कहा-मैं शूद्र वर्ण का हूँ। मेरा नाम बल्लव है। मैं महाराज युधिष्ठिर के यहाँ रसोइये का कार्य करता था और उनके अन्न भण्डार की देखभाल की जिम्मेदारी भी मैं ही सँभालता था।

राजा विराट बोले-हे बल्लव! तुम तो देखने में रसोइये से अधिक पहलवान लगते हो।

भीम ने कहा-हाँ महाराज! मैंने पहलवानी में भी बड़ा नाम कमाया है। महाराज युधिष्ठिर मुझे बहुत मानते थे। दुष्ट दुर्योधन ने मेरी कदर नहीं की। दूसरा कोई राजा मुझे भर पेट खाना न खिला सका। इसलिए मैं भटकते-भटकते अब आपकी शरण में आया हूँ।

राजा बोले-हे बल्लव! तुम चिन्ता न करो। मेरे पास इतनी गायें हैं कि तुम्हें दूध, दही और मक्खन की तनिक भी कमीं न पड़ेगी। जितना चाहोगे, उतना भोजन तुम्हें मिला करेगा। यदि रसोइये के रूप में तुमने मुझे अपनी पाककला में सन्तुष्ट कर दिया तो मैं तुम्हें और भी सुविधा दे दूँगा। इस तरह भीम भी नौकरी पा गये।

भीम के साथ ही साथ द्रोपदी भी दासी के वेश में राज-महलों में पहुँची। उसने राजा विराट की रानी से कहा-मेरा नाम सैरन्ध्री है। मेरे पति गन्धर्व हैं। वे आज कल बड़ी मुसीबतों में पड़े हुए हैं, इसलिए अपने पतिदेव की आज्ञा से मैं आपकी शरण में आयी हूँ। आप जो भी आज्ञा देंगी, मैं उसका पालन करूँगी। मैं पहले श्रीकृष्ण की रानी सत्य भामा की सेवा करती थी। मेरी शृंगार-कला से प्रसन्न होकर द्रोपदी रानी ने मुझे सत्य भामा से माँग लिया था। मैंने उनकी सेवा में रहकर बड़ा सुख पाया। दुर्भाग्य से जब उनके बुरे दिन आये तो मेरा कहीं ठिकाना न रहा।

रानी सुदेषणा द्रोपदी की बातों से बहुत प्रभावित हुई। उन्होंने कहा-जिस सैरन्ध्री ने रानी सत्य भामा और रानी द्रोपदी का शृंगार किया है, उसे मैं अपनी सेवा में सहर्ष नियुक्त करती हूँ।

द्रोपदी बोली–हे महारानी! मेरी यह प्रार्थना है कि आप मुझे महाराज या किसी भी पुरुष की सेवा में कभी न भेजें। मेरे गन्धर्व-पति, जो छिपकर सदा मेरी रक्षा करते रहते हैं यदि मुझे किसी पर-पुरुष की सेवा करते देखेंगे तो निश्चय ही उसे मार डालेंगे।

रानी बोली–मैं तुम्हारी इच्छा का सदा आदर करूँगी।

इस तरह द्रोपदी भी नौकरी पा गयी। उसके बाद सहदेव और नकुल भी गायों और घोड़ों के रखवारे बनकर राजा विराट के दरबार में नौकर हो गये। द्रोपदी तथा अपने चार भाइयों की नौकरी लग जाने के बाद अर्जुन हिजड़ों की तरह जनानी-वेशभूषा में महलों में जा पहुँचे। उन्होंने अपना नाम बृहन्नला बतलाया और कहा–मैं बहुत अच्छा नाच-गाना सिखा सकती हूँ। राजा विराट की बेटी उत्तरा ने बृहन्नला का नाच देखकर उससे नृत्य-कला सीखने की अपनी इच्छा प्रकट की। इस पर राजा विराट ने बृहन्नला की शारीरिक जाँच करवाई। उर्वशी की औषधि के प्रभाव से अर्जुन पुरुष तो रह ही नहीं गए थे, इसलिए स्त्रियों के साथ रहने योग्य ठहराये गये और उन्हें भी नौकरी मिल गयी। इस प्रकार उर्वशी का शाप उस समय अर्जुन के लिए वरदान सिद्ध हुआ। पाँच भाई और द्रोपदी राजा विराट के यहाँ नौकरी पाकर अपने सुख-दुख भरे दिन बिताने लगे। सभी भाइयों ने अपने स्वभाव और कार्य-कुशलता से राजा रानी तथा महलों के अन्य लोगों को सन्तुष्ट कर लिया था, इसलिए नौकरी करते हुए भी वे लोग एक हद तक बड़े सुखी थे।

अज्ञात वर्ष का तेरहवाँ वर्ष आरम्भ हो जाने से कौरवों ने पाण्डवों की खोज बड़ी लगन से आरम्भ की। इस अज्ञातवास के वर्ष में पाण्डव अगर पकड़ में आ जायँ तो शर्त के अनुसार उन्हें फिर बारह वर्षों तक वनवास भोगना पड़ेगा। इसी लालच में दुर्योधन ने पाण्डवों की बड़ी खोज करवायी परन्तु; उन्हें निराशा ही हाथ लगी। कोई कल्पना भी नहीं कर सकता था कि महाबली पाण्डव, जो किसी समय स्वयं चक्रवर्ती राजा थे वे, अब एक मामूली राजा के यहाँ नौकरी कर रहे हैं।

धीरे-धीरे दिन बीतने लगे। युधिष्ठिर राजा विराट के बड़े ही प्रिय पात्र बन गये। उनकी मन्त्रणा से राजा विराट को अपना राज-काज चलाने में बड़ी सहायता मिलती थी। इसके अतिरिक्त अपने पासों के खेल से उन्होंने राजा को रिझा लिया था। वे प्राय: राजा विराट को खेल में जिता दिया करते थे किन्तु; कभी-कभी वे जो धन जीतते, उसे अपने भाइयों को दे दिया करते थे। भीम ने भी अपनी रसोई बनाने की कला का अच्छा परिचय दिया था। खासतौर से मांस पकाने में वे बड़े ही कुशल थे। वे कभी अपने भाइयों को अच्छी-अच्छी भोजन सामग्री खिलाया करते थे। गोपवेश धारी सहदेव दूध, दही, घी आदि वस्तु अपने भाइयों को दिया करते थे। अर्जुन, नकुल, द्रोपदी आदि सभी एक-दूसरे की सहायता करते और छिपकर एक-दूसरे से बराबर मिलते रहते थे। उन्होंने अपनी यह भेंटे इतनी गुप्त रखीं कि महलों में भी किसी को उनके आपसी रिश्ते का पता तक नहीं लग पाया। इस तरह से अज्ञातवास के चार महीने सकुशल बीत गये।

उन दिनों मत्स देश की राजधानी विराट नगर का मेला बड़ा ही प्रसिद्ध था। वहाँ की प्रजा इस मेले में बड़ी ही धूमधाम और रुचि से भाग लेती थी। इस मेले में ब्रह्माजी और शंकर भगवान का दरबार लगाया जाता था। दोनों ओर कलाकारों, नटों, गवैयों और पहलवानों के जमघट जुड़ते थे। फिर उनके दंगल होते थे। जनता इन दंगलों में बड़ा रस लिया करती थी। इस मेले में अबकी बार जीमूत नाम का एक पहलवान आया था। उसने

बड़े-बड़े नामी पहलवानों को चुटकी बजाकर इस तरह से हराया कि फिर किसी की उससे लड़ने की हिम्मत न हुई। जीमूत ललकारने लगा–मालूम पड़ता है कि इस विराट नगर के सारे पहलवान चूहों जैसे हैं। यहाँ कोई शेर नहीं है। राजा विराट, जीमूत पहलवान की इस गर्व भरी बात को सुनकर तप उठे। उन्होंने अपने पहलवानों से कहा–क्या तुम लोग इस पहलवान की चुनौती स्वीकार करने का साहस नहीं रखते?

यह सुनकर भी कोई पहलवान जीमूत से लड़ने का साहस न कर सका। यह देखकर राजा को बड़ा ताव आया। उन्होंने कहा–तुम लोग नहीं लड़ोगे तो न लड़ो, मैं अपने रसोइये बल्लव को बुलवाकर इस घमण्डी पहलवान का सिर उससे अभी नीचा करवाता हूँ।

बल्लव आया। राजा ने कहा–मेरी राजधानी की लाज तुम्हारे हाथ में है, क्या तुम इस पहलवान को हरा सकोगे?

बल्लव बनकर रह रहे भीम ने एक बार नज़र उठाकर जीमूत को ऐसे देखा, जैसे शेर, चूहे को देखता है। परन्तु उसे भय लगा कि यदि मेरी कुश्ती देखकर किसी ने मुझे पहचान लिया तो बड़ी आफत आ जायगी। वे यह सोच ही रहे थे कि युधिष्ठिर ने भीम को लड़ने का संकेत दिया। बड़े भाई की आज्ञा पाकर बबर शेर के समान रोबीले और ऐरावत हाथी की तरह मस्त भीम सेन अखाड़े में लंगोट बाँधकर कूद पड़े।

जीमूत हेकड़ी में था। उसने कहा–अरे राजा के रसोइये, तू भला मुझसे क्या लड़ेगा? देखने में तू जरूर भैंसे जैसा है, पर मैं अभी पल भर में तुझे चूहा बना दूँगा।

भीम ने जीमूत की बात का जवाब ताल ठोंक कर दिया। दोनों वीर गरज-गरज कर उत्साह से आपस में भिड़ गये; वे एक-दूसरे को कभी हाथ मारते, कभी घूँसे की चोट करते, कभी एक-दूसरे को ढकेलते और टँगड़ी मारते। इस तरह दाँव-पेंचों की लड़ाई चलने लगी। यों जीमूत भी कम वीर नहीं था। भीमसेन यदि चाहते तो उसे पल भर में ही हरा सकते थे लेकिन; सहसा अपना पूरा बल प्रदर्शित करना उन्होंने उचित न समझा। थोड़ी देर तक वे कुश्ती के दाँव-पेंच दिखला कर जनता का मन रिझाते रहे। फिर एकाएक जोर से गरजकर उन्होंने जीमूत को अपने दोनों हाथों से उठा लिया। वे जीमूत को उछाल-उछाल कर अपने दोनों हाथों से ऐसे पकड़ लेते थे, जैसे बच्चा गेंद उछाल कर पकड़ता है। सारा मेला यह देखकर 'वाह! वाह!' कह उठा। जीमूत जब बुरी तरह से थक गया, तब उन्होंने उसे धरती पर पटक कर रगड़ मारा। राजा विराट भीम से बड़े ही प्रसन्न हुए। उन्होंने उसे खूब पुरस्कार दिया।

धीरे-धीरे दस महीने बीत गये। पाण्डव-बन्धु जब आपस में मिलते तो कहते कि भगवान की दया से किसी तरह दो महीने और सकुशल बीत जायँ तो हम लोगों का यह संकट टले लेकिन; संकट के दिन भला कहीं इतनी आसानी से कटते हैं!

एक दिन रानी सुदेषणा का भाई कीचक जब अपनी बहन से मिलने के लिए रनिवास में आया तो द्रोपदी को देखकर उसका मन ललचा उठा। कीचक ने अपनी बहन से कहा–तुम्हारी यह दासी मुझे बहुत पसन्द है। तुम इसे मेरी सेवा में भेज दो।

रानी सुदेषणा यह सुनकर सहम गयी। वह जानती थी कि द्रोपदी सती स्त्री है, फिर उसने रानी से यह वचन भी ले रखा था कि वह उसे किसी पर-पुरुष की सेवा में कभी न

भेजे। परन्तु, रानी को अपने भाई कीचक से यह बात कहने की हिम्मत नहीं पड़ी। कीचक, विराट नरेश का सेनापति था। उसी के प्रताप से राजा विराट सकुशल राज्य करते थे। रानी ने अपने भाई से कहा–भैया! तुम स्वयं ही सैरन्ध्री से मिलकर उसे मना लो।

कीचक ने अकेले में सैरन्ध्री को घेरा और उसे बड़ी-बड़ी लालचें दीं। सैरन्ध्री बोली–हे सेनापति! मैं पराई स्त्री हूँ, मुझसे ऐसी बात मत कीजिए। मेरे पति महाबली गन्धर्व हैं, वे सदा छिपकर मेरी रक्षा किया करते हैं। अगर वे आपकी यह नीति सुन लेंगे तो आपका अमंगल होगा। परन्तु कीचक नहीं माना। द्रोपदी किसी तरह उसे चकमा देकर भाग आयी। इससे क्रोध में आकर कीचक ने तुरन्त अपनी बहन को कहलाया कि अपनी सैरन्ध्री को तुरन्त मेरी सेवा में भेजे, नहीं तो मैं इस राज्य को मिट्टी में मिला दूँगा।

रानी बेचारी डर गयी। उसने द्रोपदी को कीचक के पास मदिरा की सुराही लेकर जाने की आज्ञा दी। द्रोपदी बेचारी बहुत घबरायी। उसने रानी की बड़ी-बड़ी चिरौरियाँ की।

परन्तु रानी ने हुकूमत जताकर उससे कहा–तुम्हें जाना ही पड़ेगा।

द्रोपदी बेचारी क्या करती। वह कीचक के महल में मदिरा पात्र पहुँचाने के लिए गयी। उसे देखकर कीचक बड़ा प्रसन्न हुआ, परन्तु जैसे ही वह उसे पकड़ने के लिए लपका, वैसे ही वह वहाँ से भागी। द्रोपदी ने सोचा, मैं यदि राजा विराट की सेवा में पहुँचकर शरण मागूँगी तो वह मुझे इस संकट से उबार लेंगे।

द्रोपदी राजा के कक्ष में भागकर जा पहुँची। क्रोध के मारे कीचक भी उसके पीछे-पीछे राजा के कमरे में जा पहुँचा और द्रोपदी के झोटे पकड़कर उसे सभा में ही गिरा दिया तथा एक लात मारी। इस समय राजा के पास युधिष्ठिर भी बैठे हुए थे। उनकी आँखों में खून उतर आया परन्तु; उन्होंने बड़े ही संयम से काम लिया। बेचारी द्रोपदी रो-रोकर राजा से रक्षा माँगने लगी। राजा बेचारा खुद कीचक से डरता था, वह क्या बोलता?

राजा के पास बैठे हुए दूसरे लोगों ने कहा कि दासी होकर भी यह स्त्री कोई शाप भ्रष्टा देवी-सी मालूम पड़ती है; कीचक को इसके साथ इस प्रकार का व्यवहार नहीं करना चाहिए था। युधिष्ठिर ने बहुत समझदारी से काम लेकर इस तरह से समझाया कि राजा विराट भी यह कह उठे–मैं सोच-समझकर इस बात का फैसला करूँगा, तुम इस समय महल में जाओ। उन्होंने कीचक से कहा–कीचक, इस समय तुम भी जाओ और अपने को शान्त करो। मैं न तुम्हारे साथ अन्याय करूँगा और न सैरन्ध्री के साथ।

परन्तु राजा के पास बैठे हुये सभी लोगों को यह विश्वास था कि राजा, कीचक की इच्छा के विपरीत कुछ भी नहीं कर सकते। इस कारण से सब लोग मन ही मन में बहुत दुखी थे। द्रोपदी भी चोट और अपमान से मन ही मन तिलमिला रही थी।

राजा के कमरे से लौटते समय छिपकर वह रसोई घर में जा पहुँची। भीम को अलग बुलाकर उसने सारा हाल सुनाया। भीम बोले– चिन्ता मत करो, मैं कीचक से तुम्हारा बदला ले लूँगा। तुम एक काम करो; कीचक से जाकर यह कह दो कि कल रात में महल की नाट्यशाला में तुम उसे मिलोगी। उसके बाद बाकी काम मैं कर लूँगा।

द्रोपदी ने ऐसा ही किया। द्रोपदी की बात सुनकर कीचक बड़ा ही प्रसन्न हुआ। उसने कहा–मैं कल रात में ठीक समय से नाट्यशाला में पहुँच जाऊँगा। तुम मुझे अवश्य मिलना।

दूसरे दिन रात में भीमसेन जनानी साड़ी लपेट कर नाट्यशाला में जाकर लेट गये। कीचक शराब पीकर बड़ी मस्ती में झूमता हुआ नाट्यशाला में पहुँचा। उसने अँधेरे में चौकी पर भीमसेन को लेटे देखकर यही समझा कि सैरन्ध्री सोई हुई है। उसने उसे जगाते हुए कहा–प्रिये उठो। तुम सो क्यों रही हो?

भीमसेन धीमे–धीमे खुर्राटे मारते रहे। कीचक ने फिर जगाया और कहा–अरे, मेरी तो जान जा रही है और तुम्हें नींद आ रही है।

भीम जनानी आवाज बनाकर बोले–हे प्यारे! तुम्हारी जान अभी कहाँ गयी है, वह तो अब जायेगी। यह देखो।

यह कहकर भीम ने कीचक के बाल पकड़कर खूब झिंझोड़ा और दनादन लातें मारने लगे। उन्होंने कीचक को चीखने तक का मौका नहीं दिया। उसके हाथ–पैर मरोड़ कर तोड़ डाले तथा उसकी छाती पर इतने मुक्के मारे कि उसकी आँखें निकल पड़ीं और वह मर गया।

दूसरे दिन नाट्यशाला में कीचक की लाश देखकर सब लोग सहम गये। कीचक के साथियों ने क्रोधित होकर कहा कि सैरन्ध्री के कारण हमारे नेता की जान गयी है, इसलिए हम उसे भी कीचक के साथ ही साथ इस चिता पर जला देंगे। लोग सैरन्ध्री को पकड़ने के लिए गये और रानी के महल से उसे खींचकर निकाल ले चले। द्रोपदी बहुत ज़ोर–ज़ोर से चीख रही थी। द्रोपदी की चीख सुनकर भीमसेन रुक न सके। उन्होंने मशान तक तो द्रोपदी को बन्धन में जाने दिया क्योंकि; शहर वालों को वे यह नहीं जतलाना चाहते थे कि वे द्रोपदी की रक्षा करने जा रहे हैं। जब केवल दुष्ट साथी ही रह गये, तब उन्होंने एक मोटा–सा पेड़ उखाड़कर इन दुष्टों पर हमला कर दिया। कीचक के सारे साथी भीम के हाथों मारे गये। भीम ने द्रोपदी के बन्धन खोल दिये और उसे महलों में सकुशल पहुँचाकर आप रसोई घर में चले गये।

कीचक के साथियों का वध सुनकर राजा और प्रजा, सबके कलेजे दहल उठे। अब द्रोपदी सबके लिए भय की वस्तु बन गयी। हर आदमी उसके गन्धर्व पतियों से घबराने लगा। इस तरह अज्ञातवास के ग्यारह महीने बीत गये।

राजा विराट के साले कीचक और उसके बलवान साथियों की हत्या का समाचार बड़े चमत्कारित वर्णनों के साथ चारो तरफ फैल गया।

त्रिगर्त के राजा शुशर्मा ने कीचक–वध का समाचार पाकर राजा विराट से अपने पुराने वैर का बदला लेने का निश्चय किया। राजा शुशर्मा दुर्योधन के पास आया। उसने दुर्योधन से कहा–महाराज! आप तो जानते हैं कि अपने प्रतापी सेनापति कीचक के बूते पर मत्स्य नरेश विराट ने मुझे कई बार हराया था। अब मैं अपनी पुरानी पराजयों का बदला लेना चाहता हूँ। मैं आपका निष्कपट–मित्र और शरणागत रहा हूँ। कौरवगण यदि इस समय मेरी मदद कर दें तो मैं विराट से अपने अपमानों का बदला चुका लूँगा। विराट को हराकर उसके खजाने को हम लोग लूट लेंगे। आपकी धन–सम्पदा बढ़ जायगी और मैं बदला लेकर शान्ति पा जाऊँगा।

यह बातें जिस समय हो रही थीं, उस समय कर्ण और दु:शासन भी वहीं बैठे हुये थे। राजा शुशर्मा की बात सुनकर कर्ण ने कहा–मित्र सुयोधन, त्रिगर्त नरेश की बात मुझे भाती

है। पाण्डवों के न मिलने के कारण हम यह नहीं जानते कि उन्होंने हमसे बदला लेने के लिए अब तक कौन-कौन से साधन् जुटा लिये हैं। जो हो, पर यह निश्चित है कि पाण्डव हमसे लड़ने की पूरी तैयारी कर रहे होंगे। इसलिए हमें भी अपनी शक्ति को संगठित करना चाहिए। हमारा राजकोष भी समृद्ध होना चाहिए, जिससे कि आवश्यकता पड़ने पर हम बहुत दिनों तक युद्ध लड़ सकें। मैं समझता हूँ कि भीष्म पितामह, द्रोणाचार्य और महाराज से इस सम्बन्ध में राय लेना उचित होगा।

कर्ण की सलाह को पसन्द करके दुर्योधन ने अपने भाई दु:शासन को भीष्म आदि गुरुजनों की आज्ञा लेने के लिए भेजा। उन्हें आज्ञा मिल भी गयी। दुर्योधन ने अपनी सेना संगठित की। त्रिगर्त नरेश शुशर्मा से कहा–कृष्ण पक्ष की सप्तमी को तुम पूर्व-दक्षिण दिशा कोणों से विराट के राज्य में प्रवेश करो। अष्टमी के दिन हम लोग भी वहाँ पहुँच जायेंगे।

राजा शुशर्मा ने ऐसा ही किया। अचानक धावा बोलकर उसने राजा विराट के गोपालों और सिपाहियों को मार डाला और विराट की हजारों गायें लूट कर ले गया।

राज्य कर्मचारियों ने राजा विराट की सेना में जाकर यह सूचना दी।

विराट ने अपनी गायें छीन लाने के लिए अपने दोनों छोटे भाइयों शतानीक और मदिराक्ष के साथ हाथी, घोड़े, रथ और पैदल सिपाहियों की चतुरंगिणी सेना शुशर्मा से भेज दीं। विराट और शुशर्मा की सेनाओं की मुठभेड़ हुई, खूब घमासान लड़ाई लड़ी गयी, दोनों ओर के सैकड़ों योद्धा कट गये। लड़ाई में अपना पक्ष कमजोर पाते देखकर स्वयं राजा विराट भी अपनी बची-खुची सेना को लेकर युद्ध क्षेत्र में आ पहुँचे। इस लड़ाई के दूसरे दिन भी सैकड़ों लोग मारे गये किन्तु; आज के युद्ध में विराट की सेना को ही भारी मात खानी पड़ी। सबसे कठिन प्रहार तो यह हुआ कि राजा विराट, राजा शुशर्मा की पकड़ाई में आ गये!

युधिष्ठिर को यह देखकर बड़ी ही चिन्ता हुई। वे सोचने लगे कि अगर हम लोगों के रहते राजा विराट यों अपमानित होंगे तो बहुत बुरा होगा। उन्होंने हिसाब लगाकर देखा, उस दिन उनका अज्ञात वर्ष पूरा हो चुका था। अत: युधिष्ठिर अब निश्चिन्त हो गये। उन्होंने भीम को बुलवाया और कहा–भैया! जिस राजा के राज में हमारे वनवास का यह कठिनतम समय सकुशल बीता है, उस राजा को बन्दी बनाकर शुशर्मा अपनी राजधानी में न ले जा सके। तुम रास्ते में ही शुशर्मा की सेना को घेर लो।

भीम बोले–अभी लीजिए महाराज, मैं इनकी सेना के छक्के छुड़ा कर राजा विराट को लिये आता हूँ। यह कहकर वे तुरन्त ही सामने के एक पेड़ को जड़ समेत उखाड़ने लगे। युधिष्ठिर ने कहा–नहीं भीम अपना यह तमाशा मत दिखलाओ। यह ठीक है कि हमारे अज्ञातवास का समय बीत चुका है, फिर भी शत्रुओं को एकाएक अपना परिचय देना उचित नहीं होगा। धनुष, फरसा, तलवार आदि हथियारों से ही काम लो।

भीम ने ऐसा ही किया। भीम के नेतृत्व में विराट की बची-खुची सेना राजा शुशर्मा से लड़ने के लिए दौड़ पड़ी। भीम ने शुशर्मा की सेना पर एक ओर से हल्ला बोल दिया। फिर मारकाट मचने लगी, परन्तु इस बार विराट की सेना का पलरा भारी था। शुशर्मा का छोटा भाई मारा गया। बहुत से हाथी, घोड़े, रथ और सिपाही तहस-नहस हो गये। शुशर्मा ने देखा कि अरे! हम तो अब जीती बाजी हार रहे हैं! अत: वह पूरे जोश में भीम पर

आक्रमण करने के लिए पलट पड़ा। भीम तो इस बार आक्रमण की बाट ही ताक रहे थे। शुशर्मा को पलटते देखकर उन्होंने उसके ऊपर एकदम से हल्ला बोल दिया। देखते ही देखते शुशर्मा की अंगरक्षक सेना तहस-नहस हो गयी। यही नहीं, शुशर्मा का रथ भी टूट गया।

सहदेव और नकुल भी युद्ध-क्षेत्र में आ डटे थे। उनके पराक्रम से प्रभावित विराट के कुँवर भी जोश में आकर युधिष्ठिर की आज्ञा से भीम की सहायता के लिए आगे बढ़े। इस प्रकार विराट की सेना अब कुशल सेनापतियों की निगरानी में लड़ती हुई धीरे-धीरे अति-प्रबल हो उठी। इससे त्रिगर्त की सेना भेड़ बकरियों की तरह से कटने लगी। इधर भीम ने सीधे जाकर शुशर्मा का ही मुकाबला किया। इससे उसके घोड़ों तथा रथ के सारथी को मार गिराया। राजा विराट, शुशर्मा के रथ पर ही अब तक विवश बैठे थे। उन्होंने जब अपने पक्ष को प्रबल पड़ते देखा तो उछलकर रथ से कूद पड़े और शुशर्मा की ही गदा उठाकर युद्ध करने लगे।

अब राजा शुशर्मा घबराकर भागा किन्तु; भीमसेन ने उसे ललकार कर लौटा लिया। दोनों में घमासान-युद्ध होने लगा लेकिन; भीम के आगे शुशर्मा अधिक देर तक टिक नहीं सका। भीम के मुक्कों की मार खाकर वह बेहोश हो गया। भीम राजा विराट और सारी गायों को घेर कर वापस राजधानी विराट नगर की ओर चले। साथ में वह शुशर्मा को भी बन्दी बनाकर बाँध लाये।

राजा विराट बहुत ही प्रसन्न थे। उन्होंने युधिष्ठिर से कहा-हे ब्राह्मण श्रेष्ठ! आपकी रीति-नीति से ही यह बल्लव आदि वीर-योद्धा युद्ध-क्षेत्र में पहुँच गये और मैं अपनी हारी हुई बाजी जीत गया। मैं आपके प्रति बड़ा ऋणी हूँ। चलिये, मैं आपको इसी समय मत्स्य देश का राजा बना दूँ। युधिष्ठिर बोले-हे राजन्! आपके इन मधुर वचनों से ही मैं सन्तुष्ट हो गया। आप ही अपना राज-पाट भोगिये। आपकी छत्रछाया में हम लोगों ने बड़ा सुख पाया। हम आपका बहुत उपकार मानते हैं। अब आप कृपा करके हरकारों को राजधानी की ओर दौड़ा कर अपनी जीत की शुभ सूचना भिजवा दीजिये। नगर में प्रवेश के समय आपका भव्य स्वागत होना चाहिये। विराट ने ऐसा ही किया। राजधानी में खुशी की लहर दौड़ गयी।

●

बाबा ने आगे कहा...

बाबाजी से कहानियाँ सुनते हुए हमें अब कई दिन हो चुके थे। मजे की बात यह थी कि हमारे मम्मी-डैडी लोग भी इन कहानियों को सुनने के लिये उतने ही लालायित रहते थे, जितने कि हम लोग। पर हाँ, बाबाजी हर दिन अपनी कथा सुनाने की जगह बदल दिया करते थे। कभी वह चक्रतीर्थ के किनारे चबूतरे पर बैठकर कथाएँ सुनाते तो कभी हनुमान गढ़ी में। कभी व्यास गद्दी पर उनकी मण्डली जुड़ती थी और कभी हँस तीर्थ पर या ललितादेवी के मन्दिर के पास। आज उत्तरा और अभिमन्यु के ब्याह की कहानी सुनाने के लिए उन्होंने एक नया स्थान चुना था। यह था एक टीले पर गहरा और कमलनुमा बना हुआ एक बहुत ही सुन्दर यज्ञ-कुण्ड!

हम लोग जब वहाँ पहुँचे तो जगह को देखकर हम सबको बड़ी निराशा हुई। अतुल, आलोक, अक्षय, अपर्णा, बबलू, सिद्धी, ऋचा और दीक्षा, यानी मुहल्ले भर के सभी बच्चे नाक-भौं सिकोड़ने लगे। पप्पू और राजू को भी वह टीला कुछ पसन्द नहीं आया। यह यज्ञ-कुण्ड सुन्दर अवश्य था, पर टीला सूना-सूना ही था। हमारे मन की बात समझकर बाबाजी बोले-"देखो बच्चो हमारी कहानियाँ आज ब्याह की बातों से से शुरू होने वाली हैं। यह तो तुम लोग जानते ही हो कि ब्याह, जनेऊ आदि शुभ कार्य यज्ञ के बिना हो ही नहीं सकते, इसलिये मैं आज तुम्हें यहाँ लाया हूँ।"

बबलू बोला-"मेरी दादी कल शायद यहीं आयी होंगी। सप्तर्षियों ने यहीं यज्ञ किया था न बाबाजी?"

"नहीं भाई नहीं, तुम तो दादियों और पण्डों जैसी बातें करने लगे। यह सच है कि यहाँ यज्ञ हुआ था मगर सप्तर्षियों के बहुत प्राचीन काल में नहीं; बल्कि यह हमारे तुम्हारे जाने पहिचाने इतिहास-काल में हुआ था।"

अप्पी बोली-"यहाँ किसने यज्ञ किया था, बाबाजी?"

"यह गुप्तकाल का बना हुआ यज्ञ-कुण्ड है, इससे यह अनुमान होता है कि सम्राट समुद्रगुप्त या उनके बेटे सम्राट चन्द्रगुप्त विक्रमादित्य ने यहाँ यज्ञ कराया होगा। और जानते हो? बड़े-बड़े राजे-महाराजे जब यज्ञ कराते थे तो उसका एक मतलब पुण्य के अलावा राजनीतिक मेल-जोल बढ़ाना और गरीब प्रजा की सहायता करना भी हुआ करता था। अब इस यज्ञ-कुण्ड के पास खड़े होकर तुम लोग अपने तीनों ओर बड़े-बड़े तथा सजे-धजे सुन्दर मण्डपों की कल्पना करो, जिसके चारो तरफ अच्छे-अच्छे मण्डप सजे हुए हैं। कहीं बड़े महाराजे और सामन्त बैठे हैं तो कहीं सेठों का जमघट जुड़ा है। इधर साधुओं और संन्यासियों के आसन लगे हैं तो धुर नीचे गोमती के किनारे तक प्रजा-जनों की भीड़ बैठी है। बस समझ लो कि भीड़-भाड़ की जैसी कल्पना मैंने तुम्हें गुप्त सम्राट के इस

यज्ञ-कुण्ड के पास करायी है, वैसी ही भीड़-भाड़ और सजावट उत्तरा-अभिमन्यु के विवाह मण्डप में हुई थी।''

अतुल बोला-''अब समझ में आया कि बाबाजी आज हमें यहाँ क्यों लाये हैं।''

बाबाजी-''बच्चो! विवाह की कथा सुनाने के पहले पिछली कथा का कुछ शेष भाग बताएँगे, जिससे कथा की कड़ी न टूटने पाये। तुम सबको हम राजा विराट की कथा सुना रहे थे। राजा विराट अपने यहाँ पाण्डवों जैसे वीर सहायक पाकर बहुत प्रसन्न हुए थे न?''

•

कौरवों का आक्रमण

राजा विराट की खुशी अधिक दिनों तक टिक नहीं सकी। योजना के अनुसार कौरव-सेना ने भी मत्स्य-देश पर आक्रमण कर दिया। वे लोग विराट की 60,000 गायें लूट कर ले गये। विराट नगर में कौरवों के आक्रमण से एकाएक बड़ी हलचल मच गयी। त्रिगर्त का राजा कोई मामूली राजा नहीं था लेकिन; कौरवों के पराक्रम से सभी घबराते थे। फिर जब यह सुना गया कि कौरवों की सेना के साथ भीष्म, द्रोणाचार्य और कर्ण जैसे महारथी आये हैं तो स्वयं राजा विराट के मन में भी बड़ी खलबली मच गयी।

युधिष्ठिर बोले–महाराज! भयभीत न हों। आपके राजकुमार उत्तर ने शुशर्मा के साथ युद्ध करते समय बड़ा हौसला दिखलाया था, इस बार उन्हें ही अपनी सेना का नायक बनाकर भेजें। राजकुमार उत्तर अपनी प्रशंसा सुनकर फूल गया। उसने शेखी में आकर अपने पिता से कहा– हाँ, पिताजी मुझे रणक्षेत्र में जाने की आज्ञा दीजिये। मैं कौरवों का संहार कर डालूँगा। राजा विराट ने आज्ञा दे दी। राजकुमार ने महलों में जाकर अपनी शेखी बघारना आरम्भ कर दिया। राजकुमारी के नृत्य गुरु वृहन्नला ने भी यह बातें सुनीं। उत्तर के मुख से जब उन्होंने यह सुना कि कंक अर्थात् युधिष्ठिर ने ही राजा को यह सलाह दी थी तो वे सारी बात का मतलब तुरन्त समझ गये थे। द्रोपदी के पास गये और उससे कहा– राजकुमार से वह वृहन्नला को अपना सारथी बनाकर ले जाने की सिफारिश करे। द्रोपदी ने राजकुमार उत्तर से जाकर वृहन्नला को अपना सारथी बनाने की प्रार्थना की।

उत्तर बोला–अरे सैरन्ध्री! यह नचनिया भला मेरी क्या सहायता करेगा।

सैरन्ध्री अर्थात् द्रोपदी बोली–राजकुमार! इस वृहन्नला ने महाबली अर्जुन के साथ काम किया है। खाण्डव वन पर आक्रमण करते समय अर्जुन ने इस वृहन्नला को अपना सारथी बनाया था। आप इसको कोरा नचनियाँ न समझिये। अपनी राजकुमारी बहिन से कहिए कि वह किसी तरह से वृहन्नला को आपका सारथी बनाने के लिए राजी करा लें।

उत्तर के कहने से बहिन अपने नृत्य-गुरु को बुला लायी। पहले तो अर्जुन अपनी जबानी लटके-झटके ही दिखलाते रहे किन्तु; जब बहिन ने यह कहा कि मुझे मालूम है कि आपने ही अर्जुन को खाण्डव वन में विजय दिलायी थी, तब वे गम्भीर हो गये। उन्होंने राजकुमार उत्तर का सारथी बनना स्वीकार कर लिया। दूसरे दिन राजकुमार जब युद्ध-क्षेत्र में जाने लगे तो बहिन ने तिलक करके उनसे कहा–भैया, शत्रुओं के रंगारंग कपड़े मेरे लिये अवश्य लाइयेगा, मैं भीष्म, द्रोण, कर्ण और दुर्योधन ऐसे महारथियों के कपड़ों से अपनी गुड़िया बनाऊँगी।

उत्तर ने हँसकर ऐसा करना स्वीकार किया परन्तु; वह रथ पर चढ़कर युद्ध-क्षेत्र में पहुँचा तो बड़े-बड़े महारथियों को देखकर उसे जूड़ी-सी चढ़ आयी। वह रथ से कूदकर

भागने लगा। उसने कहा–मैं इन महारथियों से नहीं लड़ सकता। मुझे तो बहुत डर लग रहा है। मैं वापस जाता हूँ।

वृहन्नला ने जब राजकुमार को यों भागते देखा, तब रथ से उतर कर राजकुमार उत्तर को पकड़ लिया। उर्वशी की दवा का असर अब मिट चुका था। अर्जुन पुनः अपने पुराने तेज को पा चुके थे, इसलिये उनके झपटकर उतरने को देखकर बहुत से कौरवों को शक हो गया कि हो न हो यह सारथी वेशधारी पुरुष शायद अर्जुन ही है।

इधर राजकुमार उत्तर ऐसा घबरा गया था कि अर्जुन के रोके भी न रुक सका। वह बिलख-बिलख कर रोने लगा। अर्जुन ने यह देख कर कहा–अच्छा, मैं तुम्हें लौटाये लिए चलता हूँ। राजकुमार उत्तर को रथ पर बैठाकर अर्जुन सीधे उस मशान में पहुँचे, जहाँ कि पाण्डवों के हथियार छिपे हुए रखे थे। अर्जुन ने उत्तर से कहा–इस पेड़ पर चढ़कर देखो, इसके खोखल में कुछ हथियार रखे हैं। उन्हें नीचे ले आओ।

राजकुमार उत्तर ने वैसा ही किया और अर्जुन ने स्वयं को अपने अस्त्रों-शस्त्रों से तुरन्त लैस कर लिया।

अपने हथियारों और गाण्डीव धनुष से सजकर अब अर्जुन कोई और ही पुरुष लगता था। अतः राजकुमार उत्तर ने हाथ जोड़कर कहा– आप मुझे अपना असली परिचय दें।

हथियारों से लैस अर्जुन ने उत्तर को अपना तथा अपने भाइयों व द्रोपदी का असली परिचय दिया। अर्जुन का नाम सुनते ही उत्तर ने उनके आगे अपना सिर झुका दिया। अब उसे कौरवों का कोई डर नहीं रह गया था।

हथियारों से लैस होकर अर्जुन युद्ध के मैदान में आए तो राजकुमार उत्तर उनका रथ चला रहा था। अर्जुन ने अपना शंख जोर से फूँका। शंख की आवाज़ सुनकर कौरवों को पता चल गया कि विराट की ओर से महाबली अर्जुन ही हमसे लड़ने आये हैं। सारे कौरव खुशी से नाचने लगे और उन्होंने कहा–पाण्डवों का अज्ञातवास खण्डित हो गया, हम उन्हें अब फिर 12 वर्षों के लिए वनवास भेज सकते हैं।

यह सुनकर भीष्म पितामह बोले–तुम लोग गलती पर हो, अर्जुन तेरहवें वर्ष में नहीं चौदहवें वर्ष में तुम्हारे सामने आया है। तुम अब पाण्डवों का कुछ भी नहीं बिगाड़ सकते हो। जाओ, युद्ध की तैयारी करो।

कर्ण बोला–मैं वर्षों से इस दिन की प्रतीक्षा कर रहा था। आज अर्जुन को लोहे के चने चबाने पड़ेंगे।

भयानक युद्ध छिड़ गया। अर्जुन के गाण्डीव की टंकार सुनकर कौरव-सेना के कलेजे दहल-दहल उठते थे। अर्जुन के बाणों ने शत्रुओं की सेना में हाहाकार मचा दिया। कर्ण हार कर भागा। द्रोणाचार्य, भीष्म आदि के सारथी और घोड़े भी अर्जुन के बाणों से तहस-नहस हुए। कृपाचार्य, द्रोणाचार्य, दु:शासन एक-एक करके सभी मैदान छोड़कर भाग निकले। अपनी सेना के हौसले को पस्त होते देखकर सब महारथियों ने मिलकर अर्जुन से युद्ध किया, परन्तु उसमें भी उन्हें करारी मात खानी पड़ी। अर्जुन अपने दादा, गुरु और भाइयों को मारना नहीं चाहता था। उन्हें बन्दी बनाकर वह विराट राजा के दरबार में भी नहीं ले जाना चाहता था, इसलिए अर्जुन ने अपने गाण्डीव पर चढ़ाकर बेहोश करने वाले अनोखे तीरों की वर्षा आरम्भ कर दी। बाणों के सम्मोहन-फलक से खुलकर कोई ऐसी

औषधि हवा में मिल जाती थी कि लोग बेहोश हो जाते थे। सारी कौरव सेना बेहोश हो गयी। अर्जुन ने उत्तर से कहा–जाओ और कौरवों के कपड़े उतार लाओ लेकिन; खबरदार! भीष्म पितामह, द्रोणाचार्य, कृपाचार्य आदि परम् वरिष्ठजनों के शरीर पर हाथ न लगाना। वे लोग मेरे पूज्य हैं।

राजकुमार उत्तर की इस विजय के समाचार राजधानी में पहुँच गये। सब लोग खुशियाँ मनाने लगे। राजा विराट, युधिष्ठिर के साथ बैठे हुए चौसर खेल रहे थे। खेलते-खेलते उन्होंने बड़े गर्व से कहा–देखा कंक, मेरे बेटे ने आज प्रतापी कौरवों को हरा दिया।

युधिष्ठिर बोले–महाराज! वृहन्नला की चतुराई से ही यह युद्ध जीता गया है।

राजा विराट को यह सुनकर बुरा लगा। उन्होंने फिर अपनी बात दोहरायी। युधिष्ठिर ने फिर कहा कि वृहन्नला की कला से ही यह युद्ध जीता गया। बार-बार यह बात सुनकर राजा विराट को क्रोध आ गया– उन्होंने अपने हाथ का पाँसा उठाकर युधिष्ठिर के मुँह पर खींच मारा। युधिष्ठिर की नाक से खून बहने लगा। संयोग से द्रोपदी उस समय महाराज को यह सूचना देने आयी थी कि राजकुमार उत्तर और वृहन्नला द्वार पर आ गये हैं। परन्तु द्रोपदी ने जब युधिष्ठिर की नाक से खून बहते देखा तो झट से एक कटोरा लेकर उस लहू को धरती पर गिरने से रोक लिया। वह विराट से बोली–महाराज! वृहन्नला इनका लहू बहता देख न पायें, नहीं तो क्रोध में आकर वे आपका अमंगल कर डालेंगे।

युधिष्ठिर ने भी झट-पट अपनी नाक का लहू साफ कर लिया। इतने में ही राजकुमार भी वृहन्नला के साथ दरबार में आ गये। राजकुमार से सारी बातें सुनकर तथा पाण्डवों का असली परिचय पाकर राजा विराट अचम्भे में आ गये! उन्होंने युधिष्ठिर से क्षमा माँगी।

युधिष्ठिर बोले–हम लोग आपके उपकारों को भुला नहीं सकते। आपने जो अपराध किया, वह अनजाने में किया है।

विराट बोले–मैं इसका प्रायश्चित करना चाहता हूँ। धर्मराज, मैं चाहता हूँ कि अपनी बेटी का विवाह महाबली अर्जुन के साथ कर दूँ।

अर्जुन बोले–नहीं महाराज! उत्तरा मेरी बेटी के बराबर है।

युधिष्ठिर ने कहा–अर्जुन ठीक कहते हैं मत्स्य नरेश, पर हम आपके इस उत्तम प्रस्ताव को अवश्य स्वीकार करेंगे। हम दोनों के कुलों को घनिष्ट सम्बन्ध में बँधना चाहिये, यह मैं भी मानता हूँ। मैं अर्जुन के बेटे अभिमन्यु के लिये आपकी बेटी उत्तरा का सम्बन्ध स्वीकार करता हूँ।

इस प्रकार पाण्डव के लिए हँसी-खुशी के दिन आ गये। श्रीकृष्ण को सूचना दी गयी कि सुभद्रा, अभिमन्यु के साथ विराट नगर पहुँच कर पाण्डवों से मिलें। विराट नगर की प्रजा तो यह जानकर खुशी से बावली हो उठी कि प्रतापी पाण्डव ने अज्ञातवास का वर्ष उनके साथ बिताया था। सारा विराट नगर नाच-रंग और अभिमन्यु-उत्तरा के विवाह की तैयारियों में मगन हो गया।

•

उत्तरा और अभिमन्यु का विवाह

बच्चो! विराट नगर में उत्तरा-अभिमन्यु का विवाह हो रहा है। मुख्य मण्डप में समधी लोग बैठे हैं। द्वारका से अभिमन्यु के मामा श्रीकृष्ण और बलदेवजी पधारे हैं। यों तो अभिमन्यु के नाना वसुदेवजी भी हैं। पर शायद वे बुढ़ापे के कारण लम्बी यात्रा नहीं कर सकते, इसलिये नहीं आये। खैर, वे न सही परन्तु; अभिमन्यु की सौतेली माँ द्रोपदी के पिता महाराज द्रुपद भी अभिमन्यु के सगे नाना के समान ही थे। वह घर के बड़े-बूढ़े की तरह इस विवाहोत्सव में मौजूद हैं। बड़ी खातिरदारियाँ हो रही हैं और सब लोग सब तरह से बड़े सुख में बैठे हुए आपस में बातें कर रहे हैं।

धर्मराज युधिष्ठिर बोले-अभिमन्यु के ननिहाली लोग तो यहाँ सब मौजूद हैं, लेकिन दादा के घर के लोग नहीं आये, इसका मुझे बड़ा दु:ख है। भगवान की दया से अभिमन्यु के परदादा, हमारे भीष्म पितामह जीवित हैं। विदुरजी हैं, हमारे धृतराष्ट्र चाचा और कौरव भाई लोग हैं, मगर आपसी बैर-फूट के कारण आज उनमें से यहाँ कोई उपस्थित नहीं है।

यह बात जब छिड़ी तब फिर आगे-पीछे की सभी बातें सामने आने लगीं। महाराज द्रुपद ने अपने दामाद युधिष्ठिरजी से पूछा-अज्ञातवास का वर्ष भी पूरा हो गया। धर्मराज, अब आगे के लिए आप लोगों का क्या विचार है? कहाँ रहेंगे? राजपाट कैसे पायेंगे? इन सब बातों पर आप लोगों ने कुछ न कुछ विचार तो किया ही होगा?

युधिष्ठिर बोले-मान्यवर, हमने कुछ सोचा तो अवश्य है, पर अभी कोई निर्णय नहीं ले सके हैं। हम यह चाहते हैं कि अपनी बात कहने से पहले एक दिन आप लोगों के विचार सुनें। ब्याह के बहाने सभी सगे-सम्बन्धी मित्र राजे-महाराजे यहाँ आये हुए हैं। सबसे बड़ी बात यह है कि आप और श्रीकृष्णजी भी यहाँ मौजूद हैं। इसलिये मेरा निवेदन यह है कि आप भाई कृष्ण से सलाह करके कल किसी समय एक गुप्त विचार गोष्ठी कर लें। आप लोगों की बातों में हम पाण्डव भाइयों के मनों की सभी बातें निश्चयपूर्वक आ जायेंगी, और यदि कोई रह गयी तो उसे मैं विचार करने के लिए आप लोगों के सम्मुख कह दूँगा।

महाराज द्रुपद ने श्रीकृष्ण से धीरे-धीरे बातें कीं और उनकी सहमति से दूसरे दिन दोपहर बाद राजा विराट के महल में किसी सुरक्षित स्थान पर बैठकर वह गुप्त-गोष्ठी करने के बात पक्की हो गयी।

ब्याह के बाद बड़ी भारी जेवनार हुई। समधियों को सोने के थालों और हीरे-जवाहरात से जड़ी कटोरियों में छप्पन-भोग परोसे गये। जो लोग माँस खाने वाले थे, उनके लिए तरह-तरह के मांस जीमने के लिए थे, जो लोग शाकाहारी थे, उनके लिये भी तरह-तरह की स्वादिष्ट सामग्रियाँ बनी थीं। पुराने लोग खाने में बड़े धाकड़ होते थे। सबने खूब डटकर भोजन किया लेकिन; सबसे ज्यादा मजा तो अभिमन्यु के मँझले ताऊ महाबली

भीम पाण्डव के खाने में आया। अपने दुःख के दिनों में चूँकि वे अपने समधी के महलों में रसोइया का काम कर चुके थे, इसलिये पहले तो वह संकोच करते रहे लेकिन; जब श्रीकृष्ण, बलदेव सात्यिकि आदि सब भाई बन्धु हँसी-हँसी में ललकारने लगे, तब उन्हें भी जोश आ गया। श्रीकृष्ण ने कहा–भीम भैय्या, बड़े पेटू बनते हो। जरा समधी के यहाँ अपनी करामात दिखाओ तो हम लोग भी देखें।

सुनकर सब लोग हँस पड़े। राजा विराट तुरन्त भीम के पास जा पहुँचे और हाथ जोड़कर कहा–समधीजी आप के भाइयों ने तो आपको भोजन करते देखा है, पर मुझे कभी ऐसा मौका नहीं मिला। मैंने यह भी सुना है कि कुछ राक्षसों के लिए बनाया गया छकड़ा भर भोजन आप अकेले ही चट कर गये थे! हम को यह बात सुनकर विश्वास नहीं हुआ था। क्या सचमुच आप इतना भोजन कर सकते हैं?

सुनकर भीम अपनी कमर का फेटा ढीला करके तनकर बैठ गये और कहा कि लाइये, क्या-क्या माल खिलाना चाहते हैं मुझे? लड्डू, कचौड़ियों और माल पुए के डले के डले आने लगे और भीम दनादन उन्हें अपने पेट के खजाने में डालने लगे। दूसरे लोगों की भूख तो उनका खाना देखकर ही मिट गयी। खूब हँसी मजाक रहा।

दूसरे दिन महाराज विराट के गुप्त-मन्त्रणा गृह में आठ-दस बड़े-बड़े राजे-महाराजे इकट्ठे हुए। कमरे के चारो ओर कड़ा पहरा लगा दिया गया, जिससे कि कोई बाहर वाला उनकी बातें सुनने के लिए आस-पास छिपकर खड़ा न हो सके। श्रीकृष्ण ने सबसे कहा–भाइयो, हमने यह माना कि धर्मराज से जुआ खेलने की चूक हुई थी परन्तु; उसके लिए उन्होंने अपने भाइयों और द्रोपदी रानी के साथ बहुत दुःख भोग लिये। बारह वर्ष जंगलों में भटकते हुए बिताये। तेरहवें वर्ष में अज्ञातवास की शर्त भी उन्होंने सफलतापूर्वक पूरी की। अब हम समझते हैं कि हस्तिनापुर वालों से यह कहा जाय कि कम से कम इनका आधा राजपाट वे लौटा दें। आपस का मामला है, दोनों ही अपने सगे-सम्बन्धी हैं, इसलिये हम सबको मिलकर अब इस झगड़े को समाप्त करा ही देना चाहिए।

बलदेवजी बोले–मैं कृष्ण की बातों से सहमत हूँ। मैं समझता हूँ कि किसी बुद्धिमान और नीति-कुशल आदमी को हस्तिनापुर के दरबार में भेजकर हमें भीष्मजी तथा महाराज़ धृतराष्ट्र को यह सन्देश भेजना चाहिए कि युधिष्ठिर से बड़ी चूक हुई। वह जुआ खेलने में कच्चे थे, फिर भी शकुनी जैसे धूर्त के साथ खेलने बैठ गये, मगर उनकी इस नादानी को बड़े लोग क्षमा करें और अपना प्रभाव डालकर सुयोधन से युधिष्ठिर का राज्य इन्हें दिलवा दें।

सात्यिकि यह सुनकर तप गये; बोले–आप लोग युधिष्ठिर महाराज को अपराधी क्यों सिद्ध कर रहे हैं? इस तरह गिड़गिड़ाने की आवश्यकता ही क्या है। धर्मराज युधिष्ठिर ने कोई अपराध नहीं किया। लड़ाई और जुए के लिये बुलावा पाने पर जाना क्षत्रियों का धर्म है। दुष्टता तो शकुनी और दुर्योधन आदि ने की है। उन्होंने दो-दो बार न्योते भेजकर पाण्डवों को अपने घर बुलवाया और इन बेचारों को छल-कपट करके लूट लिया। मेरा प्रस्ताव है कि हमें सीधे-सीधे यह धमकी देनी चाहिये कि यदि हस्तिनापुर के दरबार से पाण्डवों को न्याय न मिला तो हम, उनके सगे-सम्बन्धी लोग मिलकर उन्हें न्याय दिलाने के लिये लोहे से लोहा बजाने को हर समय तैयार हैं।

श्रीकृष्ण अभी गर्मागर्मी का वातावरण तैयार नहीं करना चाहते थे। उन्होंने कहा–मैं समझता हूँ कि हमें अभी तनाव की स्थिति उत्पन्न नहीं करनी चाहिए। महाराज द्रुपद हम सबमें बड़े और हमारे पिता के समान पूज्य हैं। वे ही सब बातों का विचार करके कोई निर्णय ले लें तो उचित होगा। अभिमन्यु के विवाह के बहाने हम सब लोग यहाँ इकट्ठे हुए। दुःख और चिन्ता के बुरे दिनों के बाद यह सुख का दिन पाया तो हमने बहाने से बैठकर यह आवश्यक बात भी यहाँ पर छेड़ ली। आज की सभा का मतलब केवल इतना ही है कि हम लोग अब इस दिशा में अपना मन तैयार करना आरम्भ करें। लोहे से लोहा बजाने का हौसला रखना अच्छी बात है लेकिन; उसके लिए अनुकूल अवसर पर ही हमें कदम आगे बढ़ाना चाहिए। मैं समझता हूँ कि इस बात पर, हम सभी एक मत होंगे।

श्रीकृष्ण की बात सबने मानी। एकाएक युद्ध की चुनौती देना किसी को भी उचित नहीं लगा। परन्तु नौजवान सात्यिकि यादव अपनी इस बात पर अड़ा ही रहा कि हस्तिनापुर जाने वाले दूत को महाराज युधिष्ठिर का दोष नहीं दर्शाना चाहिये। सात्यिकि जब फिर से तेज पड़ने लगे, तब श्रीकृष्ण ने कहा–हे सात्यिकि, पहले यह बात समझ लो कि हस्तिनापुर के दरबार में इस काम के लिए न तो यादवों की ओर से दूत भेजना उचित होगा, और न पाण्डवों या राजा विराट की ओर से ही। राजा विराट से उनकी लड़ाई अभी हो ही चुकी है और पाण्डवों की बात वे सुनेंगे नहीं। हमारे लिये भी दूत भेजना कठिन है क्योंकि; दुर्योधन कहेगा कि यादव लोग जैसे पाण्डवों के सम्बन्धी हैं, वैसे ही हमारे भी हैं। फिर हमारे बीच में वे एक का पक्ष लेकर क्यों कूदते हैं? इसलिये मेरी राय में महाराज द्रुपद को ही दूत भेजना चाहिये। द्रोणाचार्यजी इनके सहपाठी रहें हैं। कृपाचार्यजी इन्हें बहुत मानते हैं। भीष्म पितामह के मन में समधी के नाते द्रुपद महाराज के लिए प्रेम और आदर-भाव है। इनकी बातों का प्रभाव कुछ दूसरा ही पड़ेगा।

सबने श्रीकृष्ण की बातों को सराहा। महाराज द्रुपद बोले–आप सबकी राय से मैं सहमत हूँ। मैं यहाँ से जाने के बाद उचित समय देखकर अपने पुरोहितजी को हस्तिनापुर भेजूँगा।

●

द्रुपद की रणनीति

बात पक्की हो गयी। समधी के घर से विदा लेकर लोग-बाग अपने-अपने घरों को चले गये। महाराज द्रुपद भी बहू को विदा कराके अपने दामादों और संग-संगातियों को लेकर अपनी राजधानी गये और वहाँ सबको बड़ी खातिरदारी से रखा। उन्होंने चतुर राजनीतिज्ञ की तरह हस्तिनापुर दरबार में अपने पुरोहितजी को भेजने से पहले अपने सुयोग्य और नीति कुशल मन्त्रियों के साथ बैठकर विचार किया। यह तय पाया गया कि पहले देश-विदेश के मित्र राजों का मनोबल अपने हित में संगठित करके, फिर अपनी शक्ति तौलकर हस्तिनापुर दरबार में अपना दूत भेजना चाहिये। इसी नीति के अनुसार दूसरे राजा-महाराजाओं के यहाँ सहायता पाने के लिए चतुर दूतों को रवाना किया गया। जब चारों ओर से हौसला मिलने लगा, तब महाराज द्रुपद ने अपने पुरोहितजी को बुलाकर कहा-'पूज्यवर! अच्छा मुहूर्त देखकर अब आप हस्तिनापुर जायँ किन्तु; आप धृतराष्ट्र राजा से मिलने जाने के पहले महात्मा विदुर, द्रोणाचार्य, कृपाचार्य, भीष्म पितामह और कौरव-कुल के दूसरे बड़े-बूढ़ों से मिलें। पहले उन्हें अपने मत में मिलाइये, बाद में राजा के सामने दरबार में यह बात कहिये।'

महाराज द्रुपद ने सब तरह से सोच-विचार कर अपनी चालें चलीं। उन्होंने अर्जुन से कहा-यों तो श्रीकृष्ण आदि यादवगण हमारे साथ हैं, पर तुम्हें स्वयं जाकर उनकी सहायता माँगनी चाहिये।

अर्जुन उनकी बात मानकर द्वारका की ओर चल दिये।

दुर्योधन और अर्जुन की श्रीकृष्ण से भेंट

पाण्डवों की ओर से जब यह राजनीतिक चालें चली जा रही थीं, तब दुर्योधन भी चुप नहीं बैठा था। उसने भी दूर-दूर के राजे-महाराजों के पास सहायता पाने के लिये अपने भाइयों और चतुर मन्त्रियों को भेजना आरम्भ किया। उन दिनों आर्य और शक राजे-महाराजों की सीमा आज के भारतवर्ष के नक्शे से कहीं अधिक दूर ठेठ ईरान, इराक़, तुर्क़िस्तान, आजरबैजान आदि देशों तक फैली हुई थी। बगदाद शहर उन दिनों भगदात या भगदत्त कहलाता था। अफ़गानिस्तान की आधुनिक स्वात नदी के आस-पास फैला हुआ क्षेत्र-सुवास्तु देश कहलाता था। आधुनिक कम्बोह पुराना काम्बोज था। आधुनिक वल्य पुराना वाल्हीक देश, सीस्तान यानी पुराना शकस्थान आदि मध्य एशिया का बहुत बड़ा क्षेत्र व्यावसायिक और धार्मिक रूप से हमारे साथ ही जुड़ा हुआ था। आधुनिक कन्दहार पुराना गान्धार अर्थात् दुर्योधन के नाना का देश था। इसलिये दुर्योधन ने गान्धार, वाल्हीक, शकस्थान, सुवास्तु भगदत्त और यवन द्वीप आदि के राजे-महाराजों के पास अपने दूत भेजे। वे उनके लिये बड़ी मूल्यवान भेंट भी अपने साथ ले गये। आजकल एलेक्शन के दिनों में जैसे राजनीतिक पार्टियाँ वोटरों को अपने-अपने पक्ष में मिलाने के जतन करती हैं, उसी तरह कौरव और पाण्डव भी दूर-दूर के राजे-महाराजों को अपने-अपने पक्ष में करने के लिए जी-जान से दौड़-धूप करने लगे। दोनों ओर के चतुर जासूस इस बात की टोह में लगे थे कि कौन किसकी सहायता लेने जा रहा है। दुर्योधन को जब यह पता चला कि अर्जुन, द्वारका जा रहे हैं, तब वह भी चटपट तेज़ घोड़े पर सवार होकर द्वारका के लिए चल दिया। दोनों ही लगभग साथ-साथ वहाँ पहुँचे बल्कि; सच तो यह है कि दुर्योधन, अर्जुन से कुछ पहले द्वारका पहुँच गया। श्रीकृष्ण को भी अपने जासूसों से दोनों के आने की बात पहले ही मालूम हो गयी थी। उन्होंने जब सुना कि दुर्योधन पहले पहुँच रहा है, तब उन्होंने चट से अपनी नीति विचार ली।

दोपहर का समय था। वह सोने चलने लगे तो नौकरों से कहा- अगर दुर्योधन आते ही मुझसे मिलने का हठ करें तो मेरे कमरे में ले आना और मेरे सिरहाने के पास कुर्सी रखकर उन्हें बैठा देना। दुर्योधन ने आकर तुरन्त मिलने का आग्रह किया तो नौकरों ने ऐसा ही किया। दुर्योधन श्रीकृष्ण के सिरहाने के पास बैठ गये और उनके जागने की प्रतीक्षा करने लगे। इतने ही में अर्जुन भी वहाँ पहुँच गये। नौकर लोग जब तक उनके लिये कुर्सी लायें, तब तक वह श्रीकृष्ण के पलँग पर बहुत धीरे से पैताने की ओर बैठ गये। श्रीकृष्ण ने अपना राजनीतिक-नाटक पूरा करके अब आँखें खोलीं। पहले अर्जुन ही दिखाई दिये। श्रीकृष्ण मुस्कराकर बोले-कहो भाई कैसे आये?

दुर्योधन ने सोचा कि अर्जुन कहीं अपनी बात कहना आरम्भ न कर दें, इसलिये हड़बड़ाकर बोल पड़ा-हे कृष्ण, मैं भी यहाँ बैठा हूँ बल्कि; मैं पहले ही तुमसे सहायता माँगने के लिये यहाँ आ पहुँचा था।

दुर्योधन, श्रीकृष्ण से बड़े थे। अतः उन्होंने हाथ जोड़कर कहा– क्षमा कीजिएगा भाई साहब, मैंने आपको नहीं देखा था। खैर, अब मैं जान गया आप दोनों मेरे पास सहायता माँगने के लिए आये हैं। मैं आप दोनों को सहायता दूँगा। मेरे पास दो चीजें हैं–एक तो मेरी शक्तिशाली नारायणी सेना है और दूसरे मैं स्वयं हूँ। मेरी सेना जिसके साथ जायेगी, उसी की होकर लड़ेगी। परन्तु मैं जिस पक्ष में जाऊँगा, उसके लिये और चाहे जो काम करूँ लेकिन हथियार नहीं उठाऊँगा। अब आप दोनों आपस में यह तय कर लें कि किसे क्या चाहिये। अर्जुन चूँकि आपसे आयु में छोटा है और चूँकि पहले उसी पर मेरी दृष्टि गई, इसलिए मैं अर्जुन से ही पूछूँगा कि उन्हें क्या चाहिये?

दुर्योधन का दिल धड़धड़ा उठा कि अर्जुन कहीं सेना न माँग ले। मगर अर्जुन, दुर्योधन से अधिक चतुर था। उसने कहा–हे केशव, मैं तुम्हें चाहता हूँ। तुम भले निहत्थे रहो, पर मेरे सारथी बन जाना।

अर्जुन की माँग सुनकर दुर्योधन बहुत प्रसन्न हुआ। यादवों की नारायणी सेना परम शक्तिशाली थी। उसे पाकर दुर्योधन को लगा कि उसकी जीत अब निश्चित हो गयी है। वह बेचारा यह नहीं जानतां था कि जिस पक्ष में धर्म और श्रीकृष्ण होते हैं, जीत उसी की होती है।

●

दुर्योधन द्वारा शल्य का स्वागत

नकुल और सहदेव के मामा शल्य अपने बड़े भांजे युधिष्ठिर का सन्देशा पाकर उनसे मिलने के लिये चल पड़े। दुर्योधन ने सुना कि मद्रराज शल्य अपने भांजे युधिष्ठिर की सहायता के लिये आ रहे हैं, अतः उसने सोचा कि इन्हें किसी भी तरह से अपने पक्ष में करना चाहिये। आर्यों की मद्र शाखा के प्रताप को दुर्योधन भली-भाँति जानता था। मद्रों ने एक समय में मध्य एशिया के अनेक राज्यों, तुर्किस्तान, ईरान से लेकर अरब, सिन्धु, पंजाब, दक्षिणावर्त आदि देशों को जीत लिया था। आधुनिक मिस्र देश का सही नाम भी मद्र देश ही है। यह भी कहा जाता है कि प्रसिद्ध सुलेमान पर्वत का असली नाम शल्यमान पर्वत है।

ऐसे प्रतापी मद्रराज शल्य को अपनी ओर मिलाने के लिए छली दुर्योधन भला क्यों न प्रयत्न करता। उसने एक तरकीब की-महाराज शल्य के आने वाले रास्ते में उसने जगह-जगह खातिरदारी की बड़ी उत्तम व्यवस्था की। राजा शल्य जैसे ही किसी पड़ाव पर पहुँचते, वैसे ही उनका भव्य स्वागत होने लगता। नाच-गाने, बढ़िया-बढ़िया भोजन, तरह-तरह के मनोरंजक खेल, तमाशों आदि की बड़ी ही अच्छी व्यवस्था की गयी थी। मद्र नरेश इस खातिरदारी से बहुत प्रसन्न हुये। उनका यही अनुमान था कि सारा प्रबन्ध पाण्डवों की ओर से हो रहा है। कुरुक्षेत्र की सीमा में जब वे पहुँचे, तब उनकी खातिरदारियों में और अधिक वृद्धि हो गयी। छिपकर खुद दुर्योधन भी वहाँ पहुँच गया था। ऐसी सेवाओं से प्रसन्न होकर महाराज शल्य ने व्यवस्थापक से कहा-मेरे भांजे युधिष्ठिर को कहला दो कि मैं उनकी व्यवस्था से बहुत ही सन्तुष्ट हुआ हूँ।

व्यवस्थापक हाथ जोड़कर बोला-धर्मावतार, आपकी सेवा के लिये यह व्यवस्था युवराज दुर्योधन की ओर से हुई है और वे स्वयं भी आपकी सेवा में उपस्थित हैं।

यह सुनकर शल्य को लगा कि वह ठग लिये गये। पर जो बात मुख से निकल गयी, सो निकल गयी। उन्होंने दुर्योधन को बुलाकर कहा-हे दुर्योधन, तुमने मेरे नीतिवान भांजों को बहुत सताया है। मैं तो तुम्हें दण्ड देने के लिए यहाँ आया था। पर तुमने बड़ी चालाकी से मुझे सन्तुष्ट कर लिया है। इसलिये मैं अब तुम्हारा अनिष्ट नहीं कर सकता। बोलो, तुम क्या चाहते हो?

दुर्योधन हाथ जोड़कर बड़े ही मीठे ढंग से बोला-हे मामा, आप जैसे पाण्डवों के मामा हैं, वैसे ही हमारे भी हैं। भाइयों-भाइयों का झगड़ा है। इसलिए आपको चाहिए कि आप कौरवों और पाण्डवों को समान दृष्टि से देखें। यदि आप प्रसन्न हैं तो मुझे यह वचन दें कि आप अपनी सेना के साथ मेरे पक्ष में रहकर पाण्डवों से लड़ेंगे।

बेचारे मद्रराज शल्य क्या करते। वे वचन हार चुके थे। उन्होंने कहा-हे दुर्योधन, जैसा तुम कहते हो वैसा ही होगा किन्तु; तुम्हारे यहाँ आने के पहले मैं एक बार पाण्डवों से मिलने के लिए अवश्य जाऊँगा।

महाराज शल्य, दुर्योधन को वचन देकर पाण्डवों से मिलने के लिये गये। जासूसों ने धर्मराज को पहले ही सूचना भेज दी थी। धर्मराज ने अपने सौतेले मामा की अगवानी करके तथा तरह-तरह से उनकी खातिरदारी करते हुए पूछा-रास्ते में आपको कोई कष्ट तो नहीं हुआ मामा?

हाँ एक कष्ट अवश्य हुआ। मैं तुम्हारा प्रिय करने के लिए यहाँ आ रहा था किन्तु; दुर्योधन ने सायास मेरा मन जीत लिया और मैंने उसे अपने सहयोग का वचन भी दे दिया है। परन्तु मुझे इस बात का बड़ा दुःख है। पर क्या करता? दिया हुआ वचन तो लौटा नहीं सकता था।

युधिष्ठिर बोले-खैर मामा, जो हो गया सो हो गया। अब आगे की सुधि लीजिये। आप हमारे शुभेच्छु हैं। अभी हमारे लिए पर्याप्त उपयोगी सिद्ध होंगे।

मैं तुम्हारे लिये किस प्रकार से उपयोगी तथा अनुकूल हो सकता हूँ?

युधिष्ठिर बोले-कर्ण और अर्जुन का युद्ध जब हो तब आप कर्ण के सारथी बनकर मैदान में आइयेगा। उस समय जहाँ तक बने, आप कर्ण को बराबर निस्तेज करते रहियेगा। यदि आपने हम पर इतनी कृपा कर दी तो अर्जुन निश्चय ही आपके इस सहयोग से जय लाभ करेंगे।

शल्य ने युधिष्ठिर को ऐसा करने के लिए वचन दे दिया।

युद्ध की तैयारियाँ जोर-शोर से होने लगीं। दोनों ओर सहायता करने के लिए इतनी सेनाएँ आ गयीं थीं कि करीब-करीब पूरा उत्तर भारत उनसे घिर गया। आधुनिक पंजाब, काँगड़ा और राजस्थान तक की भूमि दोनों पक्षों के लिए आयी हुई सेनाओं से पट गयी। हस्तिनापुर के कुरुक्षेत्र, या पानीपत नामक मैदान में तो एक राजा की भी सेना नहीं खड़ी हो सकती थी। इसलिये जिस महाभारत युद्ध को केवल कुरुक्षेत्र में हुआ माना जाता है, वह तो ग़लत है। कुरुक्षेत्र तो केवल एक युद्ध-भूमि थी। वस्तुतः पंजाब, कुरूजांगल यानी आधुनिक खुर्जा, रोहतक-वन यानी आधुनिक रोहतक, अहिछत्र अर्थात् बरेली, कालकूट अर्थात् देहरादून और मरुभूमि यानी राजस्थान तक जगह-जगह युद्ध के मोर्चे बँधने लगे।

यहाँ तक तैयारी जब हो गयी, तब द्रुपद राजा के पुरोहित महाराज हस्तिनापुर आ पहुँचे। उन्होंने एक-एक करके विदुर, द्रोणाचार्य, भीष्म पितामह आदि से बातें कीं। सबने अपने-अपने शब्दों में एक ही बात कही कि हठी दुर्योधन युद्ध किये बिना नहीं मानेगा। जब किसी का विनाश-काल आ जाता है, तब उसकी बुद्धि भी विपरीत हो जाती है।

हस्तिनापुर की गली-गली में आये दिन युद्ध ही की बातें हुआ करती थीं। राजा के भय से गरीब प्रजा-जन, उजागर में भले ही कुछ न कहते हों परन्तु; आपस में गुप-चुप ढंग से सब लोग दुर्योधन आदि की निन्दा ही किया करते थे। जैसे-जैसे नयी सेनाओं के आगमन की सूचना मिलती चलती थी, वैसे-वैसे ही लोगों का भय भी क्रमशः बढ़ता जा रहा था। द्रुपद महाराज के नीति-कुशल पुरोहित ने जब कौरव दरबार के बड़े-बूढ़ों की सहानुभूति पाण्डवों के प्रति भली-भाँति जान तथा जगा ली, तब उन्होंने धृतराष्ट्र महाराज से मिलने की योजना बनायी। महाराज धृतराष्ट्र तब तक अपने दरबार के अनेक प्रतिष्ठित पुरुषों से यह सलाह पा चुके थे कि इस युद्ध को किसी प्रकार से रोकना चाहिये परन्तु;

वह विवश थे। दुर्योधन उनकी तनिक भी नहीं सुन रहा था। पुरोहितजी ने धृतराष्ट्र से कहा– हे महाराज, घर की फूट से बढ़कर बुरी बात और कुछ भी नहीं होती। आपकी आज्ञा लेकर दुर्योधन ने जिस प्रकार पाण्डवों को दो बार जुआ खेलने के लिए बुलाया, महारानी द्रोपदी का अपमान किया और शकुनी से जालसाजी कराके युधिष्ठिर को जुये में हराया, उससे बैर और फूट के सिवा अन्य कोई भावना उत्पन्न ही नहीं हो सकती थी। हे महाराज, पिछले तेरह वर्षों में पाण्डवों ने बड़े-बड़े कष्ट सहे हैं। इससे आपके राजकुमारों के प्रति उनमें, विशेष रूप से भीम और अर्जुन के मनों में, बड़ी कटुता उत्पन्न हो गयी है। अपने इन दोनों भतीजों के क्रोध और पराक्रम को आप अच्छी तरह से जानते हैं। इसलिए मेरी यह प्रार्थना है कि सब बातों का विचार करके आप पाण्डवों को कम से कम उनका आधा राज्य दिलवा दें। यदि ऐसा न किया गया तो फिर महानाश के सिवा और कोई दूसरा रास्ता नहीं बचेगा।

महाराज धृतराष्ट्र, भीम और अर्जुन के पराक्रम को जानते थे। वह यह भी जानते थे कि उनके लड़कों में एक भी ऐसा नहीं है, जो भीम और अर्जुन से टक्कर ले सके। यह सब सोच कर वे घबरा उठे। महाराज धृतराष्ट्र के मन में घबराहट तो अवश्य उत्पन्न हो गयी थी किन्तु; एक जगह पर उनका मन अपने बेटों के समान ही ओछा था– उन्हें रह-रह कर यही डाह पैदा होती थी कि अगर मैं अन्धा न होता तो मेरे छोटे भाई स्वर्गीय पाण्डु को कभी राजा न बनाया जाता और मेरे बाद मेरा बेटा दुर्योधन ही हस्तिनापुर का राजा होता। इस तरह से सोचते हुए वे अपने मन में एक जगह यह विश्वास करने लगे थे कि दुर्योधन ने चाहे जैसे भी पाण्डवों का राज्य ले लिया हो, दरअसल वह न्याय ही है। मेरे छोटे भाई के लड़कों को अलग से कोई राज्य नहीं मिलना चाहिये लेकिन; ऊपर से वह यह बातें कह नहीं पाते थे।

गान्धारी अपने पति को समझाने आयी। पत्नी की बातें सुनकर महाराज धृतराष्ट्र मुँह फुलाकर बोले–मुझसे क्यों कहती हो, अपने बेटों से कहो।

अपने पति का यह रुख देखकर गान्धारी बेचारी क्या कहती, चुप हो रही। इतने में ही महर्षि वेदव्यासजी के आने की सूचना मिली। सुनकर महाराज भीतर ही भीतर कुड़मुड़ा उठे, सोचने लगे कि यह बूढ़ा ऋषि भी आकर मेरे बेटों की ही निन्दा करेगा। उन्हें लगता था कि भीष्म, विदुर तथा व्यासजी जैसे सारे भले और पूज्य लोगों ने उनके प्यारे बेटों के लिए मानों एक षड्यन्त्र रच लिया है। ऐसी उल्टी मति की बातें सोच-सोच कर धृतराष्ट्र मन ही मन में सबसे कुढ़ रहे थे।

व्यासजी आये तो जैसी धृतराष्ट्र को आशंका थी, वैसी ही बातें हुईं। धृतराष्ट्र ने 'मुख में राम बगल में छुरी' वाली नीति अपनाकर व्यासजी से कहा–महर्षि, मैं अन्धा लाचार भला कर ही क्या सकता हूँ? लड़के मेरा कहना नहीं मान रहे हैं। उन्हें आप ही समझाकर देखिये।

व्यासजी ने गान्धारी और धृतराष्ट्र के सामने ही दुर्योधन को बुलाकर तरह-तरह से समझाया किन्तु; वह न माना। उसने कहा–हार-जीत का फैसला चाहे लड़ाई के मैदान में हो, चाहे जुए के फड़ पर, बात एक ही है। युधिष्ठिर अपना राज-पाट हार चुके हैं, वह अब मेरा है। उस राज्य को जो मुझसे माँगता है, वह अन्यायी है और मैं अन्यायियों से किसी प्रकार भी समझौता करने के लिए तैयार नहीं हूँ।

इस तरह समझौते की बात समाप्त हो गयी। महाराज द्रुपद के पुरोहित निराश और असफल होकर लौट गये। हाँ, उन्होंने एक यह सफलता अवश्य पायी थी कि महाराज धृतराष्ट्र के मन में वे प्रतापी पाण्डवों, विशेष रूप से भीम और अर्जुन के पराक्रम का आतंक जमा गये थे। अन्धे महाराज को नींद में भी भयानक सपने आया करते थे। उन्हें लगता था कि भीम उनके सारे बेटों को मार डालेंगे। इस आशंका से वे बेहद सहम उठे। अन्त में उन्होंने अपने एक मन्त्री संजय को पाण्डवों के पास समझाने के लिए भेजा।

●

संजय और युधिष्ठिर की भेंट

संजय, धर्मराज युधिष्ठिर से मिलने गये। धर्मराज ने बहुविध स्वागत-सत्कार करके आने का कारण पूछा। संजय बोले–हे धर्मराज, अपने महाराज की बात कहने से पहले मैं आपको एक छोटी-सी कथा सुनाता हूँ :

एक बार एक बहेलिये ने चिड़िया पकड़ने के लिए जंगल में जाल फैलाया। थोड़ी देर बाद चिड़ियों का एक झुण्ड आकर उसमें फँस गया। बहेलिया प्रसन्न होकर जब अपना जाल समेटने के लिए बढ़ा; तब आत्मरक्षा के लिए जाल में फँसी सारी चिड़ियाँ आपस में संगठित हो गयीं। उन्होंने चूँ-चूँ करके आपस में एक दूसरे से कहा कि कोई चिड़िया हिम्मत न हारे। सब मिलकर एक साथ जोर लगायें और जाल समेत उड़ चलें। बहेलिया हमारा कुछ भी नहीं बिगाड़ सकेगा। चिड़ियों ने ऐसा ही किया और वे जाल समेत उड़ चलीं। बहेलिया उनके साथ ही साथ दौड़ता चला। आगे एक मुनिजी मिले। दृश्य देखकर उन्होंने बहेलिये से कहा–अरे मूर्ख, यह चिड़िया तो तेरा जाल लेकर आकाश में उड़ रही हैं, तू धरती पर दौड़-दौड़कर बेकार में अपने को क्यों थका रहा है?

बहेलिया बोला–हे मुनिजी, ये चिड़िया मूर्ख जाति की हैं। उस समय आत्मरक्षा के भय से ये अवश्य संगठित हो गयीं परन्तु; मूर्ख कभी अधिक देर तक संगठित होकर नहीं रह सकता। इसलिये यह जब आपस में लड़कर नीचे गिरने लगेंगी तब मैं इन्हें पकड़ लूँगा। थोड़ी देर बाद ऐसा ही हुआ और आपसी-बैर के कारण सब चिड़िया बहेलिये की पकड़ायी में आ गयीं। हे धर्मराज, इसी तरह यदि आप दोनों भाई आपस में लड़ेंगे तो कोई तीसरा आदमी आप दोनों को समाप्त करके आपका राज्य हड़प लेगा।

युधिष्ठिर बोले–संजयजी हम आपके विचारों का आदर करते हैं। हम भी घर की फूट को बहुत बुरा मानते हैं लेकिन; सुयोधन आदि हमारे भाई अन्याय करने पर तुल ही गये हैं। अब आप ही बतलाइये, हम आखिर कब तक चुप रहें? और जहाँ तक विनाश का सम्बन्ध है, मैं आपको विश्वास दिलाता हूँ, यदि दुर्भाग्यवश यह युद्ध हुआ तो इसमें कौरव ही मारे जायेंगे। हम पाण्डवों का कोई कुछ भी न बिगाड़ सकेगा। जिधर धर्म है, उधर जय है।

संजय निराश होकर लौट गये और धृतराष्ट्र से सारी बातें जाकर कही। संजय ने यह भी बतलाया कि पाण्डवों के यहाँ युद्ध की जबर्दस्त तैयारियाँ हो रही हैं। जितने राजे-महाराजे आप के बेटों का साथ देने आये हैं, उतने ही पाण्डवों के साथ भी हैं बल्कि; अर्जुन और भीम के पराक्रम पर विश्वास करके उनके यहाँ और भी अधिक सैनिक सहायता पहुँचने वाली है।

संजय की बातें सुनकर धृतराष्ट्र का मन भय और लोभ से जड़ हो गया। भय यह था कि लड़ाई में पाण्डव उनके बेटों को कहीं हरा न दें, और लोभ यह था कि पाण्डव

भतीजों के राज-पाट पर हमारे बेटों का अधिकार बना रहे। मन की लालच ज्ञानी मनुष्य को भी अज्ञानी बना देती हैं। मोह के मारे वह सही बात सोच नहीं पाता। संजय की बातें सुनकर तथा भीम और अर्जुन के पराक्रम का ध्यान करके जैसे-जैसे उनकी घबराहट और भय में बढ़ोत्तरी होती चलती थी, वैसे-वैसे ही उनका मन अपने पाण्डव भतीजों के लिए घृणा और क्रोध से कसता भी जाता था। वे यह चाहते थे कि लड़ाई न हो, साथ ही साथ पाण्डवों को राजपाट भी न लौटाना पड़े। परन्तु किसी के मन की ऐसी उल्टी-सीधी बातें भला कभी फल सकती हैं! धृतराष्ट्र ऊपरी तौर पर तो अन्धे थे ही, पर ग़लत किस्म के लालच और मोह में पड़कर उनकी बुद्धि भी अन्धी हो गयी थी।

ईश्वर किसी की भी मति इस प्रकार भ्रष्ट न करे।

•

युद्ध-भूमि का फैलाव

सारा उत्तर भारत एक विशाल युद्ध-क्षेत्र बना हुआ था। तनातनी बराबर बढ़ती ही जा रही थी। तमिलनाडु के पाण्ड्य राजाओं से लेकर बल्ख और बगदाद तक के आर्य तथा शक राजे इस युद्ध में भाग ले रहे थे। चीन और किरात देशों की सेनाएँ भी कौरवों की ओर से लड़ने के लिए आयी थीं। एक तरह से देखा जाय तो कौरवों-पाण्डवों के इस युद्ध में केवल भारत ही नहीं बल्कि; आधा एशिया महाद्वीप भी इन दोनों भाइयों के साथ-साथ नथा हुआ था। राजनीति में दोस्ती केवल दोस्ती के लिये ही नहीं हुआ करती। इसमें देशों के आपसी स्वार्थ भी काम करते हैं। भारतवर्ष के व्यापार सम्बन्ध इन सभी देशों से घनिष्ट थे। दूसरी बात यह थी कि जिन सूर्य और चन्द्रवंशी आर्य राजों की सत्ता हमारे देश पर थी, उन्हीं कुलों की दूसरी शाखाएँ इन देशों पर भी राज्य किया करती थीं। सूर्यवंशी राजे आज के अरब, ईराक, मिस्र, यूनान और कश्यप सागर से लेकर जापान तक राज्य करते थे। ईराक की सूर्यवंशी शाखा के सम्राट सागर या सरगोंन ने सूर्यास्त के द्वीप यानी आधुनिक ब्रिटेन और आयरलैण्ड तक को जीता था। ईराक में इसके प्राचीन लिखित प्रमाण मिले हैं। एक अंग्रेज विद्वान ने यहाँ तक सिद्ध किया है कि ब्रिटेन का शुद्ध नाम भरत है और उनकी सिंह त्रिशूल धारणी ब्रिटानिया देवी और कोई नहीं है बल्कि; हमारी भारतीय दुर्गा ही हैं। इससे यह भी सिद्ध होता है कि राजे और सम्राट अपने राज्य के व्यापार में वृद्धि के लिए आपसी संगठन और समझौते चाहा करते थे। छोटे राजे-महाराजे सदा किसी बड़े शक्तिशाली सम्राट के साथ जुड़कर अपने राज्य और व्यापार की रक्षा करते थे। हस्तिनापुर का कौरव वंश ऐसे शक्तिशाली संगठन का काम कई पीढ़ियों से कर रहा था। वही वंश जब आपस में बैर साधकर फूटा तो उस सारे भूखण्ड में, जिससे उनका सम्बन्ध था, खलबली मच गयी। श्रीकृष्ण इन बातों को खूब समझते थे। वे बड़े दिल और बड़े दिमाग वाले थे। उन्होंने सोचा कि अगर यह युद्ध हुआ तो निश्चित रूप से महानाश होगा। यह युद्ध सारे उत्तर भारत में फैलेगा और सैकड़ों मोर्चों पर लड़ाइयाँ छिड़ेंगी। अशान्ति में न तो खेती-पाती हो सकेगी और न बनज-व्यौपार ही हो पायेगा। न अमीर सुरक्षित रहेंगे और न ग़रीब। इस युद्ध में हार-जीत चाहे किसी पक्ष की हो, पर दुनिया बहुत मरेगी। शोक और बीमारियाँ बढ़ेंगी। श्रीकृष्ण ने सोचा कि एक बार कोशिश करके अवश्य ही देखना चाहिये। यदि यह युद्ध रुक सके तो भली बात होगी और यदि रुक न सके तो कम से कम इस तरह से संचालित हो कि अन्त में पाण्डव ही जीतें क्योंकि; उनकी नीतियों पर चलकर ही सुखद संसार का निर्माण हो सकता है।

धृतराष्ट्र और पाण्डव के बेटों की राजनीति में अन्तर यह था कि कौरव बड़े तानाशाहों के साथ मिलकर छोटे-छोटे गणतन्त्रों और राज्यों को कुचलते थे। इसके विपरीत पाण्डव लोग उनकी रक्षा करते थे। पाण्डव अपनी शक्ति से दुष्ट राजों और लुटेरों का दमन करते थे। श्रीकृष्ण भी यही चाहते थे कि युद्ध हो तो उसके परिणाम बहुजन के लिए सुखद भी सिद्ध हो पर; जहाँ तक हो सके वहाँ तक इस युद्ध को होने से रोका जाय। हर तरह से संसार का कल्याण विचार कर श्रीकृष्ण द्वारका से चले। •

शान्ति-दूत श्रीकृष्ण

श्रीकृष्ण का जगह-जगह स्वागत होता था। यों कहने को तो वह एक शक्तिशाली गणतन्त्र के मुखिया भर ही थे; पर अपने जीवन-काल में ही उनका मान-सम्मान ऐसा बढ़ गया था कि सब लोग उन्हें देवता की तरह मान देने लगे थे। श्रीकृष्ण का रथ जिन राज्यों से निकलता था, उनके राजे-महाराजे या गण-प्रमुख अपने-अपने सैकड़ों प्रजाजनों के साथ उनका स्वागत करते थे। ऐसे स्वागत समारोह से होते हुए श्रीकृष्ण अपने फुफेरे भाई पाण्डवों के यहाँ पहुँचे। युधिष्ठिर, भीम, अर्जुन आदि से उन्होंने जी खोलकर बातें की। युधिष्ठिर ने कहा, भइया कृष्ण, तुम तो जानते हो कि व्यर्थ की लड़ाई-भिड़ाई में मुझे कोई सुख नहीं मिल सकता। दुर्योधन की हठधर्मी ही यह महाविनाश ला रही है। हस्तिनापुर से जो समझौते के प्रस्ताव आये, वह नकली थे। ऐसा लगता है कि धृतराष्ट्र चाचा भी मन से यही चाहते हैं कि हम लोग मिट जायँ। हो सके तो तुम प्रयत्न करके देख लो।

कृष्ण बोले-मैं भी यही सोच रहा हूँ। असल में हस्तिनापुर जाने से पहले मैं आपसे सलाह कर लेना चाहता था, इसीलिए पहले यहाँ आया।

श्रीकृष्ण, हस्तिनापुर के लिए रवाना हुए। हस्तिनापुर नगर के पास उपलब्य नगर में जब उनकी सवारी पहुँची, तब हजारों लोग उनका नाम सुन-सुनकर उनके दर्शन के लिए उमड़ पड़े। हस्तिनापुर तक बच्चे-बच्चे की जबान पर बस यही सुनायी पड़ता था कि वासुदेव श्रीकृष्ण समझौता कराने के लिए आ रहे हैं। उपलब्य नगर से वे अब बृक स्थल पहुँच गये हैं। रात में वहीं उनका पड़ाव पड़ेगा। उपलब्य नगर से बृक स्थल तक की सारी आबादी श्रीकृष्ण के दर्शन करने के लिए उमड़ पड़ी। उनके लिए भेंटों पर भेंटें चली आ रही हैं, सारा आकाश उनकी जय-जयकारों से गूँज रहा है।

धृतराष्ट्र के दूतों ने जब उन्हें श्रीकृष्ण के आने की यह सूचना दी, तब उनके सारे शरीर में रोमांच हो आया। उन्होंने दुर्योधन को बुलाकर कहा-बेटा, तुमने सुना ही होगा कि पाण्डवों की ओर से श्रीकृष्ण समझौते का प्रस्ताव लेकर हमारे यहाँ आ रहे हैं। उनके स्वागत का शानदार प्रबन्ध करो। वे इतने लोक-पूज्य व्यक्ति हैं कि ज़रा सी चूक होने से ही दुनिया हमारा नाम धरने लगेगी। देखो, मैं तुम्हें बार-बार चेताये देता हूँ; श्रीकृष्ण के प्रति तुम तनिक भी असावधानी न बरतना।

दुर्योधन तपकर बोला-कृष्ण मेरा क्या बिगाड़ सकता है। उसकी सेना मेरे ताबे में है। अर्जुन का गहरा मित्र है वह दुष्ट और दोनों आपस में मिलकर हमारे नाश की तरकीबें सोचते हैं। मुझे तो कृष्ण फूटी आँखों नहीं सुहाता पिताजी।

बेटे की यह बात सुनकर धृतराष्ट्र घबड़ा उठे। उन्होंने बिगड़कर कहा-देख सुयोधन, तेरे मन में चाहे जो कुछ हो परन्तु; यदि तूने मेरी इच्छा के विपरीत काम किया तो उसका परिणाम अच्छा न होगा।

दुर्योधन को समझा-बुझाकर धृतराष्ट्र ने तुरन्त ही विदुर मन्त्री को बुलवाया। उन्होंने कहा-हे विदुर, मैं श्रीकृष्ण की पूजा बड़े ठाठ-बाट से करना चाहता हूँ। मैं सोने मढ़े

सोलह सुन्दर रथ, जिनमें बाल्हीक देश के एक से एक डील-डौल वाले चार-चार घोड़े जुते हों, श्रीकृष्ण की सेवा में भेंट करूँगा। आठ उत्तम हाथी, सौ सुन्दरी दासियाँ और सौ दास, अठारह हजार पहाड़ी मेढ़े और चीन देश के हजार घोड़े अर्पित करूँगा। इनके साथ ही साथ उत्तम हीरे-जवाहरात भी उन्हें भेंट में देने की इच्छा है। आप तुरन्त इन सब वस्तुओं का प्रबन्ध कीजिए। दुर्योधन के सिवा मेरे सब बेटे, पोते, नाती, पोती आदि उत्तम रथों पर बैठकर श्रीकृष्ण की अगवानी के लिए जायें। सारी सड़कें झण्डियों और वन्दनवारों से सजायी जायँ। नगर की सारी वेश्याएँ नाचती-गाती हुई उनका स्वागत करने जायँ, बाजे-गाजे और समारोह के साथ जनता-जनार्दन वासुदेव को नगर में लाइये। प्रबन्ध में किसी भी प्रकार की चूक न रहने पावे।

विदुर ने धृतराष्ट्र के मन की बात समझ ली। वे मुस्कराये, फिर कहा-महाराज आप यदि बुरा न मानें तो एक बात कहूँ। ऐसे शानदार स्वागत और बहुमूल्य भेंट देकर श्रीकृष्ण को आप अपनी ओर फोड़ न सकेंगे। मेरे भेदिये द्वारका से लेकर बृक स्थल तक श्रीकृष्ण के सम्मान में होने वाले स्वागत समारोहों के जो ब्यौरे मुझे भेज रहे हैं, उनसे तो यही पता चलता है कि सारे राजे-महाराजे, उनकी सेनाएँ और प्रजाजन श्रीकृष्ण के साथ हैं। लाखों-करोड़ों मनुष्यों का जिस व्यक्ति को विश्वास प्राप्त हो, वह मनुष्य ऐसी भेंटों के लालच से अपना मन छोटा नहीं कर सकता। आप यह सोचिये कि श्रीकृष्ण के द्वारा लाये गये समझौते के प्रस्ताव को आप स्वीकार कर सकेंगे या नहीं?

धृतराष्ट्र बोले-यदि मेरे बेटों को उस प्रस्ताव से कोई हानि नहीं पहुँचेगी तो मैं उसे स्वीकार कर लूँगा।

विदुर बोले-महाराज! आपके पुत्रों का सच्चा-लाभ केवल इसी बात में है कि आप पाण्डवों का राज-पाट उन्हें लौटा दें।

सुनकर महाराज धृतराष्ट्र चिढ़ गये। उन्होंने मुँह फुलाकर कहा- जैसा आपसे कहा गया वैसा ही कीजिए आगे की बातों का विचार आगे होगा।

विदुर यह जान गये कि अन्धे धृतराष्ट्र की मति भी मारी गयी। इसीलिये वह बिना कुछ कहे चुपचाप चले आये।

दुर्योधन और भीष्म की भेंट

श्रीकृष्ण के स्वागत-प्रबन्ध को दुर्योधन ने अपनी आज्ञा से रद्द कर दिया। राजा धृतराष्ट्र की एक न चली। यह सुनकर भीष्म पितामह ने अपने भतीजे धृतराष्ट्र और पोते दुर्योधन से मिलने की इच्छा व्यक्त की। उन्होंने धृतराष्ट्र के सामने दुर्योधन से कहा-बेटा, श्रीकृष्ण लोकपूज्य हैं। तुम्हारे पिता ने उनके स्वागत-सत्कार के लिए जो आदेश दिया था, वह सही था। तुमने उसे रद्द क्यों कर दिया?''

दुर्योधन बोला-''मैं यह नहीं चाहता कि कृष्ण या कोई और यह समझे कि मैंने डर के मारे उनका ऐसा भव्य-स्वागत किया। वैसे भी मैं पाण्डवों के कट्टर-पक्षधर का शानदार स्वागत करने के पक्ष में नहीं हूँ। उनके समझौते के प्रस्ताव में ढोंग के सिवा और कुछ न होगा। उनकी पूजा करना बेकार है।

उद्धत दुर्योधन की यह बात सुनकर भीष्म ने फिर उससे तो कुछ नहीं कहा, पर धृतराष्ट्र से बोले-वत्स, श्रीकृष्ण किसी के आदर-सत्कार के भूखे नहीं हैं। वे इतने ओछे दिल के भी नहीं हैं कि अपना सत्कार न किये जाने पर बुरा मान जायँ। इसलिये उनका स्वागत करना या न करना उनकी दृष्टि से बेकार है। परन्तु हमारी दृष्टि से इसका नतीजा अच्छा न निकलेगा। मैं तुमसे फिर कहता हूँ कि श्रीकृष्ण का अनादर न होने देना। उनको बीच में डालकर यदि अपने और पाण्डव के बेटों में उचित समझौता करा लोगे तो केवल तुम्हारा ही नहीं बल्कि; संसार का एक महान् संकट टल जावेगा।

दुर्योधन चिढ़कर बोला-पितामह! सूर्य चाहे पूर्व के बजाय पश्चिम में उदय होने लगे, चाहे सारी पृथ्वी इधर से उधर उलट जाय परन्तु; मैं पाण्डवों के साथ मिलकर इस धरती का राज-पाट कदापि नहीं भोगूँगा। मैं अब सन्धि के इन प्रस्तावों से ऊब चुका हूँ। मैं आपको यह भी बतलाये देता हूँ कि कृष्ण ने यदि हमारे सामने ऐड़ी-बेड़ी बातें निकालीं तो मैं उन्हें कैद कर लूँगा।

धृतराष्ट्र भय और क्रोध के मारे काँप उठे। उन्होंने अपने बेटे को डाँटा और कहा, खबरदार! ऐसा कोई काम न करना। तुम्हें लज्जा नहीं आती कि श्रीकृष्ण ने तुम्हारे माँग करते ही अपनी सारी नारायणी सेना तुम्हें सौंप दी। ऐसे व्यक्ति को बन्दी बनाने का मतलब भी समझते हो? मैं तुम्हें चेताये देता हूँ, इस तरह की कोई गड़बड़ मत करना।

भीष्म बोले-धृतराष्ट्र! तुम्हारा यह लड़का अत्यन्त मूर्ख है। यदि तुम इसके ऊपर कड़ा अनुशासन नहीं लगाओगे तो तुम्हें बहुत दुखद परिणाम भुगतना पड़ेगा।

सुनकर दुर्योधन गुस्से में पैर पटकता हुआ चला गया। श्रीकृष्ण का स्वागत-सत्कार महाराज धृतराष्ट्र की आज्ञानुसार ही हुआ। विदुरजी भी उनका स्वागत करने गये। कौरव कुमारों से मिलने से पहले श्रीकृष्ण बड़े प्रेम और आदर के साथ महात्मा विदुर से मिले। बहाने से उन्होंने विदुरजी के कान में कहा-महात्मा, मैं महाराज धृतराष्ट्र से मिलकर फिर राज महलों में नहीं ठहरूँगा। मेरे ठहरने का प्रबन्ध आपके यहाँ होगा।

विदुरजी सुनकर गद्‌गद हो उठे

हस्तिनापुर नगर में श्रीकृष्ण का भव्य-स्वागत हुआ। वे पहले सीधे धृतराष्ट्र से मिलने गये। राज दरबार में उनका विधिवत् सत्कार हुआ, फिर वे अपनी बुआ कुन्ती के दर्शन करने गये। कुन्ती माता उन्हें देखते ही विकल होकर रो पड़ीं। अपने बेटों से बिछुड़े हुए उन्हें तेरह वर्ष हो गये थे। वे अत्यधिक दु:खी थीं, कहने लगीं–मेरे समान अभागी-स्त्री और कोई नहीं। छोटे-छोटे बच्चे छोड़कर पति मरे और फिर इन बच्चों को जो कष्ट झेलने पड़े, उन्हें देख-देखकर अब तो मैं यह सोचती हूँ बेटा कि भगवान शायद नहीं है। यदि ईश्वर होता तो क्या हर बार पापियों को ही जय मिला करती? आज की दुनिया में जो भला और पुण्यात्मा है, वही कष्ट भोग रहा है और जो दुष्ट और दुरात्मा है, वह गुलछर्रे उड़ाता है। ईश्वर का न्याय कुछ समझ में नहीं आता।

कृष्ण बोले–बुआ, तुम चिन्ता मत करो। दुष्टों का नाश अवश्य होगा। तुम से बढ़कर सौभाग्यशाली स्त्री और कौन है? जिसके बेटों के सामने बड़े-बड़े योद्धा भी विनय से सिर झुकाते हों। ऐसी सौभाग्य-शालिनी माता पर सच पूछो तो कभी दु:ख की छाया पड़ ही नहीं सकती बुआजी! रहे यह संघर्ष के दिन, सो वह भी अब जल्दी बीतने वाले हैं। तुम किसी भी प्रकार से अपने आपको हताश मत करो।

बुआ को समझा-बुझाकर जब श्रीकृष्ण उनके कमरे से निकलने लगे तो महल के कर्मचारियों ने उनसे उस महल में चलने की प्रार्थना की, जहाँ उनके ठहरने की व्यवस्था की गयी थी। श्रीकृष्ण बहुत चतुर थे। वे जानते थे कि दुर्योधन कुछ गड़बड़ कर सकता है। उन्होंने बड़े मीठे ढंग से कहा–महात्मा विदुर मेरे पुराने परिचित और आदरणीय प्रेमी हैं, मैं इस बार उन्हीं का आतिथ्य ग्रहण करूँगा। मैं जिस शान्ति प्रस्ताव को लेकर यहाँ आया हूँ, उसके सम्मान की रक्षा के लिए मुझे राजमहल में नहीं ठहरना चाहिये। यह कहकर वह अपने रथ पर बैठकर विदुर के घर की ओर चल दिये। दुर्योधन ने जब यह सुना, तब जल-भुनकर कलाबत्तू हो गया। उसने भीष्म और धृतराष्ट्र के मना करने पर भी दुष्ट-बुद्धि वाले अपने भाइयों के साथ मिलकर वस्तुत: श्रीकृष्ण को डरा-धमकाकर उनसे मनमानी सन्धि कराने का जो षड्‌यन्त्र रचाया था। वह सब मिट्टी में मिल गया।

श्रीकृष्ण ने दूसरे दिन दुर्योधन से भेंट करने की इच्छा प्रकट की। दुर्योधन ने मिलने के लिए उन्हें अपने महल में बुलाया। श्रीकृष्ण जब वहाँ पहुँचे, तब शकुनी, कर्ण और दु:शासन आदि दुर्योधन के पास ही बैठे थे। दोनों ओर, के शिष्टाचार पूरे होने के बाद दुर्योधन ने कहा–हे कृष्ण, तुम जैसे पाण्डवों के भाई हो, वैसे हमारे भी हो। परन्तु तुम यहाँ आकर हमारे घर ठहरने के बजाय, हमारे एक नौकर के घर ठहरे। यह तुमने अच्छा नहीं किया। न तो तुमने हमारे यहाँ खाया न पिया, यह भला सगे-सम्बन्धियों के योग्य व्यवहार है?

कृष्ण बोले–दुर्योधन भाई, मैं इस समय नातेदार के रूप में नहीं बल्कि; एक दूत के रूप में आया हूँ। दूत जब काम कर लेता है, तभी सत्कार ग्रहण करता है।

दुर्योधन बोला–तुम भला हमारा क्या काम करोगे कृष्ण, तुम मेरे साथ तो न्याय करने आये ही नहीं हो। मैं तो तुम्हें तभी अपना मानूँगा, जब मेरे साथ भोजन करो। नहीं तो मैं समझूँगा कि तुम्हें मुझसे द्वेष है।

श्रीकृष्ण मुस्कराये, बोले–"भाई, तुम बार-बार मुझसे भोजन कर लेने का आग्रह अवश्य कर रहे हो। यह आग्रह प्रेम भरा नहीं, द्वेष भरा है। मुझे भोजन कराने के पीछे तुमने अवश्य ही किसी षड्यन्त्र की योजना बनायी होगी। मैं प्रेम का भूखा हूँ भाई, तुम्हारे छप्पन भोगों का नहीं। तुम मुझे पहले यह बताओ कि पाण्डवों को उनका आधा राज्य लौटाने की शर्त पर उनसे समझौता करने पर राजी हो?

नहीं, आधा राज्य देना तो बहुत बड़ी शर्त है, केशव, मैं सुई की नोक पर जितनी मिट्टी चढ़ सकती है, अपने राज्य की उतनी मिट्टी भी बिना युद्ध के पाण्डवों को कदापि नहीं दूँगा।

तब तो बात ही समाप्त हो गयी। अब तुम्हें जैसा सूझ पड़े, वैसा करना। मुझे तो यह दिखलायी पड़ रहा है कि तुम सब मृत्यु के मुख में पहुँच चुके हो। इतना कहकर श्रीकृष्ण तेजी से बाहर निकल आये।

राज-सभा में दूसरे दिन उन्होंने औपचारिक रूप से अपना शान्ति-प्रस्ताव रखा। दुर्योधन और उसके गुट के लोग यह नहीं चाहते थे कि श्रीकृष्ण के प्रस्ताव पर सभा में विचार हो। उन्हें भय था कि भीष्म, विदुर आदि के प्रभाव में आकर धृतराष्ट्र कहीं श्रीकृष्ण का प्रस्ताव मान न लें। इसलिये वे लोग झूठमूठ की गर्मागर्मी बरतने लगे। श्रीकृष्ण ने तब कौरवों को भरी सभा में खूब खरी-खोटी सुनायी। उन्होंने धृतराष्ट्र को सचेत किया कि यदि वे अपने पुत्रों को सही ढँग से नहीं चलायेंगे तो निश्चय ही कौरव-कुल का नाश हो जायगा।

दुर्योधन ने तड़प कर अपने सेवकों को आज्ञा दी कि श्रीकृष्ण को कैद कर लिया जाय। सभा में हंगामा मच गया। परन्तु जान पड़ता है कि विदुर और श्रीकृष्ण इस प्रकार की दुर्घटना के लिए पहले से ही तैयार होकर आये थे। राज-सभा में ऐसा चमत्कारिक उलट-फेर हुआ कि सिपाही श्रीकृष्ण के धोखे में जिस-तिस को पकड़ते रह गये और श्रीकृष्ण साफ दरबार से बचकर निकल आये।

राज-सभा से लौटकर श्रीकृष्ण ने हस्तिनापुर से कायर की तरह जाना उचित नहीं समझा। वे वहाँ से सीधे अपनी बुआ के पास पहुँचे और उन्हें हर प्रकार से ढाढ़स बँधाया।

कुन्ती से विदा लेकर श्रीकृष्ण जब महल के बाहर निकल रहे थे, तब राज-सभा से बहुत से सामन्त और सभासद भी लौट रहे थे। ये सब लोग श्रीकृष्ण को देखकर अचम्भे में रह गये! उन्हें कैद करने की असफलता पर कौरवों ने अपने दाँत पीस लिये। परन्तु अब वे उनका कुछ बिगाड़ नहीं सकते थे क्योंकि; षड्यन्त्र की असफलता के बाद महाराज धृतराष्ट्र ने सब कर्मचारियों को यह कड़ा आदेश दे दिया था कि उनकी राज्य सीमा में श्रीकृष्ण के साथ कोई छेड़-छाड़ न की जाय। परन्तु श्रीकृष्ण छेड़-छाड़ करने से नहीं चूके। उन्होंने कर्ण को अपने रथ की ओर आते देखा तो चट से आगे बढ़कर उनका हाथ

पकड़ लिया और उन्हें अपने रथ की ओर ले गये। रास्ते में उन्होंने कर्ण से कहा– भाई, क्या आप जानते हैं कि आप मेरे बड़े फुफेरे भाई हैं?

कर्ण आश्चर्य से कृष्ण का मुँह ताकने लगे! तब कृष्ण ने कर्ण को उनके जन्म की सारी कथा सुनायी। यह सब सुनकर कर्ण गहरे विचारों में डूब गये। फिर कहा–हे कृष्ण, जब तुम यह कह रहे हो तो बात सच्ची ही होगी परन्तु; मैं अब लाचार हूँ। मैंने माना कि कुन्ती देवी मेरी माता हैं और युधिष्ठिर, भीम, अर्जुन आदि मेरे सगे छोटे भाई हैं। परन्तु यह भी तो सोचो कि अपनी माँ को मैं माँ क्यों कर मानूँ? अपनी ओर से तो उन्होंने मुझे जन्मते ही मार डाला था। सूत अधिरथजी ने यदि न बचाया होता तो आज मेरा कहीं पता भी न होता। श्रेष्ठ क्षत्रिय–कुल में जन्म लेकर भी माता के दुर्व्यवहार के कारण ही मैं सूत-पुत्र कहलाता हूँ। मुझे जीवन भर घोर अपमान सहना पड़ा है। यदि दुर्योधन ने मेरी सहायता न की होती तो आज मैं कौड़ी का तीन होता। हे कृष्ण! तुम्हारे प्रति, कुन्ती माता और अपने सब भाइयों के प्रति मेरे मन में इस समय बड़ा प्रेम भाव जाग रहा है। परन्तु मैं अपने धर्म से कदापि विमुख नहीं होऊँगा। जिसने मुझे सहारा दिया है, उसका साथ कदापि नहीं छोड़ूँगा।

कर्ण के इस कथन से श्रीकृष्ण के मन में उनके प्रति आदर–भाव जागा। वह यह समझ गये कि कर्ण के समान महापुरुष को किसी भी लालच से अपनी ओर फोड़ लेना कठिन है। फिर भी घर आकर उन्होंने विदुर को यह संकेत दिया कि वे कुन्ती माता को एक बार कर्ण से मिलने के लिए प्रेरित करें। विदुर से बात होने पर कुन्ती ने कर्ण से मिलने का निश्चय किया।

•

कुन्ती-कर्ण मिलन

कुन्ती माता दूसरे दिन प्रातःकाल गंगा के तट पर उस जगह गयीं, जहाँ कर्ण पूजा किया करते थे। माता ने देखा कि उनका बेटा सूर्य भगवान को अर्घ्य दे रहा है। कुमारावस्था में पैदा होने वाले इस बेटे से कुन्ती माँ ने आज तक एक बात भी कभी नहीं की थी किन्तु; आज एकान्त में अपने प्रथम-पुत्र को देखकर कुन्ती माता का हृदय भर आया। सूर्य को अर्घ्य देने के बाद कर्ण जब पलटा तो देखा कि सामने माँ खड़ी हैं। श्रीकृष्ण से सच्ची बात जान लेने के कारण ही आज पहली बार माता कुन्ती को देखकर कर्ण धक्क से रह गया! समझ गया कि माँ आज उससे कुछ माँगने आयी हैं। उसने मन को कस लिया और हाथ जोड़ कर कहा–हे देवि, राधा और अधिरथ का पुत्र कर्ण आपको प्रणाम करता है।

यह सुनकर कुन्ती देवी रो पड़ीं। कर्ण का हाथ पकड़ कर उन्होंने कहा–मेरे लाल! तेरी माता राधा नहीं, मैं हूँ।

कर्ण ने रुखाई से कहा–अम्ब, जानता हूँ कि आपने ही मुझे जन्म दिया। परन्तु जन्म देकर आपने मुझे मारना भी चाहा था। इसलिये जिसने मुझे बचाया और पाला, अब तो वही मेरी माता है।

कुन्ती बोली–बेटा, स्त्री की मजबूरी को तू नहीं समझ सकता। अपना बस चलते कोई भी माँ अपने बच्चे को त्याग नहीं सकती। जो हुआ उसे भूल जाओ।

भूल कैसे जाऊँ माँ? और यदि भूलना भी चाहूँ तो क्या परिस्थितियाँ मुझे भूलने देंगी?

तो परिस्थितियों के कारण क्या तू अपने सगे छोटे भाइयों से लड़ेगा?

मेरे भाई अब दुर्योधन आदि हैं, उन्होंने ही मुझे सहारा देकर आज सब तरह से लायक बनाया है माँ! यदि उनका साथ छोड़ दूँ तो क्या मैं, विश्वासघाती नहीं कहलाऊँगा?

कर्ण का उत्तर सुनकर कुन्ती एक क्षण के लिए मौन हो गयीं! फिर कहा–इस बात को जाने दो। मैंने सुना है कि तुम जैसे शूर-वीर हो, वैसे दान वीर भी हो। तुम्हारे यहाँ से कोई भी निराश होकर नहीं लौटता। क्या तुम मुझे अपने भाइयों का प्राणदान दोगे?

कर्ण विचार में पड़ गया। कुछ सोचकर बोला–माँ! मैं तुम्हें वचन देता हूँ कि अर्जुन को छोड़कर मैं और किसी से भी नहीं लड़ूँगा। युद्ध में यदि मैं मारा गया तो कोई बात ही नहीं किन्तु; यदि अर्जुन मारा गया तो भी तुम्हारी विशेष हानि नहीं होगी। तब भी तुम्हारे पाँच बेटे बने ही रहेंगे।

बेटा, मैं चाहती हूँ कि मेरे ज्येष्ठ-पुत्र की हैसियत से तू ही राजगद्दी पर बैठे। युधिष्ठिर, दुर्योधन की तरह स्वार्थी नहीं है। वह जब सत्य को जान लेगा तब स्वयं ही वह

तुझसे राजमुकुट पहनने का आग्रह करेगा।

परन्तु मैं युधिष्ठिर का वह अधिकार नहीं छीनना चाहता, जो उसे अब तक प्राप्त है। मेरे ऐसा करने पर लोक को मेरी माता की पाप-कथा भी मालूम हो जायेगी। नहीं माँ, इन सब प्रलोभनों से तुम मेरा मन नहीं बदल सकोगी।

कुन्ती माता निराश होकर लौट आयीं। वे इस बात को भली-भाँति जान गयीं कि कर्ण को उसके धर्म से डिगाना असम्भव है।

महानाश की तैयारी

हस्तिनापुर से लौटकर श्रीकृष्ण ने जब पाण्डवों को वहाँ का हाल सुनाया, तब युधिष्ठिर गम्भीर हो गये। बोले–लगता है कि हमारे कुल का दुर्भाग्य अब अपने चरम बिन्दु तक पहुँचे बिना मानेगा नहीं। ऐसा लगता है कि दुर्योधन युद्ध के लिए वैसे ही मचल उठा है; जैसे अबोध बच्चा दहकते अंगारों से आकर्षित होकर उनसे खेलने के लिए मचल उठता है। आप जल रहा दुर्योधन सारे घर को अब जलायेगा ही। हे कृष्ण! मैं बड़ा दु:खी हूँ। मेरे मन में इस समय जहाँ न्याय और कर्त्तव्य की पुकार उठ रही है, वहीं इस महानाश की गहरी आशंकाओं से भरकर मेरा जी यह भी चाहता है कि वैराग्य धारण करके कहीं तप करने चला जाऊँ और इस कुल–घात के पाप से बचूँ।''

कृष्ण बोले–''भाई आप जैसे उदार हृदय वाले मनुष्य के मन में इस तरह का ऊहापोह होना स्वाभाविक ही है परन्तु; बुद्धिमान मनुष्य ऐसे अवसरों पर जो काम करते हैं, वही आप भी कीजिए–यही मेरी सलाह है।

युधिष्ठिर गहरे विचार में पड़ गये। फिर बोले–तुम ठीक ही कहते हो केशव, बुद्धिमान मनुष्य ऐसे कठिन अवसर पर हाथ पर हाथ धरे बैठे रहना पसन्द नहीं करता। वह कर्त्तव्य करता है। हे देवकीनन्दन! मैं अपना मन सब तरह से पोढ़ा कर चुका हूँ। यह केवल मेरे राज–पाट जीतने के लिए ही नहीं हो रहा है, वरन् अब तो एक ऐसी शासन-पद्धति के लिए हो रहा है, जिसमें लोग अधिक सुखी-सम्पन्न और सुरक्षित हो सकते हैं। हमारे सामने महानाश तो अवश्य आने वाला है, पर हमें यह भी न भूलना चाहिये कि उसके बाद निर्माण का एक महान युग भी आ सकता है। अत: केशव! इस युद्ध को यदि हम अपने लिये न लड़कर नये भारत के निर्माण के लिये लड़ेंगे तो मेरा विश्वास है कि जीत हमारी होगी। कृष्ण से यह कहकर युधिष्ठिर अर्जुन की ओर देखकर बोले–अर्जुन, मैं चाहता हूँ कि कुरुक्षेत्र के मैदान में तुम युद्ध के मोर्चे बाँधना आरम्भ कर दो। इस बात का ध्यान रखना कि जिस जगह मोर्चे बाँधे जायँ और हमारी सेनाओं के पड़ाव पड़ें, वह जगह न तो किसी मन्दिर या पूजा–स्थान के पास हो और न किसी मसान के पास हो। इस बात का भी ध्यान रखना कि तुम्हारी सेनाएँ शत्रुओं के आक्रमणों से अपना बचाव करते हुए उन्हें मारने के अधिक अवसर पा सकें।

धर्मराज युधिष्ठिर के आज्ञा देते ही सेनाओं में जोश उमड़ने लगा। जासूसों और सन्देशियों के पैरों में मानो बिजली लग गयी। सारे उत्तर भारत में फैली हुई अपने पक्ष की सेनाओं को युद्ध की मोर्चेबन्दी करने के लिए तीव्रगामी सन्देश भेजे गये। अपने–अपने सेना नायकों के आदेशानुसार ढोल–दमामें बजाते और जय–जयकार बोलते हुए लाव-लश्कर चल पड़े। हाथी जब चलते थे, तब धरती धमक उठती थी। घोड़ों की खबड़-खबड़ से ऐसा लगता था, मानो शिवजी के ताण्डव–नृत्य का मृदंग बज रहा है।

सेनाओं के पीछे हजारों नौकर–चाकर भी थे। घसकटे, घोड़े–हाथियों को मलने–दलने वाले, सिपाहियों के लिए रसोई बनाने वाले, लोगों की आवश्यकताओं का सामान बेचने

वाले बाजार, तम्बू लगाने वाले और ऐसे ही हजारों सेवकों का कोलाहल आकाश को गुँजाने लगा। इसके अतिरिक्त करोड़ों तीरों, गदा-मुगदर, तलवारों आदि का भण्डार लेकर चलने वाले लोग भी सैकड़ों की संख्या में थे। युद्ध-क्षेत्र के आस-पास का दृश्य देखकर यही लगता था कि जैसे सारी दुनिया ही लड़ाकू बनकर वहाँ सिमट आयी है।

पाण्डवों की इन तैयारियों का समाचार जब कौरवों के यहाँ पहुँचा, तब उन्होंने भी अपनी गर्मागर्मी दिखलानी आरम्भ कर दी। लेकिन कौरवों और पाण्डवों के पक्षों में एक बड़ा अन्तर यह था कि पाण्डव जहाँ अपने में एकमत थे, वहीं कौरवों में बड़े मतभेद चल रहे थे। दुर्योधन, दु:शासन आदि कौरव भाई, उनके शकुनी मामा, उनके मित्र कर्ण आदि नौजवान लोग अपने दल के बड़े-बूढ़ों के प्रति तनिक भी विश्वास नहीं रखते थे। विशेष रूप से भीष्म पितामह और द्रोणाचार्य के लिए सभी के मन में बड़ी आशंकाएँ थीं। द्रोणाचार्य, अर्जुन को मन ही मन बहुत प्यार करते थे। इससे कर्ण और दुर्योधन को बड़ी जलन होती थी। उन्हें डर था कि द्रोणाचार्य, पाण्डवों को मारने के बजाय, उनसे बच-बचकर लड़ेंगे। कौरवों के लिए ऐसी लड़ाई घातक सिद्ध होगी। इसी तरह वह यह भी समझते थे कि भीष्म पितामह अपने पाण्डवों को तो नहीं मारेंगे। उन्हें लगता था कि यह बुड्ढे बेमन से लड़कर हमारा खेल बिगाड़ देंगे। इसलिये दुर्योधन ने कर्ण को अपना मुख्य सेनापति बनाना चाहा। जासूसों ने यह खबर दी थी कि पाण्डवों ने द्रोपदी के भाई धृष्टद्युम्न को अपना प्रधान सेनापति बनाया है। इसलिये टक्कर में उन्होंने कर्ण को ही अपना सेनापति बनाना तय किया। दुर्योधन ने कर्ण को बुलाया और कहा-तुम हमारे सेनापति बन जाओ।

कर्ण बोला-मेरा कहा न तो पितामह मानेंगे और न अर्जुन के गुरु आचार्य द्रोण। तुम पहले बुड्ढों को बस में करो तो मैं आगे कदम उठाऊँ क्योंकि; इन बुड्ढों के कारण कोई भी श्रेष्ठ-कुल का क्षत्रिय सरदार मेरी बातें न मानेगा।

यह खींचतान जब चल रही थी, तभी पाण्डव पक्ष से यह खबर आयी कि अर्जुन ने मोह और कर्त्तव्य की लड़ाई में कर्त्तव्य की जीत साबित करने के लिए निर्मम-भाव से भीष्म पितामह तक का वध करने की प्रतिज्ञा कर ली है।

यह सुनकर दुर्योधन ने सोचा कि भीष्म पितामह को सेनापति बनने के लिए राजी करने का यही उपयुक्त अवसर है।

अत: दुर्योधन अपने भाइयों और कर्ण आदि के साथ पितामह के पास पहुँचा और उन्हें अर्जुन की प्रतिज्ञा सुनाकर कहा-हे पितामह! पाण्डवों ने इस युद्ध का पहला सेनापति अपने साले को बनाया है। अब हम यह चाहते हैं कि कुरु-वंश के वयोवृद्ध और सबसे अधिक पूज्य हमारे पितामह अर्थात् आप ही हमारे सेनापति बनें।

सुनकर भीष्म ने एक क्षण तक अपने मन में विचार किया, फिर बोले-ठीक है, मैं तुम्हारे प्रस्ताव को स्वीकार करता हूँ।

यह कह कर भीष्म पितामह ने अपने मातहत सेनापतियों का चुनाव करना आरम्भ कर दिया इस चुनाव में उन्होंने कर्ण का दर्जा ऊँचा नहीं माना।

कर्ण इससे तप उठा बोला-पितामह! आप बिना किसी कारण के ही मुझसे द्वेष रखते हैं। जब होता है, तभी आप मेरे ऊपर व्यंग्य-बाण तक बरसाते हैं। आपने मुझे छोटा दर्जा

दिया है, इसलिये अब हमारी सेना के सब लोग मुझे उसी हैसियत का योद्धा समझेंगे। हे पितामह! मैं आपकी कुटिल चालों को खूब समझता हूँ। मैं जानता हूँ कि आप मेरे मित्र दुर्योधन के साथ छल कर रहे हैं। आप दुर्योधन के शत्रु हैं और पाण्डवों को प्यार करते हैं। सब जानते हैं कि मैं अकेला ही पाण्डवों की सारी सेना को तहस-नहस करते हुए उनके पाँचों भाइयों का नाश कर सकता हूँ। इसीलिए आपने जान बूझकर मुझे लड़वइयों की पिछली पंक्ति में रखा है।

पितामह से यह कह कर कर्ण, दुर्योधन की ओर घूमा और बोला– हे मित्र! हर तरह से तुम्हारा भला चाहने पर भी मैं तुम्हारे पितामह की मातहती में कदापि नहीं लड़ूँगा। पहले इन बुड्ढों की पोल खुल जाने दो। भीष्म पितामह जब युद्ध में मारे जायेंगे, तब मैं दिखला दूँगा कि तुम्हारा यह मित्र और शुभचिन्तक कर्ण कितना शक्तिशाली है।

कर्ण की इन जली-कटी बातों से भीष्म पितामह को बड़ा क्रोध आ गया। उन्होंने कर्ण को खूब फटकारा। बात बिगड़ती देखकर दुर्योधन विनय पूर्वक बोला–हे पितामह! इस महासंकट के अवसर पर आप इन बातों को भूल जायें। मेरा भला सोचें। आप दोनों ही महावीर हैं, आप दोनों ही हर तरह से मेरा कार्य सिद्ध करने में समर्थ हैं। इसलिये मेरी प्रार्थना स्वीकार करके आप इस आपसी झगड़े को शान्त कीजिए। बीच में केवल एक ही रात बाकी है। कल सवेरे से युद्ध छिड़ जायेगा। ऐसे कठिन समय में घर की फूट हमारे लिए अकल्याणकारी साबित होगी।

दुर्योधन की इस विनय से पितामह का क्रोध शान्त हुआ। असल बात यह थी कि पितामह को कर्ण के पैदा होने का सारा हाल मालूम था। अपनी एक भतीज-बहू के कुँवारेपन की सन्तान को वह सह नहीं पाते थे। कर्ण चूँकि उनके पोते अर्जुन से द्वेष रखता था, इसलिये उसे वह सह नहीं पाते थे। अर्जुन उनका पोता था और कर्ण एक पाप की सन्तान। मन की यह बात ही उन्हें कर्ण के विरुद्ध बनाती थी। उनका यह भी ख्याल था कि अगर दुर्योधन को कर्ण न मिला होता तो वह शायद पाण्डवों से लड़ने में घबड़ाता। महापुरुष होते हुए भी भीष्म पितामह न्याय और मोह की खींचतान में फँस गये थे। यही हाल द्रोणाचार्य का भी था।

•

दुर्योधन द्वारा शान्ति का ढोंग-भरा प्रस्ताव

सारी तैयारियाँ जब हो गयीं, तब दुर्योधन ने उलूक नामक एक बुद्धू किस्म के नौकर को शान्ति-दूत बनाकर पाण्डवों के पड़ाव में भेजा। उलूक ने जाकर युधिष्ठिर से कहा कि हमारे महाराज दुर्योधन बड़े उदार हैं। उन्होंने कहलाया है कि आप लोग उनसे लड़ाई का विचार छोड़ दें। उन्होंने कहा है कि हमारे वीरों के सामने आपके सिपाही भुट्टों की तरह भुन जायेंगे और आप पाँचों भाइयों की बोटियाँ-बोटियाँ काट डाली जायेंगी।

युधिष्ठिर ने यह सुना और मुस्कुरा उठे। उन्होंने भी उलूक को ऐसा ढोंग भरा उत्तर दिया। कहा-हे उलूक, तुम जाकर अपने मालिकों से कहो कि पाण्डवों को अपने कौरव भाइयों की बड़ी चिन्ता है। जैसे भड़भूँजे के भाड़ में लइया-चने भूँजे जाते हैं, वैसे ही हमसे लड़कर हमारे कौरव भाई भुन जायेंगे। हे उलूक! तुम दुर्योधन से यह भी कहना कि शान्ति का यह बगुला-भक्ति वाला प्रस्ताव लेकर उन्होंने तुम्हें क्यों भेजा? आप ही यहाँ चले आते। तुम तो केवल नाम के ही उलूक हो लेकिन; दुर्योधन के तो हर काम से उल्लूपन साबित होता है।

उलूक से यह बातें सुनकर दुर्योधन और उसके भाई तप उठे। फिर उन्होंने लड़ाई के लिए कुछ नियम बनाये, जिस पर दोनों पक्षों ने विचार करके समझौता किया। शर्तों में सबसे बड़ी बात यह थी कि हर दिन सूर्यास्त के बाद लड़ाई समाप्त हो जाया करेगी। उसके बाद रात भर दोनों पक्षों के लोग आपस में दोस्ती और भाईचारे का नाता निबाहेंगे।

•

युद्ध का आरम्भ

सवेरा हुआ, दोनों पक्षों में देवताओं की पूजा हुई और दुर्गा-भवानी को विजय देने के लिए मनाया गया। आमने-सामने मैदान में सेनाएँ डट गयीं, हजारों शंख, दमामे और तुरहियाँ बजने लगीं। मारू बाजे सुनकर हाथी चिंगघाड़ उठे और दोनों पक्षों के सिपाहियों ने हजारों कण्ठों से जय-जयकारें करके आकाश गुँजा दिया। हर सैनिक टुकड़ी के सेनानायक अपने-अपने शब्दों से सैनिकों को जोशीला बढ़ावा दे रहे थे। सेनापति भीष्म और सेनापति धृष्टद्युम्न अपनी-अपनी सेनाओं का निरीक्षण कर रहे थे। इसी समय अर्जुन ने श्रीकृष्ण से कहा–हे सखा, जब तक यह प्रारम्भिक तैयारियाँ चल रही हैं; आओ, तब तक हम लोग दोनों सेनाओं के बीच में खड़े होकर दोनों ओर की तैयारियों का निरीक्षण करें। तुम मेरे रथ को दोनों सेनाओं के बीच में ले चलो।

सारथी श्रीकृष्ण ने वैसा ही किया। रथ पर खड़े होकर अर्जुन अपने चारों ओर का दृश्य देखने लगे, उनके चारों ओर आदमियों, हाथियों, घोड़ों और रथों का समूहन खड़ा हुआ था। जय-जयकारों और ढोल दमामों की आवाजों के सामने, कान पड़ी बात तक नहीं सुनायी देती थी। अर्जुन ने देखा कि दूर पर सफेद दाढ़ी लहराते हुए भीष्म खड़े हैं और एक ओर रथ पर द्रोणाचार्यजी चले आ रहे हैं। न जाने कितने प्रिय और परिचित चेहरे शत्रुओं के पक्ष में खड़े दिखाई दे रहे हैं। लड़ने वालों में बाबा, चाचा, भाई-भतीजे सभी थे। देखकर अर्जुन का मन उदास हो गया। वे रथ पर बैठ गये और दुखी होकर बोले–हे कृष्ण! मैं अपने प्यारों को भला अपने हाथ से क्यों कर मार सकूँगा। नहीं-नहीं! यह पाप मुझसे कदापि न होगा! आदमी राज-पाट और सुख-वैभव आखिर किसके लिए चाहता है? अपने प्रियजनों के लिए ही न? फिर उन्हें मारकर अपना राज-पाट पा लेने पर मुझे सुख कैसे मिल सकेगा? हे कृष्ण! मेरे मन में यह सभी बातें कई दिनों से चल रही थीं किन्तु; आज मेरा मन पोढ़ा हो गया है। मैंने यह निश्चय कर लिया है कि मैं नहीं लड़ूँगा।

अर्जुन की यह दशा देखकर श्रीकृष्ण बड़े हैरान हुए। उन्होंने मीठे ढंग से झिड़कते हुए कहा–"हे अर्जुन, तुम्हें यह क्या पागलपन सवार हुआ है? ऐन युद्ध के अवसर पर तुम कायरता दिखा रहे हो? अर्जुन, यह युद्ध किसी एक के स्वार्थ के लिए नहीं हो रहा है, यह दो सिद्धान्तों की लड़ाई है। लड़ाई जब सिद्धान्तों पर होती है, तब केवल कर्त्तव्य का ही ध्यान रखा जाता है। तुम समझते हो कि यह तुम्हारे हाथों मारे जायेंगे परन्तु; सोचने का यह दृष्टिकोण ग़लत है। याद रखो, जिसका सिद्धान्त ऊँचा होता है, उसका कर्त्तव्य भी श्रेष्ठ होता है। चाहे भीष्म हो, या कौरव-पक्ष का कोई और हो। तुम्हारे हाथों से जो भी मरेगा, वह सच पूछो तो पहले ही मर चुका है। यह लोग झूठ का साथ दे रहे हैं, इसलिये सिद्धान्तहीन हैं। सिद्धान्तहीनों और ग़लत सिद्धान्त वालों का नाश हुए बिना सच्चे सिद्धान्तों

की प्रतिष्ठा कभी नहीं हो सकती। इसलिये हे अर्जुन! व्यर्थ की चिन्ताएँ छोड़ो और अपने कर्त्तव्य का पालन करो। कर्त्तव्य का पालन करते समय मनुष्य को राग-द्वेष, माया-मोह आदि से दूर रहना चाहिये। कर्म करो अर्जुन! उसके फल की चिन्ता न करो, उठो! और अपना शंखघोष करो। तुम्हारे शंख फूँकते ही तुम्हारी सेना में प्राणों की लहर दौड़ जायेगी।''

श्रीकृष्ण के विचारपूर्ण और उत्तेजक-उपदेश सुनकर अर्जुन का मन सावधान हुआ।

भीम-युधिष्ठिर भेंट

कृष्ण जब अर्जुन को अपने सुन्दर उपदेशों से प्रेरित कर रहे थे, तभी उन्होंने देखा कि धर्मराज युधिष्ठिर अपने अस्त्र-शस्त्र, कवच आदि उतार कर पाँवों पैदल कौरवों की सेना की ओर चले जा रहे हैं। भीम, नकुल, सहदेव आदि भाई और दूसरे सामन्त लोग आश्चर्य से यह तमाशा देखने लगे! सभी को यह हैरानी हो रही थी कि धर्मराज को आखिर यह क्या पागलपन सूझ रहा है! भीम आदि भाइयों ने धर्मराज से पूछा भी परन्तु; उन्होंने कोई उत्तर नहीं दिया। वे जब आगे आये, तब अर्जुन ने भी आश्चर्य से अपने बड़े भाई को कौरव-पक्ष की ओर जाते हुए देखा! वे एकाएक कह उठे-धर्मराज को यह क्या हो गया! ऐसे दीन-भाव से वह कहाँ जा रहे हैं।

श्रीकृष्ण यह सुनकर हँसने लगे। उन्होंने कहा-अर्जुन, इतने वर्षों तक साथ-साथ रह कर भी तुमने अपने बड़े भाई का मन नहीं पहिचाना! वह श्रेष्ठ-संस्कृति के पुजारी हैं। कोई भी शुभ काम करने के पहले वे भला अपने पूज्य बड़े-बूढ़ों के चरण छूकर उनसे आशीर्वाद पाये बिना क्योंकर आगे बढ़ सकते हैं? युद्ध की गर्मा-गर्मी में भी शुद्ध संस्कारों का विनयपूर्वक पालन करना कोई हमारे बड़े भाई धर्मराज युधिष्ठिर से सीखे।

युधिष्ठिर को अपनी ओर दीन-भाव से आते देखकर कौरव सेना भी अचम्भे से बँध गयी। बहुत से मूर्ख यह कह कर खुशी मनाने लगे कि हमारे बल को देखकर धर्मराज की अकल ठिकाने लग गयी है। वह देखो, दाँतों में तिनका दबाये हुये वे हमारी शरण में चले आ रहे हैं।

युधिष्ठिर सीधे भीष्म पितामह के पास पहुँचे। उन्होंने बड़ी श्रद्धापूर्वक उनके पैर छूकर अपने हाथ जोड़े; फिर कहा-महाबली पितामह! हम लोग आप से युद्ध करने जा रहे हैं। मैं इसके लिए आपकी आज्ञा और आपका आशीर्वाद माँगने आया हूँ।

यह सुनकर पितामह गद्गद् हो गये। उन्होंने युधिष्ठिर को कलेजे से लगा लिया और कहा-बेटा युधिष्ठिर तुम्हारा धर्मभाव देखकर मैं बहुत प्रसन्न हूँ। यदि तुम न आते तो मैं तुम्हें अवश्य शाप देता परन्तु; अब मैं तुम्हें हृदय से आशीर्वाद देता हूँ और युद्ध करने के लिए आज्ञा भी देता हूँ। मैं कौरव दरबार का एक सेवक होने के नाते अनुशासन में बँध कर भले ही उनके लिये लड़ूँ परन्तु मैं यह जानता हूँ कि न्याय तुम्हारे साथ है। मेरा आर्शीवाद है तुम्हारी जय हो।

भीष्म पितामह से आशीर्वाद लेकर युधिष्ठिर फिर गुरु द्रोण और कृपाचार्य के पैर छूने गये। दोनों ने उन्हें शुभाशीर्वाद दिये। द्रोणाचार्य ने कहा-हे युधिष्ठिर, मैं कौरव दरबार का नमक खाता हूँ, इसलिये युद्ध क्षेत्र में तुम लोग मुझे कट्टर शत्रुओं के समान ही दिखलायी दोगे। परन्तु युद्ध की हर शाम को ईश्वर से मैं तुम्हारी ही जय मनाऊँगा। जाओ और अपने पक्ष में खड़े होकर पूरे सैनिक-भेष में युद्ध का शंख बजाओ।

शंख-घोष होते ही दोनों ओर से लाखों तीर सनसना उठे, रथों से रथ टकराने लगे और हाथियों से हाथी। तलवारें ऐसी चल रही थीं कि मानों बिजलियाँ कौंध रही हों। एक-दूसरे के खून के प्यासे शत्रु आपस में ऐसे जूझ रहे थे कि मानों मनुष्य के पैदा होने का मुख्य उद्देश्य मारना और मरना ही हो। किसी का हाथ कटा तो किसी का सिर। लहू के फव्वारे छोड़ते हुए धड़ कट कर नीचे गिरने लगे। लड़ाई के जोश में सिपाही लोग घायलों और मरे हुए सैनिकों की लाशों को रौंदते हुए, आगे बढ़ते थे। आकाश में चीलों, कौवों के झुण्ड के झुण्ड मँडरा रहे थे। मौका पाते ही धरती की ओर झपटते और किसी का माँस तो किसी की अतड़ी नोचकर और भी भयंकर दृश्य उत्पन्न कर देते थे। उनके लिये कौरव और पाण्डव पक्ष के सैनिकों का माँस एक समान था। मनुष्य अपनी जाति का संहार कर रहा था और पक्षी उनकी आपसी बैर-फूट का लाभ उठाकर दावतें उड़ा रहे थे।

लड़ते हुए भीष्म पितामह और अर्जुन के रथ आमने-सामने आ गये। पितामह के रथ के आगे धरती पर पाँच बाण छोड़कर अर्जुन ने उन्हें प्रणाम किया। आशीर्वाद देते हुए भीष्म ने कहा-बेटा, अर्जुन, युद्ध-क्षेत्र में आज दादा और पोते की लड़ाई होगी। तू जवान और महाबली है, फिर भी अपने बूढ़े बाबा से लड़ते समय तुझे छठी का दूध याद आ जायेगा। परन्तु; मैं हृदय से यही मनाता हूँ कि अपने पोते के हाथों ही मेरी मृत्यु हो और तेरी जय हो।

पितामह ने यह कहकर अपना धनुष सम्हाल लिया। दोनों ओर से बाणों की बरसात होने लगी। जब तक आमने-सामने दोनों रहे, कोई दूसरे को झुका न सका। युद्ध की आवश्यकतानुसार जब मोर्चे बदले, तभी वे एक-दूसरे से उस दिन के लिए अलग हुए।

अर्जुन का नौजवान बेटा अभिमन्यु, अवध नरेश श्री रामचन्द्र के वंशज राजा बृहदनल से टक्कर ले रहा था। राजा बृहदनल ने सामना होते ही ऐसी बाण वर्षा की कि अभिमन्यु के रथ का झण्डा कट कर गिर गया, साथ ही उसका सारथी भी मारा गया। अभिमन्यु ने जब यह देखा, तब तप कर ऐसी घनघोर बाण बरसा की कि बृहदनल का सारथी मारा गया और वह बुरी तरह से घायल होकर खुद ही अपना रथ हाँककर आगे बढ़ गया।

एक मोर्चे पर भीम और दुर्योधन में ठन गयी। दूसरे मोर्चे पर नकुल और दुःशासन आपस में तलवार-बाजी करने लगे। चारों ओर जय-जयकार और हाहाकार ही मच रहा था। दोनों पक्षों के सैनिकों के लिये नौकर लोग पानी और शकर पूड़ियाँ लिये हुए डोल रहे थे। सैनिक लड़ते-लड़ते पीछे आते, नौकर उन्हें शकर-पूड़ी खिलाते तो पानी-पाण्डे पानी पिलाते और इस तरह ताजे होकर सैनिक मैदान में फिर डट जाते थे। युद्ध की भूमि में सैनिकों का भोजन ऐसे ही होता है। सूर्योदय से सूर्यास्त तक खूब घमासान-युद्ध मचा, सैकड़ों मरे, हजारों घायल हुए। इस तरह महाभारत-युद्ध का पहला दिन बीत गया।

दूसरे दिन और भी घमासान लड़ाई हुई। पाण्डवों की सेना ने पराक्रम तो बहुत दिखलाया लेकिन; भीष्म पितामह के हाथों से उनकी सेना का नाश बहुत हुआ। अर्जुन किसी और मोर्चे पर युद्ध कर रहे थे। अर्जुन जिधर लड़ रहे थे, उधर कौरव सेनाओं का सफाया हो रहा था। तीसरे दिन भीष्म ने पाण्डवों की सेना का बड़ा नाश किया। सबसे दुःख की बात यह हुई कि विराट का बेटा राजकुमार उत्तर, उस दिन घमासान युद्ध करने के बाद भीष्म पितामह के हाथों मारा गया। अपने साले की मृत्यु होने के कारण वीर अभिमन्यु को हार्दिक दुःख हुआ, साथ ही साथ विराट के दूसरे पुत्र श्वेत को भी बहुत

गुस्सा चढ़ आया। इन दोनों नौजवानों ने और इनके साथ ही साथ भीम के राक्षस बेटे घटोत्कच ने यह प्रतिज्ञा की कि अगले दिन मिलकर वे कौरव सेना के वीरों से ऐसी घमासान लड़ाई लड़ेंगे कि उन्हें छठी का दूध याद आ जायेगा। अगले दिन का युद्ध बड़ा ही भीषण हुआ।

सवेरा होते ही रण के बाजे और वीरों के शंख बजने लगे। हर वीर दूसरे वीर के शंख से अपना शंख अधिक जोर से फूँकता था। इस तरह शंख और मारू बाजे बजा-बजाकर दोनों पक्ष के वीर अपने आप को हौसला देते हुए आपस में गुँथने लगे। कहीं भीम और दुर्योधन में लड़ाई हो रही थी तो कहीं नकुल और दु:शासन लोहे से लोहा टकरा रहे थे। युधिष्ठिर की लड़ाई अपने मामा मद्रराज शल्य से हो रही थी परन्तु; सबसे अधिक घमासान लड़ाई तो उस दिन पाण्डव-पक्ष के नौजवान बहादुर ही लड़ रहे थे। भीम के बेटे घटोत्कच ने राक्षसराज अलम्बुष को घेर लिया। वह बड़ा क्रूर सैनिक था। पाण्डवों की सेना उससे बहुत परेशान थी। अब घटोत्कच के रूप में अलम्बुष को शेर का सवा शेर मिल गया। दोनों वीर एक दूसरे को देख-देखकर हुंकारने लगे। ऐसी कठिन लड़ाई हुई कि अलम्बुष की आधी से अधिक सेना काट डाली गयी। अलम्बुष उस दिन लड़ते-लड़ते खीझ गया। घटोत्कच उसे छोड़ता ही न था। यह देखकर राक्षसराज को बड़ा ताव आया। उसने झुँझलाकर घटोत्कच पर भयंकर बाण बरसाने आरम्भ कर दिये। इससे घटोत्कच घबड़ाया नहीं वरन् और भी अधिक जोश में आ गया। उसने इतनी फुर्ती से बाण बरसाये कि राक्षसराज अलम्बुष का सारा शरीर बिंध गया। उसका रथ टूटा, घोड़े और सारथी मारे गये। तब लहू-लुहान होकर वह भाग गया।

राजकुमार श्वेत ने सबसे प्रबल-युद्ध किया। वह जिधर भी पहुँच जाता, उधर ही कौरव सेना गाजर-मूलियों की तरह कटने लगती थी। इस नौजवान योद्धा ने बड़े-बड़ों के छक्के छुड़ा दिये। यह देखकर स्वयं भीष्म पितामह को उससे लड़ने के लिए आना पड़ा। राजकुमार श्वेत ने भीष्म के रथ के पास पहुँचने तक ऐसे बाण मारे कि पितामह के रथ का झण्डा कट कर गिर गया। भीष्म झुँझला उठे। उन्होंने प्रबल-बाण बरसाने शुरू कर दिये। लेकिन; नौजवान होने पर भी श्वेत कच्चा खिलाड़ी न था। निशाना साधकर उसने एक बाण छोड़ा, भीष्म पितामह का धनुष कट कर बेकार हो गया। इसी बीच में श्वेत ने फुर्ती दिखलाकर पितामह के सारथी को भी मार डाला। पितामह क्रोध में आ गये, उन्होंने तुरन्त ही दूसरा धनुष उठाकर बाण-वर्षा आरम्भ कर दी परन्तु; नौजवान श्वेत उस दिन बूढ़े महारथी को मानों यह जतलाना चाहता था कि नये खून में अपार जोश होता है। उसने थोड़ी ही देर में भीष्म का रथ भी तहस-नहस कर डाला। भीष्म पितामह तुरन्त रथ से कूद पड़े और हाथ में तलवार लेकर झपटे। श्वेत भी कूद कर मैदान में आ गया। वह बड़ी ही बहादुरी से लड़ा। उसकी फुर्ती और बहादुरी देखकर लोग-बाग दाँतों तले अँगुली दबाने लगे लेकिन; भीष्म जैसे योद्धा के सामने श्वेत बेचारा अब और अधिक देर तक ठहर नहीं सका। उसने भीष्म पितामह के हाथों वीर गति पायी।

राजकुमार श्वेत के मरने से पाण्डव-पक्ष में बड़ी उदासी छा गयी। राजा विराट के दो-दो बेटे युद्ध में मारे गये थे। वैसे आज की लड़ाई में पाण्डव-पक्ष के बहादुर जवानों ने बड़ी वीरता दिखलायी थी लेकिन; पिछले दो-तीन दिनों में भीष्म ने पाण्डव सेनाओं को बड़ा नुकसान पहुँचाया था। पाण्डव लोग उदास और चिन्तित थे। भीम ने कहा- पितामह

के मरे बिना हमारी जीत न होगी। अगर यही हाल रहा तो दो-चार दिनों में ही हमारी सेनाओं का मनोबल टूटने लगेगा। हमें अर्जुन को बुलाकर पितामह को युद्ध से हटाने का प्रबन्ध करना चाहिये।

युधिष्ठिर बोले-भीम पितामह को मारना, तुम्हारे और अर्जुन के लिये आसान नहीं है भाई! वह बूढ़े हुए तो क्या, वे ब्रह्मचारी हैं। उन्होंने परशुराम के आश्रम में धुनर्विद्या सीखी है। हाँ, द्रोपदी के भाई शिखण्डी से भीष्म पितामह कभी नहीं लड़ेंगे। शिखण्डी नपुंसक है, वह उसका मुँह देखना भी पाप समझते हैं।

तो ठीक है, अर्जुन के रथ पर शिखण्डी को भी बैठा दीजियेगा। आप अर्जुन को इसी ओर बुलवाइये। उसके सिवा हममें से ऐसा कोई नहीं, जो भीष्म पितामह के रण-कौशल का उचित उत्तर दे सके।

कृष्ण और अर्जुन आये। सारा हाल सुना। दूसरे दिन अर्जुन ने कृष्ण से कहा-मेरा रथ आप पितामह के रथ के पास ले चलिये।

भीष्म पितामह को सामने देखकर अर्जुन ने उनके रथ के आगे पाँच बाण धरती पर छोड़कर प्रणाम किया। भीष्म ने आशीर्वाद देते हुए अर्जुन से कहा-तुम्हारी जय हो बेटा! आ अब हम बाबा-पोते एक-दूसरे को अपना रण-कौशल दिखलाएँ।

भीष्म और अर्जुन की लड़ाई ऐसी अद्भुत हुई कि देखने वाले अपने दाँतों तले अँगुली दबा लेते थे। ऐसा लगता था कि मानों बिजलियाँ आपस में टकरा रही हैं। अर्जुन जब बाण चलाते थे, तब पितामह बड़ी फुर्ती से उसके वार बचा लेते थे किन्तु; भीष्म के वार अर्जुन नहीं बचा पाते थे। उन्हें कई बार घायल होना पड़ा। लड़ते-लड़ते भीष्म ने ऐसी प्रबल बाण-वर्षा की कि अर्जुन का रथ ही टूट गया। यह देखकर श्रीकृष्ण को क्रोध आ गया, वे टूटे हुए रथ के एक पहिये को चक्र की तरह घुमाते हुए भीष्म की ओर झपटे। भीष्म ने तुरन्त ही हाथ जोड़ दिये, कहा-हे यदुनन्दन! आपने युद्ध में न लड़ने की प्रतिज्ञा की थी और आप इस समय ऐसे आवेश में आ गये हैं कि रथ के पहिये को उठाकर मुझ पर झपट पड़े हैं। आपके इस क्रोध से मेरा गौरव बढ़ता है। आखिरकार मेरे ऐसे बूढ़े ने योगेश्वर श्रीकृष्ण को अपनी प्रतिज्ञा भूलने के लिए विवश कर दिया! इसे मैं अपना अहोभाग्य मानता हूँ।

भीष्म पितामह के इन मृदुल वचनों को सुनकर श्रीकृष्ण का क्रोध शान्त हो गया और उस दिन का युद्ध भी समाप्त हो गया। दूसरे दिनों के बजाय उस दिन इतना लाभ तो अवश्य हुआ कि भीष्म पितामह सारे दिन अर्जुन से ही जूझते रहे, जिससे पाण्डव-पक्ष की सेनाओं का अधिक नुकसान नहीं हुआ।

अगले दिन फिर मरने वाले वीरों के लहू से युद्ध-भूमि लाल होने लगी। भीम ने अर्जुन को समझाया कि अपने साथ-साथ शिखण्डी को भी रथ पर बिठा ले जाओ परन्तु; वे राजी नहीं हुए उन्होंने कहा-मैं यह पाप नहीं करूँगा। मैं या पितामह यदि एक-दूसरे से लड़ते हुए वीर-गति पाएँ तब तो कोई बात नहीं परन्तु; इस प्रकार धोखा देकर मैं उनसे कदापि नहीं लड़ूँगा।

श्रीकृष्ण ने अर्जुन की बात सुनकर भीम को आँखों-आँखों में यह इशारा किया कि मेरा संकेत पाते ही शिखण्डी को रथ पर भेज देना।

सुनते हैं कि भीष्म पितामह भी अपने जीवन से ऊब गये थे। उन्होंने पाण्डवों के यहाँ संकेत के रूप में यह बात पहुँचायी थी कि शिखण्डी की आड़ लेने पर मैं युद्ध नहीं करूँगा। अर्जुन उस समय मुझ पर प्रहार कर सकता है। भीम और कृष्ण तो इस छल-युद्ध के लिए राजी थे क्योंकि; स्वयं पितामह की भी ऐसी इच्छा थी परन्तु; अर्जुन जैसा महावीर ऐसे छल-युद्ध को कभी पसन्द ही नहीं कर सकता था, विशेष रूप से अपने पूज्य पितामह के साथ। ऐसा छल-कपट करना तो उसकी शान के खिलाफ बात थी। मगर श्रीकृष्ण ने जो ठान लिया था, वह होना ही था।

दूसरे दिन भी पितामह भीष्म और महावीर अर्जुन एक-दूसरे से युद्ध में गुँथे रहे। दिन ढलने को आया, मगर दोनों ओर से किसी का बल घटता नहीं दिखलायी पड़ता था। सच तो यह है कि भीष्म उस दिन भी अर्जुन से प्रबल पड़ रहे थे। देखते ही देखते एकाएक शिखण्डी का रथ सामने आ गया। भीष्म पितामह ने उसे देखते ही अपने बाण रथ पर रख दिये। उन्होंने कहा–मैं मर्दों से लड़ता हूँ नपुंसक से नहीं। शिखण्डी जानता था कि भीष्म उसकी हत्या कभी नहीं करेंगे, इसलिये वह बढ़-बढ़कर उन्हें अपमानजक बातें सुनाने लगा। यह देखकर श्रीकृष्ण ने अर्जुन से कहा–मित्र, देखते क्या हो? यही अवसर है, बाण चलाओ।

अर्जुन हिचक कर बोला–नहीं, यह छल होगा।

युद्ध में सब कुछ चलता है मित्र! चूको मत, निशाना लगाओ। श्रीकृष्ण ने इस तरह से अर्जुन को अपनी बातों से ऐसा घेरा कि वह 'न' नहीं कर सके। अतः अर्जुन का बाण छूटा और जाकर सीधा पितामह की छाती में बिंध गया। पितामह भीष्म गिर पड़े। कौरव-पाण्डव, दोनों ही के सेनाओं में तहलका मच गया। भीष्म दोनों ही के पितामह थे। कौरव-पक्ष में घनघोर निराशा छा गयी। दुर्योधन का तो एक प्रबल सहारा ही टूट गया था।

अर्जुन ने तुरन्त अपने रथ से उतर कर अपने पितामह को उठाया और उनका सिर अपनी गोद में रखकर बैठ गये। जैसे ही उन्हें होश आया, वैसे ही अर्जुन ने हाथ जोड़कर कहा–'हे पितामह! मैं बड़ा लज्जित हूँ कि मेरे हाथों आपकी यह दशा हुई है।'

नहीं बेटे, मैं तो इस बात से सुखी हूँ कि तुम्हारे हाथों से मैंने वीर- गति पायी है। अगर उल्टी बात होती तो मैं जीते जी ही मर जाता। बेटा, मैं बहुत जी चुका। अब मेरी इच्छा भी अधिक जीने की नहीं रही थी किन्तु; मेरी मृत्यु मेरी इच्छा के अनुसार ही आयेगी। मैं जन्म भर ब्रह्मचारी और सत्यनिष्ठ रहा हूँ। इसलिये मैं तभी मरूँगा, जब अपने लिये मृत्यु का सुदिन आया समझ लूँगा। सूर्य के उत्तरायण में आने के पहले वह दिन कदापि नहीं आ सकता। बच्चों मेरे लिये श्रेष्ठ, शैय्या बिछाओ।

दुर्योधन ने नौकरों को पड़ाव में सोने का पलँग लाने की आज्ञा दी। भीष्म बोले–सोने की सेज नहीं, मुझे वीरों की सेज चाहिये।

पितामह की बात कोई और न समझा, केवल अर्जुन ही उसे समझ पाया। उसने तुरन्त ही धरती पर बाण मार-मार कर शर-शैय्या तैयार कर दी। यह देखकर भीष्म बहुत प्रसन्न होकर बोले–मेरे पौत्रों में अर्जुन ही मेरे मन की बातों को समझ सकता है। हे अर्जुन! तुम मुझे अपने हाथों से उठाकर इसी शैय्या पर लिटा दो।

पितामह की आज्ञा का अर्जुन तुरन्त पालन किया। भीष्म बोले–'मेरा सिर नीचे झुका हुआ है बेटे, उसे एक तकिया दो।'

अर्जुन ने तीन बाण मार कर उनके सिर को टेक दे दिया।

ठीक है, अब मैं मृत्यु का अन्तिम क्षण आने तक हरिभजन करता हुआ सुख से पड़ा रहूँगा। तुम सब लोग जाओ। दुर्योधन! हो सके तो अब भी यह युद्ध बन्द करवा दो। जन को महानाश से बचाओ, मैं अन्तिम बार यह तुमसे कहता हूँ, जैसी इच्छा हो वैसा ही करना।

इतना कहकर पितामह मौन हो गये।

परन्तु दुर्योधन और उसके भाइयों के सिरों पर विनाश का भूत नाच रहा था। वे कोई सही बात भला सुन या मान सकते थे?

●

द्रोणाचार्य का पराक्रम

अर्जुन और भीष्म पितामह का भीषण-युद्ध जिस समय हो रहा था, उसी समय एक अन्य मोर्चे पर द्रोणाचार्य और धृष्टद्युम्न भी आपस में कटाजुज्झ करते हुए बड़ी महनामथ मचा रहे थे। धृष्टद्युम्न, महाराज द्रुपद का बेटा था और द्रुपद तथा द्रोणाचार्य एक साथ पढ़े थे। इस प्रकार नाते में चचा-भतीजे, दोनों इस समय एक-दूसरे के परम-शत्रु होकर मार-काट मचा रहे थे। सामना होते ही द्रोणाचार्य ने पाण्डवों के महा-सेनापति धृष्टद्युम्न के रथ पर तीर बरसाने आरम्भ किये। पहले रथ की ध्वजा काटी, सारथी और घोड़ों को मार गिराया और धृष्टद्युम्न को भी घायल किया। इस भीषण प्रहार से तपकर धृष्टद्युम्न भी बड़े जोश में आ गया। द्रोणाचार्य अपने मित्र के बेटे को मारना नहीं चाहते थे, इसलिए उसे घायल करके उनका रथ आगे बढ़ने लगा।

परन्तु धृष्टद्युम्न ने बड़े दर्प के साथ आचार्य द्रोण को ललकारा- ठहरिये आचार्य, भागिये मत। जो पाठ आपने पढ़ाया है, उसे सुनते भी जाइये और अपने दूसरे रथ पर सवार धृष्टद्युम्न के फुर्तीले हाथों ने धनुष पर एक साथ कई बाण चढ़ाकर मारे। धृष्टद्युम्न के बाण क्या बरसे कि मानों सावन-भादों की झड़ी लग गयी। द्रोणाचार्य का रथ धृष्टद्युम्न के बाणों से ढक गया और वह घायल भी हो गये। ऐसे भीषण-प्रहार से तड़प कर बूढ़े आचार्य की बाहों में भी नौजवानी की बिजली समा गयी। धृष्टद्युम्न के दूसरे रथ पर चढ़ते समय उन्होंने भी भयानक बाण वर्षा की। द्रोणाचार्य ने एक साथ इतने तीर छोड़े कि धृष्टद्युम्न के लिए निशाना साधना तक मुश्किल हो गया।

ऐसे भ्रमजाल में फँसाकर द्रोणाचार्यजी ने एक महा-भयंकर बाण अपने धनुष पर धृष्टद्युम्न को मारने के लिए चढ़ाया। पाण्डवों के महा-सेनापति के आस-पास लड़ने वाले प्यादे सैनिक, जिनकी आपसी लड़ाई दो महान योद्धाओं के भयंकर युद्ध को देखने के लिए थम गयी थी, द्रोणाचार्य के इस भयंकर बाण को धनुष पर चढ़ा हुआ देखकर मारे भय के बड़ी जोर से चिल्ला उठे। प्यादों की यह चिल्लाहट धृष्टद्युम्न के लिए वरदान बन गयी। उन्होंने द्रोणाचार्य के छोड़े हुए तीर की काट के लिये स्वयं भी एक बड़ा शक्तिशाली तीर छोड़ा। आचार्य का तीर बीच ही में कट गया। पाण्डवों और पांचालों की सेनाएँ जोश में जय-जयकार कर उठीं। अब दोनों महाबली फिर एक-दूसरे पर भयंकर बाण वर्षा करने लगे। आचार्य ने एक तीर द्वारा धृष्टद्युम्न का धनुष ही काट डाला। तब धृष्टद्युम्न ने बड़े जोर से अपनी गदा फेंकी लेकिन; आचार्य के छोड़े हुए तीन बाण धृष्टद्युम्न के लोहे के कवच को भेदते हुए उसके शरीर में घुस गये। लहू बह चला, धृष्टद्युम्न ने भी आचार्य को घायल किया।

दो घायल महायोद्धाओं का यह चमत्कारी युद्ध बड़ी देर तक चलता रहा। इनकी लड़ाई का हाल सुनकर भीमसेन, इधर से धृष्टद्युम्न की सहायता करने के लिये अपने रथ पर दौड़े। उधर से दुर्योधन ने आचार्य की सहायता के लिये कलिंगराज को भेजा। दो नये महारथियों के आमने-सामने आ जाने से लड़ाई का नया दौर शुरू हुआ और घायल महावीरों के सारथी उन्हें इलाज के लिए हटा ले गये। ●

भीमसेन का युद्ध-चमत्कार

कलिंगराज के साथ रथों की सेना थी। उसी समय निषादराज केतुमान अपनी हाथियों की सेना लेकर पहुँच गये। दोनों ने भीमसेन को घेर लिया। कलिंगराज को तीर-कमान चलाने में कमाल हासिल था, उसका बेटा शक्रदेव भी बहुत बहादुर था। दोनों बाप-बेटों ने भीम को तीरों से ढक दिया। धनुष-विद्या में भीम किसी से कम नहीं थे, मगर उनका असली हथियार गदा ही था। वह जब तीरों से घिर गये, तब सोनार की सौ चोटों पर लोहार की एक घन चोट के समान ही उन्होंने अपनी गदा खींच मारी। कलिंगराज का बेटा शक्रदेव उस चोट के धक्के से ही स्वर्ग सिधार गया।

अब तो कलिंगराज काले नाग-सा फुफकार उठा। भीमसेन अब अपनी पर आ गये। उन्होंने दूसरी गदा फेंककर कलिंगराज को भी ढेर कर दिया। इन मरने वाले बाप-बेटों की बाण वर्षा ने भीमसेन का रथ निकम्मा कर डाला था, इसलिये वे गदा लेकर मैदान में कूद पड़े। दस हजार हाथियों के घेराव में दस हजार हाथियों की शक्ति वाले महाबली भीम टक्कर लेने के लिए अपनी गदा का कमाल दिखलाने लगे। वह गदा लेकर चारों ओर ऐसा निशाना साध-साधकर झपट रहे थे कि घड़ों शराब पिला कर लाये हुए मस्त हाथियों का नशा उनकी मार से हिरन होने लगा। ऐसा लगता था कि मानों मेरु-पर्वत हाथियों का सागर मथ रहा हो। निषादराज की गज-सेना बहुत अनोखी और बलशाली मानी जाती थी लेकिन; एक पाण्डव महागजराज रूपी भीम ने ऐसी धर-पटक मचायी कि उसकी चीं बोल गयी। चिंघाड़ मारते हुए हाथी चूहों की तरह से भागे। डर के मारे बौखलाये हुये यह हाथी कौरव दल की सेनाओं को कुचलते हुए जहाँ-तहाँ भाग चले।

कौरवों के लिए वह दिन बहुत ही बुरा साबित हुआ। एक ओर तो भीम के हाथों उनकी बड़ी दुर्गति हुई थी और दूसरी ओर-शिखण्डी की आड़ में भीष्म को बुरी तरह घायल कर दिया गया था। उस दिन रात में दुर्योधन आदि के भाइयों के चेहरे उड़े हुए थे।

दधीचि के कुण्ड की कथा महफिल

बाबाजी की इच्छानुसार चौथे दिन हम लोग 'दधीचि-कुण्ड' पहुँच गये।

एक बड़ा भारी कुण्ड है, मन्दिर है, बस्ती है। परन्तु वहाँ न तो कोई रमणीक-दृश्य है और न किसी ऐसे पुरानेपन की निशानियाँ कि जिन्हें देखकर हमारे मन में किसी प्रकार का कौतूहल जागे। वह जगह हमें धरम के एक बजार-सी लगी। यात्रियों से दक्षिणा पाने की लालच में पण्डे लोग उन्हें तरह-तरह की बातें बतला रहे थे। एक पण्डा बतला रहा था कि दधीचि ऋषि ने यहीं इन्द्र भगवान् को अपनी हड्डियाँ वज्र बनाने के लिए दी थीं। यह सुनकर बबलू कहने लगा-''देखो, संजू यह पण्डा क्या कह रहा है?''

मैं चूँकि उस समय कुण्ड में नहाते हुए बड़ी-बड़ी सफेद दाढ़ी-मूँछों वाले एक पण्डितजी को जल्दी-जल्दी अपने झुर्रियोंदार शरीर को मलते तथा मालगाड़ी के डिब्बों की तरह देश भर की पवित्र नदियों के नाम अपनी जबान की पटरी पर श्लोक की शकल में ढकेलते हुये देखकर आनन्दित हो रहा था, इसलिये बबलू की बात पर ध्यान न दे सका। बबलू ने मुँह फुला लिया, बोला-''संजू, तुम दुनिया में मतलब की बातें सुनने के बजाय बेमतलब की बातें बहुत सुना करते हो। भला यह उन्नति करने का तरीका है?''

यह सुनकर मुझे भी ताव आ गया। मैंने कहा-''अपने को तुम सदा बहुत बुद्धिमान और दूसरे को बेवकूफ समझते हो बबलू। यह अच्छी बात नहीं है। मैं भी एक मजे की बात पर ध्यान दे रहा था। वो देखो, बुढ़ऊ बाबा नहा तो रहे हैं इस कुण्ड में और नाम ले रहे हैं हिन्दुस्तान भर की नदियों का-गंगा, सिन्धु, सरस्वती व यमुना-।''

बबलू तमक कर बोला-''इसमें नयापन क्या है? यह बुड्ढे महाशय तो एक पवित्र-कुण्ड में नहा रहे हैं। मैंने नल के नीचे नहाते अपने एक रिश्ते के बाबा को भी नदियों वाला यही श्लोक पढ़ते सुना है। बात तो मैंने मजेदार सुनी है इस पण्डे से। वह कह रहा था कि इन्द्र को अपनी हड्डियाँ देने से पहले दधीचिजी ने हिन्दुस्तान भर की सारी नदियों को यहाँ बुलवाया और वे आकर इसी कुण्ड में मिल गयीं। भला ऐसी बेपर की बात तुमने पहले कभी सुनी थी?''

तभी हमारे कथा वाले बाबाजी मस्ती में झूमते हुए वहाँ आ पहुँचे। उन्होंने कहा-''बच्चो! आओ भाई, यहाँ के शोर-शराबे से हटकर जरा एकान्त में बैठें। यहाँ तो धर्म की दूकानें लगी हुई हैं।'' यह सुनकर हम सब बच्चे हँस पड़े।

बबलू बोला-''यही बात तो मैं संजू को समझा रहा था बाबाजी, पर यह बुद्धू माना ही नहीं। यह उमर में मुझसे केवल चार ही महीने छोटा है, पर अकल में तो मेरे आगे दूध पीता बच्चा ही है।''

बबलू के इस घमण्ड पर मुझे भी ताव आ गया। मैंने भी बाबाजी को अपनी बात सुनायी। हम दोनों की बातें सुनकर बाबाजी ने कहा– "तुम दोनों ने एक बड़ी महत्वपूर्ण बात के दो सिरे देखे। तुम दोनों में से एक भी लड़का बुद्धू नहीं है। हाँ, बात चूँकि जरा गहरी है, इसलिये तुम्हें इस बात पर आपस में ध्यान से विचार करना चाहिये था। लड़ने की आवश्यकता नहीं थी।"

अतुल बोला–"अरे बाबाजी! यह दोनों के दोनों बड़े बुद्धू हैं। इन्हें आपसे यह प्रार्थना करनी चाहिए थी कि आप हमें दधीचि की कथा सुनाने से पहले यह नदियों वाली बात ही समझायें।"

बाबाजी बोले–"बच्चो, अभी कुछ वर्ष पहले चाचा नेहरू और दूसरे बड़े-बड़े नेताओं ने देश की भावनात्मक-एकता के बारे में ज़ोरदार आवाज़ उठायी थी।"

अप्पी बोली–"मेरे स्कूल में दीदी, चाचा नेहरू की इस बात को बार-बार दोहराया करती थीं।"

"हाँ बेटी, हर अच्छे अध्यापक और अध्यापिका को यह बातें बच्चों को बार-बार समझाना ही उचित है। यही भावनात्मक-एकता लाने के लिये दो हजार वर्ष पहले हमारे महान् विचारकों ने यह 'गंगा-सिन्धु-सरस्वती' वाला श्लोक और भारत की सारी नदियों के यहाँ आने की कथा बनायी थी। आदमी हिन्दुस्तान भर में कहीं भी नहाये। चाहे कुएँ या ताल पर नहाये या नल के नीचे अथवा किसी नदी में, वह भारत भर की सारी पवित्र नदियों के नाम याद करता है। इस तरह सवेरे वह अपने समूचे देश से भावनात्मक-एकता में जुड़ जाता है। जैसे एक दधीचि कुण्ड में तुमने सारी नदियों के आने की कहानी अभी सुनी, वैसे ही कहानी मैंने काँगड़े के तीर्थों पर सुनी थी। सारे हिन्दुस्तान भर में ऐसे बहुत से पवित्र तीर्थ तुम्हें मिलेंगे, जहाँ भारत भर के सब तीर्थों के आकर मिलने की बात कही जाती है। इसका मतलब यह है कि आदमी भारत के किसी भी कोने में रहे लेकिन; वह नित्य सारे भारत को इस बहाने से श्रद्धा के साथ याद करता रहे। यही देश की भावनात्मक-एकता है।"

हम सभी बच्चों को यह बात बहुत अच्छी लगी। तब तक टहलते हुए हम लोग दधीचि-कुण्ड से जरा हटकर एक एकान्त स्थान में पहुँच गये थे। हम लोगों के साथ कथा सुनने वाले कुछ बड़े-बूढ़े भी कुण्ड में नहाकर तथा पूजा आदि करके वहीं पहुँच गये। बाबाजी ने कहा– "बच्चो! महाभारत के घमासान युद्ध-क्षेत्र में अपनी कल्पना के द्वारा पहुँचने से पहले हमें विचार के आधार-दण्ड का सहारा भी अवश्य ले लेना चाहिये। जो कल्पना विचार-सम्मत होती है, वही नये यथार्थ-बोध का धरातल भी बन सकती है। इस दधीचि-कुण्ड के साथ जिन महान् आत्मदानी ऋषि का नाम जुड़ा है, सच पूछो तो वह कभी यहाँ पर आये भी नहीं होंगे, मगर हमारे पुरखों की विचारयुक्त-कल्पना ने एक कथा में उन्हें यहाँ ला और बसा दिया।"

परितोष बोला–"बाबाजी क्या महर्षि दधीचि ने इन्द्र को वज्र बनाने के लिये अपनी हड्डियाँ यहाँ नहीं सौंपी थी?"

"नहीं। महाभारत में यह बतलाया गया है कि उन दधीचिजी का आश्रम सरस्वती नदी के किनारे पर था। और यह सरस्वती नदी तीन अलग-अलग जगहों पर बहती हुई मानी गयी है।"

पप्पू बोला-"हाँ, हम अपने नाना के साथ इलाहाबाद संगम पर नहाने गये थे तो बतलाया गया कि वहाँ गंगा और यमुना तो आकर मिलती हैं लेकिन; सरस्वती वहाँ गुप्त रूप से आकर मिल गयी हैं।"

बाबाजी बोले-"जैसे गुप्त रूप से-सरस्वती नदी को प्रयाग की त्रिवेणी में मिला दिया गया है, वैसे ही हमारे पुराणकारों ने नैमिष में अफ़गानिस्तान के दधीचि ऋषि को भी लाकर प्रकट कर दिया।" बाबाजी की इस बात से हम बच्चे ही नहीं बल्कि; बड़े-बूढ़े चौंक उठे!

मैंने कहा-"बाबाजी अफ़गानिस्तान में तो सब मुसलमान लोग रहते हैं, फिर?"

बाबाजी ने हँसकर कहा-"अरे पगले, इस्लाम धर्म स्वीकार कर लेने से भला आदमी थोड़े ही बदल जाता है। अफ़गान कोई जाति थोड़े ही है। यह शब्द तो हमारी संस्कृत भाषा के 'उपगण' शब्द का ही बिगड़ा हुआ रूप है। उपगण स्थान में चूँकि बहुत से छोटे लड़वैये कबीले रहा करते थे, इसलिये उन कबीलाईगणों का आपस में एक बड़ा संगठन भी था। हमारे अनेक प्राचीन ऋषियों की वह पवित्र भूमि है। सरस्वती, सरयू, गोमती वहीं की नदियों के नाम हैं। आगे बढ़ने पर आर्यों ने हरियाणा और राजस्थान में बहने वाली एक नदी का नाम सरस्वती रखा, फिर यहाँ इलाहाबाद यानी प्रयाग में दो बड़ी नदियों के संगम पर भी उन्होंने अपनी तीसरी महान नदी को भी कल्पना से लाकर प्रतिष्ठित कर दिया। ऐसा लगता है कि हमारी सभ्यता का उदय सरस्वती नदी के किनारे पर ही हुआ था, इसीलिये आगे चलकर सरस्वती को विद्या की देवी भी मान लिया गया।"

●

दधीचि का अस्थिदान

बाबाजी ने आगे बताया–"अफ़गानिस्तान की सरस्वती या आजकल की बोलचाल में हंसवती नदी के किनारे आज से लगभग दस-बारह हजार वर्ष पहले एक बड़े महात्मा रहते थे। उस जमाने में आदमी पत्थरों और हड्डियों के बने हुये हथियारों से लड़ता था। मजबूत पसलियों के ढाँचों को नुकीला करके उससे वज्र बनाया जाता था। अगर उसे ज़ोर से किसी की छाती में फँसा दिया जाय तो वह उसकी पसलियों को कड़कड़ाकर तोड़ डालता था। आगे चलकर यही वज्र फिर तांबे, पीतल और लोहे के भी बनने लगे। खैर, हम जिस समय की कथा सुना रहे हैं उस समय के हड्डियों और पत्थरों के औजार ही बना करते थे। अफ़गानिस्तान के आस-पास ही वृत्रासुर नाम का एक शक्तिशाली राजा भी रहता था। उसने अफ़गानिस्तान की नदियों से लेकर सिन्धु नदी तक की कई नदियों को अपने स्वार्थ के लिए घेर रखा था।"

"मन्त्रियों का घेराव तो आजकल बहुत सुना जाता है बाबाजी, पर यह नदियाँ कैसे घेरी जाती थीं?" सिद्धार्थ ने पूछा।

बाबाजी बोले–"तुमने अच्छा सवाल पूछा सिद्धार्थ! इसका जवाब मैं तुम्हें वृत्रासुर नाम के अर्थ-बोध के साथ ही देता हूँ। मेरी बात ध्यान से सुनो–वृत्र के माने घेराव के भी हैं। पत्थर और मिट्टी के बाँधों से नदियों की धाराओं को अपने राज्य की सीमा की ओर मोड़ ले जाने वाले किसी बड़े प्रतापी और दुष्ट राजा को ही अब वृत्रासुर के नाम से जाना जाता है। वह दुष्ट अपने असली नाम को अमर न कर सका। हाँ, जिस तरकीब से उसने अन्य दुर्बल लोगों की भूमियों को पानी रहित करके सुखा दिया और अपने राज्य की भूमि को सिंचाई से हरा-भरा बनाया, उसी घेराव की तरकीब से उसका कलंकित नाम जुड़ गया। देव क़बीलों के आर्यों के मुखिया इन्द्र ने जब यह देखा तो उन्होंने इस अन्याय के विरुद्ध लड़ने का निश्चय किया लेकिन; इन्द्र वृत्रासुर को जीत न पाया। वह अपनी प्रजा के उन किसानों की सेना लेकर लड़ता था; जिन्हें कि इन नदियों के घेराव से लाभ पहुँचता था। इन्द्र ने सोचा कि इस दुष्ट सेना का मनोबल तोड़ने के लिए उन्हें वृत्रासुर को मारना चाहिये। परन्तु वह बड़ा शक्तिशाली पुरुष था। उसकी छाती भेदने लायक वज्र इन्द्र के पास नहीं था। इतनी मजबूत पसलियाँ स्वयं इन्द्र की ही हो सकती थीं, जिनसे कि वज्र बनाया जा सके। परन्तु अपनी पसलियों का वज्र वह भला क्योंकर बना सकता था? उसे बतलाया गया कि महान् तपस्वी दधीचिजी की हड्डियाँ बहुत मजबूत हैं। अगर उनका वज्र बनाया जाय तो बलशाली वृत्रासुर की पसलियाँ अवश्य टूट जायगी। इन्द्र उनसे मिलने के लिये सरस्वती नदी के उस पार दधीचि के आश्रम में पहुँचे। अनेक प्रकार के वृक्षों और लताओं

से वह तपोवन घिरा हुआ था और बड़ा ही सुन्दर लगता था। भौंरे फूलों के आस-पास गुंजार करते हुये ऐसे डोल रहे थे कि लगता कि सैकड़ों ब्रह्मचारी मानों सामवेद का गान कर रहे हों। तपोवन के आसपास के जंगल में भयानक पशु, सुअर, हाथी और बाघ आदि रहते थे; मगर तपोवन को वे किसी भी प्रकार का नुकसान नहीं पहुँचाते थे। मनुष्य का मन जब तप कर शान्त और शुद्ध हो जाता है; तब कोई भी जीव उससे शत्रुता नहीं रख पाता। दधीचिजी के दर्शन करके इन्द्र को बहुत खुशी हुई।

दधीचि ने इन्द्र से पूछा-"हे देवराज! आपने यहाँ आने का कष्ट क्यों उठाया?"

देवराज इन्द्र बोले-"महातपस्विन्! देवताओं के हित के लिए मैं आपसे एक भिक्षा माँगने आया हूँ। आशा है आप हमारा उपकार करेंगे।"

दधीचि बोले-"हे इन्द्र! मैं हर प्रकार से देवों की भलाई करना चाहता हूँ। आप नि:संकोच होकर बतलायें कि आप मुझसे क्या चाहते हैं?"

इन्द्र ने जब अपने आने का कारण बतलाया, तब महर्षि बोले-"हे देवराज! आपने मुझे यह बतलाकर प्रसन्न कर दिया कि मेरी हड्डियाँ किसी बड़े काम के लिए उपयोगी हो सकती हैं। देव-हित में मैं खुशी से अपना प्राण त्याग कर अस्थिदान करूँगा।" यह कहकर महर्षि तुरन्त ही अपने प्राण छोड़ने के लिए तैयार हो गये। दधीचि ने अपने त्याग से एक बहुत बड़ा उदाहरण समाज के सामने रखा।

अच्छा बच्चों, यह तो हुई मूलकथा, अब इस कथा के साथ में जुड़ी हुई एक और कथा भी सुनो, हमारे पुराणकार ऋषियों ने इस बहुत पुरानी कथा को दो हजार वर्ष पहले एक नया रूप दिया। उन्होंने दधीचिजी के अस्थिदान में एक शर्त भी जोड़ दी। नयी कहानी के अनुसार दधीचि ने कहा कि हे देवराज! मुझे देवताओं के उपकार के लिए अपनी हड्डियाँ समर्पित करने में कोई आपत्ति नहीं है परन्तु; मैं चाहता हूँ कि मरने से पहले मैं भारत की सब नदियों का स्नान कर लूँ।

दधीचिजी की यह इच्छा सुनकर देवराज इन्द्र बहुत घबराये। उस जमाने में रेलगाड़ी या हवाई जहाज तो थे नहीं, इसलिए अगर दधीचिजी हिन्दुस्तान भर के तीर्थों का भ्रमण करने निकलते तो उन्हें इस काम में वर्षों लग जाते। तब तक तो वृत्रासुर और उसके साथ वाले दुष्ट राजे-महाराजे देवों का कचूमर ही निकाल देते। इसलिए इन्द्र ने कहा-"हे महात्मन्! हम आपकी इस इच्छा को अभी पूरी करते हैं।" और यह कहकर उन्होंने सब नदियों को आज्ञा दी कि इस कुण्ड में अपने-अपने जल का थोड़ा अंश डाल दें।

नदियाँ चूँकि देवियाँ थीं, इसलिये देवराज की यह आज्ञा मानकर उन्होंने अपने जल का अंश इस कुण्ड में छोड़ दिया। केवल तीर्थराज प्रयाग था, जिसने अपने यहाँ की गंगा को ऐसा नहीं करने दिया। तीर्थराज के इस घमण्ड से महर्षि और देवता लोग बहुत नाराज हुए। उन्होंने कहा कि तीर्थराज को बड़ा घमण्ड हो गया है। दधीचि ऐसे आत्मदानी महर्षि द्वारा देवों का उपकार करने में भी उसे आनाकानी करने का साहस है। तीर्थराज को इस घमण्ड का फल भोगना पड़ेगा।

"लोक-कल्याण के अवसर पर ऐसा आक्रोश उचित नहीं।" इस भावना के साथ दधीचिजी कुण्ड में नहाये और फिर यह कहकर ब्रह्म-समाधि में लीन हो गये कि अब तुम मेरी हड्डियों का वज्र बना लेना। मेरे आशीर्वाद से देवों की विजय होगी और वृत्रासुर अवश्य मारा जायगा।

अक्षय बोला-"बाबाजी, आपने कहा कि यह कथा पुरानी कथा में जोड़ी गयी है तो इसका कारण क्या है?"

बाबाजी बोले-"महाभारत की कथा में पूरे देश के बहुत-सी पुरानी कथाएँ और इतिहास जोड़कर देश को भावनात्मक रूप से एक बनाया गया है। कोई आदमी चाहे कन्याकुमारी में रह रहा हो या कश्मीर के श्रीनगर में, कच्छ-गुजरात का हो या असम-बंगाल का, वह इस पूरे देश को अपना देश समझे।"

●

शर-शैय्या पर भीष्म पितामह

दधीचि की कथा सुनाने के बाद बाबाजी ने अब प्रसंग को बदला और बोले-"खैर, इस तरह दधीचि के त्याग और अपने पुराणकार ऋषि-मुनियों की उदारता को अपने-अपने मन में रख करके तुम लोग अब बाणों की शैय्या पर लेटे हुए परम वीर और धर्मात्मा भीष्म पितामह के त्याग और उदारता का ध्यान करो। तनिक सोचो तो सही कि जिसके पोते और सगे सम्बन्धी युद्ध-क्षेत्र में शत्रु बनकर आपस में ही मार-काट मचा रहें हों, उस आदमी के मन पर भला क्या बीत रही होगी? माता सत्यवती से पैदा होने वाले अपने भाइयों और उनके बाल-बच्चों को राज-पाट देने के लिये ही भीष्म पितामह ने आजन्म कुँआरे रहने की कठिन प्रतिज्ञा की थी। उन्होंने जिनके लिये महात्याग किया, वही आपस में लड़कर अपना सत्यानाश कर रहे थे।"

किंशुक और सिद्धार्थ करीब-करीब एक साथ ही बोल पड़े- "लेकिन बाबाजी! भीष्म पितामह खुद भी तो अन्याय का पक्ष लेकर लड़े थे?"

"हाँ।" तुम्हारी इस जिज्ञासा में छिपा प्रश्न अच्छा है।"

"जी, उन्होंने इन सब बातों की ओर ध्यान क्यों नहीं दिया?"

"तुम यह भी तो समझो कि पितामह ने जो कुछ किया, वह एक अनुशासन में रहकर ही किया। जब वे राजा नहीं हुए तो कानून से अपने राजा भाई और उसके बेटों-पोतों के अधीन एक सेनापति हो गये। राजगद्दी पर बैठे हुए पुरुष का साथ देना उनका धर्म था लेकिन; वह उनके अन्याय के कारण दुखी भी थे। अनुशासन में रहने की वजह से फिर भी उन्होंने अपने राजा के साथ नमक हरामी या विश्वासघात जैसा कुछ भी नहीं किया और इसीलिये अपने प्रति किसी के दुर्वचनों या किसी की दुर्भावनाओं का; पितामह ने कभी बुरा भी बिल्कुल नहीं माना। परन्तु शर-शैय्या लेटे हुए जैसे-जैसे तीरों की नोकों की चुभन से शरीर को पीड़ा मिलती, वैसे-वैसे ही उनके मन को अपने कुल वालों का अन्याय अवश्य चुभ रहा था।"

भीष्म पितामह के बारे में यह कहकर बाबाजी ने अपनी बात को और अधिक स्पष्ट किया-"तुम्हें याद होगा बच्चो कि बाणों की शैय्या पर लेटे भीष्म पितामह ने कहा था-दुर्योधन हो सके तो अब भी यह युद्ध बन्द करवा दो। जन को महानाश से बचाओ, मैं अन्तिम बार तुमसे कहता हूँ...।" कितना कष्टप्रद रहा होगा पितामह के लिये दुर्योधन द्वारा उनकी यह बात न मानना!

सोचो, उधर तो भीष्म पितामह शर-शैय्या पर हैं और इधर सारे उत्तर भारत में जगह-जगह पर घमासान युद्ध मचा हुआ है। अभी-अभी महाबली भीमसेन ने कलिंग राज

श्रुतायु, राजकुमार केतुमान, शक देव आदि बड़े-बड़े वीरों को परास्त किया है। अपने नेताओं के मारे जाने से कलिंग-सेना कायरों की तरह से इधर-उधर भाग रही है और भीमसेन उस सेना के हाथियों और घोड़ों को मार-मार कर उनमें ऐसी घबराहट भर रहे हैं कि वे सब चीखते-चिंघाड़ते हुए अपनी ही सेना के भगोड़े सिपाहियों को कुचल रहे हैं। एक ओर का युद्ध समाप्त हो रहा है और दूसरी दिशा में गरमा रहा है। यह देखो, द्रोपदी के भाई महासेनापति धृष्टद्युम्न अकेले ही तीन-तीन महारथियों से मोर्चा ले रहे हैं। द्रोणाचार्य के बेटे महावीर अश्वत्थामा, उनके मामा कृपाचार्य और नकुल, सहदेव के मामा मद्रराज शल्य, सभी अपनी-अपनी युद्ध-कला का कमाल दिखला रहे हैं। जहाँ इन तीनों में किसी एक से भी मोर्चा लेना कठिन था, वहाँ प्रतापी धृष्टद्युम्न उनसे एक साथ लड़ रहे हैं!

अश्वत्थामा के रथ में बड़े ही नायाब घोड़े जुते हुए थे। वे ऐसे सुशिक्षित और चतुर थे कि वे अपने मालिक पर किये गये दुश्मनों के निशानों को वे अपनी चपल गति से चुकवा दिया करते थे, इसीलिये अश्वत्थामा के घोड़ों की बड़ी ख्याति थी। अतः चतुर धृष्टद्युम्न ने सबसे पहले उन-उन घोड़ों को ही अपने तीरों का निशाना बनाया। घोड़े मारे गये लेकिन; अश्वत्थामा भी कुछ कम चालाक नहीं थे। रथ के निकम्मा होने पर वे झपटकर महाराज शल्य के रथ पर जा बैठे और महाक्रोध में भरकर उन्होंने धृष्टद्युम्न पर बाण बरसाने शुरू किये। धृष्टद्युम्न का रथ महारथी वीरों की वाण-वर्षा के घेराव में आ गया। अर्जुन के पुत्र वीर अभिमन्यु; यह देखकर अपने मामा की सहायता के लिये रथ पर तेजी से इस ओर बढ़े। दुर्योधन का बेटा-लक्ष्मण भी अभिमन्यु से लड़ने के लिये आ धमका। लक्ष्मण ने निशाना साध कर अभिमन्यु का धनुष काट डाला लेकिन; उस वीर नौजवान ने इतनी फुर्ती से दूसरा धनुष उठाकर बाण चलाने आरम्भ कर दिये थे कि लगता था मानो उसका धनुष टूटा ही न हो। अभिमन्यु का धावा बड़ा ही प्रबल सिद्ध हुआ। उसके सामने लक्ष्मण की वैसी हालत हुई, जैसी कि साँप पकड़ने की कला कम जानने वाले की काले नाग की बाँबी में हाथ डालने पर होती है। लक्ष्मण बेचारा मुसीबत में पड़ गया। दुर्योधन को जब यह ख़बर मिली, तब वह अपने बेटे की सहायता करने के लिए लपका। द्रोणाचार्य भी अपने राजा की सहायता के लिए उधर ही बढ़े।

कई महारथियों के द्वारा अपने बेटे के घेराव की सूचना पाकर महाबली अर्जुन भी उधर ही चल पड़े। इतने महावीरों के एक जगह जुट जाने से भयानक मार काट मचने लगी। हाथी-घोड़ों और पैदल सेनाओं की इधर-उधर होने वाली दौड़ से लड़ाई के मैदान में इतनी धूल उड़ी कि शत्रु एक दूसरे को भली-भाँति देख नहीं पाते थे। वे लोग अन्धाधुन्ध वाण-वर्षा कर रहे थे। मरने वालों की चीख-कराह, घायल हाथी-घोड़ों का आर्तनाद, मारो-मारो, हाय-हाय का शोर और दोनों पक्षों के मारू बाणों का कोलाहल मिलकर ऐसा समा बाँध रहे थे कि लड़ाई के दृश्य से कोसों दूर गाँव वालों के कलेजे दहल-दहल उठते थे। कृष्णजी बड़े ही कुशल सारथी थे। वे इस सफाई से अपने रथ को इधर-उधर बढ़ाते थे कि दुश्मन की सेना उनकी गति को भाँप नहीं पाती थी। अर्जुन के तीर और श्रीकृष्ण का रथ ऐसे सुरताल में बँधे हुए बढ़ते थे कि जैसे गवैयों और साजिन्दों

का साथ हो। अभी इधर दिखलायी दे रहे हैं और अभी उधर! ऐसा लगता था मानो एक नहीं, अनेक अर्जुन मोर्चा पर एक साथ लड़ रहे हों।

हाथियों पर हाथी मर-कट कर गिर रहे थे। उनकी लाशों के पहाड़ खड़े हो रहे थे। वीरों के कण्ठों और बाहुओं में सजे हुए मूल्यवान हीरे-मोतियों के गहने इधर-उधर बिखर रहे थे। रथों पर चढ़ी हुई शानदार रंग-बिरंगी पताकाएँ अर्जुन के बाणों से कट-कट कर धरती पर गिरने लगीं। गदा, खड्ग, तीर, तरकस, तोमर, ढाल, ध्वजा, आदि टूटे हथियारों से सारी समर-भूमि पटी पड़ी थी। अर्जुन, अभिमन्यु और धृष्टद्युम्न के सामने कौरव-वीर टिक नहीं पा रहे थे। द्रोणाचार्य की युद्ध-कला अपने चेले के सामने फीकी पड़ रही थी। युद्ध छोड़कर भागें तो कायर कहलाएँ और डटे रहें तो आखिर कब तक? इसी चक्कर में कौरवों के वीर पर वीर; एक के बाद एक गिरते चले गये। उस दिन सूर्यास्त होते-होते कौरव सेना की अच्छी-खासी मरम्मत हो चुकी थी।

लड़ाई की निराशा-जनक खबरें पाकर राजा धृतराष्ट्र बड़े उदास हुए। उनकी समझ में ही नहीं आ रहा था कि पाण्डव आखिर तगड़े क्यों पड़ रहे हैं? युद्ध की खबरें लाने वाले वह अपने मन्त्री संजय से बड़े दुःखी स्वर में कहने लगे-हे संजय, हमारी सेना पाण्डव की सेना से अधिक बड़ी है। हमारे योद्धा बड़ी बहादुरी से लड़ रहे हैं और बड़े ही स्वामिभक्त भी हैं। उनमें से किसी ने तलवार चलाने में, किसी ने धनुष चलाने में और किसी ने मुक्केबाज़ी में अद्वितीय योग्यता प्राप्त कर रखी है। हमारी सेनाओं को कसरत-कवायद भी बहुत अच्छी तरह से सिखायी गयी है। द्रोणाचार्य, अश्वत्थामा, कर्ण, कृपाचार्य और शल्य जैसे बड़े-बड़े लोग हमारे साथ हैं। फिर भी भाग्य हमारा साथ नहीं दे रहा है। जान पड़ता है कि देवता ही पाण्डवों को जिताना चाहते हैं। हाय, मैंने भीष्म काका और विदुरजी की सलाह न मानकर बहुत बुरा किया! अब न जाने क्या होगा?

संजय बोले-महाराज अब यह चिन्ता करना बेकार है। युद्ध छिड़ने से पहले समझौता हो भी सकता था, परन्तु अब असम्भव है। मैंने सुना है कि कल भीमसेन प्रलय मचायेंगे। हमारे सेनापतियों को अभी से ही कल की मोर्चेबन्दी पर विचार करना चाहिए।

●

भीमसेन और द्रोणाचार्य का पराक्रम

कौरव सेना ने दूसरे दिन कठिन मोर्चा बाँधा। भीमसेन जब युद्ध-क्षेत्र में पहुँचे, तब उनके लड़वैयों ने कहा–हे महाबली, आज तो कौरवों ने बड़ी ही कठिन व्यूह-रचना की है। इनके व्यूह को तोड़ने में ही आज का दिन व्यतीत हो जायगा।

यह घबराहट भरी बातें भला भीमसेन को क्या डरा सकती थीं? उन्होंने डपटकर कहा–'तुम लोग कायरों की तरह से बकवास क्यों कर रहे हो? मैं जैसा कहता हूँ', वैसे करो। मैं उनके ऊपर इस प्रकार से टूटूँगा, जैसे हिरणों के वन में शेर झपटता है। यह कहकर भीमसेन शत्रु के व्यूह पर झपट पड़े और ऐसा घमासान मचाया कि शत्रुओं की पहली रक्षा पंक्ति टूट गयी। व्यूह भेदकर जब उन्होंने भीतर प्रवेश किया, तो उन्हें कर्ण, सुकर्ण, दु:शासन आदि बहुत से योद्धा एक साथ दिखलायी दिये। आज अनेक वीरों ने आपस में मिलकर यह योजना बना रखी थी कि भीम को चारों ओर से घेरकर मार डाला जायगा परन्तु; भीम ऐसी योजनाओं की चिन्ता तनिक भी नहीं करते थे। उन्होंने कौरव सेना को तहस-नहस करना आरम्भ कर दिया। भीम में इतना बल और साहस था कि कोई उनके आगे टिक ही नहीं पाता था। उन्होंने भयंकर नरसंहार किया। कौरवों के छक्के छूटने लगे।

अपनी सेना की दुर्दशा होते देखकर गुरु द्रोणाचार्य स्वयं लड़ने के लिये आये। भीष्म पितामह के घायल होकर शर-शैय्या पर पड़ जाने के बाद से द्रोणाचार्य ही कौरवों के महासेनापति बना दिये गये थे। इसलिये वे बड़े मोर्चे की लड़ाई पर आप ही पहुँच गये।

धृष्टद्युम्न ने जब अपने पिता के शत्रु आचार्यजी को इधर बढ़ते देखा, तब सोचा कि भीम भाई की मदद के लिए पहुँचना चाहिये। द्रोणाचार्य कुशल धनुर्धर हैं, उनकी चतुराई के आगे भीम की बहादुरी शायद मात भी खा सकती है। धृष्टद्युम्न ने आगे बढ़कर द्रोणाचार्य का रथ रोक लिया। दोनों वीर लड़ाई में गुँथ गये। इधर दुर्योधन भीम का सामना करने के लिए पहुँच गये। घमासान लड़ाई होने लगी। दुर्योधन को सहायता देने के लिए उसके आठ भाई उसके आस-पास लड़ रहे थे। भीम ने दुर्योधन से लड़ते हुए अचानक एक भाई पर आक्रमण किया, वह मर कर गिर गया। दुर्योधन ने इससे तड़प कर नया वार किया। भीम ने इस वार को निकम्मा कर दिया और लपक कर उसके एक और भाई की जान ले ली। इस तरह दुर्योधन के आठों भाई एक-एककर मारे गये। दुर्योधन घबरा उठा।

अपने बेटों और उनके बहुत से सहायक वीरों के मारे जाने से महाराज धृतराष्ट्र व्याकुल हो उठे। उन्हें यह विश्वास हो गया कि श्रीकृष्ण और पाण्डवों से लड़कर विजय पाना कठिन ही नहीं, असम्भव भी है। उन्हें रह-रहकर इस बात का पछतावा होता था कि

उन्होंने भीष्म, विदुर आदि की सलाह मानकर पाण्डव को पाँच गाँव क्यों न दे दिये। उन्हें शकुनी आदि ग़लत सलाह देने वाले दुर्योधन के साथियों पर भी क्रोध आने लगा। यह मूर्ख और दम्भी राजे-महाराजे पाण्डवों की शक्ति को न पहचान कर अपनी घमण्ड भरी बातों से मेरे बेटों को उभार-उभार कर दिनों दिन उन्हें युद्धोन्मत्त बनाते रहे और अब उनसे कुछ भी करते-धरते नहीं बन पड़ रहा है। महाराज धृतराष्ट्र के मन में इतना क्षोभ हुआ कि उन्होंने दुर्योधन को बुलाकर युद्ध बन्द करने की आज्ञा देने का निश्चय कर लिया।

दुर्योधन को अपने पिता की इस मनोदशा का पता चल गया, पर वह अब पाण्डवों से हरगिज-हरगिज समझौता नहीं कर सकता था। युद्ध में उसकी जितनी हानि अब तक हुई थी, उतनी ही घृणा भी उसके मन में भर चुकी थी। इस दुनिया में या तो पाण्डव ही रहेंगे या फिर हम लोग, यह सब सोचकर दुर्योधन अपने गुरु और प्रधान सेनापति द्रोणाचार्य के शिविर में जा पहुँचा। दुर्योधन ने उनसे कहा-आचार्य! आप जानते हैं कि पिताजी पाण्डवों से समझौता कर लेने की इच्छा कर रहे हैं। उन्हें यह विश्वास हो गया है कि अर्जुन ने भीष्म पितामह को ऐसा घायल कर दिया है कि अब वे अपनी मृत्यु की प्रतीक्षा ही कर सकते हैं और यही वे कर भी रहे हैं। आपकी वीरता पर भी लोग दबे मुँह से लांछन लगा रहे हैं। लोगों का कहना है कि आप जानबूझ कर अर्जुन आदि पाण्डवों को मारने में देर कर रहे हैं।

दुर्योधन से यह सुनकर द्रोणाचार्य तड़प उठे। उन्होंने कहा-हे कुरु-नन्दन, जब होता है, तब तुम मुझ पर यही लांछन लगाया करते हो। तुम लोग अपने पूज्य पितामह पर भी इसी प्रकार के छींटे कसा करते थे। तुम जब अपने दादा तक को कहनी न कहनी सुना सकते हो, तब फिर भला मेरी क्या बिसात है। पहले मैं तुम्हारे पिता का नौकर था, अब तुम्हारा भी हूँ। दास अपने स्वामी के आगे भला क्या कह सकता है। कहो, तुम्हें और भी जो कहना हो, सब कह डालो।

दुर्योधन ने देखा कि गुरुजी उसकी बातों का बुरा मान गये हैं तो तनिक विनम्रता का भाव दर्शाते हुए बोला-आप यह क्या कह रहे हैं आचार्य? मैंने आपको आज तक नौकर के रूप में देखा ही नहीं है। मैं तो आपका शिष्य हूँ। मुझे शिकायत केवल इसी बात की है कि आपने अपने एक सौ पचास शिष्यों में अर्जुन को ही सबसे अधिक चाहा है।

द्रोणाचार्य बोले-देखने में पाँचों अँगुलियाँ कभी बराबर नहीं होती। दुर्योधन परन्तु; पाँच में से यदि किसी एक भी उँगली में फाँस चुभ जाती है तो पीड़ा समान रूप से होती है। पाण्डव हो या कौरव, इनमें से यदि किसी का भी नाश होता है तो मुझे कष्ट होता है। तुम लोग जब बच्चे थे तो मैंने तुम सभी को बड़े प्यार से धनुही पकड़ना, निशाना साधना, तलवार और दूसरे अस्त्र-शस्त्र चलाना सिखलाया था। मैंने माना कि तुम सबमें अर्जुन की कुशाग्र बुद्धि और चतुराई मुझे बराबर मुग्ध करती रही है। परन्तु इसके यह मतलब नहीं है कि मैं तुम लोगों को उससे कम चाहता हूँ।

दुर्योधन ने देखा कि गुरुजी उसके मन मुताबिक ही तप गये हैं, इसलिये अपने मन ही मन में उन्हें और तपाने का निश्चय करके वह बोला-आप बड़े हैं गुरुजी, इसलिए मैं

तो कुछ भी नहीं कहता किन्तु; लोग-बाग मुझसे आ-आकर यही कहते हैं कि आप लोग खाते तो मेरा नमक हैं किन्तु...।

द्रोणाचार्य ने तड़प कर कहा-तुम मेरे मन की सच्चाई को चुनौतियाँ दे रहे हो। तुम लोगों का गुरु तथा कौरव दरबार का वेतन भोगी सेवक होने के अलावा मैं एक सत्यनिष्ठ मनुष्य भी हूँ। मेरी उस मनुष्यता को व्यर्थ चुनौती न दो। यों तो मैं नित्य ही जी-जान से लड़ रहा हूँ परन्तु; अपनी बात साबित करने के लिए कल के युद्ध में मैं तुम्हें चमत्कार करके दिखलाऊँगा।

दुर्योधन यह सब सुनकर प्रसन्न हो गया। उसने उन्हें मनाने के लिए ढोंग भरे भक्ति-भाव से गुरु द्रोणाचार्य के चरण छूकर कहा-गुरुजी! भीष्म पितामह के घायल होने के बाद से मैं अब केवल आपके ही भरोसे युद्ध कर रहा हूँ। आप ही न्याय कीजिए कि मेरे पिता के अन्धे होने के कारण उन्हें राजगद्दी पर तो विधिवत् न बिठलाया गया, पर काम उनसे सदा राजा का ही लिया गया। यह भला कहाँ का न्याय है? वह हर तरह से राज्य के हकदार हैं। उनके बाद उनका बेटा होने के कारण मैं राजा बन सकता हूँ। फिर यह दाल-भात में मूसरचन्द जैसे धर्मराज युधिष्ठिर कहाँ से टपक पड़े? मुझे इस अन्याय का बदला चाहिए गुरुजी! अगर आप सचमुच मुझे चाहते हैं और मेरी सेवाओं से सन्तुष्ट हैं तो दया करके मुझे यह वचन दीजिये कि आप कल या परसों तक शीघ्र से शीघ्र युधिष्ठिर को उसके रथ समेत पकड़ लायेंगे। वह नकली राजा जब मेरी कैद में आ जायेगा, तब यह युद्ध भी आप ही आप समाप्त हो जायेगा।

द्रोणाचार्य ने भी अपने जोश में आकर कहा-मैं वचन देता हूँ पुत्र कि तुम्हें प्रसन्न करने के लिए मैं ऐसा ही करूँगा।

द्रोणाचार्य की इस प्रतिज्ञा का समाचार चतुर जासूसों ने धर्मराज युधिष्ठिर को आकर सुना दिया। उन्होंने तुरन्त ही अपने भाई अर्जुन को बुलाया और गुरुजी की प्रतिज्ञा वाली बात सुनाकर कहा-हे वीर, शत्रुनाशन द्रोणाचार्य की इस अटल-प्रतिज्ञा को केवल तुम ही भंग कर सकते हो। इसलिए कल तुम युद्ध में मेरी रक्षा करना जिससे कि दुर्योधन मुझे बन्दी बनाने की चाल में सफल न हो सके।

अर्जुन बोला-पूज्य भैया। मेरे रहते गुरुवर द्रोणाचार्य ही क्या, यदि स्वयं देवता भी विष्णु और इन्द्र के साथ आपको पकड़ने आएँ तो निश्चय ही वह भी मुँह की खाकर वापस लौटेंगे। कौरवों-पाण्डवों की छावनियों में महावीर गुरु-चेले की प्रतिज्ञाओं की रातोरात ख़बर फैल गयी। दोनों पक्षों में यह सनसनी भर उठी कि देखें कल क्या होता है। दोनों पक्षों के सिपाहियों और नायकों को यह बात स्पष्ट हो गयी थी कि अब युद्ध में कोई भी किसी की मुरव्वत नहीं करेगा।

पौ फटते ही दूसरे दिन युद्ध के डंके बजे और घमासान युद्ध छिड़ गया। भीम और उसके बेटे घटोत्कच ने कौरव सेनाओं के धुर्रे उड़ा दिये। इन बाप-बेटों की मार से कौरवों की व्यूह-रचना टूटने लगी। यह देखकर दुर्योधन ने राजा भगदत्त को घटोत्कच से लड़ने

के लिए भेजा और आप युधिष्ठिर को पकड़ने की तिकड़म में वहाँ पहुँचा, जहाँ गुरु द्रोण लड़ रहे थे। उस दिन युद्ध-क्षेत्र में भयंकर प्रलय मची थी। द्रोणाचार्य ने ऐसा युद्ध किया कि पाण्डव सेना त्राहि-त्राहि बोलने की स्थिति में पहुँच गयी। यह होते हुए भी भीम, अर्जुन के रहते पाण्डव सेना का मनोबल टूट नहीं सकता था। द्रोणाचार्यजी के द्वारा बड़ी मेहनत से बनायी गयी मोर्चे बन्दियाँ और दुर्योधन की सारी कुटिल चालें धरी की धरी रह गयीं, किन्तु युधिष्ठिर न पकड़े जा सके। खीझ कर द्रोणाचार्य ने अगले दिन और भी अधिक घमासान मचाने की प्रतिज्ञा की।

अगले दिन घटोत्कच और भगदत्त नरेश ने बड़ा ही घमासान युद्ध मचाया। द्रोणाचार्य भी पाण्डव सेना रूपी घास-फूस को अपने बाणों की अग्नि से जलाते हुए इधर-उधर डोलने लगे। उनके धनुष टंकारों से पाण्डव-पक्ष के सिपाहियों के दिल दहल उठते थे। उस दिन जो भी द्रोणाचार्य के सामने आया वह अधिक देर तक टिक न सका। द्रुपद, भीम, सभी उनसे कतराकर निकल जाते थे और दूसरी ओर कौरव सेना के अधिकाधिक संहार में अपनी शक्ति लगाते थे। कहीं शल्य और नकुल यानी सगे मामा-भांजे आपस में जूझ रहे थे तो कहीं शकुनी और जयद्रथ अपनी बहादुरी दिखला रहे थे। महारथी अर्जुन भी द्रोणाचार्य से डटकर लोहा ले रहे थे। सारा दिन मार-काट में बीत गया, परन्तु द्रोणाचार्यजी उस दिन भी युधिष्ठिर को पकड़ने की अपनी प्रतिज्ञा पूरी न कर सके। यह देखकर कौरवों ने आपस में तय किया कि किसी तरकीब से अर्जुन को कहीं दूर लड़ने के लिए भेज दिया जाय। युधिष्ठिर जब तक अर्जुन की रक्षा करते रहेंगे, तब तक युधिष्ठिर को पकड़ पाना असम्भव है।

योजना के अनुसार ही संसप्तकों ने एक ऐसी जगह से पाण्डवों की व्यूह-रचना को तोड़ना आरम्भ कर दिया, जहाँ कि एकाएक किसी वीर सेनानी के पहुँचने की आशा भी नहीं की जा सकती थी। ऐसे घात की खबर सुनकर अर्जुन को उधर जाना ही पड़ा। अर्जुन के दूर जाते ही द्रोणाचार्य, युधिष्ठिर को पकड़ने की योजना पूरी करने के लिए पाण्डवों की सेना में वैसे ही धँसे, जैसे सूर्य अन्धकार को चीरता हुआ आगे बढ़ता है। उनके युद्ध-कौशल को देखकर बड़े-बड़े वीरों के छक्के छूटने लगे किन्तु दुर्भाग्य कि द्रोणाचार्य उस दिन भी अपनी इच्छा पूरी नहीं कर सके। भीम, घटोत्कच, अभिमन्यु और धृष्टद्युम्न आदि महारथी युधिष्ठिर की रक्षा कर रहे थे। उनके आगे किसी की दाल न गल सकी। उल्टे कौरवों के दुर्भाग्य से उस दिन उनका बहुत बड़ा शक्तिशाली साथी भगदत्त, अर्जुन से लड़ते हुए मारा गया। उसके बाद अर्जुन ने कौरव सेना का इस बुरी तरह नाश किया कि कौरवों के सिपाही ही नहीं, बड़े-बड़े महानायक तक यही मानते थे कि जैसे-तैसे सूर्यास्त हो तो हम अर्जुन के तीखे बाणों से कम से कम रात भर के लिए बच जायँ।

शाम हुई, लड़वैये अपनी-अपनी छावनियों में लौट गये। घायलों की मरहम-पट्टी होने लगी। बहुत से दिन भर की थकान उतारने के लिए स्नान करने लगे। कोई-कोई आपस की गपशप में दिन भर के युद्ध की समीक्षा करने लगे। लड़वैये अपने रिश्तेदारों से मिलने के लिए एक-दूसरे की छावनियों में जाने लगे। कहीं भजन-मण्डली बैठ गयी तो

कहीं हल्के-फुल्के नाच गाने और हँसी मजाक से दिन भर की थकान को मिटाया जाने लगा।

अब तक के युद्ध-परिणामों से दुखी दुर्योधन फिर द्रोणाचार्य के पास जा पहुँचा। वह बोला–हे महासेनापति, उस दिन आपने अपनी सत्य-निष्ठा का बड़ा दम भरा था और यह प्रतिज्ञा की थी कि युधिष्ठिर को पकड़कर मेरे हवाले कर देंगे, परन्तु मैं देखता हूँ कि आपकी उस प्रतिज्ञा और सत्य-निष्ठा के दावे का कोई मूल्य नहीं है। आप हम सबको बहलाने के लिए दिन भर इधर उधर तो बहुत घमासान मचाते रहते हैं, परन्तु युधिष्ठिर को पकड़ने से कन्नी काटते हैं।

दुर्योधन, तुम सचमुच अन्यायी हो। दुनिया देख रही है कि मैं कितने जी-जान से युद्ध कर रहा हूँ। फिर भी तुम ऐसी जली-कटी बातें मुझे सुनाते हो।

दुर्योधन बोला–क्यों न सुनाऊँ गुरुजी। भला आप प्रतिज्ञा करें और वह पूरी न हो तो इसमें दोष किसका माना जायेगा? आप जिसे पकड़ना चाहें, वह पकड़ाई में न आये तो लोग केवल दो तरह की ही बातें सोच सकते हैं एक तो यह कि गुरुजी अब गुड़ हो गये हैं और उनके चेले शक्कर या फिर जो प्रतिज्ञा आपने की है, वह एक रस्म अदायगी भर ही है। उसमें तनिक भी सचाई नहीं है। आप पाण्डवों को जिताना चाहते हैं।

द्रोणाचार्य बोले–दुर्योधन, तुम बार-बार मुझ बूढ़े को ऐसी बातें कहकर क्यों कष्ट देते हो। मैं लाख जतन करके भी श्रीकृष्ण और अर्जुन की युक्तियों को काट नहीं पा रहा हूँ। इसका कारण यही है कि सत्य उनके साथ है। फिर भी, मैं तुम्हारे आगे यह प्रतिज्ञा करता हूँ कि कल मैं युधिष्ठिर को पकड़ने के लिए सबसे कठिन व्यूह की रचना करूँगा। मेरे चक्रव्यूह को कोई भी न भेद सकेगा। तुम एक बार फिर इसी तरह से अर्जुन को युधिष्ठिर से दूर हटाने के उपाय करो। युद्ध की ऐसी कोई कला नहीं जिसे अर्जुन न जानते हों या न कर सकते हों। श्रीकृष्ण जैसा चतुर व्यक्ति उनका सारथी है। वे दोनों मिलकर युद्ध-क्षेत्र में इधर-उधर इतनी तेजी से डोलते हैं कि हमारे पक्ष का कोई भी लड़वैया उनसे डर के मारे मन लगाकर लड़ नहीं पाता है। यदि अर्जुन और श्रीकृष्ण यहाँ से हट जायेंगे तो फिर देवता भी मेरा बनाया हुआ व्यूह बिगाड़ नहीं सकते। मैं अपने चक्र में शत्रु सेना को क्रमशः घेरते हुए अन्त में युधिष्ठिर को पकड़ने में अवश्य सफल हो जाऊँगा।

अर्जुन को घेरने के लिए सबसे अच्छी तरकीब यही थी कि उन्हें फिर संसप्तकों से उलझवा दिया जाय। उनकी सेना बड़ी चालाक मानी जाती थी। वे भले ही अर्जुन को हरा न सकें, पर उन्हें देर तक उलझाये रखने में सफल अवश्य हो सकते थे। दुर्योधन के कहने से संसप्तकों ने यह वचन दिया कि अर्जुन को घेरते हुए वे लड़ने के वास्ते उसे कहीं दूर ले जायेंगे। द्रोणाचार्य ने अपनी इस रचना की बात इतनी गुप्त रखी कि पाण्डवों के जासूस उसकी भनक तक न पा सके।

सवेरे ही से चालाक और बहादुर संसप्तकों ने युद्ध-भूमि के दक्षिण भाग में अर्जुन को घेर लिया और युद्ध के लिए ललकारने लगे। दोनों ओर से ऐसा भयानक संग्राम हुआ कि जैसा पहले किसी ने देखा भी न था।

वीर अभिमन्यु का चक्रव्यूह भेदना

द्रोणाचार्य ने चक्रव्यूह की रचना कर डाली। चक्रव्यूह को देखकर पाण्डव के छक्के छूटने लगे। युधिष्ठिर ने कहा–चक्रव्यूह भेदना अर्जुन के सिवा और किसी के बस की बात नहीं है और वह इस समय यहाँ से बहुत दूर हैं। यह निश्चय ही दुर्योधन और द्रोणाचार्य जी की गहरी चाल है। अर्जुन, संसप्तकों से युद्ध करते ही रह जायेंगे और अपने चक्रव्यूह की मोर्चेबन्दी से हमारी सेनाओं को जकड़ कर द्रोणाचार्य जी निश्चय ही आज मुझे पकड़ने में सफल हो जायेंगे।

भीम आदि सभी योद्धा युधिष्ठिर की बात सुनकर चुप रहे। सब जानते थे कि एक से एक बड़े वीर होने पर भी चक्रव्यूह तोड़ने में कोई सफल न हो सकेगा। शास्त्र को केवल शास्त्र ही काट सकता है और ऐसे कठिन व्यूह भेदने का विधान अर्जुन के सिवा और कोई नहीं जान सकता।

मण्डली में उदासी देखकर सुभद्रा और अर्जुन का बेटा अभिमन्यु बोला–तात, आप लोग चिन्ता क्यों करते हैं। मैं यद्यपि पूरी तौर से चक्रव्यूह भेदने की तरकीब नहीं जानता हूँ, फिर भी एक बार पिताजी से उसे भेदने की कुछ बातें मैंने अवश्य सुनी थीं। आप विश्वास रखें, मैं इस व्यूह का भेदन अवश्य कर सकूँगा।

अपने 16 वर्ष के नौजवान भतीजे की बातें सुनकर युधिष्ठिर आदि को यह तो विश्वास न हो सका कि वह द्रोणाचार्य की कठिन व्यूह-कला की काट कर सकेगा। परन्तु उसके आत्मविश्वास से वे सभी बहुत प्रसन्न हुए। मरता क्या न करता, वाली स्थिति में युधिष्ठिर ने अभिमन्यु को चक्रव्यूह भेदने की आज्ञा दे दी। इस व्यूह-रचना के कारण पाण्डव सेनाओं में उस दिन अत्यधिक निराशा फैली हुई थी लेकिन; अभिमन्यु अर्जुन का खरा बेटा था। उसने द्रोणाचार्य के बनाये हुए कठिन व्यूह को उस दिन कई जगह से भेदा। यह देखकर द्रोणाचार्य बहुत बौखलाये। वे उससे लड़ने के लिए स्वयं सामने आये। अभिमन्यु ने उन्हें आता देखकर उनके रथ के आगे भूमि पर पाँच बाण एक साथ मारे। इस प्रकार उसने अपने पिता के गुरु को प्रणाम किया और कहा–महात्मन्! आपके प्रिय शिष्य अर्जुन का पुत्र आपको प्रणाम करता है।

यशस्वी हो बेटा किन्तु; मैं तुमसे अनुरोध करता हूँ कि मेरे सामने से हट जाओ। मैं दुधमुँहे बच्चों से नहीं लड़ना चाहता।

शेर के बच्चे को बच्चा नहीं समझना चाहिए आचार्य, उसमें भी शेर जितना ही तेज होता है।

द्रोणाचार्य ने अभिमन्यु को बार-बार समझाया किन्तु; वह अपनी ही आन पर अड़ा रहा। चक्रव्यूह तोड़ना सचमुच बच्चों का खेल नहीं था। बड़े-बड़े योद्धा इसकी रखवाली कर रहे थे। इसके अलावा चक्रव्यूह को तोड़ने की कला कौरवों या पाण्डवों के पक्ष में आमतौर से बड़े-बड़े वीरों को भी नहीं मालूम थी। भीष्म, द्रोणाचार्य, श्रीकृष्ण, अर्जुन और प्रद्युम्न आदि गिने-चुने महान् युद्ध-शास्त्री ही उसे बनाना और तोड़ना जानते थे।

चक्रव्यूह या पद्मव्यूह की रचना कमल के समान होती थी। योद्धा लाल कपड़े पहने और मारने की दृढ़ प्रतिज्ञा करके कमल की पंखड़ियों के समान एक-दूसरे से सटकर खड़े होते थे। उन पंक्तियों को तोड़कर प्रवेश करना अपने आप ही में परम कठिन था किन्तु; उन चक्करदार पंक्तियों में एक बार फँस जाने पर बाहर निकलना अच्छे-अच्छे योद्धाओं के लिए भी बहुत कठिन कार्य था। द्रोणाचार्य के बनाये हुए इस चक्रव्यूह के आगे दुर्योधन का बेटा लक्ष्मण खड़ा था। हर मोर्चे पर एक-एक महारथी डटा हुआ था और चक्र के बीचो-बीच में दुर्योधन, कर्ण, कृपाचार्य, और दु:शासन आदि वीर लड़ने के लिए तैयार खड़े थे। सिन्धु देश का राजा जयद्रथ उनके पहरे पर खड़ा था और महावीर द्रोणाचार्यजी इस चक्रव्यूह की रक्षा के लिए सबसे आगे डटे हुए थे लेकिन; जब व्यूह तोड़ने के लिए अर्जुन का बेटा सामने आया तो आचार्य मोहवश होकर उसके सामने से हट गये। द्रोणाचार्य के देखते ही देखते एक मोर्चे पर वीर अभिमन्यु ने भारी हमला किया और व्यूह तोड़कर भीतर की कतारों में धँस गया।

अभिमन्यु के इस पराक्रम से दुर्योधन की सोची हुई चाल निकम्मी सिद्ध होने लगी। अर्जुन को संसप्तकों से युद्ध में उलझा कर कौरव यह समझते थे कि अब पाण्डवों में कोई भी उनका सामना न कर सकेगा। भीम आदि जो भी वीर इस चक्रव्यूह में धँसने का प्रयत्न करेगा, वह निश्चय ही मारा जायगा। परन्तु यह सारी योजना धरी की धरी रह गयी। अभिमन्यु ने बिजली जैसी फुर्ती से इधर-उधर घूमकर व्यूह को उन ठिकानों से भेदना शुरू किया, जहाँ मोर्चे कुछ कच्चे बँधे थे। अभिमन्यु की वीरता देखकर कौरव-पक्ष के वीर चौंक उठे। उन्होंने यह समझ लिया कि अभिमन्यु को निरा बच्चा समझकर छोड़ देना घातक होगा क्योंकि; बड़े-बड़े योद्धा वीर अभिमन्यु के साथ युद्ध करने से हिचक कर अपने प्राणों का मोह लिये भाग रहे थे। दुर्योधन यह देखकर कृपाचार्य, अश्वत्थामा, शकुनी, बृहदवल आदि वीरों को लेकर अभिमन्यु से लड़ने के लिये आये। अभिमन्यु ने उन्हें भी अच्छी तरह से छकाया। महाराज शल्य के छोटे भाई लड़ते-लड़ते अभिमन्यु के हाथों से मारे गये। तब दु:शासन, अभिमन्यु की ओर झपटा लेकिन; बहुत देर तक उसका सामना करना उसके लिए कठिन सिद्ध हुआ। वह कतराकर जब पीछे हटने लगा, तब महारथी कर्ण सामने आ गये।

परन्तु आज तो मानो नियति ने नौजवान के हाथों से बड़े-बड़े योद्धाओं की नाकें काटने का निश्चय कर लिया था। कर्ण और दु:शासन उससे कतरा गये। राजा बृहदनल लड़ने के लिए सामने आया तो मारा गया। दुर्योधन का बेटा लक्ष्मण जोश में आ गया। वह भी नौजवान था। अभिमन्यु की आतंक-भरी तारीफों से तपकर वह भी यह दिखलाने के

लिए आया था कि दुर्योधन का बेटा, अर्जुन के बेटे से कम पराक्रमी नहीं है किन्तु; लक्ष्मण अपने चचेरे भाई का सामना अधिक देर तक नहीं कर सका, वहीं मारा गया।

अपने पुत्र के मरने का समाचार पाकर दुर्योधन क्रोध से बावला हो गया। उसने यह निश्चय कर लिया कि धर्म या अधर्म से, जैसे भी हो, अभिमन्यु को समाप्त करना ही पड़ेगा। दुर्योधन ने बड़े-बड़े वीरों को साथ लेकर अभिमन्यु को चारों ओर से घेर लिया। यह देखकर आकाश के देवताओं को भी लज्जा आ रही होगी कि एक छोटे-से बालक को बड़े-बड़े नामी वीर घेर कर मारने का प्रयत्न कर रहे हैं। उन्हें यह देखकर भी आश्चर्य लग रहा होगा कि देर से लड़ता हुआ यह वीर नौजवान ताजे दम वाले बड़े-बड़े योद्धाओं से भी अधिक फुर्ती से लड़ रहा है! परन्तु; बेचारा आखिर कहाँ तक अकेले लड़ता। दु:शासन के बेटे ने उसे अचानक गदायुद्ध में फँसा लिया। अभिमन्यु इस अचानक प्रहार से बच न सका। वह घायल होकर अचेत होने लगा लेकिन; गिरते-गिरते हुए भी वह दु:शासन के बेटे पर अपनी गदा चला गया। दु:शासन-पुत्र ने भी लगभग उसी समय अभिमन्यु पर अपनी गदा फेंकी। बड़ी देर से लड़ते हुये वीर बालक अभिमन्यु का शरीर अब तक शिथिल पड़ चुका था। यह गदा प्रहार उसके लिये घातक सिद्ध हुआ। उसका सिर फट गया। वह बिजली, जो शत्रुओं के प्राणों में भिन कर उन्हें घण्टों से तड़पा रही थी, एकाएक बुझ गयी। सूर्य देवता भी मानों यह देख दु:ख से अपना मुँह छिपा कर अस्त हो गये।

अर्जुन के महावीर लाड़ले बेटे का मरण-समाचार सुनकर पाण्डवों की छावनियों में हाहाकार मच गया। युधिष्ठिर फूट-फूट कर रोने लगे। वे बार-बार यही कहते थे कि अर्जुन आयेगा तो क्या कहेगा। इस बच्चे को चक्रव्यूह भेदने के लिए भेजना ही हमारे लिए अनुचित था किन्तु; उस समय न जाने क्यों मेरी मति पर पत्थर पड़ गये थे, जो मैंने उस बच्चे की बात मान ली। हाय! महावीर मानने वाले वीरों को क्या तनिक भी लज्जा न आयी कि उन्होंने एक साथ मिलकर उसे मारा और अपनी वीरता को कलंकित किया।

आज अभिमन्यु के घिरने का समाचार पाकर युधिष्ठिर उसकी रक्षा के लिए आगे अवश्य बढ़े थे किन्तु; जयद्रथ ने उन्हें बीच ही में अटका लिया था। इस समय शोकाकुल धर्मराज युधिष्ठिर, जयद्रथ को भी बार-बार कोस रहे थे।

वीर संसप्तकों को दिन भर की कठिन लड़ाई के बाद भली-भाँति छकाकर अर्जुन श्रीकृष्ण के साथ जब अपनी छावनी को लौटने लगे, तब सहसा उनकी बाँयी आँख फड़क उठी और मन बिना किसी प्रत्यक्ष कारण के भी घबराने लगा। कुछ न समझ पाने से वे मौन हो गये। रथ हाँकते हुये श्रीकृष्ण ने कहा-अर्जुन, इस तरह उदास क्यों हो गये हो?

अर्जुन बोले-हे कृष्ण, मैं भी यह नहीं जानता कि यह गहरी उदासी एकाएक मुझ पर क्यों छा गई है? बाँई आँख फड़क रही है, वज्रों की चोटें सहने वाला मेरा कलेजा इस समय धक-धक कर रहा है और मन में अमंगल के विचार आ रहे हैं!

श्रीकृष्ण बोले-हे सखा, थकान के कारण कभी-कभी मनुष्य के कोई-कोई अंग अपने आप ही फड़क उठते हैं। थकान में ही कभी-कभी अकारण उदासी भी आ जाया

करती है। तुम चिन्ता न करो। धर्मराज युधिष्ठिर आदि सब भाई बन्धु सकुशल होंगे।

रथ पाण्डवों की छावनी के पास पहुँच गया। अर्जुन ने देखा कि उनकी छावनी में आज रोज की तरह चहल-पहल नहीं दिखलायी देती। अधिकांश तम्बुओं में अब तक दिये भी नहीं जले थे। खाना पकाते हुए सैनिकों के चूल्हों में आज लपटें भी नहीं उठ रही थीं। चारों ओर गहरी उदासी छायी हुई थी। अर्जुन का मन और भी अधिक सशंकित हो गया।

श्रीकृष्ण और अर्जुन जब युधिष्ठिर महाराज के दरबार में गये, तब देखा कि सब लोग उदास बैठे हैं। आज कोई भी उठकर उत्साह से उनका स्वागत नहीं कर रहा है। युधिष्ठिर जैसे परम धैर्यवान् और भीम जैसे महाबली की आँखें आँसुओं से भर रही हैं।

धीरे-धीरे अर्जुन को आखिरकार दुखद-समाचार मिल ही गया। अभिमन्यु उनका बड़ा ही लाड़ला बेटा था। बचपन से ही वह ऐसा चतुर, कुशाग्र, बुद्धिशाली और साहसी था कि अर्जुन उसकी इन विशेषताओं पर बराबर ही रीझे रहते थे। वे अपने बेटे को जो भी बात सिखलाते या समझाते थे, वह उसे तुरन्त ही सीख जाया करता था। रह-रहकर अर्जुन को अभिमन्यु की बातें याद आने लगीं। जैसे-जैसे याद आती थीं, वैसे-वैसे ही अपने बेटे के निर्मम हत्यारों से बदला लेने के लिए उनका खून भी खौल उठता था। युधिष्ठिर ने उन्हें जब यह बतलाया कि जयद्रथ ने उनका रास्ता रोका था, तब अर्जुन ने यह प्रतिज्ञा की कि कल सूर्यास्त से पहले मैं बदला लूँगा और यदि न ले सका तो मैं चिता सँजोकर अपने शरीर को भस्मीभूत कर दूँगा।

अपने बेटे के मारे जाने से दुर्योधन भी यद्यपि शोकग्रस्त था, फिर भी उसे इस बात का सन्तोष था कि उसके बेटे का हत्यारा अभिमन्यु भी मार डाला गया है। जयद्रथ, शकुनी आदि नीच वृत्तियों वाले योद्धा तो ऐसे मगन हो रहे थे कि मानों उन्होंने आज कोई कमाल कर दिखलाया हो। परन्तु; जैसे ही अर्जुन की प्रतिज्ञा की खबर उनके खेमों में पहुँची, जयद्रथ की सारी खुशी गायब हो गयी। उसके हाल पतले पड़ने लगे। वह डर के मारे पीला पड़ गया। घबराहट में और कुछ न सूझा तो सीधे द्रोणाचार्यजी के पास पहुँच गया। उनके पैर पकड़कर वह गिड़गिड़ाता हुआ बोला-आचार्य! मेरी रक्षा कीजिए। कुन्ती के बेटे ने जब मुझे मारने की प्रतिज्ञा कर ली है, तब उसे वह निश्चय ही पूरी करेगा। मैंने कुछ नहीं किया। अभिमन्यु को तो दु:शासन के बेटे ने मारा था। फिर अर्जुन मुझे क्यों मारना चाहता है? गुरुजी! यदि आप मुझे शरण न देंगे तो मैं अभी मैदान छोड़कर सीधे अपने राज्य की ओर भाग जाऊँगा।

द्रोणाचार्य उसे समझाते हुये कहने लगे-हे सिन्धु नरेश, जब एक नन्हें से बच्चे को तुम सब घेर कर मार रहे थे, तब तुम बहुत अकड़ रहे थे। अब इस समय मेरे आगे कायरों की तरह क्रन्दन क्यों करते हो? खैर, मैं वचन देता हूँ कि तुम्हारी सुरक्षा के लिए कल मैं और भी कठिन व्यूह-रचना करूँगा। व्यूह के बीचोबीच मैं तुझे ऐसे सुरक्षित घेरे में रखूँगा कि अर्जुन तुम्हें सूर्यास्त तक मारने की अपनी प्रतिज्ञा पूरी ही नहीं कर पायेगा।

कौरवों के लिए वह रात बड़ी सनसनी की थी। दुर्योधन आदि वीर लाख कोशिशें करके भी अब तक धर्मराज युधिष्ठिर को पकड़ नहीं पाये। उन्होंने सोचा कि यदि अपनी प्रतिज्ञा न पूरी कर पाने के कारण अर्जुन स्वयं ही जलकर भस्म हो जाय तो बहुत अच्छा होगा। अर्जुन के मरते ही पाण्डवों को हरा देना फिर बाँऐं हाथ का खेल हो जायेगा।

•

अर्जुन-सुभद्रा मिलन

भाइयों के सामने कठिन-प्रतिज्ञा करने के बाद श्रीकृष्ण को साथ लेकर अर्जुन अपनी पत्नी सुभद्रा और पुत्रवधू उत्तरा से मिलने के लिये गये। सुभद्रा का विलाप देखा नहीं जाता था। दुख के आवेश में सुभद्रा बार-बार अपने भाई श्रीकृष्ण पर यह लांछन लगाती थी कि तुमने अपने भांजे की रक्षा नहीं की थी। बेचारी उत्तरा तो काठ हो गयी थी। बड़ों के सामने लज्जावश वह न कुछ कह सकती थी और न खुलकर रो ही सकती थी। उसके आँसू उसके कलेजे में समुद्र की तरह तूफान उठा रहे थे किन्तु; ऊपर से वह एकदम मौन थी।

उत्तरा इस समय गर्भवती भी थी। इसलिए श्रीकृष्ण ने अपनी बहन को चेतावनी देते हुए कहा-सुभद्रा तुम परम धैर्यवान वसुदेव की पुत्री तथा मेरी और बलदेव की बहन हो, वीर अभिमन्यु की माता और वीर-श्रेष्ठ अर्जुन की पत्नी हो। साधारण स्त्रियों के समान तुम्हारा यह विलाप करना मुझे अच्छा नहीं लग रहा है। अपने को सावधान एवं संयमित करो और बहू को सम्हालो। यह क्यों नहीं सोचती हो कि वह इस समय गर्भवती है। तुम बहू को सती कदापि मत होने देना। विश्वास रखो, महावीर अर्जुन कल सूर्यास्त होने से पहले तुम्हारे पुत्र के हत्यारों से अपना बदला अवश्य ले लेंगे।

इस प्रकार समझा-बुझा कर दोनों जब बाहर निकले, तब अर्जुन ने श्रीकृष्ण से कहा- भैया! मेरी प्रतिज्ञा का समाचार सुनकर कल कौरव लोग जयद्रथ को बचाने का कोई भी उपाय बाकी नहीं रखेंगे। मेरा अधिक से अधिक समय वे लोग छिट-पुट की लड़ाइयों में इस तरह से नष्ट करवायेंगे कि मैं सूर्यास्त से पहिले जयद्रथ को मारने की अपनी प्रतिज्ञा पूरी ही न कर सकूँ।

श्रीकृष्ण बोले-हे सखा, तुमने भी सुना होगा कि सनातन-काल के प्रतापी रुद्रगण पाशुपति-अस्त्र का प्रयोग किया करते थे। इस भयानक अस्त्र को चलाने से वायु में ऐसा प्रचण्ड विष फैलता था कि शत्रुओं को साँस लेना भी कठिन पड़ जाया करता था।

अर्जुन बोले-मैं पाशुपत-अस्त्र के सम्बन्ध में कुछ जानता तो अवश्य हूँ किन्तु; उसे चलाने का मन्त्र मैंने वर्षों पहले सीखा था। इस समय तो वह ठीक से मेरे ध्यान में भी नहीं आ रहा है।

श्रीकृष्ण बोले-हे सखा, यदि तुम एकाग्र होकर उस अस्त्र का ध्यान करोगे तो वह तुम्हारे मन में अवश्य ही उदित हो जायेगा। रुद्रगणों के देव पशुपतिनाथ योगेश्वर महादेव अवश्य ही तुम्हारे ऊपर कृपा करेंगे।

यह सुझाकर श्रीकृष्ण ने विदा ली और चले गये।

अर्जुन एकान्त में हुए तो आसन पर बैठकर भगवान शंकर की प्रार्थना और पशुपत-विद्या का ध्यान करने लगे। बेटे का बदला लेने की तड़प और अपनी प्रबल निष्ठा से जब उन्होंने एकाग्र होकर विचार करना आरम्भ किया, तब उन्हें पशुपत मन्त्र अन्ततः याद आ ही गया। अर्जुन ने रातोरात उस अस्त्र को चलाने की अपनी तैयारी भी कर ली। दोस्त और दुश्मन, दोनों ही श्रीकृष्ण और अर्जुन की इन तैयारियों से अपरिचित थे।

सुबह होने पर भेदिये यह समाचार लाये कि शकट-व्यूह की रचना करके द्रोणाचार्य ने उसके बीचोबीच जयद्रथ को छिपा दिया है, जिससे कि अर्जुन उसे मार न पाये। सुनकर अर्जुन उपेक्षा से मात्र मुस्कुराये। उन्होंने अपने सारथी-सखा श्रीकृष्ण की ओर देखकर कहा-शत्रुओं को यह नहीं मालूम कि जिस ओर श्रीकृष्ण होते हैं, उसी ओर बुद्धि, युक्ति और शक्ति भी प्रबल होती है। आज संसार यह भली-भाँति देख लेगा कि पापियों की रक्षा करने वाले गुरु की अबोध विद्या भी उनके शिष्य और श्रीकृष्ण के सखा अर्जुन की विद्या के आगे नितान्त निकम्मी और निस्तेज सिद्ध हो जायेगी। यह कह कर अर्जुन रथ पर बैठ गये और श्रीकृष्ण कुशलता पूर्वक घोड़ों को हाँकते हुए रथ को आचार्य द्रोण के शकट-व्यूह के सामने ले गये। अर्जुन ने बड़ी जोर से अपना शंख बजाया। श्रीकृष्ण ने भी अपने प्रसिद्ध पांचजन्य शंख को बजाकर शत्रुओं के दिल दहला दिये।

अर्जुन ने एक बार कौरव सेना की व्यूह-रचना को ध्यान से देखा फिर कहा-हे कृष्ण, तुम मुझे सेना के उस भाग की ओर ले चलो, जिस ओर हाथी खड़े हुए हैं। मैं अपने बाणों की बौछार से इन्हीं हाथियों को अपनी जगह से डरवाऊँगा और उन्हें तितर-बितर कर व्यूह में घुस जाऊँगा।

श्रीकृष्ण ने रथ को उसी ओर ले जाकर खड़ा कर दिया। अर्जुन ने तुरन्त इतनी फुर्ती से तीर बरसाने आरम्भ कर दिये कि तैयार होते हुये भी कौरव-सेना एकाएक उनका सामना नहीं कर सकी। सच पूछा जाय तो अर्जुन का मात्र नाम ही दुश्मनों के दिलों में आतंक उत्पन्न कर देता था। जैसे नारियल के ऊँचे वृक्षों से टूट कर गिरने वाले नारियल धरती पर टपाटप गिरते हैं, उसी प्रकार हाथियों पर सवार कौरव वीरों के मुण्ड अर्जुन के बाणों से कट-कटकर धरती पर आने लगे। घड़ी भर में ही युद्ध के मैदान में लोथों पर लोथें बिछ गयीं। कौरवों की सेना को हर जगह अर्जुन ही अर्जुन दिखलायी पड़ता था। 'कहाँ है अर्जुन, कहाँ है अर्जुन?'-'वह रहा, वह रहा', चारों ओर बस यही शोर सुनायी पड़ता था। अर्जुन के जादू में बँधे कौरव-सैनिक कभी-कभी घबराकर अपने ही पक्ष के किसी लड़वैये को धोखे में अर्जुन समझकर मार डालते थे। रथ मार्ग में शिवजी की तरह ताण्डव नृत्य करते हुए फुर्तीले अर्जुन के गाण्डीव धनुष से तीर लगातार ऐसे बरस रहे थे कि शत्रु ठगे-से खड़े रह जाते थे। उन्हें आक्रमण करने का मौका ही नहीं मिल पाता था। कभी-कभी ऐसा भी होता था कि अर्जुन की बाण-वर्षा के चमत्कार को देखते हुए, उसकी मोहनी शक्ति से बँधकर वे पीछे भागने के बजाय मृत्यु के मुँह में जाने के लिये स्वयं ही आगे बढ़ जाते थे।

अपनी सेना की ऐसी घबराहट देखकर दुर्योधन ने अपने भाई दु:शासन को मोर्चा सँभालने के लिये भेजा किन्तु; वह थोड़ी ही देर के बाद वहाँ से भागा। तब द्रोणाचार्य स्वयं लड़ने के लिए आये। गुरु-चेले में ऐसा चमत्कारी युद्ध हुआ कि लोग-बाग बस खड़े ही खड़े देखते रह गये। दोनों में से एक भी कम नहीं था। दोनों ही वीर अपने-अपने स्थानों पर पहाड़ की तरह अंचल थे। लड़ाई ऐसी जमकर हो रही थी कि जान पड़ता था आज का सारा दिन गुरु-चेले के इस चमत्कारी-युद्ध में ही बीत जायेगा और अर्जुन अपनी प्रतिज्ञा पूरी न कर पायेंगे।

परन्तु श्रीकृष्ण बड़े ही चतुर थे। उन्होंने अर्जुन से कहा-मित्र, द्रोणाचार्य तो तुम्हें यहाँ अटकाये रखने के लिए ही आये हैं। इनसे कन्नी काटो और शत्रु सेना को इस तरह से तहस-नहस करो कि सूर्यास्त से पहले ही तुम्हारा जयद्रथ से सामना हो जाय। अर्जुन को श्रीकृष्ण की यह सलाह पसन्द आयी। अपने गुरु द्रोणाचार्य को अपनी बाण-विद्या के एक चमत्कारी करतब से चकमा देकर अर्जुन जैसे ही आगे बढ़ने लगे, वैसे ही द्रोणाचार्यजी ने ललकार कर कहा-यह क्या अर्जुन, तुम युद्ध में मुझे हराये बिना ही भाग रहे हो?

अर्जुन हँसकर बोला-अगर गुरु से चेला जीत भी जाय तो अपनी विनय से उनके आगे सदा हारा है लेकिन गुरुजी; यहाँ बहुत से ऐसे लोग हैं, जिनका लहू पीने के वास्ते मेरे तरकस के तीर उतावले हो रहे हैं।

अर्जुन की बात पूरी होते-होते तक श्रीकृष्ण ने गुरु-चेले के युद्ध में तमाशाई बनी खड़ी कौरव सेना के प्यादों के बीच से अपना रथ इतनी तेजी से निकाला कि उनमें कुछ टकराये, कुछ घायल हुए और बाकी में भगदड़ मच गयी। गुरुजी अब यदि तीर बरसाते भी तो उन्हीं की सेना के योद्धा मरते। वे विवश हो गये। कौरव-सेना के दूसरे मोर्चे पर उथल-पुथल मचने लगी। कौरव-पक्ष के कई वीर मारे गये। अर्जुन का सामना करने के लिए जब कोई भी तैयार न हुआ, तब दुर्योधन झुँझलाकर गुरु द्रोण के पास आया। उसने कहा-आचार्य जान पड़ता है कि आज आप हम लोगों की मिट्‌टी पलीद करवा के अपने प्रिय शिष्य अर्जुन को ही विजय दिलाना चाहते हैं?

द्रोणाचार्य खीझ उठे। बोले-दुर्योधन, तुम लोग जब होता है, तब मुझ पर ही ताने कसते हो। यह क्यों नहीं देखते कि जानकर अर्जुन स्वयं ही मुझसे लड़ने में बराबर कतराता है? मैं आखिर कहाँ-कहाँ तक उसका पीछा करूँ? तुम लोग क्या मिट्‌टी के पुतले हो, जो उसका सामना नहीं कर पाते?

निरुपाय दुर्योधन झुँझलाकर बोला-राजा श्रुतायु और उनके सारे भाई-बन्धु मारे गये। कम्बोजो (कम्बोहों) की सेना अब तक पूरी तौर से उजड़ चुकी हैं। अर्जुन के तीरों की मार से बौखलाकर हमारे हाथी घबराहट में हमारे ही सिपाहियों को कुचल रहे हैं। श्रीकृष्ण इतनी कुशलता से अर्जुन का रथ हाँक रहे हैं कि कोसों तक फैली हुई हमारी सेना में हर तरफ यही भय समा गया है कि जाने कब किस पर अर्जुन का प्रचण्ड आक्रमण हो जाय। अर्जुन से लड़ने में सभी घबरा रहे हैं। मैं क्या करूँ?

द्रोणाचार्य बोले–मैं तुम्हें एक दुर्भेद्य-कवच पहनाये देता हूँ। जाओ, स्वयं ही उस महारथी का सामना करके देख लो।

कवच पहनकर दुर्योधन भी अर्जुन से लड़ने पहुँचा लेकिन; अपने बेटे के मारे जाने से शोक-संतप्त होकर बदला लेने के वास्ते अर्जुन उस दिन ऐसा प्रचण्ड युद्ध कर रहा था कि उसके सामने किसी के पैर जम ही नहीं पाते थे।

चारों ओर आतंक मच जाने के बाद श्रीकृष्ण ने अर्जुन से कहा– सखा, अब थोड़ी देर के वास्ते हमें अपने घोड़ों को विश्राम देना चाहिए। तुम्हारे युद्ध ने शकट-व्यूह को काफी नुकसान पहुँचा दिया है। भीम, घटोत्कच, सात्यकि आदि हमारे योद्धा इस समय ऐसी उठा-पटक मचा रहे हैं कि कौरव सेनाएँ उनसे पार नहीं पा सकतीं। आओ, थोड़ी देर अपने रथ के घोड़ों को विश्राम दे लें और स्वयं भी ताजे हो लें। इसी बीच में हम लोग जयद्रथ को मारने की तरकीब पर भी विचार कर लेंगे। तुम्हारी प्रतिज्ञा-भंग कराने के वास्ते कौरव लोग सूर्यास्त तक जयद्रथ को बचाने के लिये कोई भी कसर उठा न छोड़ेंगे। यह कहकर श्रीकृष्ण अर्जुन का रथ युद्ध-क्षेत्र के बाहर एक तालाब के पास ऐसी कुशलता से ले गये कि शत्रु-सेना में किसी को अर्जुन के युद्ध-क्षेत्र से बाहर जाने के सम्बन्ध में कुछ पता ही नहीं चल पाया।

थोड़ी देर तक युद्ध-भूमि में अर्जुन को न देखकर सात्यकि को बड़ा अचम्भा हुआ। सात्यकि अर्जुन का चेला था, इसलिये वह अपने गुरु को खोजने के वास्ते व्याकुल हो उठा। वह धर्मराज युधिष्ठिर के पास पहुँचकर उसने कहा कि गुरुजी का पता नहीं चल रहा। लगता है उनके साथ कोई घात हुई है।

युधिष्ठिर बोले–हे सात्यकि; तुम चिन्ता न करो। अर्जुन के साथ स्वयं श्रीकृष्ण हैं। वह तुम्हारे गुरु का कोई अमंगल नहीं होने देंगे। यह सुनकर भी सात्यकि को सन्तोष नहीं हुआ।

लड़ाई के मैदान का वातावरण ही ऐसा होता है कि मनुष्य जोश में अन्धा होकर कभी-कभी उचित-अनुचित का ध्यान नहीं रख पाता। अर्जुन की चिन्ता में सात्यकि इतने परेशान थे कि युधिष्ठिर से कहने लगे–जिस भाई की बदौलत आपका साम्राज्य बनेगा, उसी की चिन्ता आप नहीं कर रहे हैं। हे धर्मराज युधिष्ठिर, आपको धिक्कार है।

युधिष्ठिर सात्यकि के मन का हाल जानते थे। इसलिए मन ही मन में उससे सन्तुष्ट होकर भी उन्होंने बनावटी-क्रोध से उसे डाँटा–सात्यकि युद्ध क्षेत्र में वीरों को अपना मन सदा पूरी तरह से सावधान रखना चाहिये। तुम यह भूल रहे थे कि मैं तुम्हारे गुरु का भी पूज्य हूँ। जाओ, मुझसे बेकार की बहस करने या अपने गुरु के सम्बन्ध में व्यर्थ की चिन्ता करने से कहीं अच्छा यह होगा कि युद्ध-क्षेत्र में पहुँच कर कुछ दुश्मनों का सफाया कर डालो। ध्यान रखो कि आज सूर्यास्त होने से पहले ही अर्जुन को अपनी प्रतिज्ञा पूरी करनी है और ये दुष्ट उसकी प्रतिज्ञा-भंग कराने में कोई कसर उठा न रखेंगे।

उस दिन ऐसा भयानक युद्ध हो रहा था कि दोनों पक्षों में से किसी भी पक्ष को अपने हर मोर्चे के सम्बन्ध में ठीक-ठीक खबर ही नहीं लग पाती थी। कभी यह घबराहट

फैलती कि भीमसेन का पता नहीं लग रहा और यही कभी अर्जुन के सम्बन्ध में कहा जाने लगता था। कौरवों के पक्ष में तो बुरी-बुरी खबरों का अन्त ही नहीं था। उस दिन दुर्योधन के कई भाई एक साथ मारे गये। राक्षस राज अलम्बुष को घटोत्कच ने अपने सिर से ऊँचा उठाकर ऐसी जोर से धरती पर पटका कि उसका सिर फूट की तरह खिल गया।

राजा कृत वर्मा की भी कपाल-क्रिया हो गयी। मिनट-मिनट में महासेनापति द्रोण और दुर्योधन को यही समाचार मिलते थे कि हमारा अमुक मोर्चा कमजोर पड़ रहा है। वहाँ किसी बड़े योद्धा को तुरन्त भेजा जाय। स्वयं द्रोणाचार्य, दुर्योधन, दु:शासन और कर्ण जैसे महाबली सेनापतियों को इधर-उधर लपक-लपक कर युद्ध करने के लिये भागना पड़ता था।

इधर अर्जुन और श्रीकृष्ण विश्राम करके तथा अपने घोड़ों को दाने पानी से नया दम देकर शत्रु सेना के बीच में ऐसे पहुँच गये जैसे जूड़ी की फुरफुरी आती हो। उनका आक्रमण बहुत ही अचानक हुआ और साथ ही बड़ा प्रबल भी था। शत्रुओं के बड़े-बड़े महारथी तक एकाएक यह निश्चय न कर पाये कि आखिर उन्हें किस तरह से इस महाप्रलय का सामना करना चाहिए। दुर्योधन मैदान छोड़कर भागा।

दु:शासन बार-बार कमर कस-कसकर आता था, पर शीघ्र ही उसके छक्के छूट जाते और बस, वह भागता ही दिखलायी देता था। अर्जुन के चेले सात्यकि ने उस दिन ऐसा प्रचण्ड-युद्ध किया कि महारथी कर्ण तक उसका सामना न कर सके। असल में जयद्रथ को सूर्यास्त तक बचाने की हड़बड़ी में शत्रु-पक्ष के योद्धाओं का मन सुचित्त होकर काम नहीं कर पा रहा था। श्रीकृष्ण और अर्जुन की युद्ध-नीति भी यही थी कि हर एक को लगे कि अर्जुन, जयद्रथ के पास अब पहुँचा और अब पहुँचा। बस, इसी गड़बड़ी में शत्रुओं के महारथी फँसे रहे तथा व्यर्थ में इधर-उधर भटकते-जूझते फिरे।

अर्जुन जब जयद्रथ के सामने वास्तव में पहुँचे, तब दुश्मनों की शक्ति पूरी तरह से असंगठित हो चुकी थी। महाबली अर्जुन एक साथ दसों दिशाओं पर नज़र रखते हुए और सभी तरह के हथियारों का प्रयोग करते हुए शत्रुओं का नाश करने लगे।

उनकी अद्‌भुत फुर्ती के कारण उस समय लोगों को यह मालूम ही न पड़ने पाता था कि कब उन्होंने तरकस से नया तीर खींचा, कब उसे धनुष पर चढ़ाया और कब कोई तीर किसी शत्रु के कलेजे में बिंध गया। साक्षात् काल के समान अर्जुन के पराक्रम को देखकर सारे कौरव और उनके हिमायती राजे लोग बेहद डर गये। जयद्रथ का वध करने के लिए अर्जुन अपने शत्रुओं को अपनी बाण-वर्षा से सम्मोहित कर रहे थे।

कहा जाता है कि मृत्यु भी बड़ी मोहक होती है। शेर अपने शिकार को अपनी आँखों की मोहनी से बाँध लेता है। ऐसी ही मृत्यु-मोहिनी से शत्रु-सेना को मुग्ध करके अर्जुन सीधे उस जगह पहुँचे कि जहाँ अश्वत्थामा, कृपाचार्य और शल्य जैसे बड़े-बड़े वीर जयद्रथ को घेरे हुये खड़े थे। जयद्रथ को देखते ही अर्जुन की आँखें क्रोध से लाल हो उठीं। उन्होंने एक बार आँख उठाकर सूर्य की ओर देखा। श्रीकृष्ण बोले- देखते क्या हो अर्जुन? सूर्यास्त की बेला आ पहुँची है और जयद्रथ तुम्हारे सामने है। हे मित्र, देखो मैं

अपनी माया विद्या से सूर्य को छिपाता हूँ। तुम यह मत समझना कि सूर्य सचमुच अस्त हो गया है। फौरन ही जयद्रथ को मार डालना।

अर्जुन ने ऐसा ही किया। वह इस तरह से युद्ध करता रहा कि जयद्रथ को बचाने वाले महारथी उससे तनिक दूर-दूर छिटक जायँ। श्रीकृष्ण ने अपने रथ-संचालन से सूर्य की ओर ऐसी धूल उड़ाई कि थोड़ी देर में यह लगने लगा कि मानो सूर्य-अस्त हो गया। पहले से सिखाये हुए श्रीकृष्ण के कुछ आदमियों ने इसी समय शोर मचाना आरम्भ कर दिया-'सूर्य अस्त हो गया है'-'सूर्य अस्त हो गया है। अर्जुन अब प्रतिज्ञा पूरी करें।

बौखलाहट में शत्रु लोग इन आवाज़ों के भयवश आकाश की ओर देखने लगे। जयद्रथ भी अपने जीवन की आशा से उत्साहित होकर अपने छिपाव के ठिकाने से निकल आया और आकाश की ओर देखने लगा। अर्जुन इसी मौके की ताक में थे। उपयुक्त अवसर उपस्थित हो गया था। तत्क्षण उनका बाण गाण्डीव से छूटा और जयद्रथ का सिर उसके धड़ से अलग होकर गेंद की तरह हवा में उछल गया। कौरव सेना गहन निराशा के अन्धकार में डूब गयी। पाण्डव-पक्ष में विजय दुन्दुभियाँ बजने लगीं।

●

दुर्योधन की उदासी और अश्वत्थामा की प्रतिज्ञा

जयद्रथ के मारे जाने से कौरव सेना का मनोबल टूट गया। दुर्योधन को लगा कि अगर यही दशा रही तो हमारी सेना दो ही चार दिनों में मैदान छोड़कर भागने लगेगी– मुझको अपनी सेना का मनोबल उठाने के लिए शीघ्र ही कुछ न कुछ करना चाहिए लेकिन; करें क्या? कुछ समझ में नहीं आता।

घबराहट में दुर्योधन अपने परम मित्र कर्ण के पास गया और बोला–हे सखा, पितामह और आचार्य ने हमें कहीं का नहीं रखा। वह लोग हमें दिखाने के लिए तो प्रबल-युद्ध करते रहे, परन्तु हक़ीकत में बराबर वे लोग पाण्डव को बचाने की चिन्ता भी करते रहे। पितामह तो खैर, जो करना था सो कर गुजरे लेकिन; बूढ़े द्रोणाचार्य तो हमारी लुटिया ही डुबो देंगे। हे कर्ण! इसीलिये मैंने अब यह निश्चय किया है कि तुम हमारे सेनापति बनो। मैं इन बुड्ढों से बिल्कुल ऊब गया हूँ।

कर्ण ने समझाते हुए कहा–हे मित्र दुर्योधन, आज के युद्ध में निराशा हाथ लगने से यों अधीर होकर तुम अन्यायी न बनो। गुरु द्रोणाचार्य, अर्जुन को भले ही प्यार करते हों, पर वे जी जान से लड़ रहे हैं। उन्होंने अर्जुन को घेरने के लिए दोनों ही बार अत्यन्त कठिन ब्यूह-रचना की थी लेकिन; दुर्भाग्य से हमारे दाँव बेकार गये। न युधिष्ठिर ही पकड़ा जा सका और न अर्जुन ही को सताया जा सका। खैर, कोई हर्ज नहीं, अभी तो मैं मौजूद हूँ। तुम्हारे साथ बड़े योद्धा लड़ रहे हैं। तुम चिन्ता मत करो। यह भी कि द्रोणाचार्य के रहते मैं सेनापति भी नहीं बनूँगा। आचार्य की इतनी महिमा है कि उन्हें हटाने से हमारी सेना में फूट पड़ने का भय भी उत्पन्न हो सकता है। तुम एक बार जाकर आचार्य को जोश दिलाओ।

कर्ण की सलाह मानकर दुर्योधन, द्रोणाचार्य के पास गया। उस दिन की हार से आचार्य बहुत उदास थे। दुर्योधन ने वहाँ जाकर उन्हें जोश दिलाने के बजाय जली-कटी बातें सुनायी तो वे चिढ़ उठे और कहा–दुर्योधन, तुम्हारी विजय के लिए मैं जी जान से लड़ रहा हूँ परन्तु; तुम मुझसे सन्तुष्ट नहीं हो। इसे मैं अपने दुर्भाग्य के सिवा और क्या कहूँ! याद रखो, विजय केवल अस्त्र-शस्त्रों या बाहुबल से ही नहीं मिला करती, उसके लिए सत्य और न्याय का बल भी होना चाहिए। पाण्डवों के साथ सत्य भी है और न्याय भी। इसलिये तुम चाहे लाख जतन करो, पर अन्त में विजय पाण्डवों को ही मिलेगी। जहाँ तक मेरी ईमानदारी का प्रश्न है, उसके प्रमाण मैं तुम्हें अपनी ओर से भरपूर दे चुका हूँ। इतना करने के बाद भी मैं यह प्रतिज्ञा करता हूँ कि कल ऐसा युद्ध करूँगा कि या तो मैं ही जीवित बचूँगा या फिर अर्जुन!

बूढ़े द्रोणाचार्य ने दूसरे दिन सचमुच ही प्रचण्ड-पराक्रम दिखलाया। उस दिन राजा द्रुपद और राजा विराट, दोनों ही उनके हाथों से मारे गये। दोपहर ढलते-ढलते तक द्रोणाचार्य ने ऐसा रण-ताण्डव मचाया कि हर मोर्चे पर पाण्डव-सेना के पैर उखड़ने लगे। अद्भुत-पराक्रम दिखलाकर भी अर्जुन अपने गुरु से पार नहीं पा रहे थे। तब श्रीकृष्ण ने अर्जुन से कहा कि द्रोणाचार्य को धोखा देकर मारो। अर्जुन बोले-हे कृष्ण मैं अपने गुरु के साथ छल कभी नहीं करूँगा।

अर्जुन की यह दृढ़ता देखकर श्रीकृष्ण ने दूसरी चाल चली। उन्होंने भीम को यह सन्देशा भिजवाया कि तुम लपककर मालवराज के अश्वत्थामा नामक हाथी को मार डालो और यह शोर मचाओ कि अश्वत्थामा मारा गया। साथ ही धर्मराज भी यदि तुम्हारी बात का समर्थन कर दें तो द्रोणाचार्य उसे सही मान कर निश्चय ही युद्ध से अपना मुँह मोड़ लेंगे।

भीमसेन के लिए अश्वत्थामा नामक हाथी को मारकर झूठ बोलना कठिन नहीं था किन्तु; युधिष्ठिर से झूठ बोलवाना बड़ा ही कठिन कार्य था। श्रीकृष्ण ने अपने सन्देशवाहक को यह समझाया कि शास्त्र के अनुसार युद्ध में, विवाह के बारे में, नौकरी पाने के लिए अथवा स्त्रियों के साथ हँसी-दिल्लगी करते हुए झूठ बोलना पाप नहीं है। फिर भी धर्मराज अगर पूरी तरह से झूठ न बोलें तो भीम के कहने पर इतना अवश्य ही कह दें कि अश्वत्थामा मारा गया, पता नहीं हाथी था या मनुष्य। उनसे कहना कि अर्जुन की जान बचाने के लिए इतना झूठ वे अवश्य बोलेंगे।

अपने भाई और अपनी सेना के प्राण बचाने के वास्ते श्रीकृष्ण का आदेश पाकर धर्मराज यह अर्द्ध-सत्य बोलने को राजी हो गये। भीमसेन ने तुरन्त ही मालवसेना में धँस कर अपनी गदा के प्रचण्ड वेग से अश्वत्थामा नामक हाथी को मार डाला। उसके बाद वह खुशी से दहाड़ने लगे कि अश्वत्थामा मारा गया। वीर अश्वत्थामा उस समय कहीं दूर लड़ रहा था, उसे इस चालबाजी की ख़बर न मिली।

द्रोणाचार्य के कानों में भी यह भनक गयी। उनके हाथ-पैर ढीले पड़ने लगे। अपने पुत्र के मोह में पड़कर ही तो उन्होंने यह नौकरी की थी। उसके स्वार्थ के ही लिये तो वे दुर्योधन की जली-कटी बातें सुनकर भी उसका साथ निभा रहे थे लेकिन; उन्हें यह भरोसा नहीं होता था कि अश्वत्थामा सचमुच ही मारा गया होगा। तभी धर्मराज युधिष्ठिर की आवाज उनके कानों में पड़ी-'अश्वत्थामा मारा गया, नर या कुंजर मारा गया।'

परन्तु युधिष्ठिर के कुंजर यानी हाथी शब्द कहते-कहते श्रीकृष्ण ने अपना शंख बड़ी जोर से बजा दिया। शंख के स्वर में युधिष्ठिर की आधी बात डूब गयी लेकिन; युधिष्ठिर के कहने से द्रोणाचार्य को यह विश्वास हो गया कि उनका बेटा मारा जा चुका है। बस, उन्होंने अपने हथियार पटक दिये और स्वयं भी मरने के लिए शान्त होकर बैठ गये। राजा द्रुपद का बेटा धृष्टद्युम्न अपने बाप का बदला लेने का अचूक अवसर पा गया। वह उन पर झपट पड़ा और निहत्थे गुरु का गला काट दिया। द्रोणाचार्य के मरने की ख़बर कौरव सेना के लिए महान वज्रपात के समान थी।

झूठ का सहारा लेकर जिस समय द्रोणाचार्य का वध किया गया था, उस समय अश्वत्थामा चेदि, पांचाल, प्रभद्रक आदि राज्यों की सम्मिलित सेनाओं से लड़ रहे थे। उन्हें पिता के मारे जाने की ख़बर उस समय न लग सकी। सूर्यास्त के बाद अपने शत्रुओं को बुरी तरह से छकाकर अपनी विजय से सन्तुष्ट अश्वत्थामा जब मस्त हाथी की तरह झूमते हुए अपनी छावनी के पास पहुँचे और लोगों के चेहरों पर गहरी उदासी देखी तो एक व्यक्ति से कारण पूछा। अपने पिता की हत्या का समाचार सुनकर वे पहले तो ठगे से रह गये! परन्तु; बाद में उन्हें भयंकर क्रोध चढ़ आया। वे सीधे दुर्योधन के निवास पर गये। वहाँ कर्ण, कृपाचार्य, दु:शासन, आदि सभी बड़े-बड़े महारथी शोक में मुँह लटकाये बैठे हुए थे। अश्वत्थामा को देखते ही दुर्योधन उठे और उन्हें कलेजे से लगा लिया। आँखों में आँसू भर कर उन्होंने कहा–गुरुजी के न रहने से केवल तुम्हीं अनाथ नहीं हुए सखा, हम सभी पर दुख की गाज गिरी है। पापी पाण्डवों ने गुरुजी को धोखा दिया और कायर धृष्टद्युम्न ने असहायावस्था में उनका सिर काट डाला।

सारी कथा सुनकर अश्वत्थामा गरज उठे, उन्होंने कहा–इन गुरुघाती पाण्डवों को अब मैं कदापि जीवित नहीं छोड़ूँगा। अश्वत्थामा के क्रोध को सभी महारथियों ने बल दिया। सभी ने अपने-अपने ढंग से यह प्रतिज्ञा की कि पाण्डवों से गुरु-हत्या का बदला अवश्य लिया जायगा।

पाण्डवों की छावनी में भी आचार्य के मारे जाने से गहरा दु:ख प्रकट किया जा रहा था। अर्जुन खासतौर से बेहद दुखी था। उसने छल द्वारा द्रोणाचार्य के मारे जाने की कड़ी निन्दा की। यह अपने बड़े भाई धर्मराज युधिष्ठिर से भी नाराज हुआ, कहा–हे भाई, जैसे वानर राजा बलि को धोखे से मारकर रघुकुल तिलक, रामचन्द्रजी के निर्मल चरित्र पर अमिट धब्बा लगा था, वैसे ही सत्यपरायण गुरु द्रोणाचार्य के साथ झूठ बोलकर आपने भी अपने चरित्र को कलंकित कर लिया है। अगर आपने वह न कहा होता कि 'अश्वत्थामा मारा गया' तो वे किसी की बात पर कभी विश्वास नहीं करते। अधर्मपूर्वक गुरु से शस्त्र त्याग करवा कर उनकी हत्या कराने से बढ़कर नीच काम मेरी दृष्टि में और कोई नहीं है।

सभा में बैठे हुए सभी लोग सिर झुकाये हुए अर्जुन की इन बातों को सुनते रहे, किन्तु भीमसेन से न रहा गया। अर्जुन को फटकारते हुए उन्होंने कहा–व्यर्थ के उपदेश मत बघारो अर्जुन। हम लोग वनवासी साधु या सन्त नहीं हैं, हम क्षत्रिय हैं। युद्ध में कभी-कभी नीतिवश झूठा आचरण भी किया जाता है। हमने आज कोई नयी बात नहीं की है। इन्हीं कौरवों ने हमारे साथ एक नहीं, अनेक बार छल किया लेकिन; गुरुजी तब बराबर चुप रहे। उन्हें हम तुम्हारे कहने भर से भला सत्यपारायण क्योंकर मान लें? मैंने माना कि द्रोणाचार्यजी हमारे गुरु, ब्राह्मण थे परन्तु; जरा यह तो बतलाओ कि द्रोणाचार्य ऐसा कौन-सा कार्य करते थे, जिससे कि उन्हें ब्राह्मण माना जाय? वे अपना धर्म छोड़कर क्षत्रिय धर्म निभा रहे थे।

कौरवों को विजय दिलाने के लिये भयंकर युद्धरत होकर तथा धर्म-अधर्म की तनिक परवाह किए बिना उन्होंने हमारे पक्ष के ऐसे लोगों को भी मारा, जो लड़वैये न होकर

सैनिकों के सहायक मात्र थे। अतः जब उन्होंने ही अपना धर्म नहीं निभाया, तब हमको ही किस प्रकार से दोषी ठहराया जा सकता है?

भीमसेन की बातों को सुनकर जब द्रोपदी रानी के भाई धृष्टद्युम्न भी इसी तरह की बातें कहने लगे, तब आँखों में आँसू भर कर अर्जुन ने कहा–धृष्टद्युम्न, तुम्हें धिक्कार है, एक बार नहीं हजार बार धिक्कार है। तेरे इस कायरता भरे काम से पांचाल कुल की चौदह पीढ़ियाँ नरक में चली गयीं।

अर्जुन का यह क्रोध देखकर उसका शिष्य सात्यिकि भी धृष्टद्युम्न को फटकारने लगा। धृष्टद्युम्न अपने बहनोई अर्जुन की भली-बुरी बातें सुन सकता था किन्तु; उसके चेले-चपाटियों की नहीं। मारपीट की नौबत आ गयी। अब भीमसेन लपक कर आगे बढ़े और दोनों का बीच-बचाव करा दिया। उन्होंने कहा–लड़ना है तो कौरवों से लड़ो। आपस में लड़ कर स्वयं अपनी ही हानि क्यों करना चाहते हो? हमको इस बात पर विचार करना चाहिये कि अश्वत्थामा के आक्रमण का मुकाबला कैसे किया जाय?

श्रीकृष्ण बोले–भीम भैया ठीक कह रहे हैं। अश्वत्थामा अपने पिता की मृत्यु का बदला अवश्य लेगा। वह महान् योद्धा है। इसके अलावा उसके पास अग्नि के समान तेजस्वी नारायणास्त्र भी है। मान लो कि पाण्डवों से कुपित होकर वह कल के युद्ध में उसी अस्त्र का प्रयोग करे, तो तुम्हें अपने बचाव का मजबूत प्रबन्ध करना चाहिए? पहले इस बात पर विचार करो।

युधिष्ठिर ने श्रीकृष्ण की बात का समर्थन किया लेकिन; उस समय वातावरण दुःख और रोष से ऐसा भरा हुआ था कि किसी में विचार करने की शक्ति बची ही न थी। श्रीकृष्ण ने सोचा कि मैं स्वयं ही इस बात पर विचार करके पाण्डवों की भलाई के लिए कोई उपाय करूँगा।

●

अश्वत्थामा का प्रचण्ड-युद्ध

युद्ध-क्षेत्र में दूसरे दिन शुरू से ही बड़ी तनातनी बढ़ने लगी। अश्वत्थामा ने गरज कर सबको अपनी प्रतिज्ञा सुनायी उसने ललकार कर कहा-झूठ बोलकर मेरे पिता से हथियार रखवाने वाला वह पाखण्डी धर्मराज युधिष्ठिर कहाँ है? मैं आज उसे दण्ड दिये बिना कदापि नहीं छोड़ूँगा। कहाँ है वह नीच धृष्टद्युम्न, जिसने कल मेरे निहत्थे पिता का सिर काटने की कायरता दिखलायी थी? आज मैं एक-एक से गिनकर अपने पिता का बदला ले लूँगा।

युद्ध-भूमि में ऐसी ललकारों का जवाब प्रबल ललकारों से ही दिया जाता है किन्तु; श्रीकृष्ण के आदेश से उस समय कोई कुछ न बोला। आज अर्जुन यों भी बहुत दुखी थे। उनका जी लड़ाई में नहीं लग रहा था। श्रीकृष्ण ने कहा-हे अर्जुन! मोह में मत पड़ो, अपना कर्म करो। तुम्हारी उदासी देखकर पाण्डव सेना के हौसले पस्त हो जायेंगे। यह ठीक न होगा और मेरी कल की बात पर भी ध्यान रखना। मुझे लगता है कि अश्वत्थामा नारायणास्त्र का प्रयोग अवश्य करेंगे।

अर्जुन बोला-हे सखा, मैं बरसों पहले ही यह प्रतिज्ञा कर चुका हूँ कि ब्राह्मण, गाय और नारायणास्त्र के सामने अपना गाण्डीव कभी धारण नहीं करूँगा।

यह सुनकर भीमसेन तड़प उठे। उन्होंने कहा-तू भले मत कर, लेकिन मैं युद्ध की भूमि में ब्रह्मा, विष्णु और महेश तक की परवाह नहीं कर सकता। किसी देवता के नाम पर किसी हथियार का नाम रख देने से मैं धर्मभीरु होकर हथियार न चलाऊँ, यह असम्भव बात है। इतना कह कर युद्ध-भूमि में आगे बढ़ते हुए अश्वत्थामा के रथ पर उन्होंने तीखे बाणों की झड़ी लगा दी। दोनों पक्षों के बीच का मैदान भीम के तीरों से भर गया। एक साथ वे कई-कई बाण धनुष पर चढ़ा कर पूरी शक्ति के साथ छोड़ रहे थे। बेंत के बने लोहे के फलक वाले विष-बुझे तीखे बाणों की सनसनाहट से सारा युद्ध-क्षेत्र भर उठा।

''ठहर तो दुष्ट'' कह कर अश्वत्थामा ने धनुष पर अपना नारायणास्त्र चढ़ाया। नारायणास्त्र उस समय का कोई ऐसा भयंकर अस्त्र होगा कि जिसकी हर नोक से आग के नाग सर-सर करके निकलते होंगे। तीर के छुटने से वायु में कड़कड़ाहट भरती होगी और लोहे के हथियारों को यह चुम्बक की तरह छूकर उन्हें भड़का देता होगा। इसीलिए जैसे ही नारायणास्त्र छूटा, वैसे ही श्रीकृष्ण के आदेश से सबने अपने हथियार अलग रख दिए और रथों से कूद कर उतर आये। केवल भीम ही ऐसे थे, जिन्होंने अभी तक अपने हथियार नहीं रखे थे। श्रीकृष्ण ने जब यह देखा तो अर्जुन से कहा-तुरन्त वरुणास्त्र

छोड़कर हवा में नमी पैदा करो, नहीं तो यह नारायणास्त्र हम सबको जलाकर भस्म कर देगा।

श्रीकृष्ण की बात सुनकर अर्जुन को भी एकाएक होश आया। उन्होंने तुरन्त ही वरुणास्त्र चलाकर नारायणास्त्र के तेज को निष्फल कर दिया। दुर्योधन और कौरवगण नारायणास्त्र का कमाल देखकर चकित और प्रसन्न हो रहे थे लेकिन; जब वह निष्फल हुआ तो दुर्योधन ने कहा, हे गुरुपुत्र तुम दुबारा यही अस्त्र फिर छोड़ो।

अश्वत्थामा बोला–नहीं, मुझे मालूम न था कि अर्जुन के पास इस अस्त्र की काट भी है। यह युद्ध–अस्त्र केवल एक ही बार छोड़ा जा सकता है।

दुर्योधन बोला–यह न सही तो और जो भी अमोघ–बाण तुम्हारे पास हों, आज उन सबकी वर्षा शत्रुओं पर करो। अपने पिता और मेरे गुरु का बदला अवश्य लो। अश्वत्थामा, चूकना मत! आज तुम्हारी परीक्षा का दिन है।

दुर्योधन के जोश दिलाने से अश्वत्थामा और भी अधिक प्रबल हो उठे। वे अपना रथ बढ़ा कर सीधे पांचालों की सेना की ओर बढ़े। उन्हें धृष्टद्युम्न से बदला लेना था। दोनों ओर से प्रचण्ड बाण–वर्षा होने लगी। भीमसेन सात्यिकि आदि बड़े–बड़े योद्धा द्रोपदी के भाई को बचाने के लिए दौड़े। इधर कर्ण आदि महारथी भी अश्वत्थामा की रक्षा के लिए धाये। उस दिन दोनों ही ओर के वीरों ने ऐसा अद्‌भुत कौशल दिखलाया, जैसा पहले कभी नहीं देखा गया था।

यह सब कुछ होने के बाद भी अश्वत्थामा की प्रतिज्ञा अधूरी ही रह गयी। श्रीकृष्ण की चतुराई के आगे अश्वत्थामा की प्रतिज्ञा भला जीत ही क्योंकर सकती थी! अपनी आज की इस असफलता से कौरवों की खीझ और भी अधिक बढ़ गयी। उनके पक्ष के दो महानतम् वीर योद्धा नष्ट हो चुके थे। भीष्म पितामह मृत्यु शैय्या पर पड़े थे और द्रोणाचार्य स्वर्ग सिधार गये थे। अश्वत्थामा की प्रतिज्ञा सुनकर दुर्योधन को यह आशा हुई थी कि वह अवश्य ही आज कोई ऐसा चमत्कार दिखलाएगा, जिससे कि पाण्डवों के पक्ष में गहरा दुख और पराजय का भाव फैलेगा किन्तु; वह भी न हुआ उल्टे अश्वत्थामा के अमोघ हथियारों की असफलता से कौरव सेनाओं में पराजय की हीन–भावना ही अधिक भर गयी। अपनी सेना का यह हाल देखकर दुर्योधन बेहद चिन्तित हो उठा। उसकी घबराहट देखकर कर्ण और दु:शासन ने वह रात दुर्योधन के शिविर में ही बितायी। परन्तु तीनों वीर उस दिन ऐसे हतबुद्धि हो रहे थे कि कोई किसी को सलाह तक नहीं दे सका–उनकी यह रात करवटें बदलते ही बीती। गहरे सोच में पड़ा हुआ दुर्योधन अपने ही किये हुए पुराने पापों का ध्यान आ जाने से बीच–बीच में सहम उठता था। उसने दो–दो बार छल करके युधिष्ठिर का राजपाट जुए में जीता और महारानी द्रोपदी का ऐसा अपमान किया जैसा कि अच्छे कुल और संस्कार वाला कोई क्षत्रिय कभी नहीं कर सकता है। वारणावत में लाख का घर बनवा कर उसने पाण्डवों को उनकी माता समेत जला देना चाहा था। उन्हें वनवास देकर बेहद पीड़ित करने में भी उसने कोई कसर नहीं उठा रखी थी। ये सारी बातें इस समय रह–रह कर उसके ध्यान में आ रही थीं, और वह सोचता था कि अगर पाण्डव

जीत गये और वह, उनके द्वारा पकड़ा गया तो न जाने क्या-क्या होगा? पाण्डव गिन-गिन कर उससे अपने बदले लेंगे।

इन बातों को सोच-सोच कर दुर्योधन के मुख से गहरी साँसें निकल जाया करती थीं। यह देखकर कर्ण समझ गया कि दुर्योधन को गहरी चिन्ताएँ सता रही हैं। उसे ढाढ़स बँधाने के लिए कर्ण बोला–हे मित्र, तुम यह लम्बी-लम्बी साँसें क्यों ले रहे हो? क्या तुम्हारे पास पितामह और आचार्य के रूप में केवल दो ही योद्धा थे कि जिनके मर जाने से तुम्हें अपनी हार दिखलायी देने लगी है?

दुर्योधन उठकर बैठ गया। उसने कहा–मैं घबरा अवश्य गया हूँ कर्ण किन्तु; यह नहीं मानता कि अब महावीर सेनानी नहीं हैं। मैं तुम्हें पितामह और द्रोणाचार्य से बढ़कर कुशल सेनापति मानता हूँ। पिताम्मह कौरवों और पाण्डवों दोनों के पितामह थे। द्रोणाचार्य भी दोनों के गुरु रह चुके थे। इसलिए उनकी ममता बँटी हुई थी। पर तुम तो केवल मेरे हो, तुम्हारे ऊपर मुझे जैसा विश्वास है, वैसा किसी पर भी नहीं है। तुम्हारे ही भरोसे पर मैंने श्रीकृष्ण का सन्धि-प्रस्ताव ठुकरा दिया था।

कर्ण बोला–तब फिर उदास क्यों होते हो? कल मैं युद्ध-क्षेत्र में अपने करतब दिखलाऊँगा।

मैं केवल तुम्हारे ही करतब नहीं देखना चाहता कर्ण बल्कि; तुम्हारे नेतृत्व में अपनी सेना के करतब भी देखना चाहता हूँ। आज की रात के अपने मनमन्थन से मुझे केवल यही लाभ हुआ है कि तुम्हें प्रधान-सेनापति का पद देने का निश्चय कर सका।

कर्ण को सेनापति बनाना राजनीतिक दृष्टि से तनिक कठिन कार्य था। बात जगजाहिर थी कि ऊँची जाति के क्षत्रिय और वीर कर्ण को अपने से गिरा हुआ समझते थे, इसलिए उसके नेतृत्व में युद्ध करने से बहुत से लोग शायद इन्कार भी कर सकते थे। अपने स्वयंवर के समय द्रोपदी ने भी सभा में यह कह दिया था कि सूत-सारथी के बेटे को मैं हरगिज इस प्रतियोगिता में भाग न लेने दूँगी लेकिन; इस समय दुर्योधन को लगा कि भीष्म पितामह और द्रोणाचार्य के न रहने से पाण्डवों के आतंक के कारण मेरे पक्ष के क्षत्रिय राजा निःसंकोच कर्ण को अपना सेनापति मान लेंगे। कर्ण भले ही जाति में हीन हो, परन्तु वीरता और योग्यता में वह बहुत सारे बड़ों-बड़ों से कहीं अधिक बढ़कर है। यह सब बातें सोचकर दुर्योधन ने कहा–मैंने अच्छी तरह से सोचकर ही निश्चय किया है। अश्वत्थामा योद्धा तो बहुत ही अनुपम हैं, परन्तु महान् सेनापति होने की योग्यता उनमें नहीं है। मैं कल सवेरे ही तुम्हें सेनापति बनाकर तिलक करूँगा। तुम मुझे अवश्य ही यश दिलाओगे।

कर्ण के सेनापति बनने की बात सुनकर दुःशासन भी उल्लसित हो उठा।

दुर्योधन ने दूसरे दिन ही अपने पक्ष के बड़े-बड़े राजाओं और सरदारों के सामने कर्ण को महासेनापति बनाने का प्रस्ताव रखा। और कोई समय होता तो शायद कुछ ऊँचे कुल वाले राजे-सरदार आपत्ति भी करते, पर उन्हें कर्ण की सरदारी में लड़ने से ऊपरी तौर पर कोई आपत्ति नहीं हुई। उस समय हिन्दुस्तान में सात ही आदमी ऐसे माने जाते थे जो धनुर्विद्या में अपनी मिसाल आप ही थे-भीष्म, द्रोण, कृपाचार्य, अश्वत्थामा, कर्ण,

कृष्णचन्द्र और अर्जुन। इन सात महावीरों में भी युद्ध-कला और सेना-संगठन की कला को भली-भाँति समझने वालों में कर्ण की धाक ऊँची थी।

कृपाचार्य ने झटपट यह स्वीकार किया कि पाण्डव-पक्ष के श्रीकृष्ण और अर्जुन को मात देने में कर्ण ही इस समय कौरवों की लाज रख सकते हैं। कृपाचार्य अश्वत्थामा के मामा थे, इसलिए उनकी बात सुनकर वह मौन रहे। यह देख कर दुर्योधन ने उसी समय कर्ण का अभिषेक करने के वास्ते तैयारी करने की आज्ञा दी। गूलर के काठ के सुन्दर आसन पर रेशमी गद्दी बिछायी गयी। हाथी दाँत के बने बर्तनों में तथा गैंडे आदि कुछ शुभ शकुन वाले जानवरों की सींगों में जल भर कर तथा उनमें सुंगधशाली पवित्र औषधियों को डाल कर मन्त्र-पाठ के साथ राजा कर्ण का अभिषेक किया गया। दुर्योधन ने बहुत-सा सोना, हीरा, मानिक, मोती आदि भेंट करके महासेनापति कर्ण का सत्कार किया। उपस्थित महाराजों ने कर्ण को बधाइयाँ देते हुए उसके नेतृत्व में विजय की कामना की। सूत, बन्दी और मागध, कर्ण की स्तुतियाँ गाने लगे। राजा कर्ण के जीवन में ऐसे बड़े सम्मान का यह दूसरा दिन था। वर्षों पहले दुर्योधन ने ही कर्ण को अंग देश का राजा बनाकर उसे पहली बार सम्मानित किया था, साधारण सूत के बेटे को राजाओं की बराबरी दी थी। तब कर्ण को यह नहीं मालूम था कि वह कुन्ती का बेटा और युधिष्ठिर, भीम और अर्जुन का भाई है किन्तु; आज के सम्मान के वास्ते वह फिर दुर्योधन का ही बेहद कृतज्ञ हुआ था। एक ओर वह मुँह से यह बात निकाल भी नहीं सकता था कि वह कुन्ती का बेटा है। परन्तु दूसरी ओर वह खुले आम सगर्व यह कह सकता था कि वह दुर्योधन आदि कौरवों को अपने सगे भाइयों की तरह प्यार करता है, नाता निभाने से गाढ़ा होता है, केवल कहने से नहीं। अभिषेक के बाद अपने परम-मित्र दुर्योधन को गले से लगाकर उसने कहा-कौरव श्रेष्ठ, इस जीवन में जितना उपकार तुमने किया है, उतना और किसी ने भी नहीं किया है। हे वीर, मैं तुम्हें, विजय दिलाने में तनिक भी कसर नहीं उठा रखूँगा। दुष्ट अर्जुन निश्चय ही मेरे हाथों मारा जायगा। कर्ण की इस प्रतिज्ञा को सुनकर सभी ने बड़े जोर से हर्ष-ध्वनि की। पाण्डव-पक्ष के सरदारों को भी यह ख़बर मिल गयी कि महारथी कर्ण, कौरवों के नये सेनापति बने हैं।

महाराज युधिष्ठिर ने जब यह समाचार सुना तो वे मन ही मन में बड़े आतंकित हो उठे। कर्ण और अर्जुन की आपसी-दुश्मनी को वे अच्छी तरह से जानते थे। उन्हें मालूम था कि कर्ण, अर्जुन को ही अपने तीरों का निशाना अधिक बनायेगा। इसीलिये वे केवल उसी के बचाव की बातों पर गहरायी से विचार करने लगे। उन्होंने सोचा कि कर्ण जब अर्जुन से लड़ने के लिए आयेगा, तब उसका सारथी आखिर किसको बनाया जायेगा। कौरव-पक्ष में ऐसा हुनरमन्द कौन है, जो युद्ध संचालक सारथी श्रीकृष्ण के काम से टक्कर ले सके। युद्ध-क्षेत्र में बड़े-बड़े वीरों के सारथी बनने का सौभाग्य किसी साधारण सारथी को नहीं दिया जाता था। कब रथ को शत्रु के सामने से हटाये और कब वह अपने रथ को कतराकर निकाल ले जाय, इन सारी बातों का विचार युद्ध-कला के अनुसार ही होता है। युधिष्ठिर ने सोचा कि कौरवों के पक्ष में इस कला में श्रीकृष्ण की टक्कर लेने वाले केवल शल्य

मामा ही हैं। वैसे कृष्ण और शल्य का कोई मुकाबला न था। शल्य; युधिष्ठिर की सौतेली माता माद्री के सगे भाई थे। ये अपने घर से चले तो थे युद्ध में पाण्डवों का पक्ष लेने, लेकिन दुर्योधन ने अपनी सेवा-चतुराई से इन्हें अपने पक्ष में मिला लिया। युधिष्ठिर ने सब बातों पर विचार करके यही निश्चय किया है कि शल्य मामा से एक बार अवश्य मिलेंगे। परन्तु उस समय मिलने का अवकाश नहीं था।

युद्ध के बाजे बजने लगे। अपने नये सेनापति की बनायी हुयी योजना के अनुसार कौरव-पक्ष के वीर अपने-अपने मोर्चे सम्हाल चुके थे। लोहे से लोहा बजने लगा था। ज्यों-ज्यों लड़ाई आगे बढ़ती जाती थी, त्यों-त्यों उसमें तेजी भी आती जाती थी। सेनायें एक दूसरे का बीज-नाश करने पर तुली हुई थीं। विशाल युद्ध-भूमि हाथी-घोड़ों और मनुष्यों की लाशों से एवं आकाश चील-गिद्ध कौवों से भरा हुआ था। यहाँ की चीखों-पुकारों और जय-जयकारों को सुनकर बड़े-बड़ों के कलेजे दहल उठते थे, करुणा से भर जाते थे। उस दिन की लड़ाई में सबसे अधिक कमाल कौरव-पक्ष के अश्वत्थामा और पाण्डव-पक्ष के पाण्ड्य-राज ने दिखलाया। दक्षिण भारत के तमिल भाषी पाण्ड्य-राजा मलयध्वज असीम पराक्रमी और युद्ध-कला में निपुण माने जाते थे। उन्होंने उस दिन अश्वत्थामा के साथ ऐसा चमत्कारी-धनुर्युद्ध किया कि शत्रु-मित्र सभी एक मुँह से वाह-वाह करने लगे और जब वह महारथी अश्वत्थामा के हाथों से मारे गये, तब पाण्डव-पक्ष में उदासी छा गयी। उस दिन के युद्ध में कौरवों की अपेक्षा पाण्डवों को ही अधिक हानि हुई थी।

•

मामा-भांजे की भेंट

शाम हुई। लड़वैये अपनी-अपनी छावनियों में लौट गये। नहा-धोकर ताजे होने लगे। घायलों की मरहमपट्टी होने लगी। वीरों की थकान उतारने के लिए चतुर नाऊ उनका बदन दबाने लगे और कौरव तथा पाण्डव-पक्ष के वीर परस्पर से मिलने के लिए एक-दूसरे की छावनियों में आने-जाने लगे। चारों ओर नाच-गाने और हँसी-मजाक की महफिलें जुड़ गयीं। युधिष्ठिर चुपचाप शल्य मामा से मिलने के लिए गये। मामा उन्हें देखकर प्रसन्न हुये, पूछा-कहो कैसे आये।

मामा! आपसे एक भीख माँगने आया हूँ। कर्ण युद्ध-क्षेत्र में अपना सारथी बनने के लिए यदि आप से प्रार्थना करे तो इंकार मत कीजिएगा।

शल्य बोले-मैं एक सूत के बेटे का सारथी भला क्यों बनूँगा?

परन्तु कर्ण अर्जुन से लड़ने के लिये कर्ण आप ही को अपना सारथी बनायेगा क्योंकि; वह जानता है कि रथ चलाने की विद्या में आप ही श्रीकृष्ण से टक्कर ले सकते हैं। अतः आप केवल इतना ही कीजिएगा मामा कि रास्ते भर अपनी बातों से कर्ण को निःतेज करते रहियेगा; जिसे सुनकर कर्ण डाह के मारे तड़प उठे। अर्जुन की रक्षा के लिये मैं आप से यही प्रार्थना करने आया हूँ।

शल्य ने कहा-वैसे तो यह बड़ा अनुचित कार्य है कि जिसका सारथी बनूँ उसी को निःतेज करूँ, फिर भी अपने भांजों के लिये मैं ऐसा करने का वचन देता हूँ।

धर्मराज युधिष्ठिर यह सुनकर बड़े ही प्रसन्न हुए और अपने शिविर में लौट आये।

दुर्योधन को यह ख़बर जासूसों ने दे दी। वह तुरन्त ही घबराकर शल्य मामा के पास आया। उसने पूछा-मामा! युधिष्ठिर क्यों आये थे?

शल्य ने चतुरायी भरा उत्तर दिया, वह बोला-युधिष्ठिर यह कहने आया था कि यदि तुम मुझे कर्ण का सारथी बनाने का प्रस्ताव हो तो मैं इनकार कर दूँ।

तो फिर आपने क्या उत्तर दिया मामा? दुर्योधन ने घबराकर पूछा।

मैंने साफ कह दिया कि इस समय मैं कौरव-पक्ष में लड़ रहा हूँ। दुर्योधन यदि मुझे कर्ण का सारथी बनाएगा, तो मैं बेझिझक होकर इस प्रस्ताव को स्वीकार कर लूँगा।

प्रसन्न होकर दुर्योधन ने शल्य मामा के पैर छू लिये और कहा- मामा! आप धन्य हैं। अर्जुन वीर तो अवश्य हैं, पर इस युद्ध में उसे जो विशेष यश मिल रहा है उसका कारण श्रीकृष्ण की अद्‌भुत रथ-संचालन-कला ही है। श्रीकृष्ण का मुकाबला तो केवल आप ही

कर सकते हैं मामा! और मेरी यह प्रार्थना है कि आप मुझसे भी ऐसा करना स्वीकार कर लें।

शल्य तो यह चाहते ही थे। सोचने-विचारने के बहाने से जरा घमण्ड भरा नखरा दिखाकर उन्होंने एकाध दिन के बाद उत्तर देने की बात कही और इस प्रसंग को टाल गये।

नैमिष वाले बाबाजी ने उस दिन की कथा-गोष्ठी इसी प्रसंग के साथ समाप्त की थी।

"कल कहाँ कथा होगी बाबाजी?" बबलू ने पूछा।

"कल हम लोग अयोध्या में मिलेंगे।"

"अयोध्या? तो क्या हम लोग कल नैमिष से अयोध्या जायँगे?"

"नहीं बेटे, एक अयोध्या यहाँ भी है। दो महान् योद्धाओं के युद्ध की कथा अयोध्या में ही होनी चाहिए।"

कर्ण और अर्जुन की लड़ाई का विवरण अगले दिन सुनने की उत्सुकता लिये हुए हम लोग भी अपने-अपने पड़ाव में लौट गये।

●

नैमिष की अयोध्या

कथा वाले बाबाजी के मिल जाने से नैमिषारण्य की यह उजाड़-सी लगने वाली बस्ती हमारे लिये बड़ी ही मनोरम बन गयी थी। नैमिषारण्य की अयोध्या, चक्रतीर्थ से दूर थी। रास्ता शान्त और मनोरम था। परितोष बोला-"मेरा बस चले तो मैं यहाँ एक बहुत बड़ा पुस्तकालय बनवा दूँ।"

बबलू बोला-"और मेरा बस चले तो मैं यहाँ एक बहुत बड़ी युनिवर्सिटी खुलवा दूँ, जिसके सारे प्रोफेसर हमारे कथा वाले बाबाजी की तरह ही रोचक ढंग से पढ़ाने वाले हों।"

इसी तरह हम सभी लोग नैमिषारण्य में कुछ न कुछ नया और उपयोगी काम करने के उत्साह में अपनी-अपनी कल्पनाएँ करते चले। सबसे अच्छी योजना सन्तोष ने रखी। उसने कहा-"युनिवर्सिटी बनाने की बात बहुत उम्दा है लेकिन; उसकी इमारतें साधारण ढंग के इमारती नक्शों पर न बनें भाई। उसका ढंग भी कुछ निराला ही होना चाहिए।"

यह सुनकर मुझे बड़ा उत्साह लगा। मेरे मन में यह कल्पना आयी कि वह युनिवर्सिटी पृथ्वी की तरह गोल घेरे में बने और उसके हर विभाग की इमारतें हमारी पृथ्वी के अलग-अलग देशों के नक्शों की तरह ही बनी हो। कोई आये तो उसे लगे कि नैमिष में सारी दुनिया बसी हुई है।

अयोध्या में पहुँच कर हमने बाबाजी को अपनी प्रतीक्षा करते पाया। उनके सामने हमने अपनी-अपनी योजनाएँ रखीं। सुनकर बाबाजी हँसने लगे। उन्होंने कहा-"बच्चो! मुझे बहुत खुशी है कि यहाँ आकर तुम्हारे मन में निर्माण की भावना जागी है। यह नैमिषारण्य इसीलिये तो पवित्र माना जाता है। दो हजार वर्ष पहले यहाँ राष्ट्र-निर्माण की भावना जागी थी।

"कल हम लोगों ने दधीचि-कुण्ड पर जाने के बहाने एक महान् आत्मदानी-ऋषि की कहानी तो जानी ही थी लेकिन; उसके सहारे यह भी जाना कि सारे भारत की पवित्र नदियों के नाम और ध्यान से भारत के किसी भी क्षेत्र में रहने वाला मनुष्य केवल उसी क्षेत्र का नागरिक नहीं रह जाता है बल्कि; भारतीय बन जाता है। दधीचि-कुण्ड पर नदियों के बहाने वह भावनात्मक एकता लायी गयी थी और यहाँ अयोध्या बसाकर भी हमारे महान् पुरखों ने वही कार्य किया। यह नैमिष महान् निर्माण की भूमि है। बच्चो, हमें यहाँ आकर निर्माण की बातें सोचनी चाहिये।"

हम लोगों में सिद्धार्थ जरा टेढ़े खाँ किस्म का लड़का है। वह बोला–"बाबाजी, कल कहानी जहाँ छोड़ी थी, वहीं से आगे बढ़ाइये। हमें अर्जुन और कर्ण की मारा-मारी में बड़ा आनन्द आता है। किसने, किसको पटका और किसने, किसकी मूँछें उखाड़ी; हमें आप यह जल्दी से बतलाना शुरू कर दीजिये।"

सिद्धी की उतावली और तेजी देखकर बाबाजी हँसने लगे और कहा–"अरे भाई, पटकेगा वही, जो बड़ा योद्धा होगा और मूँछें वही उखाड़ेगा, जिसकी अकल ज्यादा तेज़ होगी। इसीलिये तो मैं तुझे अयोध्या में ले आया हूँ। अयोध्या के एक माने यह भी कि वह नगरी; जिसे युद्ध में जीता न जा सके। ऐसी नगरी बसाने के लिये शरीर और बुद्धि दोनों में ही अपार बल होना चाहिये। देखो, अयोध्या के रामचन्द्र बेचारे बिना किसी राजपाट और सेना के जब जंगल में निवास कर रहे थे; तब दुष्ट रावण उनकी पत्नी को हर ले गया। फिर भी उन्होंने बुद्धि के बल पर बिना टके-कौड़ी के अर्धसभ्य वानरों और दक्षिण के आदिवासियों की सेना संगठित करके उस रावण को हरा दिया, जिसने अफ्रीका, मिस्त्र, अरब और मध्य एशिया के देशों को जीत कर अपना साम्राज्य स्थापित किया था।"

अतुल बोला–"बाबाजी, आपने तो रावण की हिस्ट्री ही बदल दी।"

बाबाजी बोले–"रावण के नाना का कुल, 'हेति' कुल कहलाता है और दादा का 'पुलस्ति' कुल। यह 'हेति' और 'पुलस्ति' वंशी लोग मिस्त्र आदि प्रचलित देशों के इतिहास में हिट्टी, या पुरसेटी, अथवा पुलसेटी कहकर बखाने गये हैं। अफ्रीका में रावण के नाना सुमाली के नाम से सुमाली-लैण्ड अब तक चला आ रहा है और बच्चो, एक बात यह भी है कि रावण शब्द किसी का नाम नहीं है बल्कि; वह एक पद है। तमिल भाषा में राजा को इरवण कहते हैं। इसलिए जो इरवण राम के शत्रु था, उसका नाम दशग्रीव था। इस नाम के फेर में हमारे लोगों ने उस बेचारे के दस मुँह बना दिये। सोचो तो, दस मुँह वाला मनुष्य बेचारा सो कैसे पाता होगा! जिस करवट से सोये, उसी करवट उसके एक आध मुँह नाक तो अवश्य ही दब जायँ। इसी तरह श्री राम के पिता दशरथ के नाम से अगर हम उनकी तस्वीर बनायें तो वह दस रथों की शकल वाले बन जायेंगे।"

बच्चे हँस पड़े। हम सभी को बाबाजी का यह तर्क अच्छा लगा। हममें से कुछ लोग कुछ सवाल पूछने के लिये भी उत्सुक हुए लेकिन; बाबाजी ने हाथ उठाकर हमें रोक दिया। वह बोले, "सुनो, सुनो। मैंने तुम्हें राम-रावण की कथा सुनाने के लिये नहीं बल्कि; उनके युद्ध में रथों की लड़ाई का कला-कौशल समझाने के लिये ही यह प्रसंग उठाया है। हमारा दुर्भाग्य यह है बच्चों कि हजारों साल में हमारे पुराने इतिहास की कहानियाँ लोगों के कहने-सुनने में आते और गढ़ते। अब कुछ ऐसी हो गयीं हैं कि वे बड़ी चमत्कारी और अनहोनी-सी लगती हैं। मिसाल के लिए रावण-दशग्रीव के दस मुखों की कल्पना ही को देखो। इसलिये आज आवश्यकता इस बात की है कि प्राचीन इतिहास में जो सच्चे विवरण पढ़ने को हमें अब भी मिलते हैं, उन्हीं के सहारे हम अपने पुराने इतिहास की सही कल्पना भी करें।

हेतियों या हिट्टियों की लड़ाई में रथों का बड़ा महत्व होता था। तुमने तुलसीदास की यह अर्धाली सुनी होगी, 'रावण रथी विरथ रघुवीरा' कल्पना करो कि एक आदमी रथ पर चढ़कर लड़ाई करे और दूसरा बेचारा पैदल ही उसका मुकाबला करे। इन्हीं रथियों और प्यादों की लड़ाई समझाने के लिए मैंने तुम्हें आज इस प्रसंग से ही कथा सुनाने का निश्चय किया है।

हेति या हिट्टी लोग युद्ध के मैदान को अपने रथों से घेर लिया करते थे। उनके कुछ रथ ऐसे भी बनते थे जैसे कि आजकल के टैंक बनते हैं। आजकल के टैंक लोहे के बने हैं और हेतियों के रथ लकड़ी के बने होते थे। उन पर किसी धातु के मोटे-मोटे पत्तर भी मढ़े होते थे। इन बन्द कमरेनुमा रथों में खड़े होकर छोटे-छोटे झरोखे से योद्धा लोग तीर बरसाते थे। नतीजा यह होता था कि हेति लोग तो अपने दुश्मनों को बखूबी मार लेते थे और दुश्मन बेचारे के तीर उन बन्द कमरों की दीवारों से टकराकर निकम्मे हो जाया करते थे। दूसरी मुसीबत यह भी आती थी कि हेति लोग जहाँ बाण-वर्षा करते और तेजी से अपने रथों के घोड़ों को दौड़ाते हुए जब दुश्मन की सेना में धँसते थे, तब बेचारे पैदल सिपाही कुचल जाते थे।

जैन रामायण में वर्णन आया है कि रावण ने दस रथों को जोड़ और विशाल रथ तैयार करवाकर, फिर उसके काठ की पहाड़नुमा मजबूत दीवार बनवाकर, उसके झरोखों से बाण-वर्षा की थी। उस रथ को दूर से देखकर ऐसा लगता था कि मानो घोड़े एक सचमुच के पहाड़ को घसीटे लिये चले आ रहे हैं।

अपने नाना के कुल से सीखी हुई रावण की युद्ध-कला को रामचन्द्र ने अपनी अनोखी युक्तियों से पछाड़ा। उन्होंने अपनी वानर-सेना को इस तरह से प्रशिक्षित किया कि अलग-अलग वानर प्यादों की भीड़, अलग-अलग रथों को घेर कर उन पर इतने पत्थर बरसाती थी कि रथों का कचूमर निकल जाता था। एक बार रथ पर चढ़ कर लड़ने वाला योद्धा अगर पैदल लड़ने के लिये मजबूर किया गया तो उसके धुर्रे उड़ जाते थे। युक्ति से शक्ति को पछाड़कर रामचन्द्र ने अयोध्या की युद्ध-कला का एक अनोखा उदाहरण पेश किया था। इसी तरह महाभारत के युद्ध में भी कर्ण और अर्जुन युद्ध-कला के नये-नये करिश्मे दिखला रहे थे।

कर्ण जब सेनापति बना तो पाण्डवों के पक्ष में भी गर्मी आयी। अर्जुन का हौसला सचमुच युद्ध के लिये अब जागा। भीष्म पितामह और द्रोणाचार्य से बड़ी बहादुरी के साथ लड़ते हुए भी उसे इस बात का ध्यान रहता था कि वह अपने दादाजी और गुरु से लड़ रहा है। युद्ध में जी-जान से लड़कर भी अर्जुन अपना अदब नहीं छोड़ पाते थे लेकिन; कर्ण और अर्जुन की लाग-डाट तो बचपन से ही चली आ रही थी। कर्ण अपने आप को अर्जुन से बहुत बड़ा योद्धा मानता था। इसी तरह अर्जुन भी अपने आपको कर्ण से अधिक शक्तिशाली मानता था।

अब दोनों के मुकाबले में कौरव और पाण्डव सेनाएँ लड़ रहीं थीं इसलिये हर आदमी यह विश्वास रखता था कि यह लड़ाई ही सबसे अधिक मार्के की होगी। कर्ण ने

सेनापति बनते ही इस युक्ति से मोर्चा-बन्दी की कि दूर-दूर तक घमासान लड़ाई होने की नौबत आ जाये। कर्ण ने पाण्डवों के जिस मोर्चे को कमज़ोर समझा, वहाँ पर अपनी तगड़ी मोर्चा-बन्दी कर दी। बड़े-बड़े योद्धा जो अलग-अलग घूमकर हर मोर्चे पर लड़ते थे, इस चिन्ता में पड़ गये कि कहाँ-कहाँ जमकर युद्ध करें!''

•

प्राचीन युद्ध-कला

बाबाजी बोले-"बच्चो, आगे के युद्ध का वर्णन करने से पहले तुम्हें पुराने जमाने की युद्ध-कला के सम्बन्ध में कुछ जानकारी अवश्य हो जानी चाहिये, नहीं तो तुम महाभारत के इस भयंकर युद्ध की सही कल्पना नहीं कर पाओगे।

हमने यह माना कि आज के विकसित विज्ञान-युग की लड़ाइयाँ बहुत ही भयंकर होती हैं। एक पूरी बस्ती को नष्ट एक ही एटम बम कर सकता है। रूस या अमरीका में खड़े होकर ही कोई ऐसे क्षेप्यास्त्र फेंक सकता है, जो लाखों मील दूर-चीन या किसी और देश के किसी खास स्थान तक जाकर मार करें। आज की लड़ाई के सामने पुरानी लड़ाइयाँ कम भयंकर थीं। पुराने वीर तीर वर्षा करके अपने शत्रुओं को शायद बेहोश अवश्य कर लेते थे, पर आज की तरह से भयंकर बीमारियों के बम नहीं फेंक सकते थे।

फिर भी पुराने दिनों को देखते हुए वे लड़ाइयाँ भी कुछ कम भयंकर नहीं हुआ करती थीं। पुराने समय में सेना चतुरंग हुआ करती थी। इसी चतुरंग सेना के नाम पर शतरंज खेल बन गया। इस चतुरंग में रथ, घुड़सवार, हाथीसवार और पैदल-सेना, यह चार तरह के रंग हुआ करते थे।

रथों में बड़े-बड़े रथ हुआ करते थे। लड़वैयों के साथ धनुष और बाणों तथा तरह-तरह के हथियारों से लदी हुई गाड़ियाँ भी चलती थीं। बड़े रथों में चार घोड़े जुते होते थे और छोटे में दो। हर रथ के साथ दस हाथी-सवार, सौ घुड़सवार और एक हजार प्यादे सिपाही हुआ करते थे। आम तौर से हाथियों से हाथी, घोड़े से घोड़े और प्यादों से प्यादों की भिड़न्त ही हुआ करती थी लेकिन; कभी-कभी लड़ाई की गर्मी में कुछ भी हो जाया करता था।

इसी तरह हथियारों में भी पुराने समाज की वैज्ञानिक-चेतना के हिसाब से कुछ न कुछ अनोखापन अवश्य हुआ करता था। धनुष भी कई तरह के होते थे। वे सींगों से बनाये जाते थे और चन्दन, बेंत या बाँसों से भी। आम तौर से बाँसों के धनुष ही सबसे अच्छे माने जाते थे। जिस धनुष को हम कोदण्ड कहते हैं, वह आम तौर से बड़ा होता था और बाँस से बनता था। श्री राम का धनुष कोदण्ड था। अर्जुन का गाण्डीव भी गैंडे की खाल से मढ़ा हुआ बाँस का कोदण्ड ही था।

तीरों में हम अक्सर आग्नेयास्त्रों के नाम भी सुना करते हैं। यह आग्नेयास्त्र तीन तरह के होते थे। एक को अग्निधारण कहा जाता था, दूसरे को क्षेप्योअग्नियोग और तीसरा जलाने वाला अस्त्र विश्वासघाती कहलाता था।

'अग्निधारण-अस्त्र' आम तौर से गोलेनुमा होते थे। वे बड़ी ही मामूली किन्तु; बड़े कमाल वाली वस्तुओं से बना करते थे। अग्निधारण गोले गधे, ऊँट, बकरे और भेड़ों की लीद और मेंगनियों को गूगल, लाख, तारपीन और दो एक खास किस्म के पत्तों का चूरा मिलाकर बनाये जाते थे।

क्षेप्योअग्नियोग में भी ऊपर बतलाये गये पशुओं की लीद और मेंगनियों के अलावा, कोयला, मोम और ऐसी ही कुछ और वस्तुएँ मिलायी जाती थीं।

विश्वासघाती सचमुच ही बहुत ही विश्वासघाती होता था। उसमें कई तरह के धातुओं का चूरा, कोयला, मोम और तारपीन आदि ऐसी चीजें मिली होती थीं, जो तीर के धनुष से छूटने पर तेजी से गर्माकर जल उठती थीं और शत्रुओं के शरीर पर अंगारों की तरह लगते थे।

शतध्नि नाम की एक बड़ी शक्तिशाली गुलेल भी हुआ करती थी, जिससे पत्थर फेंके जाते थे। जलती हुई मशालें भी फेंकी जाया करती थीं। तलवार, कटार, त्रिशूल, फर्सा, गदा तथा और भी इसी तरह के सैकड़ों हथियार हुआ करते थे। आम तौर से प्यादों और घोड़ों तथा हाथियों को शराब पिला दी जाया करती थी।

इन सेनाओं के साथ मारू बाजे भी बजा करते थे। इन बाजों और हुंकारों से, लड़ने वालों में बड़ा जोश उत्पन्न होता था। इस जोश को शराब या भाँग का नशा और भी भड़का दिया करता था। इसलिये युद्ध-भूमि, मनुष्यों और पशुओं का बूचड़खाना बन जाया करती थी। कर्ण ने अपनी सेनाएँ इस तरह से तैयार की थीं कि शत्रु को एकाएक यह पता ही न चले कि कौन-सी सेना कहाँ से आक्रमण करेगी?

परन्तु श्रीकृष्ण की रणनीतिक-कुशलता ऐसी बढ़ी चढ़ी थी कि भीष्म पितामह जैसे बड़े अनुभवी लोग भी उनका लोहा मानते थे और आदर करते थे। उनके रथ हाँकने की कला में बड़ी सफाई थी। वे बायें हाथ से अपने घोड़ों की लगाम भी पकड़े रहते थे और चाबुक भी। उन्हें पूरे युद्ध-क्षेत्र के नक्शे का ध्यान रहता था। घोड़ों को वह ऐसी सफाई से घुमाते-फिराते थे कि उन्हें शत्रुओं के फेंके हुए किन्हीं भी हथियारों से कोई घात न लगे।

●

कर्ण के सेनापतित्व में कौरव-दल

श्रीकृष्ण ने देखा कि सेनापति बनकर कर्ण इस समय बड़े जोश में है। और वह कुछ ऐसा कमाल करके दिखलाना चाहता है कि सेनापति-पद ग्रहण करने के पहले ही दिन उसकी धाक पितामह और आचार्य से अधिक जम जाय। कर्ण ने उस दिन पाण्डवों की सेना का बड़ा नाश किया। श्रीकृष्ण के जासूस युद्ध की खबरें पल-पल पर उन्हें देते जाते थे। उन्होंने सोचा कि कर्ण को अर्जुन से भिड़ा दिया जाय, जिससे कि वह हमारी सेना का अधिक नुकसान न कर सके। वे अपना रथ उसी दिशा की ओर हाँकने लगे।

अर्जुन ने पूछा-मुझे कहाँ लिये जा रहे हो सखा?

श्रीकृष्ण बात बनाकर बोले-हे अर्जुन, बड़ी देर से मैंने युधिष्ठिर भैया को नहीं देखा है। भीम भाई भी पता नहीं कहाँ लड़ रहे हैं! नकुल व सहदेव तो कर्ण के आगे से कन्नी काट कर भाग गये हैं। अतः कर्ण इस समय बड़ा पराक्रम दिखला रहा है। मैं सोचता हूँ कि तुम्हारे चारों भाइयों को कर्ण के आस-पास का सैनिक बल तोड़ने पर तैनात करके कर्ण से तुम्हारा आमना-सामना करा दूँ।

अर्जुन बोला-कर्ण को तो मैं समझ ही लूँगा। तुम पहले मुझे युधिष्ठिर भैया के पास ले चलो।

युधिष्ठिर उस समय दुर्योधन से लड़ रहे थे। सहदेव की लड़ाई दुःशासन से, शकुनी की सुतसोम से चल रही थी और कृपाचार्य की युधिष्ठिर से घमासान बज रही थी। सहसा कर्ण और नकुल की मुठभेड़ हो गयी! नकुल ने उसके सामने अपना रथ रोक कर कहा-अरे नीच कर्ण ठहर तो सही। मैं बहुत दिनों से जिस दिन की प्रतीक्षा में था, वह आज आ ही गया। तुझे आज समर में मार कर मैं अपना कलेजा ठण्डा करूँगा क्योंकि; तू ही इस सारे अनर्थ की जड़ है। तेरे ही कारण हमारे दुष्ट कौरव भाइयों को हमसे लड़ने का हौसला हुआ है।

बहुत बढ़-चढ़ कर कही गयी इन बातों को सुनकर कर्ण हँस पड़ा। इस हँसी का एक कारण यह था कि कुन्ती माँ से अपने जन्म की कथा सुन लेने के बाद से कर्ण केवल अर्जुन को छोड़कर युधिष्ठिर, भीम आदि अपने सभी छोटे भाइयों को मन ही मन प्यार करने लगा था। उसने कुन्ती माता को यह वचन भी दे दिया था कि अर्जुन के सिवा अपने किसी भाई को वह जान से नहीं मारेगा। इन्हीं सब बातों के कारण उसे हँसी आ रही थी।

उसने बड़े भाई की तरह प्यार से कहा-वाह नकुल, तुमने श्रेष्ठ राज-पुत्रों की तरह ही यह वचन कहे हैं। ठीक है, यदि तुम्हारी मुझसे लड़ने की इच्छा है तो अपनी इच्छा

खुशी से पूरी करो। परन्तु एक बात कहे देता हूँ नकुल, तुमने मेरे सामने अभी ये जो घमण्ड के बोल बोले हैं। तुम या तो उन्हें सच्चा करके दिखाओ, नहीं तो चुपचाप भाग जाओ; वर्ना मैं तुम्हारे इस घमण्ड को मिट्टी में मिला दूँगा।

नकुल ने अपने सोने से मढ़े हुए धनुष पर एक साथ सत्तर तीर चढ़ाकर कर्ण पर मारे। उसके सारथी को घायल किया और उसका धनुष भी काट डाला। इसके बाद तीर बरसाने में उनके हाथ बिजली बन गये।

कर्ण बोला–शाबास, अब मेरी ओर से प्रहार झेलो।

यह कहकर परम-पराक्रमी कर्ण ने नकुल पर बाण चलाने प्रारम्भ किये। नकुल भी उस दिन हौसले में आकर अपनी धनुष-विद्या का कमाल दिखलाने लगा। कर्ण पहले तो नकुल को मानों खिलाते रहे परन्तु; जब वह तेज पड़ता दिखलाई दिया, तब कर्ण भी कुपित होकर प्रचण्ड बन गये।

उन्होंने नकुल के कई धनुष काटे। उनके सारथी और चारों घोड़ों को भी मार डाला। उनके रथ के अगले डण्डे भी काट दिये। नकुल ने गदा फेंकी तो कर्ण ने उसे बीच रास्ते में ही तोड़ डाला। टूटे रथ से उतरते-उतरते खीझ कर नकुल ने लोहे का बेलननुमा हथियार मारने के लिये हाथ में उठाया ही था कि कर्ण ने तीखे वाणों से वह बेलन भी मिट्टी में मिला दिया।

नकुल अपनी तलवार निकाल कर वार करने के लिए झपटे, पर कर्ण ने तलवार के उठते ही उसे एक तीर से काट कर दो कर दिया। नकुल निहत्थे हो गये। कर्ण ने हँसते-हँसते उनके चारों ओर ऐसे तीर बरसाने आरम्भ कर दिये कि उनसे बचने के लिये घबड़ाए हुए नकुल दौड़ कर कर्ण के रथ के पास पहुँच गये।

कर्ण ने तुरन्त ही अपने धनुष की डोरी में उनका गला फँसा लिया और हँसकर कहा–अब कभी बड़ों के सामने डींग मत हाँकना बच्चू। जाकर अपने भाइयों से कह दो कि कौरवों से लड़ना बच्चों का खेल नहीं है। जाओ, भाग जाओ।

नकुल बहुत लज्जित होकर वहाँ से चले आये।

अर्जुन उस समय संसप्तकों की सेना द्वारा अटका लिये गये थे। यह बड़ी शक्तिशाली सेना थी। इसके एक भाग को अर्जुन पहले ही खत्म कर चुके थे। अब दूसरा भाग सामने आया। बड़ी घमासान लड़ाई हुई। अर्जुन भी उस समय ऐसे ताव में आ गये थे कि शत्रुओं की लोथों पर लोथें गिरा दीं। बहे हुए खून की कीचड़ और लाशों की भरमार के कारण उस दिन युद्ध के मैदान में श्रीकृष्ण को अपना रथ संचालन करने में बड़ी ही सावधानी बरतनी पड़ी।

अन्त में संसंप्तकों को पराजित कर अर्जुन अब कर्ण की तलाश में बढ़े। उन्होंने उसे अपने शिष्य महावीर यादव सात्यिकि से लड़ते हुये पाया। सात्यिकि अकेला नहीं था बल्कि; धृष्टद्युम्न, द्रोपदी के पाँचों पुत्रों, सहदेव तथा और भी कई देश के राजाओं के साथ कर्ण अकेले जूझ रहे थे।

पाण्डव-दल के इतने वीर मिलकर भी कर्ण को पीड़ित नहीं कर पा रहे थे। उल्टे वही उन सबको छका रहे थे। अर्जुन के पहुँचते ही कर्ण ने हौसले में आकर एक शक्ति-बाण उनके ऊपर भी फेंका; लेकिन अर्जुन ने उसे बीच में ही नष्ट कर दिया।

उस रण-क्षेत्र में अर्जुन के पहुँच जाने से एकाएक बड़ी गर्मी आ गयी। सारे पाण्डव-पक्ष के लोग अब कर्ण की चिन्ता छोड़कर कौरव-सेना पर टूट पड़े। कर्ण और अर्जुन एक-दूसरे को अपनी धनुर्विद्या और बाहुबल का चमत्कार जब तक दिखलाते रहे, उतनी देर में तो कौरव सेना की चटनी बन गयी।

हारे हुए लोग त्राहि-त्राहि करने लगे। उस दिन का भयानक युद्ध देखकर सूर्य देवता भी मानों थक गये। सूर्यास्त ने कौरवों की लाज रख ली। कर्ण और अर्जुन आमने-सामने आकर भी अपनी लड़ने की चाह पूरी न कर सके।

कर्ण बोला-भगवान दैव की आज्ञा नहीं है कि आज थके हुए अर्जुन से युद्ध करूँ। कल नया बल लेकर आना, देखूँगा कि तुम कितने बड़े वीर हो। मैं तुम्हें कल थका मारूँगा।

अर्जुन ने भी तप कर जवाब दिया-अर्जुन थकना नहीं जानता सूतपुत्र। वह तुम पर तरस खाता है। अर्जुन तुम्हें एक दिन का जीवन, जीने के लिए और दे रहा है। अपनी जो कुछ साधें पूरी करनी हो इस बीच कर डालो।

धमकियों और ललकारों के साथ दोनों वीर अपनी-अपनी छावनियों में लौट गये।

दुर्योधन और कर्ण की सलाह

कौरवों की छावनी में उस दिन सैनिकों का मनोबल बहुत ही गिरा हुआ था। जो सिपाही अर्जुन और पाण्डव की सेना से करारी मार खाने के बाद भी जीवित लौट आये थे, वे अपने भाग्य सराह रहे थे। दुबारा ऐसी मार खाने की उनकी हिम्मत नहीं रह गयी थी। दुर्योधन और कर्ण को उस समय सबसे बड़ी चिन्ता यही थी कि अपनी सेना के इस गिरे हुए मनोबल को कैसे उठाया जाय।

दोनों मित्र आपस में बैठकर बातें करने लगे। दुर्योधन ने कहा–मेरे गुप्तचर खबर लाये हैं कि हमारे सिपाहियों में इस समय अर्जुन की बड़ी धाक जमी हुई है। आज उसने दो मोर्चों पर हमारी सेनाओं को बहुत तहस-नहस किया है।

यह सुनकर कर्ण को ईर्ष्या हुई। उसने कहा–इन बातों के पीछे जो भावना काम कर रही है, उसे मैं अच्छी तरह समझता हूँ। मेरे भी गुप्तचर हैं। वे जो कुछ खबरें लाये हैं उन्हें सुनकर मुझे यह लगता है कि शत्रु-पक्ष के चतुर प्रचारक तुम्हारे बुढऊ बाबा भीष्म की उस बात को जगह-जगह दोहरा रहे हैं, जो उन्होंने दो वर्ष पहले कही थी। सेना के निस्तेज होने का दोष मेरा नहीं बल्कि; उस बुड्ढे का है, जो तुम्हारा होकर भी सदा तुम्हारे साथ विश्वासघात करता हुआ अब मरण-शैय्या पर पड़ा है।

कर्ण की क्रोध और घृणा भरी बात सुनकर दुर्योधन चुप रहा। लड़ाई छिड़ने से पहले श्रीकृष्ण जब समझौते का प्रस्ताव लेकर हस्तिनापुर आये थे, तब भीष्म पितामह ने दुर्योधन और कर्ण के सामने ही दोनों पक्षों की ताकत पर विचार करते हुए अर्जुन को 'रथ यूथ-यूथप' बतलाया था और कर्ण को 'अर्द्धरथी'।

इस पर कर्ण उस समय भी पितामह पर बहुत लाल-पीले हुए थे और आज अपनी सेना में जगह-जगह अर्जुन की प्रशंसा दोहरायी जाने की सूचना पाकर वह एकदम तप उठे थे। 'रथ यूथ-यूथप' योद्धाओं की सबसे बड़ी डिगरी मानी जाती थी और 'अर्द्धरथी' का दर्जा उससे काफी छोटा होता था।

कर्ण को यही तो जलन थी। वह इस सारे दोष की जड़ अपनी माँ कुन्ती को मानते थे। उनके सर्वगुण-सम्पन्न होते हुए भी उन्होंने पाप की सन्तान के रूप में उसे जन्म दिया। परन्तु कर्ण इस बात को न तो अपने मुँह से निकाल सकते थे और दूसरी ओर–न्यायी तथा उदारमना होने के कारण न ही वह अपनी जन्म देने वाली कुन्ती माता को दोष दे पाते थे। अत: अपने जी की सारी जलन अर्जुन और भीष्म पितामह पर ही डाल दिया करते थे।

कर्ण ने बिफर कर कहा–तुम्हारे बूढ़े मेरा जो मूल्यांकन कर गये हैं, उसका जवाब तो मैं कल दे दूँगा। परन्तु मैं अपने वास्ते श्रीकृष्ण जैसा कुशल सारथी कहाँ से ले आऊँ? अर्जुन की आधी जीत तो श्रीकृष्ण ही हैं।

यह कह कर कर्ण हाथ मलने लगा।

दुर्योधन गम्भीर हो गया, उसने पूछा–तुम्हारी राय में हमारे पक्ष में सबसे अच्छा अश्व-विशारद कौन है?

कर्ण सोच कर बोला–श्रीकृष्ण से मजे की टक्कर लेने वाला एक ही राजा अपने यहाँ है। मगर, वह ऊँचे क्षत्रिय कुल वाला भला मुझ सूत-पुत्र का रथ क्यों हाँकने लगा–?

दुर्योधन ने कहा–तुम मद्रराज शल्य की बात कर रहे हो न? मैं जानता हूँ कि शल्य मामा बड़े अभिमानी हैं किन्तु; वे दिल के बड़े भोले भी हैं। मैं मनाऊँगा तो मान जायेंगे। आओ, हम लोग इसी समय उनसे मिलकर बात कर लें और वहीं तुम अपने कल के युद्ध की व्यूह-रचना पर भी सोच-विचार कर लेना।

यह कह कर दुर्योधन चटपट उठ खड़ा हुआ। कर्ण भी चलने के लिये तैयार हुआ लेकिन; एकाएक ठहर कर बोला–"दुर्योधन, मद्रनरेश से मिलने के पहले तनिक इस दृष्टि से भी विचार कर लो कि वे नकुल और सहदेव के सगे मामा हैं।

दुर्योधन ने कहा–अरे तुम इस बात की चिन्ता मत करो। मित्र, मैं शल्य मामा को सदा से जानता हूँ। इसीलिये तो मैं उन्हें अपने पक्ष में पटा लाया। तुम देखना, मैं बात की बात में तुम्हारे सामने ही मामाजी को मूँड़ लूँगा।

यह कहकर कर्ण का हाथ पकड़ कर वह खेमे से बाहर निकल आया।

●

शल्य, सारथी बने

युद्ध क्षेत्र से लौटने के बाद मद्रराज शल्य अपने मन की किसी लहर में आज सीधे भीष्म पितामह के दर्शन करने चले गये थे। लौटने लगे तो युधिष्ठिर ने अकेले में घेर लिया। कहा–मामा, तुम्हें पुराने वचन की याद दिलाने आया हूँ। कर्ण के सारथी बन और उसकी खूब प्रशंसा करते हुए उसे भरपूर निःतेज करना।

युधिष्ठिर को वचन देकर शल्य देर से लौटे। नहा–निबट और ताजा दम कर होकर शल्य मामा आराम से बैठे ही थे कि नौकरों ने कर्ण और दुर्योधन के आने का समाचार दिया। उनका आना शल्य को अखर गया। भीष्म से हुई बातों पर विचार करते हुए वे इस समय एकान्त में रहना चाहते थे।

खैर, दोनों जने आये। दोनों का यथोचित् स्वागत–सत्कार हुआ। फिर शल्य ने आने का कारण पूछा। दुर्योधन ने यद्यपि बड़ी चतुराई से अपनी बात पेश की। फिर भी प्रस्ताव सुनकर शल्य मामा भड़क गये।

आँखें निकाल कर गरजते हुए बोले, दुर्योधन, तुम्हें लाज नहीं आती कि तुम अपने मामा से इस पेशेवर सारथी के बेटे का सारथी बनने की बात मुँह से निकालते हो? यह भला अर्जुन के सामने ठहर सकता है? इसके जन्म का ठिकाना नहीं है; न जाने किसकी सन्तान है, कहाँ से बहकर आया और तुम्हारे सारथी ने इसे अपना बेटा बनाकर पाल–पोस लिया। तुम बेकार ही इसका पक्ष लिया करते हो। दुर्योधन! मैं इस आदमी को अर्जुन के सामने वैसा ही मानता हूँ, जैसा कि सिंह के सामने सियार माना जाता है।

कर्ण सुनकर जल उठे परन्तु; अपने ऊपर अनुशासन रखते हुए उन्होंने मुँह से एक शब्द न निकाला। गम्भीर पत्थर जैसा चेहरा बनाकर वह बैठे रहे। दुर्योधन कान दबाये चुपचाप सुनता रहा। बड़ा काइयाँ था।

मामा शल्य जब अपने जी की भड़ास निकाल चुके, तब दुर्योधन ठण्डे शब्दों में बोला–मामा, आप बड़े हैं। आप की बातों को काटने का साहस भी मैं नहीं कर सकता, लेकिन; इस बात पर भी तो विचार कीजिये कि परशुरामजी के शिक्षाश्रम में जिसे भरती किया जाय, वह भला किसी ओछे कुल का होगा? ऊपर से आप भले ही गुस्सा हो लें किन्तु; भीतर से आप अन्यायी तो नहीं ही हैं, यह मैं बहुत अच्छी तरह से जानता हूँ। आपके ऐसा विशाल हृदय वाला महान् राजनीतिज्ञ और महावीर पुरुष तो मैंने कहीं देखा ही नहीं। आप खुद ही विचारिये मामा कि मुंजवान पर्वत (आधुनिक मुंजान) पर स्थापित परशुरामजी का सदियों से प्रतिष्ठित शिक्षाश्रम रण–विद्या सिखाने में क्या हमारे परम पूज्य स्वर्गवासी गुरु द्रोणाचार्यजी के आश्रम से किसी मामले में कम है? वहाँ के आचार्यों ने

भीष्म पितामह के बाद मेरे मित्र कर्ण को ही अपने शिक्षाश्रम का सर्वश्रेष्ठ विद्यार्थी घोषित किया था?

और फिर मामा, सच पूछिये तो कर्ण से भी कहीं अधिक इस बात पर ध्यान रखकर मैं आपके पास आया हूँ कि योद्धाओं में तो कौरव और पाण्डव-पक्ष के बहुत से लोगों के नाम आदर के साथ लिये जा रहे हैं परन्तु; राजनीतिक सारथियों में केवल देवकीनन्दन कृष्ण का नाम ही सबकी जबान पर सुनायी पड़ता है। मैं कल से सोच रहा था मामा कि यहाँ से लेकर मिस्र और कश्यप सागर तक आपसे बढ़कर अश्व-विद्या-विशारद कोई नहीं माना जाता। फिर भी हमारा दुर्भाग्य है कि इस महायुद्ध में आपके केवल एक ही गुण अर्थात् वीरता की सराहना की जा रही है। मैं चाहता था कि यहाँ के लड़वैये भी जरा यह जान लें कि आपकी सारथी कला के श्रीकृष्ण आगे कितने फीके पड़ जाते हैं।

दुर्योधन की चिकनी-चुपड़ी, मीठी बातों से यों तो दिखावे के रूप में लेकिन; सच पूछा जाय तो युधिष्ठिर की दी हुई प्रतिज्ञा याद करके शल्य मामा ने बड़े मान-मनौवल के बाद कर्ण का सारथी बनना स्वीकार कर लिया।

युद्ध में भाग लेने के लिये आते समय आरम्भ में जब दुर्योधन ने अपने मोहनी जाल में मामा को फँसा लिया था, तब युधिष्ठिर ने उनसे पूर्व में कहा ही था कि युद्ध में यदि कभी कर्ण-अर्जुन की मुठभेड़ का मौका आये तो आप किसी युक्ति से कर्ण के सारथी बन जाइयेगा और उन्हें अपनी बातों से बराबर निःतेज करते रहियेगा।

आज शाम को भीष्म पितामह से बातें होने पर भी शल्य ने उनसे वही सुना कि जीत हर हालत में पाण्डवों की ही होगी क्योंकि; सच्चाई उन्हीं के साथ है। इन सब बातों को मन में विचार कर शल्य राजी हो गये। इस तरह बेचारे कर्ण ने अनजाने में ही अपने एक शत्रु को अपना सारथी बना लिया।

कर्ण परम तेजस्वी, अद्‌भुत बलशाली, अत्यन्त रण-कुशल, अति उदार और परमदानी थे। एक से एक बढ़िया गुण उनके व्यक्तित्व में होते हुए भी वह बेचारे अभागे थे। अपने जन्म की कहानी के कारण उन्हें जीवन भर घुटना और जलना पड़ा। उन्होंने जितना आत्मदान किया, उतना और कोई नहीं कर पाया; परन्तु इस आत्मदान करने का सन्तोष बेचारे को जन्म भर नहीं मिल सका! वह केवल घुटते और जलते ही रह गये।

अपने नियम के अनुसार ही सूर्य भगवान को अर्ध्य देकर दूसरे दिन सवेरे उन्होंने प्रार्थना की–"हे परम पिता, तुम मेरे साथ न्याय करना। मैं तुमसे हार-जीत का वरदान नहीं माँगता, केवल यही चाहता हूँ कि आज रण में मेरे पराक्रम को देखकर संसार यह मान ले कि अर्जुन मेरे आगे ओछा योद्धा है। माँ कुन्ती के बेटों में अर्जुन के सौभाग्य ने मुझे सदा ही चिढ़ाया है। दुनिया मेरी इस चिढ़ का सच्चा कारण जान ले। जिसे वह सर्वश्रेष्ठ वीर मानती है, वह कर्ण के आगे कच्चा है।"

युद्ध के ढोल, दामामे, तुरही, नरसिंघे आदि तमाम बाजे बज उठे। कर्ण ने बड़ा ही तगड़ा व्यूह रचाया था। शल्य को सारथी बनाकर कर्ण रथ पर ऐसे बैठे थे मानों मेघ के ऊपर सूर्य बैठा हो। अब कर्ण का रथ युद्ध-क्षेत्र की ओर चला। रास्ते में मद्रराज को

सम्मानित करते हुए कर्ण ने कहा–हे महाबली, आपका सहयोग पाकर आज मैं अपने को धन्य मानता हूँ। आज मैं दुनिया को यह दिखला दूँगा कि अर्जुन मेरे आगे पानी भरता है। आप को पाकर आज मेरा हौसला बहुत ही बढ़ गया है।

परन्तु शल्य मामा अपनी घात में थे। वे उसे निस्तेज करने के लिये ठण्डे–ठण्डे स्वर में बोले–देखो भैया, मैं तो यह बात मान लूँगा कि तुम अर्जुन से बड़े वीर हो, मगर अर्जुन के बाण ही जब तुम्हारे छक्के छुड़ा देंगे, तब मैं दुनिया से यह कैसे मनवाऊँगा कि तुम्हीं सबसे बड़े वीर हो?

इस शहद–लिपटी छुरी के घाव से कर्ण तिलमिला उठे। उन्होंने तड़प कर कहा–सूर्य भगवान साक्षी है मामा, मैं आज सिद्ध कर दूँगा कि अर्जुन मेरे आगे कुछ भी नहीं है। मैं आज पाण्डव–सेना के चिथड़े उड़ा दूँगा। एक बार कहीं अर्जुन दिख भर जाय। फिर तो मैं प्रलय मचा दूँगा।

शल्य बड़ी सामन्ती ठसक से बोले–अरे सूत के बेटे, तुम भला राजपुत्रों का क्या मुकाबला कर सकोगे? तू जिसके घर में पला है, वह अर्जुन के पिता का नौकर था। तेरी हस्ती क्या है, जो तू महाबली अर्जुन का मुकाबला करे।

कर्ण सुनकर एकदम से चिढ़ उठा। उसने कहा–मामा, युद्ध में लड़वैये को हौसला बँधवाते हैं। तुम्हारी सारथी कला की मैंने बड़ी–बड़ी तारीफें अब तक सुन रखी थीं। अगर उसका पहला नमूना यही है तो फिर क्या कहूँ? खैर, इस विपरीत–स्थिति में भी मैं अपना पराक्रम श्रेष्ठ सिद्ध करके दिखला दूँगा।

शल्य इस बात को सुनकर मन ही मन लज्जित हो गये किन्तु; एक बार जो ढंग उन्होंने अपना लिया था, उसे बराबर निभाते रहना ही वह अब आन की बात समझते थे। बोले–हे सारथी के बेटे, मैं चूँकि इस समय राजनीतिक कारणों से तेरा सारथी बना हूँ, इसलिये तुझे सही स्थिति का अनुमान कराना मेरा कर्त्तव्य है! तुमने कौवे और हंस वाली कथा सुनी है? न सुनी हो तो मैं सुनाये देता हूँ।

●

कौवे और हंस की कहानी

बहुत धनी एक सौदागर के यहाँ कहीं से एक कौवे का बच्चा आ गिरा। सौदागर के बच्चों ने दया करके उसे पाल लिया। घर में कई बच्चे थे इसलिए वह कौवे का बच्चा सभी का लाड़ला हो गया। जो कुछ वे खाते थे, वही उस कौवे के बच्चे को भी खिलाते थे।

देखते ही देखते कौवा बहुत मोटा हो गया। उसका काला रंग और चमक उठा। सौदागर के बच्चों ने उसके गले और पैरों में सोने के गहने भी डाल दिये। इससे कौवा अपने को सब कौवों से श्रेष्ठ समझने लगा। वह अपने सौदागर की हवेली की मुँडेरों पर किसी भी कौवे, चील या चिड़िया को बैठने तक न देता था। किसी कौवे ने जब भी जलन में आकर उससे लड़ाई ठानी, तब वह इस कौवे से हार जाता था।

एक दिन बच्चे छत पर खेल रहे थे। कौवा भी मुँडेर पर बैठा था। तभी ऊपर से कुछ हंस उड़ते हुए दिखायी दिये। हंस काफी ऊँचे उड़ रहे थे। लड़कों में बहस होने लगी कि हमारा कौवा इतनी दूर उड़ सकेगा या नहीं?

कौवा शेखी में आ गया, उसने कहा–उड़ान भरने में मैं इन हंसों को अभी पछाड़ता हूँ।

यह कह कर कौवा उड़ा। उड़ते-उड़ते उसने हंसों को पकड़ लिया। एक हंस से उसने कहा–मैं तुम्हारे साथ उड़ान में होड़ लगाना चाहता हूँ। क्या तुम मुझे अपने साथ उड़ने दोगे?

हंस ने मुस्कराकर बड़ी विनम्रता से कहा–हाँ-हाँ भाई, अवश्य उड़ो। यह आकाश पखेरुओं के लिये है। जिसके पंखों में जहाँ तक शक्ति हो, उड़ ले।

हंस उड़ते चले, उड़ते चले। कौवा भी उनके साथ मजे-मजे में उड़ता चला बल्कि; कभी-कभी तो वह हंसों से भी ऊँची उड़ान भरकर वाह-वाही लूट लेता था। परन्तु हंस जब उड़ते हुए पश्चिम दिशा में आये, तब हजारों मील लम्बा समुद्र नीचे दिखाई दिया। तब कौवे के पंखों ने जवाब दे दिया।

हंस जब थकते थे, तब समुद्र में तैरने लगते थे। परन्तु कौवा यह नहीं कर सकता था। कौवा अपनी मूर्खतावश थोड़ी ही देर के बाद हवा में लड़खड़ा कर समुद्र में गिर गया और बेचारा! वह लहरों की चपेट में आ गया।

हे कर्ण, कौवे की कहानी से पाठ सीखो।

कर्ण, मद्रनरेश की बातें सुनकर क्रोध से भड़क उठा लेकिन; ऊपर से शान्त रहकर बड़े पैने ढंग से बोला–मद्रनरेश, मैंने आपकी जाति के गन्दे आचरणों की बातें बहुत सुन रखी हैं। उन्हें यहाँ दुहरा कर मैं अपना मुख अपवित्र नहीं करना चाहता। आप लोग जो धन लेकर अपनी कन्या बेचते हैं, भला मेरे मनोबल को क्या गिरा सकेंगे। आप चाहे कुछ कहें लेकिन; आज मैं अर्जुन को मारकर ही दम लूँगा। मेरे पराक्रम और रण–कौशल से पाण्डव और उसके पक्षधर मेरे आगे गिड़गिड़ा कर 'त्राहि-माम्-त्राहि-माम्' बोल उठेंगे।

शल्य ने जब इस पर भी गहरा ताना कसा, तब कर्ण अपना क्रोध रोक नहीं सका। आगे इनकी बातें ऊँचे स्वर में होने लगी थीं। सेना के लोग सुनकर चकित थे! कौरव–दल के महासेनापति और उनके सारथी की तू–तू–मैं–मैं की खबर दुर्योधन के पास बहुत शीघ्र पहुँच गयी। वह दौड़ा हुआ आया। उसने घबराहट में दोनों से गिड़गिड़ा कर कहा–एक मेरे मामा हैं और दूसरा मेरे बचपन से लेकर अब तक का सबसे अधिक घनिष्ठ साथी है। आप लोगों की बातों में मैं भला किसका पक्ष लूँ और किसका न लूँ? मेरी तो आप दोनों से यही प्रार्थना है कि इस समय आपसी-लड़ाई को भूल कर अपना कर्त्तव्य देखिये। पाण्डव–सेना की व्यूह–रचना हो चुकी है और हमारी सेना अभी तक अपने महासेनापति के आदेश की प्रतीक्षा ही कर रही है।

अत्यन्त विनीत होकर दुर्योधन ने आँखों में आँसू भरकर शल्य से कहा–मामा, आज मेरे परम–मित्र और परम–शत्रु की लड़ाई का दिन है। आज के युद्ध को असफल न कराइये। मेरी लाज रखिये।

मामा ने सिर हिलाकर 'एवमस्तु' कह और रथ के घोड़ों को बिजली बनाकर मैदान की तरफ दौड़ा दिया। हवा में गर्मी आ गयी।

महावीर कर्ण भी सामने पाण्डवों की सेना को देखते ही सब कुछ भूलकर युद्ध के महा–भावावेश में आ गये। उन्होंने आनन–फानन में ही अपनी सेना की तगड़ी व्यूह–रचना की और भगवान सूर्य देव की ओर देखते हुये अपना शंखघोष सूर्य से पृथ्वी तक ऐसे उतारा, जैसे भगवान सूर्य नारायण सुनहली धूप के साथ–साथ ही जयघोष करते हुये अपनी धरती पर उतर आये हों।

●

युधिष्ठिर और अर्जुन की मंत्रणा

लड़ाई आरम्भ होने से पहले धर्मराज युधिष्ठिर अपने भाई अर्जुन को लेकर ऐसी जगह खड़े हुए, जहाँ से वे कौरव सेना की मोर्चेबन्दी का अच्छी तरह से निरीक्षण कर सकें।

सब देख-भाल कर अर्जुन ने अपने भाई से कहा-आज उन्होंने महाव्यूह बनाया है। ऐसा मालूम पड़ता है कि कर्ण और दुर्योधन ने मिलकर आज हमें इतने मोर्चों पर उलझाने और नष्ट करने की योजना बनायी है कि जिससे मैं कर्ण का मुकाबला ही न कर पाऊँ किन्तु; मैं इनकी सारी योजना को आँधी बनाकर पतझड़ के गिरे पत्तों की तरह बिखरा दूँगा।

युधिष्ठिर बोले-जीते रहो मेरे भाई, भगवान् तुम्हारी बाँहों को अमोघ शक्ति दे और तुम्हारा हर अस्त्र-शस्त्र शत्रुओं पर प्रहार करके तुम्हारे लिये यश लाये। देखो अर्जुन, मैं समझता हूँ कि कर्ण-पुत्र- वृषसेन का मुकाबला नकुल से करवा दिया जाय। सहदेव को शकुनी मामा से और सात्यिकि को कृतवर्मा से लड़वाओ। मैं कृपाचार्य का सामना करने जाता हूँ। भीम, दुर्योधन से निपटें और तुम कर्ण को मारने का यश पाओ। बाकी सारी शत्रु-सेना से द्रोपदी के पाँचों बेटे तथा शिखण्डी आदि दूसरे वीर निपट लेंगे। अर्जुन आज इन्हें इस तरह से घेरो कि इनका बनाया हुआ व्यूह खुद इन्हीं के लिए जाल बन जाय।

अर्जुन ने अपने बड़े भाई की सलाह को उचित माना और उसी के अनुसार अपनी सेना की मोर्चेबन्दी की। इन्होंने सेना के मोर्चे कुछ इस तरह से साधे कि दुश्मनों को इनकी चालों का सही-सही अनुमान ही नहीं लग सका। कौरवों ने जहाँ यह सोचा था कि शत्रु-दल का राम हमारे श्याम से लड़ेगा, वहीं लड़ाई शुरू होने पर उन्होंने देखा कि पाण्डवों की मोर्चेबन्दी के कारण राम-श्याम के बजाय किसी तीसरे के ऊपर झपट्टा मार रहा है। कौरव-सेना पाण्डवों की चालों को समझ ही नहीं सकी। लड़ाई गरमा गयी। रथों से रथ, हाथी-घोड़ों से हाथी-घोड़े और प्यादों से प्यादे गुँथ गये।

इसी समय प्रलय मचाते आते हुए महाबली अर्जुन, मद्रराज शल्य को दिखलायी पड़ गये। शल्य ने कर्ण से कहा-तुम बड़ी देर से जिसकी प्रतीक्षा कर रहे थे, वह देखो, तुम्हारा काल सामने आ रहा है। देखो-देखो, सफेद घोड़ों वाला रथ, जिसके दौड़ने की घरघराहट से ही लगता है कि मानों मेघ गरज रहे हों। तुममें हौसला हो तो अर्जुन से लड़ो और डर लगता हो तो चुपके से मुझे बतला दो, मैं तुम्हें किसी सुरक्षित स्थान में छिपा आऊँगा।

कर्ण बोला-रे नीच शल्य, अपनी बक-बक बन्द कर। तेरा भान्जा अर्जुन अभी थोड़ी ही देर में मेरे आगे अपने घुटने टेक देगा। मगर अभी तो उसकी ठुकाई करने के लिए यह

देखो, संसप्तक सेना के बचे-खुचे योद्धा ही आगे चले आ रहे हैं। अर्जुन ने भले ही दो बार इनकी सेनाओं को हराया हो, पर इस बार स्वयं उसी के छक्के छूट जायेंगे। यह देखो, कैसे पैंतरे के साथ ये लोग अर्जुन पर वार कर रहे हैं।

शल्य हँसकर बोला–कोरे मन के गुल्ले न पकाओ कर्ण, अर्जुन के हाथ से तुम्हें आज कोई भी बचा नहीं पायेगा। वह देखो, उसने तुम्हारे संसप्तकों की दुर्गति बनानी शुरू कर दी है। अभी घड़ी-आध घड़ी के अन्दर ही अर्जुन तुम्हारे संसप्तकों के भुट्टे भून कर रख देगा।

कर्ण ने अब शल्य की बातों की परवाह करना ही छोड़ दिया। उन्होंने पाण्डव-सेना पर ऐसा जोरदार हमला किया कि बड़े-बड़े वीर उसकी मार से बचने के लिए कतराने के उपाय सोचने लगे। कर्ण जब-जब पाण्डव-सेना पर करारे वार करते थे, तब-तब कौरव-सेना जोश में आकर उनकी जय-जयकार कर उठती थी। कर्ण ने प्रभद्रक, पांचाल और चेदि देश की सेनाओं को एक-एक करके ऐसा छकाया कि वे लोग घबराहट में हत्बुद्धि होकर इधर-उधर भागने लगे।

उधर अर्जुन भी अपने दुश्मनों को दहला रहे थे। कोसों तक फैला हुआ विशाल युद्ध-क्षेत्र देखते ही देखते सिपाहियों और पशुओं की लाशों से भर गया। कर्ण इस समय प्रचण्ड बने हुए थे। युधिष्ठिर जहाँ दुर्योधन को छका रहे थे; दुश्मनों को मिट्टी में मिलाते हुए कर्ण वहाँ पहुँचे।

कर्ण के आते ही लड़ाई का पैंतरा बदल गया। दुर्योधन अलग हट गये। कर्ण तथा युधिष्ठिर आमने-सामने आ गये। युधिष्ठिर को देखते ही कर्ण के सामने एकाएक कुन्ती माता का चेहरा झलक उठा। उसके मन में विचार आया कि अरे, यह युधिष्ठिर तो मेरा छोटा भाई है। और मैंने माँ को वचन दे रखा है कि अर्जुन को छोड़कर अपने किसी भी भाई की हत्या नहीं करूँगा।

इस बात का ध्यान आते ही महारथी कर्ण ने युधिष्ठिर को भी वही सबक सिखलाने का निश्चय किया, जो उन्होंने कुछ ही दिन पहले नकुल को सिखलाया था। वे युधिष्ठिर पर इस तरह से प्रहार करने लगे कि उसके हरबे-हथियार नष्ट हों, रथ-सारथी और घोड़े मरें पर युधिष्ठिर की जान को कोई नुकसान न पहुँचे।

कर्ण जहाँ युधिष्ठिर को अपना छोटा भाई समझ कर उससे बच-बचकर लड़ रहे थे, वहीं धर्मराज युधिष्ठिर, कर्ण को अपने छोटे भाई अर्जुन का घोर शत्रु मान कर उससे पूरी घृणा और क्रोध के साथ लड़ रहे थे।

उन्होंने कर्ण को मारने के लिए बड़ा ही विषधर-वाण अपने धनुष पर चढ़ाया और धनुष की डोरी को कानों तक खींच कर पूरी शक्ति के साथ छोड़ दिया। वह तीर कर्ण की पसली में लगा। कर्ण को बड़ी पीड़ा हुई। उसका शरीर शिथिल पड़ गया। धनुष हाथ से छूटकर गिर गया और बेहोश होकर वह अपने रथ पर ही गिर गये।

यह देख कौरव सेना में हा-हा कार मच गया। पाण्डव-सेना उल्लास में भरकर किलकारियाँ मारने और सिंहनाद करने लगी। परन्तु पाण्डव-सेना की यह खुशी अधिक

देर तक नहीं टिक सकी। कर्ण जल्दी ही होश में आ गये। अपने शरीर में लगे हुए तीर के विष को नष्ट करने के लिए उन्होंने अपने घाव पर एक औषधि मली तथा झटपट अपना धनुष उठाकर भयानक बाण बरसाने आरम्भ कर दिये।

कर्ण का क्रोध देखकर युधिष्ठिर की रक्षा के वास्ते पाण्डव-पक्ष के कई वीर साथ मिलकर कर्ण से लड़ने लगे। ऐसा भीषण आक्रमण होने पर महातेजस्वी कर्ण ने ब्रह्मास्त्र का प्रयोग किया। उनके असंख्य बाणों से दशों दिशाएँ सनसना उठीं। पाण्डव वीरों के बीच में कर्ण ऐसे शोभित हो रहे थे, जैसे अनेक साँड़ों से लड़ता हुआ सिंह शोभित होता है।

इस तरह सब शत्रुओं को अपने तीरों के जादू से बाँधकर कर्ण ने युधिष्ठिर को दण्ड देने के लिए सताना आरम्भ कर दिया। युधिष्ठिर का एक धनुष कटा, दूसरा कटा, फिर तीसरा भी कट गया। वह जैसे ही नया धनुष अपने हाथ में उठाते थे, कर्ण का तीर वैसे ही उनके धनुष को काट डालता था। यही नहीं, कर्ण ने युधिष्ठिर का कवच भी काट डाला और उसके शरीर पर कई घाव किये। तब युधिष्ठिर ने झुँझलाकर एक शक्ति छोड़ी, मगर कर्ण ने हँसते-हँसते उसे बीच में ही काट डाला।

इसके बाद कर्ण इस तरह से युधिष्ठिर के पीछे पड़े कि उसका सारथी, तरकस तीर, रथ-कुछ भी न छोड़ा।

युधिष्ठिर घबराकर मैदान से भागे। कर्ण ने शल्य से अपना रथ भी उधर ही भगाने को कहा। वह युधिष्ठिर को जीवित पकड़कर उसे दुर्योधन को सौंपना चाहते थे। वह अपने मित्र को यह दिखला देना चाहते थे कि जो काम द्रोणाचार्य न कर सके, वह सखा कर्ण ने चुटकी बजाते कर दिखाया।

परन्तु शल्य अपने प्रिय भांजे युधिष्ठिर की दुर्गति होते हुए नहीं देखना चाहते थे। उन्होंने फिर कर्ण पर तीखा ताना कसा। वह बोले- "तू सचमुच ही, किसी छोटे कुल में जन्मा है, सूतपुत्र! युधिष्ठिर तेरी तरह से कायर नहीं है, जो मैदान छोड़कर भाग रहा हो। वह तनिक-सा दम लेने के लिए पीछे की तरफ जा रहा है। अभी दम भर में ही वह तेरा कचूमर निकाल देगा।

शल्य की इस बात से जलकर कर्ण ने पाण्डव-पक्ष के दूसरे वीरों को अपने नोकीले बाणों से धराशायी करना आरम्भ कर दिया। वह अब शल्य से कम बोलते थे। उन्हें इस बात का गहरा दु:ख था कि अनजाने में उन्होंने अपने एक शत्रु को ही अपना सारथी बनाया।

युधिष्ठिर का रथ फिर लौट पड़ा। धर्मराज ने अपने बहादुरों को ललकारा और कर्ण पर आक्रमण करने का आदेश दिया। इतने में ही भीमसेन भी वहाँ पहुँच गये। लड़ाई में नये सिरे से गर्मी आ गयी। भीम विकराल-काल बनकर शत्रु-सेना का दमन करने लगा। दुर्योधन के कई भाई उनके हाथों से मरे। भीम ने कर्ण को भी ऐसा घायल किया कि वह बेहोश हो गये। शल्य झपट कर उनके रथ को युद्ध क्षेत्र से हटा ले गये।

कौरव-सेना के हौसले पस्त होने लगे। इसी बीच भीम ने दुर्योधन के चार भाई और मार डाले। दुर्योधन को सूचना मिली तो वह भी अपना रथ दौड़ाता हुआ वहीं पहुँच गया।

मार डाले। दुर्योधन को सूचना मिली तो वह भी अपना रथ दौड़ाता हुआ वहीं पहुँच गया। वह ललकार-ललकार कर अपनी सेना में जोश भरने लगा।

कर्ण थोड़ी देर के बाद ही फिर होश में आ गये। नौकरों ने उनके घावों पर दवा लगाकर उन्हें फिर से शक्ति दे दी। वे चैतन्य होकर तुरन्त अपने मोर्चे पर लौट आये। लड़ाई फिर ऐसी गरमा गयी। लगता था कि युद्ध के क्षेत्र से आज पक्ष-विपक्ष की सारी सेना लौट कर अपनी छावनी में न पहुँच सकेगी। कर्ण ने उस दिन ऐसा अद्‌भुत युद्ध किया कि शत्रु और मित्र, दोनों एक मुँह से उन्हें भीष्म पितामह और द्रोणाचार्य से भी अधिक बड़ा योद्धा कहने लगे।

अर्जुन ने भी आज संसप्तकों की बची-खुची शक्ति का पूरी तरह से नाश कर डाला। जो सैनिक जीवित बचे, वे मैदान छोड़कर भागने लगे। अर्जुन कृष्ण से बोले-छुट्‌टी पाई इन संसप्तकों से भी। इनकी आड़ लेकर दुर्योधन मुझे बार-बार असली युद्ध क्षेत्र से अलग भटका देता था। मगर कुछ भी कह लो कृष्ण, संसप्तक-गण के सिपाही बड़े ही चीमड़ लड़वैये निकले। ये लोग उस चींटी के समान हैं, जो बार-बार ऊँची दीवार से गिर कर भी अपनी हिम्मत नहीं हारी थी।

कृष्ण बोले-चलो अब अपने परम शत्रु कर्ण से निपटो। उसकी मृत्यु तुम्हारे पहुँचने की प्रतीक्षा कर रही है।

अर्जुन बोले-मित्र, एक बार तुम मुझे मेरे भाइयों की सूरतें दिखला दो। उन्हें सकुशल देखते ही मेरा जोश दुगुना-चौगुना बढ़ जायगा।

कृष्ण बोले-घबराते क्यों हो भइया! हमारे भाई तुम्हें सकुशल देखने को मिलेंगे। यह कह कर कृष्ण ने अपना रथ आगे बढ़ाया।

ये लोग थोड़ी ही दूर तक बढ़ पाये थे कि सामने से महारथी अश्वत्थामा शेर की तरह दहाड़ते हुए आ पहुँचे। उन्होंने अर्जुन को ललकार कर कहा-हे मेरे पिता के प्रिय शिष्य! ठहर और तनिक मेरे पंचवाणों का पंचामृत भी पीता जा। आज तुझे यह मालूम पड़ जायगा कि गुरु का बेटा भी गुरु ही होता है। वह चेलों से कहीं अधिक प्रवीण होता है।

अर्जुन यह सुनकर हँस पड़े; बोले-मेरे प्यारे गुरु भाई, तुम्हें भी आज यह सिद्ध हो जायगा कि गुरुवर द्रोणाचार्य जी के शिष्य से उलझना हँसी-ठठ्‌ठा नहीं है। तुम क्या, इन्द्र भी यदि मेरे सामने आयें तो इस समय मात खाकर ही जायेंगे।

अश्वत्थामा ने अर्जुन की बात पूरी होते न होते कृष्ण और अर्जुन पर तीर बरसाने आरम्भ कर दिये। श्रीकृष्ण दुश्मनों के तीरों से अपने घोड़ों तथा अपने आप को बचाने में बड़े ही कुशल माने जाते थे लेकिन; अश्वत्थामा से अपना बचाव करने में उन्हें विशेष मेहनत करनी पड़ी। अर्जुन ने अश्वत्थामा को तंग करने के लिये सबसे पहले उनके रथ के सारथी को ही निशाना बनाया। सारथी के मरने पर अश्वत्थामा ने अपने रथ के घोड़ों की बागडोर तुरन्त सम्हाल ली। रथ के घोड़े और तीर वह एक साथ चलाने लगे। उनकी फुर्ती देखकर शत्रु और मित्र दोनों ही पक्षों के लोग दंग हो रहे थे।

मुक्त होकर इधर-उधर भागने लगे। बेचारे अश्वत्थामा के लिए यह नयी मुसीबत आ गयी।

अर्जुन अपने गुरु-भाई को मारना नहीं चाहते थे, इसलिए उसे परेशानी में छोड़कर वह कौरव-सेना का संहार करने में जुट गये। जैसे महारथी अश्वत्थामा के घोड़े भागे थे, वैसे ही कौरव-सेना भी अर्जुन की मार से घबराकर इधर-उधर भागने लगी। कौरव-सेना के लड़वैये ऐसे दहल गये थे कि महासेनापति कर्ण आदि के हिम्मत दिलाने पर भी वे अर्जुन के सामने एक पल भी ठहरने को राजी नहीं हुए।

दुर्योधन आदि कौरव सरदारों के उतरे हुये चेहरे और कौरव-सेना की भगदड़ देखकर पाण्डव सेना हर्ष और उत्साह से भरकर सिंहनाद करने लगी। यह देखकर कर्ण ने शल्य से कहा-हे मद्रराज! आप मुझे अब सीधे अर्जुन के सामने ही ले चलिये। अपनी सेना को हौसला देने के लिए मुझे अब अर्जुन से ही निपटना पड़ेगा।

उधर श्रीकृष्ण भी यह समझ रहे थे कि कौरव सेनाओं की यह मार देखकर कर्ण अब जल्द से जल्द ही इधर आने का प्रयत्न करेगा। कृष्ण के रथ के घोड़े उस समय कुछ थक गये थे, इसलिए श्रीकृष्ण ने अर्जुन से कहा-मित्र, बहुत देर से युधिष्ठिर भइया नहीं दिखलायी दिये। एक बार हमें उनकी खोज कर लेनी चाहिये। घोड़ों को भी जरा सुस्ताने का अवसर मिल जायगा।

अर्जुन ने कहा-नहीं सखा, सामने देखो। कर्ण हमारे पक्ष की ओर से लड़ रही पांचालों और संजयों की सेनाओं को मथे डाल रहा है। तुम मुझे एक बार इससे दो-दो हाथ लड़ने दो।

इसी समय भीमसेन उधर आये। उनसे अर्जुन को यह पता चला कि कर्ण के साथ लड़ते हुए धर्मराज युधिष्ठिर बहुत घायल हो गये हैं और इस समय वे अपने शिविर में लेटे हैं। श्रीकृष्ण ने कहा-अर्जुन चलो पहले हम उन्हें देख आयें।

अर्जुन ने दूसरी बार भी कर्ण से जूझ लेने की बात कही परन्तु; श्रीकृष्ण बोले कि भीम भैया युद्ध सम्हालेंगे। तुम एक बार यहाँ से चले चलो। असल में अश्वत्थामा के साथ युद्ध करते हुए अर्जुन के शरीर में कई घाव लग चुके थे। श्रीकृष्ण चाहते थे कि अर्जुन और उनके रथ के घोड़े, दोनों ही एक बार नया दम पा लें तथा युद्ध करते-करते कर्ण थोड़ा और थक जायँ। इसके बाद ही इन दोनों की लड़ाई होने से हमारे पक्ष को लाभ पहुँचेगा।

चतुर कृष्ण अर्जुन को समझा-बुझाकर युद्ध के क्षेत्र से निकाल लाये और सीधे महाराज युधिष्ठिर की छावनी पर पहुँच गये। उन्होंने नौकरों को आदेश दिया कि घोड़ों को दाने-पानी से सन्तुष्ट करके तथा मल-दल कर उन्हें जल्दी से जल्दी ताज़ा किया जाय। वह आदेश देकर अर्जुन के साथ युधिष्ठिर के शिविर में गये। उस समय वैद्य लोग धर्मराज के घावों की मलहम-पट्टी कर रहे थे।

अर्जुन को लहू-लुहान देखकर युधिष्ठिर ने समझा कि वह कर्ण को मार कर उन्हें खुशखबरी सुनाने आया है लेकिन; जब उन्हें दूसरी बात मालूम हुई तो अपनी पीड़ा के

धर्मराज के घावों की मलहम-पट्टी कर रहे थे।

अर्जुन को लहू-लुहान देखकर युधिष्ठिर ने समझा कि वह कर्ण को मार कर उन्हें खुशखबरी सुनाने आया है लेकिन; जब उन्हें दूसरी बात मालूम हुई तो अपनी पीड़ा के कारण धर्मराज मन का सन्तुलन खो बैठे। उन्होंने झिड़क कर कहा कि दुष्ट कर्ण हमारी सेनाओं का मनोबल तोड़ रहा है और तुम उससे लड़ना छोड़कर मुझे देखने के बहाने यहाँ भाग आये हो? तुम कायर हो अर्जुन, तुम्हें गाण्डीव अब त्याग ही देना चाहिए।

गाण्डीव-त्याग की बात सुनकर अर्जुन का चेहरा एकाएक लाल हो गया। उनका हाथ अपनी कमर की मूठ पर जा पहुँचा। वह बोले- मेरी यह प्रतिज्ञा है कि गाण्डीव का अपमान करने वाले का सिर कभी उसके धड़ पर नहीं रहने दूँगा।

श्रीकृष्ण ने तुरन्त ही अर्जुन का हाथ पकड़ लिया और बोले-यह क्या करते हो सखा? बड़े भाई की डाँट-फटकार में तुम्हारी प्रतिज्ञा वाली बात भला लगती ही कहाँ है। अरे, ये बेचारे तो अपनी झुंझलाहट में कह रहे हैं और तुम एकाएक लाल-पीले हो गये!

अब धर्मराज युधिष्ठिर की ओर देखकर उन्होंने कहा-इस समय यहाँ लाने का दोषी हूँ मैं धर्मराज! मैं चाहता था कि घोड़े तनिक ताजे हो लें और अर्जुन के घावों पर औषधि लग जाय। तब यह कर्ण से रण लड़े। युधिष्ठिर भैया, आप तनिक भी न घबरायें। यदि कर्ण ने आपको तथा आपकी सेनाओं को सताया है तो अर्जुन भी अभी-अभी अश्वत्थामा और उसकी सेनाओं को ऐसा छका कर आ रहे हैं कि इस समय तक भी उन लोगों को अपनी छठी का दूध याद आ रहा होगा। अब यहाँ से जाते ही अर्जुन फिर प्रलय मचाना आरम्भ कर देंगे। भीम भइया इस समय भी रण-क्षेत्र में भयंकर ताण्डव मचा रहे हैं। घबराहट की कोई बात नहीं है।

युधिष्ठिर और अर्जुन का क्रोध शान्त करके कृष्ण ने वैद्यों से कहा कि वे अर्जुन तथा स्वयं उनके शरीर पर लगे हुए घावों का उपचार करें। इससे अर्जुन के भीतर फिर नयी शक्ति आ गयी और वह युद्ध-क्षेत्र में जाने के लिए मचलने लगे।

●

भीम–दु:शासन युद्ध

अर्जुन जिस समय युधिष्ठिर के शिविर में बैठे थे, उस समय भीम रण-क्षेत्र में दु:शासन के साथ उलझ रहे थे। दोनों एक-दूसरे पर कठिन से कठिन प्रहार कर रहे थे। भीम के तीरों से उत्तेजित होकर दु:शासन ने एक करारी शक्ति भीम पर खींच मारी। भीम अचेत होकर अपने रथ पर गिर पड़े। सारथी घबराकर उनका रथ लेकर भागने लगा किन्तु; भीमसेन भला क्या देर तक बेहोश रह सकते थे? उन्हें तुरन्त ही होश आ गया और वे दहाड़ते हुए उठ खड़े हुए।

उन्होंने एक डाँट अपने सारथी को लगायी। फिर दु:शासन पर गरजे–अरे नीच, भागा कहाँ? ठहर तो सही। यह कह कर उन्होंने अपने धनुष पर तीर चढ़ाया। दु:शासन ने भीम को जो इस तरह से आक्रमण करते हुए देखा तो दस भयानक शक्ति-वाण एक साथ धनुष पर चढ़ा कर मारे।

लेकिन भीम ने उन्हें रास्ते में ही काट दिया और कहा–अरे अन्धे के बेटे, तू ने जी भर कर मुझ पर प्रहार कर लिये। मेरी गदा का एक प्रहार तू भी झेल। यह कह कर ज्योंही भीमसेन ने अपनी गदा उठायी, त्योंही दु:शासन भी अपनी गदा उठाते हुए लपका। भीमसेन ने अपनी गदा की चोट से धृतराष्ट्र के बेटे की गदा को तोड़ डाला और भीम ने फिर दूसरा वार करते हुए कहा–अरे दुष्ट, भगवान का नाम ले और मरने को तैयार हो जा। आज तेरी छाती का खून पी कर मैं अपनी प्रतिज्ञा पूरी करूँगा।

भीम की गदा सीधे जाकर दु:शासन की खोपड़ी पर ही लगी। उसका सिर फूट की तरह से खिल गया और वह अपने रथ से लुढ़क कर धरती पर गिर गया। भीम ने तुरन्त ही अपने रथ से उतर कर उसकी छाती में अपनी तलवार घुसेड़ दी। उससे निकलने वाली खून की दो अंजुली भर कर वह अपने होठों तक ले गये और फिर दहाड़ने लगे।

द्रोपदी का चीर जब दु:शासन ने उतारा था, तब भीम ने दु:शासन की छाती का खून पीने की प्रतिज्ञा भरी सभा में की थी लेकिन; इस समय भयंकर क्रोध में होते हुए भी वे वीभत्स न हो सके। उन्होंने लहू पान न किया, केवल होठों से छुआकर अपनी प्रतिज्ञा पूरी कर ली। परन्तु उनके दहाड़ने और होठ-ठोढ़ी के लाल हो जाने से लोग यही समझे कि लहू पिया है।

भीम के इस भयानक रूप को देखकर केवल कौरव ही नहीं पाण्डव सेनाएँ भी दहल उठीं। दु:शासन के मरने से कौरव-सेना में बड़ी ही निराशा फैल गयी।

दुर्योधन को जब अपने भाई की मृत्यु का समाचार मिला, तब वह भी एकाएक स्तब्ध हो गया! अब तक दुर्योधन के कई भाई मारे जा चुके थे लेकिन; आज दु:शासन के मारे जाने से उसे बड़ी ही पीड़ा हुई। दु:शासन दुर्योधन का बड़ा ही आज्ञाकारी भाई था। उसके मरने से दुर्योधन को ऐसा लगा कि मानो उसके हाथ-पाँव ही टूट गये हों। वह बेहोश हो गया। सरदारों में घबराहट फैल गयी। काफी उपचार के बाद जब वह होश में आया, तब विलाप करता हुआ बोला-कर्ण से जाकर कहो कि आज पाण्डव भाइयों में से किसी को मार कर वह मेरा कलेजा ठण्डा करे। हाय! इन दुष्टों ने मेरे बेटे और इतने भाइयों को मार डाला पर, इनके एक भी अब तक नहीं मर पाये।

कर्ण के पास जब यह सन्देश पहुँचा, तब वह पाण्डव सेनाओं को बुरी तरह से छकाकर नये मोर्चे की ओर बढ़ रहे थे। दु:शासन की मृत्यु का समाचार पाते ही उन्होंने कहा-हाय, दु:शासन मारा गया? वह मुझे अपने सगे भाई की तरह ही प्यारा था। दुर्योधन से कहना कि वह निश्चिन्त रहें, आज मैं एक न एक पाण्डव का वध करके दु:शासन की मौत का बदला अवश्य लूँगा।

कर्ण के सारथी शल्य मामा हँसने लगे। फिर कहा-अरे सूत के बेटे, तू भला किसी पाण्डव को क्या मारेगा। अपनी कुशल मना, कहीं ऐसा न हो कि आज तेरा ही राम-नाम-सत्य हो जाय।

कर्ण बोले-मामा, मैंने आज तक जितनी प्रतिज्ञा की है, उन सभी को पूरा करके दिखलाया है। फिर तुम मुझ पर ऐसा शक क्यों करते हो? मैं आज सूर्यास्त तक या तो कुन्ती माँ के तीसरे पुत्र को मारूँगा या फिर अपनी ही जान दे दूँगा।

शल्य ने कहा-तो तुम्हारी अन्तिम इच्छा को पूरा करने के लिए अर्जुन स्वयं इसी ओर आ रहा है।

श्रीकृष्ण द्वारा संचालित अर्जुन का रथ दूर से देखते ही कर्ण का सारा शरीर, उसके मन और प्राण, युद्ध के उत्साह से भर उठे। उसका जी चाहता था कि उसके रथ के घोड़ों के पंख उग आयें और वह एक क्षण में ही दो कोस की दूरी पार करके अर्जुन के सामने पहुँच जाये। परन्तु रथ ज्यों ही टीले से उतर कर ढलान पर आने लगा, त्यों ही पांचाल देश की सेना उसकी राह में आ अटकी। कर्ण, अर्जुन से युद्ध करने की उतावली में था लेकिन; धृष्टद्युम्न की तीर की चुनौतियों का उत्तर दिये बिना चले जाना उसके लिये असम्भव हो गया। क्रोध में आकर उसने अपना धनुष टंकारा।

उधर अर्जुन भी कर्ण से युद्ध करने को मचल रहे थे लेकिन; बीच में कूद पड़ा कर्ण का बेटा वृषसेन। उसने अर्जुन को ललकारना आरम्भ कर दिया। अर्जुन भी इस समय कर्ण के सिवा किसी से लड़ना नहीं चाहते थे। परन्तु जब राजकुमार वृषसेन ने उनकी राह रोककर बाण-वर्षा आरम्भ कर दी, तब मजबूर होकर अर्जुन को भी अटकना पड़ा।

कर्ण का बेटा वृषसेन भी अपने पिता से कुछ कम वीर नहीं था। अर्जुन के बेटे अभिमन्यु ने चक्र भेदते समय जैसे अर्जुन सरीखा पराक्रम दिखलाया था, वैसे ही वृषसेन ने भी अपने पिता के सबसे बड़े शत्रु से युद्ध करने में कमाल दिखलाया। अर्जुन उसकी

वीरता से प्रसन्न हो गये। वह उसे खिला-खिला कर लड़ाने लगे। वृषसेन कमाल पर कमाल दिखलाता और अर्जुन हँस-हँस कर उसके कमालों को काटते चले जाते थे।

उत्तेजित होकर वृषसेन ने अति भयंकर बाण बरसाने आरम्भ किये। अर्जुन की सेना परेशान हो उठी। तब अर्जुन ने लड़ाई को गहरा रंग दिया। कर्ण का बेटा, महावीर अर्जुन की युद्ध-कला के घेराव में आ गया।

कृपाचार्य, अश्वत्थामा और दुर्योधन, कर्ण और अर्जुन की लड़ाई होने के ग़लत समाचार पाकर भागे हुए उधर आये। दुर्योधन अपने साथ मध्य एशिया के कई भयंकर लड़ाकुओं की सेनाओं को भी इसी ओर बढ़ा लाया था। शक, कम्बोज, तुषर और पनव सिपाही उसके साथ थे। यह शक उस देश के रहने वाले थे, जो पुराने समय में सीस्तान और आजकल दक्षिणी ईरान तथा उज्बेकिस्तान कहलाता है। काम्बोज को अब कबोह कहते हैं। तुषर ही बाद में चल कर कुषाण भी कहलाने लगे थे। यह शक और कुषाण ईरान से लेकर आज के सोवियत यूनियन के अनेक देशों तक फैले हुए थे। पनव योन टापू निवासी थे, जिसे अब यूनान कहा जाता है। इन सब जातियों के लोग आर्य ही थे और उस समय हमारे तथा उनके धर्म संस्कारों में भी कोई खास बड़ा अन्तर नहीं था लेकिन; ठण्डे देशों के ये लड़वैये हमारे यहाँ के शूर वीरों से अधिक जल्लाद होते थे।

दुर्योधन ने देखा कि कर्ण के बजाय उसका बेटा युद्ध में फँसा हुआ है तो जल्दी से उसने शकों, कुषाणों और पनवों को लड़ने के लिये बढ़ाया। एक ओर से कृपाचार्य ने, दूसरी ओर से अश्वत्थामा तथा वृषसेन ने पास खड़े होकर दुर्योधन और अर्जुन से लड़ने के लिए मोर्चे सँभाले। इतने दुश्मनों से अपने आप को घिरा हुआ पाकर अर्जुन का पराक्रम अलौकिक बन गया। उसने भयंकर युद्ध किया। औरों को 'चीं' बुलाने वाले शक-पनव योद्धा अर्जुन के आगे खुद भी 'चीं' बोल उठे। दुर्योधन भी अर्जुन के तीखे वाणों का सामना अधिक देर तक न कर सका। अश्वत्थामा और कृपाचार्य तक इस समय अपने आपको अर्जुन के आगे थका हुआ अनुभव करने लगे थे।

परन्तु वृषसेन, अर्जुन पर अब भी नौजवानी का जादू चढ़ा रहा था। युद्ध करते हुए अर्जुन अब इतना गरमा गया था कि वह अधिक देर तक वृषसेन की वीरता से खिलवाड़ भी नहीं कर सकता था। उसे कर्ण से लड़ने की ललक थी, इसलिये जब वृषसेन ने गरमाकर उस पर एक शक्ति-बाण छोड़ा, तब अर्जुन ने इस बाण को काटते हुए वृषसेन को भी मार डाला।

कौरवों के चेहरे पर मुर्दनी छा गयी। उनकी सेनाएँ हिम्मतपस्त हो जाने के कारण इधर-उधर भागने लगीं। उनकी भाग-दौड़ के कारण ही आनन-फानन में यह खबर दूर-दूर तक दौड़ गयी कि अर्जुन ने वृषसेन को मार डाला है।

यह अशुभ-सूचना कर्ण के कानों तक भी जा पहुँची। मद्रराज शल्य भी यह सुनकर दु:खी हुए। आज दिन भर उन्होंने हर तरह से कर्ण को नीचा दिखाने के लिये लाख जतन किये, पर उसने बार-बार अपने ऊँचे दर्जे के पराक्रम के अनोखे प्रमाण देकर उन्हें मुग्ध कर लिया था। बेटे की मौत पर कर्ण का आँसू भरा उदास मुख देखकर राजा को बड़ी दया

आयी। उन्होंने कहा, वीर शोक नहीं जानता, कर्ण! चलो, और अर्जुन को मार कर अपना बदला लो।

दिन भर में पहली बार शल्य के मीठे वचन सुनकर कर्ण को सचमुच बड़ी सान्त्वना मिली। उसने कहा–मामा, मान लो अर्जुन मुझे भी युद्ध में मार डाले, तब तुम क्या करोगे?

शल्य बोले–मैं वचन देता हूँ कि कृष्ण और अर्जुन से तुम्हारा बदला लूँगा।

एक ओर से हाथी के निशान वाला हाथी के ही चमड़े से मढ़ा कर्ण का रथ बढ़ा चला जा रहा था और शल्य उसे हाँक रहा था। दूसरी ओर से वानर-ध्वजाधारी और शेर के चमड़े से मढ़ा हुआ अर्जुन का रथ बढ़ा आ रहा था और सारथी श्रीकृष्ण थे। बड़े-बड़े योद्धाओं में यह खबर फैल गयी कि वह युद्ध जिसे देखने के लिये लोग महीनों से आतुर थे, अब होने वाला है। दुर्योधन के चेहरे पर हवाइयाँ उड़ रही थीं कि देखे कौन जीतता है। अश्वत्थामा उसके साथ थे। उन्होंने कहा– दुर्योधन, मैं तुम्हारा गुरुभाई और मित्र हूँ। मेरी बात मान लो और पाण्डवों से अब भी समझौता कर लो।

दुर्योधन को इस सुझाव से चिढ़ हुई। वह बोला–घबराओ मत मित्र, आज सूर्यास्त होते-होते पाण्डवों का सौभाग्य सूर्य भी अस्त हो जायगा। तुम देख लेना, हमारा कर्ण आज अपने बेटे और अपने सब भाइयों की हत्या का बदला अवश्य ले लेंगे।

अश्वत्थामा बोले–सम्भव है ऐसा ही हो, मगर मान लो कि बात उल्टी सिद्ध हुई तो फिर क्या होगा? भीष्म पितामह और मेरे पिता के बाद यदि कर्ण भी न रहा तो तुम्हारा अमंगल होगा।

दुर्योधन इस समय ऐसी बातें सोचना या सुनना नहीं चाहता था। उसने कहा–कल की चिन्ता कल होगी। गुरु-पुत्र आज का मंगल मनाओ। वह देखो, मेरा मित्र, मेरे परम-शत्रु के सामने आ गया।

कर्ण और अर्जुन आमने-सामने आ चुके थे। कर्ण ने अर्जुन से कहा–आज तो जीवन और यश का अन्तिम दिन है अर्जुन, आज से दुनिया यह कहेगी कि विश्व का सबसे बड़ा वीर एकमात्र कर्ण ही है।

अर्जुन ने उत्तर दिया–धनुष सम्भालो कर्ण! वीरों को डींगें हाँकने का अवकाश नहीं होता। लो वार झेलो।

दोनों में लड़ाई छिड़ गयी। इतने दिनों से चल रहे इस महायुद्ध में ऐसी टक्कर की लड़ाई अभी तक नहीं हुई थी। दोनों ही अद्‌भुत धनुर्धर थे। दोनों ही के पास एक से एक अनोखे बाण और दूसरे हथियार थे और दोनों ही महाबलशाली थे। शल्य बड़े चतुर सारथी थे लेकिन; कृष्ण की चतुराई के आगे वे फीके पड़ जाते थे।

लगभग ढाई-तीन घंटे के भयंकर युद्ध में शल्य, कर्ण, कृष्ण और अर्जुन में से किसी का शरीर भी घावों से बच न सका। उनके अंगों से बहने वाला रुधिर आभूषणों की चमक-दमक को फीका कर देता था। वीरों के लहू से अधिक आबदार और कोई वस्तु नहीं होती। कर्ण अर्जुन से कहीं तगड़ा पड़ रहा था। उसके हाथ मानों बिजली हो रहे थे।

अर्जुन अब चिढ़-चिढ़ कर अपने शत्रु पर प्रहार कर रहा था। सूर्यास्त होने में अधिक देर नहीं थी, इसलिये कर्ण आज युद्ध का फैसला कर देने पर तुल गया था। उसने ललकार कर अर्जुन से कहा-आज तुझे मैं युद्ध-भूमि में समाप्त करके ही लौटूँगा। यह कह कर उन्होंने एक भयंकर तीर अपने धनुष पर चढ़ाया। चालाक श्रीकृष्ण की पैनी दृष्टि ने उसे पहले ही देख लिया और तीर के छूटते-छूटते उन्होंने अपने रथ के घोड़े इस तरह से मोड़े की तीर कतरा के निकल जाय। उनकी योजना सफल तो हुई, पर रथ की छत उड़ गई।

अर्जुन ने भी शक्ति छोड़ी। शल्य ने भी श्रीकृष्ण के नकल में अपनी चतुरायी दिखलानी चाही और अपने घोड़ों को मोड़ दिया। वे अपने रथ को अर्जुन के प्रहार से तो बचा ले गये, पर उनकी एक चूक के कारण उनका रथ एक लहू के कीचड़ भरे गढ़े में धँसकर कुछ इस तरह से टेढ़ा हो गया कि घोड़े उसे खींच कर निकाल न सके।

उधर अर्जुन ने अपने गाण्डीव पर एक अमोघ-अस्त्र चढ़ा लिया था। उसे देखकर कर्ण बोले-एक क्षण के लिए युद्ध रोको अर्जुन! मैं रथ को दल-दल से...।

कर्ण की बात पूरी होती कि अर्जुन का तीर तब तक छूट गया। उस हालत में भी कर्ण ने अपनी धनुर्विद्या का कमाल दिखला दिया। उस टेढ़े रथ पर ही उसने ऐसा अन्दाज साधा कि अर्जुन का तीर कर्ण के रथ से आर-पार निकल गया किन्तु; कर्ण का तीर अर्जुन के कवच से सीधा जा टकराया। कवच की धातु में बिजली पैदा हो जाने से अर्जुन को मूर्छा आने लगी। परन्तु श्रीकृष्ण की ललकार से वे होश में आ गये। कर्ण तब तक अपने रथ के पहिये को गढ़े से निकालने के लिए धरती पर उतर पड़े थे। श्रीकृष्ण ने तुरन्त ही होश में आये हुए अर्जुन से धीरे से कहा-हे मित्र, कर्ण अब अपने रथ पर चढ़ने न पाये उसका सिर काट डालो।

कर्ण ने अपने रथ को जैसे ही गढ़े से निकाल कर समतल पर खड़ा किया, वैसे ही अर्जुन के तीर बरसने लगे। रथ की ध्वजा और उसके डण्डे कट गये। अर्जुन के तीरों की तीखी बौछारों के बीच से रास्ता निकालकर कर्ण, अपने रथ पर चढ़ जाना चाहता था लेकिन; उसे मौका ही नहीं मिला। अर्जुन के बाण ने कर्ण को मुर्दा कर दिया। कर्ण के मरते ही कौरव-सेना हाहाकार कर उठी। दुर्योधन, शल्य आदि सबने अपनी सेनाओं को जमाना चाहा परन्तु; तब तक कौरव सेना के पाँव उखड़ चुके थे। पाण्डव-सेना में अपार उल्लास था। अर्जुन जब अपनी छावनी में पहुँचा, तब युधिष्ठिर, भीम आदि सब भाइयों ने उन्हें कलेजे से लगा लिया। युधिष्ठिर ने आँसू भरी आँखों से आकाश की ओर हाथ उठाकर कहा-भगवान को लाख धन्यवाद है कि कुन्ती माँ के बेटे अभी तक जीवित हैं, जबकि गन्धारी चाची के कई बेटे अब तक स्वर्ग सिधार चुके हैं।

युधिष्ठिर को भला क्या मालूम था कि आज के युद्ध में मरने वाला महारथी वीर भी कुन्ती का ही बेटा था!

दुर्योधन और कृपाचार्य की बातें

कर्ण जब मर गया, तब कौरव सेना हताश हो गयी। बच्चो, यह बात मैं तुम्हें कल ही बतला चुका हूँ। अपनी सेनाओं का यह हाल देखकर दुर्योधन और भी अधिक दुःखी हो रहा था। आज उसकी छावनियों में बड़ा ही सन्नाटा था। हजारों सिपाही और योद्धा अब तक मारे जा चुके थे और सैकड़ों आज मैदान छोड़ कर भाग गये थे। उत्तर भारत के सभी युद्ध मोर्चों से लगभग ऐसी खबरें आ रही थी। पाण्डवों की सेना कौरव-साम्राज्य के बहुत बड़े हिस्से को अब तक जीत चुकी थी। दुर्योधन के पास अब हस्तिनापुर के आस-पास ही का कुछ क्षेत्र बच रहा था। वह मुँह लटकाये हुए बहुत ही उदास भाव से अपने डेरे में बैठा था।

कृपाचार्य और अश्वत्थामा, दुर्योधन से मिलने आये। उन्हें देखकर दुर्योधन रो पड़ा। कहने लगा–मैं लुट गया आचार्य, मेरे बहादुर भाई और साथी एक-एक करके चले गये। लड़ाई के इन सत्तरह दिनों में तो दुनिया ही उजड़ चुकी है। मैं बहुत दुखी हूँ।

कृपाचार्य बोले–दुर्योधन, दुखी होने से मनुष्य को कोई लाभ नहीं हो सकता। दुःख के कारणों को समझो और उन्हें दूर करने के उपाय सोचो। मैं समझता हूँ कि यदि तुम अब भी समझदारी से काम लो तो तुम्हारे और पाण्डवों के बीच में समझौता हो सकता है। मेरे समझाने से युधिष्ठिर अवश्य मान जायगा। अभी तो भीष्म महाराज भी जीवित हैं। उनका कहना तो युधिष्ठिर कभी टाल ही न सकेंगे।

दुर्योधन चुप-चाप सुनता रहा फिर बोला–नहीं आचार्य, अब तो हार-जीत का फैसला मेरे या पाण्डवों के मरने के बाद ही होगा। पाण्डवों की तरफ से जब स्वयं श्रीकृष्ण समझौता कराने के लिए आये थे, तब मैंने समझौता नहीं किया तो अब भला क्या करूँगा। इस समय की मेरी चिन्ता तो यह है कि कल की लड़ाई के लिए सेनापति किसे बनाया जाय?

अश्वत्थामा बोले–मेरी राय में तो अब हमारे बीच में शल्य ही ऐसे बचे हैं, जिन्हें सेनापति बनाया जा सकता है।

शल्य मामा के बजाय हम यदि अश्वत्थामा को अपना सेनापति बनायें तो कैसा रहेगा? दुर्योधन ने पूछा।

अश्वत्थामा बोले–भाई, मैं कुशल संगठन नहीं करता। फिर इस समय तो मेरा मन शान्त भी नहीं रहा। मैं यह प्रतिज्ञा तो करता हूँ कि आज के युद्ध में कोई आश्चर्यजनक करिश्मा मैं अवश्य दिखलाऊँगा लेकिन; सेनापति तुम्हें शल्य को ही बनाना चाहिए। उनके सेनापति बनने से हमारे बचे-खुचे क्षत्रिय राजे एक बार फिर जी-जान से लड़ने के लिये

जुट जायेंगे क्योंकि; यह बात अब सबको मालूम पड़ चुकी है कि शल्य ने पाण्डवों से कर्ण की मौत का बदला लेने की प्रतिज्ञा कर रखी है।

कृपाचार्य ने भी अश्वत्थामा के प्रस्ताव का ही समर्थन किया तो दुर्योधन शल्य मामा से मिलने के वास्ते उनके डेरे पर गये। प्रस्ताव सुनकर शल्य बोले–हे दुर्योधन, मैंने कर्ण से जो प्रतिज्ञा की थी उसे आज अवश्य पूरी करूँगा परन्तु; तुम्हारे लिये मेरी यही सलाह है कि पाण्डवों से समझौता कर लो।

नहीं मामा, मेरा समझौता तो अब केवल मौत से ही हो सकता है। जिन पाण्डवों को मैंने अपने मनमाने ढंग से अब तक नचाया, उनके आगे अब मैं स्वयं हरगिज नहीं नाच सकता। अब तो जो होना है, सो होकर ही रहेगा। दुर्योधन ने कहा।

शल्य बोले–हमारे पास अब जितनी सेना बची है, उसे देखते हुए मैं समझता हूँ कि अधिक से अधिक हम लोग एक या दो दिन तक ही पाण्डवों से लड़ पायेंगे किन्तु; मान लो कि आज यदि मेरी भी मृत्यु हो गयी तो फिर कल से तुम्हारी रक्षा कौन करेगा?

दुर्योधन बोला–फिर मुझे रक्षा की आवश्यकता ही न रह जायगी। आज मेरा आखिरी दाँव होगा मामा! या तो आज मेरे, आपके कृपाचार्यजी और अश्वत्थामा के बल–पौरुष से पाण्डव मारे जायेंगे या फिर हम ही न रहेंगे।

शल्य और युधिष्ठिर का युद्ध

ढोल के धमाके बजने लगे। उन्हें सुनकर भी कौरव सिपाहियों को युद्ध भूमि में जाने का साहस न हुआ। तब दुर्योधन बहुत घबराया। उसने सब लोगों को ललकार कर कहा–तुम लोग घबराते क्यों हो? अर्जुन के पैने तीरों का जवाब देने के लिये अभी तो हमारे पास अश्वत्थामा और कृपाचार्यजी जैसे महारथी मौजूद हैं और भीमसेन की गदा का जवाब मेरी गदा देगी। हम दोनों ही ने स्वयं बलरामजी से गदा-युद्ध की शिक्षा पायी थी। जिन तरकीबों को भीम जानता है, उन्हें मैं भी जानता हूँ। इसके बाद पाण्डवों के बाकी बचे वीर तो शल्य मामा के आगे घड़ी भर भी न टिक सकेंगे। मद्रों का पराक्रम प्रसिद्ध है। उन्होंने अपने सेना-संगठन और तलवार के जोर से आधी दुनिया को अपने वश में कर रखा है। विश्वास रखो वीरों, आज तुम्हें ही युद्ध में विजय मिलेगी। बोलो, कौन मेरे साथ आगे बढ़ने को तैयार है?

कर्ण के तीनों बेटे, छाती फुलाए हुए दुर्योधन के सामने आये और कहा–चाचाजी! जब तक हम लोग जीवित हैं, तब तक आप यह न समझें कि हमारे पिता मर चुके हैं। आज के युद्ध में हम तीनों भाइयों का पराक्रम देखकर शत्रु तो क्या, भगवान भी थर्रा उठेंगे।''

कर्ण के बेटों का जोश देखकर बाकी वीरों में भी उत्साह भर उठा। कुरुक्षेत्र का मैदान एक बार फिर लाशों से पटने लगा। कौरव और पाण्डव, दोनों ही पक्षों की सेनाएँ अब बहुत थोड़ी बच रही थीं। फिर भी पाण्डव-पक्ष में लड़वैये अधिक थे। कौरवों के कई साथी भाग भी चुके थे। यह होने पर भी कौरव लोग उस दिन खूब जमकर लड़े। कर्ण के बेटों ने बड़ा घमासान मचाया लेकिन, वे तीनों मारे गये। कर्ण के वंश में कोई पानी देने वाला न रहा।

यह देखकर मद्रराज शल्य बहुत ही दुखी और क्रोधित हुए। पहले तो उनकी लड़ाई अपने सगे भांजे नकुल से ही हुई, पर बाद में नकुल को थकते हुए देखकर वह भीमसेन से लड़ने के लिए आ गये। दोनों ओर से घमासान युद्ध हुआ। दूसरी ओर शल्य मामा ने पाण्डव-पक्ष के अनेक वीरों को मार डाला।

कृष्ण ने तब युधिष्ठिर से कहा–भैया जैसे मेरा मामा मेरे हाथों से मरा था, वैसे ही तुम्हारा मामा भी तुम्हारे ही हाथों से मुक्ति पायेगा। जाओ और उसे युद्ध-भूमि में सुला दो।

युधिष्ठिर को शल्य के साथ युद्ध करने में संकोच था। इस संकोच के बावजूद कृष्ण ने अपनी बातों से उन्हें शल्य से लड़ने के लिए प्रेरित कर ही दिया। बड़ी घमासान लड़ाई

हुई। विजय पाण्डवों को ही मिली। धर्मराज युधिष्ठिर ने मद्रराज शल्य को अन्त में वीर गति को पहुँचा ही दिया।

अभी लड़ाई आरम्भ हुए आधा दिन भी नहीं बीता था कि शल्य सेनापति के मारे जाने की खबर से युद्ध के मैदान से कौरवों के बहुत से सिपाही अपनी जान बचाने के लिए भाग खड़े हुए।

यह देखकर अश्वत्थामा, अर्जुन से भयंकर युद्ध करने लगे। अर्जुन ने अश्वत्थामा को छकाया तो बहुत लेकिन; उन्हें मारने में वे बराबर ही संकोच करते रहे। अपने गुरु-भाई की हत्या का पाप अर्जुन अपने सिर पर नहीं लेना चाहते थे। अश्वत्थामा ने जब यह देखा कि अर्जुन उन्हें केवल छका भर ही रहा है और उधर भीम आदि पाण्डव-गण बची-खुची कौरव-सेना का कचूमर निकाले डाल रहे हैं, तब वह अर्जुन से लड़ते-लड़ते कतराकर निकल गये।

दोनों पक्षों के एक से एक बढ़कर वीर योद्धा युद्ध-भूमि में खेत रहे। द्रोपदी के भाई धृष्टद्युम्न मारे गये। शिखण्डी, उतमोजा आदि भी शहीद हुए। युद्ध-भूमि में जीवितों से अधिक मुर्दे ही दिखलायी पड़ रहे थे। इधर-उधर छिटपुट लड़ाइयाँ तो ज़रूर हो रही थीं, पर मैदान अधिकतर खाली हो चुका था। अब पाण्डव लोग बचे-खुचे कौरव सेनानियों को बीन-बीन कर मार रहे थे। दुर्योधन अपनी जान बचाने के लालच में युद्ध-भूमि से हटकर कहीं भाग जाना चाहता था लेकिन; उसे राह मिल ही नहीं पा रही थी। पाण्डव-भाई अब दुर्योधन को ही पकड़ने के लिए इधर-उधर दौड़ रहे थे।

युद्ध में दुर्योधन बुरी तरह से घायल हो चुका था। उसमें लड़ने की शक्ति अब तनिक भी बाकी न बची थी। उसने जब देखा कि पाण्डव-भाई उसे ढूँढ़ते हुये पास आ पहुँचे हैं, तब वह चुपके से तालाब में डुबकी मार कर छिप गया।

युधिष्ठिर आदि पाण्डव भाई शीघ्र ही वहाँ पहुँच गये। नकुल कहने लगा कि उस दुष्ट को होना तो यहीं कहीं चाहिए। अधिक दूर तक वह भाग कर जा ही नहीं सकता।

अर्जुन बोले-देखो, इस झाड़ी की आड़ में वह काफी देर तक छिप कर बैठा रहा था क्योंकि; उसके पाँवों से बहा हुआ लहू इस धरती पर जम गया है। और देखो, यहाँ से लेकर उसके पैरों के निशान सरोवर के किनारे तक गये हैं। पानी पर जमी उस सेवार-घास के आस-पास जो काली-काली सी वस्तु लहरा रही है, वह दुर्योधन के सिर के बाल हैं।

भीमसेन की आँखें चमक उठीं। वह उत्साह में भर कर बोले- ठीक कहते हैं अर्जुन, वह दुर्योधन ही है। मैं अभी उसे खींचकर लाता हूँ।

युधिष्ठिर बोले-अरे, यदि वह जरा भी अपने को वीर मानता है तो मेरी इस बात पर तुरन्त बाहर निकल आयगा। और अगर वह कायर है तो फिर तुम उसे पशु की तरह से घसीट लाना।

दुर्योधन यह तीखी बातें सुन न सका, तुरन्त ही उसने अपना सिर उठाया और पानी में खड़ा हो गया। वह बोला-मैं कायर नहीं हूँ युधिष्ठिर, केवल अपनी थकान उतारने के

लिए मुझे कुछ देर विश्राम चाहिये था।

भीमसेन तड़प कर बोले–अरे दुष्ट, तेरे कारण हमें अब तक विश्राम नहीं मिला है और एक तू है कि अठारह दिनों की लड़ाई में ही थक गया? तुझे विश्राम चाहिये तो मैं अभी तुझे इसी जगह युद्ध में मार कर सदा के लिए सुला दूँगा।

ये बातें सुनकर दुर्योधन ताव में आ गया। पानी से बाहर निकलते हुए उसने कहा–भीम, अगर तेरा यह हौसला है तो मेरा भी कुछ हौसला अभी बाकी है। मैं तुझे धन्यवाद देता हूँ कि तेरी तीखी बातों से मेरे शरीर की सारी थकान उतर गयी है और मुझ में नयी शक्ति आ गयी है। बोलो–तुम लोगों में से कौन मुझसे लड़ेगा? या पाँचों भाई मिलकर मुझसे लड़ोगे?

श्रीकृष्ण ने कहा–दुर्योधन और भीमसेन दोनों ने ही श्री बलराम से गदा-युद्ध सीखा है। श्री बलराम तीर्थाटन से लौटते हुए इस समय संयोग से मेरे ही शिविर में ठहरे हुए हैं। मैं समझता हूँ कि दुर्योधन भाई के घावों का औषधि-उपचार हो जाय। वे गीले वस्त्र उतार कर नये वस्त्र धारण कर लें, तब युद्ध हो। अभी तो सूर्यास्त होने में बहुत समय बाकी है, तब तक बलराम भैया भी यहाँ आ जायेंगे। उनकी आँखों के सामने उनके दोनों शिष्य अपना कौशल दिखायें और अपने जी के अरमान निकालें।

श्रीकृष्ण की सलाह के अनुसार ही थोड़ी देर विश्राम करके भीम और दुर्योधन का गदा-युद्ध आरम्भ हुआ। दुर्योधन अब अपना अन्तिम बदला लेने के लिए लड़ रहा था। इसलिये उसमें अपार आसुरी-शक्ति आ गयी थी। उसकी गदा भीम की गदा से इतनी जोर से टकराती थी कि लोहे में से चिनगारियाँ फूट-फूट पड़ती थीं। गदा चलाने में सदा से बेजोड़ माने जाने वाले भीम इस समय दुर्योधन से कच्चे पड़ रहे थे। दुर्योधन में ऐसी फुर्ती थी कि भीमसेन एक-दो बार तो गहरी चोटें खाने से बचे, मगर फिर गरमा उठे। उन्होंने भी दुर्योधन पर भयानक प्रहार किये।

दो घड़ी तक एक-सी लड़ाई चलती रही। न यह हारे, न वह हारा। इतनी देर में बड़े-बड़े योद्धा भीम और दुर्योधन का गदा युद्ध देखने के लिये आ जुटे। उनके मुखों से जब तब 'वाह भीम' या 'शाबाश दुर्योधन' के उत्साहवर्द्धक नारे फूट पड़ते थे।

दिन ढलने लगा था। श्रीकृष्ण ने सोचा कि आज सूर्यास्त के साथ ही यह अठारह दिनों का महायुद्ध समाप्त हो जाना चाहिये। इसलिये वे ऐसी जगह पर खड़े हुए, जहाँ से उनकी आवाज सुनकर भीम उनकी ओर एक बार अवश्य देखें।

लड़ाई के बीच में दो-एक बार जब दुर्योधन ने शास्त्र-विरुद्ध गदा के प्रहार किये, तब बलराम ने आगे बढ़कर उसे टोका था। बलराम की टोक पर गदा-युद्ध बीच में एक बार कुछ देर के लिए रुका भी था। कृष्ण ने दुर्योधन की एक साधारण-सी बेईमानी को लेकर बलराम के कान भरे। श्री बलराम में वैसे तो बड़ी-बड़ी अच्छाइयाँ थीं, पर एक बुराई यह थी कि वह बेहद सुरापान करते थे। श्रीकृष्ण ने उनको इस ढंग से भरा कि वे एक़दम उखड़ गये और दुर्योधन को डाँटने लगे।

इसी बीच श्रीकृष्ण ने आवाज़ लगायी–वाह भीम भैया!

भीम ने मुड़कर इनकी तरफ देखा तो उन्होंने अपनी जाँघ पर हाथ मारकर उसे अपनी प्रतिज्ञा की याद दिलायी। सभा में द्रोपदी जब घसीट कर लायी गयी थी और दुर्योधन ने बड़ी निर्लज्जता से उसे अपनी जाँघ पर बैठने के लिए बुलाया था, तब भीम ने भरी-सभा में यह प्रतिज्ञा की थी कि हे दुष्ट दुर्योधन! द्रोपदी नहीं, मेरी गदा एक दिन तेरी जाँघ पर बैठेगी। श्रीकृष्ण के संकेत देने से उन्हें अपनी प्रतिज्ञा याद आ गयी। वे और भी जोश में लड़ने लगे।

उधर गुरु के द्वारा दो बार टोके जाने के कारण दुर्योधन भी उत्तेजित हो गया था। दोनों में अब नये सिरे से लड़ाई आरम्भ हुई तो कुछ ही मिनटों में वे एकदम प्रलयंकर बन गये। ऐसा लगता था कि दो पहाड़ उछल-उछल कर एक दूसरे से टकरा रहे हैं।

एक बार जैसे ही दुर्योधन गदा मारने के लिए उछला, वैसे ही भीम ने ऐसा निशाना साध कर अपनी गदा फेंकी कि उसकी बाई जाँघ की हड्डी टूट गयी और वह लड़खड़ा कर धरती पर आ गिरा। कौरव-पक्ष के लोग हाहा-कार कर उठे। श्री बलराम, भीम के ऊपर बिगड़े। उन्होंने कहा–तूने बेईमानी की है भीम! कमर के नीचे प्रहार करना शास्त्र के विरुद्ध है। तूने दुर्योधन की जाँघ पर गदा क्यों मारी?

भीम बोला–इसकी जाँघ पर अपनी गदा बैठाने की प्रतिज्ञा तो मैंने भरी सभा में की थी। द्रोपदी को अपनी जाँघ पर बैठाने की सदाचार-विरुद्ध बात जब इस दुष्ट के मुँह से निकली थी, तभी मुझे भी वह शास्त्र-विरुद्ध प्रतिज्ञा करनी पड़ी थी। इसलिए दोष दुर्योधन का है, मेरा नहीं। अपनी बात का टका-सा जवाब पाकर शराबी बलराम जी का नशा तड़क गया। वे बोले–तू अपने गुरु से जबान लड़ाता है? ठहर तो सही, मैं अभी तुझे इसी युद्ध-भूमि में मारकाट कर बिछाये देता हूँ।

श्रीकृष्ण ने तुरन्त ही आगे बढ़कर अपने बड़े भाई को दोनों हाथों से दबोच लिया और समझा कर कहा–भैया! आपकी बात बिल्कुल ठीक है कि भीमसेन ने शास्त्र के विरुद्ध काम किया, मगर भीम की प्रतिज्ञा और उस प्रतिज्ञा के कारणों को ध्यान में रखते हुए हम यह कभी नहीं कह सकते कि भीम ने अन्याय किया है। अब तो जो होना था सो हो चुका। कौरव-साम्राज्य के सपने देखने वाला यह दुर्योधन अपने ही लहू की कीचड़ में लथ-पथ होकर बेसुध पड़ा है। पाण्डव भाई अपना आधा जीवन संकटों से जूझ कर बिताने के बाद आज अपने लिये न्याय पा सके हैं। हमें उनके साथ सहानुभूति होनी चाहिये। कुन्ती बुआ के बेटों के प्रति भी आपका प्रेम होना चाहिए।

बहुत कहने-सुनने से श्री बलराम का क्रोध शान्त हो गया और वे लोग छावनी में वापस पहुँचे। दुर्योधन जहाँ घायल पड़ा हुआ था, वहाँ पाण्डव सरकार की ओर से पहरा लगा दिया गया था, जिससे कि वह शान्तिपूर्वक दम तोड़ सके। जीते जी उसे चील, कौवे, गीदड़ और पशु न खा सकें।

•

धृतराष्ट्र और गान्धारी का विलाप

हस्तिनापुर के राजमहलों में जब दुर्योधन के धराशायी होने का यह समाचार पहुँचा, तब भारी कोहराम मच गया। राजा धृतराष्ट्र खबर सुनते ही पछाड़ खाकर गिर पड़े और बेसुध हो गये। रानी गान्धारी तो एकदम पत्थर की मूर्ति बन गयीं। इस रनिवास में पिछले अठारह दिनों में रोज ही दो-चार राजवधुएँ विधवा होती रही थीं। अब दुर्योधन की रानी के विधवा बनने के बानक भी बन चुके थे। बस घड़ी दो घड़ी में यह खबर आना ही चाहती थी कि युद्ध-क्षेत्र में दुर्योधन की अन्तिम साँस छूट गयी।

राजा धृतराष्ट्र सौ बेटों के बाप थे लेकिन; आज एकदम अनाथ हो चुके थे। विलाप करते हुए वे बार-बार यही कहते कि हाय, मैंने भीष्म काका और विदुर काका जैसे सयानों की सूझ का लाभ नहीं उठाया। इसीलिये आज यह दिन देखना पड़ रहा है। हाय, मैं अगर दुर्योधन को जुआ खेलने की आज्ञा न देता तो आज, मुझे यह दिन न देखना पड़ता। वनवास के बाद जब पाण्डवों ने पाँच गाँव माँगे थे, मैंने यदि दुर्योधन की बात न मानी होती, तब भी मुझे आज का यह दिन न देखना पड़ता। मुझसे बड़ा अभागा आज दुनिया में कौन है? अरे, ये प्राण कैसे कठोर हैं कि ऐसे अशुभ समाचार पाकर भी वे अभी तक शरीर से बाहर नहीं निकलते! मैं बहुत पापी हूँ।

हस्तिनापुर के रनिवास में उस दिन ऊपर से नीचे तक चारों ओर अँधेरा था। पिंजरों में लटकते हुए पंछी भी एकदम मौन थे। पशुओं ने चारे में मुँह नहीं डाला था। नौकर-चाकर सब जहाँ-तहाँ निढाल-से पड़े हुए थे। किसी को किसी की सुध नहीं थी।

नैमिष के बाबाजी के युद्ध के वर्णन से हम सभी लोग ऐसे मुग्ध हो गये थे कि दिन ढलने का पता ही न चल पाया।

बाबाजी ने कहा-"अच्छा बच्चो, कल हम लोग फिर मिलेंगे। कल महाभारत युद्ध की कथा का अन्तिम दिन होगा। हम तुम लोगों को दुर्योधन और अश्वत्थामा की भेंट-वार्ता सुनायेंगे।"

•

लड़ाइयाँ ही लड़ाइयाँ, क्यों?

हनुमान गढ़ी के प्राचीन फाटक के पास माता आनन्दमयी ने अब एक पुराण मन्दिर बनवा दिया है। इसमें हमारे अठारहों पुराण ही मुख्य देवता के रूप में प्रतिष्ठित किये गये हैं। इस नये मन्दिर के आस-पास एक पुराने किले के खण्डहर भी पड़े हुए हैं। यह अब पाण्डवों का किला कहलाता है। अलाउद्दीन खिलजी के शासन-काल में यह किला भर राजाओं से जीत लिया गया था। यहाँ कई सुन्दर और पुरानी मूर्तियाँ पड़ी हैं। सबसे ऊपर जाकर हमें हनुमानजी की एक विशाल मूर्ति के दर्शन होते हैं।

हम बच्चे सुबह जल्दी ही नहा-धोकर तैयार हो गये थे। बबलू बोला-''लगता है कि हमारी घड़ियाँ आज कुछ ग़लत चल रही हैं, अब अवश्य ही साढ़े आठ बज चुके होंगे।''

''नहीं भाई, तुम तो अपनी उतावली में समय को एक घण्टा आगे बढ़ाये दे रहे हो। '' मैंने कहा।

मेरी बात सुनकर बबलू हँस पड़ा, बोला-''क्या बतलाऊँ संजू, कल रात सपने में भी महाभारत की लड़ाइयाँ दिखाई देती रहीं। युद्ध सचमुच बड़ी भयंकर आपदाकाल होता है।''

मैंने कहा-''मनुष्य के इतिहास में ज्यादातर लड़ाइयों की ही कहानियाँ हैं। मुझे तो ऐसा लगता है बबलू कि मनुष्य बिना आपस में लड़े-झगड़े अपनी सभ्यता का विकास ही नहीं कर पाता।''

''अरे भाई, तो वह अपने अज्ञान से क्यों नहीं लड़ती? वह अपनी सारी अकल ब्रह्मास्त्र और नारायणास्त्र से लेकर ऐटम बम और हाइड्रोजन बमों को बनाने में ही क्यों खर्च कर देता है? मनुष्य एक बार इन हथियारों का बनाना छोड़ दे तो ये लड़ाइयाँ खत्म हो जायँगी। आखिर महाभारत के युद्ध से लेकर अब तक कुछ हजार वर्ष का समय तो बीत चुका होगा। हमें अब तो सभ्य हो जाना चाहिए।''

मैं यह सुनकर हँस पड़ा। मैंने कहा-''बबलू, हम लोग झटपट पढ़-लिखकर बड़े हो जायँ, तब हम तुम्हें संयुक्त राष्ट्रसंघ का महामन्त्री बनवा देंगे। उसकी छत पर तुम लाउडस्पीकर लगवाकर दिन-रात चिल्लाया करना कि भाइयों, लड़ाई बन्द करो, बन्द करो।''

बबलू बोला-''किसी तरह यह करना तो अवश्य ही चाहिये। देखो, बरसों से वियतनाम के लोग अपनी आज़ादी के लिए लड़ रहे हैं। अरब और इजरायल वाले भी

एक-दूसरे पर बमबाजी किया करते हैं। कम्बोडिया के लोगों को चैन नहीं, और बेचारे पूर्वी बंगाल के भाई-बहन इस दुष्टता के कारण ही बड़ा कष्ट पा रहे हैं। संजू, सच पूछो तो अब इन कहानियों को सुन-सुनकर बेहद कष्ट होता है।"

इतने में बाबाजी आते दिखे। उन्हें देखते ही बबलू बोल उठा- "बाबाजी, आज तो आप दुर्योधन और अश्वत्थामा की भेंट-वार्ता प्रारम्भ करने वाले हैं?"

बाबाजी-"हाँ बेटा, कल विषयान्तर ज़रूर हो गया परन्तु; यह बातें भी मनुष्य जीवन के लिए उपयोगी हैं। अच्छा, अब हम तुम सबको आज दुर्योधन और अश्वत्थामा की भेंट-वार्ता ही सुनायेंगे।"

दुर्योधन और अश्वत्थामा की भेंट

ऐसी घनघोर उदास रात में अश्वत्थामा अपने मित्र दुर्योधन से मिलने के लिये पहुँचे। पहले तो सिपाहियों ने ललकारा पर जब मशाल के उजाले में गुरु महाराज के बेटे को देखा तो आदर से अलग हट गये। अश्वत्थामा, दुर्योधन के पास पहुँचे। उस समय वह आधी बेहोशी में आँखें बन्द किये धीरे-धीरे कराह रहा था। अश्वत्थामा ने धीरे से उसके सिर पर हाथ फेरते हुए कान में कहा–मित्र, मैं अश्वत्थामा तुम्हारे पास आया हूँ। तुम्हारे मन में अगर कोई अभिलाषा बाकी रह गयी हो तो बताओ, मैं उसे अवश्य पूरा करूँगा।

दुर्योधन ने आँखें खोलीं, अपने मित्र को देखा और कहा–पाण्डवों को मार डालो। बचने न पायें।

अश्वत्थामा ने कहा–मैं अभी जाकर तुम्हारी कामना पूर्ण करने के लिए वह काम करता हूँ, जो वीरों को कभी नहीं करना चाहिए। मैं सोते में उनके सिर काटकर अभी तुम्हारे पास लाता हूँ।

अपने परम मित्र को सन्तोष देने के लिए अश्वत्थामा कायरों जैसा काम करने के लिए भी सहमत हो गये!

कोई दुर्घटना जब हो जाती है, तब हर आदमी अपने-अपने ढंग से प्रभावित हुए बिना नहीं रह पाता। अपने पिता की छल-भरी हत्या के कारण अश्वत्थामा मन से कभी पाण्डवों को क्षमा नहीं कर पाये थे। दुर्योधन की सहानुभूति की आड़ में उनके मन में भी यह आया कि अपना बदला लेने के लिए मैं भी क्यों न छल करूँ। वे तुरन्त उठकर चल दिये।

आधी रात बीत चुकी थी। पाण्डव सेना जीत की खुशी में आज उतनी चौकस नहीं थी, जितनी रोज रहा करती थी। अधिकतर सिपाही किसी नशे में धुत सोये हुए थे या फिर ऊँघ रहे थे। अश्वत्थामा चोरों की तरह चुपचाप उस जगह गये, जहाँ बड़े-बड़े लोगों के डेरे पड़े थे।

पाण्डवों का डेरा पहचानने के लिए अश्वत्थामा ने एक तम्बू के आगे भाला लेकर घूमते सिपाही को जाकर दबोच लिया। उसके कान में कहा–बड़े सरकारों के तम्बू किधर हैं? बतलाओ। सिपाही ने घबराहट में हाथ बढ़ाकर दिखलाया।

'वह'–कहते ही उसका गला घुट गया। अश्वत्थामा इस समय उसे शोर मचाने के लिए जीवित नहीं छोड़ सकते थे। तलवार लेकर वे उन तम्बुओं की ओर बढ़े। चोर की तरह छिपकर प्रवेश कर गये। एक-एक कर पाँचों तम्बुओं में उन्होंने पाँचों पाण्डवों के सिर काट डाले और चले आये।

वे सीधे दुर्योधन के पास पहुँचे और उसके कान में उत्साह भरे स्वर के साथ कहा- मैं पाँचों पाण्डवों को मार आया मित्र, तुम अब सुख से मरो। दुर्योधन ने सुन कर एक बार आँखें खोली और मुस्कराया। उसका दाहिना हाथ सरक कर अश्वत्थामा को प्यार से छूने लगा किन्तु; उसके मुँह से कोई बोल नहीं निकल सका। वैसे ही उसके प्राण छूट गये थे!

पाण्डवों के मरने का हाल सुनकर दुर्योधन तो चैन से मरा लेकिन दूसरे दिन अश्वत्थामा को यह जान कर बड़ी ही निराशा हुई कि उसने कुन्ती के बजाय द्रोपदी के पाँच बेटे मार डाले थे!

इस दु:खद समाचार से पाण्डवों के शिविर में तहलका मच गया। यह सच है कि इस महायुद्ध में जहाँ सब पाण्डव भाई बच गये थे, वहीं उनकी अनेक सन्तानें नष्ट भी हुई थीं। अर्जुन का होनहार पुत्र अभिमन्यु मारा गया। हिडिम्बा राक्षसी से उत्पन्न भीम का परम-पराक्रमी पुत्र घटोत्कच मारा गया और अब अश्वत्थामा ने द्रोपदी से उत्पन्न पाँचों भाइयों के पाँच बेटे भी छल से मार डाले। रनिवास में जब यह समाचार पहुँचा, तब द्रोपदी शोक के मारे बावली हो गयी। उसे कोई किसी तरह से धीरज बँधा ही नहीं पाता था।

पाँचों पाण्डव भी अपने बेटों के मारे जाने से अत्यन्त ही दुखी थे। उन्होंने किसी तरह से यह टोह पा ली कि गुरु द्रोण का बेटा अश्वत्थामा ही उनके बेटों का हत्यारा है। अर्जुन अपनी प्रिय रानी को सन्तुष्ट करने के लिए भयंकर बदला लेने की भावना से अश्वत्थामा की खोज में गये। युधिष्ठिर को जब यह मालूम हुआ, तब उन्होंने श्रीकृष्ण और भीम को भी उनके पीछे-पीछे रवाना किया। युधिष्ठिर ने श्रीकृष्ण से कहा-हे केशव, देखना अर्जुन कहीं अश्वत्थामा की हत्या न कर डाले। कुछ भी हो, वह हमारे गुरु का बेटा है। बुरे लोगों की संगत में पड़कर उसके मन में भले-बुरे कामों का विवेक नष्ट हो गया है।

भीमसेन बोले-कुछ भी हो भैया, अश्वत्थामा को दण्ड तो दिया ही जायेगा। उसने ऐसा नीच कार्य किया है, जैसा कि कोई वीर-पुरुष कभी कर ही नहीं सकता।

अश्वत्थामा आखिर पकड़ा गया। अर्जुन और भीम ने उसको खूब अपमानित किया। उसके सिर की मणि छीन ली। हाँ, कृष्ण के कहने पर उसके प्राण बच गये। चलते-चलते अश्वत्थामा हँस कर बोला-तुम लोग जीत तो अवश्य गये, पर अब तुम्हारे यहाँ भी कोई राजपाट भोगने वाला नहीं रहा। तुम्हारे सब बेटे मारे गये हैं।

यह कह कर वह बड़ी जोर से हँस पड़ा।

श्रीकृष्ण ने उससे झिड़क कर कहा-अरे नीच, तू अपने मन के गुलगुले पकाना छोड़ दे। तेरी इच्छा कभी पूरी न होगी। युधिष्ठिर के बाद पाण्डवों की गद्दी पर स्वर्गीय अभिमन्यु की सन्तान बैठेगी।

यह सुनकर अश्वत्थामा निस्तेज हो गया। श्रीकृष्ण ने फिर कहा- अश्वत्थामा, तुम बार-बार यह कहते हो कि भीम और युधिष्ठिर भाई ने मेरे कहने से छल करके तुम्हारे पिता की हत्या करवायी थी। तुम यह क्यों नहीं देखते कि द्रोणाचार्यजी ने स्वयं अपने ही साथ छल किया था? उन्होंने तुम्हारे मोह में पड़कर धर्म और अधर्म का विवेक खो दिया।

तुम्हें राजकुमारों की तरह शान से रखने के लिए वे मन से न चाहते हुए भी दुर्योधन के पास बने रहे। क्या उन्होंने अपने साथ यह कम छल किया था? पुत्र का मोह सभी को होता है। परन्तु तुम्हारे पिता ने इस मोह को इतना बढ़ाया कि तुम्हारे लिए ही जीने और मरने की प्रतिज्ञा करके वे अपनी कर्त्तव्यनिष्ठा से भी गिर गये! भला यह कोई बात हुई कि एक पक्ष का महासेनापति होने पर भी तुम्हारे मरने की झूठी खबर सुनकर वे सारे युद्ध की चिन्ता छोड़ और हाथ-पाँव ढीले करके बैठ जायँ। अर्जुन का बेटा अभिमन्यु मरा, भीम का बेटा घटोत्कच मरा, दुर्योधन का बेटा भी उसके सामने ही मरा और कर्ण ने भी मरने से पहले अपने एक बेटे की मौत का समाचार पाया किन्तु; इनमें से किसी ने भी कर्त्तव्य पालन से मुँह न मोड़ा। परन्तु तुम्हारे पिता तुम्हारे ग़लत मोह में पड़कर ऐसा न कर सके। शठ को शठता से मारना पाप नहीं होता। अश्वत्थामा, कृष्ण कभी किसी को अनुचित काम की सलाह नहीं दिया करता। जाओ, और अपने किये का दण्ड भोगो। अब तुम इस संसार में अकेले हो, निस्तेज हो और तपोभ्रष्ट भी हो चुके हो। अब जीवित रहना और पुराने पापों को याद करके दुःख भोगना ही तुम्हारे लिए सबसे बड़ा दण्ड है। महाभारत के इस कठिन युद्ध में तुमसे बढ़कर अभागा और कोई भी नहीं है।

अश्वत्थामा अपमानित होकर सिर झुकाये हुए चला गया।

महाविलाप

लड़ाई का मैदान बड़ा ही मनहूस लग रहा था। पिछले अठारह दिनों में जिस भूमि पर बड़े-बड़े योद्धाओं के चमत्कारी कारनामे देखे गये थे, वहीं अब चीलों-गिद्धों, कौवों-गीदड़ों और कुत्तों की लड़ाइयाँ मची हुई थीं। मरे हुए लोगों का माँस खाने के लिए ये पशु-पक्षी नोच-खसोट मचाते हुए आपस में भयंकर शोर कर रहे थे। युद्ध-भूमि की मनहूसियत को देखकर बड़े-बड़े वीरों के कलेजे भी भर उठते थे। वह युद्ध, जिसमें भाग लेने के लिए लाखों सिपाही और योद्धा आये थे, अपनी समाप्ति पर और भी भयंकर लग रहा था। दुर्योधन के तथा उसके सलाहकार लोगों के पाप से इतना बड़ा महानाश हुआ। मनुष्य अगर अपने कर्मों के नतीजों पर भी पहले से ही विचार कर लिया करे तो उसे ऐसे बुरे दिन कभी देखने को न मिलें।

युद्ध बीत जाने पर रिवाज के अनुसार रनिवास की औरतें तथा छोटे-छोटे राजे-सरदारों की पत्नियाँ अपने स्वर्गवासी प्रियजनों का शोक मनाने के लिए आयीं। द्रोपदी, गान्धारी, कुन्ती, तथा धृतराष्ट्र के बेटों की विधवा पत्नियाँ ऐसे विलाप कर रही थीं कि सुनने वालों के कलेजे हिल-हिल उठते थे।

राजा युधिष्ठिर ने युद्ध-भूमि की लाशों को जलाने तथा मरने वालों की श्राद्ध इत्यादि करने की आज्ञा दी। सब पित्रों को जिस दिन पिण्डदान देना था, उस दिन कुन्ती माता अचानक युधिष्ठिर के पास आयीं और गम्भीर स्वर में कहा-बेटा, कर्ण का कर्म तुम्हीं करना।

यह सुनकर युधिष्ठिर बहुत चौंके। कुन्ती माता ने कहा-कर्ण मेरे क्वाँरेपन में पैदा हुआ था। सामाजिक-डर के मारे मैंने उसे डलिया में गद्दी और तकिये बिछाकर नदी में बहा दिया था। अधिरथ सारथी उसे उठा ले गया, इसीलिये वह सूत का बेटा कहलाया किन्तु; वास्तव में वह तेरा सगा बड़ा भाई था।

यह कथा सुनकर युधिष्ठिर तथा दूसरे भाई अवसन्न रह गये। श्रीकृष्ण ने उन्हें समझाया कि जो होना था, सो हो गया। बीती हुई बात के लिए शोक करना बुद्धिमानी का कार्य नहीं है। कर्ण वीर थे। वीरों की भाँति युद्ध-भूमि में ही मारे गये, इसलिए वीरों की मृत्यु का शोक नहीं मनाया जाना चाहिए। युधिष्ठिर भइया, आप प्रेम से अपने बड़े भाई का श्राद्ध कीजिए।

श्राद्ध इत्यादि निपट जाने पर युधिष्ठिर रनिवास की स्त्रियों तथा अपने भाइयों के साथ हस्तिनापुर की ओर चले। बचे-खुचे राजे, सामन्त और सिपाही भी बाजे-गाजों के साथ इस विजय यात्रा में सम्मिलित हुए। हस्तिनापुर पहुँच कर युधिष्ठिर सबसे पहले अपने अन्धे चाचा धृतराष्ट्र से मिलने के लिये गये।

श्रीकृष्ण ने इसी अवसर के लिए लोहारों से भीमसेन के डील डौल वाली एक लोहे की मूर्ति बनाने की आज्ञा पहले ही दे रखी थी। पाण्डव भाई जब धृतराष्ट्र से मिलने के लिए चले, तब वह मूर्ति भी छिपाकर उनके साथ ही साथ भेजी गयी। युधिष्ठिर ने अपने चाचा के चरण छुए। उनके गले से लिपटकर रोते हुए धर्मराज ने कहा-चाचाजी आप जानते हैं कि मेरा कोई अपराध नहीं, मैं युद्ध नहीं करना चाहता था। मैंने समझौता करने के लिए हर उपाय किया। पर दुर्योधन और उसके सलाहकार अपनी-अपनी उल्टी मति पर ही अड़े रहे।

धृतराष्ट्र बोले-बेटा युधिष्ठिर, मैं इस समय भला क्या कहूँ। मेरे ही पापों के कारण इस समय मेरे कलेजे में मेरे बेटों की चिताएँ दहक रही हैं। क्या कहूँ इस जनम के अन्धे को बाहरी दुनिया का कभी कोई भी दृश्य देखने को नहीं मिला। परन्तु अपने मन के भीतर की दुनिया का यह प्रलय-ताण्डव मुझे इस समय ऐसा साफ दिखलायी पड़ रहा है कि न तो मुझसे रोते बनता है और न चुप ही रह पाता हूँ। सौ बेटों का बाप आज अकेला है। वह अब तुम्हारे ही आधीन है। तुम चाहो तो अब उसे कुत्तों की तरह से जीवन बिताने के लिए मजबूर कर सकते हो।

युधिष्ठिर बोले-चाचाजी, अपने मन में भी आप इस तरह की बातें न लाएँ। यह राजपाट अब भी आप का ही है। हस्तिनापुर दरबार में अब जो भी काम होंगे वे, आप से पूछ कर ही किये जायेंगे। चाचाजी, आप हमें अपने भतीजे न समझकर अपने पुत्र ही मानें।

धृतराष्ट्र रोने लगे। उन्होंने आगे बढ़ कर युधिष्ठिर को कलेजे से लगा लिया और कहा-पाण्डु बड़ा भाग्यवान था, जो उसके बेटे धर्मात्मा, सुशील और आज्ञाकारी हुए। सच कहते हो, अब तुम्ही लोग मेरे बेटे हो। कहाँ है भीम, अर्जुन, नकुल और सहदेव? मैं एक बार अपने सब बच्चों को कलेजे से लगाकर धैर्य पाना चाहता हूँ।

अर्जुन, नकुल और सहदेव ने अपने चाचा के पैर छुए और उनसे गले मिले, परन्तु जब भीम आगे बढ़ने लगे तो कृष्ण ने उनसे कहा-पैर छू के तुरन्त ही हट जाना। भीम ने ऐसा ही किया। श्रीकृष्ण की आज्ञा से धृतराष्ट्र के सामने भीम की लोहे वाली मूर्ति तुरन्त ही ले आयी गयी। जैसे ही भीम पैर छूकर उठे, वैसे ही धृतराष्ट्र ने लोहे की मूर्ति को असली भीम समझ कर अपनी बाहों में कस लिया। देखते ही देखते उनका चेहरा हिंसा से भर उठा और उन्होंने मूर्ति को इतने जोर से दबाया कि वह टूट गयी। अब पाण्डवों की समझ में आया कि श्रीकृष्ण ने भीम की मूर्ति क्यों बनवायी थी?

मूर्ति गिरने का धमाका सुनकर धृतराष्ट्र एक बार चौंके और फिर 'हाः भीम'-'हाः भीम' कहते हुए फूट-फूट कर रो पड़े। उन्हें दुर्योधन के हत्यारे पर बड़ा क्रोध था लेकिन;

उसे मरा जान कर उन्हें डर लगा कि कहीं युधिष्ठिर-अर्जुन आदि अपने भाई का बदला लेने के लिए उन्हें मार न डालें तो पछतावा करने लगे। श्रीकृष्ण ने तुरन्त ही कहा- फूफाजी व्याकुल न हों भीम जीवित है।

यह सुनकर धृतराष्ट्र बड़े लज्ज़ित हुए और चुप हो गये।

भीष्म पितामह से भेंट

हस्तिनापुर की राज्य-व्यवस्था एक बार अपने हाथ में लेकर तथा नये सिरे से राजकाज चलाने का चौकस-प्रबन्ध करके पाण्डव भाई भीष्म पितामह के दर्शन करने गये। अपने अन्तकाल की प्रतीक्षा में पितामह तीरों की सेज पर लेटे हुए तप कर रहे थे। पुराने समय में हमारे भारत देश में ऐसे अनेक तपस्वी साधु हुआ करते थे, जो नोकीली कीलें गड़े हुए तख्त पर बैठे या लेटकर तपस्या किया करते थे। भीष्म पितामह भी राजकाज में रहते हुए ऐसे ही तपस्वी थे। इसीलिये अपने अन्तकाल में वे बाणों की शैय्या पर ही लेटे।

पितामह के सामने जाने में अर्जुन को बड़ी लज्जा मालूम हो रही थी। अर्जुन की आत्मा धिक्कारती थी कि तूने शिखण्डी की आड़ लेकर अपने बाबा को मारा। परन्तु पितामह के कहने से उन्हें यह मालूम हुआ कि खुद उन्होंने ही श्रीकृष्ण के पास यह गुप्त सन्देश भेजा था कि अब मैं अधिक दिनों तक जीवित नहीं रहना चाहता, इसीलिये आप शिखण्डी को मेरे सामने ले आइयेगा। उसे देखते ही मैं अपने हथियार डाल दूँगा। इस प्रकार अर्जुन के निरन्तर बरसते बाण अपनी काट न किये जाने पर मुझे अवश्य ही मार डालेंगे। शिखण्डी के बाणों से घायल होकर पितामह यदि मरते तो उनकी आत्मा को शान्ति कभी नहीं मिल सकती थी। इसलिए अर्जुन अनजाने ही में अपने निहत्थे पितामह पर बाण चला गये।

अर्जुन ने कहा–हे सखे, तुमने आज तक मुझे यह भेद क्यों नहीं बतलाया था?

भीष्म पितामह बोले–मुझ पर कृपा करने के लिए ही तुम्हें यह भेद नहीं बतलाया। मैं अपने जीवन से ऊब उठा था। केशव ने ऐसी माया रची कि तेरे बाणों से युद्ध में घायल तो अवश्य हुआ किन्तु मर न सका। मुझे तो अपने वंश का महानाश देखना बदा था। अस्तु, इस शर-शैय्या व्रत से मैंने निश्चय ही आत्मज्ञान और शान्ति पायी है। अब तो भगवान सूर्य नारायण के उत्तरायण होने की बाट देखते हुए राम नाम जप रहा हूँ।

श्रीकृष्ण ने कहा–हे परम पूज्य महावीर! आपके समान तपोनिष्ठ ब्रह्मचारी बड़े-बड़े ऋषियों-मुनियों में भी कम दिखलायी देते हैं। हमारी नगर-सभ्यता में तो आपके समान एक भी व्यक्ति आज ढूँढ़े से नहीं दिखलायी पड़ता। आपके दर्शन करके तथा आप से बातें करने का अवसर पाकर हम सब अपने आपको परम सौभाग्यशाली समझते हैं। आपने अपने पिता, सौतेली माता, सौतेले भाइयों और उनके बच्चों तक के लिए जैसा अनुपम

त्याग किया है, वैसा कोई नहीं कर सकता है। महात्यागी राजर्षि, आपको यदि कष्ट न हो तो हमें अपने उपदेशों का लाभ दें।

भीष्म हँसे और कहा–कष्ट? नहीं, मेरा शरीर क्षत्रिय संस्कारों में पला है। इसे केवल बाणों की चुभन ही प्यारी लगती है। और रहा मेरा मन, वह अब ब्रह्मलीन है। मुझे भला कष्ट कहाँ? यह अनुभव और विचार भगवान ने मुझे दूसरों को राह सुझाने के लिए ही दिये हैं। उन्हें तुम सबको दे जाना मेरा कर्त्तव्य है।

•

भीष्म पितामह द्वारा मानव-इतिहास की कथाएँ सुनाया जाना

वाणों की शैय्या पर लेटे हुए तपस्वी और ब्रह्मचारी महावीर भीष्म पितामह शान्ति-स्वर में सुनाने लगे।

हे पुत्र! हजारों वर्ष पहले एक समय ऐसा भी था जब कि हमारी मनुष्य जाति और पशु जाति के आचरण में कोई खास भेद नहीं था। मनुष्य तब तक सही ढंग से सोचना-विचारना भी नहीं सीख सका था। सब लोग पशुओं की तरह ही एक-दूसरे से लड़ते और आपस में मारकाट मचाया करते थे। उन्हीं के बीच में एक ऐसा मनुष्य भी हुआ, जिसने सही ढंग से सोचना-विचारना सीखा। उसने मनुष्यों को सभ्यता का पहला पाठ पढ़ाया। वह मनुष्य-जाति का नेता था। इसीलिये लोगों ने उसे 'मनु' कहा है। यह मनु चूँकि स्वयं ही अपने तप से ज्ञानी और संस्कारवान बने थे, इसलिये लोगों ने उन्हें 'स्वयम्भू' मनु कहकर पुकारा।

मनुष्य जाति में उस जमाने में रिश्ते-नाते नहीं होते थे। जैसे और जानवर बच्चे के पैदा होने के बाद उसके बड़े होने तक ही बच्चे की रखवाली करते हैं और बाद में अपना रिश्ता-नाता भूल जाया करते हैं, उसी तरह मनुष्य भी किया करता था। परन्तु स्वयम्भू मनु ने एक स्त्री को अपनी पत्नी माना, उस स्त्री का नाम सतरूपा था। सतरूपा के दो बेटे थे, एक का नाम प्रियव्रत था और दूसरे का नाम उत्तानपाद। मनु और सतरूपा ने अपने बेटों को केवल पाल-पोस बड़ा ही नहीं किया, वरन् उन्होंने अपने बाद मनुष्य-जाति के नेता बनने लायक अच्छी शिक्षा भी दी।

उस ज़माने में खेती-बारी तो होती नहीं थी। लोग या तो शिकार करके मांस खाते थे अथवा जंगलों में अपने आप पैदा होने वाले स्वादिष्ट फलों को खाकर जीवित रहते थे। शिकार आसानी से नहीं मिला करते थे लेकिन, फलों से वृक्ष सदा लदे रहते थे। इसीलिये वे लोग पेड़ों को कल्पवृक्ष कहा करते थे। मनु महाराज के पहले तक कोई अपना शरीर ढकना जानता ही न था। मनु महाराज ने ही उन्हें अपने अंगों को ढकना सिखलाया। अलसी के रेशों से अथवा मूंज घास से रस्सी बटकर वे अपनी कमर में बाँध लेते और उस पर पत्तों की लँगोटी लगा लिया करते थे। उन्होंने पत्थरों और हड्डियों के नुकीले हथियार बनाना, शत्रुओं पर सफल आक्रमण करने की तरकीब बतलाना, संकट के समय एकजुट होना आदि अच्छी-अच्छी बातें सिखलायीं। बहुत दिनों तक मनुष्य-जाति के नेता पद को सुशोभित करके मनु और सतरूपा जंगल को चले गये। अपना राज-पाट उन्होंने अपने दोनों लड़कों को सौंप दिया। प्रियव्रत और उनके बेटे तो अपने पिता के स्थान में ही

रहे, मगर उत्तानपाद वहाँ से चलकर उस जगह आ पहुँचे जहाँ आजकल पारस्य, गान्धार आदि देश बसे हुए हैं। उन्होंने उस इलाके में रहने वाली मनुष्य जाति को सभ्य बनाकर उनके ऊपर राज्य करना आरम्भ कर दिया। उत्तानपाद ने धीरे-धीरे अपना राज्य बढ़ाकर उस जगह तक फैला लिया, जिसे आज हम मथुरा कहते हैं।

•

ध्रुव की कथा

राजा उत्तानपाद ने विवाह के मामले में अपने पिता की नीति नहीं अपनायी। उन्होंने दो रानियाँ बनायीं, एक का नाम सुनीति और दूसरी का नाम सुरुचि था। सुनीति बड़ी थी, उसके एक बेटा भी था, जिसका नाम ध्रुव था। सुरुचि के भी एक बेटा था, उसका नाम उत्तम था। तपस्वी मनु महाराज ने अपने बेटे उत्तानपाद से कहा–हे पुत्र! तुम अपनी दोनों रानियों के बेटों को एक सा प्यार देना। ध्रुव बड़ा है, इसलिए वही तुम्हारे बाद अपने समाज का चौधरी बनेगा। अगर तुमने इस नीति में कोई फेर-फार किया तो याद रखना उसका नतीजा सदा बुरा ही होगा।

उत्तानपाद यों तो बड़े समझदार थे, मगर वे अपनी दूसरी रानी सुरुचि को इतना अधिक चाहते थे कि जिसके कारण वे अपनी छोटी रानी के इशारों पर नाचने वाले कठपुतली हो जाते थे। वे अपने मन ही मन में तो ध्रुव को भी उत्तम की ही तरह बहुत चाहते थे, पर सुरुचि रानी के सामने वे उसे अपना प्यार देने का साहस भी नहीं कर पाते थे।

एक दिन उत्तानपाद अपने दोनों बेटों को चुपचाप साथ लेकर अपने रहने के स्थान से कुछ दूर एक नदी के किनारे चले गये। वहाँ उन्होंने जी भर के अपने दोनों बेटों को खेलाया और उनका मनोरंजन किया। बालक ध्रुव को अपनी दाहिनी गोद और बालक उत्तम को बाईं गोद पर बैठाकर प्यार से एक जगह कहानी सुनाने लगे। तभी आयीं सुरुचि रानी। अपने बेटे के साथ सौत के भी बेटे को बैठा हुआ देखकर ईर्ष्या और क्रोध के कारण सुरुचि द्वेषवश कुरुचि बन गयी। अपने पति को लाल-लाल आँखें दिखलाकर उसने कहा–मैं तो तुम्हें चारों ओर ढूँढ़ते-ढूँढ़ते थक गयी और तुम निकम्मे आदमी की तरह यहाँ बैठे हुए बच्चों से खिलवाड़ कर रहे हो।

बेचारे उत्तानपाद खिसिया गये। तभी सुरुचि ने आगे बढ़ी, ध्रुव का हाथ पकड़कर खींचा और कहा–पिता की गोद में तू नहीं, मेरा बेटा ही बैठेगा। चल हट? सुरुचि ने बच्चे को इतनी जोर से झटका कि वह बेचारा अपने पिता की गोद से धरती पर आ गिरा। उत्तानपाद बालक ध्रुव को चुटीला और भयग्रस्त देखकर भी कुछ बोल न सके। उनकी सिट्टी-पिट्टी गुम हो गयी।

सौतेली माँ से ऐसा अपमानजनक निरादर पाकर ध्रुव थोड़ी देर तक तो स्तब्ध रह गया लेकिन; जब सौतेली माँ उसे लात मारने के लिए झपटी, तब वह सर्र से उठकर भाग गया। अपने ही झटके से सुरुचि रानी का पाँव मुड़ गया और उसे मोच आ गयी। वह

हाय-हाय चिल्लाने लगी और उत्तानपाद जोरू के गुलाम बने उसका पैर सहलाते हुए डाँट खाने लगे।

उधर बालक ध्रुव दौड़ता हुआ सीधा अपनी माँ सुनीति रानी के पास गया। वह अपनी माँ से चिपक गया और फफक-फफककर रो उठा। उसका इस प्रकार बिलखना देखकर सुनीति रानी घबड़ा गयीं कि जाने क्या आफत आ पड़ी, जिससे यह बच्चा इतना रो रहा है। सुनीति रानी ने अपने बेटे को बार-बार दुलराया और कलेजे से लगाया। बच्चे के मन में जब कुछ धीरज बँधा, तब उसने सारी घटना अपनी माँ को सुनायी। फिर आँखों में आँसू भरकर पूछा, माँ, क्या तुम्हारा बेटा अपने पिता की गोद में भी बैठने का अधिकारी नहीं? तुम भी तो मेरे पिता की रानी हो बल्कि; पटरानी। मेरे दादाजी और दादी एक बार जब आये थे, तब उन्होंने कितना प्यार किया था मुझे। माँ! सौतेली माता मुझे अपने पिता का प्यार तक नहीं पाने देती।

सुन कर बेचारी सुनीति रानी की आँखें छलछला उठीं। वह बड़ी सीधी और नेक थीं। उन्होंने कहा-बेटा तू अपनी सौतेली माँ के व्यवहार को बुरा मत मान। मैं तो तुझे प्यार करती हूँ न; और तेरे पिताजी भी तुझे दिल से बहुत चाहते हैं।

ध्रुव ने कहा-मैं अपने पिता की गोद में कभी नहीं बैठूँगा। वे मुझे चाहते अवश्य हैं। लेकिन; वे मेरी सौतेली माता से डरते भी हैं।

सुनीति रानी ने बच्चे के क्रोध को शान्त करने के लिए समझाकर कहा-हे पुत्र; तू अभी नासमझ है। सुरुचि रानी के द्वारा इस तरह तेरा अपमान करने के पीछे उसकी एक स्वार्थ-भावना है। वह चाहती है कि बड़ा होकर उसका बेटा ही नया नेता बने। वह उत्तम को पिता की गद्दी पर बिठाना चाहती है।

माँ की बात पूरी भी न हो पायी थी कि ध्रुव आवेश से बोल उठा- मुझे नहीं चाहिए अपने पिता की गद्दी। मुझे तो उनकी गोद में बैठने का सुख अधिकार चाहिए। अकेले में वे मुझे जो प्यार देते हैं, मुझे उस प्यार का अधिकार चाहिये।

बेटे की बात सुन कर माँ ने एक ठण्डी साँस भरी और कहा-गोद और गद्दी का अधिकार स्वार्थियों की दृष्टि में एक ही होता है। बेटा, तू उसे भूल जा। भगवान तुझे इससे ऊँचा आसन देगा।

बालक ध्रुव आश्चर्य से अपनी माँ का मुख देखने लगा। उसने पूछा-पिताजी की गोद से ऊँचा आसन और कौन है माँ?

सुनीति ने कहा-परमपिता परमेश्वर की गोद। जिसे परमात्मा प्यार करने लगता है, वह सारी दुनिया का प्यारा हो जाता है। वह लोगों के मन में आप ही आप श्रेष्ठ आदर का स्थान पा जाता है।

ध्रुव बोला-माँ! तब मैं अपने आप को परमपिता की गोद में बैठने का अधिकारी बनाऊँगा। मुझे परमपिता का ठिकाना बताइये।

वह कठिन तपस्या से मिलते हैं मेरे लाल!

तब मैं तपस्या करूँगा। वह कैसे होती है माँ!

पाँच वर्ष के नन्हें बालक की बात माँ के कलेजे में मुक्का मार गयी। सुनीति रानी मन ही मन विचार में पड़ गयीं। एक ओर जहाँ अपने पुत्र की आत्म-प्रतिष्ठा का सवाल उनके मन में आता था, वहाँ तो वह मन से यही चाहती थीं कि मेरे बेटे को सबसे ऊँचा पद, परमपिता के दर्शन, वरदान और उनका अपार स्नेह मिले। परन्तु दूसरी ओर माँ का ममता भरा कायर मन डरता भी था कि मेरा सुकुमार नन्हा-मुन्ना तपस्या की कठिनाइयों को कैसे झेल सकेगा! परन्तु सुनीति रानी अपने नाम के अनुसार ही सदा सुनीति पर चलने वाली थीं। उन्होंने सोचा कि बच्चे की परीक्षा लेने के लिए हम अपने मन का भय चित्रित करेंगे। अगर वह भय से तप का मार्ग छोड़ देगा तो अच्छा ही है और यदि नहीं माना तो फिर आगे के उपायों पर विचार करके देखूँगी। माँ ने बच्चे को डराया, कि तपस्या में भूखे रहना पड़ता है, प्राणायाम सीखना पड़ता है और प्राणायाम में कोई गलती हो गयी तो आदमी पागल हो जाता है। इसके अतिरिक्त जंगल के जानवर शेर, भालू आदि सताते हैं। काले नाग और अजगर, चींटियों की तरह धरती पर डोला करते हैं। तपस्या करना और भगवान के दर्शन करना आसान काम नहीं है।

परन्तु जितना ही अधिक सुनीति रानी ने अपने बच्चे को डराना चाहा, बच्चे का हठ उतना ही प्रबल होता गया।

ध्रुव ने कहा–माँ, तुमने बहुत अच्छा किया, जो सारी कठिनाइयाँ मेरे आगे बखान दीं। परन्तु तुम्हें विश्वास दिलाता हूँ कि मैं इन सारी कठिनाइयों को जीत लूँगा और परमपिता की गोद में बैठूँगा। तुम मुझे आशीर्वाद दो और किसी अच्छे गुरु की सेवा में डाल दो, जिससे योग-मार्ग से परमपिता को पा लूँ।

रानी बोली–बेटा मैं तुम्हें दूर देश में तुम्हारे पितामह के तपोवन में लिये चलती हूँ। उनसे बढ़कर सच्चा-मार्ग तुम्हें और कोई न दिखला सकेगा।

माँ-बेटा चलते-चलते स्वयम्भू मनु महाराज के तपोवन में जा पहुँचे। मनु महाराज ने अपनी पुत्रवधू से सारा हाल सुना, ध्रुव को उचित शिक्षा दी तथा कहा–तुम मधुवन में जाकर तप करो। तुम्हें संसार में सबसे ऊँचा पद मिलेगा।

बाबा के पैर छूकर और माँ से आशीर्वाद लेकर बालक ध्रुव दृढ़ निश्चय के साथ प्रभु का नाम जपता हुआ मधुवन पहुँच गया। उसने वहाँ सारे नियम साधने शुरू किये और जी लगाकर भगवान का नाम जपने लगा। उसने इतनी सच्चाई के साथ योग के नियमों का पालन किया कि उसकी ज्ञान शक्तियाँ जागे बिना रह न सकीं। ध्रुव अनुभव करने लगा कि अब जंगल के जानवर भी उसे प्यार करने लगे हैं। स्वयं उसे शेर से भी उतना ही प्यार था, जितना मामूली कीड़े से। ध्रुव ने देखा कि सब लोग उसकी बात सुनते और मानते हैं। ध्यान से बुद्धि सधने लगी, दृष्टि पैनी हुई और धीरे-धीरे रात के तारों भरे आकाश में अपनी नजर साधते-साधते देखा ध्रुव ने कि और सब तारे तो चलते हैं, मगर एक नन्हा-सा तारा अपनी जगह पर अटल है। बस, इसी नन्हें तारे से योग रचाकर उसने अपनी तपस्या और बढ़ायी। लगन और मेहनत से धीरे-धीरे वह दिन भी आ पहुँचा, जबकि

परमपिता परमात्मा का प्रकाश उसने अपने अन्दर देख लिया। बालक ध्रुव की ख्याति अब चारों ओर फैलने लगी। आकाश के उस नन्हें अटल तारे का नाम भी ध्रुव रख दिया गया।

भीष्म पितामह बोले कि जब किसी के मन में किसी अच्छे काम के लिए सच्ची लगन लग जाती है, तब वह अवश्य सफलता सिद्ध करता है, चाहे वह बच्चा हो या बूढ़ा। ध्रुव की कथा सुनाकर भीष्म पितामह ने स्वयम्भू मनु के दूसरे बेटे प्रियव्रत के वंश के सम्बन्ध में बतलाना आरम्भ कर दिया।

●

प्रियव्रत के वंश की कथा

प्रियव्रत का परिवार अपने पिता के मूल-स्थान, कश्यप सागर से कुछ दूर ऋषिकुल और बलाकाश नामक झीलों के आस-पास की उपजाऊ भूमि में रहा करता था। प्रियव्रत के बेटे अभिनेत्र के समय में सब ठीक-ठीक रहा। परन्तु उनके बेटे नाभिराज के जमाने में बहुत-सी प्राकृतिक हलचलें आरम्भ हुईं। चूँकि वह काल हमारी पृथ्वी के निर्माण के लिए नया था, इसलिए उसमें जल्दी-जल्दी परिवर्तन हो रहे थे। नाभिराज के जमाने में धरती पर जमी हुई बर्फ ही सूर्य की गर्मी से पिघलकर पृथ्वी सींचती थी किन्तु; अब आकाश पर काले बादल भी मँडराने लगे और कुछ ही दिनों बाद मनुष्य जाति ने; ऐसे प्रबल-वर्षा के दर्शन किये कि वह भय से भर उठे। बिजलियाँ कड़कने लगीं, बादल गरजने लगे और मूसलाधार पानी बरसने लगा। ताल-तलैया, बर्फीली नदियाँ आदि उफना उठीं। चारों ओर प्रलय-सी मच गयी। आँधी, बिजली और बाढ़ के पानी से सारे कल्पवृक्ष सूख गये। बहुत सी जानें भी चली गयीं। इसलिये नाभिराज अपनी प्रजा को लेकर वहाँ से किसी सुरक्षित स्थान की ओर चल पड़े। उन्हें पता लगा कि उनके कुल के महान् पुरुष मनु महाराज ने कश्मीर में तपस्या की थी। इसलिये वे उधर ही जा पहुँचे।

कहा जाता है कि राजा नाभि ने ही कश्मीर से लेकर मगध तक की भूमि अपने अधिकार में कर ली और अपने राज्य रूपी शरीर के नाभिस्थल में अयोध्या बसायी। राजा नाभि के समय में ही धनुष का आविष्कार हुआ। उन्होंने ही पहली बार विधिवत् हल से खेती करायी। उनके समय में औजार और हथियार यद्यपि हड्डियों और पत्थरों से बनते थे परन्तु; वे अपने पहले वाले जमाने से मजबूत और नुकीले बनते थे। धातुओं की जान-पहिचान भी राजा नाभि के जमाने में आरम्भ हुई।

ऋषभ की कथा

नाभि के बेटे ऋषभ अपने समय के बहुत बड़े बुद्धिमान और ज्ञानी महापुरुष थे। उन्होंने देखा कि मनुष्य अब तरह-तरह का काम करना जान तो गया है परन्तु; सब काम एक साथ करने के हौसले में वह कोई भी काम ढंग से नहीं कर पाता। राजा ऋषभ ने समाज में कामों का बँटवारा किया। कुछ लोग केवल खेती ही करने लगे और कुछ लड़ने और राज-काज चलाने की विद्या में निपुण हुए, कुछ लिखने-पढ़ने के काम में और कुछ तरह-तरह के व्यवसाय-वाणिज्य के धन्धों में लगे। इस प्रकार समाज में व्यवस्था आने से मनुष्य-समाज की सामूहिक उन्नति हुई।

यह ऋषभ देव एक बार अपने राज दरबार में बैठे हुए नर्तकी का नृत्य देख रहे थे। वह नर्तकी जैसी अनुपम सुन्दरी थी, वैसी ही अनोखी नाचने वाली भी थी। राजा ऋषभ देव उसकी कला और व्यवहार से बहुत खुश थे। एकाएक नाचते-नाचते वह नर्तकी धड़ाम से धरती पर गिर पड़ी। घबरा कर बहुत से लोग उसे उठाने के लिए आये लेकिन; देखा कि वह तो निष्प्राण हो चुकी है। सभा में उपस्थित हर आदमी के मन को गहरा धक्का लगा। मगर राजा ऋषभ देव की तो मानो दुनिया ही बदल गयी। वह सोचने लगे कि कितनी सुन्दर काया थी और उससे कितनी ऊँची कला का सुन्दर प्रदर्शन हो रहा था। काया तो अब भी सामने पड़ी हुई है, उसके अन्दर प्रदर्शन करने वाला जीव कहाँ गया? मैं राजा हूँ, मुझसे पूछे बिना कोई काम नहीं होता है, परन्तु इस काया के भीतर रहने वाला जीव राजाज्ञा की परवाह किये बिना ही निकल गया। क्या राजा से भी बड़ी कोई सत्ता है?

इस प्रश्न ने राजा ऋषभ देव को तपस्वी बना दिया। उन्होंने अपना राजपाट अपने बेटे भरत को सौंपकर मगध देश की राह पकड़ी और एक ऊँची पहाड़ी पर जाकर एकान्त में कठोर तपस्या करने लगे। वे अपने समय के श्रेष्ठ सिद्ध पुरुष हुए। उनकी प्रशंसा में वेद में ऋचाएँ तक लिखी गयीं और बाद में उनकी तपस्या पद्धति को ही जैन धर्म माना गया। ऋषभ देव आदिनाथ भगवान के नाम से भी पुकारे जाते हैं।

भरत की कथा

भरत विद्या और पराक्रम में अपने पिता से भी बढ़-चढ़कर निकले। उन्होंने उस सारी भूमि को अपने पराक्रम से जीत लिया, जिसे अब हम भारतवर्ष कहते हैं। उन्होंने बाह्लीक, ऐलम अथवा ऐलवर्त्त से लेकर यौन द्वीप तक सबको हराया। उनके राज्य का सारा इलाका उस समय भरतखंड कहलाता था।

इन्हीं राजा भरत ने समाज में ऋषिकर्मी ब्राह्मणों को पहली बार एक वर्ग के रूप में प्रतिष्ठा दी। उन्होंने ऋषियों की संगति में बैठ-बैठ कर ऊँचा ज्ञान-लाभ किया। अब वे सोचने लगे कि मैं भरतखंड का सम्राट हूँ। मुझ में बड़ी शक्ति है, पर मैं अपनी मृत्यु तक को नहीं टाल सकता। मेरे बिना चाहे भी मौत किसी दिन आकर मुझे धर दबोचेगी और बेबस होकर मैं निष्क्रिय काया मात्र रह जाऊँगा। इन विचारों से राजा भरत के मन में वैराग्यभाव उत्पन्न हो गया। वे तपस्या करने लगे। तपस्या करते-करते वे इतने बड़े सिद्ध हुए कि उनके लिए सर्दी, गर्मी, बरसात, सुख-दु:ख आदि सभी भाव एक समान हो गये। वे अपनी काया से बिल्कुल अलिप्त होकर भगवान में लीन रहते थे। उन्हें न कपड़ों की आवश्यकता थी और न भूख प्यास ही अधिक लगती थी। वे इतने सीधे थे कि लोग उन्हें जड़भरत तक कह देते थे।

एक बार प्रतापी राजा नहुष ने उन्हें कोई मामूली जंगली समझकर अपने कहार के बीमार पड़ने पर अपनी डोली उठाने की आज्ञा दे दी। बिना किसी प्रकार की चिन्ता के भरत सरल भाव से डोली के कहार बन गये। बाद में राजा नहुष को जब यह मालूम हुआ कि यह तो प्रतापी चक्रवर्ती महाराज मनु भरत हैं और अपनी तपस्या के कारण जड़भरत कहलाते हैं, तब उन्हें बड़ा पश्चाताप हुआ। उन्होंने भरत से क्षमा माँगी। यह पृथ्वी जब तक रहेगी और उसमें भारतवर्ष रहेगा, तब तक महाराज भरतजी की कीर्ति सदा अमर रहेगी।

•

वेद की कथा

वेदों का आरम्भ सम्राट भरत ने ही नहीं बल्कि उनके पुरखे स्वयम्भू मनु के समय से भी पहले आरम्भ हो चुका था। स्वयम्भू मनु के पुरखे जब उत्तरी ध्रुव में रहते थे, तभी वेद की ऋचाएँ रची जाने लगी थीं। हमारी पृथ्वी में उत्तरी ध्रुव ही एक ऐसा भू-भाग है, जहाँ लम्बे-लम्बे दिन और रातें होती हैं। दिन और रात की लम्बाइयाँ केवल कुछ घंटों तक ही सीमित नहीं रहतीं बल्कि; महीनों तक चलती हैं। ऐसी दिन-रात वाली प्रकृति शोभा के गीत हमारे वेद में गाये गये हैं। इस तरह महाराज भरत के समय तक वेद की काफी ऋचाएँ बन गयी थीं और उन्हें श्रद्धा से पढ़ने वालों का समाज भारत से बाहर उत्तरी ध्रुव तक फैला हुआ था। ऋग्वेद की ऋचाएँ रचने वालों में भरतवंशी परमेष्ठी भी थे, जिन्होंने नासिधीय-सूत्र रचा।

•

बेन और पृथु की कथा

हमारे देश में जिस समय महाराज नाभि शासन चला रहे थे, उसी समय भारतवर्ष से बाहर किन्तु; भरतखण्ड के अन्दर ही बेन नामक पराक्रमी राजा राज्य कर रहा था। वह जैसा प्रतापी था, वैसा ही लालची और दुष्ट भी था। उसे यहाँ तक घमण्ड हो गया कि अपने आप ही अपने को ईश्वर मानने लगा। राजा ही ईश्वर है, उसके मुख से निकला हुआ वाक्य ही वेद वाक्य है। समाज पर इन ऋषियों फिसियों का प्रभाव नहीं होना चाहिये।

यह सोच कर राजा बेन ने ऋषियों को अपमान करने की नीति बरती। ऋषिगण राजा के घमण्ड और मूर्खता से तंग आ गये और जनता भी! परन्तु राजा बेन की सेना जनता के क्रोध के आगे ठहर नहीं सकी और अन्त में बेन राजा भी मार डाला गया।

बेन जैसा निर्बुद्ध था, वैसा ही उसका बेटा पृथु प्रबुद्ध और ज्ञानी था। उसने भी उसी तरह अपने क्षेत्र में पहली बार पृथ्वी को हल से जुतवाया, जैसा राजा नाभि ने किया था। पृथु ने भी भरत की तरह ही बहुत-सी भूमि जोती। जैसे भरत के नाम पर भरतखण्ड और भारतवर्ष नाम पड़े, वैसे ही पृथु के नाम पर इस धरती को पृथ्वी कहा जाने लगा। यह पृथु वैन्य भी राजा भीम परमेष्ठी के समान ही ऋग्वेद के मन्त्रदृष्टा ऋषि हुए।

मनुष्य के आदि पुरखों की कथाएँ सुनाते हुए पितामह भीष्म बोले- हे युधिष्ठिर जो अपने पुरखों के इतिहास को सही ढंग से पहिचानता, जानता और समझता है, वह मानव-सभ्यता के विकास को सफलता-पूर्वक आगे बढ़ाकर यश पाता है। हे युधिष्ठिर, हमारी इस आर्य सभ्यता को बड़े-बड़े योद्धाओं और ऋषि-महर्षियों ने बड़े परिश्रम, बड़ी सूझ-बूझ और लगन से सारी दुनिया में बैठायी थी। उन्होंने जंगली जातियों से जंगलीपन छुड़वाकर उन्हें सभ्य बनाया। खानों से सोना-चाँदी, हीरे मानिक-मणियाँ आदि का वैभव खोद निकाला। समुद्र के गर्भ से मोती निकाले। यह सुन्दर-सुन्दर भवन और सुखद-जीवन, जो आज हम भोग रहे हैं, वह इन्हीं पुरखों की कृपा का फल है। हमारे इन्द्र, वरुण और आदित्य जैसे प्रतापी राजा और भुगु, अत्रि, वशिष्ठ, पुलह, पुलस्ति, विश्वामित्र आदि महर्षियों ने दुनिया में ज्ञान और सुशासन का उजाला किया है।

भीष्म पितामह सुनाने लगे-हे युधिष्ठिर, मानव सभ्यता को विकास देने में जैसे पहले मनुओं की परम्परा ने हमें राह दिखलायी वैसे ही उनके बाद इन्द्रों की परम्परा ने भी हमारा बड़ा उपकार किया। उनके समय में मनुष्य जाति का जो वर्ग सभ्य और संस्कारवान बना, वह देव जाति कहलाया। देव लोग शुरू में तो बड़े सभ्य और धार्मिक लोग रहे। बाद में दूसरी जातियों पर शासन करते-करते उनमें घमण्ड, स्वार्थपरता और क्रूरता जाग उठी।

वे अत्याचारी भी हो गये। अपने कर्मों और व्यवहार में उन्होंने नीति-अनीति का विचार करना छोड़ दिया। युधिष्ठिर, शासक वर्ग के लोग जब-जब अन्यायी और अत्याचारी हो जाते हैं, तब-तब उनके अन्याय को दबाने के लिए मनुष्य जाति अपने भीतर से एक नयी और न्यायशील-चेतना जागृत करती है। इस सामाजिक चेतना को बल देने के लिए नियति भी मानों अदृश्य से दृश्यमान होकर सहायक बनती है।

हें पुत्र! मनुष्य अर्थात् नेताओं का अत्याचार जब अति पर पहुँच गया तब समाज से एक नया नेता जागा। वह आगे चलकर इन्द्र कहलाया।

●

इन्द्र की कथा

देव-जाति में कश्यप कुल शिरमौर था। उसके एक कुशिक नामक सरदार ने अपने ओहदे एवं शारीरिक शक्ति के घमण्ड में अत्याचारों को सीमा तक पहुँचा दिया।

किसी प्रजाजन की अदिति नाम की एक बेटी थी। वह बड़ी ही रूपवती थी। उसका स्वभाव भी सीधा और सच्चा था। दुष्ट कुशिक ने अदिति की सुन्दरता को बड़ी लालच भरी और गन्दी नजर से देखा। वह उसे बराबर घेरने लगा। अदिति बेचारी दिन-रात डर के मारे सहमी-सहमी रहने लगी। उसके माँ-बाप भी दुखित और चिन्तित रहने लगे। बहुत बचाव करते हुए भी शासक की बुरी निगाह से भला कौन बच सकता है। अदिति बेचारी एक दिन कुशिक की दबोच में वैसे ही आ गयी, जैसे सिंह की दबोच में बेचारी हिरनी आ जाती है। कुशिक के इस पाप-परिणाम से बेचारी अदिति को मजबूरन माता बनना पड़ा। लेकिन; वह जब माँ बन गयी, तब उसने निश्चय किया कि अत्याचारी कुशिक को मैं उसी के बेटे से दण्ड दिलवाऊँगी।.

अदिति माता ने अपने बेटे को बहुत लाड़-प्यार और साथ ही साथ कठोर-अनुशासन में पाल-पोस कर बड़ा किया। उसने बेटे को कसरत, कुश्ती एवं अपने समय के श्रेष्ठ हथियारों को चलाना सिखलाया। वह उसे अच्छे-अच्छे ज्ञानवान गुरुओं के पास ले गयी और उनसे उसको श्रेष्ठ शिक्षा दिलवायी। बेटा जब माँ के पास रहता, तब वह उसे यही शिक्षा बार-बार देती थी कि हे पुत्र! तुम श्रेष्ठ विद्वान, ज्ञानी और न्यायी बनो। न्याय की रक्षा के लिए अपने शरीर और मन में इतनी शक्ति पैदा करो कि महाबली दुष्ट भी तुम्हारी शक्ति के आगे घुटने टेक दे। शक्ति के बिना न्याय का पालन हो ही नहीं सकता। न्याय का पालन ज्ञान के बिना नहीं होता।

बालक जब धीरे-धीरे बड़ा हुआ तो अपने देशकाल के शासक वर्ग का अन्याय और अत्याचार देख-देख कर उसका जी बार-बार विद्रोह करने के लिए मचल उठता था। अदिति माँ ने सोचा कि बेटे को उसकी जन्म की कथा सुनाने का समय आ गया।

एक दिन माँ ने अपने बेटे को उसके बाप का नाम बतलाया। बेटे ने जब यह जाना कि उसके इलाके का अत्याचारी शासक ही उसका पिता है, तब वह क्षोभ और क्रोध से भर उठा। अपने जन्म की कथा जान कर उसे बड़ी लज्जा आने लगी। वीर की आँखों में आँसू छलछला उठे।

माँ बोली-हे पुत्र! इस निकम्मी लज्जा से अपने को निकम्मा मत बनाओ, तुम्हारे पिता को अपनी अपार शारीरिक-शक्ति और प्रतापी सेना का घमण्ड है। जबकि गाँव भर के सारे लड़के तुम्हें चाहते हैं और तुम से प्रेरणा पाते हैं। उनको सेना के रूप में संगठित

करो और जाओ, अपने अत्याचारी पिता का वध करके मुझे शीघ्र से शीघ्र विधवा बनाओ। यही मेरे दूध का मूल्य होगा। हे पुत्र! तुम जनजाति के इन्द्र बनो और देवों के घमण्ड को चूर करो। तुम भी देव हो। तुम अपनी जाति के सिरमौर बनो, यह मेरा आशीर्वाद है।

अपनी माँ के द्वारा इन्द्र पद की लालसा लिए हुए बेटा माँ का चरण छूकर बाहर आया। उसने गाँव के सयाने लड़कों और मित्रों के सामने निःसंकोच-भाव से अपने जन्म का इतिहास बतलाया। सुनकर उसके कई साथियों ने दबी जबान से अपने-अपने जन्म की सच्चाई को प्रकट कर दिया। जहाँ-जहाँ देवों का राज्य था, वहाँ-वहाँ आमतौर से ऐसे ही अत्याचारों की सैकड़ों कहानियाँ भरी पड़ी थीं।

एक युवक कहने लगा-यह देव शासक हम से कड़ी मेहनत लेकर सोना-चाँदी आदि धातुएँ एवं मणि-माणिक खुदवाते हैं और अपने तो गुलछर्रे उड़ाते हैं। हमें सताते हैं। उनकी स्त्रियों की मान-मर्यादा बहुत बड़ी है। हम दीनों-हीनों की स्त्रियों का उनकी दृष्टि में कोई मूल्य नहीं! हे मित्र, तुम्हारी तपस्वी माता ने तुम्हें इन्द्र बनने का वरदान दिया है। हम भी यह मानते हैं कि तुम हमारे इन्द्र बनने के सच्चे अधिकारी हो। चलो, देवों की अकल ठिकाने लगा दो।

स्वयं को इन्द्र अनुभव करते अदिति के बेटे ने कहा-वह यदि देव हैं तो हम असुर हैं, यानी हम प्रणापन है। हम प्राणव से यह प्रतिज्ञा करते हैं कि अपनी संगठित शक्ति से शत्रुओं की कुमति को कुचल देंगे।

भीष्म कहने लगे-हे पुत्रों! जो इन्द्र बाद में देवों का राजा बना, उसी ने पहले असुर पद धारण किया था। इन्द्र और उसके साथियों ने सचमुच अपने असुर का प्राणवान होने का प्रत्यक्ष चमत्कार दिखाया। गाँव-गाँव के विद्रोही लड़कों ने अपने इस इन्द्र के झण्डे के नीचे इकट्ठे होकर देव-सरदारों की अकल ठिकाने लगानी शुरू कर दी। देव लोग घबराये। उन्होंने अपने हाकिम कुशिक के दरबार में गोहार लगा दी।

अब कुशिक ने घमण्ड से कहा-मैं इन नालायक लड़कों की अकल ठिकाने लगा दूँगा। चलो सेना सजाओ और इन दुष्टों के गाँव के गाँव उजाड़ दो।

सरदार कुशिक, कश्यप की यह चुनौती युवक विद्रोहियों के जासूसों ने आनन-फानन में ही इन्द्र के कानों तक पहुँचा दी। माँ से आशीर्वाद प्राप्त इन्द्र तो इस मौके की तलाश में पहले से ही तैयार बैठा था। देवों की सेना सज कर मैदान में जम भी न पायी थी कि लड़के उन पर अचानक बिजली की तरह टूट पड़े। बचे खुचे लोग किले में दुम दबाकर भाग गये।

किले तब मिट्टी के बनते थे। उनकी दीवारें खूब चौड़ी-चौड़ी होती थीं और उनके चारों ओर पानी से भरी हल्की खाईं होती थी। देवलोग अपनी नदियों पर मिट्टी के पक्के बाँध भी बाँधा करते थे, जिससे नदी उनकी इच्छानुसार किले के किनारे से होकर उन इलाकों में बहती थी, जिसे देव सींचना चाहते थे। इन्द्र ने अपने बहादुरों से कहा-"मित्रो! अगर हम इस बाँध की दीवार को तोड़ दें तो जमा किया हुआ पानी सीधे इनके किले की दीवारों से टकरायेगा और दीवारों को तोड़ देगा। मित्रों, तुम्हारे इस इन्द्र का यह नारा है-

बाढ़ लाओ। देवों के नगरों को जला दो और बिजली बनकर इन पर अचानक टूटो। इन तीन नारों को यदि तुम बराबर याद रखोगे और चूक नहीं करोगे तो अत्याचारी शत्रु तुम्हारे आगे घुटने टेक कर धरती पर अपनी लम्बी नाकें घिसने लगेंगे।

इसके बाद भयंकर युद्ध हुआ। किला ध्वस्त हुआ। देवलोगों के परिवार डूबे। बचे-खुचों को इन्द्र की सेना ने लूटा और इन्द्र की आज्ञा से उनकी बस्तियों को जला डाला।

कुशिक को मारते ही इन्द्र का नाम सारी देव जाति में सूरज की धूप-सा फैल गया। सब लोग उससे डरने लगे। फिर तो इन्द्र और उसकी सेना जगह-जगह बाँधों को तोड़कर देव जातियों की बस्तियों पर बाढ़ लाने लगी, उनकी बस्तियाँ जलाई जाने लगीं। देवों में त्राहि-त्राहि मचने लगी। उस समय देवों के भी मुखिया आदित्य विष्णु बड़े समझदार और परम् आचरणवान थे। उन्होंने इन्द्र को बुलाया, बड़े प्यार से समझाया और कहा-हे पुत्र! मैं तुम्हारी न्यायबुद्धि की प्रशंसा करता हूँ और तुम्हारी शक्ति से भी प्रभावित हूँ। बेटे, अपने क्रोध को विवेकयुक्त बनाओ। तुम देवों की अन्यायवृत्ति के शत्रु हो, उनके शत्रु मत बनो। इन्द्र, तुम भी अपने पिता के कारण हमारे कश्यप कुल के देवपुत्र हो। इसलिए स्वजाति का संहार मत करो। तुम मनु शासन के महा-सेनाधिकारी बनो। इन्द्र ने विष्णु भगवान की आज्ञा के आगे अपना सिर सादर झुका दिया।

इस प्रकार पाण्डवों को बहुत उपदेश देते हुए भीष्म पितामह ने अपने अन्तिम दिन बिताये। सर्दी के दिनों में, जब सूर्य उत्तरायण हुए, तब उन्होंने अपनी इह लीला समाप्त की थी।

●

हस्तिनापुर में युधिष्ठिर का राज्याभिषेक

हस्तिनापुर आकर युधिष्ठिर का नये सिरे से राज्याभिषेक हुआ था।

श्रीकृष्ण और सात्यिकि, धर्मराज के सामने बैठे थे। भीमसेन और अर्जुन युधिष्ठिर के अगल-बगल सोने से मढ़ी और नगीने से जड़ी चौकियों पर विराजमान थे। नकुल और सहदेव कुन्ती माता के सिंहासन के आस-पास बैठे थे। गान्धारी, धृतराष्ट्र, विदुर और पाण्डव के पुरोहित धौम्य ऋषि भी श्रेष्ठ आसनों पर विराजमान थे।

धर्मराज ने अक्षत, सफेद फूल, मिट्टी, सोना, चाँदी और जवाहरात का स्पर्श किया। तब प्रजा के लोग और पुरोहितजी अनेक मंगल वस्तुएँ लेकर नये राजा का अभिषेक करने के लिए आगे बढ़े। रानी द्रोपदी और महाराज युधिष्ठिर ने अग्नि में आहुति दी। पुरोहित धौम्यजी ने मन्त्र पढ़े। फिर चाचा धृतराष्ट्र के साथ श्रीकृष्ण उठ कर आगे आये। प्रजा के प्रतिनिधि उनके पीछे हो लिये। सब ने शंख के जल से धर्मराज युधिष्ठिर को अभिषिक्त किया। अब महाराज और महारानी सिंहासन पर बैठे। उनके बैठते ही तुरही, नरसिंघे, भेरी, नगाड़े आदि बजने लगे। ब्राह्मणों ने वेद-पाठ करना आरम्भ किया और इसके तुरन्त बाद ही युधिष्ठिर ने अपना राजकाज सम्भाल लिया।

राज्याभिषेक होने के कुछ ही दिन बाद श्रीकृष्ण ने युधिष्ठिर से द्वारका जाने के लिए आज्ञा माँगी। जीवन के सारे सुख-दुखों में श्रीकृष्ण ही पाण्डवों के अनन्य साथी थे। उनकी रणनीतिक-कुशलता के कारण ही सच पूछो तो पाण्डवों को विजय मिली थी। हर आड़े मौके पर श्रीकृष्ण की सूझ-बूझ ही काम आयी। इसलिये उन्हें विदा करते समय पाँचों भाइयों और द्रोपदी, सुभद्रा आदि रानियों के दिल भर आये। कुन्ती माता ने भी भरे मन से अपने भतीजे श्रीकृष्ण को असीसा।

धृतराष्ट्र आदि का सन्यास ग्रहण करना

श्रीकृष्ण ने द्वारका जाने के कुछ ही दिनों बाद एक दिन महात्मा विदुर, युधिष्ठिर के पास आये। उन्होंने कहा–धर्मराज, तुम्हारे पूज्य चाचा और चाची अब सन्यास लेना चाहते हैं। मैं भी अब अपना जीवन सुधारने के लिए तप करना चाहता हूँ। तुम हमारे राजा हो। मैं उन दोनों की ओर से भी आज्ञा माँगने आया हूँ।

धर्मराज ने हाथ जोड़ कर कहा–चाचाजी अपने मोह बस तो मैं यह आज्ञा नहीं देना चाहता, पर धर्म को समझते हुए मैं आप लोगों को वन जाने से रोक भी नहीं सकता। मैं पण्डितों से शुभ मुहूर्त सुझवा कर आप लोगों के वन जाने की व्यवस्था करूँगा।

कुन्ती माँ ने जब यह समाचार सुना तो वह भी युधिष्ठिर के पास आयीं और वन जाने की अपनी इच्छा प्रकट की। युधिष्ठिर ने उन्हें बहुत तरह से समझा–बुझा कर रोकना चाहा। परन्तु उन्होंने कहा–मैं अब अपना अन्त समय ईश्वर के ध्यान में लगाना चाहती हूँ।

इस तरह माँ, चाची तथा विदुर काका को वनवास के लिए विदा देने का दिन आ पहुँचा। सारा शहर बूढ़े महाराज और महारानियों तथा लोकप्रिय महामन्त्रीजी को विदा देने के लिए उमड़ पड़ा। रनिवास की सभी छोटी–बड़ी रानियों, बाँदियों तक की आँखों से आँसुओं की अविरल धार बह रही थी। नौकर–चाकर उदास थे। प्रजा लोग विलाप कर रहे थे। बहुत से भावुक लोग तो सीमा के बाद भी इन बूढ़े राज–पुरुषों और दोनों राज माताओं के पीछे–पीछे तपोवन तक चले गये। बाकी लोग उदास मन से नगर में लौट आये।

दुनिया का कारोबार फिर से चलने लगा। हस्तिनापुर में बहुत कुछ नया बनने लगा और पुराना गायब होने लगा। धीरे-धीरे माघ का महीना आया। सूर्य के उत्तरायण होने के दिन आये। सब लोग जानते थे कि तपस्वी भीष्म पितामह अब अवश्य ही देह–त्याग करेंगे, इसलिये दर्शनार्थी उनके आस–पास जमा होने लगे। सूर्य उत्तरायण हुए और महर्षि, तपस्वी, वीर–व्रतधारी भीष्म पितामह ने अपने प्राण त्याग दिये। एक युग का मानो अन्त हो गया। अत्यन्त राजकीय समारोह के साथ उनका दाह–संस्कार हुआ। केवल घर के लोगों ने ही नहीं बल्कि; हजारों प्रजाजनों ने भी नदी में खड़े हो और पितामह को तर्पण दिया। मन्त्र पढ़कर हजारों–लाखों लोग तब से लेकर आज तक भीष्म पितामह को तर्पण दिया करते हैं। जिस वीरव्रती के कोई बेटा न था, उसके करोड़ों बेटे तब से लेकर आज तक उसे श्रद्धा से तर्पण करते हैं। आत्मदानी महाव्रतियों का यश पृथ्वी पर सदा अमर रहता है।

●

अश्वमेध-यज्ञ

हस्तिनापुर आकर पाण्डव बन्धु, अपना राज-काज सम्हालने लगे। परन्तु युधिष्ठिर का मन पूरी तरह से काम-काज में नहीं लगता था। अपने और अपने भाइयों के पुत्रों का नाश हो जाने से उन्हें अपनी दुनिया बहुत ही सूनी लगती थी। अभिमन्यु की विधवा पत्नी उत्तरा गर्भवती थी। सब लोग दिन-रात यही मनाया करते थे कि बेटा हो, जिससे पाण्डव वंश में कोई राज-पाट सम्हालने के लिए पैदा हो जाय।

उत्तरा की ओर से सभी को बहुत चिन्ता रहा करती थी। बेचारी बहुत कच्ची-उमर में विधवा हो गयी थी और कुछ ही दिनों के हेर-फेर में उसका पति, भाई और पिता आदि परम-प्रियजन मारे गये थे। उत्तरा का कोमल मन इतना भीषण आघात सह नहीं पाता था। वह बार-बार बेहोश हो जाया करती थी। सूख कर काँटा हो गयी थी और उससे खाते-पीते भी नहीं बनता था। उसकी सासें द्रोपदी, सुभद्रा आदि इस बात से बेहद चिन्तित रहती थीं कि बहूरानी यदि अपना तन-मन न सम्हालेंगी तो होने वाली सन्तान के जीवन पर भी उसका बुरा असर पड़ सकता है।

एक ओर तो यह चिन्ता थी और दूसरी ओर राज-खज़ाना खाली हो जाने के कारण धर्मराज दिन-रात बराबर यही सोचा करते थे कि उनके साम्राज्य की यह झँझरी-नाव आखिर कैसे चलेगी? दैव संयोग से ऐसे समय में महर्षि वेदव्यासजी हस्तिनापुर पधारे। उनके आने से सबको ऐसा लगा कि मानो मरुभूमि में हरियाली आ गयी हो। युधिष्ठिर ने अपनी चिन्ताएँ महर्षि को बतलायीं।

महर्षि बोले-हे युधिष्ठिर, तुम ज्ञानी, सुविचारक और धैर्यवान होते हुए भी व्यर्थ में अपने आप को दुखी कर रहे हो। हे धर्मराज, दुनिया में जो पैदा होता है वह एक न एक दिन मरता भी अवश्य है। न किसी व्यक्ति के जन्म लेने पर ही किसी का वश है और न उसके मरने पर। सब अपने-अपने कर्मों के अनुसार जीते हैं। अपने हिस्से का कर्त्तव्य-पालन करते हैं और चले जाते हैं। तुम लोग तथा दुर्योधन आदि कौरव अगर पैदा न होते तो भारतीय प्रजा को भले-बुरे शासन का ज्ञान भला कैसे हो सकता था? यह युद्ध हमने-तुमने नहीं लड़ा बल्कि; परिस्थितियों ने नियति का विधान बनकर यह महायुद्ध करवाया था। यह युद्ध तुम्हारा और कौरवों का न होकर न्याय-अन्याय का युद्ध था। इसलिये तुम यह मत समझो कि तुम जीते हो बल्कि; यह समझो कि न्याय जीता है। अपने इस राज-पाट को न्याय रूपी भगवान का समझ कर तुम लगन से इसकी सेवा करो।

युधिष्ठिर विनयपूर्वक बोले–एक सबसे बड़ी कठिनाई हमारे सामने धन की है। राजकोष खाली पड़ा है। दादाजी! इतने बड़े साम्राज्य का काम आखिर यों तो चल नहीं सकता।

व्यासजी बोले–हे पुत्र, ऐसे समय में चतुर लोग अश्वमेध-यज्ञ किया करते हैं। मैं तुम्हें एक सुझाव देता हूँ। मुन्जवान पर्वत पर राजा मरुत ने एक बार अश्वमेध-यज्ञ करने के लिए ही सोने का बड़ा भण्डार जमा किया था। फिर कारणवश वह यज्ञ न हो सका। राजा मरुत मारा गया और वह खजाना ज्यों का त्यों छिपा पड़ा है। मुझे वह ठिकाना मालूम है। तुम भीम को भेज कर वह खजाना मँगवा लो और अश्वमेध-यज्ञ आरम्भ करो। फिर अश्वमेध का घोड़ा लेकर तुम्हारे प्रतापी भाई अर्जुन जब देश-विदेश की यात्रा पर सेना लेकर निकलेंगे, तब लक्ष्मी आप ही आप बरसने लगेंगी।

व्यास देव का यह प्रस्ताव सुनकर भीम, अर्जुन आदि सब भाइयों को बड़ा उत्साह आया किन्तु; युधिष्ठिर उत्फुल्ल न हो सके। वे बोले– 'अश्वमेध-यज्ञ होगा, न्याय के साम्राज्य का संगठन होगा, कर्म की महिमा बढ़ेगी। ये सब बातें एकदम ठीक हैं लेकिन; कर्म करने वाला जो मनुष्य है, उसके मन में कुछ न कुछ सहज हौसला तो होना ही चाहिये। यहाँ हम सबके आगे सूनापन है। बहू इतनी शोकाकुल है कि किसी के समझाने-बुझाने से मान ही नहीं पाती। ऐसी दशा में उसके गर्भ का जीव सुरक्षित भी रह सकेगा या नहीं, सबसे बड़ी चिन्ता तो मुझे यही है।

महर्षि व्यास देव ध्यान-मग्न हो गये। फिर कहा–हे, युधिष्ठिर, रनिवास में यह सूचना भेजो कि मैं उत्तरा से मिलने के लिए आ रहा हूँ।

तुरन्त ही इन्तजाम हुआ। रनिवास में हलचल मच गयी कि महर्षि उत्तरा बहू को समझाने के लिए महल में पधार रहे हैं। महर्षि पधारे, उन्होंने उत्तरा को समझाया। बोले–अरी पगली, पुत्र के रूप में पति ही फिर पत्नी के पास लौटकर आता है। क्या तू स्वर्गीय अभिमन्यु से इतनी घृणा करती थी कि उसे अब अपने पास नहीं आने देना चाहती?

सुनकर उत्तरा तड़प उठी। वह फूट-फूट कर रोने लगी। महर्षि व्यास ने बड़ी सावधानी से उसका मन पकड़ कर अपने शब्दों से बाँध दिया। उत्तरा की समझ में अब यह आ गया कि उसे अपने लिये नहीं बल्कि; उस होने वाले बच्चे के लिये जीना है, जो कि उसके स्वर्गीय पति का प्रतिरूप होगा। वह उसके बाद से ठीक तरह से खाने-पीने लगी, और ठीक समय पर ही उसने एक पुत्र को जन्म भी दिया।

●

परीक्षित के एक जन्म में दो जन्म

उत्तरा के जिन दिनों बच्चा होने वाला था, उन्हीं दिनों में शुभ-संयोग से श्रीकृष्ण भी हस्तिनापुर आ गये थे। अश्वमेध-यज्ञ की तैयारियों के सम्बन्ध में उचित सलाह के लिये ही उन्हें यहाँ बुलाया गया था।

उत्तरा को बच्चा होने वाला था। रनिवास में हर लौंडी-बाँदी से लेकर द्रोपदी महारानी और सुभद्रा महारानी तक, सभी का ध्यान बस उत्तरा की ओर ही लगा हुआ था। बड़ी-बड़ी कुशल दाइयाँ वहाँ पहले से ही मौजूद थीं। बाहर दरबार में पल-पल पर नौकर चाकर महाराज को सन्देश देता रहता था। राम-राम करके बालक के जन्म की घड़ी आयी। काँसे की परात बजने और खुशियाँ मनाने का उत्साह अभी उमगा ही था कि महलों में एकाएक रोना-पुकारना मच गया। दरबार में घबराहट फैल गयी। भीतर से यह खबर आयी कि बच्चा पैदा तो हुआ है किन्तु; शीघ्र ही मर जायगा। उसके हृदय की धड़कन ठीक तरह से संचालित नहीं हो रही है और वह अभी तक रो भी नहीं पाया है। युधिष्ठिर ने घबरा कर कुशल वैद्यों को बुलाने की आज्ञा दी। श्रीकृष्ण बोले-प्राणगति को साधने की एक युक्ति मैं भी जानता हूँ। वैद्य लोग जब तक आते हैं, तब तक मैं अपना प्रयोग सफल करके देखूँगा।

बचपन में कृष्ण स्वयं पूतना-रोग के शिकार हो चुके थे। गले में जाली पड़ जाने से पूतना-रोग में बच्चा घुट-घुट कर मर जाता है। कृष्ण चूँकि दैव-संयोग से ही उससे बच गये थे, इसलिए उन्होंने इस प्रकार के रोगों की कुछ जानकारी भी केवल अपने शौक में प्राप्त की थी।

श्रीकृष्ण की प्राण-संजीवनी विद्या के प्रताप से थोड़ी ही देर में बालक कुवाँ-कुवाँ करके अपना गला फाड़ने लगा। शिशु का रोना सुनकर सबकी रोती आँखें खुशी के जादू से चटपट सूख गयीं। श्रीकृष्ण की कृपा से पाण्डव-कुल में नया उजाला आया, शोक मिटा और मंगल बधावे बजने लगे।

खजाने की खोज

पौत्र-जन्म की खुशी में नाच-गाने हुए और बड़ी-बड़ी ज्यौनारें हुईं। कुन्ती माता भी अपने पड़पोते का मुख देखने के लिए कुछ दिन के वास्ते जंगल से रनिवास पधारीं। कुछ दिनों तक बड़ी चहल-पहल रही। फिर कृष्ण से सलाह करके महाराज युधिष्ठिर ने शुभ-मुहूर्त में व्यासदेव के बतलाये हुए खजाने की खोज में स्वयं जाने का निश्चय किया। राज-काज की कुशल-व्यवस्था मन्त्रियों के ऊपर छोड़कर पाँचों भाई मुन्जवान पर्वत पर गये। वे अपने पुरोहित को भी साथ ले गये थे।

मुन्जवान पर्वत पर पहुँच कर धर्मराज ने पहले शंकरजी की पूजा की। उस समय आज के मुन्जान, बल्ख, बुखारा और तुर्किस्तान आदि देशों में शंकरजी ही महादेव मान कर पूजे जाते थे। इसलिये धर्मराज युधिष्ठिर ने मुन्जवान पर्वत पर शंकरजी की पूजा-अर्चना बड़ी धूम-धाम से की। पूजा करके गन्ध आदि पूजा की सामग्री लेकर धर्मराज फिर व्यासदेव के बतलाये हुए स्थान पर गये।

व्यासजी की बतलायी हुई सारी निशानियाँ देख कर उन्होंने उस भूमि की पूजा करायी। पहले दो-दो चार-चार फावड़े मिट्टी हर पाण्डव ने अपने हाथों से खोदी। फिर यह काम मजदूरों को सौंप दिया गया। मजदूरों के सामूहिक-कार्य से थोड़ी ही देर में वह स्थान निकल आया; जहाँ गुप्त खजाने का द्वार था। पत्थर की चट्टियाँ हटा कर तहखाने का द्वार खोला गया और वहाँ से वह सारा सोना हस्तिनापुर लाद कर लाने के लिए कई हजार ऊँटों, घोड़ों और न जाने कितने हाथियों आदि जानवरों का इस्तेमाल किया गया।

राजा मरुत हेतिकुल या हिट्टी कुल का बड़ा प्रतापी राजा हुआ था। उसने मिस्त्र और अल्ताई (सुमेरू) की सोने की खानें अपने अधिकार में कर रखी थीं। उसका जमा किया हुआ धन उसके काम न आकर बड़े आड़े समय में पाण्डवों को मिला था। विधि का विधान भी कभी-कभी बड़ा ही विचित्र और चमत्कारी लगता है!

हस्तिनापुर पहुँचते ही यज्ञ की तैयारियाँ होने लगीं। बड़े-बड़े यज्ञकर्त्ता-ऋषि न्योते गये। महर्षि व्यासजी ने यज्ञ का मुहूर्त विचारा। यज्ञ में काम आने वाली कुशा वगैरह साधारण चीजें भी अश्वमेध यज्ञ में सोने की हुआ करती हैं। वे सब बनीं। विधिवत् यज्ञ आरम्भ हुआ और यज्ञ का घोड़ा छोड़ा गया। महाबली अर्जुन इस घोड़े की रक्षा के लिए तैनात थे। जहाँ यह घोड़ा जायगा, वहीं वे भी जायेंगे। अगर कोई यज्ञ के घोड़े की राह रोकेगा तो उसे महाबली अर्जुन और उनकी परम प्रतापी सेना का सामना करना पड़ेगा।

इस प्रकार अर्जुन दिग्विजय करने और राजकोष के लिए धन बटोरने निकले। धर्मराज युधिष्ठिर ने भीमसेन को सारे साम्राज्य का राजकाज देखने पर नियुक्त किया। नकुल को राजधानी के सारे कचहरी-कार्यालयों पर निगरानी रखने का भार सौंपा। अपने सबसे छोटे भाई सहदेव को उन्होंने सबसे कठिन जिम्मेदारी सौंपी। उनका काम यह था कि वे राज-कुल के हर व्यक्ति को सन्तुष्ट रखें। सबके साथ न्याय हो, और वे लोग आपस में कोई षड्यन्त्र करने का मौका न पा सकें। इस तरह सारा प्रबन्ध करके स्वयं धर्मराज ने यज्ञ की दीक्षा लेने के कारण अब निश्चिन्त होकर यज्ञशाला में ही नियमपूर्वक रहना शुरू कर दिया।

●

यज्ञ का घोड़ा

पाण्डवों का घोड़ा पहले उत्तर दिशा की ओर गया। आमतौर से तो राजे लोग यज्ञ के घोड़ों और उसके संरक्षक महाबली अर्जुन का सत्कार करने के लिए हाथ बाँधे खड़े ही मिला करते थे, पर किसी-किसी से लड़ाई भी हो जाती थी। उत्तर में किरातों और मलेच्छों से उन्हें लड़ना पड़ा। थोड़ी ही देर में उन बर्बर जंगलियों ने भी घुटने टेक दिये।

घूमते-घामते घोड़ा त्रिगर्त (काँगड़ा) पहुँच गया। काँगड़े के वीर बड़े ही बाँके थे। पहले कुरुक्षेत्र के मैदान में भी त्रिगर्तों से अर्जुन का सामना हो चुका था। एक बार मात खा चुकने पर भी स्वाभिमानी त्रिगर्त नरेश अपने राज से पाण्डवों का घोड़ा मनमाने ढंग से कदापि नहीं जाने दे सकता था। राजकुमारों ने घोड़ा पकड़ लिया। अर्जुन ने हँसकर राजकुमारों से कहा–पुत्रों, मुझे धर्मराज की यह आज्ञा है कि जिन राजे-रजवाड़ों से हम कुरुक्षेत्र में लड़े थे, उनके बेटों-पोतों से जहाँ तक बने, युद्ध न करूँ। मैं इसीलिए तुम लोगों से युद्ध नहीं करना चाहता। घोड़े को छोड़ दो। उसे जाने दो।

राजकुमारों ने अपने पिता महाराज सूर्यवर्मा से जाकर पूछा। सूर्यवर्मा कड़क कर बोले–जाकर अर्जुन से यह कह दो हम त्रिगर्त के निवासी पीढ़ियों तक अपने शत्रु से लगातार मोर्चा लेने का हौसला रखते हैं। हम दोनों में हार-जीत का फैसला हुए बिना यह घोड़ा लौटाया नहीं जायगा।

त्रिगर्तों ने अर्जुन से जमकर युद्ध किया। एक बार तो राजा सूर्यवर्मा का तीर सीधा आकर उसकी कलाई में ही घुस गया जिससे अर्जुन अपना धनुष पकड़े हुए थे। झटका लगने से गाण्डीव हाथ से छूट कर गिरने लगा। यह देख कर राजा सूर्यवर्मा खिलखिला कर हँसने लगे। परन्तु अर्जुन ने वैसी ही फुर्ती से सर्व-विषहरण औषधि की बुकनी मुट्ठी में उठाई, तीर निकाला घाव पर दवा बुरकी और बात की बात में उनका गाण्डीव फिर वैसा ही टंकराने लगा। एक दिन में त्रिगर्तों ने हार मान ली। दोनों ही एक-दूसरे की शूरवीरता के प्रशंसक बन गये और उनमें मित्रता हो गयी।

•

घोड़ा सिन्धु देश में

पंजाब की सैर करता हुआ घोड़ा सिन्धु देश में पहुँच गया। जयद्रथ का बेटा ही वहाँ का राजा था। उसे उसकी माँ तथा और सब शुभ चिन्तकों ने बहुत समझाया कि तुम अर्जुन का स्वागत भले ही न करो, पर घोड़े को अपने राज्य से चुपचाप निकल जाने दो। पर वह अभागा अपने पिता को मारने वाले अर्जुन से बदला लेने के जोश में ऐसा आया कि उसने किसी की एक न सुनी।

घोड़ा पकड़े जाने पर अर्जुन ने फिर वही धर्मराज का सन्देश दोहराया। इस पर जयद्रथ का बेटा बोला–घोड़ा अब मेरे किले से वैसे ही बाहर नहीं निकलेगा जैसे कि मेरे राज्य में आकर मेरे पूज्य पिता का हत्यारा। अर्जुन अपना सिर अपने धड़ पर न रख सकेगा।

सिन्धु के फुर्तीले घोड़े और बहादुर लड़वैये बड़ी आन और शान से लड़े पर अर्जुन के आगे वे टिक नहीं सके। स्वर्गीय जयद्रथ की विधवा पत्नी के सिर फिर अभागा दिन आया। जिस अर्जुन के हाथों से पिता की मृत्यु हुई थी उन्हीं से बेटे ने भी वीर-गति पायी। राजधानी में ऐसा आतंक बना कि सब लोग सन्न रह गये। किसी के मुँह से बात तक न फूटती थी। हर एक यही सोचता था कि महाबली अर्जुन अभी राजधानी में प्रवेश करेंगे और यदि दुर्भाग्य से उनका विरोध हुआ तो यह अलकापुरी-सी यह सुन्दर नगरी दिनभर में तहस-नहस हो जायगी।

जयद्रथ की विधवा पत्नी ने बहुत सूझ-बूझ और समझदारी से काम लिया। बेटे की मौत पर रोना-धोना भूल कर वह तुरन्त अपने पोते को लेकर पालकी पर बैठी और अर्जुन के पास आयी। जयद्रथ की पत्नी धृतराष्ट्र की पुत्री और अर्जुन की चचेरी बहन थी। अर्जुन उसके आने का समाचार सुनकर स्वयं आगे बढ़ गये। रानी अपने पोते को अर्जुन के पैरों में डालने लगी तो अर्जुन ने उसे चटपट अपनी गोद में लेकर बड़े प्यार से उसका मुख चूमा। बच्चे के सिर पर हाथ फेरा और फिर आँखों में आँसू भर कर अर्जुन ने कहा–भान्जे को मार कर मैं स्वयं भी बहुत दुखी हूँ बहन! मैंने उसे बहुत समझाया था। लगता है कि विधि के विधान से हम दोनों ही मज़बूर थे। तुम घोड़ा वापस कर दो और मैं इस बच्चे का अपने हाथों से राजतिलक करके यहाँ से चला जाऊँ।

ऐसा ही किया गया।

आगे के कच्छ-गुजरात में पाण्डवों का घोड़ा बड़े माल खाता हुआ मौज से घूमा। फिर मध्य प्रदेश से भी सकुशल निकल गया। धीरे-धीरे वह आज के असम प्रदेश की

पुरानी राजधानी प्रागज्योतिषपुर के पास जा पहुँचा। वहाँ के राजा से भी अर्जुन को लड़ना पड़ा लेकिन; शीघ्र ही वह काबू में आ गया। पहाड़ी नागा, अर्जुन के तीरों की बौछार से ऐसे काँप उठे कि उन्होंने अपने राजा से कहा–हम मनुष्यों से लड़ सकते हैं, देवता से नहीं। ऐसा पराक्रम देवता के अलावा और कोई दिखला नहीं सकता।

अपनी सेना का यह दुर्बल मन देखकर राजा वज्रदत्त ने भी समझदारी से काम लिया और घुटने टेक दिये। अर्जुन ने उससे अत्यन्त मैत्रीपूर्ण व्यवहार किया।

•

बाप-बेटे की लड़ाई

घोड़ा जब वहाँ से चला, तब अर्जुन यही मना रहे थे कि भगवान करे यह घोड़ा मणिपुर की ओर निकल जाय। इससे वह अपनी परमप्रिय रानी चित्रांगदा से मिलने का अवसर भी पा जायेंगे। अर्जुन को उसकी याद आने लगी। वर्षों पहले चित्रांगदा से उनकी भेंट हुई थी। बड़ा प्रेम-भाव बढ़ा था, ब्याह किया और पति-पत्नी ने हँसी-खुशी के दिन एक साथ बिताये। फिर विदा होने की घड़ी आयी, चित्रांगदा के सुन्दर मुख की उदासी अर्जुन को याद आ रही थी। अर्जुन बार-बार यही मनाने लगे कि रामजी घोड़ा उधर ही चले। संयोग से घोड़ा मणिपुर की ओर ही बढ़ गया। अर्जुन ने खुशी के मारे पहले से ही रानी चित्रांगदा के पास यह सन्देश भिजवा दिया कि वे आ रहे हैं। घोड़े के स्वागत की तैयारी करो। सन्देसिये ने लौटकर अर्जुन को यह समाचार दिया कि रानी चित्रांगदा इस समाचार से बहुत प्रसन्न हैं और इस समय मणिपुर का राजा भी सौभाग्य से और कोई नहीं बल्कि स्वयं महाबली अर्जुन और चित्रांगदा का बेटा वभ्रु वाहन ही है।

अर्जुन यह समाचार सुनकर बड़े प्रसन्न हुए। उन्होंने कुछ दिन अपने बेटे की राजधानी में टिककर विश्राम करने की योजना भी अपने मन में बना ली। उधर हुआ यह कि वभ्रु वाहन की सौतेली माँ उलूपी अकस्मात महल में पहुँच गयी। नाग महिला उलूपी ने अपने सौतेले बेटे से कहा-वभ्रु वाहन, तुम महाबली अर्जुन के बेटे हो और रानी चित्रांगदा के होते हुए भी तुम मन से मेरे ही बेटे हो, मैंने तुम्हें बड़े-बड़े आचार्यों से धनुर्विद्या सिखलायी है। आज उन सबकी परीक्षा का अवसर आया है।

वभ्रु वाहन बोला-माँ, तुम मेरे लिए क्या आज्ञा करती हो?

उलूपी बोली-मेरी यह इच्छा है कि पाण्डवों का घोड़ा जब तुम्हारे राज्य में आये, तब तुम अवश्य ही उसको पकड़ लो। रानी चित्रांगदा घबराकर बोली-बहन, यह तुम क्या शिक्षा दे रही हो, क्या बाप-बेटे में लड़ाई करवाओगी।

उलूपी तड़प कर बोली-कैसा बाप री। इतने वर्षों में कभी झूठे भी न पूछा कि तुम से मेरा कोई बाल-बच्चा भी हुआ है या नहीं? हमारे पति ने हमारे साथ क्या सम्बन्ध रखा? मैं तो कहती हूँ कि वे हम दोनों को ठग कर चले गये और फिर मन से एकदम उतार दिया। हम भले ही उन्हें अपने मन में याद करती रहें, पर क्या उन्हें हमारी कभी सुधि भी आयी होगी? तू घोड़ा जरूर रोकना बेटा! मैं एक बार महाबली अर्जुन को भी यह बतला दूँगी कि मेरा बेटा उनसे भी बड़ा वीर है।

कहाँ तो अर्जुन खुशी से भरे आ रहे थे और कहाँ उन्हें एकाएक दूसरा ही रूप देखने को मिला। घोड़ा आगे-आगे चल रहा था। मणिपुर की सेना पत्थर की दीवाल बनी खड़ी थी। घोड़ा दो सैनिक टुकड़ियों के बीच खुली जगह के भीतर घुस गया तो अर्जुन ने देखा कि उस खुली जगह पर भी तुरन्त ही सैनिकों की कतारें खड़ी हो गयीं और युद्ध के बाजे बजने लगे। अर्जुन पहले तो चौंके, फिर मन में सोचा कि क्यों न हो कि शायद वीर बाप का बेटा पहली बार अपने पिता से भेंट करने के अवसर पर उसका वीरोचित स्वागत ही करना चाहता है। अर्जुन ने कहलाया कि मैं अपने पुत्र के इस विचार मात्र से ही बड़ा प्रसन्न हुआ हूँ। मेरा हृदय इतना गदगद है कि मैं अपने बेटे को कलेजे से लगाने के लिए उतावला हो रहा हूँ। उसका बल-पराक्रम देखने की इच्छा अभी नहीं होती।

परन्तु अर्जुन के इस भाव भरे मीठे सन्देश का उत्तर वीर वभ्रु वाहन ने शंखघोष करके दिया। बाप-बेटे में लड़ाई छिड़ गयी। बेटे का युद्ध-कौशल, फुर्ती और पराक्रम देखकर अर्जुन बार-बार ऐसे मुग्ध हो उठते थे कि उनका लड़वैया मन उनके हाथ से छूट जाता था। पहले तो वे शाबाश-शाबाश कहते रहे और बेटे के वाणों के घाव भी हँस-हँस कर अपने शरीर पर झेलते रहे। परन्तु फिर युद्ध के जोश ने महाबली के मोह को आखिरकार परास्त ही कर दिया। अर्जुन ने ऐसे घनघोर तीर बरसाये कि वभ्रु वाहन का रथ टूटा, सारथी मरा और फिर घोड़े भी न बच सके। बस युद्ध के सारे जोश में मन के मोह ने इतनी चतुराई अवश्य कर रखी कि वभ्रु वाहन को खरोंच भी न आये और वह बाप के सामने निहत्था होकर घुटने टेक दे।

वभ्रु वाहन अपने बाप का बेटा तो था ही, उसे अपनी एक माँ की भक्ति और दूसरी माँ से शक्ति मिली हुई थी। रथ टूटा, घोड़े मरे, कोई बात नहीं। शेर के बच्चे ने भूमि पर ही खड़े होकर महाबली अर्जुन के छक्के छुड़ा दिये। अर्जुन उसके आघातों से छक-छक गये। एक अवसर तो ऐसा भी आ गया था, जबकि क्रुद्ध होकर वे अपने बेटे को घायल करने पर भी तुल गये थे। परन्तु बेटे ने बाप के सारे क्रोध को अपनी शक्ति से काट कर निकम्मा साबित कर दिया। अर्जुन झुँझला उठे। वह किसी भयानक अस्त्र का प्रयोग नहीं करना चाहते थे। फिर भी क्रोध चूँकि उबल उठा था, इसलिये वह किसी शक्ति का प्रयोग करने की बात भी सोचने लगे थे। क्रोध और मोह के इस आधे पल के मनोसंघर्ष में अर्जुन ठिठक गये। उधर अपने बचाव के लिए सतर्क योद्धा बेटे के धनुष से एक ऐसी शक्ति भी छूट चुकी थी कि जिसके आघात से अर्जुन मूर्छित होकर गिर पड़े।

सारी पाण्डव सेना और मणिपुर की प्रजा को मानो साँप सूँघ गया। वभ्रु वाहन ने मूर्छित होकर गिरते ही अपने पिता को सम्हाल लिया और अपनी गोद में उनका सिर रखकर धरती पर बैठ गया। प्रारम्भिक उपचारों के लिये लड़वैयों के आस-पास रहने वाले चतुर वैद्य दौड़े। बड़े उपचार हुए लेकिन; शक्ति तेज लगी थी और मूर्छा गहरी थी।

मणिपुर वालों को यह दुख था कि हमारे राज्य का दामाद हमारे ही यहाँ मारा गया। सब लोग उलूपी को कोस रहे थे कि यह न जाने कहाँ से आ टपकी और बाप-बेटे में ठनवा दी। चित्रांगदा और उलूपी, दोनों ही रानियाँ युद्ध क्षेत्र में पहुँच चुकी थीं। चित्रांगदा

तो बेचारी फूल-सी कुम्हिलाई हुई एकदम बेजान संगमरमर की मूर्ति बन गयी थी। रास्ते भर वह रथ पर वैसे ही बैठी रही लेकिन; उलूपी रानी का चेहरा तेज और आनन्द से दमक रहा था। दोनों रथ से उतर कर जब उस जगह के पास पहुँची, जहाँ अर्जुन पड़े थे, तब चित्रांगदा ऐसे लड़खड़ा कर गिरने लगी, जैसे सूर की तपन से मोम की पुतली पिघलने लगी हो। उलूपी ने तुरन्त ही अपनी दोनों बाहों का सहारा देकर उसे सम्हाला और फिर झिड़क कर कहा, सावधान हो पगली, मेरे पहुँचते ही पाव-घड़ी के भीतर पतिदेव हम लोगों से बोलते हुए दिखलायी पड़ेंगे।

सचमुच ऐसा ही हुआ। उलूपी रानी अपने साथ एक ऐसी औषधि लायी थी, जो किसी प्रकार के विष को तुरन्त उतार दे। दस-पन्द्रह मिनट के भीतर ही दोनों रानियों के सौभाग्यनाथ अर्जुन ने आँखें खोल दीं। फिर तो मणिपुर आनन्द से उमँग उठा।

अपनी रानियों और बेटे वभ्रु वाहन के साथ महाबली अर्जुन ने सुखपूर्वक कुछ समय बिताया। फिर उन सबको अश्वमेध यज्ञ में आने का निमन्त्रण देकर वह आगे बढ़े।

इस तरह असम से लेकर गान्धार तक सारे उत्तर भारत के राजा उनके काबू में आ गये थे। दक्षिण भारत उस समय जहाँ तक आबाद था, पाण्डवों का पक्षधर था। अश्वमेध-यज्ञ के बहाने सारा भारतवर्ष एक बार फिर से संगठित हो गया। जिन राजे महाराजाओं ने अब तक किसी शक्तिशाली सम्राट की अधीनता नहीं स्वीकार की थी, वे भी पाण्डवों के आगे विनत हो गये।

●

अनेकता में एकता

भारतवर्ष में उस समय कई तरह की राज प्रणालियाँ चलती थीं। कहीं राजा राज करता था तो कहीं पंचायत। कहीं दो कबीलों की सम्मिलित पंचायत मिल कर राज करती थी तो देश के कुछ भाग इतने सभ्य भी थे कि वहाँ कोई राजा या मन्त्री होता ही न था। लोग इतने सभ्य और संगठित थे कि कभी फूट ही नहीं पड़ती थी। मनुष्य अपना सोना चाहे उछालता चले किन्तु; दूसरा मनुष्य कभी उसके सोने को छीनने तथा चोरी करने का विचार तक अपने मन में नहीं लाता था। इस तरह राज्य, वैराज्य, द्वैराज्य और अराजक-राज्य जैसी बहुत सी शासन प्रणालियों वाले भारतीय समाज की अच्छी परम्पराओं को तनिक भी नुकसान पहुँचाये बिना पाण्डव-साम्राज्य के रूप में एक ऐसे भारत का निर्माण हुआ, जो विभिन्न होते हुए एक जगह पर अभिन्न था।

महाराज युधिष्ठिर का अवश्वभेध-यज्ञ निश्चित समय पर हुआ और हस्तिनापुर में कुछ महीनों तक बड़ी चहल-पहल रही।

इस प्रकार महानाश के बाद नये निर्माण का आरम्भ होने लगा।

उपसंहार

पाण्डवों ने छत्तीस वर्षों तक भारतवर्ष पर राज्य किया। श्रीकृष्ण की सहायता से उन्होंने पहली बार इस देश को राजनीतिक रूप से संगठित किया। व्यापार के लिये बड़ी-बड़ी सड़कें बनवायीं, आपसी लड़ाइयाँ रोकीं। सब तरह से प्रजा को न्याय देकर देश को खुशी और मेहनती बनाया।

परन्तु समय जब पलटता है तो उसके कुछ बुरे प्रभाव भी अवश्य ही पड़ते हैं। उदाहरण के लिए–वे अनेक गणतन्त्र, जो पहले किसी मज़बूत और सुसंगठित बड़े साम्राज्य के अभाव में अपने बचाव के लिए मज़बूत और एक बने रहते थे, अब सुरक्षा पाकर धीरे-धीरे बिखरने भी लगे।

यादवों का बृष्णि अन्धक गणतन्त्र उस समय बड़ा ही मज़बूत माना जाता था। कच्छ और गुजरात के बड़े-बड़े सारे बन्दरगाह उनके अधिकार में थे, इसलिये धन-वैभव की कमी न थी। बड़े-बड़े सरदारों के पास जिम्मेदारी का कोई काम तो रह नहीं गया था, इसलिये वे लोग अधिकतर खाने-पीने और मौज उड़ाने में ही मगन रहने लगे।

श्रीकृष्ण को अपनी जाति का यह पतन देखकर बड़ा कष्ट होता था लेकिन; वे बेचारे कुछ नहीं कर पाते थे। कहने को तो कृष्ण यादवों की पंचायत के मुखिया थे, उनके राष्ट्रपति थे, पर लोग-बाग अब उनकी भी नहीं सुनते थे।

एक दिन उदास श्रीकृष्ण और बलराम बैठे थे। श्रीकृष्ण ने कहा– मैंने बहुत चाहा था भैया, कि हमारा समाज बाहरी उन्नति पाने के साथ-साथ अगर अपनी आत्मा की उन्नति की दिशा में भी बराबर बढ़ता रहे, तभी वह सदा सुखी और मुक्त रह सकता है। बाहर की समृद्धि आत्मा को दरिद्र बना देती है। किसी भी सरकार को यह चाहिए कि वह अपनी प्रजा की सदा दोहरी उन्नति करने का प्रयत्न करे। मैंने यही करना भी चाहा था किन्तु; दम्भी सरदारों के आगे मेरी एक नहीं चल पायी। जो भी हो, मैं जब तक जिऊँगा, तब तक यह प्रयत्न तो करता ही रहूँगा।

बलराम बोले–तुम्हारी इच्छा। तुम तो संसार को मोह मुक्त करते हो कृष्ण! परन्तु स्वयं अपने भक्तों के मोह में इतने लिप्त हो कि जानकर भी अजाने बन रहे हो। अस्तु, मैं तो जाता हूँ–समुद्र तट पर बैठकर समाधि लूँगा और इस पृथ्वी पर शेष हो जाऊँगा।

श्री बलराम चले गये। श्रीकृष्ण ने भी कुछ दिनों के बाद अपने यादव भाइयों का बुरा अन्त आखिर देख ही लिया।

प्रभास तीर्थ का वार्षिक मेला लगा था, बड़ी चहल-पहल थी। लखपति, करोड़पति यादव सरदारों के यहाँ दिन-रात दावतें होती थीं। शराब की नदियाँ बहती थीं और उनमें यादवों के नौजवान तथा नवयुवतियाँ मच्छों और मछलियों की तरह मगन मन तैरा करते थे। उनका विवेक नष्ट हो चुका था।

एक दिन बड़े-बड़े सरदार बैठे खा-पी रहे थे। सहसा महाभारत की लड़ाई का प्रसंग बातों-बातों में उठ आया। सब लोग अपनी-अपनी बहादुरी की डींगें हाँकने लगे। इस पर ईर्ष्या की दूसरी लहर भी स्वाभाविक रूप से उठी। शराब के नशे में सबने एक-दूसरे की डींग को काटना और अपनी घमण्ड भरी डींगों को जोर-जोर से हाँकना आरम्भ कर दिया। डींगों की कट्टम-कट्ट से सरदारों का क्रोध एक-दूसरे पर भड़कने लगा। होते-करते लोग इतने मुँहफट हो गये कि कृष्ण को महाभारत के युद्ध में सबसे नीच राजनीतिक-व्यक्ति बतलाकर उनकी कुटिलताओं का बखान करने लगे। सात्यिकि ने क्रोध में आकर निन्दा करने वाले सरदार का सिर काट डाला।

एक सिर कटना था कि शराब के नशे और क्रोध की झोंक में सिर ही सिर कटने लगे। फिर कहाँ का मेला और कहाँ का रंग। सारा प्रभास क्षेत्र यादवों के लहू से रँग गया। श्रीकृष्ण ने जब यह हाल देखा तो हस्तिनापुर को यह सन्देश भेजा कि अर्जुन आकर हमारी स्त्रियों और बच्चों को सुरक्षित रूप से हस्तिनापुर ले जायँ। यहाँ अब सब कुछ नष्ट होकर ही रहेगा।

श्रीकृष्ण की बात सच होकर रही। अर्जुन जब द्वारका पहुँचे, तब यादव कुल नष्ट हो चुका था। श्रीकृष्ण भी जंगल में व्याध द्वारा मारे जा चुके थे। आस-पास की जंगली जातियों के लोग, जो अब तक यादवों की शक्ति से घबराकर छिपे-छिपे रहते थे, खुले आम आकर अब उनके नगरों को लूटने और उनकी स्त्रियों तथा धन आदि को छीन कर ले जाने लगे थे। अर्जुन इस दुर्दशा को देखकर इतने दुखी हुए कि उनकी शक्ति ही बुझ गयी। उनके देखते-देखते भील लोग यादव स्त्रियों को उठा ले गये गाण्डीवधारी अर्जुन उनका कुछ भी न बिगाड़ सके।

श्रीकृष्ण, बलराम और यादवों के अन्त का दुखद समाचार पाकर पाँचों भाई अपने मन के भीतर ही भीतर टूट गये। युधिष्ठिर ने कहा- परीक्षित अब बड़ा हो गया है। उसे राजतिलक दो, और चलो हम पाँचों भाई द्रौपदी सहित हिमालय में अपने आप को गला दें, इस दुनिया में हमारा काम अब पूरा हो चुका है।

''और हमारी लम्बी कहानी भी अब पूरी हो गयी है'', नैमिष के बाबाजी ने कहा- ''इस कहानी में हमने दो ही बातें देखीं कि न्याय और परोपकार का रास्ता ही पुण्य का रास्ता है तथा पर पीड़न और अन्याय का रास्ता, पाप का रास्ता है। कोई समाज जब तक पुण्य और पाप की सही व्याख्या करके मेहनत से अपने समाज को संगठित नहीं कर लेता, तब तक वह पतित रहता है परन्तु जब वह अपनी लगन और श्रम के बल पर उन्नत हो जाता है, तब उसे बराबर इस बात की चिन्ता करनी पड़ती है कि उसकी मानसिक-उन्नति के द्वार एक क्षण के लिए भी कभी बन्द न होने पायें।''

हम सभी अपने पुरखों की कहानी की समाप्ति पर पहले से अधिक गम्भीर और सचेत हो गये थे।

परितोष बोला–संजीवन, नैमिषारण्य आकर हम लोगों ने जैसी सैर की, वैसी तो अब तक न अजन्ता में की थी और न कोणार्क में ही।

सभी इस बात से सहमत थे।

(बालमहाभारत 'ज्ञानभारती बाल पॉकेट बुक्स', लखनऊ द्वारा वर्ष 1970–'69 में 6 भागों में प्रकाशित)

इतिहास झरोखे

(महापुरुषों के जीवन चरित)

- भारतीय समाज के निर्माता ऋषभदेव
- सर्गोन महान् के गुरु भार्गव और्व
- राजा सगर अर्थात् सर्गोन महान्
- अगस्त्य मुनि
- हज़रत मूसा
- राम-रावण युद्ध
- श्रीकृष्ण का गोवर्द्धन बाँध
- महात्मा जरथुष्ट्र अथवा जोरास्टर
- महात्मा कन्फूशियस अथवा कं फूत्से
- तीर्थंकर महावीर
- गौतम बुद्ध
- महात्मा ईसा
- पैग़म्बर मोहम्मद
- रवीन्द्रनाथ ठाकुर का बचपन

भारतीय समाज के निर्माता ऋषभदेव

मेरे हाथ में एक जादू का दर्पण है, जिसे इतिहासकारों और पुरातत्त्वविदों की लगन और वैज्ञानिक चिंतन-प्रणाली ने बड़ी मेहनत से बनाया है। इस दर्पण में देखने से बहुत-सी पौराणिक या परी-कथाएँ, जिन्हें हम अब तक कोरी मनगढ़न्त गप्पें या धार्मिक अन्ध विश्वास की खान मानते रहे हैं, बहुधा हमें इतिहास की खोयी हुई कड़ियाँ जोड़ने वाली अनमोल सामग्री के रूप में दिखलायी देने लगती हैं। पुराने कबाड़खाने में छिपे हुए नये रतन चमक उठते हैं।

आइये, नयी दुनिया को बनाने के उद्देश्य से इस जादुई-दर्पण को अपने हाथ में लेकर हम और आप पुरानी दुनिया की सैर करें।

दर्पण में दृश्य झलकता है–एक नदी के किनारे-किनारे काठ की चहारदीवारी के मजबूत घेरे में एक बड़ी भारी बस्ती बसी हुई है।

जादू के दर्पण में उस बस्ती का नाम सुनायी पड़ता है–'अयोध्या'। हमें अचरज होता है कि यह कैसी अयोध्या है! वाल्मीकीय रामायण में तो अयोध्या बड़ी शानदार बखानी गयी है।

हाँ, यह सही है लेकिन; यह अयोध्या भगवान् रामचन्द्रजी के जन्म से लगभग चार-पाँच हजार वर्ष पहले की है। यह सभ्यता का उषाकाल है। अभी तो इन्सान के पास पत्थर के औजार और हथियार ही हैं। हाँ, उस समय के मनुष्य ने इतनी तरक्की अवश्य कर ली है कि पत्थर के नुकीले तीर बनाकर और उन्हें धनुष पर चढ़ाकर छोड़ने लगा है। इस तरह उसने आधुनिक राकेट के बाबा आदम (बाण) को ईजाद कर लिया है। धातुओं का थोड़ा-बहुत परिचय भी उस समय के मनुष्य को हो चला है। ताम्बे आदि धातुओं की खोज में वह दूर-दूर तक जाने भी लगा है, मगर अभी वह सही ढंग से धातु-युग ला नहीं पाया।

इस ज़माने में अयोध्या नगरी के राजा नाभिराज थे। यह दुनिया के पहले प्रजापति स्वयम्भू मनु के पड़पोते थे। मनु के माने हैं नेता यानी स्वयम्भू मनुष्यों के पहले नेता हुए। उन्होंने दुनिया की वस्तुओं को नाम दिये। द्वीपों, समुद्रों और नदियों के नाम सबसे पहले उन्होंने ही रखे थे। राजा नाभि के पुरखे देवकुरु, उत्तर कुरु यानी आजकल के उत्तरी ध्रुव से लेकर कश्यप सागर तक के इलाके में रहने वाले लोग थे। उनके कबीले का नाम मरुत्‌गण था। सचमुच यह हवाओं के ही देश का कबीला था। यह लोग चाल-ढाल, बुद्धि,

सभी में हवा की तरह तेज थे। इन्होंने सभ्यता को पहली बार सही ढंग से आगे बढ़ाया। इसी मरुत कबीले के स्वयम्भू मनु कश्मीर में पीर पंजाल के रास्ते से हिन्दुस्तान में लगभग आठ-नौ हजार वर्ष पहले आये थे लेकिन; जिस समय का दृश्य हम देख रहे हैं, उस समय तक राजा नाभि ने अपना राज-पाट मगध तक बढ़ा लिया था और यह अयोध्या नगरी उन्होंने ही बसायी थी।

आज उन्हीं के घर में बेटा हुआ है। सारे कबीले के लोग आनन्द मना रहे हैं। उस समय तक मनुष्य खेती करना आमतौर से नहीं जानता था। हाँ, कुछ लोग उस दिशा में कुछ जतन अवश्य करने लगे थे। जंगलों में जो अन्न व फल-फूल अपने-आप उग आते थे, उन्हें ही आमतौर से बीन-बटोर कर लोग खाया करते थे या फिर पशुओं का शिकार करके मांस खाते थे। बेटा हुआ तो राजा के घर बहुत बड़ी ज्योनार हुई। सबने मिलकर यही सब खाया-पिया और सुख मनाया। राजकुमार चूँकि डील-डौल में औसत बच्चों से कुछ बड़ा और तगड़ा था, इसलिए उसका नाम वृषभ रखा गया। उसे ऋषभ के नाम से भी पुकारा जाता था।

धीरे-धीरे राजकुमार ऋषभ बड़े होने लगे। अपने आस-पास के बच्चों में उनकी बुद्धि बहुत ही तेज थी। उन्होंने राजकाज को समझने, हथियारों को चलाने तथा अपने ज़माने के प्रचलित ज्ञान की शिक्षा पाने में अपनी बुद्धि के पैनेपन और कुशलता का कमाल तो दिखलाया ही, साथ ही वह ऐसे नये-नये काम करने की भी सोचते थे, जिससे कि लोगों को अपनी उन्नति की नयी राहें मिलें। जन-मन में उनके प्रति बड़ा आदर था। जैन पुराणों में लिखा है कि उन्होंने असि, मसि, कृषि, विद्या, वाणिज्य और शिल्प, यह छः रास्ते बनाये। उन्होंने अपनी प्रजा के ऐसे चतुर लोगों को भी पहचाना, जो हर अन्न और फल के बीज जमा करने और उचित मौसम में उन्हें उगाने की विद्या को कुछ-कुछ जान गये थे। ऐसे गुणी जनों को उन्होंने ज़मीनें दीं और अपनी निगरानी में खेती के नये-नये प्रयोग कराने लगे। नतीजा यह हुआ कि लोग खेती करने के हुनर को जानने का अधिकाधिक प्रयत्न करने लगे।

ऋषभ अपने राज्य भर के अच्छे-अच्छे निशानेबाज, कुशल हथियार बनाने वाले इकट्ठा किये। सेना का नये ढंग से संगठन किया और लड़वइयों का एक अलग वर्ग कायम किया। समाज तरह-तरह से मेहनती और सुखी हो, ऋषभ बराबर यही सोचा करते थे। राजा नाभि के देहान्त के बाद, जब उन्हें राजगद्दी मिली तब बड़ी ही पटुता से उन्होंने अपना राज-काज चलाया और ऐसे बहुत से राज्य जीते, जहाँ के राजा अपने कुछ मुँहलगे लोगों के साथ प्रजा को लूटते और कष्ट देते थे। दुनिया की सबसे पुरानी किताब ऋग्वेद के पहले मण्डल के एक सूक्त में उन्हें प्रजाओं को धन आदि से प्रसन्नता प्रदान करने वाला राजा बखाना गया है।

ऋषभदेव ने कविता करने के भी कुछ नियम बनाये और यह भी कहा जाता है कि अपनी ब्राह्मी नाम की बेटी को लिखना-पढ़ना सिखाने के लिए उन्होंने ब्राह्मी-लिपि का आविष्कार किया। नृत्य-कला को भी ऋषभदेव ने बड़ा आदर-मान दे रखा था। नीलांजना

नाम की एक सुन्दरी का नृत्य उन्हें बहुत पसन्द आता था। वे मुग्ध होकर उसका नाच देखते थे और उसकी कला का बड़ा आदर करते थे। एक दिन दरबार में वे नीलांजना का नृत्य देख रहे थे। उस दिन वह कमाल का नृत्य दिखला रही थी। नाच जब पूरी तेजी पर आया, तब वह बिजली बन गयी। देखने वाले बस देखते ही रह गये।

अरे, यह क्या हुआ। वह काया, जिससे अभी बिजलियाँ कौंध रही थीं, जिसने अपनी कला से सबको मन्त्रमुग्ध कर रखा था, धरती पर अचानक ऐसे गिरी जैसे तूफान से वृक्ष उखड़कर गिरता है। राजा ऋषभदेव और उनके दरबारी दौड़कर उसके पास पहुँचे। देखा तो काया निर्जीव पड़ी थी।

ऋषभदेव यह दृश्य देखते ही गम्भीर ध्यान में डूब गये–'यह जीव क्षण भर में नष्ट हो जाता है। कभी बच्चा, कभी जवान, कभी बूढ़ा होता रहता है। इसके पीछे भेद कौन-सा है, यह नहीं समझ में आता। मनुष्यों का यह शरीर एक गाड़ी की तरह से है, जो दुःख रूपी मिट्टी के बर्तनों से लदी है। इस भार को ढोकर ले जाना बड़ा कठिन है। तब इसको हल्का करने का उपाय क्या है? जीवन का असली सुख क्या है?'

यह सब बातें एक दम से उनके दिल और दिमाग़ में भर गयीं। ऋषभदेव ने उसी समय अपने बेटे भरत को राजपाट सौंपा और तपस्या में मन लगाया।

ऋषभदेव अपने ही समय में इतने विख्यात हो गये थे कि लोग उन्हें साक्षात् भगवान् मानते थे। उनका सारा जीवन दूसरों के लिए था और जब वह अपना हुआ तो वह अपनापन भी ऐसा विराट् था कि उसमें सारा जग समा गया। प्रेम और व्यवस्था का ऐसा सुपन्थ चलाने के नाते ही भगवान् ऋषभदेव आज तक पूजे जाते हैं।

उन्हीं के चक्रवर्ती पुत्र भरत हुए, जिन्होंने राजा और योगी दोनों ही रूपों में अपना अनोखा चमत्कार दिखलाया। उनके राजकाल से ही यह देश भारतवर्ष कहलाने लगा और उनके योग की सिद्धि भी ऐसी महान् थी कि हमारे पुराण उन्हें 'जड़भरत' नाम से पुकार करके भी उनकी स्मृति में बड़ी श्रद्धा से सिर झुकाते हैं।

(1970)

•

सर्गोन महान् के गुरु भार्गव और्व

यह जादू का शीशा बड़ा नटखट है। हम इसमें जो देखना चाहते हैं वह हमें दिखलाता तो अवश्य है, मगर कभी-कभी यह ऐसा चंचल हो उठता है कि जिसे देखने की हमने इच्छा तक नहीं की थी, वह तमाशा भी अपने आप दिखलाने लगता है।

मैंने सोचा कि भारतीय पुरखे ऋषभदेव के बाद मैं पहले विश्व सम्राट सर्गोन या सरगन महान् के दर्शन करूँ। मगर दर्पण अपने जादुई दीदे मटकाकर बोला-'नहीं, मैं तो राजा सगर की झलक दिखलाऊँगा।'

मैं बोला-'नहीं भाई, मैं सर्गोन की कहानी जानना चाहता हूँ।'

जादू का शीशा दीदे मटकाकर बोला-'अजी महाशय, क्या आप अपने राजा सगर और ईराक के सर्गोन को दो अलग-अलग व्यक्ति मानते हैं?'

तो क्या हमारे राजा सगर ही मिस्र, ईराक, फारस, भूमध्य सागर के इलाके, यहाँ तक कि धुर ब्रिटेन (यानी भरतन) तक को जीतने वाले पहले विश्व-विजेता सम्राट थे? हमारे विष्णु पुराण में सगर को विश्व-विजेता तो जरूर बखाना गया है, मगर उसके बाद की कहानी बतलाने के लिये जादुई दर्पण हमें ईराक देश की हूफ़रात नदी के किनारे दुनिया के सबसे पुराने सूर्य मन्दिर के खण्डहर दिखलाने लगता है, जो अब से लगभग 4 बरस पहले 'निप्पुर' के टीले की खुदाई* में निकले थे। उस सूर्य मन्दिर में ईंटों पर पुराने कीलाक्षरों में लिखी हुई वंशावलियाँ मिली थीं। सर्गोन महान् का सारा इतिहास उन ईंटों पर खुदा हुआ है। सबसे आश्चर्य की बात यह है कि वे वंशावलियाँ हमारे पुराणों में दी गयी वंशावलियों से हूबहू मिलती हैं।

खैर, हमने सोचा कि जादू का शीशा बड़ा उपकारी है। हमारी चेतना की छोटी सी परिधि को वह अब बड़ा फैलाव दे रहा है। हमने उससे प्रार्थना की-'सुनाओ भाई, सुनाओ।'

लेकिन नटखट शीशा बोला-'न, मैं तुम्हें पहले उनके गुरु की कहानी सुनाऊँगा। तुम उनके गुरु की विशेषताएँ जब तक नहीं जान लोगे, तब तक तुम राजा सगर की कहानी पर विश्वास नहीं करोगे।'

जादू के दर्पण का दृश्य बदल गया। कहानी वहाँ से शुरू हुई, जहाँ से महर्षि और्व के पितृ-कुल अर्थात् भार्गव-कुल पर एक बहुत बड़ा संकट आया था।

एक राजा कृतवीर्य भृगुवंशी महर्षियों के यजमान थे। उन्होंने एक बड़ा भारी यज्ञ करवाया और अपने उग्र स्वभाव के पुरोहित भार्गवों को बहुत सारा धन देकर सन्तुष्ट

---

* 'निप्पुर की खुदाई' लगभग सन् १९३० में हुई थी।

किया। इस बात के कई वर्षों बाद जब राजा कृतवीर्य मर गये, तब उनके वंश वालों पर एक बार मुसीबत पड़ी। उस समय उनके पास धन की बेहद तंगी थी। राजा कृतवीर्य के वंशज ने सोचा कि भार्गव बड़े मालदार हैं, हमारे पुरोहित हैं, उनसे माँगने पर धन मिल जायगा। लेकिन भार्गवों ने इन्कार कर दिया। राजा को क्रोध आया कि मैं तो अपने पुरोहितों के द्वार पर भिखारी बनकर आया और उन्होंने हमारी इस तरह से उपेक्षा कर दी। उस क्षत्रिय ने फिर अपना राजा वाला रूप दिखलाया। उसने अपने सिपाहियों से कहा कि भार्गवों के घर लूट लो। आज्ञा होते ही भार्गवों की बस्ती पर धन-लोलुपों का आक्रमण हो गया। अपने पैने बाणों से क्षत्रिय लोग सभी भृगुवंशियों को यमराज के यहाँ भेजने लगे, यहाँ तक कि वे ढूँढ़कर गर्भ के बालकों की भी हत्या करने लगे। बेचारे भृगुवंशी परिवार तितर-बितर होकर, जहाँ जिसको शरण मिली, वहाँ जाकर छिप गये। बहुत से भृगुवंशी ब्राह्मणों की स्त्रियाँ डरके मारे हिमालय पर्वत की कई बीहड़ गुफाओं में जा छिपीं।

किस्सा चल रहा था कि नटखट दर्पण अचानक पूछ बैठा- 'चमत्कार सुनोगे कि असली बात?'

हमने कहा-'चमत्कार क्या है?'

'जैसे पुराणों में लिखा है कि जब क्षत्रियों ने वहाँ भी हमला किया तो एक गर्भवती भार्गवी का बच्चा अपनी और माँ की जान बचाने के लिए उसके गर्भाशय से उसकी जाँध यानी उरू के भीतर उतर आया।'

'और सच क्या है?' मैंने पूछा।

'सीधी बात है कि महर्षि और्व ने उरू देश यानी वर्तमान ईराक के किसी छिपे हुए स्थान में जन्म पाया था। खैर, तो यह और्व ऋषि धीरे-धीरे बड़े होने लगे। यह बचपन से ही बड़े प्रतिभाशाली और गम्भीर थे। अपना होश सम्हालने पर इन्होंने अपनी माता से जब अपने पिता के सम्बन्ध में पूछा, तब राजा कृतवीर्य के वंशजों के द्वारा किये गये निर्मम हत्या काण्ड और उसमें अपने पिता के भी मारे जाने की कहानी सुनी। अभी बच्चे का होश पूरी तौर से सम्हला भी न था कि उसका जोश एकदम से जवान हो उठा। उसने प्रतिज्ञा कर ली कि मैं इन दुष्ट क्षत्रियों का संहार करके ही रहूँगा।'

जादू के शीशे ने फिर पूछा-'जानते हो, हुफ़रात के पास वाले सूर्य मन्दिर की ईंटों में तुम्हारे इस और्व का नाम क्या लिखा है?'

'नहीं'। मैंने उत्तर दिया।

'अनक्की और और्व को 'उरूर' लिखा है, अर्थात् उरू का रहने वाला।'

'अच्छा, कहानी सुनाओ।'

'हाँ, तो उस और्व उर्फ उरूर अनक्की की तपस्विनी माँ उसे किसी यज्ञकर्ता महर्षि के आश्रम में ले गयी। वहाँ उसके पढ़ाने-लिखाने का प्रबन्ध किया।

और्व उर्फ अनक्की बड़े ही लगन वाले और कुशाग्र बुद्धि के थे। उनके गुरुजन स्वाभाविक रूप से उनसे बहुत प्रसन्न रहा करते थे। और्व उर्फ अनक्की ने उस समय तक

वेद की जितनी ऋचाएँ थीं, उनका विधिवत् पाठ करना ही नहीं सीखा बल्कि; उनके ऊपर विचार करना और विचारों को आगे बढ़ाना भी सीखा। उनके समय तक मनुष्य इतना होशियार हो गया था कि पत्थर की जगह ताम्बे के अस्त्र-शस्त्र बनाकर उनसे लड़ता था। मूर्तियों की ढलाई तक ताम्बे-पीतल आदि में होने लगी थी। महल अब सचमुच महल लगते थे। सोने, चाँदी, हीरे-जवाहरात की चमक-दमक चारों ओर दिखलायी देती थी।

और्व ऋषि ने धातुओं की ढलायी और अस्त्र-शस्त्र बनाने की विद्या सीखी। अग्नि का तरह-तरह से प्रयोग करने में भृगुवंशी पुराने उस्ताद थे। रथ की धीमी चाल में तेजी लाने का हुनर दिखलाने वाले वेद-बखाने ऋभु, भार्गव ही थे। इसलिए अनक्की ने नये-नये शक्तिशाली हरबे-हथियार बनाने की कला में सिद्धि पायी। उन्होंने सब तरह की शिक्षा पाने के बाद गुरुकुल से निकलकर ऐसे दबे-कुचले जन-कबीलों को संगठित करना शुरू किया, जो क्षत्रियों के अत्याचारों से पीड़ित थे। उन्होंने उन कबीले वालों को नये हथियार चलाना सिखलाया। इस प्रकार अपने चेलों की एक बहुत बड़ी सेना लेकर और्व ऋषि अपने पिता के हत्यारों का सर्वनाश करने के लिये चल पड़े। चारों ओर क्षत्रियों का संहार होने लगा। उनका क्रोध थमता ही न था। खैर, और्व महाराज बहुत समझाये-बुझाये गये, उनका ब्रह्म तेज शान्त किया गया। सबने मिलकर कहा कि यह ब्राह्मण-क्षत्रिय युद्ध समाज में आत्महत्या के बराबर पाप है।

क्रोध शान्त होने पर खुद महर्षि और्व को भी लगा कि मैं कुछ अधिक अत्याचार कर गया। इसका उचित प्रायश्चित्त यही होगा कि मैं किसी अच्छे क्षत्रिय कुमार को बड़े तप से पायी हुई अपनी इन विद्याओं को सिखाऊँ और मेरे बजाय वह दुनिया जीते।

जादू के शीशे ने फिर अपनी आँखें मटकायीं और कहा–'सावधान, 'अब अपने सर्गोन महान् की कहानी सुनने के लिए तैयार हो जाओ।'

(1970)

राजा सगर अर्थात् सर्गोन महान्

प्रतापी सूर्य या आदित्य वंश की सबसे बड़ी विशेषता यह है कि इस वंश के लोगों ने पुराने समय में सारे संसार को सभ्यता का पहला प्रकाश दिखलाया था। यह आदित्य ही अरब आदि देशों में 'आद' कहलाए। इसी से 'आदमी' शब्द निकला। सूर्य को प्रत्यक्ष जीवनदायी और अग्नि को मनुष्य का उपकारक घोषित करने वाले अदिति माता के बेटे अनोखे प्रतापी निकले। उसी सूर्य वंश में आदित्यों के पड़पोते राजा इक्ष्वाकु बड़े प्रतापी हुए। इनके बेटे और उनके वंश मध्य एशिया, यूनान, ईराक और भारत आदि में फैले। पुराने जमाने में एक कुनबा दुनिया के अलग-अलग हिस्सों पर अधिकार करके पूरी दुनिया का मालिक बन जाता था। राजा इक्ष्वाकु दुनिया के आदिम इतिहास काल में ऐसे ही प्रतापी और सौभाग्यशाली वंशधर हुए थे। राजा बाहु, इक्ष्वाकु वंश की इस शाखा के मुखिया थे, जो वर्तमान ईराक देश में हुफ़रात नदी के किनारे, 'अजुतु' यानी अयोध्या के राजा थे। असल में अयोध्या नाम कई जगह रखा गया, इसलिए कभी-कभी हमारे मन में इस नाम को लेकर भ्रम हो जाता है। उत्तर प्रदेश के इक्ष्वाकु वंशियों की अयोध्या, जिसमें रघु, दशरथ, राम आदि हुए; राजा बाहु, सगर, और राजा हरिश्चन्द्र के अयोध्या से भिन्न है।

एक बार राजा बाहु पर कठिन विपदा पड़ी। हैहय और तालजंघी क्षत्रिय कबीलों ने मिलकर उन पर आक्रमण किया। राजा बाहु अपनी कई रानियों के साथ जंगल में भागे। बहुत-सी रानियाँ तितर-बितर हो गयीं। एक रानी गर्भवती थी। उसे बड़े जतन से किसी तरह छिपाकर राजा बाहु, हैहयों और तालजंघियों की पकड़ से बाहर निकल आये। परन्तु वह बेहद बीमार थे। एक तपोवन के पास पहुँचने से पहले ही वह बेबस होकर गिर पड़े और मर गये। बेचारी गर्भवती रानी इतनी दुःखी और निराश हुई कि उसे पति के बिना एक क्षण भी जीना भारी मालूम पड़ने लगा। रोती जाय और आसपास जंगल से लकड़ियाँ बटोरती जाय। उसके रोने से किसी के कान बजे। उस आदमी ने पास आकर देखा कि एक भले घर की बेचारी औरत मुसीबत में पड़ी है।

वह तपोवन और्व ऋषि का था। उन्हें सूचना दी गयी, ऋषि आए, उन्होंने चिता बनाती हुई रानी से पूछा-'बेटी, तुम कौन हो।'

रानी के हाल बतलाने पर वे बोले-'बेटी तुम गर्भवती हो। शास्त्र ऐसी स्त्री को सती होने की आज्ञा नहीं देता। मैं तुम्हारे पति का सविधि दाह-संस्कार करने के लिए प्रबन्ध कर दूँगा। आज से तुम मेरी बेटी हुई और मैं तुम्हारा तथा तुम्हारी होने वाली संतान का संरक्षक हुआ।'

अनक्की उरूर उर्फ और्व भार्गव ऋषि, राजा बाहु की गर्भवती विधवा रानी को अपने आश्रम में ले गये। कुछ दिनों के बाद आश्रम में ही रानी ने एक पुत्र रत्न को जन्म दिया। और्व ऋषि ने बच्चे के जन्म-नक्षत्र देखे और प्रसन्न होकर राजा बाहु की पत्नी से कहा- 'बेटी, तेरा यह पुत्र न केवल अपने पिता के हत्यारों को मारेगा, वरन् सारे संसार के दुष्ट और अन्यायी जन एक दिन इसके नाम से कापेंगे। तेरा बेटा सज्जनों का पोषक, इन्सानी सभ्यता को बढ़ाने वाला संसार-विजेता पहला सम्राट होगा।'

हमारे पुराणों में यह कथा भी आती है कि राजा बाहु की एक अन्य पत्नी ने अपनी इस गर्भवती सौत और उसके होने वाले बच्चे को एक बार गरल यानी जहर देकर मारना चाहा था लेकिन; कुदरत कभी-कभी अजीब करिश्में दिखलाती है। वह गरल माँ और होने वाले बेटे, दोनों को ही पच गया। चूँकि वह बच्चा गरल सहित पैदा हुआ था, इसलिये और्व अथवा उरूर महोदय ने उसका सगर नाम रखा। ईराक के सूर्य मन्दिर की खुदाई में जो पुराने लेख निकले हैं, उनमें महर्षि और्व की उन शिक्षाओं का भी उल्लेख है, जो उन्होंने राजकुमार सगर को दी थी। एक अंग्रेज विद्वान् डा० वैड्डुल कहते हैं कि योरप में हजरत मूसा के दस आदेशों की बड़ी महिमा बखानी जाती है परन्तु; महर्षि और्व की यह शिक्षाएँ, जो हजरत मूसा के जन्म से डेढ़ हजार वर्ष पहले दी गयी थीं, सभ्यता के उस असली स्रोत का पता देती हैं, जहाँ से हजरत मूसा तथा अनेक विचारवान मनुष्यों ने चेतना के संस्कार पाये थे।

महर्षि ने चिरंजीवी सगर को सिखाया कि आदित्य सूर्य देव उस मनुष्य से बहुत प्रसन्न होते हैं, जो दूसरों का भला करता है। जो मनुष्य अपने जीवन में झूठा-आचरण नहीं करता, अपने सुख के लिए दूसरे की पत्नियों या धन को कभी नहीं छीनता, जिसके मन में किसी के लिए भी कोई बुरा भाव नहीं रहता और बिना कारण विशेष के, जो न किसी को मारता पीटता है न किसी की जान लेता है, वही सर्व-शक्तिमान परमात्मा का सच्चा सेवक है। आदमी जिस तरह से अपना और अपने बच्चों का भला चाहता है, उसी तरह से उसे दूसरों का भला भी करना चाहिये। अपने मन की निकम्मी घृणा या शक्ति के मद में बहककर जो कभी दूसरों का बुरा नहीं करता, किसी से घृणा नहीं करता, वही सूर्य को अर्थात् अपनी आत्मा को पहचानता है। वही भगवान् का सच्चा भक्त है।

और्व ऋषि के यह उपदेश आज से लगभग पाँच, साढ़े-पाँच हजार वर्ष पहले के लोगों के लिये ही नहीं बल्कि, आज और आगे आने वाले नये-नये जमानों के लिये भी सदा स्फूर्ति देने वाले मन्त्र बने रहेंगे।

ऋषि ने उत्तम चरित्र के संस्कार जगाकर सगर को राजोचित शिक्षा देनी शुरू की। कैसे सेना संगठित करनी चाहिये, सेना के साथ कैसा व्यवहार करना चाहिये, किन राजों पर आक्रमण करना चाहिये, किनसे दोस्ती करनी चाहिये? यह तमाम बातें सगर को सिखलायीं।

हरवे हथियारों की बात जहाँ तक थी, उसमें तो भृगुवंशी और्व ऋषि लासानी थे। हमारे पुराणों के हिसाब से और ईराक के पुराने लेखों के अनुसार भी और्व ऋषि ने

आग्नेयास्त्र ईजाद किया था। ऋषि ने सगर को अपनी उत्तम से उत्तम अस्त्र-शस्त्र विद्या सिखायी। सेनाओं का संगठन करने की जो कला उन्होंने बड़े तप से सीखी थी, उसे भी बड़े प्रेम से सगर को सिखाया। इस तरह और्व ऋषि ने मानो अपने उस पुराने पाप का प्रायश्चित्त कर लिया, जो अपने क्रोध के कारण क्षत्रियों पर अत्याचार करके उन्होंने किया था।

सगर जब बड़े हुए, तब और्व ऋषि ने जंगल में काठ के सिंहासन पर अपने आश्रमवासियों और एक बड़ी सेना के सामने सगर का राज-तिलक किया। राजा सगर फिर अपनी अयोध्या जीतने के लिए निकले। शत्रु लोग सगर का सामना न कर पाये। अयोध्या जीत कर और अपनी राजधानी में पाँव जमाकर, राजा सगर फिर चारों ओर विजय करने के लिए निकले। उन्होंने असुरों का वृक उर्फ एरेक नगर जीत लिया। ताम्बे की खानों वाले उम्मा प्रदेश के लोगों को परास्त किया। उसने ऊपरी समुद्र यानी भूमध्य सागर से लेकर निचले समुद्र यानी फारस की खाड़ी तक और वहाँ से हिन्द महासागर तक की भूमि अपने भुजबल से जीती। उसने पर्शु अर्थात् पर्शिया, पार्थ और पहलवों को भी जीता। वह सिन्धु-नद का स्वामी बना। यही नहीं, ईराकी लेखों के प्रमाण से वह पश्चिम के छोर वाले द्वीपों तक अर्थात् वर्तमान आयरलैण्ड और ब्रिटेन तक का विजेता बना।

इस तरह राजा सगर अर्थात् सर्गोन महान् दुनिया का पहला चक्रवर्ती राजा बना। उसने जिस भूमि को जीता, वहाँ के मनुष्यों को सुसभ्य बनाया। इस तरह सगर या सर्गोन, मानव-सभ्यता का प्रचारक बनकर हमारी दुनिया का एक याद रहने लायक महापुरुष बन गया।

(1970)

●

अगस्त्य मुनि

हिन्दू पुराणों में अगस्त्यजी का नाम बहुत बार आता है। दक्षिण भारत में इन्हें कूटमुनि भी कहा जाता है। इन्हीं कूटमुनि अथवा अगस्त्यजी के साथ हमारी एक दक्षिण भारतीय भाषा का भी घना सम्बन्ध माना जाता है। कहते हैं कि अगस्त्य मुनि ने ही तमिल भाषा की पहली व्याकरण बनायी।

इन अगस्त्य ऋषि की एक कथा आमतौर से बहुत प्रसिद्ध है। कहते हैं कि एक बार विन्ध्याचल पर्वत इतना ऊँचा उठ गया कि सूर्य देवता के आने-जाने के मार्ग में बाधा पड़ने लगी। तब देवों को बड़ी चिन्ता हुई। उन्होंने विन्ध्याचल के गुरु अगस्त्य मुनि से प्रार्थना की कि महाराज आप ही इसका कोई उपाय सुझा सकते हैं। अगस्त्य मुनि ने विचार किया और देवों से कहा कि आप निश्चिन्त हो जाइये। मैंने उपाय सोच लिया है। यह कहकर अगस्त्य मुनि विन्ध्याचल की ओर चल दिये।

गुरु को आया जानकर विन्ध्याचल ने सिर झुकाकर उनके चरणों में प्रणाम किया और कहा कि गुरुजी, मेरे लिए आपकी क्या आज्ञा है?

गुरुजी ने कहा–'हे शिष्य जब तक मैं लौटकर न आऊँ, तब तक तू यों ही झुका रह।' यह कहकर अगस्त्य मुनि विन्ध्याचल के पास दक्षिण भारत में चले गये।

इस कथा में किसी पहाड़ के इन्सानी गुरु का अविश्वसनीय करिश्मा जुड़ा देखकर अक्सर लोग इसके महत्व पर ध्यान नहीं देते हैं। हमारी पुराण की कथा के अनुसार राजा सगर का महायज्ञ हिमालय और विन्ध्याचल के बीच की भूमि पर हुआ था। इसका यह अर्थ हुआ कि तब तक आर्य लोग विन्ध्याचल के पार न जा सके थे। अगस्त्य मुनि अलबेले घुमन्तू थे। उन्होंने इसी विन्ध्याचल में कहीं से दक्षिण में जाने के लिये एक खिड़की खोल ली। अगस्त्य मुनि के सम्बन्ध में दक्षिण भारत में कई कथाएँ प्रचलित हैं और इसका जिक्र ऋग्वेद के ऋषियों में भी आता है।

दक्षिण भारत से समुद्र पार हिन्द-चीन और इण्डोनेशिया तक घूम-घूमकर सभ्यता का प्रचार करने वाले इन अलबेले ऋषि के पुरखे अगस्त्य प्रथम मैत्रावरुण नामक देव कबीले के थे। उनकी माता उर्वशी थी। इस तरह वह वशिष्ठ के भाई थे। उनका विवाह लोपामुद्रा नाम की एक विदुषी महिला से हुआ था, जो स्वयं भी ऋषि थी। लोपामुद्रा के पति अगस्त्य ऋषि और विन्ध्याचल पार करके दक्षिण जाने वाले अगस्त्य मुनि एक कुल के होने पर भी दो अलग-अलग ज़मानों में पैदा हुए थे। बहरहाल, जो अगस्त्य मुनि दक्षिण भारत और ठेठ हिन्द-चीन, इण्डोनेशिया तक पूज्य हैं। वे भी ईसा से कई सौ वर्ष पहले ही हुए होंगे।

एक तमिल कहानी के हिसाब से अगस्त्यजी महाराष्ट्र के कोंकण वाले क्षेत्र से होकर समुद्र के द्वारा कुर्ग पहुँचे थे। इस कुर्ग देश में कुडग जाति के लोग रहते थे और एक नदी का उदगम-स्थान भी वहीं था। यही नदी बाद में कावेरी के नाम से प्रसिद्ध हुई। वहाँ के तमिल या द्रविड़ राजा कुबेर ने अगस्त्य के समान विद्वान को अपने यहाँ आया जानकर उन्हें सादर बुलवाया और उनसे बातें की। राजा कुबेर अगस्त्यजी से इतना प्रभावित हुआ कि उसने पहले तो उन्हें अपना मन्त्री बनाया और बाद में अपनी बेटी कावेरी का विवाह भी उन्हीं के साथ कर दिया।

उन दिनों चोल राज्य में कोई भी नदी न होने से सारा क्षेत्र सिंचाई के बिना सूखा पड़ा था। चोल राजा ने जब सुना कि कुबेर के जमाई और मन्त्री बड़े हुनरमन्द हैं, तब उसने कुबेर राजा की मार्फत उनसे प्रार्थना की। उसने अगस्त्य से कहा कि किसी उपाय से एक नदी आप हमारे देश में भी बहा दीजिए तो हमारा बड़ा कल्याण हो। अगस्त्य मुनि ने उसकी बात पर गहरा विचार किया और सब नदियों की शक्ति पहचान कर उन्होंने कावेरी नदी की धारा को, जो अरब सागर में गिरती थी, पूर्व की ओर एक नहर निकालकर बढ़ा दिया। इस तरह कावेरी नदी चोल देश में बहती हुई बंगाल की खाड़ी में गिरने लगी। सारी भूमि हरी-भरी हो उठी। जन-जन अगस्त्यजी की महिमा गाने लगा। लोगों ने अगस्त्य का इतना उपकार माना कि इस नदी का नामकरण उनकी परम प्रिया पत्नी के नाम पर ही किया। अगस्त्य ऋषि ने तमिल भाषा का संस्कार किया। वहाँ की संस्कृति को कई तरह से उन्नत किया और फिर अपने भ्रमण के हौसले से वे समुद्र पार कर हिन्द-चीन और इण्डोनेशिया तक गये। इण्डोनेशिया में अगस्त्यजी को शिव का अवतार, एक महान् गुरु और भगवान् बुद्ध के बराबर माना जाता है। धन्य हैं वे जन, जिन्होंने दूर-दूर तक मानव सभ्यता को सुसंस्कार देने के लिए उस पुराने ज़माने में समुद्री यात्राएँ कीं, जब कि ऐसा करना भय से खाली नहीं था। अगस्त्य मुनि ने निर्भीक होकर यात्राएँ कीं और सभ्यता की आवाज़ दूर देशों तक पहुँचायी।

इसी प्रकार चिड़ियों जैसे निरीह प्राणियों की सन्तानों को उबारने के लिए अगस्त्य मुनि सचमुच ही समुद्र को सोख गये थे।

हज़रत मूसा

अगस्त्य मुनि के साथ हमारा जादुई-दर्पण, जो समुद्र पार गया तो उसने ऐसे महामानव की झलकियाँ भी हमें दिखाने की ठानी, जिनका सगर और और्व की तरह यद्यपि हमारे पुराणों से कोई नाता नहीं है, फिर भी उन देवता से अवश्य है, जो यहूदी धर्मावलम्बियों के अनन्य आराध्य हैं। यहोवा या जाह्वेह के लिए ऋग्वेद में एक मन्त्र आया है। जाह्वेह देव को इसने अग्नि के रूप में भी देखा है।

इस प्रकार हमारे पुरखों की धार्मिक शैलियों में अन्तर होते हुए भी हम दोनों के बीच एक पुराने सांस्कृतिक आदान-प्रदान का भाईचारा अवश्य है। उन्हीं यहूदियों के समाज में, ईसा के लगभग डेढ़-हजार वर्ष पहले मूसा का जन्म हुआ था। सुनते हैं कि यह अनाथ थे। जब यह बच्चे ही थे, तब सौभाग्य से मिस्र देश के सर्वशक्तिमान फरऊन अर्थात् सम्राट् की बेटी के लाडले बन गये। फरऊन के महल में राजकुमारों की तरह हज़रत मूसा का पालन-पोषण हुआ। इनको अपने ज़माने की अच्छी से अच्छी शिक्षा मिली। मिस्र के एक सम्राट् अखनातून ने अपने देश से बहुत सारे देवी-देवताओं की पूजा का चलन हटाकर एक-देववाद का प्रचार किया। इसके कारण मिस्री जनों के मन में असन्तोष घुमड़ रहा था।

मूसा महोदय जब पढ़-लिखकर जवान हुए, तब उनको, इथियोपिया देश का विद्रोह दबाने के लिए भेजा गया। हज़रत मूसा, जब इथियोपिया से लौटे, तब दो चीजें उनके साथ थीं, बाहरी तौर पर एक शानदार विजय का नया कीर्तिमान् और भीतरी तौर पर युद्ध के दृश्यों से उपजे हुए सवालों की हलचल से भरा अधीर मन। काहिरा पहुँचने पर सम्राट् की ओर से उनका यथोचित मान हुआ। पद-मर्यादा में भी वृद्धि हुई किन्तु; सवालों भरे अधीर मन ने मूसा को इस दुनिया की लालचों में पड़ने से रोक लिया। वह काहिरा से हैलियोपोलिस (सूर्यपुर) चले आये। वहाँ के एक प्रसिद्ध धर्म-संघ में सम्मिलित होने के लिए उन्होंने अपना सिर मुड़ाया, संसारी-वस्त्र त्यागे और भिक्षु का वेश धारण किया। वह गम्भीर रूप से धर्म का अध्ययन करने लगे लेकिन; इस गम्भीरता का मतलब कोई यह न समझे कि हज़रत मूसा आठों पहर केवल माला पोथी के ही होकर रह गये थे। उन्होंने अपने धर्म-संघ महाविद्यालय में कसरत-कुश्ती आदि शारीरिक-स्वास्थ्य के खेलों में बराबर अपनी रुचि को सजीव रखा।

हज़रत मूसा ने इस धर्म-संघ महाविद्यालय में भी अपने लिये ऐसी ख्याति कमायी कि यहाँ से विद्वत्ता का सर्टीफिकेट लेकर काहिरा में महन्त पद पर पुज सकते थे, मगर होनी कुछ और थी।

हज़रत मूसा यहूदी होने के नाते एक जगह पर प्रबल हठी-चरित्र के थे। अब उनका जीवन जिस दिशा में मुड़ गया था, उसमें उनके लिए झूठी दुनियादारी में सुख नहीं रह गया था। उनकी विद्रोही-प्रकृति, धर्म का गहरा अध्ययन और मनन करने से वैसी ही पैनी हो गयी थी, जैसी कि उनके सदियों बाद हमारे देश के सन्त कबीर में हमें दिखलायी दी थी। महाविद्यालय की शिक्षा पूरी करने के बाद वह फिर राजधानी में लौटकर तो आये परन्तु; उसकी भव्य सड़कों की ओर नहीं गये। उन शानदार महलों और कोठियों के दरवाज़े जो हज़रत मूसा के लिए सदैव खुले रहते थे, उन्होंने अपने ही हाथों से बन्द कर लिये। वह गरीब मज़दूरों की बस्ती में जाकर बस गये। उन दिनों मिस्र में ईंटें बनाने और पकाने का काम यहूदी मज़दूर ही किया करते थे। एक जाति जब बुरे दिनों के फेर में हीन बन जाती है, तब ऊँची यानी खाते-पीते, खुश और शक्ति-सम्पन्न जातियों के लोग तरह-तरह से उसका मखौल उड़ाते हैं। यहूदियों का भी यही हाल था।

मिस्री सामन्तों के वातावरण में राजकुमार की तरह पले हुए मूसा बचपन में अपने चारों ओर यहूदियों के सम्बन्ध में जो कुछ सुनते थे, उसी पर एक तरह से उनका विश्वास भी जम गया था। वह समझते थे कि यह यहूदी मज़दूर बड़े उजड्ड और गँवार होते हैं। वह कोड़ों की मार से ही सभ्य बनाये जा सकते हैं। भले आदमियों को ऐसे पशु-समान मनुष्यों की चिन्ता भी नहीं करनी चाहिये लेकिन; मूसा जब उनके बीच में रहने के लिए आये, तब उन्होंने देखा कि इन्सान की खूबियाँ केवल आभिजात्य समाज में ही नहीं बल्कि; इन मज़दूरों के पास भी हैं। जो मूसा अब तक अपने यहूदी होने के कारण मन ही मन में लज्जित होते थे, वह अब उस पर गर्व करने लगे। उन्होंने उरु यानी वर्तमान ईराक देश छोड़कर अपने महान् पुरखे अब्राहम के साथ एक रेगिस्तान में आ बसने की कथा सुनी। उन मज़दूरों के बीच हज़रत मूसा ने सुना कि भगवान् ने यहूदियों को एक ऐसा नगर प्रदान करने का वचन दे रखा है, जिसमें दूध की नदियाँ बहेंगी और शहद के कुण्ड बने होंगे। वह नगर जब तक नहीं मिलता, तब तक यहूदी यों ही मारे-मारे भटका करेंगे।

मूसा स्पष्ट देख रहे थे कि इस तरह मारे-मारे डोलने से एक जाति का नैतिक-स्तर इस हद तक गिर गया है कि अपना 'पापी पेट' पालने के लिए उन्हें मिस्रियों की गुलामी करनी पड़ रही है। हज़रत मूसा के मन में एक लगन-सी लग गयी कि किसी तरह इन दबे कुचले हुए लोगों को मुक्त-जीवन प्रदान करना ही चाहिये।

मूसा काहिरा में रहें और उनके परिचितों को पता न चले, यह बात तनिक असम्भव थी। शासन के लोगों ने हज़रत मूसा को कई बार टोका कि इन परदेशी दरिद्रियों का साथ छोड़ दें परन्तु; मूसा ने इन बातों पर कुछ ध्यान न दिया। सदा एक कान से सुना और दूसरे से निकाल दिया।

एक दिन यहूदी मज़दूर जब भट्ठे पर काम कर रहे थे, तब हज़रत मूसा भी वहाँ अकस्मात् किसी कारण से पहुँच गये। संयोग ऐसे बने कि जिस समय यह पहुँचे, उस समय मिस्री-अफसर एक यहूदी मज़दूर को राक्षस की तरह पीट रहा था। हज़रत मूसा से ऐसी अमानुषिकता देखी न गयी; कुछ उनका यहूदी खून भी जोश खा उठा। उन्होंने

झपटकर उस अफसर की गर्दन दबोच ली और उसे मार डाला। क्रोध क्षण भर के लिए ही आता है लेकिन; वह क्षण मनुष्य के लिए अन्धा होता है। हत्या का अपराध कर चुकने के बाद हज़रत मूसा के लिए अब राजधानी में सुरक्षित रहना असम्भव था।

यह अनाथ यहूदी, जो राजकुमारों की तरह से पला और अपनी ही इच्छा से फकीर होकर मज़दूरों के बीच में रहने वाला बन गया था, अपराधी बनकर जब यहाँ से भागा अरब-रेगिस्तान के किनारे एक चरागाह में शरण पाकर गड़रिया बन गया। हम यों भी सोच सकते हैं कि भगवान् जिसे मनुष्य-जाति का एक महान् गुरु बनाना चाहते थे, उसे इस प्रकार के जीवन की झलक दिखलाते हुए वे अनुभवी बना रहे थे। यह चरागाह ही मानो उन्हें बरसों से बुला रही थी; शायद यहाँ आने के लिये ही वह अब तक और कहीं न टिक पाये थे। यहाँ इन्होंने हरियाली और रेगिस्तान के बीच में खड़े होकर भयानक सुनसान में सच्चिदानन्द के दर्शन किये। वे सवाल, जो इन्हें अब तक किसी करवट भी चैन न लेने देते थे, अब अपने आप हल होने लगे। हज़रत मूसा को अपनी आत्मा का प्रकाश मिल गया। वे अब एक सिद्ध-पुरुष थे।

इस रेगिस्तानी चरागाह में उन्होंने योग-साधना भरे कई वर्ष बिताये। इस गड़रिया जीवन में हज़रत मूसा ने एक साधु-स्वभाव की देहाती युवती से विवाह भी कर लिया था। वह हर तरह से सन्तुष्ट और ईश्वर लीन जीवन बिता रहे थे कि एकाएक उनके मन में; धीरे-धीरे मिस्र जाने की इच्छा प्रबल हो उठी। असल में उन्हें यह खलता था कि वह खुद तो अपनी जान बचाकर चले आये, मगर उनके सैकड़ों मज़दूर भाई बन्धुओं को उनके भाग आने के कारण न जाने क्या-क्या अत्याचार सहने पड़े होंगे। मूसा की आत्मा कहती थी कि उन मज़दूरों को उनके कष्टों से छुटकारा दिलाना चाहिए।

मिस्र पहुँचकर वह सीधे मज़दूर बस्ती में गये। वहाँ के हालचाल जाने। पुराने सम्राट् मर चुके थे, नये गद्दी पर विराजमान थे। मूसा ने उनसे मिलने का निश्चय किया। उन्हें सम्राट् से मिलने का अवसर भी प्राप्त हो गया। उन्होंने सम्राट् से कहा कि यहूदी गुलामों को अपनी दासता से मुक्त कर दो।

सम्राट् को लगा कि उसके सामने फकीर नहीं बल्कि; एक दूसरा सम्राट् खड़ा हुआ उसे हुक्म दे रहा है। सम्राट् ने मूसा से पूछा-'किस अधिकार से तुम ऐसी माँग कर रहे हो?'

'आप से यह माँग करने का अधिकार मुझे ईश्वर ने दिया है।'

फरऊन तप उठा, उसने पूछा-'कौन है तुम्हारा ईश्वर? कहाँ है उसका राज? कितने दिनों से राज करता है तुम्हारा ईश्वर?'

सम्राट् के दम्भ भरे ऐसे स्वर को मूसा की शान्त मुस्कराहट ने जीत लिया। वह बोले-'ईश्वर इस ब्रह्माण्ड में सब जगह रहता है। यह दुनिया, यह चाँद सितारे जब नहीं थे, तब भी ईश्वर था, और जब यह दुनिया नहीं रहेगी, तब भी ईश्वर रहेगा। हे सम्राट्, यह मत भूलो कि ईश्वर परम-न्यायी है। वह सबका राजा है। उसके धनुष के तीर दहकते अंगारे हैं, उसका भाला ज्वाला की लौ की तरह नोकीला है और उसकी तलवार में

बिजलियाँ कौंधती हैं। हे सम्राट्, ईश्वर के न्याय से डरो। ग़रीबों को मत सताओ।'

सम्राट् यानी फरऊन बोले–'धरती हो या आसमान, यह सब कुछ मेरा है। मैं ही सर्वशक्तिमान् हूँ। तुम्हारी माँग का जवाब यही है कि कल से इन मज़दूरों को दुगुनी ईंटें पकानी पड़ेंगी। हर शाम अगर एक भी ईंट गिनती में कम निकली तो उसके बदले में किसी मज़दूरनी को अपनी गोद का एक बच्चा खोना पड़ेगा।'

कहते हैं कि ईश्वर ने सम्राट् को अपना चमत्कार दिखला दिया। राजधानी में तीन बार प्लेग की महामारी फैली। सम्राट् का सर्वनाश हुआ। हज़रत मूसा अपने मज़दूर सजातियों को लेकर मिस्र से निकल गये। सिनाई पहाड़ के पास हज़रत ने अपना पड़ाव डाला और वहीं चेलों के साथ बस गये। उन्होंने अपने असभ्य, फूहड़ और गन्दी आदतों वाले; मगर सोने के समान खरे दिल वाले मज़दूर साथियों को अपने उपदेशों से सभ्य समाज में बदल दिया। हज़रत मूसा के उपदेशों ने केवल यहूदी ही नहीं, वरन् अन्य सभ्यताओं को भी प्रभावित किया।

मूसा इन्सान के एक अविस्मरणीय पुरखे थे।

●

राम–रावण युद्ध

हज़रत मूसा के दर्शन कराने के बाद दर्पण एकाएक गाने लगा :–

इक राम हते इक रामन्ना।
ये छत्री वो वामन्ना।।
याकी तिरिया वाने हरी।
वाकी किरिया याने करी।।
बात का हुइगा बातन्ना।
तुलसी लिखि गये पोथन्ना।। ह: ह: ह:

मैंने कहा–'अरे दर्पण! अच्छी भली कहानियाँ सुनाते-सुनाते तुम यह क्या अल्ल-बल्ल बकने लगे? कहाँ तो वे अच्छी-अच्छी कथाएँ और कहाँ यह किसी लोक-कवि की टूटी-फूटी पंक्तियाँ!'

'वाह भाई! तुम मेरी लाख टके की बात को अल्ल-बल्ल बकना कहते हो। अरे, इसी में राम-रावण की लड़ाई का असली इतिहास छिपा हुआ है।'

'कैसे?'

'सुनो! लेकिन; राम की कथा का ऐतिहासिक महत्व जानने के लिये तुम्हें पहले उनके शत्रु, रावण के बारे में भी जान लेना आवश्यक है। राम-रावण या कुबेर अलग-अलग मानव जातियों के नहीं थे। हाँ, इन लोगों ने अलग-अलग जातियों पर राज करना आरम्भ कर दिया था। राम यदि सूर्य वंश के आर्य थे तो रावण पुलस्ति वंशी आर्य था।'

'तब क्या यह आर्यों-अनार्यों का युद्ध नहीं था?'

'आर्यों-अनार्यों का युद्ध भी था और आर्यों-आर्यों का भी।'

'तब लड़ाई किस बात की थी?'

'भाई, मनु के वंशज मानव कहलाते थे और पुराने समय में मनु के वंशजों का बाबुल अर्थात् बेबिलोन से लेकर भारत देश तक फैलाव फैला हुआ था। यह लोग उत्तर-कुरु के देव कहे जाने वाले आर्यों को अपना मित्र मानते थे। मध्य एशिया का सम्राट्, देवकुल का इन्द्र उर्फ इन-दर या इन-दुर अथवा इन-थोर भारत से लेकर मध्य एशिया तक अनेक आर्य जातियों में समान रूप से पूजित था। यह एक तरह से पुराने आर्यों का मुखिया था। ऐसे इन्द्र तक को रावण दशग्रीव के बेटे मेघनाद ने हराया था। राजा रामचन्द्र के पुरखे राजा अनरण्य भी एक रावण के हाथों ही मारे गये थे।'

'ठहरो दर्पण, क्या तुम यह बतलाना चाहते हो कि रावण किसी व्यक्ति का नाम नहीं, वरन् पद का नाम है?'

'हाँ भाई हाँ, तमिल भाषा में राजा को 'इरवण' कहते हैं–और मान लो कि यदि मैं कुबेर के भाई रावण को ही एक नामधारी व्यक्ति और राम का शत्रु मान लूँ तो जानते हो क्या तमाशा होगा?'

'क्या होगा?'

'तब रावण भगवान् रामचन्द्र से पूरे एक हजार या नौ सौ वर्ष बड़ा हो जायेगा। ऐसा बूढ़ा रावण भला जवान राम से कैसे लड़ सकता है?'

'सच कहते हो?'

'पुराणों की वंशावलियों को ध्यान से देखने पर तुम्हारे मन से यह सारे सवाल अपने आप ही समाप्त हो जायँगे। तुम्हें यह भी पता लगेगा कि आर्य जाति के होते हुए भी देव, दैत्य, दानव, असुर, नाग, गन्धर्व और मानव एक बड़े कबीले से बँटकर दूर-दूर चले जाने और दूसरी जातियों की संस्कृतियों से घुल मिल जाने पर एक-दूसरे के लिए एकदम से पराये पड़ गये थे। रावण, वशिष्ठ, भृगु, अत्रि आदि वंशों के ब्राह्मण अग्नि वंशी कहलाते थे और इनका वंश, ब्राह्मण वंश कहलाता था। ब्राह्मणों ने बढ़ने और फैलने के सिद्धान्त में विश्वास किया, परन्तु मध्य-एशिया के क्षत्रिय इतने गुस्सैल थे कि क्रोध आने पर जरा-सी बात में वे आपस में एक-दूसरे की मार-काट मचा देते थे। इन ब्राह्मण-क्षत्रियों के झगड़े उन दिनों में ईराक से लेकर हमारे देश के उत्तरी भाग तक काफी फैल चुके थे।

एक रावण ने राम के पुरखे अनरण्य को मारा था। अनरण्य के बाद, सगर के पिता बाहुक के समय में भृगुवंशी ब्राह्मणों ने क्षत्रियों का नाश किया। फिर अश्मक राजा के समय में ऐसा ही सर्वनाश हुआ। इसलिये इक्ष्वाकु वंशी मध्य-एशिया से भागकर फिर उसी अयोध्या में आ बसे, जिसे राजा नाभि ऋषभ, भरत आदि ने कभी अपनी राजधानी बनाया था। धीरे-धीरे कुछ पीढ़ियों में उन्होंने ऐसा शक्तिशाली संगठन कर लिया था कि उसके बाद के रावण अयोध्या के इक्ष्वाकु वंशियों को जीत नहीं पाये।

इस वंश के राजा रघु ने बड़ा नाम किया। उनके समय में यह हेत या हिट्टी लोग सिंध, पंजाब तक उतर आये थे। यह राजा रघु का ही प्रताप था कि उनके डर से खैबर दर्रे वाला रास्ता हिट्टियों के लिए बन्द हो गया। महाराज रघु ने अफगानिस्तान, ईरान आदि जीत लिया। वहाँ की ईसिन अथवा ईशिन नामक राजधानी पर उनका अधिकार हुआ। सम्भवतः हिट्टी या हेति इसी घटना के बाद ही समुद्र के रास्ते से लंका पहुँच गये और लंका को अपना अड्डा बनाकर उन्होंने दक्षिण भारत के काफी भाग में अपना आधिपत्य जमा लिया। हेति या हिट्टी कुल वाले तब तक एकदम वीर विहीन नहीं हो गये थे। इनके इस घराने में माली, सुमाली और माल्यवान नामक तीन भाई बड़े प्रतापी हुए। उन्होंने अफ्रीका, मिस्र आदि पर अपना अधिकार कर लिया। राम के परम शत्रु दशग्रीव नामक रावण के नाना-सुमाली के नाम पर अब तक सोमालीलैण्ड चला आता है।

इसी सोमाली की बेटी ईरान के पुलस्ति ऋषि के वंश में विश्रवा को ब्याही गयी थी। विश्रवा का एक बेटा कुबेर भी था। कुबेर ने लंका पर अधिकार कर लिया था। फारस की खाड़ी के बाद लंका के आस-पास हिन्द सागर में ही अच्छे और मूल्यवान मोती पाये जाते थे, इसलिये कुबेर कुछ ही दिनों में बहुत मालदार हो गये थे। राजा रघु के आक्रमण के बाद ईरान का पुलस्तिवंशी दशग्रीव-रावण अपने देश से करीब-करीब उखड़ गया था। अपने मामाओं की सहायता से रावण ने अपने बड़े भाई से लंका छीन ली और वहाँ जम गया। उसने दक्षिण भारत का बहुत-सा भाग, जो उसके अधिकार में था, वहाँ खरदूषण तथा शूर्पणखा के पति आदि को रावण ने सूबेदार बनाकर भेज दिया।

'किन्तु राम और रावण की लड़ाई होने का असली कारण क्या था?' मैंने पूछा!

'असली कारण यह था कि रावण उस क्षत्रिय-वंश को मुसीबत में फँसा देखकर उजाड़ देना चाहता था, जिसके कारण उसे ईरान, सिन्ध आदि स्थानों से हटना पड़ा। उन दिनों रावण का बेटा मेघनाद, इन्द्र को हराने के लिए मध्य एशिया पर चढ़ाई करने गया हुआ था। इससे पहले जब इन्द्र पर इन्हीं हिट्टी असुरों का आक्रमण हुआ था, तब अयोध्या से लेकर ईशिन तक के राजा दशरथ ने इन्द्र की सहायता की थी। उसी दशरथ के ज्येष्ठ और छोटे पुत्र इस समय जंगल में भटक रहे थे। रावण ने दुर्गति में पड़े हुए राजकुमारों को अपमानित करने के लिए ही सीता का हरण किया। सोने के मृग की असली कथा यह है कि रावण ने स्वर्ण रूपी हिरण से जंगल वासियों को अपने वश में कर लिया। उनसे राम और लक्ष्मण को धोखा दिलवाया तथा सीता को हर ले गया।

वह समझता था कि यहाँ पर यह दुखी राजकुमार भला उसका बिगाड़ ही क्या सकेंगे। और जब यह दोनों राजकुमार अपमान सहते-सहते और सीता के विरह में तप-तपकर पागल हो जायेंगे, तब इन्हें सहज ही नष्ट करके उस अयोध्या को भी उजाड़ दिया जायगा, जिसके कारण उसको एक बार और पराजय सहनी पड़ी थी।

संयोग की बात कि इस समय तकदीर का पाँसा रावण के पक्ष में ही पड़ रहा था। मेघनाद इन्द्र को हराकर उसे बाँध लाया। सुमेरु अर्थात् आज के अल्ताई पहाड़ तथा मिस्त्र के देश के स्वर्ण भण्डारों पर रावण का अधिकार हो गया। अरबों रुपयों की लूट के वैभव से छोटा-सा लंका टापू सचमुच सोने का भण्डार बन गया था। इन सब बातों के ऊपर यह सीता-हरण का यश भी दशग्रीव को आनन्द-मग्न कर रहा था। इन हिट्टियों या हेतियों की एक और विशेषता का पता इसी सीता-हरण काण्ड से यों लगता है कि रावण जिस रथ में सीता को भगाकर ले गया था, वह रथ छोटा था और उसमें घोड़ों की जगह पर गधे जुते हुए थे। मध्य एशिया, एशिया माइनर तथा मिस्त्र में आज भी बाइज़्ज़त घोड़ों की जगह गधे इस्तेमाल किये जाते हैं।

राम को संयोग से बालि का भाई सुग्रीव मिल जाता है। वानर से आमतौर पर लोग यह समझ लेते हैं कि वे सब बन्दर थे। यह बात सच नहीं है। वानर के माने पुरुष के होते हैं। और-एक संयोग की बात यह है कि राम और वानर-हनुमान, दोनों ही मूल-मरुत गण के थे। लांगूल का एक अर्थ पूँछ के अलावा हल भी होता है, इसलिए यह सिद्ध हो जाता

है कि इन लांगूलधारी वानरों से ही खेती आरम्भ हुई थी। विद्याधर वानर हनुमान इसीलिए आज तक किसानों के परम-इष्ट देव हैं।

राम ने जो सबसे बड़ा पौरुष दिखलाया, वह यही है कि वे सीता के खो जाने पर भी हिम्मत नहीं हारे। वानरों और ऋषियों की सहायता से उन्होंने सीता की खोज कर ली। पौरुषवान, युक्तिवान, कुशल और विद्याधर वानरों के बीच में ही नल-नील ऐसे इंजीनियर भी थे, जिन्होंने रावण की लंका तक पहुँचने के लिए पत्थरों का एक पुल तैयार कर दिया। राम की युक्तियों ने लंका पर आक्रमण करने से पहले, सारे दक्षिण भारत से रावण के राज्य का नाम-निशान तक मिटा दिया। खर-दूषण आदि सारे राक्षस मारे गये और दक्षिण भारत राक्षसों से मुक्त हो गया।

'परन्तु लंका में हेतियों से मोर्चा लेना बड़ा ही कठिन काम था। हेति लोग माया-युद्ध करने में बड़े ही प्रवीण थे। इनके सिपाही मुखौटे लगा-लगाकर लड़ते थे और उन मुखौटों को वे जल्दी से बदलकर अपना रूप कुछ से कुछ बना लिया करते थे। इसके अलावा इनकी लड़ाई में एक खास बात यह थी कि यह लोग बहुत बड़ी संख्या में अचानक शत्रुओं पर छापा मारते थे।

छापा मारने के लिए कौन-कौन-सी युक्ति किस समय अपनायी जाय, इस बात का ध्यान रखा जाता था। शत्रु की किन शक्तियों से बचना चाहिये, उन शक्तियों को कैसे बिखेरना चाहिये, हवा की तरह अदृश्य बनकर शत्रु की राजधानी में कैसे घुसें और कैसे उस पर कब्जा करें, इन तमाम बातों को ध्यान रखना ही माया-युद्ध की विशेषता थी।

रामचन्द्र ने रावण को हराने के लिये इन सभी बातों पर गहरा ध्यान दिया था। यही कारण था कि अर्ध-सभ्य लड़वैयों की भीड़ लेकर भी रावण ऐसे चतुर से जीत गये लेकिन; यह जीत पाने से पहले राम भी रावण की सेना से कई बार चकमा खा चुके थे। इन्द्र को जीतने वाले रावण-नन्दन मेघनाद ने राम की सेना पर जो पहला आक्रमण किया था, वह रात के समय किया था। उसने अपनी सेना इस तरह से बाँटकर फैलाई थी कि जिससे वानर इस भ्रम में पड़ जायँ कि सेना बहुत बड़ी है और वे उससे पार नहीं पा सकेंगे। इस घबराहट बढ़ाने वाले उपाय के साथ-साथ मेघनाद ने किसी ऐसी औषधि का प्रयोग भी किया था, जिससे बड़े-बड़े वानर सरदार तक बेहोश होकर उनकी रस्सियों में बँध गये। स्वयं राम और लक्ष्मण भी अचेत होकर पाशबद्ध हो गये थे। वह तो कहिये कि समय पर सहायता लेकर हनुमान पहुँच गये और उन्होंने बेहोश तथा बँधे पड़े हुये राम लक्ष्मण को शत्रु के हाथों में पड़ने से रोक लिया।

हेतियों की जीत का सबसे बड़ा कारण ही लंका में इनकी हार का मुख्य कारण भी बना। हेति लोग असल में रथों की लड़ाई लड़ने में उस्ताद थे। उनके रथ बहुत ही उम्दा बने हुए होते थे। जैसे आजकल लड़ाइयों में टैंक चलते हैं, उसी प्रकार हेतियों के रथ भी कोठरीनुमा बन्द होते थे। उनमें बाण चलाने के झरोखे बने रहते थे। इन रथों में बैठकर शत्रु पर बाण-वर्षा करने वाला वीर दूसरों के तीरों की मार से बचा रहता था। इन रथों से वे पैदल लड़वैयों को घेरकर कुचल देते थे।

रामचन्द्र ने रावण की यह रणनीति पहचान ली। उन्होंने शक्ति को युक्ति से जीत लिया। उन्होंने यह देखा कि बड़े-बड़े मैदानों में रथों के कुशल संचालन से जीतने वाले यह प्रतापी हेति लोग लंका टापू में सँकरी जगह होने के कारण अपने रथों का वैसा फैलाव नहीं कर पाते जैसा कि आमतौर पर उनकी नीति के अनुसार हुआ करता था। राम ने अपने शत्रुओं की यही सीमा पहचान कर, अपने वानरों को इस तरह से लड़ने के लिए प्रशिक्षित किया कि वे उनके रथों को अलग-अलग घेर कर उन्हें नष्ट कर देते थे। इस प्रकार रथ के लड़वैये अपने रथों का नाश होने पर पैदल उतरकर लड़ने के लिये मजबूर होते थे। यही पैदली लड़ाइयाँ हेतियों को मात पर मात देती चली गयीं। दशग्रीव-रावण और उसका उद्दण्ड प्रतापी परिवार राम की सूझबूझ और उनकी रणनीति के कुशल संचालन से मारा गया।

श्रीराम से भी लगभग एक हजार वर्ष पूर्व से जिन हेतियों ने पृथ्वी पर अपना दबदबा जमा रखा था, वे इसके बाद क्रमशः इतिहास से ही लोप हो गये। श्रीराम ने दक्षिण और उत्तर दोनों दिशाओं से हेतियों को समाप्त कर दिया। यही नहीं, ईरान में भी उन्होंने नयी गति की। पहले न जीते हुए क्षेत्रों को जीता और साथ ही साथ ईराक में स्थित राजा सगर अर्थात् सर्गोन महान् की अयोध्या भी अपने अधिकार में कर ली। हुफ़रात की 'अजुतु' से सरयू स्थित अयोध्या तक और लंका से कश्मीर तक प्रतापी सम्राट रामचन्द्र ने प्रजा को अत्याचारी दुष्टों के निर्मम पंजों से छुड़ाया तथा उसे हर प्रकार से सन्तुष्ट करने के ऐसे उत्तम उपाय किये कि उनका रामराज आज तक बखाना जाता है। हुफ़रात तट के सूर्य मन्दिर में मिलने वाली वंशावलियों में श्रीराम का नाम आने का यही कारण है। राम रावण का युद्ध इस रूप से इतिहास का एक बीता हुआ पृष्ठ ही है। राम कथा में आध्यात्मिकता अथवा भक्ति के चाहे कितने ही सुन्दर तत्व मिलकर उसे एक नया और गहरा अर्थ दे गये हों, पर राम-रावण युद्ध वस्तुतः एक ऐतिहासिक-युद्ध है, जो ईसा से लगभग पन्द्रह-सोलह सौ वर्ष पूर्व हुआ था।

•

श्रीकृष्ण का गोवर्द्धन बाँध

मेरा जादुई दर्पण सहसा सतरंगा हो उठा, साथ ही वंशी की मधुर तानों से मेरे मन का कोना-कोना गूँज उठा। मैंने हरख कर कहा– 'दर्पण तुम तो सच्चा इतिहास ही झलकाते हो, फिर इतने रंगीन क्यों हो उठे?'

'तुम्हारे सामने मानव इतिहास का एक ऐसा महापुरुष आ रहा है, जिसने हम सबके जीवन को अपने कर्मरूपी रंगों से भर दिया था। वह बूढ़े-बूढ़ियों के लिये नटखट कान्हा था, साथियों के लिये माखनचोर, गोपाल, साथिनों के लिये मुरली-मनोहर, राजनीतिज्ञों के लिये जननायक, योगियों के लिये परब्रह्म और अन्याय के प्रति विद्रोह करने वालों के लिये आदर्श नायक था। आनन्दकन्द योगेश्वर कृष्ण को जन्म देकर ब्रजभूमि धन्य हो गयी।

दर्पण में मथुरा नगरी झलकने लगी। कंस के राज में धर्म-कर्म या भले कामों का तो कहीं पता नहीं चल रहा, हाँ, भोग विलासियों के नाच-तमाशे अवश्य ही चारों ओर दिखलायी पड़ रहे हैं। कंस का पक्ष लेने वाले पापियों के घर सोने-चाँदी से भरे पड़े हैं और गरीबों को जीने के भी लाले पड़ रहे हैं। नगर के एक ओर एक जेलखाना भी बना है। श्रीकृष्ण के माता-पिता देवकी-वसुदेव इसी जेलखाने में बन्द हैं। देवकी राजा कंस की बहन हैं, फिर भी वह यह दुख भोग रही हैं और वसुदेव तो विशेष राजनीतिक-कारण से कंस के द्वारा इस प्रकार सताये जा रहे थे।'

मैंने पूछा–'वह राजनीतिक कारण क्या था, जिसके लिये उन्हें इतना सताया गया?'

'इसका कारण यह था कि अन्धक और वृष्णि, दो यादव कबीले एक साथ जुड़ गये थे। उनकी पंचायत में अन्धकों और वृष्णियों का समान अधिकार था। अन्धक लोग सैनिक थे और वृष्णि व्यापारी। अन्धकों के मुखिया उग्रसेन पंचायत के अध्यक्ष थे और वृष्णियों के मुखिया वसुदेव प्रधानमन्त्री थे। उग्रसेन के बेटे कंस का विवाह मगध के पौरव वंशी राजा जरासन्ध की दो बेटियों से हुआ था।

'जरासन्ध बड़ा ही शक्तिशाली, क्रूर और घमण्डी था। उसने अनेक छोटे-बड़े कबीलों की जनतान्त्रिक प्रजा को अपना गुलाम बना लिया था। वह बहुत सारे गणतन्त्रों को खत्म करके अपना एक बड़ा साम्राज्य बनाने का सपना देखा करता था। कृष्ण जब बच्चे थे, तभी से जरासन्ध के सैकड़ों राजाओं और उनके परिवारों को पकड़ रखा था। उस ज़माने में नरमेध-यज्ञ समाज के द्वारा अस्वीकार किया जा चुका था लेकिन; जरासन्ध यह यज्ञ करके अपने कैदियों की बलि चढ़ाने पर उतारू था। ऐसे अत्याचारी श्वसुर की सलाह से कंस ने सेना को अपनी ओर मिलाकर अन्धक वृष्णि पंचायत के अध्यक्ष अर्थात् अपने पिता उग्रसेन तथा प्रधानमन्त्री वसुदेव और दूसरे महत्वपूर्ण व्यक्तियों को पकड़ कर

कैदखाने में डाल दिया था। यही नहीं, उसने वसुदेव के उन बच्चों को, जो कि जेलखाने में ही पैदा हुए थे मरवा डाला, जिससे कि भविष्य में उनका कोई वंशज कंस के राज्य का दावेदार न बन सके।'

मैंने कहा-'इसका कारण तो शायद नारद जी की सलाह थी। कम से कम हमारे पुराणों में तो यही लिखा है।'

'हो सकता है कि किसी नारद ने कंस के पाप का घड़ा भरने के लिये ही उसे ऐसी सलाह दी हो लेकिन; कंस ने राजनैतिक कारणों से ही ये पाप किये थे। कंस की यह योजना सफलीभूत न हो सकी। दुष्टों की पूरी निगरानी रहते हुए भी वसुदेव और देवकी का आठवाँ बेटा कृष्ण, जेलखाने से निकाला जाकर गोपों के चौधरी नन्द के घर पहुँचा दिया गया। इस कथा को सभी जानते हैं।

कृष्ण गोपों के बीच में पले। उन्होंने कसरत-कुश्ती लड़ना-भिड़ना सभी कुछ गोपों के साथ ही सीखा। उस ज़माने में इन्द्र नाम का एक शक्तिशाली आर्य मुखिया मध्य एशिया में रहता था। वेद के एक मन्त्र का अर्थ करके कुछ विद्वानों ने हमें यह बतलाया है कि पहले इन्द्र ने अपनी माता पर अत्याचार करने वाले अपने पिता को टाँग पकड़कर उठा फेंका और उसका सिर तोड़कर उसे यमलोक पहुँचा दिया था। उसने असुरों से बार-बार हारने वाले देवों का संगठन किया और उस संगठन के प्रताप से देव लोग असुरों को हर मोर्चे पर मात देने लगे। तब से इन्द्र का पद प्रतितिष्ठत हो गया था। प्रजा से इन्द्र की पूजा, देवता की तरह करायी जाती थी। हिन्दुस्तान के अनार्य राजे-रजवाड़ों के लिये इन्द्र की बढ़ती हुई शक्ति बहुत दुखदायी बन गयी थी। यादवों ने इन्द्र को मन से तो अपना नेता स्वीकार नहीं किया था, पर गाँवों में इन्द्र की पूजा का रिवाज चल पड़ा था। लोगों के मनों में यह धारणा जमा दी गयी थी कि वर्षा इन्द्र की कृपा से ही होती है। इन्द्र चाहें तो पानी बरसे, न चाहें तो न बरसे। यदि वह नाराज हो जायँ तो इतना पानी बरसा सकते हैं कि सारे घर-गाँव, गाय-बैल और मनुष्य डूब जायँ। बिजली के रूप में यदि वह अपना वज्र धरती पर गिरा दें तो धरती फट जाय। इस इन्द्रवादी प्रचार से ब्रजवासियों के मन धीरे-धीरे सहमने लगे थे। इसका एक कारण यह भी था कि वज को वर्षा से अक्सर बड़ा नुकसान उठाना पड़ता था। तेज बरसात होने पर वहाँ की मिट्टी बड़ी तेजी से कटती थी। कामवन नाम का एक बड़ा घना जंगल पास होने से कभी-कभी तो ऐसी वर्षा होती थी कि ब्रज मण्डल में भयानक बाढ़ें आ जाती थीं। बेचारे ब्रजवासियों ने इस प्रकार के कष्ट झेलते-झेलते अन्त में इन्द्र के आगे सिर झुकाने का निश्चय कर लिया। वे इन्द्र की सेवा में मनों मिठाई-पकवान दूध-दही आदि अर्पित करते थे।

कृष्ण को यह सब अच्छा नहीं लगता था। उन्होंने अपने साथी-संगियों से कहा कि गाँव वाले बेकार ही अपने आपको दुश्मनों के जाल में फँसा रहे हैं। पानी, प्रकृति के नियमों से ही कम या अधिक बरसता है, इन्द्र का उससे कोई मतलब ही नहीं है। हमें इस तरह के अन्ध-विश्वासों में नहीं पड़ना चाहिये। कृष्ण के साथी तो उनकी इस बात को मानते थे लेकिन; गाँव के बड़े-बूढ़े इन बातों से नाराज होते थे। वे कहते-देवी देवताओं

के मामले में बच्चों को नहीं बोलना चाहिए। परन्तु बालक कृष्ण का विद्रोही-मन शत्रु के झूठे प्रचार के आगे अपना सिर झुकाने से इन्कार करता था।

एक बार बाढ़ में प्रजा का हाहाकार सुनकर कृष्ण ने अपने साथियों से कहा-'मित्रो, अगर कामवन की ओर एक पहाड़ होता तो फिर जमुना इधर से न बह पाती।

मनसुखा बोला-कैसी बातें करता है कान्हा, पहाड़ क्या मेरी-तेरी इच्छा से किसी जगह बनते हैं? यह सब तो भगवान की माया है। वह हमें दुखी देखना चाहता है, इसीलिये उसने यहाँ पहाड़ नहीं बनाया। हर वर्ष यमुना नदी में बाढ़ आती है और हमारे सैकड़ों गाय-बैल बह जाते हैं। क्या करें? हमारा भाग्य ही खोटा है।

कृष्ण बोले-केवल उसी आदमी का भाग्य खोटा होता है, जो निकम्मा होता है। हम बैठे-बैठे भाग्य को नहीं कोसेंगे, अगर भगवान ने यहाँ पहाड़ नहीं बनाया है तो हम बनायेंगे।

मनसुखा, श्रीदामा आदि साथी-संगी कृष्ण का यह जोश देखकर हँसने लगे, बोले-तुम अवश्य पागल हो गये हो कान्हा! भला कहीं आदमी भी पहाड़ बना सकता है?

क्यों नहीं बना सकता। आदमी को बुद्धि किसलिये मिली है? सामने बरसाना में अरवली की पहाड़ी है। वहाँ से पत्थर की चट्टियाँ कटवाओ और इस ओर एक पहाड़ जैसी मोटी और ऊँची दीवार खड़ी कर दो। फिर यमुना जब भी बढ़ेगी तो उस पहाड़ जैसी दीवाल के कारण इधर नहीं आ पायेगी, हमारा गो-वंश फिर निःशंक होकर बढ़ सकेगा।

कुछ साथियों को कृष्ण की यह सूझ बड़े काम की लगी। कृष्ण की सूझ-बूझ से कई बार लड़के ऐसे कमाल के काम कर चुके थे। उनमें से बहुतों को कृष्ण की इस योजना पर विश्वास हो गया। कृष्ण ने कालिय नामक नाग-जाति के एक ऐसे घमण्डी का सिर नीचा किया था, जो यमुना के एक स्थल पर अपना ऐसा अधिकार जमा कर बैठ गया था कि गाँव वाले उधर जा भी नहीं पाते थे।

ऐसा लगता है कि कालिय नाग शायद कोई नावों पर डाके डालने वाला स्वार्थी और बलवान लुटेरा रहा होगा। लड़कों के खेल में गेंद के बहाने कृष्ण ने उसको ऐसी चालाकी से घेरा कि जिससे बड़े-बड़े बलशाली घबराते थे, उस कालिय नाग ने लड़कों के आगे 'चीं' बोल दी।

वक जाति के बहुत से कबीले उन दिनों उज़्बेकिस्तान से लेकर मथुरा के आस-पास तक फैले हुए थे। यह वक ही अब 'बेक' कहलाते हैं। यह लोग पहले बड़े जालिम थे। कृष्ण ने ऐसे ही एक बकासुर को भी अपनी युक्तियों से मौत के घाट उतार दिया था। अपनी गायों को बचाने के लिए कृष्ण के नेतृत्व में ब्रज के बाल गोपालों ने बड़े-बड़े साहस भरे काम कर दिखलाये थे। इसलिये उनकी इस सूझ को भी कुछ मित्रों ने सराहा।

कृष्ण बड़े ही लगन वाले आदमी थे। जब एक बात मन में ठान ली, तब उसे पूरा किये बिना उन्हें चैन नहीं पड़ सकता था। कृष्ण के उद्यम से आखिरकार लगभग सात मील लम्बी और सौ फिट ऊँची एक पहाड़ जैसी मोटी दीवार खड़ी हो गई। कहावत

प्रसिद्ध है कि 'सात-पाँच की लाकड़ी, एक जने का बोझ।' इस तरह कृष्ण ने सचमुच छँगुलिया पर पहाड़ उठा लिया।

जादू के दर्पण में उस पहाड़ का चित्र सामने आने लगा। गिरि-गोवर्द्धन सचमुच पहाड़ जैसा नहीं लगता। पत्थर की चट्टियों दर चट्टियों को मिट्टी से जमाकर यह पहाड़ बनाया गया है। इसके अन्दर एक बहुत लम्बी गुफा भी है, जिसमें घनघोर वर्षा के समय गाय-बैलों और गाँव वालों को सुरक्षा दी जाती थी। कृष्ण ने यह आदेश भी दिया कि इस पहाड़ से पत्थर की एक किर्च भी तोड़ी न जाय। यह आदेश आज तक लागू है।

सात मीलों तक फैले हुए इस सौ फिट ऊँचे बाँध को श्रीकृष्ण ने गिरि-गोवर्द्धन नाम दिया। यह सच है कि उसके बाद गोवर्द्धन के क्षेत्र में आज तक बाढ़ नहीं आयी। ऐसे ही अनोखे लोकोपकारी काम करने के कारण श्रीकृष्ण भगवान माने जाते हैं।

•

महात्मा जरथुष्ट्र अथवा जोरास्टर

मेरा जादू का दर्पण सचमुच बड़ा निराला है। अपने दृश्यों के झूले में पेंगे लेते हुए वह काल के अलग-अलग खण्डों में सहसा हमें उछालकर पहुँचा देता है। आज की मानव-जाति अपनी सभ्यता और संस्कृति के विकास के लिये जिन महात्माओं के प्रति अपना उपकार मानते हुए नहीं अघाती, उनमें से अनेक का बखान करते हुए यह जादुई दर्पण ऐसा समा बाँधता है कि कोरी अन्ध-श्रद्धा की कल्पना के पौराणिक-पात्र इतिहास के जीते-जागते यथार्थ-चरित्र बन जाते हैं। इस तरह हमारी वह श्रद्धा, जो अब तक बेचारी अन्धी थी, अब इतिहास की आँखें पाकर बहुत सुन्दर हो उठती है।

परन्तु देखिये तो सही, यह अलबेला दर्पण मुझे अपनी प्रशंसा करने से रोक रहा है। वह मुझे गुलाबों-बसे सुन्दर ईरान देश की झलकियों में अपने साथ-साथ उड़ाये लिये चला जा रहा है। यह समय लगभग वही है, जो हमारे देश में भगवान बुद्ध के जन्म होने का था। आपने सिकन्दर महान् से पराजित होने वाले फारस ईरान के शहंशाह दारा उर्फ डेरियस उर्फ दार्युष का नाम अवश्य ही सुना होगा। हमारे जादुई दर्पण ने उसके पिता सम्राट् विस्तास्प के राज में हमारा प्रवेश करा दिया।

भारत से लेकर ईरान, उज्बेकिस्तान, तुर्किस्तान, आजरबैजान आदि मध्य एशिया के दूर-दूर देशों में फैली हुई समस्त आर्य जातियों में उस समय एक वैचारिक हलचल मच रही थी। लोगों की श्रद्धा पुराने ढंग के कर्म-काण्ड में थोड़ी-बहुत थी तो ज़रूर, मगर वह समय ऐसा ही था कि किसी को किसी पर विश्वास नहीं था। सब अपनी-अपनी डेढ़ चावल की खिचड़ी पकाने में लगे थे। फारस अथवा पारस्य देश के राजा विस्तास्प अपने देश में एक प्रतापी राजा हुए थे। उनको अपनी ही आर्य परम्परा के पुराने इतिहास में अपने उन भाई बिरादरों के अधीन आमतौर से रहना पड़ा था, जो भरतवंशी आर्य कहलाने लगे थे। भरत, रघु, दशरथ, रामचन्द्र, कुश तथा चन्द्र वंश के दुष्यन्त-पुत्र भरत आदि बहुत से भारतीय सम्राट् उन देशों पर राज्य कर चुके थे। अब ऐसा समय आया था कि फारस-ईरान के आर्यवंशी अपना वैभव बढ़ा रहे थे। इसलिये उनमें एक प्रकार का अभिमान भी हो चला था। उन्हें विशेष रूप से एक खीझ यह थी कि अपने वैभव के ज़माने में भी उनके सांस्कृतिक और धार्मिक नेता वे थे, जो अफगानिस्तान की सरयू, सरस्वती और गोमती, जिन्हें अब वहाँ पर हरयू या हरीरूद, हरउबती, और गोमल कहते हैं, से लेकर हिन्दुस्तान की सरस्वती सरयू और गोमती तक फैले हुए थे। अपने ऋग्वेदिक-धर्म के भाई-बन्दों को अपना धार्मिक-नेता मानने से वे संकोच करने लगे थे।

हर देश के इतिहास की अपनी कुछ ज़रूरतें हुआ करती हैं और उसके लिये कुछ कारण भी अवश्य ही हुआ करते हैं। अगर हम अपने संस्कृत साहित्य की बहुत-सी बातों पर ध्यान दें तो हमें लगेगा कि यहाँ के ब्राह्मणों ने बल्ख, ईरान आदि के ब्राह्मणों को म्लेच्छ घोषित किया है। उन्हें कई-कई रोज तक न नहाने वाला बतलाकर घृणा फैलायी है। दुर्भाग्यवश हमारे पुरखों ने अपनों को पराया बना देने का ऐसा विष बीज बोया कि जिससे हम आज भी पूरी तरह से उबर नहीं पाये। खैर, इसी तरह के ईरानी जनमानस में उनके राष्ट्र की इच्छा पूर्ति करने के लिये ही मानो महात्मा जरथुष्ट्र का अवतार हुआ था।

कहते हैं कि जब इनका जन्म हुआ, तब पहाड़ों से संगीत की ध्वनियाँ मुखरित हुई थीं और दसों दिशाएँ प्रकाश से भर उठी थीं। उस दिन मानो पारस्य देश में एक नया सूरज उगा था। महात्मा जरथुष्ट्र को बचपन में उसी प्रकार अनेक बार मौत का सामना करना पड़ा, जैसे हमारे श्रीकृष्ण भगवान के बारे में कहा जाता है। कंस की भेजी हुई पूतना जैसी राक्षसियों-राक्षसों आदि ने जिस प्रकार शिशु कृष्ण को मारने का षड्यन्त्र किया था, उसी तरह अहुर मज़्द अर्थात् असुर मद्दत् के दुश्मन अर्हिमान ने शिशु जरथुष्ट्र को मारने के लिये दुष्टों को भेजा। परन्तु अहुर मज़्द की ऐसी कृपा हुई कि दुश्मन जरथुष्ट्र का कुछ न बिगाड़ सका और ये धीरे-धीरे बड़े होने लगे। यह जब सात वर्ष के थे, तब भगवान अहुर मज़्द ने इन्हें शिक्षा देने के लिये एक उत्तम गुरु की शरण में भेज दिया। उसने इनको अच्छी शिक्षा दी लेकिन; शिक्षा में उन्हें वही संस्कार मिले, जो हमारे देश के ब्राह्मणों को मिलते थे। आगे चलकर महात्मा जरथुष्ट्र ने जिस महान् ग्रन्थ 'जेन्दा अवेस्ता' की रचना की, उसमें ऋग्वेद के बहुत से मन्त्र ज्यों के त्यों रखे हुए हैं। हम लोग जिस शब्द को मन्त्र कहते हैं, वही पारस्य देश में उच्चारण भेद हो जाने से मान्थ्र कहा जाता है। मिसाल के तौर पर उनके एक मान्थ्र का एक अंश पढ़िये–

यथा अहू वइर्यो।

अथा रतुश् अषात्चीत हचा वं ह।

उश् दज़्दा मनंहो।

अब अपना मन्त्र देखिये–

'यथा अशुः वर्यो। अथा रतुः अषात् चित् सचा वसोः दक्षाः मनसः।'

दोनों का अर्थ एक है यानी जैसे सांसारिक-सुरक्षा और सुख देने वाला राजा वंदना के योग्य होता है, वैसे ही आध्यात्मिक-उन्नति का दाता अवतारी धर्मगुरु भी वन्दनीय है।

आप यह भी देखेंगे कि इन दोनों मन्त्रों में शब्दों का तनिक भी हेर-फेर नहीं है। सिर्फ 'स' का उच्चारण 'ह' हो जाता है। दक्षा शब्द दज़्दा हो जाता है या मनशः मनंहो हो जाता है। ये भेद कोई भेद नहीं हैं। असली विरोध प्रकट करने वाले महात्मा जरथुष्ट्र के दो शब्द मानों सारा इतिहास खोल देते हैं। आप इस बात पर ध्यान दें कि हमारे पुराणों में देव शब्द बड़े आदर की जगह पाता है और असुर शब्द घृणा और अनादर का। ईरानी पौराणिक कहानियों में असुर शब्द का स्थान उतना ही ऊँचा है, जितना हमारे यहाँ देव शब्द का है

और देव शब्द का उतना ही नीचा है, जितना हमारे यहाँ असुर का है। यह असुर और देव शब्द ही उस झगड़े की झलक हमें साफ-साफ दिखला देते हैं।

एक समय था जब कि ऋग्वेद के मन्त्रों में इन्द्र को असुर कहकर उनकी वन्दना की जाती थी। तब ईरान से लेकर भारत तक फैले हुये आर्यों में वैचारिक झगड़ा नहीं था। असुर के माने प्राणवान होते हैं। दिव, जिससे कि देव शब्द बना, चमक के अर्थ में हमें आत्मा का बोध कराता है। आत्मा, सूर्य, अग्नि आदि की वन्दना करने वाले लोग देव कहलाये। इस नये विचार का प्रचार करने वालों में हमारे पुरखे अर्यमा अथवा अर्हिमान शायद प्रमुख रहे होंगे और उस अर्यमा या अर्हिमान के वंश से महात्मा जरथुष्ट्र के वंश तथा और भी अनेक ईरान राष्ट्र के पुराने वंशों को शायद कोई बड़ा विश्वासघात या और किसी तरह की दुश्मनी से नुकसान उठाना पड़ा होगा। इसलिये महात्मा जरथुष्ट्र ने अर्यमा के तथा देवों के विरुद्ध एक घनघोर आन्दोलन छेड़ दिया। उन्होंने सोम को हओम् कहकर पूजा, सुमत, सूक्त और सुकृत को उन्होंने अपनी भाषा में हुमत, हुख्त, और हूर्स्त कहकर वही मान्यता प्रदान की, जो हमारे यहाँ दी जाती है। महात्मा जरथुष्ट्र ने अग्नि-पूजा को भी वैसा ही महत्व दिया, जैसा हमारे यहाँ है। उनका विरोध सिर्फ वैदिक-यज्ञ करने वाले यज्ञ पूजकों से ही था।

कोई-कोई महात्मा जरथुष्ट्र की जन्मभूमि आज़रबैज़ान यानी पुराने अत्रिपत्तन को मानते हैं। उनका यह कहना है क्रि अपनी जन्मभूमि आज़रबैज़ान में जरथुष्ट्र का देव-विरोधी आन्दोलन सफल नहीं हो सका और वह ईरान चले आये। वहाँ पहले तो उन्हें तंग किया गया, पर सम्राट् विस्तास्प को उनकी बातें सुनकर उन पर बड़ी श्रद्धा हो गयी। महात्मा जरथुष्ट्र विचारों में मध्यमार्गी थे। भारत में उनके समकालीन महात्मा बुद्ध ने जिस तरह तप, और कर्म के सिद्धान्तों के बीच अपने समय के सत्य को देखा और मध्य मार्ग का उपदेश दिया, शायद उसी तरह महात्मा जरथुष्ट्र ने भी अपने देश में फैले यहूदी, वैदिक और काल्डियन धर्मों के बीच में एक मध्य मार्ग निकालकर सारे राष्ट्र को एक नयी धार्मिक-एकता प्रदान कर दी। यह शाह विस्तास्प, जिसे शाहनामें में गुस्तास्प कहकर बखाना गया है, महात्मा जरथुष्ट्र के धर्म का प्रचार करने में बहुत सफल रहे। राष्ट्रीय-एकता की एक नयी शक्ति पाकर शाह विस्तास्प ने क़ई देश जीते। उन्होंने एक प्रकार से धार्मिक-युद्ध ही छेड़ दिया था लेकिन; इन्हीं धार्मिक-युद्धों के कारण राजा की तो जीत हुई परन्तु; राष्ट्र को प्रकाश देने वाला सूर्य दुश्मनों से घिर गया। कहते हैं कि अपने असली सहायक पुजारियों के साथ महात्मा जरथुष्ट्र अग्नि-मन्दिर में बैठे हुये पूजा कर रहे थे कि दुश्मन ने मन्दिर पर अचानक हमला कर दिया और महा ज्योति बुझा दी गयी। दुश्मनों ने अवेस्ता ग्रन्थ, अग्नि-मन्दिर और महात्मा जरथुष्ट्र तथा उनके सारे सहायकों का नाश कर दिया।

कहते हैं कि जब महात्मा के प्राण निकले तो आकाश पर इन्द्रधनुष उदय हो आया। अपने जीवन-काल में एक बार महात्मा जरथुष्ट्र ने अहुरमज़्द से अपनी समाधि अवस्था में पूछा था कि भगवान! आकाश में यह सतरंगा धनुष किसलिये प्रकट होता है?

इस पर भगवान ने उत्तर दिया था कि यह धनुष आकाश की उन महान् आत्माओं की मुस्कराहट है, जो दुनिया के दुखी पुरुषों को साहस दिलाने के लिये उदय होती हैं। महात्मा जरथुष्ट्र के शहीद होने पर उस सतरंगे धनुष ने उदय होकर शाह विस्तास्प या गुस्तास्प को ऐसा अपार बल और शासन दिया कि अन्तत: उसने अन्त में अवतारी महात्मा के हत्यारों को धूल में मिला दिया।

●

---

* 'निप्पुर की खुदाई' लगभग सन् 1930 में हुई थी।

महात्मा कन्फूशियस अथवा कं फूत्से

महात्मा जरथुष्ट्र के प्रायः समकालीन एक और महान् विचारक के दर्शन कराने के लिये मेरा जादुई दर्पण मुझे चीन ले गया। मैंने दर्पण से कहा–'तुम मुझे शत्रु के देश में क्यों लिये चलते हो।'

दर्पण बोला–शत्रुता, राजनीति के क्षेत्र में होती है भाई। विचार के क्षेत्र में यह सब नहीं सोचा जाता। देखो, रावण को घायल करने के बाद श्रीरामचन्द्र ने लक्ष्मणजी को रावण के पास राजनीति की शिक्षा लेने के लिये भेजा था। उस समय लक्ष्मण ने श्रद्धापूर्वक महापण्डित रावण से उसके उपदेशों को ग्रहण किया था। फिर चीन, जहाँ के राजनीतिक नेता आज हमारे शत्रु हैं, सदियों तक हमारे मित्र भी रहे हैं। चीन देश ने हमारे देश के बौद्धमत को अपने यहाँ स्वीकार किया था, इसलिये दोनों देशों का नाता गुरु-शिष्य जैसा भी है। लो, चलो हमारे साथ–'लू' 'नामक गाँव में। देखो, सामने बूढ़ा सैनिक शू लियां हे उदास मुद्रा में अपने सिर पर दोनों हाथ रखे हुए बैठा है।'

'यह उदास क्यों है?'

'यह इसलिये उदास है कि बेचारा सत्तर की आयु के निकट आ पहुँचा परन्तु; अभी तक इसके कोई बेटा नहीं हुआ। जवानी में शू लियां हे ने अपना विवाह किया था। उस स्त्री से केवल लड़कियाँ ही लड़कियाँ हुईं। उसकी एक प्रेमिका भी थी, और उससे निःसन्देह उसे एक बेटा हुआ था। परन्तु यह बेटा शू लियां हे को वह सुख नहीं दे सकता था, जिसकी उसे चाह थी। इसका कारण यह था कि एक तो वह बच्चा अपंग था, दूसरे–विवाहिता पत्नी का पुत्र न होने के कारण चीनी-धर्म के अनुसार वह उसका श्राद्ध-तर्पण आदि नहीं कर सकता था। बेचारा बूढ़ा सैनिक शू लियां हे बड़ा दुखी था।'

एक दिन अपने कुछ मित्रों के साथ बैठे हुए वह अपना दुखड़ा रो रहा था कि एक मित्र ने कहा– 'भाई, तुम दुखी न हो। एक विवाह नया कर लो।'

शू लियां हे बोला–'भला मुझ जैसे बूढ़े मनुष्य को अपनी लड़की अब कौन देगा?'

एक मित्र ने एक ऐसी अनाथ लड़की का नाम लिया, जो सुशील थी और काम काज में हर तरह से होशियार भी थी। शू लियां हे उस लड़की से विवाह करने के लिए तुरन्त राजी हो गया और भगवान की भी कुछ ऐसी कृपा हुई कि शादी होने के एक वर्ष के भीतर ही शू लियां हे की तीसरी पत्नी ने शू लियां हे को एक सुन्दर पुत्र भेंट किया। बूढ़े पिता की मनोकामना पूरी हुई। उसने धूम-धाम से अपने पुत्र के जन्म की खुशियाँ मनायीं।

बच्चे के कान बड़े-बड़े थे। उन दिनों चीन में यह माना जाता था कि बड़े कानों वाला बालक बड़ा विद्वान होता है। बूढ़े शू लियां हे ने अपने बेटे का नाम कंग रखा लेकिन; अकेले नाम रखने से ही उसे सन्तोष नहीं हुआ उसने नाम के साथ में एक विशेषण भी जोड़ दिया। वह कंग को केवल कंग न कहकर कं फूत्से यानी बुद्धिमान कंग कहते थे। यही कं फूत्से नाम अंग्रेजी उच्चारण में बदलकर अब कंफूसियश हो गया है।

कं फूत्से या कंफूशियस जब तीन वर्ष का था, तब उसके पिता का देहान्त हो गया। उसकी छोटी उमर की माता ने उसे बड़ी कठिनाई से पाल-पोष कर बड़ा किया। इसका कारण शायद यही रहा होगा कि शू लियां हे की पहली पत्नी और उसकी बड़ी-बड़ी बेटियों ने कं फूत्से की माता को धन संपत्ति से वंचित कर दिया होगा। खैर, कं फूत्से की माता ने किसी तरह मेहनत-मजदूरी करके अपने बेटे को शिक्षा दिलायी। वह बालक पढ़ने में बड़ा ही तेज था। परन्तु उसकी निर्धन माँ उसे अधिक शिक्षा नहीं दिला सकती थी। सत्रह वर्ष की ही उमर में कं फूत्से को सरकारी अन्न-भण्डार में एक मामूली-सी नौकरी करने के लिए मज़बूर होना पड़ा। शीघ्र ही तरक्की करते हुए वह उस भण्डार का सबसे बड़ा अफसर बना दिया गया। अब उसे और उसकी माता को पहले जैसे दुख नहीं झेलने पड़ते थे। परम् बुद्धिमान् कं की इज्जत दिनोंदिन बढ़ती जा रही थी। उन्नीसवें वर्ष में कं फूत्से का विवाह भी हो गया। लू गाँव के सामन्त ने कं फूत्से तथा उसकी पत्नी को विवाह के अवसर पर सुन्दर रोहू मछलियों का एक जोड़ा भेंट में दिया। यह एक शुभ भेंट थी क्योंकि; साल भर के भीतर ही कं फूत्से की पत्नी ने एक बड़े ही सुन्दर पुत्र को जन्म दिया। अपने जागीरदार सामन्त की मछलियों वाली भेंट के प्रति सम्मान दिखलाने के लिए कं फूत्से ने अपने बेटे का नाम पो यू रखा। पो यू शब्द के माने होते हैं सुन्दर मछली।

इस तरह कं फूत्से के जीवन में हर तरह की मौज बहार आ गयी। अच्छी आमदनी थी, आदर-मान भी दिनोंदिन बढ़ रहा था।

परन्तु कं फूत्से अपनी उन्नति से सन्तुष्ट नहीं थे। सच तो यह है कि बुद्धिमान कं फूत्से महोदय सरकारी अफसरी के वातावरण में सुख नहीं पा सकते थे। उन्हें तो पढ़ने-लिखने और उच्च विचारों में ध्यान रमाने के लिए पूरा अवकाश चाहिये था। वह चाहते थे कि यदि अफसर के बजाय उनको अध्यापक बनने का अवसर मिलता तो अपने देश और समाज को अधिक लाभ पहुँचा सकते थे लेकिन; सरकारी नौकरी छोड़ना उनके लिए उस समय सम्भव नहीं था। उनकी माता इतनी ग़रीबी और दुख झेल चुकी थीं कि वह अपने बेटे कं फूत्से को ऐसा करने की इजाजत नहीं देती थीं। माता का देहान्त होने पर ही कं फूत्से अपना इच्छागत काम कर सके।

चीनी रिवाज के अनुसार माता की मृत्यु होने पर कं फूत्से को तीन वर्षों तक अपनी माता की समाधि के पास झोपड़ी बनाकर रहना पड़ा। इस अवसर में उन्होंने अपना ध्यान-योग साधा। माँ की क्रिया कर्म के तीन वर्ष पूरे होने पर अपने नन्हें बेटे और पत्नी को लेकर वे धर्म-प्रचार के लिए निकल पड़े। उन्होंने कहा कि अब मेरा घर यह सारी दुनिया है, चारों दिशाएँ मेरे विशाल घर के ही चार कोने हैं।

चीन देश के लिये वह समय बड़ी ही अशान्ति का था। गुण्डे राज करते थे और सज्जन दुख भोग रहे थे। महात्मा कं फूत्से अपने विचारों का प्रचार करते हुए चौ के दरबार में पहुँचे। उन दिनों वहाँ लाओ त्से नाम के एक बड़े ही प्रसिद्ध दार्शनिक रहा करते थे। बूढ़े लाओ त्से के विचारों ने सन्त कं फूत्से को नयी चेतना प्रदान की थी। उन्होंने कहा था–'मेरे जवान मित्र, तुम हमारे पुरखों के हजारों वर्ष पुराने ज्ञान की बातें दोहराते हो, पर यह देखो कि तुम्हारा ज्ञान आज की दुनिया को आगे बढ़ाने में सहायक है या नहीं? जैसे किसी व्यापारी के घर में उसके पुरखों की कमाई के करोड़ों रुपये कहीं गड़े पड़े हों और व्यापारी अपने संकट-काल में उस धन का उपयोग न कर पाये तो वह लक्ष्मी उसके लिए निकम्मी है। वैसे ही समय पर काम न आने वाला पुरखों का ज्ञान भी निकम्मा होता है।

कुछ ही दिनों बाद सन्त कं फूत्से को लगा कि बूढ़े गुरु ने उन्हें सब बात बतलायी थीं। चीनी लोग पुराने उपदेशों को सुनकर अपने पुरखों के ज्ञान पर घमण्ड तो अवश्य करते थे लेकिन; उसे कभी अमल में नहीं लाते थे। चीन में इतनी फूट थी कि जगह-जगह बड़े-बड़े जागीरदार और सामन्त आपस में एक-दूसरे की मार-काट मचा रहे थे। खुद कं फूत्से के गाँव में भी बड़ी ही अशान्ति फैली हुई थी। वहाँ के जागीरदार दुश्मनों से हारकर भाग गये थे, इसलिये सन्त कं फूत्से ने भी यह सोचा कि यदि मैं यहाँ रहूँगा तो नया जागीरदार मुझे भी कष्ट देगा। इसी विचार से वे अपने पत्नी और पुत्र को लेकर घने जंगलों में एक पहाड़ी स्थान पर शरण लेने के लिये जा पहुँचे। वहाँ उन्होंने एक स्त्री को विलाप करते हुए देखा। उन्होंने पूछा–'बहन तुम क्यों रो रही हो?'

वह स्त्री बोली–मैं बड़ी दुखी हूँ भाई, एक चीता ही मेरे इन सारे दुखों का कारण है। यहीं पर चीते ने पहले मेरे पति को मार कर खाया और फिर मेरे बच्चे की भी यही गति की।

–तो बहन, तुम यह स्थान छोड़कर किसी शहर में क्यों नहीं जा बसतीं?

–अरे भइया, यहाँ तो केवल एक ही चीता दुखदाई है किन्तु; शहरों में अत्याचारी सरकार का हर कर्मचारी भयानक चीते के समान ही होता है। मैं एक चीते से बचने का उपाय तो कर सकती हूँ पर अनगिनत चीतों से मैं अपनी रक्षा भला कैसे कर पाऊँगी?

देहाती स्त्री की इस बात ने सन्त कं फूत्से को बहुत ही प्रभावित किया। उन्होंने सोचा कि जब तक सरकारी कर्मचारियों का आवश्यक चरित्र सुधार नहीं होगा, तब तक चीन की प्रजा यों ही दुख झेलती रहेगी। यह विचार आते ही सन्त कं फूत्से में अपार साहस का उदय हुआ। उन्होंने तुरन्त ही नये जागीरदार के राज्य में जाकर सद्धर्म का प्रचार करने का निश्चय किया।

नये शासक के दरबार में सन्तजी का आदर हुआ। कं फूत्से ने नये शासक से कहा कि एक बुरी सरकार अपने देश की जितनी प्रबल शत्रु होती है, उतनी तो शत्रु की सेनाएँ भी नहीं होती हैं। अत्याचारी शासन में बसने वाली प्रजा दुखी होकर कभी-कभी शत्रुओं को अपने देश में बुला भी लेती है। इसलिये हे राजन्, आप एक आदर्श शासन की स्थापना कीजिए। उसी से आपका तथा हमारे देश की प्रजा का कल्याण होगा।

राजा ने सन्त कं फूत्से की बातों को ध्यान से सुना। उन्होंने कं फूत्से से कहा–मैं आपको अपने राज्य के एक नगर का शासक बनाता हूँ। आप वहाँ अपने विचारों के अनुसार उत्तम रीति से राजकाज चलावें।

सन्त कं फूत्से अपने काम में बड़े ही सफल रहे। उन्होंने बच्चों, जवानों और बूढ़ों के लिए उनके स्वास्थ्य के अनुकूल भोजन करने के उपाय बतलाये। स्त्रियों–पुरुषों और लड़कों को सही ढंग से चलने का उपदेश दिया, जिससे कि स्त्रियाँ और पुरुष आपस में एक–दूसरे से टकरा न पायें। सन्त कं फूत्से ने लोगों को सही ढंग से रहना, काम–काज करना, और सच्चे धर्म का आचरण करना सिखलाया। उनके यह काम इतने सफल हुए कि शासक ने उन्हें अपने राज्य का प्रधानमन्त्री बना दिया। धीरे–धीरे प्रजा इतनी सुखी और शक्तिशाली हो गयी कि आस–पास के दूसरे राजे–महाराजों को ईर्ष्या होने लगी। उन्हें यह भय हुआ कि अगर यह लोग इसी तरह से उन्नति करते रहे तो हम लोग इनसे एक न एक दिन निश्चय ही हार जायँगे। उन्होंने प्रधानमन्त्री सन्त कं फूत्से की सुन्दर कारगुजारियों पर पानी फेरने के लिए एक तरकीब निकाली। उन्होंने नाचने–गाने की कला में कुशल कुछ सुन्दरी स्त्रियों को सिखा–पढ़ा कर लू के शासक की सेवा में भेजा। उन्होंने 'मुख में राम बगल में छूरी' वाली कहावत के अनुसार ही बड़े झूठे ढंग से लू के शासक को अपना बड़ा भाई कहकर नर्तकियों की यह भेंट अर्पित की। राजा, दुश्मनों की चाल नहीं समझ सका धीरे–धीरे नाच–गाने की लत ने उसे इतना निकम्मा बना दिया कि वह फिर राज–काज में ध्यान ही नहीं देता था। सन्त ने राजा को बहुत समझाया लेकिन; कोई असर न हुआ। इसलिए सन्त कं फूत्से ने यही उचित समझा कि वह राज छोड़कर कहीं एकान्त में चला जाय।

तेरह वर्षों तक एकान्त साधना करके उन्होंने फिर अपने समाज को सुधारने का प्रयत्न किया। राजा ने उन्हें फिर मन्त्री बना दिया किन्तु; कुछ ही दिनों बाद राजा सन्तजी से असन्तुष्ट हो गये। सन्त कं फूत्से ने सोचा कि केवल राजे–महाराजों की सहायता से ही समाज को नहीं बदला जा सकता, इसलिए समाज की अपनी चारित्रिक–शक्ति भी पैदा करनी चाहिये। यह सोचकर वे प्रजा में घूम–घूम कर अपने सदुपदेशों का प्रचार करने लगे। धीरे–धीरे उनके शिष्यों की संख्या तीन हजार से ऊपर हो गयी। चारों ओर सन्तजी की महिमा फूलों की महक जैसी फैल गयी। सन्त कं फूत्से ने चीन की जनता को सभ्य और सुशिक्षित बना दिया। इनका ऐसा प्रभाव पड़ा कि सदियाँ बीत गयीं किन्तु; आज तक चीन देश में सन्त कं फूत्से देवता की तरह पूजे जाते हैं।

●

तीर्थंकर महावीर

जादुई दर्पण में मेरे सामने एक बड़ी ही भव्य और कलात्मक मूर्ति है। वह जैन धर्म के अन्तिम तीर्थंकर महावीर वर्द्धमान हैं। बुद्धदेव के जन्म से कई वर्ष पहले महावीर स्वामी का अवतार हुआ था। अहिंसा धर्म पर जोर देने वाले पहले प्रभावशाली पुरुष यही हुए थे। मैंने दर्पण से कहा–'अरे भाई, इनकी महिमा को तो मैं जानता हूँ।'

'तुम नहीं जानते। क्या तुम यह जानते हो कि डिमाक्रेसी या लोकतन्त्र के मूल सिद्धान्त का सही बखान करने वाले पहले महापुरुष यही थे?'

'किस तरह?'

'इन्होंने देखा कि हर आदमी केवल अपनी ही बात को सच समझता है और दूसरे की बात को झूठ। तब महावीर बोले–'सत्य अनेकान्त है। एक ही सचाई को अनेक दृष्टिकोणों से देखा जा सकता है। इसलिए अपने-अपने दृष्टिकोणों को लेकर आपस में लड़ना-झगड़ना ठीक नहीं है।'

'सचमुच इस सिद्धान्त के लिये हम भगवान महावीर के बड़े ऋणी हैं। इन महापुरुष का जन्म कहाँ हुआ था?'

बिहार के मुजफ्फरपुर जिले में जिस बस्ती को आजकल बसाढ़ कहते हैं, वह आज से लगभग दो-ढाई हजार वर्ष पूर्व लिच्छवि गणतन्त्र की राजधानी वैशाली कहलाती थी। लिच्छवियों में बड़ा एका था, यह लोग अपने छोटे-बड़ों की उचित इज़्ज़त करना जानते थे। अपने गणतन्त्र के सम्बन्ध में वे जो भी निर्णय लेते थे, वह पंचायती होता था। इन्हीं बहुत-सी खूबियों की वजह से लिच्छवि लोग दिनोंदिन उन्नति कर रहे थे।

–वैशाली के लिच्छवि-गणतन्त्र के अध्यक्ष राजा चेटक के घर में उनकी रानी ने एक कन्या रत्न को जन्म दिया। राजा चेटक ने उसका नाम तृशला रखा। तृशला इतनी गुणवती और सुन्दर थी कि लोग उसे प्यार में तृशला प्रियकारिणी कहकर सम्बोधित किया करते थे। यह लड़की जब बड़ी हुई, तब राजा चेटक ने वैशाली के पास कुण्डग्राम के एक क्षत्रिय कुमार से उसकी शादी कर दी। इस क्षत्रिय कुमार का नाम सिद्धार्थ था। लिच्छवियों में ज्ञातृक नाम की एक उपजाति थी। राजकुमार सिद्धार्थ के पिता ज्ञातृकों के मुखिया थे। इस तरह तृशलारानी एक बड़े ही सम्पन्न घर में ब्याही गयीं।

समय आने पर इन्हीं राजा सिद्धार्थ के घर रानी तृशला के गर्भ से एक परम तेजवान पुत्र ने जन्म लिया। यह बच्चा बड़ा ही सुन्दर था। अपने जन्म से ही यह बच्चा औरों से कुछ अलग लगता था। कहावत है कि पूत के लच्छन पालने में ही प्रकट होने लगते हैं।

बालक की अनोखी विशेषताएँ देखकर माता-पिता ने इसका नाम वर्द्धमान रखा। वह दिनों दिन तेजी से बढ़ने लगा और अपनी उम्र के बच्चों में वह शुरू ही से एकदम अलग और अनोखा लगता था।

लिच्छवि-गणतन्त्र में गण के सब बच्चों की शिक्षा-दीक्षा का इन्तजाम सरकार की ओर से ही होता था। उन लोगों में यह पक्षपात नहीं बरता जाता था कि राजा या बड़े-बड़े लोगों के बेटों को ही अच्छी शिक्षा मिले और गरीबों के बेटों को उन्नति करने का अवसर तक न दिया जाय। लिच्छवि लोग अपने क्षत्रिय कबीले के सभी बालकों की उन्नति चाहते थे। अगर किसी साधारण आदमी का बेटा राजकुमारों या बड़े लोगों के लड़कों से अधिक होशियार साबित होता तो बिना किसी प्रकार के भेदभाव के उसे ही आगे बढ़ने के अवसर दिये जाते थे। वैशाली के राजा चेटक का दोहता वर्द्धमान किसी प्रकार के पक्षपात के बिना ही अपने समय के क्षत्रिय कुमारों में सरदार की हैसियत पा गया। खेलकूद, कसरत, कुश्ती और पढ़ाई-लिखाई में वर्द्धमान अपने समय के सब बच्चों से तेज साबित हुए।

एक बार बच्चे एक बगीचे में खेल रहे थे। शायद वे लुकाछिपी का खेल ही खेल रहे होंगे क्योंकि; एक बच्चा उनमें से अलग होकर किसी निर्जन कोने में एक पेड़ के पीछे जाकर छिप गया था। वहाँ पहुँचने के थोड़ी देर बाद ही वह बच्चा बड़ी जोर-ज़ोर से चीखने लगा। सब बच्चे उसकी चीखों को सुनकर उस ओर भागे। वहाँ जाकर देखा कि एक अजगर ने उनके साथी को अपनी पूँछ में लपेट रखा है और वह अपना मुँह फाड़े हुए धीरे-धीरे उसे निगलने के लिए बढ़ रहा है। यह भयानक दृश्य देखकर बच्चे रोने लगे लेकिन; वर्द्धमान न रोये न घबराये। उन्होंने आगे बढ़कर अजगर को आँख से आँख मिलाकर देखा और अपने साथी को छुड़ाने के लिए अजगर की पूँछ को कसकर पकड़ा। न जाने क्या चमत्कार हुआ कि वर्द्धमान से आँख मिलते ही उस अजगर की पकड़ ढीली पड़ने लगी और थोड़ी ही देर में वह बच्चे को छोड़कर पेड़ से उतर कर किसी ओर चला गया। अजगर जब जाने लगा तो लड़कों ने उसे मारना चाहा परन्तु; वर्द्धमान ने उन्हें ऐसा करने से मना किया, कहा-इसने हमारे साथ मित्रता बरती है। यह हमारे साथी को बिना किसी प्रकार का नुकसान पहुँचाये हुए ही जा रहा है, फिर इसे तुम लोग क्यों तंग करना चाहते हो? प्रेम से मनुष्य ही नहीं, पशु भी वश में हो जाता है।

बालक वर्द्धमान के जीवन से जुड़ी इस घटना की चर्चा दूर-दूर तक फैली। लोग खुश होकर बालक वर्द्धमान को महावीर कहने लगे। इस प्रकार तीर्थंकर महावीर स्वामी आज अपने नाम से अधिक अपने विशेषण से ही पहचाने जाते हैं।

महावीर वर्द्धमान ज्यों-ज्यों ऊँची शिक्षा पाते चले त्यों-त्यों उनका मन गहरे विचारों में पड़ने लगा। वे अपने आस-पास देखते कि हर आदमी दूसरे से अपने को बड़ा समझता है। दूसरे से अपने को ज्यादा सम्पन्न देखना चाहता है और इस होड़ाहोड़ी में धीरे-धीरे गणतन्त्र के अन्दर ईर्ष्या-द्वेष, फैलने लगा है। महावीर ने सोचा कि अगर यही हाल रहा तो शीघ्र ही कुछ दिनों में गणतन्त्र में निश्चय ही फूट ही पड़ जायेगी। लालच बुरी बला है, मनुष्य को इसके चक्कर में अधिक नहीं पड़ना चाहिये।

महावीर देखते कि लोग अक्सर अपने को ही सही मानते हैं और दूसरों में गलतियाँ ढूँढ़ते हैं। उन्होंने सोचा कि विचार करने का यह तरीका गलत है। जैसे हमारा मन ऊँच-नीच सोचता है और भली-बुरी इच्छाओं से प्रेरित होकर काम करता है, वैसे ही दूसरे लोगों के मन भी करते हैं। इसलिये अगर हम अपने मत की इच्छाओं-अनिच्छाओं को सही ढंग से पहचान लें तो हम हर व्यक्ति के मन को भलीभाँति समझ सकेंगे। जो एक को जानता है, वह सब को जानता है, और जो सबको जानता है, वह एक को निश्चय ही जान जाता है। यह एकता ही प्राणी मात्र की सच्ची एकता है। इन विचारों से महावीर वर्द्धमान का मन दिनोंदिन दुनिया से हटने लगा। यह देखकर महावीर के बड़े बुजुर्गों को स्वाभाविक रूप से चिन्ता होने लगी। कहते हैं, उन्होंने महावीर का विवाह कर दिया लेकिन; बहुत से विद्वानों का यह मत है कि महावीर स्वामी का विवाह नहीं हुआ था। खैर, उनका विवाह होना या न होना एक मामूली-सी बात है, जिसका इस महापुरुष के जीवन में कोई खास प्रभाव शायद नहीं पड़ा। कहा जाता है कि उन्होंने भरी जवानी में ही अपने घरवालों से यह साफ-साफ कह दिया कि मेरा जी दुनिया में नहीं लगता। मैं आत्मा की खोज में तपस्या करना चाहता हूँ।

युवा महावीर ने राजपाट, सुख, वैभव त्याग कर कठिन तपस्या करना आरम्भ किया। वे लम्बे-लम्बे उपवास करते और अपनी इच्छाओं को बस में करके आत्मा की शक्ति को दिनोंदिन अधिक से अधिक पहचानने के उपाय करते थे। उन्होंने अपने वस्त्र त्याग दिये, जाड़ा, गर्मी, बरसात सभी ऋतुओं में वे एक-से रहते थे। उन्होंने दुख-सुख का भेद अपने मन से हटा दिया। हर एक के लिए उनके मन में अपार प्रेम उमड़ आया।

भगवान ने अब उनकी परीक्षा ली। कभी अपने व्रत पूरे होने पर जब वह भिक्षा ग्रहण करने के लिए किसी गाँव में जाते, तब दुष्ट लोग और नटखट बालक, पागल कहकर महावीर को पत्थरों से मारते थे। वह लहूलुहान हो जाते थे। तब भी किसी से एक शब्द न कहते और सदा मुस्कुराते ही रहते थे। धीरे-धीरे लोग उनकी विशेषताओं को समझने लगे। उन्होंने लोगों को अपने उपदेशों से बहुत ही प्रभावित किया। यज्ञों में पशुओं की बलि दी जाती थी। महावीर ने कहा कि जिस धर्म में एक बेगुनाह प्राणी अपनी जान देने के लिए बेबस किया जाता हो, वह धर्म नहीं, अधर्म है। उन्होंने यह भी कहा कि दुनिया और यहाँ के सारे जीव भौतिक तत्वों के बने हुए हैं। हमें वैज्ञानिक-दृष्टि से जीवन को समझना चाहिये। हमें सबसे प्रेम करना चाहिये। हिंसा ही सब पापों की जड़ है और प्रेम ही सब धर्मों का मूल है।

महावीर स्वामी के उपदेशों का असर पहले उन दबे-कुचले लोगों पर पड़ा, जिन्हें बलशाली लोग उन्नति करने के अवसर नहीं देते थे। महावीर स्वामी जब चारों ओर देवता की तरह पूजे जाने लगे, तब भी उन्होंने एक क्षण के लिए ग़रीबों का साथ नहीं छोड़ा। वे सदा नगर के बाहर किसी सार्वजनिक धर्मशाला में या किसी ग़रीब के घर पर ही ठहरा करते थे। एक प्रतापी और यशस्वी कुल का राजकुमार इस तरह जब ग़रीबों और दुखियों का साथी बना, तब समाज के प्रतिष्ठित लोगों का मन भी धीरे-धीरे बदलने लगा। हर बड़ा

आदमी जो पहले सब कुछ आप ही बटोर लेने की नीयत से आपस में एक-दूसरे से संघर्ष किया करता था, महावीर स्वामी के उपदेशानुसार अब यह प्रण करने लगा कि मैं अपनी ज़रूरत के लिये इतनी वस्तुओं से अधिक का उपयोग नहीं करूँगा। लोगों में जीव-दया की भावना भी तेजी से जागने लगी।

भगवान महावीर, भगवान बुद्ध से लगभग तीस वर्ष बड़े माने जाते हैं, इसलिए यह कहा जा सकता है कि भगवान बुद्ध के चरित्र-निर्माण में भगवान महावीर के उपदेशों का कुछ न कुछ सहयोग अवश्य ही होगा।

महावीर स्वामी की माता तृशला देवी अपने पीहर के रिश्ते से अनेक राजकुलों से सम्बन्धित थीं। मगध, काशी, कोसल, वत्स, अवन्ती, चम्पा और सिन्धु-सौवीर आदि दूर-दूर के राज्यों में महावीर स्वामी के त्याग और तप की कहानियाँ फैलने लगीं। धीरे-धीरे उनकी बातों का यह असर हुआ कि लोग अपनी बात करने के अलावा दूसरों की बातों पर भी ध्यान देने लगे। लड़ाई-झगड़े कम हुए। लालच की बुराई धीरे-धीरे सिमटने लगी। महावीर स्वामी ने घूम-घूम कर इकहत्तर वर्ष की आयु तक धर्म-प्रचार किया। उनके शिष्यों की संख्या दिनोंदिन बढ़ती गयी। पावापुर नामक स्थान में इस महापुरुष की काया का अन्त दीपावली के दिन मध्य-रात्रि में हो गया। पिछले ढाई हजार वर्षों में महावीर के उपदेशों ने समाज को बड़ा बल दिया है, इसीलिए वे आज तक भगवान मानकर पूजे जाते हैं।

गौतम बुद्ध

भगवान् तीर्थंकर महावीर को श्रद्धा अर्पित करने के बाद मैं सोच रहा था कि अब मेरा जादुई दर्पण मुझे निश्चय ही महात्मा बुद्ध के दर्शन करायेगा। मैंने दर्पण से यह बात पूछी तो वह मुझे चुप कराते हुए बोला–'चुप-चुप! देखो, बिहार में भिक्खु लोग प्रार्थना कर रहे हैं और जानते हो यह दृश्य कहाँ का है?'

मैंने कहा–'देखने से यह अशोक के ज़माने की लाट लगती है। निश्चय ही यह भगवान् बुद्ध से सम्बन्धित कोई स्थान रहा होगा।'

'ठीक कहते हो, यह लुम्बिनी ग्राम है। भगवान् बुद्ध का जन्म यहीं हुआ था।'

मैंने कहा–'दर्पण, तुमने अब तक मुझे जितने इतिहास पुरुषों के झलकें दिखलायीं, उनकी कथायें पहले से जानते हुए भी तुम्हारे बखानों से वे मुझे नयी लगीं। क्या भगवान् बुद्ध की जीवन कथा में भी तुम मुझे ऐसी ही कोई विशेषता बतलाने जा रहे हो?'

नटखट दर्पण ऐसे हिलने लगा, जैसे इन्कार करते हुए कोई अपना सिर हिला रहा हो। उसने कहा–'ना भाई, ना, मैं तुम्हें कुछ भी नहीं बतलाऊँगा। बस, कथा सुनो और खुद ही यह बतलाओ कि तुमने भगवान् बुद्ध के जीवन में ऐसी क्या खास बात देखी लेकिन; ठहरो। देखो, वह सामने से रथ आ रहा है।

मैंने देखा एक लम्बा बलिष्ठ और सुन्दर राजकुमार रथ पर चला आ रहा है। लोग कपिलवस्तु की सड़कों पर किनारे खड़े हुए झुक-झुक कर राजकुमार सिद्धार्थ को प्रणाम कर रहे हैं। सिद्धार्थ बहुत खुश हैं। उन्हें अपने चारों ओर हँसते और खिलते जवान चेहरे ही दिखलाई दे रहे हैं। मैंने कहा–'दर्पण, क्या राजा शुद्धोदन की राजधानी में बूढ़े नहीं बसते?'

दर्पण बोला–'तुमने अपनी यह इच्छा प्रकट करके राजकुमार के जीवन का सारा ढर्रा ही बदल दिया। वह देखो, राजकुमार का रथ रुक गया है और वे बड़े आश्चर्य से कमर झुके हुए एक दीन-हीन बुड्ढे को सड़क के किनारे रेंग-रेंग कर चलते हुए देख रहे हैं। लाठी का सहारा लिये और काँपते डग बढ़ाकर वह बुड्ढा कैसी मुश्किल से अपना रास्ता तय कर पा रहा है।

कैसे आश्चर्य से राजकुमार सिद्धार्थ उसको देख रहे हैं!

राजकुमार ने अपने सारथी से पूछा–'चन्ना, देखने में तो यह कुछ-कुछ मनुष्यों से मिलता हुआ ही प्राणी है पर; बतलाओ कि यह वास्तव में है कौन?'

सारथी का चेहरा एकदम से पीला पड़ गया। उसे इस बात की घबराहट थी कि यदि राजा शुद्धोदन यह सुन लेंगे तो आज मेरी तथा दूसरे राजकर्मचारियों की बड़ी आफत आ जायेगी। राजा ने अपने कर्मचारियों को यह हुक्म दे रखा था कि राजकुमार ऐसी कोई भी चीज़ कभी न देख पायें, जिससे कि उनके मन को धक्का लगे।

राजकुमार जब पैदा हुए थे, तब ज्योतिषियों ने उन्हें यह बतलाया था कि यह राजकुमार विश्व विजयी होगा। या चक्रवर्ती राजा के रूप में और या फिर महान् धर्म-गुरु के रूप में। ज्योतिषियों की बात ने राजा शुद्धोदन के मन में यह शंका जमा दी थी कि मेरा बेटा कहीं साधु न हो जाय और इसीलिये उन्होंने अपने नौकरों-चाकरों को यह आदेश दे रखा था कि राजकुमार के सामने कोई भी ऐसी बात न तो कही जाय और न दिखलायी जाय, जिससे कि उनके मन में वैराग्य-भाव उपजे। अतः राजकुमार को सदा नाच-गाने और खेल-तमाशों से बहलाया जाता था। उन्हें राजा बनने के लिए अच्छे-अच्छे गुरुओं से शिक्षा दिलायी गयी थी। उनके आस-पास का हर आदमी राजा की आज्ञा से सिद्धार्थ को बहादुरी की कथाएँ, नये राज्यों को जीतने के उपाय आदि समझाया करते थे। राजकुमार जब कभी बाहर घूमने की इच्छा करते, तब सिपाही लोग पहले से आकर दीन-दुखी, और बूढ़ों को हटा दिया करते थे लेकिन; आज संयोग से राजकुमार को बुढ़ापे का यह रूप देखने को मिल ही गया। राजकुमार के सवाल करने पर चन्ना सारथी पहले तो सकपका गया, फिर उसने यही उचित समझा कि वह राजकुमार से सच बात कहे। चन्ना बोला-'हे राजकुमार यह भी मनुष्य ही है।'

-'लेकिन मैंने ऐसा मनुष्य अपने जीवन में पहली ही बार देखा। क्या मनुष्य ऐसे भी हुआ करते हैं?'

-'हाँ राजकुमार, हर मनुष्य के जीवन में यह दिन भी अवश्य आते हैं। बच्चा धीरे-धीरे बड़ा होकर जवान होता है और फिर यों ही बूढ़ा हो जाता है।'

-'तब एक दिन मैं भी इसी तरह बूढ़ा हो जाऊँगा। मेरा यह सुन्दर मुख और शरीर एक दिन ऐसे ही झुर्रियों भरा हो जायेगा? यह काले-घुँघराले बाल सफेद हो जायेंगे। मेरी कमर ऐसे ही झुक जायेगी और मैं लाठी लेकर यों ही रेंग-रेंग कर चला करूँगा? इन बातों के बाद राजकुमार सिद्धार्थ उस दिन बड़े ही गम्भीर और विचार-मग्न रहे। राजा को जब इस बात का पता चला, तब वे अपने कर्मचारियों पर बहुत नाराज हुये। मगर होनी को कौन रोक सकता है?'

राजकुमार सिद्धार्थ को भगवान ने धरती पर राज मुकुट धारण करने के लिये नहीं भेजा था। एक दिन फिर ऐसे ही बानक बन गये। राजकुमार सिद्धार्थ ने देखा कि कुछ आदमी बाँस की टिकठी पर लिपटी हुई कोई चीज उठाकर लिये जा रहे हैं और उनके पीछे-पीछे कुछ आदमी रोते हुए भी चल रहे हैं।

विचलित मन सिद्धार्थ ने पूछा-'यह लोग क्या लिये जा रहे हैं और पीछे वाले रो क्यों रहे हैं? रथ रोको चन्ना, मैं इन रोने वाले दुखी जनों के साथ न्याय करूँगा। यह लोग अवश्य ही कोई बहुमूल्य वस्तु लूट कर ले जा रहे हैं।' बेचारा चन्ना फिर घबरा उठा।

आखिर वह क्या जवाब दे! अगर सच बोलता है तो राजा उससे नाराज हो जायँगे और यदि वह झूठ बोलना चाहे तो राजकुमार इस पर विश्वास नहीं करेंगे।

राजकुमार ने फिर कहा–'इन रोने वालों का माल लूट कर जाते हुए लोगों को रोको चन्ना! मैं इनका रोना नहीं देख सकता।

चन्ना बोला–'राजकुमार, यह सच है कि जिस लिपटी हुई वस्तु को लेकर आगे वाले लोग जा रहे हैं, वह कभी इन रोने वाले लोगों के लिए अवश्य ही मूल्यवान रही होगी परन्तु; अब वह केवल जलाने या धरती में गाड़ देने के ही योग्य रह गयी है।'

–'क्यों?'

–'यह लिपटी हुई वस्तु किसी स्त्री या पुरुष का शव है, राजकुमार।'

–'शव क्या होता है चन्ना?'

–'मनुष्य पैदा होता है, फिर धीरे-धीरे बड़ा होता है; जवान और बूढ़ा होता है। उसके बाद मरकर शव बन जाता है, फिर उसे फूँक दिया जाता है।'

सुनकर राजकुमार सिद्धार्थ गम्भीर हो गये। थोड़ी देर तक सोचते रहने के बाद वह बोले–'तब मैं भी एक दिन इसी तरह शव बनकर कपड़े में लिपटा हुआ चार के कन्धों पर जाऊँगा?'

चन्ना बोला–'हर जीवन का यही अन्त होता है राजकुमार, हम सबके भाग्य में एक न एक दिन मरना बदा है।'

राजकुमार सिद्धार्थ की आँखें खुल गयीं। उन्हें वह सब कुछ मालूम हो गया, जिसे राजा शुद्धोदन ने उनसे छिपाने की चेष्टा की थी। उन्होंने बुढ़ापा देख लिया, और जीवन के अन्त का रूप भी देख लिया।

अब न तो उनका मन नाच-गाने में लगता था और न कुछ ओढ़ने-पहनने में। वह अपनी नयी ब्याही पत्नी यशोधरा से भी अब कम ही बोलते-चालते थे। अब दर्पण में अपनी सूरत देखना उन्हें अच्छा नहीं लगता था। दर्पण जब उनके सामने लाया जाता, तब उसमें अपने बुढ़ापे के झुर्रियों-भरे चेहरे को वह अपनी कल्पना भरी आँखों से देखने लगते थे और उदास हो जाते थे। एकान्त में बैठे-बैठे वह सोचने लगते कि एक दिन मेरे माता-पिता जो अब बूढ़े हो चले हैं, मर जायेंगे। मैं उन्हें फिर कभी नहीं देख सकूँगा। यह सब जो मेरे आस-पास हँसते और बोलते हैं, दौड़ते-भागते और फाँदते हैं, एक दिन निर्जीव हो जायँगे और फूँक दिये जायेंगे। मैं और मेरी प्यारी पत्नी यशोधरा भी बूढ़ी होगी और मर जायेगी। हम दोनों ही एक दिन फिर दुनिया में किसी को नहीं दिखलायी पड़ेंगे। छी: छी! ऐसा जीवन जो कि क्षण-भंगुर है, नश्वर है, भला हमारे किस काम का है! इस जीवन के मोह से छूटने की कोई राह मुझे अभी से ही देख लेनी चाहिये।

राजकुमार धीरे-धीरे साधु-संन्यासियों की संगत चाहने लगे। राजा शुद्धोदन बहुत घबराने लगे। राजा शुद्धोदन ने बाद में सोचा कि यदि मैं राजकुमार की यह इच्छा पूरी नहीं करूँगा तो वह निश्चय ही इन साधु-संन्यासियों को खोजने के लिए महलों से भाग जायेगा। अपने बेटे को अपने पास रखने की लालच में राजा ने विद्वान पुरुषों को सिद्धार्थ

के पास बराबर भेजते रहने का प्रबन्ध कर दिया। योगी-तपस्वी, साधक, यज्ञ करने वाले तथा तरह-तरह के विचारों के दार्शनिक-विद्वान राजकुमार के पास आने लगे। वे सभी उन्हें अपने-अपने धर्मों और तपस्या के तरीकों के सम्बन्ध में बातें बतलाते। राजकुमार सिद्धार्थ एकान्त में उन सब बातों पर गहरा विचार किया करते थे। उन दिनों हमारे भारत देश में इतने मत-मतान्तर फैले हुये थे कि जिनकी गिनती करना भी असम्भव है। जो मत प्रमुख थे, उनकी संख्या भी साठ से ऊपर थी। कोई कहता कि आत्मा है, कोई कहता कि आत्मा है नहीं। कोई कहता, ईश्वर है, कोई कहता, नहीं है। ये अलग-अलग मतों वाले साधु लोग जब एक-दूसरे के सामने आते, तब बहस करते-करते आपस में ऐसे लड़ने लगते थे, जैसे कुत्ते लड़ते हैं। राजकुमार सिद्धार्थ मतों और विचारों के नये-नये रूप देखते हुए दिनों दिन अपने विचारों में पोढ़े होते चले गये। उन्हें यह लगने लगा कि मुझे अपना रास्ता आप खोजना पड़ेगा। 'अप्प, दीपो भव'-अपने दीपक आप बनो।

कपिलवस्तु में उन्हीं दिनों एक त्योहार जैसा सुख देने वाला मंगलमय दिन आया। राजा शुद्धोदन एक पोते के बाबा बने। महल के कोने-कोने से संगीत की लहरें उठने लगीं। नगर की एक-एक गली झण्डियों से सज गयी। घरों के आगे तरह-तरह की रंगोलियाँ चीती गयीं। हर घर में ढोलक बज रही थी और बधावे गाये जा रहे थे। अमीर लोग ग़रीबों को खुश होकर दान दे रहे थे। ग़रीब लोग बहुत-सा दान पाकर सम्पन्न बन गये थे। अब प्रजाजनों में जब ऐसी खुशी फैल रही थी, तब भला राजा के घर का क्या पूछना। शुद्धोदन दोनों हाथों से मुक्त होकर अन्न, वस्त्र और सोने-चाँदी का दान कर रहे थे। राज्य भर में इस समय भी अगर कोई दुखी था तो वह होने वाले बेटे का पिता था।

सिद्धार्थ सोच रहे थे कि आज इसने जन्म लिया है तो खुशियाँ मनायी जा रही हैं, एक दिन जब यह बड़ा होकर मरेगा, तब लोग रोयेंगे। फिर ऐसे सुख से क्या लाभ, जो अंत में दुखदायी बन जाता है? सिद्धार्थ अब अपने मन के सवालों से परेशान हो गये थे, इसलिये उन्होंने घर छोड़कर सत्य की खोज करने का निश्चय किया। अपने सारथी को समझा-बुझाकर वे एक रात चुपचाप नगर से बाहर चले गये। उन्होंने अपने सारे कीमती गहने और कपड़े उतार कर रथ पर रख दिये। जन-साधारण के वेशभूषा में अपने आप को बदल कर सिद्धार्थ ने सारथी से कहा-'चन्ना, पिताजी से कहना कि जहाँ मेरा जी नहीं लगता वहाँ मुझे रोकने का प्रयत्न वह अब न करें। मैं अपने निश्चय पर अडिग हूँ। मेरे पिता को उनकी गद्दी सम्हालने वाला मिल गया है।'

चन्ना अपने स्वामी राजकुमार के पैर पकड़ कर बड़ी देर तक रोता रहा परन्तु; वे चरण, जो पृथ्वी को तारने के लिए आये थे, अब एक छोटी-सी नगरी में और उसके छोटे-से महल, छोटे-से कुनबे के चारों ओर ही नहीं घूम सकते थे।

'चारों दिशाओं में चलते रहो और बहुतों का हित करो, बहुतों को सुख पहुँचाओ।' महापुरुष के चरण उस दिन जो सत्य की खोज में आज चले तो फिर चल ही पड़े।

बुद्ध ने कठिन से कठिन तपस्या की और यह अनुभव पाया कि शरीर को बेकार इस तरह तपाने और कष्ट देने से कोई लाभ नहीं। यह सब ढोंग है। वेदों ने कुछ आर्य सत्यों को

उजागर किया है। उनमें से पहला सत्य है दुख। यह संसार दुख का घर है, मनुष्य का जीवन दुखों से भरा हुआ है। इन दुखों के कुछ कारण भी होते हैं लेकिन; दुख को बढ़ाने से कोई लाभ नहीं। दुख को रोकना चाहिये और इस बात पर ही गहरा विचार करना चाहिए कि इन सारे दुखों के नाश के लिये हम क्या उपाय करें। बुद्ध ने सोचा कि सारे दुखों की जड़ तृष्णा यानी लालच है। इसे रोकना चाहिए। ब्रह्मचर्य से बढ़कर दूसरा तप नहीं है। ब्रह्मचर्य साधने वाला दरअसल अपने को दुखी नहीं करता बल्कि; वह तप और अभ्यास से उस झूठे दुख को दबाकर एक दिन यह अनुभव करता है कि उसने बहुत बड़ा सुख पा लिया है। उन्होंने अहिंसा के ऊपर बड़ा जोर दिया। उन्होंने अपने मन की दुर्बलताओं पर विजय पाने लायक अपना मनोबल बढ़ाया और उसको बढ़ाने के सही तरीके पहचाने। उन्होंने सबसे पहले अपने उपदेशों पर आप ही अमल किया।

एक दिन जब वह गया में एक वृक्ष के नीचे ध्यान-मग्न बैठे हुए थे, तब उन्हें यह बोध हुआ कि आत्मा का मालिक स्वयं आत्मा ही है। आत्मा से ऊपर और कोई सत्ता नहीं है। आत्मा ही प्रयत्न से परमात्मा बन सकता है। परमात्मा बनने का उपाय मनुष्य के अपने ही हाथों में है। यह बोध होते ही वे बुद्ध हो गये। उनका सिद्धार्थ नाम धीरे-धीरे लोग भूलने लगे। वे गौतम गोत्र के थे, इसलिए गौतम बुद्ध कहलाये, वे शक्य कबीले के थे इसलिए शाक्य सिंह या शाक्यमुनि भी कहलाने लगे। गौतम बुद्ध की सबसे बड़ी विशेषता यह थी कि उन्होंने केवल अपने आप को ही मोक्ष दिलाने की नियत कभी नहीं रखी। वे सारी दुनिया का भला चाहते थे। इसका सबूत यह है कि इन्होंने दुनिया के हर इन्सान का दिल प्रेम और सेवा से जीतकर उसके नैतिक धरातल को इस तरह से उठाने की चाह की, जिससे कि हर आदमी बुद्ध हो जाय।

गौतम बुद्ध ने तीन नारे लगाये–

(1) मैं बुद्ध की शरण में जाता हूँ।

(2) मैं संघ की शरण में जाता हूँ।

(3) मैं धर्म की शरण में जाता हूँ।

बुद्धि-योग से बुद्ध होने और साथ ही साथ संघ-बद्ध होने को ही सही धर्म का रास्ता बतलाने वाले भगवान बुद्ध पहले आदमी थे। आगे आने वाली पीढ़ियों के लिए वह एक ऐसा रास्ता खोल गये कि जिससे चलकर दुनिया के सारे धर्म आज तक हमारे साथ आये हैं। हाँ, यह बात और है कि बहुतों ने अपने भीतर वाले बुद्ध को किसी और तरीके से समझा हो। बुद्ध ने यह संघ का रास्ता सुझाकर धर्म को लोकव्यापी बनाने का एक सरल और सच्चा साधन मनुष्य-जाति को दे दिया। ईसाई धर्म, शंकराचार्य, इस्लाम आदि सभी बाद में आने वाले धर्मों में हम जिस संघबद्धता का दर्शन करते हैं, वह भगवान बुद्ध की देन है। आज भी साइबेरिया से लेकर चीन, जापान, लंका, ब्रह्मदेश, थाइलैण्ड आदि लगभग आधी दुनिया में बौद्ध-मत के अनुयायी रहते हैं। भगवान बुद्ध मानव-जाति के एक महान् पुरखे थे।

महात्मा ईसा

लम्बी सुतुवाँ नाक, लम्बे-लम्बे सुनहरे घुंघराले बाल, बड़ी-बड़ी आँखें छोटी-सी दाढ़ी और मूछें। लम्बा सा चोगा पहने यह जवान काम तो बढ़ई का कर रहा है लेकिन; इसके चेहरे पर इतना तेज है कि बड़े-बड़े राजे-महाराजों और आलिम-पंडितों का तेज भी इसके आगे फीका पड़ जाय।

यह तेजवान युवक काम कर रहा है। एक दीन-दुखी बुढ़िया, रोती हुई आती है। इसके पाँव पकड़कर कहती है-'ईसू, मेरे मसीहा! मुझ दीन-अनाथ पर दया करके मेरे इकलौते लाल को मौत के मुँह से बचा लो।'

ईसा उसे धीरज बँधाते हैं। उसके साथ उसकी झोपड़ी में जाते हैं। बूढ़ी स्त्री का इकलौता बेटा अपनी अन्तिम साँसें गिन रहा है। ईसा उसके पास खड़े होकर पूरे मन से भगवान की प्रार्थना करते हैं; रोगी के सिर पर हाथ फेर कर प्यार से कहते हैं-'आँखें खोल, भगवान ने तुझे अच्छा कर दिया।'

सैकड़ों रोगी दूर-दूर से नज़ारेथ गाँव के इस चमत्कारी बढ़ई के पास आते हैं। भगवान से प्रार्थना करके वह जिस रोगी के सिर पर हाथ फेर देता है, वही चंगा हो जाता है। जेरूसलेम में, अरब में; हर तरफ ईश्वर के बेटे ईसा मसीह का गुण गान हो रहा है।

आज से लगभग दो हजार वर्ष पहले अपने को ईश्वर का बेटा कहने वाले इस चमत्कारी व्यक्ति ने एक कुँआरी माता से जन्म पाया था। उसका नाम मेरी था। जोज़ेफ नाम के एक सज्जन बढ़ई ने धर्म-पिता बनकर उसे पाला पोसा और उसका नामकरण किया। ईसा शुरू से ही शान्त, गम्भीर और विचारवान था। इन विशेषताओं के साथ ही साथ वह विद्रोही भी था। उसे झूठी धार्मिक बातों पर विश्वास नहीं था। वह किसी भी तरह के ढोंग को पसन्द नहीं करता था। वह कभी-कभी धार्मिक गुरुओं से ऐसे पैने प्रश्न करता था कि वे सहसा जवाब न दे पाते थे। जिस तरह जीवन के जटिल प्रश्नों ने राजकुमार सिद्धार्थ को उलझाया था, उसी तरह ईसा भी उलझ रहे थे। वह अठारह बरसों तक अपने गाँव से गायब रहे। कुछ लोग कहते हैं कि वे उतने समय तक भारत में रहे थे लेकिन; इस बात के पक्के प्रमाण हमारे पास नहीं हैं। हाँ, उन्होंने अरब में जोर्दान नदी के तट पर रहने वाले एक बप्तिस्त जान नामक सन्त की सेवा में कुछ समय अवश्य बिताया था। सन्त जान भी ढोंग-विरोधी व्यक्ति थे। वे अन्ध-धार्मिक रूढ़ियों का खुलेआम विरोध करते थे। इसलिए यहूदी राजा ने उन्हें पकड़ लिया। अपने गुरु की गिरफ्तारी के बाद ईसा अपने गाँव में चले आये, पर जब उन्होंने वहाँ पर खरी-खरी बातें कहना आरम्भ कीं, तब धर्मान्ध लोगों ने उन्हें पत्थरों से मारना शुरू कर दिया। घायल होकर ईसा शान्त रहते थे परन्तु; सच्ची बातें

कहने से वे फिर भी बाज़ नहीं आते थे। गाँव वालों ने ईसा का वहाँ रहना दूभर कर दिया। भगवान का भक्त स्वयं अपनी ही जन्मभूमि से मार-मार कर निकाल दिया गया। वह बेचारे वहाँ से भागकर इधर-उधर भटकने लगे।

इन सारे संकटों के बावजूद महात्मा ईसा की भगवत् भक्ति दिनोंदिन बढ़ती ही गयी। चलते-चलते वे जूडिया की पहाड़ियों के पास पहुँच गये। वहाँ मछेरों और मजदूरों की एक बस्ती थी। उस बस्ती में पहुँच कर उन्होंने यह देखा कि ग़रीबी, रोगों तथा सभ्य दुनिया से पाये हुए अपमानों और अत्याचारों को सहते-सहते मनुष्य अपनी मनुष्यता को भूलकर किस प्रकार दयनीय पशु बन जाता है। सच पूछा जाय तो इस बस्ती में पहुँच कर ही ईसा मसीह को अपने भीतर भगवान की करुणा के साक्षात दर्शन हुए। यहीं उनके भीतर मसीहा वाला दैवी गुण उदय हुआ। उन्होंने सोचा कि मेरी सेवाओं और उपदेशों की जरूरत ऐसे ही दबे कुचले प्राणियों को है। उन्होंने बस्ती वालों से कहा-'मेरे साथ चलो, हम लोग नगर-नगर, गाँव-गाँव घूमकर दयालु भगवान का गुणगान करेंगे और स्वर्ग की राजधानी को धरती पर लाकर बसायेंगे।'

मसीह के साथ उनकी यह ईश्वरी सेना चल पड़ी। यह लोग पुरानी और सड़ी-गली धार्मिक रूढ़ियों की खुलेआम निन्दा करते थे। जिस गाँव के लोग ईसा मसीह का सम्मान नहीं करते थे, उनके सच्चे धर्म को ठुकराते थे, उन्हें सजा देने के लिये यह लोग अक्सर इस तरह से भड़क उठा करते थे कि प्रभु मसीह के लिये उन्हें रोकना कठिन पड़ जाता था। बहुत से रोगी, जो उनकी दैवी-शक्ति से चंगे हो जाते थे, वे और उनके परिवार के लोग भी महात्मा ईसा की धर्म-सेना में शामिल हो जाते थे। इस प्रकार उनका धार्मिक संगठन दिनोंदिन बढ़ता और मजबूत होता जा रहा था।

ईसा मसीह बच्चों को बेहद प्यार करते थे। वे नन्हें-मुन्ने बच्चों को अपने दोनों कन्धों पर बिठला लेते, किसी की उँगली पकड़ लेते और गाँव में टहलने के लिये निकल पड़ते थे। बच्चों की सरल भोली बातों को सुनकर वे कहा करते-'बच्चों के स्वर में हमें भगवान की वाणी सुनने को मिलती है।'

इस प्रकार महात्मा ईसा मसीह एक ओर जहाँ दीनबन्धु बनकर हजारों-लाखों लोगों के आदर के पात्र बन चुके थे, वहाँ ही यहूदी धर्म के पण्डे-पुरोहित उन्हें अपना सबसे बड़ा शत्रु मानने लगे थे। कारण साफ था-ईसा धर्म के नाम पर बरते जाने वाले ढोंग और सड़ी-गली धार्मिक रूढ़ियों से घृणा करते थे। उनके विरुद्ध वह लगातार प्रचार किया करते थे। ईसा मसीह के इस सत्य के प्रचार से नाराज होकर पण्डे-पुरोहितों ने उनके विरुद्ध षड्यन्त्र किया। यहूदी राजा ने उन्हें बन्दी बना लिया। प्रभु ईसा मसीह को जिस समय पकड़ा गया, उस समय ईसा मसीह के एक शिष्य पीतर ने क्रोध में आकर अपनी तलवार म्यान से बाहर निकाल ली। ईसा के इतने भक्त थे कि यदि वे तनिक-सा संकेत भी उन्हें कर देते तो उनके हजारों भक्त राजा के सिपाहियों पर टूट पड़ते। यहूदियों में गृह-युद्ध छिड़ जाता परन्तु; महात्मा ईसा ने हाथ उठाकर पीतर को लड़ने से मना किया। उन्होंने कहा-'अपनी तलवार फेंक दो पीतर! तलवार से जो दूसरे पर वार करता है, उसका अन्त

भी तलवार से ही होता है। हिंसा पाप का मार्ग है।'

प्रभु ईसा की यह बात सुनकर उनके भक्तों ने अपना सिर झुका लिया। सिपाही उन्हें पकड़कर ले गये। उन्हें लकड़ी के क्रास पर काँटों का ताज पहना कर तथा उनके हाथों और पैरों में कीलें ठोंक कर जड़ दिया गया। ऐसी क्रूर सजा पाने पर भी ईसा मसीह मुस्कराते ही रहे। उन्होंने भगवान से प्रार्थना की–'प्रभु इन्हें क्षमा कर। यह नहीं जानते कि यह क्या कर रहे हैं!'

ईसा मसीह शहीद हो गये लेकिन; सच पूछा जाय तो शूली पर चढ़कर वह अमर हो गये। दुनिया के वे गरीब लोग, जिन पर लगातार अत्याचार करते रहना उन दिनों कोई अन्याय या पाप नहीं माना जाता था, अब इतने सजग हो गये थे कि उन्हें पुरानी स्थिति में रखना कठिन ही नहीं, असम्भव भी हो गया था। कुछ ही सदियों के भीतर ईसा मसीह का धर्म सारे योरप में फैल गया।

प्रभु ईसा मसीह दीन दुखियों के प्रति-पालक के रूप में आज तक याद किये जाते हैं।

•

पैग़म्बर मोहम्मद

मेरा जादुई दर्पण अब बहुत शान्त और चमत्कारी हो गया था। मैंने कहा–'दर्पण, मुझे कहानियाँ सुनाते-सुनाते तुम्हारा तेज अपूर्व हो गया है। तुम मुझे अब बहुत ही अच्छे लग रहे हो।'

दर्पण बोला–'यह तेज और चमक मेरी नहीं है भाई, तुम्हारी दुनिया की है। इन बखाने हुए महापुरुषों की कृपा से जैसे-जैसे संसार वालों का ज्ञान बढ़ने लगा, वैसे-वैसे ही मनुष्य जीवन भी तेजवान होने लगा। ज्ञान के विकास से ही मनुष्य में चमक आती है। जैसे-जैसे उसके अन्धविश्वास दूर होते हैं, अज्ञान का अँधेरा छँटता है, वैसे ही मनुष्य की चेतना का विकास भी होता चलता है।'

'अब तुम मुझे किस महापुरुष के दर्शन कराओगे दर्पण?'

आज मेरी कथा इस्लाम धर्म के प्रतिष्ठापक मोहम्मद महान् की होगी। उन्होंने बिखरे हुए अरब राष्ट्र को शक्ति दी। शक्ति से जनमन संगठित किया था। उनकी बतलायी हुई राह पर चलकर आज के करोड़ों-अरबों लोग शान्ति और सुमति पाते हैं। इन महात्मा का जन्म ईसा से पाँच सौ सत्तर वर्ष के बाद हुआ था।

महात्मा मोहम्मद अरब के एक पुराने और प्रतिष्ठित वंश में पैदा हुए थे। यह जब कुछ ही महीनों के थे, तब इनके पिता का देहान्त हो गया। इनकी माता भी उसके कुछ ही समय बाद स्वर्गवासी हो गयीं। शिशु मोहम्मद का पालन-पोषण उनके दादा अब्दुल मुत्तलिब करने लगे। इन्हें दूध पिलाने के लिये हलीमा नाम की एक बड़ी सुशील स्त्री को नियुक्त किया गया। दुर्भाग्यवश दो वर्ष के बाद मोहम्मद साहब के दादा अब्दुल मुत्तलिब भी सख्त बीमार हो गये। उन्हें जब अपने बचने की कोई आशा न रही, तब उन्होंने अपने बेटे अबूतालिब को बुलाया और कहा–'अपने भतीजे मोहम्मद को भगवान की धरोहर मानना। मेरे बाद इसे किसी तरह का कष्ट न होने पावे।' अबूतालिब ने अपने पिता की आज्ञा का सदा पालन किया।

मोहम्मद साहब अपने चाचा-चाची की निगरानी में धीरे-धीरे बड़े होने लगे। अबूतालिब व्यापारी थे और अपने व्यापार के सिलसिले में वे अक्सर यात्रा किया करते थे। हजरत मोहम्मद जब बारह वर्ष के थे, तब उन्हें अपने चाचा के मार्ग में एक तपस्वी मिले। उनका नाम बोहैरा था। बालक मोहम्मद को देखकर वे बोले–'अबूतालिब, इस बच्चे को साधारण न समझना। पुरानी किताबों में ईश्वर के जिस दूत की चर्चा की गयी है, वह इस बालक के रूप में साक्षात् मेरे सामने खड़ा हुआ है।' अबूतालिब साहिब अपने भतीजे की

यह विशेषता सुनकर बड़े प्रसन्न हुए। मोहम्मद साहब के प्रति उनका प्रेम-भाव और भी अधिक बढ़ गया।

मोहम्मद साहब जब बीस वर्ष के हुए, तब क़ुरैश में एक अरब के प्रधान वंशों का एक सम्मेलन हुआ। इस सम्मेलन में सबने यह प्रण किया कि अब्दुल मुत्तलिब की मृत्यु के बाद अरब में जिस लूट-पाट और अत्याचारों का बोलबाला हुआ है, उसे हम समाप्त करके ही रहेंगे। मक्का में इस समय इतनी अशान्ति है कि किसी का भी जान-माल सुरक्षित नहीं रहा। हम इस अराजकता का अन्त करेंगे और उस समय तक चैन से न बैठेंगे, जब तक कि दीन-दुखियों को सुख से जीने का अवसर नहीं मिलेगा। महात्मा मोहम्मद ने भी महान् पुरुषों की यह शपथ ली थी। मोहम्मद साहब के जीवन पर इस 'हिलफ़ुलफ़ज़ूल' संस्कार का इतना गहरा असर पड़ा था कि जब इस्लाम धर्म का प्रचार करते हुए उन्होंने बहुत-सी पुरानी धार्मिक रूढ़ियों का त्याग किया, तब भी वे इस महान् संस्कार को न त्याग सके।

पचीस वर्ष की आयु में मोहम्मद साहब खुवैयंलद नामक एक व्यापारी की पुत्री ख़दीजा के यहाँ काम करने लगे। उन्होंने ख़दीजा के व्यापार को बड़ी लगन और सूझ-बूझ से बढ़ाया। मोहम्मद साहब की लगन और मेहनत से ख़दीजा का व्यापार दिनोंदिन उन्नति करने लगा। देवी ख़दीजा मोहम्मद साहब के चरित्र-ईमानदारी और अच्छे गुणों से बहुत ही प्रभावित हो गयीं। उन्होंने सोचा कि यह व्यक्ति मेरा नौकर नहीं बल्कि; मेरा मालिक बनने के योग्य है। ख़दीजा की इच्छा के अनुसार उनके चचा अम्रविन असद ने मोहम्मद साहब के चाचा अबूतालिब से मिलकर विवाह के सम्बन्ध में सारी बातें तय कीं और हँसी-खुशी के साथ यह सम्बन्ध जुड़ गया।

हजरत मोहम्मद के गुणों की चर्चा धीरे-धीरे अरब में दूर-दूर तक फैल गयी। लोग उन्हें सादिक और अमीन अर्थात् सच्चा और दूसरों की वस्तुओं का रक्षक कहकर पुकारने लगे। लोगबाग, उनके पास अपनी चीजें धरोहर के रूप में रख जाया करते थे। वे जानते थे कि हमारी कीमती से कीमती चीज को भी मोहम्मद साहब कभी झूठ बोलकर अपनी नहीं बनायेंगे। उनके समान सच्चा महाजन अरब में दूसरा नहीं है।

मोहम्मद साहब अरबों के आपसी झगड़े बड़ी खूबी से मिटा दिया करते थे। मक्का में 'क़ाबा' नामक एक पवित्र स्थान था। बहुत प्राचीन काल से वहाँ पर अरब लोग देवी-देवताओं को अपनी श्रद्धा अर्पित करने के लिये जाया करते थे। वह पूजाघर इतना पुराना हो गया था कि उसका जीर्णोद्धार करना जरूरी समझा गया। काबा का जीर्णोद्धार हो जाने पर पवित्र संगे अस्वद (काले पत्थर) को प्रतिष्ठित करने का सवाल उठा। हर पुराने वंश के लोग यह चाहते थे कि यह अधिकार उन्हें ही मिले। इस बात को लेकर इतना झगड़ा हुआ कि आपस में तलवारें खिंच गयीं। मोहम्मद साहब के बीच में पड़ने से यह झगड़ा समाप्त हुआ और सबने मिल-जुलकर यह पवित्र कार्य किया।

मोहम्मद साहब जब चालीस वर्ष के हुए तो उनके जीवन में एक बड़ा परिवर्तन आने लगा। वे प्राय: एकान्त में रहने लगे। एक दिन उन्हें यह अनुभव हुआ कि ईश्वर उन्हें

अपना दिव्य-सन्देश सुनाने की आज्ञा दे रहे हैं। पहले तो मोहम्मद साहब इस भ्रम में पड़े कि अपने इस अनुभव को वे ईश्वरीय अनुभव माने या न माने परन्तु; अपनी सुलक्षणा पत्नी देवी ख़दीजा से उन्होंने यह विश्वास पाया कि जिस प्रकाश को उन्होंने देखा था, वह सचमुच दैवी था। इतना ही नहीं सती ख़दीजा अपने पति की पहली शिष्या बनीं। मोहम्मद साहब धीरे-धीरे अपने नये धर्म का प्रचार करने लगे। उन्होंने कुछ चुने हुए आदमियों को ही अपना धर्म-मार्ग बतलाया। उनका यह आदेश था कि अभी उनके धर्म का प्रचार खुलेआम न किया जाय।

कुछ चुने हुए लोग जब इस्लाम के अनुयायी बन गये, तब मोहम्मद साहब ने दावतेअसीरा का प्रबन्ध किया। इस दावत में मोहम्मद साहब ने अपने कुनबे के सब लोगों को आमन्त्रित किया। स्वागत-सत्कार और ज्योनार हो जाने के बाद मोहम्मद साहब ने सबके सामने खड़े होकर कहा-'मैं वह अनमोल ज्ञान आपको दे रहा हूँ, जिससे आपको इस लोक और परलोक में समान रूप से अखण्ड-सुख और शान्ति प्राप्त हो सकेगी।' उन्होंने कहा-'ईश्वर निराकार है और उसका कोई आदि-अन्त नहीं है। वह सर्वशक्तिमान और बड़ा करुणामय है। मैं आप सबसे उसी ईश्वर के आगे सिर झुकाने का आग्रह करता हूँ और आप सबको अच्छे कार्य करने की दावत देता हूँ। पत्थर और काठ की मूर्ति को पूजना छोड़कर सच्चे ईश्वर के आगे सिर झुकाइये।' कुनबे वालों के पुत्र अली को छोड़कर और किसी ने भी महात्मा मोहम्मद का साथ न दिया। अली के बाद ज़ैद और अबूवक्र भी मोहम्मद के अनुयायी बन गये।

महात्मा ईसा में जिस तरह लोगों के दुख दूर करने की अलौकिक-शक्ति थी, उसी प्रकार महात्मा मोहम्मद में अचानक काव्य-रचना करने का गुण उदय हुआ। जब वह ईश्वर के ध्यान में लीन होते थे, तब उनके श्रीमुख से दैवी-कविता अपने आप ही फूट पड़ती थी। मोहम्मद साहब की कविता के भाव ऐसे दिव्य थे तथा उसकी भाषा इतनी सुन्दर थी कि उनके ज़माने का कोई भी कवि वैसी रचनाएँ नहीं रच पाता था। इससे लोगों को यह विश्वास होने लगा कि स्वयं ईश्वर ही इस महात्मा के मन में बैठकर हमारे लिए यह पवित्र-काव्य रच रहा है। परन्तु मोहम्मद साहब के कुनबे में बहुत से लोग ऐसे भी थे कि जो मोहम्मद साहब के सच्चे धर्म पर विश्वास नहीं करते थे। अपने देवी-देवताओं की मूर्तियों को न पूजने की शिक्षा देने वाले मोहम्मद उन्हें शत्रु के समान लगते थे। मोहम्मद साहब के चाचा अबुतालिब के कारण वे मोहम्मद साहब का अपकार तो न कर सके मगर उनके शिष्यों को सताना अवश्य आरम्भ कर दिया। मोहम्मद बोले-'मैं अपने सत्य के प्रचार को हरगिज नहीं छोड़ूँगा।'

ये अत्याचार जब बहुत अधिक बढ़ गये, तब मोहम्मद साहब ने अपने साथियों से कहा कि तुम यह जगह छोड़कर हब्श देश में चले जाओ। हब्शियों का बादशाह ईसाई था लेकिन; जब उसने इन मुसलमानों की बातें सुनीं तब वह बहुत ही प्रभावित हुआ। उसने मुसलमानों को आदर के साथ अपने देश में शरण दे दी। मोहम्मद के दुश्मनों को जब उनकी सफलता के यह समाचार मिले, तब उन्होंने मोहम्मद साहब के प्रति और भी

कठोरता बरतनी शुरू कर दी। उन्होंने मोहम्मद और उनके परिवार वालों को हर तरह से अपमानित किया। उन्हें इतना दुखी कर दिया कि वे अपनी सुरक्षा के लिए एक पहाड़ की घाटी में जाकर रहने लगे। इसी संकट-काल में महात्मा मोहम्मद के चाचा अबूतालिब का देहान्त हो गया। अबूतालिब के मरने के बाद तो मोहम्मद के कष्टों का अन्त ही न रहा लेकिन; सत्य का यह पुजारी किसी भी संकट को संकट नहीं मानता था। वह सदा आगे ही बढ़ता जाता था। मोहम्मद साहब के धर्म का प्रचार दिनोंदिन बढ़ता ही गया।

उन दिनों अरब में मक्का के अलावा मदीना नाम का एक दूसरा शहर भी था। मदीना वाले मोहम्मद के धर्म से बड़े ही प्रभावित हुए थे। वहाँ मुसलमानों की संख्या काफी बढ़ गयी थी। शत्रुओं ने जब मोहम्मद को षड्यन्त्र करके मारने की योजना बनायी, तब उनके भक्तों ने यह सलाह दी कि आप मदीना चलकर रहें और वहीं से अपने धर्म का प्रचार करें। महात्मा मोहम्मद को अपने भक्तों की यह सलाह पसन्द आयी और उन्होंने मदीने की ओर हिजरत की।

इस्लाम धर्म के इतिहास में यह हिजरत अर्थात् इस्लाम साहब के मदीने की ओर प्रस्थान करने की घटना बड़ी ही महत्वपूर्ण है। इसी दिन से अरब का वह सम्वत् चला, जो आज तक हिजरी सम्वत् कहलाता है। मदीना में मोहम्मद साहब ने पहली मस्जिद बनवायी। शत्रुओं को इससे बड़ी जलन हुई। इस तरह अब वह स्थिति आ पहुँची, जबकि अँधेरे और उजाले की लड़ाई होना अनिवार्य हो गया था। मोहम्मद साहब ने कहा-'यह लोग प्यार से नहीं, तलवार से ही मानेंगे।'

श्रीकृष्ण ने जिस तरह से अर्जुन को निष्काम होकर कौरवों से लड़ने की सलाह दी थी, उसी तरह मोहम्मद साहब ने भी अपने भक्तों को यह आदेश दिया कि अपने मन में किसी से बैर-भाव न रखते हुए भी जहाँ तलवार उठाने की जरूरत पड़े, वहाँ तलवार को अवश्य उठाओ। इस प्रकार मुसलमानों की धर्म-सेना तैयार हुई और उन्होंने अपने ऊपर अत्याचार करने वाले कुरैशियों पर धावा बोल दिया। मुसलमानों के द्वारा मक्का नगर जीत लिया गया। पवित्र काबे में प्रतिष्ठित मूर्तियों को तोड़ डाला गया और इस प्रकार नये इस्लाम धर्म की प्रतिष्ठा हुई। मक्का जीतने के बाद मोहम्मद साहब वहाँ डेढ़ महीने तक रुके रहे। राज-काज चलाने के लिये उन्होंने बड़े ही सुन्दर नियम बनाये। सबसे बड़ी बात तो यह थी कि उन्होंने एक-दूसरे से शत्रुओं की तरह लड़ने वाले अरब-जनों को संगठित करके भाई-चारे का ऐसा सुन्दर प्रचार किया कि बिखरा हुआ अरब राष्ट्र एक हो गया। मोहम्मद साहब के उपदेश मानव-जाति के लिए आज भी बड़े उपयोगी हैं और इसलिए वह अब तक करोड़ों-अरबों व्यक्तियों के दिलों में सत्य और प्रेम के प्रतिष्ठापक के रूप में विराजमान हैं।

•

रवीन्द्रनाथ ठाकुर का बचपन

: 1 :

रविवार का दिन। दफ़्तर, कचहरी, स्कूल-कॉलेज सब बन्द। आज़ादी का दिन-लड़के अपने घर के बड़े लोगों की साइकिलें उठा कर किसी यार दोस्त के घर गप्पें लड़ाने चल देते हैं या फिर छतों पर पतंगें उड़ाते हैं। कोई पत्र-पत्रिकाएँ या रोचक किताबें पढ़ता है, कोई अपने छोटे भाई-बहनों पर रौब जमाता है। बहुत से बच्चे सूनी सड़कों, गलियों, पार्कों या मैदानों में क्रिकेट का खेल जमा लेते हैं। लड़कियाँ भी छुट्टी के रंग में रँग जाती हैं, रेडियो से फिल्मी गाने सुनती हैं या कोई मैगज़ीन किताब पढ़ती हैं या अगर घर में टेलीफोन हुआ तो अपनी फोनवाली सहेलियों से मगनमन बतियाती हैं। बहुत-सी लड़कियों को छुट्टी के दिन अपने स्कूल-कॉलेज की दीदियों, मास्टरनियों से आज़ादी मिलती है तो माँ-चाचियाँ घर के काम-काज में बाँध लेती हैं : इस पर लड़कियों की झुँझलाहट छूटती है तो बड़ी-बूढ़ियाँ किलकिला कर डाँटती हैं, जिससे कि लड़कियों के मुँह गुब्बारों-से फूल उठते हैं और आँखों से टपाटप मोतीरामजी की बारात निकल पड़ती है। रविवार का दिन घरों में बड़ी चहल-पहल का होता है, खाना भी दिन में दो-ढाई बजे से पहले नहीं मिल पाता।

मुझे दिन के भोजन के बाद घण्टे भर सोने की आदत है, पर सन्दीप-संजीव के मारे रविवार को सो नहीं पाता। वे कहानी सुनाने का आग्रह करते हैं। वे दोनों अपने कुछ साथी-संगियों को भी बटोर लाते हैं। पिछले रविवार को कहानी के फेर में सन्दीप और संजीव के दो दल बन गये। सन्दीप पुरानी चाल की राजाओं वाली कहानी सुनना चाहता था और संजीव नयी कहानी के पक्ष में था। दोनों के मित्र भी दोनों प्रस्तावों का समर्थन करने लगे। बहस छिड़ गयी।

मुझे छोटी-बड़ी जमुहाइयाँ आ रहीं थीं। मगर बच्चों की बहस चूँकि मज़ेदार थी, इसलिए नींद न आ सकी।

संजीव बोला-''पुरानी कहानियों में क्या धरा है? वही राजा-रानी, भूत-प्रेत, राक्षस, परी...''

''और नयी कहानियों में वही कल्लू, मल्लू, श्यामा, बीना और वही चाँद-सितारे, रॉकेट, इंजन-''

''तो भाईसॉब आपको अपना नया ज़माना पसन्द नहीं? फिर तो ये बुशशर्ट-पतलून उतारिये; मोर-मुकुट पहनिये, घोड़े की सवारी कीजिये, पुरानी पण्डिताऊ पोथियाँ पढ़ा कीजिये और नये स्कूल में न जाया कीजिये। रेडियो मत सुना कीजिये, सिनेमा...''

''-वाह! मैं जिस ज़माने में रहता हूँ, उसका चलन क्यों न अपनाऊँगा?'' सन्दीप बोला-''पर नानाजी, इसके माने यह तो नहीं कि हमें पुरानी बातों और वस्तुओं पर ध्यान ही नहीं देना चाहिये। हर नयी वस्तु पुरानी भी पड़ती है। पुराने न होते तो नये कहाँ से आते? इसलिए पुराने काल की जानकारी में हमें रुचि रखनी ही चाहिये। कम से कम मुझे तो अपने इतिहास और पुरानी बातों से भी नया ज्ञान मिलता है।''

मैं उठकर बैठ गया और बोला-''मैंने फैसला कर लिया। मैं एक ऐसी कहानी सुनाऊँगा जो पुरानी भी होगी और नयी भी, सच्ची भी होगी और मज़ेदार भी।''

बस फिर क्या था, बच्चे मेरे सामने और आसपास यों बैठ गये मानों कचालू-मटर, दही-बड़े की चाटवाले के सामने बैठे हों; भेद इतना ही था कि चाट के दोने की प्रतीक्षा में बैठने वालों के मुँह में लार भरती है और इन कहानी के चटोरों की आँखों में वही लार-सी लालच उभर रही थी।

: 2 :

मेरी कहानी शुरू हो गयी-

आज से लगभग सवा सौ वर्ष पहले। कलकत्ते का जोड़ासाँको महल देखो। बड़ी शान की सजावट है। कमरों में झाड़-फानुस लटक रहे हैं, कालीनें, तोशक, तकिये लगे हुए हैं, मखमल-मढ़ा कीमती-विलायती फर्नीचर सजा है, संगमरमर के फर्शों पर पाँव फिसलते हैं। चारों ओर नौकरों-चाकरों की चहल-पहल है। ड्योढ़ी पर दरबान बैठे हैं, मालिकों के कमरों के आगे हुकुम बजाने की ताक में सधकर खड़े हुए अर्दली दिखलायी पड़ रहे हैं। नौकरों का सरदार ब्रजेश्वर शान से सबके काम पर निगरानी रखता हुआ डोल रहा है। बड़े मालिक का नाम देवेन्द्रनाथ ठाकुर है। इन्हें सब लोग महर्षि कहते हैं। कलकत्ता नगर के छोटे-बड़े सब लोग महर्षि का बड़ा आदर करते हैं। वे ब्रह्मसमाज के बहुत बड़े नेता हैं। स्वामी रामकृष्ण परमहंस उनसे मिलने के लिये आते हैं। पण्डित ईश्वरचन्द्र विद्यासागर उनके आगे सिर झुकाते हैं। बड़े-बड़े अंग्रेज अफ़सर और विद्वान उन्हें मानते हैं। चारों ओर ठाकुर घराने का बड़ा नाम है। ठाकुर वंश के जवान लड़के भी बड़े तेजस्वी और ऊँचे विचारों के हैं; कोई बंगला भाषा के साहित्य में रस लेता है तो कोई नाटकों में। इनमें से किसी के कमरे में साहित्यिकों का जमघट लगता है तो कहीं ड्रामा के रिहर्सल होते हैं, कहीं बड़े-बड़े दार्शनिकों और विचारकों की गम्भीर बातें होती हैं तो किसी कमरे में संगीत की साधना होती है। इस महल में जहाँ चारों ओर लक्ष्मी का चमत्कार दिखलायी देता है, वहीं सरस्वती का प्रताप भी छाया हुआ है।

घर में छोटों में छोटे हैं रवीन्द्रनाथ। धाय-नौकरों की निगरानी में अकेला बालक बैठा-बैठा अपने ही मन से खेला करता। कभी खिड़की के बाहर झाँककर सड़क की चहल-पहल देखता, कभी घर के बगीचे में बैठा रहता, कभी घर के एक कोने में पड़ी दादी के समय की पुरानी पालकी में बैठकर कल्पना करता कि उसकी पालकी दूर-दूर देशों में चली जा रही है-कहीं परियाँ मिलती हैं, उनसे मीठी-मीठी बातें होती हैं, परियाँ ख़ातिरदारी करती हैं, बच्चे का मन मगन हो जाता है; फिर कहीं अँधेरे में कल्पनालोक के पेड़ से झमाझम कूद कर नक्की सुरों में 'खाऊँ-खाँऊ' करते उल्टे पैरों वाले भूत-प्रेत आ जाते हैं।

पहले तो बड़ा डर लगता है, फिर एकदम छूमन्तर की फूँक मार कर बालक रवीन्द्रनाथ भूतों को उड़ा देता है। पुरानी पालकी में छिपा बैठा शिशु रवीन्द्र कभी अपने मन ही मन में जंगल के शेरों से लड़ता है तो कभी नदी के मगर से।

ऐसे ही भोलेपन में बालक रवीन्द्र के दिन बीते जा रहे हैं। बच्चे की कल्पनाशीलता बढ़ती जा रही है। बालक बड़ा होता है; मास्टर पढ़ाने आते हैं, पर बालक का मन पढ़ने में नहीं लगता। मास्टर पढ़ाते हैं तो उसे नींद आने लगती है। मास्टर कहते हैं-''ये लड़का तो बिल्कुल बुद्धू है।'' मास्टर बेचारे को क्या मालूम कि यही लड़का आगे चलकर गुरुदेव कहलायेगा, और सारी दुनिया कवीन्द्र कहकर इस बालक के चरणों में अपना सिर झुकायेगी।

बालक रवीन्द्रनाथ का मन हरदम चहुँ-दिशि उड़ा-उड़ा फिरता है। घर की बड़ी-बूढ़ियों की बातें, नौकर-नौकरानियों की बातें, उनके अन्धविश्वास, टोनेमन्तर, भूत-चुड़ैलों के चर्चे भी वह सुनता है, ब्रजेश्वर से रामायण भी सुनता है, बैरागी बाउलों के गीत सुनता है और घर में होने वाले नाटकों को देखता है। साहित्य की बातें, कविता की बातें, वेद-उपनिषद की बातें भी सदा कानों में पड़ती रहती हैं। सुनते-सुनते उसका मन भी तरह-तरह की बातें सुनाने लगता है, तुक में तुक भी जुड़ जाते हैं :-

सिंगि मामा काटुम
आन्दिबोसेर बाटुम
उलकुट् ढुलकुट् ढैम कुड़-कुड़
आखरोट बाखरोट खटखट खटास
पटपट पटास।

इसी तरह बच्चा अपने मन ही मन बड़बड़ाया करता है, कहानियाँ सुना करता है। और क्या करे? इस बड़े महल के बड़े लोग बड़े-बड़े कामों में लगे रहते हैं, बच्चे रवीन्द्रनाथ की 'आंखरोट-बाखरोट' 'खटास-पटास' सुनने का अवकाश ही किसे है! आख़िर बड़े-बड़े काम करके ही तो इस ठाकुर वंश के लोगों ने पिछले सैकड़ों वर्षों में इतना विद्या-वैभव और धन-वैभव कमाया है। इस वंश की कहानी भी बड़ी मज़ेदार है। बंगाल के इस नामी-गिरामी वंश के पुरखे हज़ार बरस पहले उत्तर प्रदेश के कनौजिया ब्राह्मण थे।

जोड़ासाँको महल के फ़र्राशख़ाने के एक कोने में पड़ी हुई दादी के वक्त की पुरानी पालकी विचारों और कल्पनाओं के लोक में सैंकड़ों-बरस पीछे के ज़माने में दौड़ी चली जा रही है और होते-करते दसवीं शताब्दी के बंगाल में पहुँच जाती है। उस बंगाल का था एक राजा। नाम-आदिशूर। वह कन्नौज के महाराज वीरसिंह का दामाद था। बड़ा न्यायी, धर्मात्मा और प्रजापालक था।

उसके मन में यह बात आयी कि मेरी प्रजा के लोगों में प्रतिभा और बुद्धि तो बहुत है, पर उनकी चेतना जगाने के लिये ऊँचे संस्कारों की आवश्यकता है। राजा ने दूसरी बात यह सोची कि जब तक सारे राजकाज को, राज के हिसाब-किताब को बाकायदा लिख कर नहीं रक्खा जायेगा, आदेश लिखित रूप से नहीं दिये जायेंगे, तब तक भले से भला राजा भी अपनी प्रजा का भली-भाँति पालन नहीं कर सकता। पुराने ज़माने में जो लोग तपस्या द्वारा भगवान के दर्शन प्राप्त करते थे, वेद-उपनिषद और विविध शास्त्रों को पढ़ने-पढ़ाने का काम करते थे, धर्मकर्म यज्ञादि कराते थे, उन्हें ब्राह्मण कहा जाता था। जो लोग सरकारी राजकाज के दफ़्तर सम्हालते और लिखा-पढ़ी का काम करते थे, उन लोगों को जैसे आज के ज़माने में क्लर्क, सुपरिन्टेण्डेण्ट या सेक्रेटरी आदि शब्दों से पुकारा जाता है; पुराने ज़माने में कायस्थ कहलाते थे। हमारे यहाँ एक समय में कर्म से ब्राह्मण, क्षत्रिय, वैश्य, शूद्र आदि वर्ग-भेद बनते थे, आजकल की तरह जन्म से जातियाँ नहीं हुआ करती थीं। ख़ैर, तो फिर राजा आदिशूर ने अपने ससुर कन्नौज के महाराज की सेवा में दूत भेजा और ये कहलाया कि मेरे राज्य की भलाई के लिये कृपा करके अपने राज्य से पाँच श्रेष्ठ ब्राह्मण और पाँच उत्तम कायस्थ यहाँ भेज दीजिये।

महाराज वीरसिंह ने भट्टनारायण को ब्राह्मणों का मुखिया बनाकर उनके साथ चंद्र, दक्ष, हर्ष और वेदगर्व नाम के ब्राह्मण और मकरन्द घोष, दशरथ बसु, कालिदास मित्र, पुरुषोत्तम और विराटगुहा नाम के पाँच कायस्थ बंगाल के राजा के दरबार में भेज दिये। ये भट्टनारायण ही ठाकुर वंश के बंगाल में आदि पुरखे हैं।

भट्टनारायण के सोलह सन्तानें हुईं। उनमें एक बड़े विख्यात शुद्ध श्रोत्रिय पण्डित हुये। उनका नाम तो नृसिंह था पर वे नानू पण्डित ही अधिकतर कहलाते थे। उनके समय में जागीर बढ़ी और ये लोग ठाकुर कहलाने लगे। ठाकुर माने स्वामी। भगवान को ठाकुरजी कहते हैं, राजाओं, सामन्तों और ब्राह्मणों को भी ठाकुर कहते हैं। हमारे यहाँ ज़्यादातर ब्राह्मण को महाराज कहने का चलन है, बंगाल में बामुन ठाकुर कहा जाता है। नानू पण्डित ब्राह्मण और बड़े जागीरदार, दोनों ही थे; इसलिए ठाकुर कहलाने लगे और उनके बाद उनका वंश भी ठाकुर वंश बाजने लगा।

इस ठाकुर वंश में एक से एक नामी लोग हुये हैं। धरणीधर पण्डित बड़े नामी हुए। उनके पोते धनन्जय ठाकुर बंगाल के राजा बल्लभसेन के समय में न्यायाधीश थे। उनके समय से बंगाल में कुलीनपंथी चली। कुलीनपंथी दरअस्ल में कुछ नहीं, बड़े लोगों का गुमान-भरा चोंचला था। धनन्जय ठाकुर के हुकुम से यह कानून चला कि जो पाँच ब्राह्मण और पाँच कायस्थ परिवार कन्नौज या कान्यकुब्ज प्रदेश से बंगाल में आकर बसे थे, उनका सामाजिक दर्जा औरों से ऊँचा माना जाय। उनके वंशज कुलीन यानी खानदानी माने जायँ।

इनके यहाँ द्वारकानाथ ठाकुर भी बड़े नामी हुए। वह बड़े सुन्दर थे, अंग्रेज़ी पढ़े-लिखे और बड़े शाहख़र्च आदमी थे। उन्होंने कई बार योरोप और इंग्लैण्ड की यात्रा की। महारानी विक्टोरिया और उनके पति प्रिंस अलबर्ट, इनके ख़ास दोस्त थे। अंग्रेज़ लोग उन्हें ऑनरेबिल प्रिंस द्वारकानाथ टैगोर कहते थे। भारत का 'ठाकुर' शब्द अंग्रज़ों की ज़बानों पर 'टैगौर' बनकर चढ़ा। तब से ही ठाकुर वंश को टैगोर वंश भी कहा जाने लगा।

उन्हीं ऑनरेबिल प्रिंस द्वारकानाथ टैगोर की पत्नी यानी अपनी दादी की पुरानी पालकी में दुबक कर बैठे हुए बालक रवीन्द्रनाथ घण्टों पुरानी-पुरानी बातें, सुनी हुई कहानियाँ, गीत-भजन, अल्लम-गल्लम; न जाने कितनी बातें अपने मन ही मन दुहराया करते थे। पालकी में बैठे-बैठे जब ऊब जाते, तब तो अपने शानदार महल की सीढ़ियों पर लगी पीतल की रेलिंग को मास्टर बन कर पढ़ाने लगते-'क्यों रे सबक याद किया?'

-'टन' रेलिंग पर मास्टर की छड़ी बजी।

फिर मास्टरजी बोले-'अच्छा पढ़ो, अ-आ-इ ई।'

पीतल की पोली छड़ें, छड़ी की ठोक पर बोली-'टन टन टन टन'!

हमारे यहाँ जैसे चौमासे मे अक्सर मथुरा-वृन्दावन से रास-मण्डलियाँ आया करती हैं, वैसे ही बंगाल में जात्रा मण्डलियाँ चला करती थीं। कभी-कभी इनके महल में भी किसी न किसी जात्रा मण्डली के खेल हुआ करते थे। हमेशा तो नहीं, पर किसी-किसी खेल के दिन बच्चों को भी नाट्य-सभा में आने दिया जाता था। बड़े घर के बेटे होने के कारण रवीन्द्रनाथ के पास भी रुपयों की थैली रख दी जाती थी। खेल में जब कोई अच्छा काम करता, तब उस पर रुपये उछाले जाते थे। परन्तु बेचारे रवीन्द्रनाथ को तो नींद सताने लगती थी। अक्सर उन्हें नींद में ही भोजन भी कराया जाता था।

पढ़ने से ये बड़ा मुँह चुराते थे। मास्टर की सूरत देखी नहीं कि कन्नेे काटने लगते थे। माँ के पास भागते। कहते कि सिर में दर्द है।

माँ हँसकर छुट्टी दिला देतीं। मास्टर कहते कि रवि बड़ा बुद्धू है। उन्हें क्या मालूम था कि रवि कवीन्द्र होगा।

बचपन के प्यारे-भोले दिन बड़े होने पर बेहद याद आते हैं। अपनी सफेद दाढ़ी पर प्रेम से धीरे-धीरे हाथ फेरते हुये विश्वकवि गुरुदेव रवीन्द्रनाथ ने अपने बचपन के दिनों को बहुत बार याद किया है।

: 3 :

बड़ा अँधेरा है, अभी पौ भी नहीं फटी। सर्दी के दिनों में रज़ाई से बाहर निकलने को जी नहीं चाहता, पर नौकर जगाने आ गया है। उठना ही पड़ेगा।

'सी-सी' करते हुये बालक रवीन्द्र बिस्तर छोड़कर उठा और फिर दिन का कार्यक्रम चालू हो गया। महल के पिछवाड़े वाले भाग में अखाड़ा बना था। वहीं एक काना

पहलवान बच्चों को कुश्ती के दाँव-पेंच सिखाने आता था। ज़ोर-कसरत करके बदन पर अखाड़े की मिट्टी लपेटे रवीन्द्रनाथ बाहर आते। देह पोंछकर ठीक तरह से वस्त्र पहन भी नहीं पाते थे कि मेडिकल कॉलेज का एक छात्र शरीर-विज्ञान और स्वास्थ्य-शिक्षा देने के लिये आ पहुँचता था। एक कमरे में मनुष्य की हड्डियों का एक ढाँचा टाँगा गया था और उसमें दिखा-दिखा कर बच्चों को हड्डियों के नाम स्मरण कराये जाते। ड्योढ़ी पर घड़ियाल के घण्टे बजते-टन-टन...' सात! नीलकमल मास्टर घड़ी की सुई साधकर ठीक उसी समय आ पहुँचते। और बड़े घरों के लड़कों को आरम्भ से ही अंग्रेज़ी सिखलायी जाने लगती थी, पर ठाकुर घराने का कायदा कुछ और था। रवीन्द्रनाथ के सँझले बड़े भाई हेमेन्द्रनाथ इस बात पर ज़ोर देते थे कि बच्चों को जब अपनी मातृभाषा का ज्ञान भली-भाँति सधने लगे, तभी परायी भाषा की शिक्षा देनी चाहिये। इसलिये रवीन्द्रनाथ को हिसाब-किताब, भूगोल, प्राकृत-विज्ञान आदि की शिक्षा बँगला भाषा में ही दी गयी। नौ बजे नीलकमल मास्टर से छुट्टी मिलती तो नौकर नहलाने के लिये ले जाता। उसके बाद भोजन करके रवीन्द्रनाथ स्कूल जाते। साढ़े चार बजे घर आते, तभी एक मास्टर जिम्नास्टिक सिखाने आ जाते। उनसे छुट्टी मिलती तो ड्राइंग वाले मास्टर आ पहुँचते। फिर अंग्रेज़ी पढ़ाने के लिये मास्टर अघोर बाबू आते थे। पढ़ते-पढ़ते रात हो जाती। खा-पी कर लेटते तो नौकर या कोई बड़ी-बूढ़ी कहानियाँ सुनाती, 'एक था राजा, एक थी रानी...।'

"पर दादाजी, रवीन्द्रनाथ तब इतने बड़े कवि कैसे बन पाये?" संजीव बोला।

"क्यों?"

"सारा दिन तो उनसे काम कराया जाता था और खेलकूद ज़रा भी नहीं! इससे तो लड़का बुद्धू और सुस्त बन जाता है। मास्टर साहब ने हमें अंग्रेज़ी की एक कहावत सुनाई थी-*आल वर्क एण्ड नो प्ले मेक्स जैक ए डल बॉय।*"

"हाँ नानाजी, संजीव ने ठीक पूछा है-न क्रिकेट, न सिनेमा, न कोई सैर सपाटा..."

"हाँ हाँ, मैं समझ गया।" मैंने कहा-"असल में मैं तुम्हें यह बतलाना भूल गया था कि आज से लगभग सौ-सवा सौ बरस पहले का ज़माना कुछ और ही था। तब सिनेमा था ही नहीं। क्रिकेट, हॉकी, फुटबाल के मैच भी आज की तरह से नहीं होते थे। लड़के गेंद-बल्ला, कबड्डी, गुल्ली-डण्डा वगैरह खेला करते थे। उस ज़माने में हमारे यहाँ बिजली, पेट्रोल आदि का किसी को पता भी नहीं था। कलकत्ते में न मोटरें चलती थीं, न बस, न ट्राम। चाहे महल हो या झोपड़ी, हर जगह मोमबत्तियाँ या तेल के दीपक ही रात में जला करते थे।

तुम लोग आजकल नंगे सिर जैसे घूमते हो, वैसे उस ज़माने में कोई घूम नहीं सकता था। बच्चे गोटे-ज़रदोज़ी की मख़मली टोपियाँ पहना करते थे। उस समय ये कहा जाता था कि सिर नंगा रहने से शैतान टीप मार देता है। उस ज़माने में आइसक्रीम, चॉकलेट, टॉफ़ीज़ आदि का कहीं पता भी न था। कुल्फी, मलाई की बरफ, चने की लौज पपड़ी, चना ज़ोर गरम आदि अपनी देशी चाल की चीज़ें आती थीं और- रवीन्द्रनाथ का घर तो

जागीरदार का घर था, रोज़ ही तरह-तरह की मिठाइयाँ बना करती थीं लेकिन; बड़े घर में तो बच्चों पर नौकरों का राज होता है, सो वो लोग मिठाइयाँ कम ही देते थे। रवीन्द्रनाथ को सब चीज़ें कम ही कम खाने की आदत हो गयी। मनोरंजन भी वे अपने ढंग का खूब कर लेते थे। बड़े घर के बेटे होने के कारण कहीं बाहर खेलने नहीं जा सकते थे, घर में उनकी बराबर का कोई लड़का ही नहीं था। वे अपने ही मन से खेला करते। कभी सड़क पड़ती बरामदे की छत से बाहर का दृश्य देखा करते। रवि बाबू इस छत को 'छुट्टी का देश' कहा करते थे। सामने के घरों में लोगों को काम-काज करते देखते, सड़क पर फेरीवालों का आना-जाना देखते।

'चूड़ीवाला! चूड़ियाँ, मनपसन्द चूड़ियाँ।'

ऊपर खिड़की से घर की बहू झाँकी-'चूड़ीवाले, ओ चूड़ीवाले, इधर आओ।'

चूड़ीवाला 'आया बहूजी' कहकर उधर पहुँचा, बहू भी नीचे आयी। मनिहार चूड़ी पहनाने लगा। बाल रवि उसी का तमाशा देखते रहे।

फिर 'डुग-डुग-डुग-डुग' भालू या बन्दर के नाच वाले आ जाते, उन्हें देखकर रवीन्द्रनाथ का मन नाच उठता। वे अपने भाइयों में सबसे छोटे थे, सब भाभियों के देवर। वे इनसे छेड़छाड़ करतीं, इनसे सुपारियाँ कटवातीं क्योंकि; ये बारीक सुपारी काटते थे।

इनके घर गवैयों की मजलिस जुड़ती थी। रवीन्द्रनाथ का गला बड़ा सुरीला और मीठा था, बुद्धि भी तेज़ थी। एक-दो बार कोई राग सुनते तो चट से याद कर लेते। फिर इन्हें गाना सिखलाया भी गया। अपने चाचा और बड़े भाइयों द्वारा आयोजित नाटक देखते-देखते इनके मन में भी नाटक खेलने की इच्छा होने लगी। किशोर रवीन्द्रनाथ अपनी उम्र से छोटे भतीजे-भतीजियों, भांजे-भांजियों की मण्डली जुटाकर घर के एक गोल कमरे में फूल-पत्तियों से रंगमंच सजाकर घरवालों को नाटक दिखलाया करते थे।

इसी प्रकार खेल-खेल में इन्होंने अनेक कलाओं का अभ्यास कर लिया।

अकेले बैठे-बैठे सोचते रहने की टेव ने बालक रवीन्द्र की कल्पनाशक्ति बढ़ा दी। इनके पिता महर्षि देवेन्द्रनाथ जब घर पर रहते, तब अक्सर इन्हें अपने पास बैठाकर सरल भाषा में गायत्री और उपनिषदों के मर्म समझाया करते थे। रवीन्द्रनाथ के मन पर उसका भी बड़ा गहरा प्रभाव पड़ा। बारह वर्ष की उमर में रवीन्द्रनाथ अपने पिता के साथ हिमालय भ्रमण करने गये। इनके पिता ने अपने ध्यान, मनन और पूजन के हेतु एक निर्जन स्थान में एक घर और बाग़ बनवाया, नाम रक्खा था शान्ति-निकेतन। हिमालय यात्रा के समय दो चार रोज़ के वास्ते रवीन्द्रनाथ अपने पिताजी के साथ शान्ति निकेतन में भी ठहरे। वह स्थान उन्हें भी बहुत सुहावना लगा। संयोग की बात है कि जिस वर्ष रवीन्द्रनाथ का जन्म हुआ था, उसी वर्ष उनके पिता ने शान्ति निकेतन स्थापित किया था। उस समय कौन जानता था कि आगे चलकर यह बालक शान्ति निकेतन का सन्त कहलायेगा।

लगभग इसी समय से रवीन्द्रनाथ कविताएँ, नाटक आदि लिखने लगे। चौदह वर्ष की आयु में कवि ने 'वाल्मीकि प्रतिभा' नामक एक गीत-नाटिका लिखी, जिसे इनकी बाल-

मण्डली ने खेला। बाहर के जान-पहचान के लोग भी नाटक देखने के लिये बुलाये गये थे। कलकत्ता हाईकोर्ट के जज सर गुरुदास बनर्जी भी बच्चों का यह नाटक देखने आये। सर गुरुदास को यह देख कर बड़ा आश्चर्य हुआ कि इतना सुन्दर नाटक एक चौदह वर्ष के बालक ने लिखा है। एक कविता लिखकर उन्होंने बाल रवि को आशीर्वाद दिया।

ये सब तो खूब चलता था, पर स्कूल की पढ़ाई रवीन्द्रनाथ से तनिक भी नहीं चलती थी। घर में जो मास्टर पढ़ाने आते, वे भी इनके नाम को रोया करते थे। घर के बड़े लोग कहते कि ख़ैर, लड़का बी० ए०-एम० ए० भले ही न पास करे परन्तु; चार भले आदमियों के बीच में अंग्रेज़ी बोलने लायक योग्यता तो उसमें होनी ही चाहिये। ये सोच कर इन्हें डिक्रूज़ साहब के अंग्रेज़ी स्कूल 'बंगाल ऐकेडेमी' में भरती कराया गया। वहाँ भी इनका वही हाल रहा। मास्टर जो पढ़ाते, उसे एक कान से सुनते दूसरे से निकाल देते। कॉपीबुक के पन्ने कोरे के कोरे ही रह जाते थे। एक बार इनके लैटिन भाषा के शिक्षक ने डिक्रूज़ साहब से इनकी शिकायत की। वे मज़ाक उड़ाते हुए बोले-'अरे, वो यहाँ पढ़ने थोड़े ही आता है। वह तो महीने-महीने फीस की रकम अदा करने के लिये आता है, उसकी चिन्ता मत करो।'

स्कूल के मास्टरों ने उनकी चिन्ता करना छोड़ दिया। परन्तु घर के शिक्षक ज्ञानचन्द्र भट्टाचार्य महाशय ने इनके लिये एक उपाय खोज निकाला। स्कूली-शिक्षा के बजाय वो इनकी साहित्यिक-शिक्षा में लगे। महाकवि कालिदास लिखित 'कुमारसम्भव' उन्होंने जैसे-तैसे करके इन्हें पूरा रटा दिया। शेक्सपियर के 'मेकबेथ' नाटक का बँगला भाषा में इनसे अनुवाद कराया। रामसर्वस्व पण्डित ने इन्हें 'शकुन्तला' नाटक समझाकर पढ़ा दिया। कोर्स की किताबों के अलावा रवीन्द्रनाथ और सब कुछ पढ़ते थे।

ये हाल देखकर घर वालों ने निश्चय किया कि अब इनको विलायत में शिक्षा दिलायी जायगी। इनके मँझले भाई अहमदाबाद में जज थे। विलायत जाने से पूर्व विलायती वातावरण को समझने के लिये इन्हें वहीं भेज दिया गया।

लन्दन विश्वविद्यालय की कोई भी परीक्षा रवीन्द्रनाथ विधिवत् पास नहीं कर सके। हाँ, वहाँ के अनेक विद्वान प्रोफेसरों ने इन्हें अवश्य ही बहुत प्रभावित किया। इसके अलावा पूर्वी दुनिया और पश्चिमी दुनिया, दोनों ही का दर्शन कर लेने के कारण मानवता के प्रति रवीन्द्रनाथ की श्रद्धा और भी बढ़ गयी। रवीन्द्रनाथ डिग्रीधारी महाविद्वान भले ही न बन सके परन्तु; अपने अध्ययन, लगन और श्रद्धा-भाव के कारण वे महामानव अवश्य बन गये।

(कवीन्द्र रवीन्द्रनाथ ठाकुर की जन्म शताब्दी (1961) में पीपुल्स पब्लिशिंग हाउस, नयी दिल्ली की 'बालजीवनी माला' के लिये लिखा गया आलेख।) सम्पादक

•